KB021132

전쟁과 평화의 커뮤니케이션

미디어의 두 얼굴

전쟁과 평화의 커뮤니케이션

미디어의 두 얼굴

황 근

차 례

프롤로그

인간에게 전쟁은 양가성兩價性(ambivalence)을 가진 존재다. 인간 욕망의 결과이면서 두려움의 대상이기도 하다. 이 때문에 사람들은 전쟁을 피하려고 노력하면서도 다른 한편으로는 자신의 의지를 상대방에게 강요하기 위해 전쟁을 하려고 한다. 평화를 원한다면 전쟁을 준비하라. 이 말은 전쟁의 양가성을 극명하게 보여준다. 전쟁을 안 하겠다고 영세중립국을 선언한 스위스 군사력이 당장 전쟁을 일으킬 것처럼 보이는 북한보다 높은 세계 27위라는 것이 역설적이지만 엄연한 현실이다.

커뮤니케이션을 전공한 필자가 전쟁은 논하다는 것이 어색해 보일 수도 있다. 커뮤니케이션학은 소통, 공생, 공유 같은 반反전쟁적 가치를 지향하는 학문이기 때문이다. 표현의 자유나 언론통제를 문제 삼는 이유도 이런 가치에 반하기 때문이다. 전쟁은 이런 커뮤니케이션 행위가 지닌 가치들을 국익과 안보라는 명분으로 제약할 수 있다. 그러니 전쟁과 관련된 커뮤니케이션 현상은 커뮤니케이션을 전공하는 사람들에게 결코 호감가는 주제가 될 수 없다.

그렇지만 전쟁과 관련된 커뮤니케이션 현상에 대한 학문적 관심은 꽤 오래되었다. 물론 '여론선전론'이나 '국제커뮤니케이션' 같은 과목에서 전쟁과 관련된 커뮤니케이션 현상들을 단편적으로 학습한 적은 있지만, 전쟁이란 현상 자체를 천착해서 고민해 본 적은 별로 없었다. 이에 대한 필자의 관심은 어쩌다 근무하게 된 육군사관학교 교수로 재직하면서 시작되었다. 고대에서부터 현대에 이르기까지 방대한 전쟁사를 가르치면서 전쟁이 여러 학문에서 접근할 수 있는 학제(interdisciplinary) 분야라는 것을 알게 되었다.

수업에 필요한 것도 있었지만 개인적 흥미와 관심은 전쟁과 관련된 서적들을 손에 닿는 대로 탐닉했었던 것 같다. 육사 도서관은 너무 좋은 기회였다. 무슨 책이든지 심지어 그 당시에 쉽게 구하기 힘들었던 원서들도 주문해서 마치 내 책처럼 볼 수 있었다. 시중에서 구하기 힘들었던 전쟁과 커뮤니케이션 관련 외국 서적들을 접할 수 있었던 것은 큰 행운이었다. 그때 축적된 자료와 지식들은 이 책을 서술하는데 바탕이 되었다.

많은 미디어 관련 초기 이론들이 전쟁을 배경으로 탄생하였고, 커뮤니케이션 학문의 토대가 되었다는 것도 알게 되었다. 한국전쟁이 심리전 연구의 실험장이었다는 것도 신기했다. 윌버 슈람(Wilbur Schramm)을 비롯한 많은 커뮤니케이션 학자들이 한국전쟁에 참가해 심리전활동을 벌였다는 것도 그때 알았다. 특히 1980년대는 정보사회와 뉴미디어에 대한 관심이 팽창하던 시기였다. 당시 정보사회라는 주제에 빠져있던 필자에게 첨단 정보미디어들이 군사적 목적과 밀접히 연관되어 있다는 사실은 더 호기심을 자극하기에 충분했다. 어쩌면 이 책에 대한 막연한 구상이 그때부터 시작되었을지도 모르겠다.

이렇게 군 복무 중에 시작된 전쟁과 커뮤니케이션에 대한 관심은 이후 공부를 마치고 정부산하 연구소를 거쳐 대학교수로 있으면서도 마음 한구석에 항상 응어리로 남아 있었다. 종종 '미국-쿠바 심리전'이나 '한국전쟁 심리전' 같은 연구논문들을 발표하기는 했지만, 주 전공인 미디어 정책 관련 연구에 밀려나 있었다.

그러던 중 2012년 무렵 당시 전쟁기념관 학예부장으로 계시던 김대중 박사님께서 전쟁과 커뮤니케이션에 대한 개괄적 연구논문을 작성해 줄 것을 요청해왔고. 그것이 이 책을 저술하게된 계기가 되었다. 하지만 다른 일들에 밀려 시작조차 할 수 없었다. 2016년 가을에 이 책을 출판해주신 신학태 대표님을 소개받아 책을 내기로 약속하면서 본격적인 작업에 들어갔다. 처음에는 가벼운 에피소드 형태의 에세이처럼 쓰면 1년이면 충분할 것 같았다. 하지만 결국 이 책은 그로부터 햇수로 9년이나 지난 지금에야 완성될 수 있었다.

　물론 필자가 게으른 탓이 가장 컸지만, 인용된 자료들의 원문과 관련 내용들을 좀 더 깊이 검토해 봐야겠다는 일종의 호기심과 강박관념이 진도를 내지 못하는 원인이 되었다. 무엇보다 역사·전쟁사·전쟁이론 같은 필자의 전공을 벗어난 영역들과 관련된 내용들은 사실상 새로 공부하는 것과 진배없었다. 솔직히 전문 역사학자도 전쟁전문가도 아닌 이유로 세부 내용에서 부정확하거나 심지어 틀린 부분이 적지 않을 것이다. 마치 장님이 코끼리 다리 만지듯이 침소봉대한 것들도 분명히 있을 듯하다. 하지만 최대한 사실에서 벗어나지 않기 위해 노력했다는 점을 감안해 주셨으면 고맙겠다.

　책을 보면 알 수 있겠지만 각 장 뒤에 결코 적다고 할 수 없는 참고문헌들을 수록하였다. 초고를 검토해주신 김대중 박사님은 정말 이 글들을 다 본 것이냐고 궁금해하셨다. 그러면서 굳이 이렇게 많은 참고문헌을 붙일 필요가 있냐고 조언해 주셨다. 다는 아니어도 참고자료들은 대부분 직접 검토한 것들로서, 읽는 분들이 부족한 책 내용을 이해하는데 도움이 될 것 같아 첨부하였다. 역사학이나 전쟁 분야를 전공하지 않은 커뮤니케이션 학자가 쓴 책이라 많이 부족하고 때로는 잘못된 부분도 있을 것이다. 또 이것도 저것도 아닌 얼치기 저서라고 비판받을지도 모른다. 하지만 두 현상을 연계해 체계적으로 접근한 첫 번째 작업이라는 의미 정도로 이해해 주었으면 정말 고맙겠다.

　어찌하다 보니 대학교수를 거의 마감해 가는 시점에야 책을 완성하게 되었다. 지금의 정신적·육체적 상태로 보아 어쩌면 학자로서 마지막 저술이 될 가능성도 있어 보인다. 책이 나오면 오랫동안 마음 구석에 자리 잡고 있던 부담감이 사라지면서 후련해질 것 같았다. 하지만 정작 책이 나오게 되니 턱없이 부족한 능력을 갖고 의욕만 앞섰던 것 아닌가 하는 후회가 훨씬 더 크다.

　김대중 박사님, 신학태 대표님 그리고 제자이자 학문적 동료인 서강대

메타버스 대학원 김군주 교수의 도움과 격려가 없었다면 이 책은 나오지 못했을 것이다. 무엇보다 지난 10년 넘게 거의 매주 수십~수백 쪽의 자료를 출력·복사해주느라 고생했던 선문대학교 미디어커뮤니케이션학부를 거쳐 간 여러 조교 선생님들께 진심으로 감사드린다.

최근에 지구촌 곳곳에서 전쟁의 포성 소리가 다시 터져 나오고 있다. 마치 전쟁을 목적으로 존립하는 것 같은 북한과 초 강대국들에게 포위되어 있는 한반도에서 전쟁에 대한 위기의식이 다시 커지고 있다. 첨단 디지털 시대에 걸맞지 않게 전단과 쓰레기 풍선, 확성기 방송 같은 전통적인 심리전이 벌어지는 곳이 한반도다. 그런 적대적 커뮤니케이션 활동들은 사람들에게 전쟁을 의식하지 않을 수 없게 만들고 있다. 전쟁과 커뮤니케이션을 연구하는 목적은 전쟁이 아닌 평화를 위한 것이다. 어찌 보면 이 책이 필요 없는 그런 시대가 이 책을 저술한 목적일 수 있다. 그런 시대가 오기를 기원하면서 오랜 시간 응원해주신 주위 모든 분들께 감사드린다.

2024년 8월 25일 저자

제 1 장

역설 : 전쟁과 커뮤니케이션

전쟁과 커뮤니케이션의 만남

전쟁과 커뮤니케이션은 인류 역사를 이해하는 중요한 개념 중에 하나라 할 수 있다. 영장류로서 인간이 다른 생명체들과 결정적으로 다른 점이 바로 언어나 문자 같은 후천적인 커뮤니케이션 수단을 가지고 있다는 것이다. 언어와 문자는 지식을 전달·공유·축적할 수 있게 하여 문명의 발전으로 이어졌다. 특히 물질 현상 뿐 아니라 상상력이나 이념 같은 추상적 사고도 가능하게 해 주었다. 유발 하라리(Jubal Harary, 조현우(역), 2015)는 "인간의 상상력은 종교, 사상, 이념을 만들어내어 많은 사람들이 유대감이나 동질감을 갖고 집단을 형성할 수 있었다"고 말한다. 이처럼 인간의 커뮤니케이션 행위는 인간을 인간답게 만들고 사회적 동물로 만드는 원천이라 할 수 있다. 그러므로 인간의 역사는 곧 커뮤니케이션 행위의 역사라 할 수 있다.

전쟁 역시 인간의 역사를 이해하는데 빠질 수 없는 현상이다. 크리스 헤지스(Chris Hedges, 황현덕(역), 2013, 17쪽)는 "전쟁을 천명 이상의 목숨을 앗아간 싸움으로 정의한다면, 지난 3,400여 년 중에 인류가 완전한 평화를 누린 해는 268년으로 전체 역사의 8%에 불과했다"고 주장하고 있다. 유발 하라리 역시 "원시 인류들이 항상 싸우면서 살았다고 할 수는 없지만, 중앙아프리카에서 진화한 사피언스 족이 유럽지역에 거주하던 네안데르탈인과 동남아시아 지역의 다른 인간 종족들을 제압·멸종시킨 것은 분명하다"고 주장한다. 전쟁이나 폭력적 갈등은 인간이 종으로서 진화를 시작한 선사시대부터 존재해온 현상이었다는 것을 의미한다.

그렇지만 전쟁 행위와 커뮤니케이션 행위는 목적이나 수단 측면에서 전혀 상반된 현상이다. 전쟁이 물리적 폭력 수단을 통해 자신 혹은 자기 집단의 의지를 다른 사람들에게 강요하는 무력 행위라면, 커뮤니케이션 행위는 상징적 기호들을 가지고 사람 혹은 집단 간에 정보나 의견을 교환하는 행위이기 때문이다. 물론 크게 보면 전쟁 역시 커뮤니케이션 행위 중의 하나로 볼 수 있다. 그렇지만 본질적으로 전쟁은 커뮤니케이션 행위를 단절하거나 부정하는 무력 충돌 상태인 경우가 대부분이다. 인류학자인 레비 스트로스(Levi-Strauss, C.,1949, 86쪽)는 "전쟁은 뒤끝이 좋지 못한 교환이고, 교환은 회피된 전쟁"이라고 정의한 바 있다. 이 말은 전쟁과 커뮤니케이션이 상호 충돌하는 개념이지만 동시에 동전의 양면 같은 것이라는 의미로도 해석될 수 있다.

어떤 사람들은 전쟁을 인간과 다른 생명체들을 구분할 수 있는 행위들 중에 하나라고 말하기도 한다. 심지어 "같은 종족끼리 싸우는 동물은 인간밖에 없다"라고 주장하는 사람들도 있다. 더구나 전쟁을 다수의 인력과 폭력 수단들을 체계적으로 동원해 싸우는 집단 행위라고 본다면, 전쟁은 인간만의 고유한 속성이라고 해도 크게 틀린 말은 아닐 듯하다. 갑자기 '혹성탈출'에 나오는 진화된 원숭이가 등장하지 않는 한 말이다.

전쟁의 원인에 대해서도 인간의 원초적 본능에서부터 경제적 동기, 권력 독점 같은 여러 원인들이 언급되고 있다. 토마스 홉스(Thomas Hobbes)는 국가 같은 권력 기구나 법규들이 없다면 인간은 타인에 대한 불신에서 나오는 외로움과 불안감 때문에 끝없는 전쟁상태 즉, '만인萬人에 대한 만인萬人의 투쟁 상태'에 빠진다고 주장한 바 있다. 이 말은 서로 생각과 의미를 공유하고 합의할 수 있는 제도적 장치들이 부재하거나 제대로 작동되지 못할 경우 전쟁 발발 가능성이 높다는 의미로 해석된다. 그렇지만 제도화된 근대국가가 등장한 이후에도 인류는 한시도 전쟁으로부터 자유로웠던 적이 없다. 아니 이전보다 전쟁은 더 빈번해지고 규모와 피해 역시 급증했다. 물론 제2차 세계대전 이후 동·서 냉전기에 전쟁 발발 횟수는 크게 줄어들고 사망자 숫자도 현격히 낮아졌다. 가장 큰 원인은 핵무기 같은 사용 불가능한 대량 살상 무기들이 등장해 확전 가능성이 줄어들었기 때문으로 보인다. 하지만 국가 간에 신속하고 정확하게 의사소통할 수 있는 다양한 커뮤니케이션 수단들이 늘어난 것도 또 다른 원인으로 볼 수 있다.

학교에서 배웠던 역사 수업 내용들을 기억해보면 인간의 역사는 곧 전쟁의 역사라고 생각해도 크게 틀리지 않을 것이다. '역사의 아버지'라 불리는 헤로도토스(Herodotos)의 『역사(Historiae)』는 B.C. 3~4세기 에게해에서 벌어졌던 그리스와 페르시아 간의 전쟁을 기록한 책이다. 또 투키디데스(Tuchydides)의 『펠로폰네소스 전쟁사(Peloponnesian War)』는 스파르타와 아테네 간의 전쟁을 치밀하게 서술해 '전쟁사의 고전'으로 일컬어진다. 사마천司馬遷의 『사기史記』 역시 중원의 패권을 다투었던 나라와 인물들의 행적을 기술한 것이다. 심지어 성경의 많은 내용도 전쟁에 관한 것들이다. 이 때문에 적지 않은 사람들이 세계 역사를 알렉산더(Alexander), 칭기즈칸(Chingiz Kahn), 나폴레옹(Napoleon) 같은 전쟁 영웅들의 역사로 인식하고 있다. 지금 우리 역시 300년 전에 시작된 서유럽국가들의 식민지 쟁탈을 위한 제국주의 전쟁과 동·서 냉전 그리고 미·중 패권 전쟁이 만든 구도에서 살고 있다.

그림1 고대 벽화에 나타난 전쟁 장면과 펠로폰네서스 전쟁사

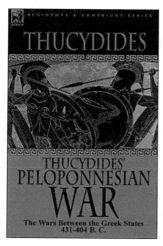

역사적으로 전쟁은 단순한 물리적 충돌을 넘어 기존 문명을 붕괴시키고 새로운 문명을 출연시키는 전환점이 되어 왔다. 이 때문에 대부분의 역사

교과서들이 전쟁을 중심으로 서술하고 있다. 우리 교과서를 살펴봐도 고조선古朝鮮때 한漢을 시작으로 중국 여러 왕조의 침입, 그리고 일본까지 거의 대부분 외적의 침략에 저항한 것들이다. 세계 역사에서 명멸했던 거의 모든 제국들도 전쟁을 계기로 융성하고 또 소멸되었다. 정치·경제·사회·기술 변화가 전쟁을 유발한 것인지, 전쟁이 사회를 변화시킨 것인지는 상반된 시각이 있을 수 있다. 전쟁과 사회현상은 상호 영향을 미치는 관계이기 때문이다. 역사적으로 전쟁은 경제·사회·문화적으로 중요한 전환점과 밀접히 관련되어 있다. 고대 로마의 붕괴는 게르만 민족의 공격, 중세는 십자군 전쟁과 몽골의 침공, 근세는 제1차 세계대전 같은 전쟁과 깊은 관계를 지니고 있다. 그러므로 전쟁은 인류의 역사를 이해하는 중요한 개념이자 틀이라 할 수 있다.

커뮤니케이션 행위나 도구 역시 인간의 진화와 사회변화를 이해하는 중요한 개념이다. 지구상에 존재하는 생명체 중에 오직 인간만이 상징·언어·문자 같은 후천적 커뮤니케이션 도구들을 가지고 의사소통할 수 있다. 동작이나 표정 같은 비언어 수단에서 문자 같은 고도화된 상징을 사용하는 커뮤니케이션 수단으로의 진화는 인간의 의미 전달체계에 혁신적 전환점이 되었다(조맹기, 2004). 생득적(in nature)으로 타고난 수단에만 의존하는 다른 동물들과 달리 후천적으로 약속된 의사소통 수단으로 인간은 지식을 축적하고 문명을 발전시켜 자연을 통제·지배하는 만물의 영장으로 진화할 수 있었던 것이다. 이처럼 커뮤니케이션 행위는 인간이 다른 생명체들과 다른 '인간다움'을 가능케 만든 중요한 특징이라 할 수 있다.

어느 시대든지 인간이 발명하거나 사용했던 커뮤니케이션 도구들은 정치·경제·사회·문화 모든 영역에 큰 영향을 미쳤다. 커뮤니케이션 학자 해롤드 이니스(Harold Innis, 1894~1952)는 각 시기에 주로 사용되었던 커뮤니케이션 기술이 가진 특성을 기반으로 문명발달 단계를 구분한 바 있다. 그는 『제국과 커뮤니케이션(Empire and Communication)』이란 책에서 파피루스의 이집트, 점토와 설형문자의 바빌로니아, 구술문화의 고대 그리스, 문자의 로마제국, 양피지와 종이의 중국, 그리고 구텐베르크 인쇄 활자 이후 근현대로 역사 시기를 구분하고, 시대별로 지배적인 커뮤니케이션 기술이 가진 속성과 정치·사회 구조를 연관지어 설명하고 있다. 특히 모든 커뮤니케이션 기술들은 시간적·공간적 편향성(bias)을 지니고 있는데, 제국이 장기간 번성하기 위해서는 전통성을 중시하는 시간 지향적 매체(time biased medium)와 지리적 확장성을 지닌 공간 지향적 매체(space biased medium)가 조화롭게 유지되어야 한다는 것이다. 시간 지향적 매체는 동상, 기념탑, 상징물처럼 이동하기는 어렵지만 특정 지역에서 집단의 전통과 구성원들 간의 동질 의식을 형성하게 하고, 종이·활자·전파처럼 멀리 전달될 수 있는 공간 지향적 매체들은 광범위한 지역을 통치 가능하게 만들었다는 것이다(Innis, H., 1951, 김문정(역), 2008).

이니스의 커뮤니케이션 편향성 개념은 지금의 여러 사회 유형들을 이해하는 데도 유용하다. 어떤 매체가 지배하고 있는가를 가지고 그 사회의 성격을 이해할 수 있기 때문이다. 예를 들어 김일성 부자의 동상들이 곳곳에 세워져 있고 김일성 생가, 승전비, 단군릉 같은 시간 지향적 매체인 유적들을 중시하는 북한 사회는 정권의 전통과 역사성을 강조해 권위주의 통치를 유지·강화하고 있다. 반면 미국처럼 방송·통신 같은 공간 지향적 매체가 주도하는 사회는 영토적 팽창과 정치·경제적 영향력을 중시한다.

하지만 시간과 공간 어느 한쪽의 매체들이 주도하게 되면 사회 전체 균형이 붕괴되면서 위기를 맞게 된다. 시간 지향적 매체가 주도하는 북한 사회는 점차 외부와 차단된 폐쇄적인 축소 국가로 전락할 가능성이 높고, 첨단 글로벌 매체들을 지배하면서 최강 국가로 군림하고 있는 미국은 원심력이 커지면서 구성원 간의 응집력 약화로 인한 분열 가능성을 내재하고 있다. 미국 곳곳에 역사박물관이나 전승기념관, 전쟁 영웅들을 기리는 각종 기념물들이 즐비한 이유가 역사성이 부족한 다민족 국가의 한계를 극복하고 애국주의 감성으로 구성원들 간의 응집력을 강화하기 위한 것이라할 수 있다. 최근 미국 사회 내 인종·지역·빈부 갈등이 커지고 있는 이유

중 하나도 인터넷 같은 공간 지향적 매체들의 원심력 가속화로 동질감이 감소되는 현상이라고 볼 수도 있다.

인간의 역사에서 큰 비중을 차지하고 있는 전쟁에 있어 커뮤니케이션 도구나 행위들이 무관할 수 없다. 전쟁에서 승리하기 위해 커뮤니케이션을 활용하는 것은 너무나 당연한 현상이다. 본래 커뮤니케이션은 개인 혹은 집단 간의 정보 공유를 통해 공감대를 형성하기 위한 행위인 반면 전쟁은 타인 혹은 다른 집단에게 자기 의사를 강요하기 위해 폭력을 사용하는 행위다. 그러므로 전시에는 폭력과 지배를 위한 커뮤니케이션, 갈등을 극대화하는 커뮤니케이션 같은 현상이 동시에 발생하게 된다. 더 나아가 갈등을 극대화하기 위해 전쟁에 동원된 커뮤니케이션 기술이 자국민들의 결속력을 강화하여 갈등을 더 증폭시키기도 한다.

이처럼 전쟁과 커뮤니케이션 도구나 현상들은 상호 협력 관계에 있기도 하고 또 극심한 갈등 관계에 서기도 한다. 대표적으로 군사 목적에서 행해지는 전시언론통제와 국민의 알 권리를 대행하는 언론의 전시 언론보도는 항상 첨예하게 갈등하는 것을 볼 수 있다. 그렇지만 전쟁을 커뮤니케이션 수단이나 행위와 연계해 접근하게 되면 군사전략이나 전술, 무기체계 같은 단면적이고 도식적인 이해를 넘어 전쟁 원인과 양상, 결과등을 복합적으로 이해할 수 있을 것이다.

커뮤니케이션 기술과 전쟁

커뮤니케이션(communication)은 메시지가 교환되는 현상이고, 미디어(media 혹은 medium)는 메시지를 교환하는 수단을 일컫는다. 미디어가 전달하는 메시지에는 송신자와 수신자 간에 우호적 관계를 형성·유지할 수 있는 내용과 갈등을 유발하거나 증폭시킬 수 있는 내용들도 있다. 커뮤니케이션은 전송내용과 무관한 가치중립적 현상으로 야누스 같은 존재라 할 수 있다. 분명 커뮤니케이션 미디어는 평화의 도구이면서 동시에 전쟁의 수단으로 이용되고 있다. 지금 우리가 사용하고 있는 첨단 커뮤니케이션 기술들이 원래 살상이나 파괴를 목적으로 하는 무기 기술로 개발되었다는 것이 이를 잘 보여준다. 초지능·초연결을 특징으로 하는 4차산업혁명 기술들이 '국제적 이해의 기술'이 될지 '파괴의 기술'이 될지는 결국 인간의 선택 문제라 할 수 있다(Frederick, H. H., 1993, 220쪽).

19세기 초 전신 기술 등장 이후에 전쟁과 커뮤니케이션의 관계는 더욱 밀접해졌다. 1812년에 영국과 미국 간에 벌어졌던 일명 '제2차 독립전쟁'은 전신 기술이 조금만 일찍 발명되었더라면 벌어지지 않았을 것이다. 나폴레옹의 '대륙봉쇄령'에 대응해 영국 의회가 선포했던 "유럽과 교역하는 미국의 모든 선박은 영국 항구를 통과해야 한다"는 '추밀원령(Order of Council)'을 이틀 전에 폐지했다는 사실을 알지 못한 상태에서 미국 의회가 전쟁 선포를 의결했기 때문이다. 당시 운송 수단으로는 서신이 전달되는 데 최소한 2주 이상 걸렸다. 대서양횡단 케이블이 조금 일찍 연결되었다면 아마 이 전쟁은 일어나지 않았을 것이다(Bailling, T. A., 1964). 심지어 종전 협상이 완료됐다는 소식도 야전부대에 2주 후에야 알려져, 영국군의 뉴올리언스 공격 같은 불필요한 전투로 많은 추가 사상자가 발생하기도 했다. 한편 1853년에 있었던 크림전쟁은 전신 기술을 이용해 처음으로 전쟁보도와 종군기자가 등장한 전쟁이었다. 비록 전쟁에서 승리했지만 영국은 윌리암 하워드 러셀(William Howard Russel)의 전쟁 보도로 열악한 보급실태와 부실한 의무시설들이 국민들에게 알려지면서 군사 개혁의 몸살을 앓아야 했다(원태재, 1990).

프러시아-프랑스 전쟁(1870~1871)은 1866년 프러시아 왕과 프랑스 대사 간의 스페인 왕위계승과 관련된 협상 전문電文 내용을 비스마르크가 의도적으로 조작해서 흘린 이른바 '엠스전보사건(Ems Dispatch)'에서 시작되었다. "휴가 중인 국왕에게 다짜고짜 찾아와 무례한 요구를 내놓은 프랑스 대사를 빌헬름 1세가 분노해 쫓아냈다"는 전보 내용이 언론에 보도되면서 프러시아는 물론이고 프랑스 국민들까지 분노하게 된다. 이에 그치지 않고 비스마르크는 '프랑스의 벨기에 병합논의'를 언론에 흘렸고, 그 결과 극도로 나빠진 여론을 발판으로 전쟁을 일으켰다(Steefel, L. D., 1962). 이 전쟁에서 승리함으로써 독일은 오랜 염원이었던 통일을 이루고 유럽의 강국으로 부상하게 된다.

미국이 세계 최강 국가로 부상하는 것 역시 커뮤니케이션과 깊이 연관되어 있다. 건국 이후 고립주의를 유지해오던 미국을 국제무대로 이끌어낸 것도 커뮤니케이션 기술이다. 1898년에 벌어진 미국-쿠바전쟁은 당시 상업 신문들 간의 '황색언론(Yellow Journalism)' 경쟁에서 유발된 애국주의 분위기가 원인이 되었다. 이 전쟁으로 미국은 푸에르토리코, 괌, 스페인을 획득하면서 본격적인 제국주의 경쟁에 참여하게 된다.

제1차 세계대전에서도 몇 가지 커뮤니케이션과 관련된 사건들로 인해 전쟁 후반 미국의 참전으로 이어졌다. 공식적으로는 독일의 무제한 잠수함 작전으로 야기된 '루시타니아호 격침사건(Lusitania Incident)'이 직접 원인이지만, 미국의 국내 심리전을 담당했던 크릴위원회(Creel Committee)가 내걸었던 "영국을 구해야한다"는 전시 홍보가 큰 영향을 미쳤다. 특히 1917년 독일 정부가 주 멕시코 대사에게 보낸 "멕시코가 미국을 상대로 전쟁을 선포하면 텍사스, 뉴멕시코, 애리조나를 다시 찾게 해주겠다"는 '치머만 전보(Zimmermann Telegram)'가 공개되면서 여론이 극도로 나빠졌고 결국 월슨 대통령이 전쟁포고문에 서명하게 되었다(Tuchman, B. W., 1966). 이 전문은 영국군이 감청해서 해독한 것을 미국 정부에 보낸 것이다. 이 사건은 향후 전쟁에서 정보를 수집·처리·보관·전송하는 정보 통신 기술이 중요한 위치를 차지하게 될 것을 예고해 준 것이다. 실제로 제2차 세계대전 승리요인 중에는 적의 공격을 사전에 탐지할 수 있는 레이더와 알렌 튜링(Allen Turing, 1912~1956)이 주도했던 암호해독 기술 즉, 컴퓨터 기반 기술이 있었다.

그림2 1869년 무렵 도버(Dover) 지역에서 훈련 중인
영국군 전신마차(telegraph wargon)

최초의 전기통신인 전신(distance telegraph)은 정치·외교·경제·군사 등 모든 분야
에서 획기적인 변화를 가져다 준 커뮤니케이션 기술이다.
(https://distantwriting.co.uk/telegraphwar.html)

한편 제2차 세계대전 이후 초강국을 자부해왔던 미국에게 베트남 전쟁은
전투에서뿐 아니라 이념전에서도 완패한 치욕적인 기억으로 남아있다. 북
베트남군이 미군 함정을 공격했다는 어떤 확실한 증거도 발견되지 않았지
만, 존슨 행정부가 이미 작성된 전쟁계획에 맞는 정보만 선별해서 발표한
1964년 '통킹만 사건'은 미국의 신뢰를 크게 추락시켰다. 그 후 많은 자료들
이 공개되고 통킹만 사건의 진상이 밝혀지면서 또 한 번 치명적인 오명을
쓰게 된다. 이는 심리전에서 진실이 얼마나 중요한가를 잘 보여준 사례다.

전쟁의 원인

인간의 행위에 대한 정의가 다양한 것만큼 전쟁에 대한 정의들도 다양
하다. 로마의 정치가이자 철학자였던 키케로(Marcus Tullins Cicero)와 16세기

국제법의 아버지라 불리는 그로티우스(Hugo Grotius)는 전쟁을 '힘에 의한 투쟁 상태'라고 보았다. 19세기에 『전쟁론(On War)』을 저술한 클라우제비츠(Carl von Clausewitz)는 "아군의 의지를 관철하기 위하여 적에게 강요하는 폭력행위로서 다른 수단에 의한 정치의 계속"이라고 정의한 바 있다. 한편 군사학 연구의 대부라 불리는 퀸시 라이트(Wright, Q., 1955)는 "하나의 집단 목적을 달성하기 위해 조직화된 무력을 사용하는 기술"이라 서술하고 있다. 종합하면 "서로 다른 정치 집단이나 주권 국가들이 정치적 갈등을 상당한 규모의 군대를 동원하여 해결하는 적극적인 대결"이라고 정의될 수 있을 것이다(구영록, 1983,125쪽).

　전쟁의 정의는 어떤 측면을 강조하느냐에 따라 다를 수 있다. 그렇지만 전통적으로 전쟁은 무력이나 폭력 같은 수단적 요인이 중심이 되어왔다. 투키티데스(Thucydides)의 '힘을 얻기 위한 무기 경쟁'이라는 정의는 지금도 가장 보편적으로 받아들여지고 있다. 하지만 최근에는 전쟁 의지나 목적 같은 정치·사회적 혹은 심리적 요인이 중요시 되고 있다. 실제로 전쟁은 "한 국가가 다른 집단을 공격하기 위해 정당하게 폭력을 사용할 수 있는 행위"로 변화하였다. 무제한의 폭력행위가 아닌 정당한 목적으로만 폭력 수단을 사용할 수 있는 한정적 개념으로 바뀌고 있는 것이다. 물론 정당성 개념을 어떻게 보는가에 따라 전쟁에 대한 정의도 달라질 수 있다. 퀸시 라이트(Quincy Wright, 1965)는 전쟁을 ① 국가 간의 비정상적인 법적 상태 ② 사회집단 간의 갈등 ③ 극심한 적대적 태도 ④ 군사력을 사용한 의도적 폭력행위 등 매우 폭넓게 전쟁을 규정하고 있다. 하지만 이처럼 전쟁의 외연을 지나치게 넓히게 되면 전쟁 의미 자체가 애매해질 수 있다. 그러므로 전통적인 관점에서 "국가 혹은 정치집단들 간에 정치·경제·사상·문화 등 모든 자원을 동원하여 적에게 자신의 의지를 강요하는 의도적이고 조직적 폭력 행위"라고 정의하는 것이 적절해 보인다.

　한편 전쟁을 타인을 지배하려는 인간의 폭력적 본성이 외화된 것으로 정의하기도 한다. '인간 진화생물학'이라는 독자적 영역을 개척한 리차드

랭엄은 인간은 외부 위협이나 도발에 대응하려는 '반응적 공격성(reactive aggression)'과 전략적 계산에 의해 형성되는 '주도적 공격성(proactive aggression)'을 가지고 있는데, 이 두 본성이 전쟁을 유발하는 원인이라고 주장한다 (Wranghum, R., 1999/2019). 하지만 인간이 진화하면서 반응적 공격성은 퇴화하고 주도적 공격성이 커지게 되어 전쟁이 증가하고 있다고 본다. 그렇지만 전쟁의 원인을 인간의 본능보다 사회·정치·경제적 동기에서 찾는 시각이 더 많다. 이 중에서도 경제적 동기는 가장 오래된 그리고 가장 많이 전쟁의 원인으로 언급되어 왔다. 고대 전쟁은 거의 경제적 동기에서 비롯된 약탈 전쟁이라고 해도 지나치지 않다. 고대국가 시대 노예들은 대부분 전쟁포로나 패전국의 민간인들이었다. 또한 소금과 철을 확보하기 위해 전쟁이 벌어졌다는 '염철론鹽鐵論'이 나름 설득력을 가지고 있는 이유다.

　문화적 갈등이나 종교 같은 이념도 중요한 전쟁 원인 중에 하나다. 심지어 '장미전쟁', '축구전쟁' 같은 이색적 이름의 전쟁들도 있다. 특히 종교는 오래전부터 가장 많은 전쟁의 원인이 되어왔다. 유발 하라리(Yubal Noah Harari, 조현욱(역), 298쪽)는 '종교는 돈과 제국 다음으로 강력하게 사람들을 연대할 수 있는 매개체로서 차별과 의견충돌 그리고 분열의 근원이 되어왔다'고 지적하고 있다. 1096년부터 1270년까지 200여 년간 8차례나 있었던 십자군 전쟁이나 1615년 기독교 신·구교 세력들 간에 벌어졌던 30년 전쟁은 종교가 중요한 전쟁 동기라는 사실을 잘 보여주는 대표적 사례들이다. 심지어 16~19세기 유럽 국가들의 식민지 확보 전쟁도 표면적으로는 선교를 표방하였고, 지하드(jihad)라고 하는 아랍 국가들의 이슬람 성전聖戰 역시 종교적 명분을 내걸고 있다.

　하지만 분명한 것은 종교나 이념을 명분으로 내건 전쟁도 실제로는 정치적·경제적 목적이 내재되어 있는 경우가 대부분이다. 십자군 전쟁은 성지탈환이라는 종교적 명분과 봉건 영주들의 정치적 입지 강화 그리고 실크로드 길목을 장악한 이슬람 세력을 제압하려는 상인들의 경제적 목적이 연대해 시작되었다. 특히 4차 십자군 전쟁은 종교를 명분으로 정치·종교·

경제 집단들의 이해득실이 어떻게 작용하였는가를 극명하게 보여준다. 1201년 로마교황 인노켄티우스 3세의 이집트 공격은 동원된 숫자나 자금이 크게 부족해 베네치아 선단에게 주기로 했던 수송비를 감당할 수 없었다. 그러자 수송비 면제를 조건으로 한 베네치아의 요구에 따라 헝가리가 장악하고 있던 '차라(Zara)'를 공격했고, 1203년에는 원정 비용 제공을 약속받고 비잔틴 내전에 개입해 같은 카톨릭 국가인 콘스탄티노플을 공격하게 된다. 심지어 로마 가톨릭도 교세 확장을 위해 비잔틴 공격을 승인한다. 콘스탄티노플을 점령한 십자군은 살인, 방화, 강간을 자행하였고 약탈한 금은보화는 십자군, 베네치아 그리고 기사들이 나누어 가졌다. 이처럼 십자군 원정은 겉으로는 종교를 명분으로 했지만 실제로는 교회와 왕권 그리고 상인들이 이해관계가 결합된 전쟁이었다. 당시 이슬람 세력이 장악한 기독교 성지 탈환의 필요성을 강조한 그레고리오 7세의 연설은 이러한 측면을 잘 보여주고 있다.

> "터키인들이 기독교도들을 포로로 끌어가고 성지를 짓밟고 교회를 유린하고 부녀자를 강간하였다. 궐기하여 성지로 가라. 그리하여 성지를 힘으로 지켜라. 오곡이 무르익는 그곳, 예루살렘, 우리들의 죄를 사하기 위하여 독생자가 죽으신 곳. 그곳에는 눈으로 볼 수 있는 기적이 있다. … 또 너희들은 많은 보물을 원수들로부터 빼앗을 것이다. 너희의 생명을 구하기 위해 하느님이 죽으신 그곳에서 죽기를 두려워 말라.(Scott, K., 1933, 63~64쪽)"

17세기에서 19세기까지 성행했던 유럽 국가들의 식민지 쟁탈 전쟁도 겉으로는 선교와 계몽을 표방했지만 실제로는 경제적 목적에서 벌인 식민지 쟁탈전이었다. 특히 마르크시즘에 기반을 둔 정치경제학 관점에서 보면 모든 전쟁은 경제적 동기에서 비롯된 것이다. 레닌을 비롯한 사회주의자들은 제국주의를 붕괴시킬 수 있는 전쟁이 될 것이라는 기대에서 제1차 세계대전을 '위대한 전쟁(Great War)'이라고 부르고 있다. 심지어 폴 바란

(Paul Baran) 같은 정치경제학자는 한국전쟁도 전 세계 콩 생산량의 30%를 차지하고 있는 만주 지역 확보를 위해 미국이 의도적으로 일으킨 제국주의 전쟁으로 보고 있다. 유엔군 사령관 맥아더 장군의 만주 원폭 투하 요구를 미국 정부가 반대한 것도 그런 시각으로 해석하고 있다. 물론 지나치게 음모론적이어서 이런 주장을 전적으로 신뢰하기는 어렵지만, 전쟁 원인을 경제적 시각에서 보는 전형적인 경우라 할 수 있다.

현대 전쟁은 경제적 동기가 더욱 중요해지고 있다. 2003년 미국은 '악의 축(Axis of evil)' 같은 슬로건을 내걸고 이라크 공격을 9·11테러에 대한 보복전이라고 주장했다. 하지만 전문가는 물론이고 일반 사람들도 중동의 석유 자원과 깊이 연관되어 있다고 생각하고 있다. 수십 년간 지속되고 있는 중동지역에서의 분쟁은 표면적으로는 기독교 세력과 이슬람 세력 간 갈등처럼 보이지만, 석유를 둘러싼 서방 국가들의 경제적 목적이나 러시아 팽창을 저지하려는 미국의 봉쇄정책이 결합된 것으로 보는 시각이 많다. 하지만 한 가지 분명한 것은 전쟁 주체들 입장에서 종교나 정치적 이념을 명분으로 하는 전쟁은 정당성을 포장하기 좋고 동원하는 병력이나 국민들의 지지를 끌어내는데 매우 유용하다는 것이다.

그림3 주요 산유국 확인된 매장량(단위:베럴)

『동아일보』 2009. 9월 26일자 기사
(https://www.donga.com/news/article/all/20070918/8491125/1)

커뮤니케이션 실패와 전쟁

정치적·경제적·종교적 갈등에서 야기된 전쟁도 궁극적으로 보면 커뮤니케이션 실패에서 비롯된 것이라 할 수 있다. 앞에서 언급한 것처럼 커뮤니케이션은 어원 자체에 '공유' '공생' '공존' '공동' 같은 협력과 합의 같은 의미를 담고 있다. 공동체를 형성하고 살기 위해서는 상호 간 의사소통이 필요조건이다. 반대로 전쟁은 한 개인이나 집단이 다른 개인이나 집단을 무력적 수단으로 지배하거나 의도를 강요하기 위해 강제력을 행사하는 것이다. 그러므로 전쟁은 상호 간에 커뮤니케이션이 단절된 상태라고 할 수 있다. 어쩌면 전쟁은 커뮤니케이션 실패 혹은 오류의 결과라 할 수 있다.

커뮤니케이션(communication)이란 용어는 "신이 자신의 덕을 인간에게 나누어 준다"는 뜻의 라틴어 'communicare'에서 유래했다. 이후 18~19세기에는 과학 기술 발달로 인해 "한 물체에서 다른 물체로 열이나 에너지가 전달되는 현상"처럼 물리적 자극이 전이되는 의미로 더 많이 사용되어 왔다. 아직도 일부 도서관에서는 커뮤니케이션 관련 서적들을 정보·통신 영역으로 분류되기도 하고, 인터넷 검색 결과에서도 전기통신 개념들과 혼재되어 제공되기도 한다. 물론 이런 현상이 전혀 근거 없는 것은 아니다. 대표적인 커뮤니케이션 모델이라 할 수 있는 'S-M-C-R-E(Sender-Message-Channel-Receiver-Effect)' 모델은 수학자인 섀넌과 위버(Shannon & Weaver)가 통신모형을 차용해 만든 것이다. 더구나 정보통신 기술이 발달하고 인간의 커뮤니케이션 행위를 인공지능이나 빅데이터 같은 이른바 4차산업혁명 기술들이 대체해 나가는 상황에서 물리적 통신 현상과 정신적 의사소통 현상을 엄격하게 분리하기 어려워지고 있는 것이 사실이다.

하지만 일반적으로 알고 있는 커뮤니케이션 개념은 인간들이 상징적 의미를 전달하는 사회 현상을 의미한다. 커뮤니케이션은 '유기체(인간)들이 주어진 환경에서 의미를 창출하고 이해하기 위해 상징들을 사용하는 사회적 과정'이라고 정의된다. 상징적 수단을 이용해 사회구성원들 간에 의사를 전달하고 공유하는 사회적 교류 과정(Gerbner, G., 1956)인 것이다. 물론 인간은 상징적 수단만 가지고 커뮤니케이션하는 것은 아니다. 동작, 표정 같은 행동 심지어 물리적 폭력까지 커뮤니케이션 수단이 될 수 있다. 조직 폭력배들에게는 '법보다 주먹'이 훨씬 분명하고 효과적인 커뮤니케이션 수단일 가능성이 높다. 어찌 보면 물리적 폭력을 사용하는 전쟁은 한 국가나 집단이 자신들의 의지를 표현하는(혹은 상대방을 강압하는) 가장 강력하고 분명한 커뮤니케이션일 수도 있다. 수시로 발사되고 있는 북한의 장거리 미사일도 자신들의 존재감과 전쟁 의지를 가장 효과적으로 과시할 수 있는 '위협적 소구訴求(fear appeal)'일 지도 모른다.

　정치·문화적으로 성숙한 사회일수록 물리적 수단보다 상징적 수단이 많이 사용되는 것이 정상이다. 그렇다면 문명이 발달하고 국가 간 커뮤니케이션이 활성화되면 전쟁은 당연히 줄어들어야 할 것이다. 실제 인터넷·모바일·인공위성 같은 첨단 글로벌 커뮤니케이션 네트워크는 전쟁 가능성을 크게 약화시킨 것이 사실이다. 그럼에도 불구하고 세계대전 같은 대규모 전쟁은 발발하지 않고 있지만 세계 각지에서 크고 작은 국지전局地戰들은 여전히 끊이지 않고 있다. 역설적으로 첨단 커뮤니케이션 기술들이 국가 간 갈등을 더욱 증폭시켜 전쟁 위험성이 커진 측면도 있다.

　앞서 언급한 것처럼 커뮤니케이션은 "상호 의사소통을 통해 경험이나 의견을 공유"하는 공생적 의미를 담고 있다. 반면 전쟁은 "서로 상충되는 이해관계를 해결하기 위해 물리적 폭력을 사용"하는 적대적 의미를 지니고 있다. 커뮤니케이션은 나눔(sharing), 참여(participation), 협력(association), 친교(fellowing)와 같은 '생각이나 믿음의 공유, 공생, 공존을 목적으로 하는 행위'지만(오창호, 2003), 전쟁은 무력을 통해 승자와 패자를 결정짓는 극단적으로 '선善과 악惡'을 구분하는 상호 배타적 행위이다. 그렇지만 최근에 커뮤니케이션 기술이 발달하면서 전쟁 가능성도 함께 증가하는 역설적 상황이 발생하고 있다. 커뮤니케이션이 증가하면 도리어 갈등이 증폭된다는 반대의 논리가 더 설득력이 있어 보인다. 양적으로만 보면 커뮤니케이션 기술 발달이 가속화된 20세기 중·후반 이후 전반적인 무력 충돌 숫자는 줄어들고 있다. 실제로 국가 간 커뮤니케이션 활동이 크게 증가하고 있는 것도 사실이다. 문제는 늘어난 커뮤니케이션 현상이 국가 간 전쟁이나 갈등을 촉발하는 간접적인 원인이 되고 있는 것이다. 이런 현상이 발생하는 이유들은 다음과 같다

첫째, 커뮤니케이션이 전쟁 수행 도구로서 객체화되고 있는 현상이다. 급증하고 있는 첨단 미디어들이 적을 기만하고 사기를 저하시키기 위한 심리전 매체로 더 적극적으로 활용되고 있다는 것이다. 이른바 '평화전쟁' 이라고 일컬어지는 현대 전쟁에서 군사 작전 뿐 아니라 전쟁의 정당성을 확보하기 위한 대·내외 심리전의 중요성이 점점 커지고 있다. 이에 따라 글로벌 미디어들을 이용한 커뮤니케이션 활동이 군사작전에서 차지하는 비중이 커지고 있다.

둘째, 미디어 환경 변화를 들 수 있다. 20세기 후반에 시작된 디지털 미디어 혁명은 국가 간 혹은 글로벌 커뮤니케이션 양상을 완전히 변화시켰다. 가장 큰 변화는 글로벌 네트워크 확대로 국경을 초월한 실시간 커뮤니케이션이 보편화되었다는 것이다. 이보다 더 큰 변화는 휴대폰·인터넷 같은 개인 매체들이 확산되면서 커뮤니케이션 행위를 소수 매스미디어들이 독점할 수 없게 되었다는 점이다. 지금도 거의 모든 지구촌 사람들이 우크라이나 전쟁 상황을 텔레비전이나 신문보다 현지에서 개인들이 SNS에 올린 메시지들을 통해 접하고 있다. 이는 메시지를 제공하는 정보원(source)이 개인화되면서 전통 미디어들의 정보독점이 붕괴되고 있다는 것을 의미한다. 이것 또한 전쟁의 빈도와 커뮤니케이션 양이 비례해 증가하는 원인 중에 하나라 할 수 있다.

셋째, 모바일이나 인터넷을 통해 실시간으로 전파되는 개인 매체들은 갈등과 전쟁을 억제할 수도 있지만 반대로 증폭시킬 수도 있다. 개인 매체들을 통해 확산되는 메시지들은 개인이 직접 경험한 사실이나 의견들을 여과

없이 전파된 것들이기 때문이다. TV나 신문 같은 전통적인 매스미디어들은 뉴스 제작과 편집 과정에서 정확한 사실관계를 확인하거나 객관성과 공정성을 담보할 수 있는 게이트키핑(gatekeeping) 절차를 가지고 있다. 하지만 1인 혹은 소수 사람이 운영하는 인터넷 매체나 개인들은 사실을 확인하고 정제된 표현을 제어할 수 있는 내적 장치들이 없는 경우가 많다. 이 때문에 메시지 내용의 정확성은 물론이고 개인적 감정과 편향성이 그대로 노출되는 경우가 많아 갈등을 증폭시켜 전쟁을 유도하거나 격화시킬 수 있다.

이처럼 디지털 글로벌 커뮤니케이션 네트워크가 발달하면서 전쟁과 커뮤니케이션이 동시에 활성화되고 있다. 평화를 위한 커뮤니케이션과 전쟁을 위한 커뮤니케이션이 함께 증가하고 있는 것이다. 이 같은 역설은 굳이 전쟁 상황이 아니더라도 발생한다. 그 이유는 커뮤니케이션은 모든 사회 영역에서 '교차로(cross road)' 역할을 하기 때문이다. 커뮤니케이션 주체들의 의도에 따라 서로 다른 목적으로 이용될 수 있는 가치중립적 도구인 것이다. 이러한 현상을 두고 마지드 테라니언은 '커뮤니케이션 기술의 이중 가설(two hypothesis of communication technologies)'을 주장한 바 있다(Teranian, M., 1985). 커뮤니케이션 기술은 대중의 정치참여, 다양한 여론조성, 사회적 합의와 같이 민주적으로 활용될 수도 있지만, 반대로 대중을 통제하고 억압하는 반민주적 수단으로 악용될 수 있다는 것이다. 커뮤니케이션은 기술 자체에 내재된 속성이 아니라 이용하는 사람이나 의도에 의해 활용 방향이 결정될 수 있다. 어쩌면 전쟁은 커뮤니케이션 기술이 상반된 목적으로 활용될 수 있는 가장 대표적인 공간이라 할 수 있다.

전쟁과 커뮤니케이션은 어떤 것을 원인 혹은 결과라 단정하기 힘든 상호작용적 관계다. 당연히 전쟁과 커뮤니케이션 행위도 서로 충돌하기도 하고 공존할 수도 있다. 예를 들어, 전시 심리전이나 전시 언론 통제가 전쟁 주체들이 커뮤니케이션 수단을 활용하는 것이라면, 전시 언론 보도는 국가의 전쟁 목표와 충돌하면서 갈등을 빚기도 한다. 전쟁과 커뮤니케이션은 단순 인과론적으로 접근할 수 없는 복합적 관계라 할 수 있다.

전쟁과 평화의 커뮤니케이션

커뮤니케이션은 평화와 전쟁이라는 상반된 목적으로 이용될 수 있는 야 누스와 같다. 어떤 목적으로 이용하느냐에 따라 전혀 상반된 결과를 낳기 때문이다. 또 전쟁의 양상을 바꿀 수도 있고 승패에도 영향을 미칠 수 있다. 전쟁을 격화시킬 수도 있고 반대로 무력 충돌을 억제·완화하는 수단이 될 수도 있다. 전쟁 주체와 미디어 관계에 따라 군사작전에 긍정적으로 기여할 수도 있고 어렵게 만들 수도 있다. 한마디로 전쟁과 커뮤니케이션이 조우하는 형태와 결과는 정형화되어 있지 않고 가변적이다. 그런 측면에서 하워드 프레드릭의 '전쟁과 평화의 커뮤니케이션 스펙트럼'은 잘 정리된 도식이다. 그는 국제관계에서 이용할 수 있는 수단으로 '외교(diplomacy)', '교역(trade)', '커뮤니케이션', '군사력(force)'을 들고 있다. 하지만 커뮤니케이션 없는 외교나 교역이 있을 수 없고, 군대 주둔이나 미사일 발사 같은 군사적 행동들도 설득과 강제를 목적으로 하는 물리적 커뮤니케이션이라고 할 수도 있다. 한마디로 모든 국제관계는 그 자체로 커뮤니케이션 행위이거나 커뮤니케이션 채널을 이용해야만 한다(Frederich, H. H., 219~243). 하워드 프레드릭은 모든 국제활동 수단들을 커뮤니케이션 도구로 보고, 갈등 정도에 따라 커뮤니케이션 행위들을 [그림4]와 같이 도식화하였다.

국제관계는 갈등 정도에 따라 '평화적 관계(peaceful relation)', '논쟁적 관계(contentious relation)', '낮은 강도의 갈등(low intensity conflict)', '중간 강도의 갈등(medium intensity conflict)', '높은 강도의 갈등(high intensity conflict)'로 분류될 수 있다. '평화적 관계'란 자유롭게 뉴스나 정보, 문화가 교류되는 상태이고, '논쟁적 관계'란 국가 간 이익이나 의견이 충돌하면서 외교적 커뮤니케이션 활동이 증가하고, 전쟁과 연관된 여론이 제기되는 상태를 말한다. '낮은 강도의 갈등'이란 군사적 수단을 제외한 정치적, 경제적, 심리적, 외교적 전쟁상태이고, '중간 강도의 갈등'이란 테러나 혁명 수준으로 갈등이 격화된 상태를 의미한다. 마지막으로 '높은 강도의 갈등'이란 군대와 전차, 핵무기까지도 동원될 수 있는 전형적인 전쟁상태를 말한다.

그림4 전쟁과 평화의 커뮤니케이션 스펙트럼

※ Frederich, H. H.(1993)의 224쪽 도식을 일부 수정한 것임.

첫째, '평화적 관계' 단계에서의 국제 활동은 국경을 초월해서 유통되는 뉴스나 대중문화 콘텐츠 등 비폭력적인 커뮤니케이션 활동이 주도한다. 특히 인터넷망을 이용한 글로벌 매체들의 급성장으로 이전의 소수 매스미디어가 지배하던 시대와는 완전히 다른 양상을 보인다. 구글과 유튜브는 공유형 글로벌 플랫폼 시장을 독점하고 있고, 넷플릭스를 비롯한 동영상 스트리밍 사업자들은 지역이나 국가 단위로 분리되어 있던 미디어 시장을 하나로 통합시키고 있다. 이 때문에 1970년대 이후부터 제기되어왔던 '국가 간 정보흐름'이나 '미디어 제국주의' 같은 쟁점들도 다른 차원으로 변화되었다. 특히 글로벌 정보 독점 현상은 빅데이터나 블록체인, 클라우드 컴퓨팅 같은 기술의 등장으로 국가 간 갈등에서 글로벌 플랫폼 기업들 간의 문제로 바뀌었다.

첨단 기술로 무장한 글로벌 미디어를 둘러싼 갈등도 점점 격화되고 있다. 많은 나라에서 구글이나 유튜브의 시장 독점에 대한 규제 요구가 점점 커지고 있다. 넷플릭스를 비롯한 글로벌 OTT에 대해서도 EU를 비롯해 이미 많은 나라들이 규제를 강화하고 있다. 그렇지만 중국·북한을 비롯한 일부 국가들은 서방 국가들의 소프트 파워 유입을 우려해 원천적으로 봉쇄하고 있고, 러시아는 정치적 이유로 인터넷 접근을 제한하고 있다. 그렇지만 평화적 관계에서는 이러한 갈등이 무력 충돌이나 전쟁으로 이어지지는 않는다. 물론 이러한 커뮤니케이션 행위들이 정치적 갈등이나 물리적 충돌로 발전할 가능성이 전혀 없는 것은 아니다. 미국이나 서방 국가들은 소프트 파워(soft power) 심리전 일환으로 비정치적인 대중문화 콘텐츠를 활용하고 있고, 러시아와 중국 같은 권위주의 국가들은 '가짜뉴스'를 이용한 샤프 파워(sharp power) 심리전으로 서방 국가들의 정치적·사회적 혼란과 갈등을 시도하고 있다. 그러므로 평화적 관계에서의 커뮤니케이션 행위와 '논쟁적 관계'나 '낮은 강도의 갈등 관계'의 커뮤니케이션 행위를 명확히 구분하는 것이 쉽지 않다. 특히 평화적 커뮤니케이션 행위로 위장된 샤프 파워 사이버 심리전은 '논쟁적 관계'에 해당되는 '갈등적 언어(the language of international conflict)'나 '낮은 강도의 관계'의 커뮤니케이션 행위인 심리전(psychological warfare), 허위정보(disinformation)에 더 가깝다.

둘째, '논쟁적 관계'에 들어서게 되면 국가 간 외교 활동이나 협상 관련 커뮤니케이션이 급증하게 된다. 특히 국가 간 갈등을 촉진시킬 수 있는 폭력적 언어가 늘어나고 전쟁과 관련된 여론이 급증한다. 이 과정에서 미디어는 주요한 갈등 행위자(media actors in conflicts) 역할을 하게 된다. 외교(diplomacy)란 '한 나라의 정부가 다른 나라 정부와 관계를 형성하거나 의사소통하는 과정, 방법, 수단, 기제들'이다. 이러한 외교 활동에서 커뮤니케이션 통로가 단절되게 되면 폭력적 수단에 의존할 수 밖에 없다(Tran, V. D., 1987, 8쪽). 제1차 세계대전 직전에 유럽 국가들 간에 이해가 첨예하게 대립하면서 커뮤니케이션 수요가 급증하였다. 하지만 당시 외교 채널은 소수 정치지도자들이 직접 만나거나 문서 교환에 주로 의존하였고, 아주 제한적으로 전신 수단이 이용되었다. 정치 엘리트들과 일반 국민들 간의 커뮤니케이션 채널도 거의 없었다. 이러한 커뮤니케이션 지체 현상은 1914년 6월 8일에 발생한 사라예보 사건 한 달 만에 거의 모든 유럽 국가들이 참전을 선언하는 결과를 낳았다.

오늘날은 거의 모든 국가들이 글로벌 네트워크와 첨단 커뮤니케이션 기술을 이용해 실시간으로 의사소통이 가능하다. 국제관계에서 화상회의는 일상적인 일이 되었고, 주요국가 정상들 간에 설치된 핫라인(hot line)은 전쟁 같은 극단적인 무력 충돌을 예방할 수도 있다. 또 국가들의 외교 행위나 협상 과정이 자국민은 물론이고 지구촌 전체에 노출되면서 커뮤니케이션 왜곡이나 오해로 인한 갈등이나 충돌도 최소화할 수 있다. 이는 국제관계에서 일반 사람들의 여론이 큰 영향을 미치게 되었다는 것을 의미한다. '평화전쟁(peace war)'의 등장은 이러한 커뮤니케이션 환경 변화에도 원인이 있다고 할 수 있다.

특히 국가 간 갈등이 시작되는 논쟁적 단계에서 언론 보도가 매우 중요한 역할을 한다. 갈등을 완화하는 조정자가 될 수도 있지만 반대로 갈등을 증폭시키는 촉진자가 될 수도 있다. 제1차 세계대전 전후 주요 신문들의 프랑스와 독일에 대한 논조를 내용 분석한 퀸시 라이트는 언론의 보도 태도가 국제 갈등을 더욱 부추겼다고 결론 내리고 있다. 1911년까지 비슷하거나 도리어 독일에게 우호적이었던 보도 태도가 1914년을 전후로 뒤바뀌었고, 전쟁 중에는 그 강도가 더 커진 것으로 나타났다(Wright, Q., 1965). 이것은 사람들이 이미 전쟁 전에 '심리적 준비상태(psychological preparation)'에 있었다는 것을 의미한다(Deutch, K. W., 1962, 62~73쪽). 특히 언론들의 환경감시(surveillance) 기능이 이러한 심리적 준비상태에 대한 경보 체제 역할을 했다는 것이다(McClelland, C. A., 1977, 35쪽; Singer, J. D., 1965, 248~259쪽).

논쟁적 관계에서 주목해야 할 점은 '국가 간에 갈등적 언어'들이 급증하고 점점 더 강도가 높아진다는 것이다. 모든 나라가 자신들의 공격행위나 무기사용, 비인간적 폭력을 정당한 것으로 포장하거나 상대방을 비하하고 공격할 수 있는 갈등적 용어들을 확산시키게 된다. 제1차 세계대전 발발 훨씬 전부터 독일과 프랑스를 비롯한 유럽 각국들은 자극적인 용어들을 사용해 상대방을 공격했다. 특히 극단적 민족주의 정서는 모든 나라에서 전쟁에 우호적인 여론을 형성하는데 이용되었다. 나치 독일은 우수한 아리안 민족과 열등한 유대인을 대비시켜 자신들의 무력 도발과 비인간적 행위들을 정당화시키려 했다. 또한 냉전 기간 중에 공산국가들은 미국을 '제국주의자'로, 서방 국가들은 소련을 '일당 독재국가'로 공격했다. 2022년에 벌어진 러시아와 우크라이나 전쟁에서도 이런 현상이 반복되었다. 전쟁 발발 전에 러시아는 '우크라이나는 원래 러시아와 한 민족'이라고 주장했다가 개전 초기에는 '우크라이나 정부는 미국의 꼭두각시'로 바뀌었다. 그리고 전쟁이 격화되면서 '네오 나치주의자'라는 극단적 용어로 공격하고 있다. 반면 우크라이나는 '푸틴 대 민주주의의 대결' '작지만 강한 우크라이나' '거짓말쟁이 러시아' 같은 언어로 '열세자 효과(under dog effect)'를 노리고 있다. 이 효과 때문인지 서방 언론들은 '러시아의 침공(invasion of Russsia)'이나 '망하는 전쟁(a falling war)' 같은 용어를 주로 사용하고 있다(송태은, 2022). 실제로 전쟁을 정당화하는데 용어를 어떻게 붙이는가는 매우 중요하다. 전쟁 중에 자주 사용되는 다음 용어들은 매우 은유적이어서 일반 사람들을 혼란스럽게 만들 때가 많다. '실수에 의한 공격(shot by mistake) = 아군의 폭격(friendly fire)', '자산(assets) = 폭탄(bombs)', '부수적 피해(collateral damage)= 무고한 민간인 사상(deaths of innocent civilians)', '강압적 무장해제(assertive disarmament) = 적 무기의 파괴(destruction of enemy weapons)' 같은 표현들이 그렇다(Frederick, H. H., 1993, 224쪽).

셋째, '낮은 강도의 갈등'이란 물리적 폭력 수단을 제외한 정치적·경제적·심리적 전쟁상태를 의미한다. 이 단계에서 가장 핵심적인 커뮤니케이션 행위는 심리전이다. 제2차 세계대전 이후에는 전시 심리전을 제외한 교육, 문화, 과학 같은 국제 심리전은 심리전이란 용어 대신 '공공외교(public diplomacy)'라는 용어를 사용하고 있다. 공공외교는 "외국인들에게 미국과 미국인에 대한 긍정적 가치를 형성해, 미국의 정책이 수립·집행·수용되는데 우호적 여론을 형성하는 것"이 목적이다(Adelman, K. L., 1976, 927쪽). 이는 소프트 파워(soft power) 심리전과도 중첩되는 부분이다. 최근에 공공외교와 소프트 파워 심리전을 모두 통합한 전략적 커뮤니케이션(strategic communication)이라는 용어를 사용하고 있는 것도 이 때문이다. 하지만 이 시기의 심리전은 본격적으로 전쟁에 돌입하기 전에 적대국간에 벌어지는 선전행위들이 주를 이룬다. 구체적인 심리전에 대한 설명은 3장과 4장에서 자세히 다룰 것이므로 여기서는 생략하기로 한다.

최근의 심리전 성격 변화에 주목할 필요가 있다. 제1·2차 세계대전에서 개발된 심리전 목표는 "적대적 수용자들을 선전자의 의도에 동조하게 만드는 것"이었다. 하지만 심리전 경험과 실증적 연구 결과들은 심리전 메시지가 적대적 수용자의 기존 태도를 도리어 강화시키는 효과가 더 크다는 것이 밝혀졌다. 이를 해결하기 위해 서방 국가들은 수용성(receptiveness) 높은 비정치적 소프트 파워를 이용하는 심리전으로 전환하였다. 공산 진영 수용자들이 자발적으로 접근하게 할 수 있는 매력적인 콘텐츠 즉, 뉴스와 대중문화 콘텐츠를 활용한 것이다.

반면에 권위주의 국가들이 선택한 방법은 적국의 정책결정자의 잘못된 판단이나 사회적 혼란을 조성하기 위해 허구의 사실 즉, 거짓 정보(disinformation)을 활용하는 것이었다. 처음에는 심리전 주체를 속이는 흑색 혹은 회색 선전(black & gray propaganda)들이 사용되었지만, 최근에는 SNS를 이용해 가짜뉴스(fake news)를 확산시키는 샤프 파워(sharp power) 심리전으로 진화하였다. 가장 앞서가고 있는 러시아는 2000년 이후 각종 전쟁에서 게라시모프(Gerasimov)가 주창했던 정보전(information warfare) 개념을 조직적으로 활용하고 있다. 더구나 개방형 네트워크를 가진 서방 국가들이 샤프 파워 공격에 특히 취약하다는 점은 소프트파워 심리전에서 열세에 있는 국가들을 비대칭 전략 차원에서 더 적극적이게 만들고 있다.

상대국의 정치적·경제적·사회적 혼란과 갈등을 조성하는 수단으로 사보타주(sabotage)도 있다. 이 과정에서도 미디어가 중요한 역할을 한다. 최근에 창궐하고 있는 가짜뉴스는 특히 더 효과적이다. 실제로 러시아의 가짜뉴스 공격은 미국의 대통령선거나 영국의 브렉시트 투표 등에 큰 영향을 미친 것으로 드러났다. 가짜뉴스를 이용한 사보타즈는 전통적인 언론이나 집단행동보다 훨씬 단기간에 효과를 낼 수 있고, 출처를 규명하기가 쉽지 않고 시간도 오래 걸린다는 점에서 더욱 치명적이다. 이와 함께 상대방의 커뮤니케이션 네트워크를 파괴하거나 무력화시키는 '전파공격(electronic penetration)'도 있다. 전파공격의 역사는 짧지 않다. 이미 1930년대 독일과 오스트리아, 1960~80년대까지 동·서독, 1980~90년대 미국과 쿠바 간 주파수 전쟁이 끊임없이 이어져 왔다(Marks, D., 1982,46~55쪽; Boyd, D. A., 1983, 232~239쪽; Frederick, H,. H.,1986).

이러한 주파수 전쟁은 최근 들어 인터넷망으로 공간을 바꾸어 더욱 치열하게 전개되고 있다. 상대방의 네트워크나 데이터 시스템을 마비시키거나 왜곡시키는 해킹 공격 같은 사이버전으로 전환된 것이다. 특히 개방형 글로벌 네트워크를 보유한 국가들은 가짜뉴스 같은 샤프 파워 사이버 심리전에 고심하고 있다. 우크라이나 침공과 관련된 러시아의 가짜뉴스를 막기 위해 페이스북, 인스타그램, 유튜브, 틱톡을 운영하는 Meta나 구글은 러시아의 글로벌 뉴스 채널 RT(Russian Network)에서 제공하는 내러티브 메시지들을 차단하였다(송태은, 2022). 하지만 개방형 온라인 네트워크 특성상 사전 예방과 완전 차단이 불가능한 것이 현실이다.

넷째, 중간 강도의 갈등이란 전면전은 아니지만 폭력적 갈등이 수반되는 상황이다. 대표적인 경우로 테러리즘(terrorism)을 들 수 있다. 팔레스타인 해방기구(PLO, Palestine Liberation Organization)와 IRA(Irish Republican Army)의 지속적인 테러활동, 알카에다의 9·11 공격, IS(Islamic State)의 테러 공격을 자기들은 전쟁이라고 하지만 엄밀하게 말하면 테러활동이다. 테러는 폭력과 커뮤니케이션이 결합된 현상이다. 폭력이 물리적 수단으로 상대방의 행동을 강제하는 것이라면 선전은 설득 수단을 가지고 강제하는 것이다. 이처럼 테러는 두 가지 수단을 동시에 활용하기 때문에 효과적인 커뮤니케이션 전략이라 할 수 있다. 특히 테러리스트들의 메시지는 자신들은 희생자이고 대상자는 '공공의 적'이 되기 때문에 설득적 효과가 클 수 있다(Schmid, A. P., 1981, 147~167쪽). 이 때문에 미디어의 테러 보도가 테러 집단에게는 '선전의 산소탱크(oxygen of publicity)'처럼 될 수 있고, 테러리스트를 의인화하는 '로빈 훗 효과(Robihoodization Effect)'를 유발할 수도 있다. 테러리즘이 위력을 발휘하는 것은 폭력 그 자체가 아니라 수용자들에게 폭력을 일종의 스토리로 보여 주기 때문이다(Jenkins, B.,1975, 4쪽).

더구나 최근에는 인터넷 매체들이 발달하면서 테러 커뮤니케이션도 한 걸음 더 진보하고 있다. 첫째, 장기간의 대규모 테러보다 단기간의 소규모 테러가 더 효과적이라는 점이다. 그 이유는 테러를 실행하기에 유리한 것도 있지만, 사람들에게 누구든지 언제 어디서나 테러 공격을 받을 수 있다는 위협적 효과가 크기 때문이다. 둘째, 극적인 효과를 노리는 테러들이 늘어나고 있다는 것이다. 9·11 같은 자살 테러가 많아지는 이유는 사람들의 관심을 높여 메시지 확산에 유리하기 때문이다. 셋째, 인터넷과 SNS의 특성을 고려해 불특정 다수가 아닌 특정한 목표 수용자를 대상으로 선별적 효과를 노리는 테러가 많아졌다는 것이다. 이러한 목적으로 많은 테러 집단들이 기존의 아마추어 수준의 '홈 메이드 방송'이 아닌 IS처럼 체계적으로 조직된 미디어 시스템을 가지고 잘 기획된 질적으로 수준 높은 콘텐츠를 만들어 전파하고 있다(Leigh, J., 2018).

다섯째, 강한 수준의 갈등 관계는 무력수단을 동원하여 물리적으로 충돌하는 것을 말한다. 군사력은 자기 의사를 강요할 수 있는 가장 분명하고 강력한 커뮤니케이션 수단이라 할 수 있다. 무력을 사용하는 커뮤니케이션은 군사작전의 한 수단이자 도구가 된다. 여기서 수단이란 전시 심리전 같은 작전의 한 부분이라는 것이고, 도구란 작전을 수행하는 과정에서 정보의 감지, 수집, 저장, 교환, 처리하는 도구가 된다는 의미. 19세기에 군사작전을 보조하는 수단으로 시작된 심리전은 21세기 들어 군사작전의

한 부분으로 부상하고 있다. 또한 조기 탐지, 원격 조정, 정밀 타격을 특징으로 하는 첨단 무기들은 고도화된 커뮤니케이션 기술을 기반으로 개발된 것이다. 정보화 전쟁, 스마트 전쟁, 제5세대 전쟁 같은 개념들은 커뮤니케이션 기술이 전쟁의 중심에 이미 들어와 있음을 의미한다. 또한 군·엔터테인먼트 복합체(military-entertainment complex)처럼 군의 영역을 넘어 민간의 경제·사회적 활동과도 밀접히 연결되어 사회 전반에 미치는 영향이 점점 더 커지고 있다.

전쟁과 커뮤니케이션 학문의 태동

전쟁과 관련된 커뮤니케이션 현상들은 오래전 기록에서도 볼 수 있다. 선사시대 동굴벽화에도 싸움을 묘사한 그림들이 적지 않다. 동·서양을 막론하고 병사들의 사기를 높이거나 적을 기만하기 위한 심리전 사례들도 많다. 심지어 병사들의 복장이나 장신구도 심리전을 위한 커뮤니케이션 도구라 할 수 있다. 이러한 행위들이 전쟁의 승패를 결정짓는 경우도 적지 않다. 적은 병력으로 향수를 자극하는 노랫가락으로 초나라 병사들을 물리쳤다는 유방劉邦의 '사면초가四面楚歌' 이야기는 대표적인 고대 심리전 사례라 할 수 있다. 이뿐 아니라 적을 염탐하거나 전투 상황을 효율적으로 전달하기 위한 커뮤니케이션 수단들도 꾸준히 발전해왔다. 하지만 커뮤니케이션 기술들이 본격적으로 전쟁에 이용되고 승패에 결정적인 영향을 미치게 된 것은 19세기 이후다. 과학혁명과 산업혁명을 거치면서 급속히 발달한 과학적 지식을 바탕으로 19세기 중반 유·무선 통신 기술들이 상용화되기 시작하였고, 20세기 들어서는 영화·라디오·텔레비전 같은 매스미디어들이 등장했기 때문이다.

이러한 배경에서 20세기 초 커뮤니케이션학도 독자적인 학문 분야로 성장하게 된다. 특히 제 1·2차 세계대전은 커뮤니케이션 연구가 태동하는 계기가 되었다. 전쟁을 통해 심리전이 실제 전투만큼 중요하다는 사실이 인식되면서 여러 연구들이 수행되었고, 그 결과들은 커뮤니케이션 학문의 체계화에 크게 기여하였다. 이를 두고 크리스토퍼 심슨(Christopher Simpson, 정용욱(역), 2008)은 커뮤니케이션학을 '강압의 과학(science of coercion)'이라고 규정했을 정도다. 특히 제1·2차 세계대전을 거치면서 초강대국으로 성장한 미국에서 국가의 적극 지원 아래 대대적인 심리전 연구들이 수행되었다. 댄 쉴러(Dan Schiller, 2008, pp. 126~138쪽)가 제기했던 '커뮤니케이션의 군사화(militarization of communication)'는 20세기 초 커뮤니케이션학 태동기부터 시작되었다고 볼 수 있다.

그림5 커뮤니케이션학의 4대 비조

좌로부터 폴 라자스펠드(Paul Lazarsfeld), 해롤드 라스웰(Harold D. Lasswell), 칼 호블랜드(Carl Hovalnd), 쿠르트 레빈(Kurt Lewin). 쿠르트 레빈을 제외한 커뮤니케이션학의 4대 비조들은 직·간접적으로 전쟁에 참여했거나, 전쟁을 배경으로 커뮤니케이션 현상을 연구하였다.

실제로 제2차 세계대전 중 여러 분야의 학자들이 전시 심리전 활동에 참여하였고, 그들의 활동 결과는 커뮤니케이션 학문의 이론적 토대가 되었다. 정치학자 해롤드 라스웰(Harold Lasswell)을 비롯해 사회학의 폴 라자스펠드(Paul Lazarsfeld), 심리학의 칼 호블랜드(Karl Hovland), 사회심리학자 쿠르트 레빈(Kurt Lewin)은 가장 먼저 커뮤니케이션 학문을 인식했다고 해서 '커뮤니케이션학의 4대 비조鼻祖'라고 불리고 있다.

이 가운데 가장 대표적인 사람이 커뮤니케이션 학문의 기초를 다졌다고 평가받는 정치학자 해롤드 라스웰(Harold Dwight Lasswell, 1902~1978)이다. 그는

1926년 『프러시아 교과서와 국제 친선(Prussian Schoolbooks and International Amity)』이란 책을 저술하였다. 이 책에서 라스웰은 제1차 세계대전 전후 독일 교과서들이 '국가적 우월성'이나 '군사적 영웅' 같은 주제를 많이 다루었다고 지적하였다(Rogers, E. M.,1994). 이를 바탕으로 1927년에 '세계대전에서의 선전기법(Propaganda Technique in the World War)'이라는 제목의 박사논문을 발표했다. 이 논문에서 라스웰은 선전을 "의견을 통제하려는 것으로, 이 통제는 의미 있는 상징 즉, 이야기·루머·보도·그림을 비롯한 여러 사회적 커뮤니케이션 형태를 통해 이루어진다(Lasswell, H. D., 1927)"라고 정의하고 있다. 하지만 이 논문은 '즉각 폐기되어야 할 마키아벨리적 교본'이라는 비판 때문에 오랫동안 출판되지 못했다(Dulles, F. R., 1928). 이후에도 라스웰은 1939년에 『전쟁을 이긴 말들(Words that Won the War)』이란 책에서 심리전이라는 용어를 사용하고 "표상을 조작함으로써 인간의 행동에 영향을 미치는 기술"이라고 정의내리고 있다.

두 차례 전쟁을 거치면서 정치학, 사회학 분야의 많은 연구자들이 정부와 군의 체계적 지원 아래 커뮤니케이션 현상을 연구하게 된다. 정치학자인 이디엘 드 솔파 풀(Ithiel de Sola Pool), 모리스 자노비츠(Morris Janowitz), 알렉스 인켈레스(Alex Inkeles), 다니엘 러너(Daniel Lerner) 등이 있고, 사회학자인 레오 로웬탈(Leo Lowental), 에드워드 실즈(Edward Shils) 심지어 프랑크푸르트학파 일원으로 대표적 좌파 성향의 비판이론가 허버트 마르쿠제(Herbert Marcuse)까지도 미국 정부가 지원하는 심리전 연구에 참여하였다(Simpson, C., 정용욱(역), 2006). 이들의 연구 결과들은 제2차세계대전 종전 이후 1950~1960년대 냉전 시기에 모든 사회과학의 최대 관심 분야였던 '국가발전이론(National Development Theory)'이나 '개혁확산이론(Diffusion of Innovation Theory)' 등의 토대가 되었다. 물론 이 연구들은 미국의 대외 선전 활동과 깊이 연관되어 있다(Bah, U., 2008).

특히 제2차 세계대전 중에 미국과 영국이 전시 선전조직을 강화하고 많은 학자들을 총동원해 국가 차원에서 체계적으로 심리전을 연구한 이유는 나치 독일의 선전·선동 위력 때문이었다. 1930년대 나치 독일은 당시 최첨단 매체인 라디오와 영화 등을 이용해 조직적인 선전 활동을 전개하였다. 여기에 물리적 폭력까지 결합한 효율적인 선전·선동기법들을 발전시켰다. 이것이 나치독일 시대 융성하였던 '공시학公示學(Publizistics)'이다. 공시학은 "인간의 공포감과 대중심리에 대한 심리학적 이론과 미디어 메시지 작성과 상징조작 그리고 여기에 물리적 폭력의 공포를 수반하는 심리전 체계를 연구하는 설득커뮤니케이션의 변종 분야"라 할 수 있다. 이 같은 공시학적 이론을 바탕으로 천재적인 선전·선동 활동을 주도한 사람이 독일의 선전상 괴벨스(Paul Joseph Goebbels)다. 괴벨스의 선전·선동전략기법들은 지금도 정치 선전 뿐 아니라 광고·홍보 같은 상업적 목적의 설득 커뮤니케이션 기법으로 활용되고 있다.

이처럼 위력적인 독일의 선전·선동 활동에 대응하기 위해 미국 정부는 체계적인 심리전 연구에 전력하게 된다. 당시 미군은 심리전을 "전장에서의 선전, 우방국 군대를 위한 이데올로기 교육, 국내에서의 사기와 규율 진작과 같은 전시 문제들에 심리학과 사회심리학을 응용하는 것"이라 정의하였다(Simpson, C., 정용욱(역), 2009, 26쪽). 이처럼 전시 심리전에서 시작된 커뮤니케이션 연구는 종전 후 냉전 이데올로기 갈등이 첨예해지면서 더욱 융성하게 된다. 물리적 폭력의 사용이 제한된 냉전(cold war) 상태에서 '말로 하는 전쟁' 즉 심리전이 더욱 활성화되었다. 이런 심리전 연구 결과들은 광고나 PR 분야에서 상업적으로도 응용되었고, 대의민주주의 제도가 확산되면서 정치 커뮤니케이션 같은 민간영역에서도 활용되었다. 지금도 많은 상업광고와 정치 캠페인 기법 중에는 전시 심리전 기법으로 개발된 것들이 적지 않다.

전쟁 패러다임 변화와 첨단 커뮤니케이션 기술

1970년대 들어 동·서 냉전 기류 완화와 정보사회로의 진입은 전쟁과 커뮤니케이션 관계를 크게 변화시키게 된다. 무엇보다 전쟁의 성격이 '대량 살상무기를 이용한 총력전' 개념에서 '군사적 목표만 정밀하게 타격하는 국지전' 형태로 전환되고, 전쟁 수행과정에서의 정당성이 중시되는 '평화전쟁' 개념으로 변화되었다. 이처럼 전쟁 패러다임이 변화하게 된 근본 원인은 첨단 정보통신 기술과 글로벌 네트워크의 발달 때문이다. 특히 전쟁 양상이 다양한 글로벌 미디어들에 의해 실시간으로 중계되면서 국제 여론이 중요한 변수로 부상하였다. 1980년대 인공위성 네트워크를 활용한 글로벌 뉴스 채널 CNN의 급성장, 1990년대 인터넷 보급·확산, 2000년대 모바일 미디어 상용화가 이어지면서 전쟁 패러다임 변화를 더욱 가속화시켰다. 대량 살상무기에 의존하는 총력전 개념 대신에 군사적 목표물만 정밀하게 타격하는 이른바 '스마트 전쟁' 개념이 자리 잡게 된다.

정밀 타격을 중시하는 스마트 전쟁으로 변화하면서 커뮤니케이션 기술이 군사작전의 중심에 위치하게 되었다. 제2차 세계대전 이후 컴퓨터·커뮤니케이션 기술 발달로 무기체계가 근본적으로 변화하게 된 것이다. 오랫동안 주력 무기에서 벗어나 있던 통신 기술들이 전쟁의 승패를 좌우하는 핵심 무기가 되었다. 원격 감시 기술과 정밀 타격을 목표로 한 방위체계가 C$_3$I (Command, Control, Communication & Intelligence)에서 시작해 최근에는 C$_3$I & SR(Command, Control, Communication & Intelligence & Surveillance, Reconnaissance) 개념으로까지 진화했다. 향후에는 네트워크화와 무인화를 축으로 군작전의 효율성을 극대화하는 '네트워크 중심전(NCW : Network Centric Warfare)'으로 발전해나갈 것이다.

여기서 주목할 점은 군사용으로 개발된 첨단 정보통신 기술들은 경제·사회적 활용 목적도 함께 가지고 있다는 것이다. 군과 군수산업체가 연대하는 군산복합체(military-industrial complex)는 멀리는 산업혁명 때부터 존재해왔다. 하지만 최근에는 전통적인 무기가 아니라 할리우드의 연예·오락 산업·ICT 산업체가 결합된 새로운 형태의 '군·엔터테인먼트 복합체(military-entertainment complex)'로 변화되었다. 실제로 4차산업혁명을 주도하고 있는 구글, 페이스북, 아마존 같은 플랫폼사업자들은 기술 개발에 있어 군과 밀접히 연관되어 있다. 특히 군산복합체가 전쟁용으로 개발한 기술을 나중에 민간영역에서 상업적으로 활용하는 '스핀오프(spin-off)' 방식이었다면, '군·엔터테인먼트 복합체'는 군과 민간기업이 함께 기술을 개발하고 동시에 활용하는 '겸용 패러다임(dual-use paradigm)' 또는 민간에서 개발·활용된 기술을 군사적 목적으로 차용하는 '스핀온(spin-on)' 방식으로 바뀌고 있다. 최근 크게 각광받고 있는 메타버스 기반의 시뮬레이션 워 게임(simulation war game)들은 병사 훈련용과 민간 게임프로그램으로 동시에 활용되고 있는 대표적인 군·엔터테인먼트 복합체의 산물이다.

'전쟁은 모든 것의 어머니'라고 한 키틀러(Kittler, F., 윤원화(역), 2011, 33~34쪽)의 말처럼 역사적으로 전쟁은 신기술을 검증하는 시험대가 되어왔다. 무기 발달의 역사가 곧 기술 발달사라 해도 지나치지 않을 것이다. 커뮤니케이션 기술 역시 마찬가지다. 특히 19세기 초·중반 전쟁이라는 물리적 공간은 당시 봇물 터지듯 발명되었던 수많은 유·무선 통신 기술, 사진, 영상 기술들의 실험실이었다고 할 수 있다. 또한 제1·2차 세계대전은 본격적인 매스미디어 시대를 여는 결정적 계기가 되었다. 심지어 키틀러는 "제1차 세계대전 참호가 실험용 생쥐 혹은 신병으로 구성된 최초의 대중 관객을 놓고 실험하는 미디어 연구실"이었다고 풍자하고 있다. 전쟁이 새로운 미디어 기술의 시뮬레이션 공간이었다는 것이다. 기술 징후론(symptomatic technology)을 주장했던 레이몬드 윌리엄스(Williams, R., 1975)는 텔레비전에 필요한 전기, 전송, 사진, 영상 기술들은 19세기 중·후반 개별적으로 발명되었지만, 제1차 세계대전 중에 군사적 목적으로 활용된 후 텔레비전이라는 복합 기술이 탄생했다고 본다.

제2차 세계대전 중에 장거리포의 탄도 정확성을 높이고 전쟁 물자를 효율적으로 통제하기 위해 개발된 컴퓨터 기술은 전후 미·소 우주 경쟁에서 파생된 인공위성, 광섬유, HDTV 같은 정보통신 기술들과 결합해 1970년대 '정보사회(information society)'를 도래시켰다. 때문에 미국을 중심으로 군사적 목적으로 개발한 커뮤니케이션 기술들이 민간영역에서 활용되면서 정보사회가 도래했다는 주장들이 설득력이 있다. 대표적인 미디어 정치경제학자 빈센트 모스코는 정보사회는 기본적으로 군사정보 기술에 바탕을 둔 사회이고, 클라우드 서비스나 빅데이터 같은 4차산업혁명 기술들 역시 군사적 필요에 의해 군의 지원으로 개발된 기술이라고 주장한다(Mosco, V., 2014). 결국 군과 연관된 산업 구조는 자본주의 경제체제를 지탱해가는 중요한 매개체라 할 수 있다. 그럼에도 불구하고 커뮤니케이션 기술과 군사문제에 대한 연구가 생각보다 활발하지 않다는 것은 의외다.

그림6 첨단 장비로 무장한 병사

병사들의 철모에 달린 카메라는 원격에서 현장을 보면서 작전 수행을 위한 장비지만 다른 관점에서 보면 일반 사람들도 전투 상황을 볼 수 있게 만드는 장치다. 오늘날의 전투는 병사들만의 전투가 아니라 모든 사람이 전투 현장을 같이 보면서 간접적으로 참여 혹은 관여하는 구경거리의 스마트 전쟁이 되었다. (https://v.daum.net/v/20180625173225514)

　　전쟁과 관련된 커뮤니케이션 연구는 전시 심리전이나 전시 언론통제 같은 기능적 역할에 대한 관심에서 시작되었다. 하지만 현재는 전쟁 전반에 걸쳐 커뮤니케이션 기술이 차지하고 있는 위치와 영향력에 관심을 기울여야 할 것이다. 글로벌 네트워크와 모바일 미디어로 인해 전쟁 상황과 결과가 실시간으로 전 세계 사람들에게 공개되고, 이는 전쟁 양상과 승패에도 영향을 미치고 있다. 현대 전쟁은 국지전 혹은 제한전 성격이 강하지만 전쟁 양상이나 결과는 지구촌의 모든 사람들이 관람하고 있는 다른 의미의 총력전으로 변화되고 있다. 특히 커뮤니케이션 기술들이 핵심 무기체계로 이동하면서 이런 양상은 더욱 가속화되고 있다. 현대 전쟁은 가지고 있는 모든 커뮤니케이션 자원들을 총동원하여 전개되는 특징을 보인다.

참고 문헌

구영록(1983). 『인간과 전쟁 : 국제정치이론의 체계』 법문사.
송태은(2022). 『러시아-우크라이나 전쟁의 정보심리전 : 평가와 함의』 IFANS 주요 국
　　제문제분석 2022-12. 국립외교원 외교안보연구소
오창호(2003). "맥루한의 매체 철학에 대한 비판적 소고" 『한국언론정보학회 2003 가
　　을철 정기학술대회 발표집』
원태재(1990). "크리미아 전쟁과 영국사 개혁" 『사학지』 통권 제23호.
조맹기(2004). 『커뮤니케이션의 역사』 서강대학교 출판부.

Adelman, K. L.(1976). "Speaking of America : Public Diplomacy in Our Time"
　　Foreign Affairs. Vol. 59.
Bah, U.(2008). "Daniel Lerner, Cold War Propaganda and U.S. Development"
　　Communication Research : An Historical Critique. *Journal of Third World
　　Studies*. Vol. XXV. No. 1.
Ballinger, T. A.(1964). *Diplomatic History of the American People*. New York :
　　Appleton-Century Crofts
Boyd, D. A.(1983). "Broadcasting between the Two Germanies" Jouranalism
　　Quarterly Vol. 60, 232~239.
Deutch, K. W.(1962). "Communications, Arms Inspection, and National Secutity"
　　in Wright, Q., Eva, W. & M. Deutch(eds.) *Preventing World War III*. New
　　York : Simon & Schuster. 62~73.
Dulles, F. R.(1928). *Problem of War and Peace*. Bookman.
Gerbner, G.(1956). "Toward a General Model of Communication," *Audio Visual
　　Communication Review*. Vol. 4. 171~199.
Frederick, H. H.(1986). *Cuban-American Radio War : Ideology in International
　　Telecommunication*. Norwood, New Jersey : Ablex Publishing Co.
　　＿＿＿＿＿＿＿(1993). *Global Communication and International Relations*.
　　Bermont, California : Wadworth Publishing Company.
Glasgow University Media Group(1976). *Bad News*. Routledge & Kegan Paul.
　　＿＿＿＿＿＿＿(1982). *Really Bad News*. Writers and Readers.
Guilaine, J. & J. Zammit(2001). *Le Sentier de la Guerre : Visages de la Violence
　　Prehistorique*. 박성진(역). 2020. 『전쟁의 고고학 : 선사시대 폭력의 민낯』 사회

평론아카데미.

Harari, Y. N.(2011). *Sapiens.* 조현욱(역). 2016. 『사피엔스』 김영사.

Hedges, C.(2003). *What Every Person Should Know about War.* 황현덕 (역). 2013. 『당신도 전쟁을 알아야 한다』 수린재.

Innis, H.(1951). *The Bias of Communication.* Toronto : Univ. of Toronto Press.

＿＿＿＿(1951). *Empire and communication.* Toronto : Univ. of Toronto Press. 김문정(역). 2008. 『제국과 커뮤니케이션』 커뮤니케이션북스.

Jenkins, B.(1975). *High Technology Terrorism and Surrogate War : The Impact of New Technology on Low-Level Violence.* Santa Monica : RAND Corporation.

Leigh, J.(2018). "Terrorist Groups and the 'Oxygen of Publicity'" E-International Relations. https://www.e-ir.info/2018/01/23/terrorist-groups-and-the-oxygen-of-publicity/

Kittler, F.(2002). *Optische Medien : Vorlesung 1999. Berlin : Merve Verlag.* 윤원화 (역). 2011. 『광학적 미디어 : 1999년 베를린 강의 예술, 기술, 전쟁』 현실문화.

Lasswell, H. D.(1927/1971). *Propaganda Technique in the World War.* New York : Peter Smith.

＿＿＿＿＿＿＿＿(1939). *Words that Won the War.* Mock and Larson.

Levi-Strauss, C.(1949). *Les Structure Elementaries de la Parente.* PUF.

Marks, D.(1983). "Broadcasting across the Wall : The Free Flow if Information between East and west Germany" Jouranl of Communication. Vol. 33 No.1. 46~55.

McClelland, C. A.(1977). "The Anticipation of International Crisis : Prospects for Theory and Research" *International Studies Quarterly.* Vol. 21.

Mosco, V.(2014). *To the Cloud : Big Data in the Turbulent World. Paradigm Publishers.* 백영민(역). 2015. 『클라우드와 빅데이터의 정치경제학』 커뮤니케이션북스.

Rogers, E. M.(1994). *A History of Communication Study : A Biographical Approach.* New York : The Free Press.

Schiller, D.(2008). "The Militarization of U.S. Communication," *Communication, Culture & Critique.* Vol. 1. 126~138.

Schumid, A. P.(1981). "Violence as Communication : The Case of Insurgent Terrorism" in Jahn, E.(ed.) *Elements of World Instability : Armaments, Communication, Food, International Division of Labour.* Frankfrut : Campus Verlag, 147~167.

Scott, K(1933). "The Political Propaganda of 44-31 B.C.," in Lumley, F. L.(ed.), *Propaganda Menace*. New York : Appleton-Century.

Simpson, C.(2006). *Research and Psychological Warfare*, 1945~1960. 정용욱 (역). 2008. 『강압의 과학』 선인.

Singer, J. D.(1965). "Media Analysis in Inspection for Disarmament" *Journal of Arms Control*. Vol. 3. 248~259.

Steefel, L. D.(1962). *Bismarck, Hohenzollern Candidacy, and the Origins of the Franco-German War of 1870*. Cambridge, M.A. : Harvard Univ. Press.

Teranian, M.(1985). *The Age of Information : The Dialectics Technology and Mythology*. The Third World.

Tran, V. D.(1987). *Communication and Diplomacy in a Chaging World*. Norwood, N.J.: Ablex.

Tuckman, B. W.(1966). *The Zimmermann Telegram*. New York : Mcmillan.

Williams, R.(1973). *Television, Technology and Cultural Form*. London: Fontana.

Wranghum, R.(1999). "Evolution of Coalitionary Killing," *American Journal of Physical Anthropology*. Vol. 29, 1~30.

_____(2019). *The Goodness Paradox : The Strange Relationship Between Virtue and Violence in Human Evolution*. Princeton Univ. Press.

Wright, Q.(1955). *The Study of International Relations*. N.Y.: Appleton Century Crofts.

_____(1965). *A Study of War, 2nd*. Chicago: Chicago Univ. Press.

제 2 장

공진화 : 전쟁과 커뮤니케이션 연구

커뮤니케이션 연구 실험실

오랜 역사를 지니고 있고 점점 더 중요성이 커지고 있는 전쟁과 커뮤니케이션 관계에 대한 연구들은 생각만큼 많지 않다. 특히 제2차 세계대전 이후 가장 많은 나라들이 참전했던 한국전쟁을 겪었고, 지금도 정전 상태에서 치열한 심리전이 벌어지고 있는 유일하게 냉전 상태로 남아있는 한국에서 관련 연구들이 유난히 적다는 것은 역설적이다. 오랜 기간 한국 사회에서 전쟁 분야는 군과 군인들의 전유물이라는 배타적 의식이 지배해온 것 때문 아닌가 생각된다. 또 많은 군과 전쟁 관련 자료나 기록들이 국가안보 또는 군사기밀이라는 이유로 국가가 독점해 온 것도 또 다른 원인으로 보인다. 프랑스 사회학자인 레이몽 아롱(Raymond Aron)이 군사학 분야에서 가장 높은 권위를 인정받고 있는 'Military Review' 편집장을 오랜 기간 역임했던 것과 크게 대비된다. 실제로 국내 전쟁 관련 논문이나 책 저자들 중에 전·현직 군인들이 많은 것이 사실이다.

이처럼 협소한 연구 환경은 양적으로 뿐 아니라 연구 내용에서도 볼 수 있다. 특히 커뮤니케이션 현상과 관련된 전쟁 관련 연구들은 적기도 하지만 그나마 있는 것들도 주로 단편적 사건이나 사례들을 기술한 것들이어서 학문적 접근과는 거리가 있다. 심지어 1970~1980년대 대학가를 중심으로 크게 유행했던 이데올로기 혹은 정치·경제학적 시각에서 접근하는 미디어 산업의 군사적 연관성에 관한 연구들도 그리 많지 않다. 또한 미국의 커뮤니케이션 연구자들에 의해 많이 연구된 한국전쟁을 배경으로 한 심리전 연구들조차도 정작 국내 학자들의 연구물들은 많지 않다. 그런 의미에서 한국전쟁 중에 있었던 다양한 커뮤니케이션 현상들을 지속적으로 분석해 결과를 발표하고 있는 김영희(2015, 2012, 2010, 2009, 2008, 2007)의 연구들은 의미가 있다. 최근 들어 인터넷 플랫폼과 글로벌 네트워크 같은 첨단 커뮤니케이션 기술의 군사적 의미와 전쟁 성격 변화에 미치는 영향에 대한 국제정치학 분야의 연구들이 발표되고 있다(김상배, 2020, 2021). 그렇지만 커뮤니케이션 학계만 놓고 보면 전쟁과 관련된 연구들이 매우 적은 것이 현실이다.

선사시대부터 21세기 디지털 시대에 이르기까지 전쟁과 커뮤니케이션은 끊임없이 조우하면서 밀접한 관계를 맺어왔다. 당연히 두 현상 간의 관계를 이해할 수 있는 연구가 필요하다. 특히 전쟁과 커뮤니케이션 모두 여러 요인들이 복합적으로 얽혀있는 현상이라는 점에서 다양한 접근 방법들이 혼용된 일종의 메타 연구(meta research)가 필요하다. 개별 전투나 전쟁에서 발생했던 커뮤니케이션 현상들을 분석·기술하는 연구도 나름대로 가치가 있지만, 전쟁과 커뮤니케이션 간의 유기적 관계를 분석적으로 이해하는 접근법이 요구된다.

전쟁과 커뮤니케이션 간의 관계는 전쟁 주체나 전쟁 과정이 커뮤니케이션 행위나 기술을 주도적으로 활용·통제하는 것인지, 반대로 커뮤니케이션 행위나 기술이 전쟁에 영향을 미치는 주체인지 나누어 생각할 수 있다. [표1]에서 보는 것처럼, 전쟁 행위자들이 주체적으로 전쟁 목표 달성을 위해 커뮤니케이션 수단들을 통제하고 활용하는 형태와 커뮤니케이션 조직이나 기술이 전쟁의 형태와 결과에 영향을 미치는 경우로 구분된다. 전자에는 심리전과 전시 언론 통제, 첨단 커뮤니케이션 테크놀로지를 기반으로 하는 네트워크 전쟁이나 스마트 전쟁이 포함된다. 한편 커뮤니케이션 조직이나 행위가 주체가 되는 것에는 전쟁 보도가 있다. 이때 군사작전이나 전투행위들은 미디어의 뉴스 소재 즉, 객체가 된다. 전쟁 보도는 전쟁과 관련된 사실들을 일반 사람들에게 전해주는 국민의 알 권리를 대신하는 행위다. 또한 군 또는 전쟁과 연관된 군수산업체 특히 커뮤니케이션 기술과 관련된 '군·엔터테인먼트 복합체'는 원래 군이 주도해 군사적 목적 아래 성장한 산업이지만, 결과적으로 이들 산업체들이 전쟁의 특성을 변화시키고 전쟁과 관련된 환경을 조성하는 역할로 변화된 경우다.

여기서 주목해야 할 점은 전쟁 주체들과 커뮤니케이션 조직이나 기술은 상호 연대하거나 충돌하게 된다는 것이다. [표1]의 좌측 상단에서 보듯이, 군의 전시언론통제와 미디어의 전쟁 보도는 항상 충돌해 왔다. 이기는 것에 절대 가치를 두는 전쟁의 속성과 국가안보 논리는 언론의 취재행위와 본질적으로 갈등 관계일 수밖에 없고 어쩌면 영원히 해결방안이 없는 난제일 수도 있다. 그런데 흥미로운 것은 언론의 전쟁 보도와 군사작전 간에 이해관계가 맞아 떨어져 상호 협력하거나 암묵적으로 공존하는 현상이 점점 늘어나고 있다는 점이다. 19세기 중반 황색언론(Yellow Journalism) 경쟁은 상업적 이익을 위해 애국심을 부추기는 선정적 전쟁 보도가 미국 정부의 이해관계와 부합하면서 결국 미국-스페인 전쟁으로 이어졌다. 이 같은 현상은 1991년 걸프전쟁 이후 애국주의 보도로 다시 부활하고 있다. 특히 '실리우드(sylliwood)'라 일컬어지는 첨단 기술이 동원된 전쟁 영화들은 전쟁 영웅, 애국심 고취, 물리적 응징의 정당성 등을 전파해 전쟁 의식을 고취시키고 있다(김상배, 2006). 특히 군과 ICT, 게임산업, 영화·오락 분야가 결합된 군·엔터테인먼트 복합체는 시뮬레이션 워 게임을 매개로 한 새로운 형태의 협력 관계를 형성하고 있다.

표1 전쟁과 커뮤니케이션 연구 분야

		커뮤니케이션 활동·조직·기술	
		주 체	객 체
전쟁	주체	전시언론통제 vs. 전쟁보도 스마트전쟁 vs. 군엔터테인먼트 복합체 전쟁 주체 vs. 상업적 언론보도	심리전 전시언론통제 스마트전쟁(네트워크 중심전)
	객체	전쟁 보도 군·엔터테인먼트 복합체	-

심리전

심리전은 "전쟁 수행과정에서 다양한 커뮤니케이션 수단들을 이용해 상대국의 병사나 국민들의 전쟁 의지를 저하시키기 위한 의도적 활동"이다. 심리전의 역사는 전쟁의 역사 아니 인간의 역사만큼 오래되었다. 서양에서는 B.C. 1245년 기드온(Gideon)이 적이 잠들어 있을 때 나팔을 불고 항아리를 깨뜨려 3백 명의 병사로 미디안(Midianities) 대군을 격파해 7년간 학대받던 이스라엘을 구출하고 40년간 태평을 누리게 했다는 내용이 성서에 기록되어 있다. 동양에서는 『사기史記』에 나오는 항우와 유방의 '사면초가四面楚歌'가 대표적 심리전 사례라 할 수 있다. 이 같은 전쟁 혹은 전투 중에 병사들을 상대로 행해지는 전시 심리전 이외에도 전쟁 전·후 혹은 전쟁 수행 중에 대내·외 민간인들을 상대로 하는 대내 심리전도 있다.

심리전이 본격적으로 체계화된 것은 19세기 대중사회가 등장하고 본격적으로 총력전이 전개된 제1·2차 세계대전을 통해서다. 산업혁명 이후 선보인 대량 살상 무기들과 국민국가의 등장은 전쟁 참전국들이 국운을 걸고 모든 자원을 총동원해 싸우는 총력전(total war) 양상으로 전쟁 성격을 변화시켰다. 이 과정에서 민족이나 국가 같은 이데올로기 요소가 전쟁 승패에 큰 영향을 미치게 되면서 물리적 수단만큼 중요한 역할을 하게 된다. 특히 제1차 세계대전은 근대적 형태의 심리전이 본격적으로 활용된 전쟁이다. 그 이유는 프랑스 파리 외곽에 형성된 전선을 두고 밀고 당기는 진지전을 벌였기 때문이다. 제1차 세계대전이 장기간 진지전으로 전개 된 원인에 대해서는 여러 해석이 있지만, 가장 결정적인 이유는 철조망, 기관총 같은 무기체계 변화에 기존의 군사 전략이나 전술이 따라가지 못한 것 때문으로 보고 있다. 이로 인해 5년 내내 양측 진지에는 상대방의 병사들의 사기를 떨어뜨리기 위한 심리전 전단이 마치 눈처럼 쏟아져 내려왔다고 묘사된 기록들도 있다. 리네바아거(Linebarger, P. A., 1954, 62쪽)는 "제1차 세계대전은 심리전을 부수적인 것에서 주요 무기로 변화시켰고, 결국은 전쟁을 승리로 이끈 무기가 되었다"라고 기술하고 있다. 한마디로 제1차 세계대전은 특정 공간에서 벌어지는 국지전局地戰(local war 혹은 brushfire war)이나 사용 가능한 무기가 제약받는 제한전(limited war)에서 심리전이 더 활발해질 수 있다는 것을 극명하게 보여주었다.

한편 제2차 세계대전은 전시 심리전이 조직화되고 체계적으로 운영되는 전환점이 되었다. 그 원인은 나치 독일과 소비에트 러시아가 국내 정치에서 사용했던 선전기법들과 대중 조직들을 전시 심리전에 그대로 사용했기 때문이었다. 이들의 심리전을 보고 리네바아거(Linebarger. P. A., 1954, 78쪽)는 조직적 선전술은 권력을 획득·유지하려는 어떤 목적도 정당화하는 '수단에 의한 목적의 파괴(the destruction of the end by the means)' 현상을 확산시켰다고 지적하고 있다. 즉, 효과적인 선전과 심리전을 이용하면 원하는 어떤 것도 성취할 수 있다는 인식을 형성했다는 것이다. 이는 심리전을 거짓, 선동, 조작 같은 부정적인 활동으로 인식하게 만드는 계기가 되었다. 이러한 부정적 인식에도 불구하고 제2차 세계대전은 아직도 정치 캠페인이나 상업 광고 등에서 활용되고 있는 주요 선전기법들이 개발된 전쟁이었다.

제2차 세계대전 종전 후 형성된 동·서 냉전체제는 자본주의와 공산주의가 극단적으로 대립하지만 사용할 수 없는 핵무기로 인해 열전 양상으로 확전되지 않는 상태를 말한다. 그렇지만 한국전쟁이나 베트남 전쟁처럼 냉전 중에도 크고 작은 국지전들은 꾸준히 지속되었다. 물론 한국전쟁과 베트남 전쟁은 전쟁 성격이나 양상, 전쟁을 바라보는 국제 분위기 등에 있어 현격한 차이가 있었다. 한국전쟁이 서방 국가들의 적극적 지원 아래 치뤄진 전쟁이라면, 미국에게 베트남 전쟁은 기간 내내 '명분 없는 개입' '제국주의 전쟁' 같은 국·내외 비판에 시달리다 패배한 치욕적 전쟁으로 기록되고 있다. 전문가들은 압도적 군사력을 가지고도 미국이 패배한 원인을 심리전 실패에서 찾고 있다. 실제 미군 참전에 대한 비판 여론은 미군 수뇌부 전략에도 영향을 미쳐 전쟁 양상을 변화시키기도 하였다. 후에 리처드 닉슨(Richard Nixon) 대통령은 '베트남 전쟁은 월맹이나 베트콩과의 전투에서 진 것이 아니라 미국내 전투에서 패배한 전쟁'이라고 말하기도 했다.

1990년대 들어 심리전은 새로운 국면으로 전환된다. 1992년 걸프전쟁에서 처음 선보였던 CNN 현장 화면은 심리전 성격 자체를 변화시키게 된다. 글로벌 뉴스 미디어들이 쏟아내는 민간인 살상과 피해, 전투 중 비인간적 학살, 전쟁으로 고통 받는 현장 화면들이 군사작전에 영향을 미치는 이른바 'CNN효과(CNN effect)'라는 신조어까지 만들어냈다. 이제 'CNN효과'의 의미는 크게 약화되었지만, 유튜브, 페이스북, 트위터, 인스타그램 같은 SNS가 활성화되면서 그 현상 자체는 여전히 지속되고 있다. 언론이 아닌 개인이 직접 올리는 현장 화면들이 모든 사람들을 온라인 공간에서 전투에 참여하게 만들고 있는 것이다. 1970년에 마샬 맥루한(McLuhan, M., 1970, 66쪽)이 '제3차 세계대전은 군과 민간인이 구분되지 않는 게릴라 정보전쟁이 될 것(World War III is a guerilla information war with no division between military and civilian participation)'이라 했던 예측이 실현되고 있는 셈이다.

특히 국·내외 여론 압박을 의식해 전쟁 목표와 작전 수행 등에 있어 정당성 확보가 중요한 '평화전쟁' 개념이 일반화되면서 전시·비전시를 막론하고 대·내외 심리전이 더욱 부각되고 있다. 이에 따라 현대 전쟁에서 심리전은 군사 심리전 개념을 넘어 다양한 형태의 국가 간 커뮤니케이션 활동을 포괄하는 글로벌 커뮤니케이션 현상으로 확대되었다. 누구나 실시간으로 전 세계를 상대로 자유롭게 메시지를 주고 받을 수 있는 상황에서 국가나 군이 심리전 활동을 완전히 독점할 수 없게 된 것이다. 특히 여러차례 개입 전쟁을 치루면서 전쟁의 정당성 확보가 중요하다는 것을 인식한 미국은 '전략적 커뮤니케이션(strategic communication)' 개념을 도입하게 된다(박휘락, 2009). 군사적 심리전과 비군사적 선전 활동을 명확히 구분할 수 없는 상황에 맞추어 심리전이란 용어 대신 다양한 커뮤니케이션 수단들을 복합적으로 활용하는 '전략적 커뮤니케이션' 개념이 등장한 것이다.

심리전 연구는 아주 오래전부터 전쟁과 커뮤니케이션을 연결하는 중요한 연구 주제였다. 실제로 심리전 관련 연구들은 커뮤니케이션 학문의 초석이 되었고, 광고·PR 기법이나 정치 커뮤니케이션 이론들을 도출하였다.

특히 최근에는 글로벌 네트워크나 스마트 미디어들을 활용한 심리전 활동들은 국제커뮤니케이션 연구에서 차지하는 비중이 점점 커지고 있다. 또한 심리전 커뮤니케이션 기술 발달과 사례들은 커뮤니케이션 역사를 연구하는 데도 중요한 자료가 되고 있다.

전쟁 보도

전시 심리전 연구와 더불어 가장 오래된 전쟁 관련 커뮤니케이션 연구 주제가 전쟁 보도 혹은 전시 언론보도와 관련한 것들이다. 언론 보도는 학문으로서 커뮤니케이션학이 태동하게 된 원천이다. 19세기 중반 대중신문이 성장하고 뉴스 작성 능력을 가진 기자 수요가 늘어나면서 저널리즘(journalism) 학과가 등장하였다. 지금은 전공 분야가 세분화되고 새로운 연구 분야가 등장하고 있지만 여전히 커뮤니케이션학의 중심은 저널리즘이라 할 수 있다. 저널리즘의 어원은 '매일 매일의 간행물'이라는 뜻의 라틴어 'diurna'에서 나왔다. 매일 새로운 소식들을 기록해서 배포한다는 의미다. 여기서 중요한 점은 기록해서 배포할 만한 가치가 있는 사건이 무엇인가 하는 것이다. 이를 커뮤니케이션학에서는 '뉴스가치(news value)'라고 한다.

저널리즘 관점에서 볼 때 전쟁은 뉴스 가치가 매우 높은 사건이다. 전쟁이 가지고 있는 시사성(timeness)·영향력(influence) 같은 경성 뉴스(hard news)로서의 가치는 물론이고 극단적 폭력 상황은 인간적 흥미(human interest)를 유발할 수 있는 연성 뉴스(soft news) 가치도 함께 지니고 있기 때문이다. 이러한 이유로 전쟁 보도는 언론의 중요한 환경감시 기능이면서 극한적 갈등이라는 인간적 관심거리로 언론사의 상업적 이윤을 높일 수 있는 아주 유용한 상업적 소재다. 그렇지만 전쟁은 국가 존망 혹은 국가이익과 직접 관련된 사건으로 언론들이 완전히 자유롭게 취재할 수 없는 대상이다. 또한 일반 사건들과 달리 중립적 관찰자 시각에서 '객관성(objectivity)'을 유지하는 것이 매우 어렵다.

이로 인해 언론의 전쟁 보도는 항상 실용적 또는 학술적 논쟁의 대상이 되어 왔다. 영국 BBC는 제2차 세계대전 중에 독일 전쟁 수뇌부까지 보도를 듣고 전황을 파악했다는 이야기가 있을 정도로 객관적이었다. 1982년 영국·아르헨티나 간 포클랜드(Falkland) 전쟁 중에는 '아군(our army)'이 아니라 '영국군(British army)'이라 호칭하고, 포클랜드 섬을 '영국이 자신의 땅이라고 주장하는 섬'이라고 표현하는 등의 중립적 태도를 견지하였다. 특히 아르헨티나 국방장관을 TV로 연결해 인터뷰하는 것을 보고 마가렛 대처 영국 수상이 크게 분노해 'BBC 칙허장(Royal Charter)' 재교부를 거부하려 했다는 뒷이야기도 있다. 또한 2003년 미국의 이라크 공격에 동참한 토니 블레어 정권에 대한 BBC의 비판적 태도는 유명하다. 이러한 BBC 전쟁 보도 조차도 보는 시각에 따라 공정성을 벗어나 애국주의 보도 성향에 치우친다는 평가를 받기도 한다. 'Glasgow University Media Group'은 BBC의 북아일랜드 분쟁 보도가 매우 편파적이고 사실을 은폐하고 있다고 비판하면서, BBC 보도를 '나쁜 뉴스(Bad News)'라고 규정하였고 1980년에는 '진짜 나쁜 뉴스(Really Bad News)'라고 더 강하게 비판하고 있다(Glasgow University Media Group, 1976, 1980, 1985).

언론의 객관성(objectivity)이란 용어의 등장도 전쟁과 관련되어 있다. 제1차 세계대전 중에 미국 AP통신사의 뉴스 판매 전략에서 나온 것이기 때문이다. AP통신사가 연합국과 주축국 어느 편에도 서지 않고 객관적으로 유럽에서의 전쟁을 보도하겠다고 발표한 것이다. 이는 양측 모두에게 뉴스를 팔기 위한 상업적 의도에서 나온 것이다(Schudson, M., 1978). 지금은 언론의 객관성이 언론사나 기자의 주관적 판단을 배제하고 객관적 사실만 보도한다는 윤리적 기준으로 인식되고 있지만 원래는 언론의 상업주의에서 나온 개념이다.

전쟁은 상대방에게 물리적 폭력을 사용하는 행위로서 인간적·윤리적 관점에서 접근하기 힘든 행위다. 전쟁 보도 또한 국익과 충돌하기도 하고 저널리즘 기본 원칙을 고수하기 어려운 영역이다. 이로 인해 전쟁 보도는 취재 과정에 많은 제약이 따르게 되고 국가이익 혹은 군 수뇌부와 자주 충돌하기도 한다. 근대적 형태의 신문이 전쟁을 보도하기 시작한 18세기 말부터 지금까지 전쟁보도는 국익에서 완전히 벗어나 본 적이 거의 없다. 이 때문에 앞의 [표1]의 좌측 상단처럼, 언론 보도가 전시 언론 통제와 갈등하지 않고 서로의 이익을 위해 협력 관계를 넘어 밀착하는 경우가 발생하기도 한다.

로빈슨 등(Robinson, P. et al., 2009)은 전쟁 보도를 정부와 군 수뇌부 같은 전쟁 주도층 시각으로 접근하는 '엘리트 추동적 모형(elite-driven model), 언론사가 독립적으로 자체 게이트키핑을 거쳐 제공하는 '독립적 보도 모형(independent model)', 순수하게 전쟁 중에 발생한 사건을 중심으로 보도하는 '대항적 보도 모형(oppositional model)' 혹은 '사건 추동적 모형(event-driven model)으로 구분하고 있다. 그렇지만 언론의 전쟁 보도는 특정 보도 양식이 지속되지 않고 전쟁 상황에 따라 '자율적이면서 동시에 정부 의존적인 이중적 태도'를 보인다는 평가가 많다(Bennet, W. L. & S. Livingston, 2003). 하지만 20세기 후반부터는 전장과 비전장을 분명히 구분하기 힘들고 전쟁 수행과정에서 국·내외 여론의 중요성이 부각되면서 도리어 국가와 언론이 점점 강하게 밀착하는 엘리트 추동형 모형이 늘어나고 있는 추세다.

언론사들의 상업적 동기와 국가의 언론 통제 정책이 연대하는 현상은 새삼스러운 일은 아니다. 신문이 급성장하던 19세기 중반에 본격적인 대중신문 시대에 들어서면서 상업주의와 애국주의가 결합된 전쟁 보도들이 나타나게 된다. 더 나아가 애국주의를 상업적으로 이용하는 선정적인 보도가 전쟁으로 이어지기도 했다. 1892년 '뉴욕 월드(New York World)'와 '뉴욕 저널(New York Journal)' 간 신문 판매 경쟁에서 비롯된 선정적 전쟁 보도는 결국 미국-스페인 전쟁으로 이어졌다. 퓰리처(Joseph Pulitzer)와 허스트(William Randolph Hearst)라는 양대 신문그룹 간에 벌어진 황색언론(Yellow Journalism) 경쟁은 그것이 얼마나 위험한 것인가를 잘 보여준 사건이다.

최근 다양한 매체들이 등장하고 경쟁이 격화되면서 선정적 전쟁 보도 성향이 더욱 기승을 떠는 느낌이다. 미국을 포함한 많은 나라에서 '자국중심주의', '전쟁 영웅과 영웅적 행동을 부각시키는 신화창조 보도', '선정적 애국주의 보도' 성향이 점점 더 강해지고 있다. 신자유주의 사조가 만연되면서 힘의 우위를 통해 자국의 이익을 극대화하려는 국제 분위기, 시뮬레이션 워 게임 확산 등으로 인한 보수화 경향, 미디어시장에서의 경쟁 심화 등이 원인이다. 아마 미국이 2000년 이후 이라크 공격 등 중동 지역 공격에 자신감을 갖게 된 배경에 Fox TV 같은 보수 성향 언론들의 애국적 전쟁 보도가 있다고 해도 지나치지 않을 것이다.

이와 함께 전쟁 보도가 전쟁 주체인 국가와 군의 언론 통제와 공조 혹은 연계하는 현상도 늘어나고 있다. 2003년 이라크 공격 때 처음 사용된 'embedded program'은 긍정적 평가도 있지만 전쟁 보도가 군사작전 도구로 변질되었다는 지적도 받고 있다. 프로그램에 참여해 제공받은 정보들은 단편적이고 탈 맥락적인 보도를 유도한다는 점에서 군과 언론 간에 정서적 동질감이 형성되는 일종의 '스톡홀름 증후군(Stockholm syndrome)'이라고 비판받기도 한다(Pfau, M.et al., 2004). 이는 언론사나 취재기자가 의도와 관계없이 심리전 도구로 이용될 수 있다는 것을 의미한다.

심리전은 전쟁 주체들이 전략적, 전술적 목적으로 커뮤니케이션 수단을 이용하는 것이고, 전쟁 보도는 전쟁과 관련된 사실들을 국민들에게 알려주는 미디어 행위로서 전쟁이나 전쟁 주체들이 보도 대상인 객체가 된다. 그렇지만 전쟁과 관련된 사실들을 정확하고 신속하게 대중에게 알려야 한다는 당위론이 자칫 군사작전에 차질을 빚을 수도 있고 때로는 적에게 유리하게 이용될 수 있다고 군 수뇌부는 우려하고 있다. 이것이 전쟁 보도와 국익 혹은 국가안보를 목적으로 하는 전시 언론 통제가 충돌하는 원인이다. 특히 최근에는 언론사들이 경제적 이유 때문에 자발적으로 군사작전의 도구화되고, 그 대가로 획득한 정보들을 안보상업주의 소재로 사용하는 경향이 급속히 늘어나고 있는 것이 사실이다.

전시 언론 통제

앞서 언급한 것처럼 전시 언론 통제는 전쟁 보도와 상호 충돌하는 행위다. 전쟁을 지도하고 수행하는 정부나 군 입장에서 볼 때 언론의 자유로운 취재행위는 자칫 작전 수행에 방해가 될 수도 있고 적에게 유리한 결과를 초래할 수도 있다. 반면 전쟁이라는 특수 상황을 감안하더라도 과도한 언론 통제는 언론의 자유를 제한하고 국민의 알권리를 침해할 수 있다. 실제로 많은 사람들은 국가안보나 전쟁 관련 정보도 중요한 '알권리(right to know)'의 대상이라고 생각하고 있어, 전시 언론 통제는 심심치 않게 갈등이 야기되고 논란이 되기도 한다. 심지어 가장 높은 수준의 언론 자유가 허용되고 있다는 미국에서조차 전시 언론 통제와 국가안보 문제는 정치적·법적 분쟁으로 이어지기도 한다.

물론 대부분의 민주주의 국가에서 국가안보나 군사작전을 명분으로 한 언론 통제는 과거에 비해 크게 줄었다. 오랫동안 군과 언론사 간 관행으로 정착되어 온 엠바고(embargo) 같은 장치들도 점점 무력화되어가고 있다. 통제 방법도 직접 검열이나 통제보다 언론과 군이 협력하는 간접 방식으로 변화하고 있는 추세다. 무엇보다 매체가 급증하고 개인들도 직접 실시간으로 메시지를 전파할 수 있는 디지털 미디어 시대에 들어서면서 완벽한 전시 언론 통제가 점점 더 불가능해지고 있다는 것이다. 그럼에도 국가안보와 국민의 알 권리 간에 발생하는 이익 충돌은 여전히 계속되고 있다.

기록으로 남아있는 최초의 전시 언론 통제는 미국 남북전쟁 발발 직후 전쟁법 제57조에 의해, 전쟁부 장관 에드윈 스탠튼(Edwin Stanton)이 '전쟁부 또는 야전 지휘관의 사전 승인을 받지 않은 군사작전과 관련된 어떤 전보·통신도 금지한다'는 행정명령을 발동한 것이다. 이 명령을 거절한 신문은 기사를 전송하는 전신과 신문보급 수단인 철도 이용을 불허하였다. 이런 통제가 가능했던 이유는 1789년에서 1845년까지 재직했던 우체국장 12명 중 6명이 고위급 장교 출신이었고(Williams, W. A.,1980), 미국의 우체국은 10마일 이내 간격으로 군사적 모형(military model)에 의해 구축되었기 때문이다(John, R., 1995, 133~134쪽; Hafen, S. R., 1969, 54쪽). 물론 개별 지휘관들에 의해 취재기자 접근을 금지하거나 추방하는 일도 일상적으로 벌어졌다.

전시 언론 통제가 체계화된 것은 제1·2차 세계대전을 거치면서다. 언론 통제의 목적은 적의 심리전 활동에 대응하는 것이었다. 미국은 제1차 세계대전이 발발하자 심리전 전담 기구인 '공공정보위원회'(PIC : Public Information Committee)를 설치하였고, 취재기자 통제와 보도 검열은 유럽 원정군 사령부 보도 검열관 프레드릭 팔머(Frederick Palmer)가 주도하였다. 위원장 조지 크릴(George Creel)의 이름을 따 '크릴 위원회'라고도 불렸던 '공공정보위원회'는 전쟁 관련 보도 자료와 '퍼싱의 십자군'(Pershing's Crusaders)' 같은 홍보영상을 제공하는 등 대내 선전 활동을 전개하였고, 보도 검열과 취재 통제는 야전 부대 단위로 이루어졌다.

그림7 미국 전시언론 통제 책임자들

좌로부터 조지 크릴(George Creel), 프레드릭 팔머(Frederick Palmer), 엘머 데이비스(Elmer Davis), 바이런 프라이스(Byron Price). 이들은 모두 전직 언론인 출신으로 전시 언론 통제가 군의 일방적 취재 제한이 아니라 군과 언론과의 적절한 관계를 조정하는데 있다는 것을 보여주었다.

제2차 세계대전 중에는 대·내외 심리전 활동이 더욱 체계화된다. 대통령 직속 '전쟁 정보처'(OWI : Office of War Information)'가 언론인 출신인 엘머 데이비스(Elmer Davis)를 책임자로 전쟁 관련 뉴스를 통제하는 역할을 담당하였다. 특히 1941년 진주만 기습 이후 '제1차 전쟁 수권법'(The First War

Power Act)'에 의해 '보도 검열처(Office of Censorship)'가 설치되고, AP통신사 편집장 출신인 바이런 프라이스(Byron Price)를 책임자로 임명하였다. 이처럼 전시 언론 통제는 대·내외 심리전 활동과 밀접히 연관되어 있고, 특히 언론인 출신 인사들이 책임자로 임명되었다는 것은 언론사를 통제하면서 협력하는 것이 매우 중요하다는 사실을 보여준다.

전시 언론 통제는 전쟁이라는 비상사태를 전제로 한다. 국가안보와 국익을 전제로 언론의 취재 활동에 대한 국가 개입과 통제가 정당화될 수 있기 때문이다. 당연히 비전시 혹은 평화 분위기에서 언론 통제의 정당성은 약해질 수밖에 없다. 그렇다고 전쟁이 끝났다고 해서 전시 언론 통제가 완전히 사라진 것은 아니다. 물론 제1차 세계대전 중에 엄청난 영향력을 지녔던 공공정보위원회는 전쟁이 끝난 뒤 해체되었고, 고립주의 외교정책이 부활되면서 심리전 활동도 위축되고 군 관련 언론 통제도 줄어들게 된다. 그 배경에는 '퍼싱의 십자군(Pershing's Crusaders)' 같은 극단적 선전 영상에 대한 거부감, 1925년 미국의 군사정책을 비판한 빌리 미첼(Billy Mitchell) 공군 참모총장 재판, 1932년 참전 병사들의 '보너스 행진(Bonus March)'에 대한 무력 진압 등으로 군에 대한 국민들의 인식을 악화시킨 것도 있었다.

제2차 세계대전 종전 후에도 마찬가지였다. 종전 후에는 전쟁부 산하 '홍보국(Public Relations Bureau)'만 유지되었는데, 주로 군 예산과 관련된 홍보활동에만 주력해 사실상 군 관련 언론 통제가 완전히 없어졌다고 할 수 있다. 이 시기에 주목할 것은 록하트(Jack H. Lockhart)의 활동이다. 그가 국방부의 공보책임자 콜린스 중장에게 제출한 보고서에 이후 30년간 미국의 전시 언론 통제의 기본 원칙이 기술되어 있기 때문이다. 이 보고서 내용은 1950~1970년대 초까지 미군의 언론 통제 패러다임인 '정직 작전(operation condor or maximum condor)'의 토대가 되었다.

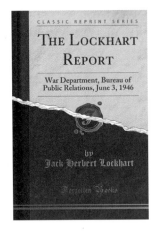

그림8 록하트(Lockhart) 보고서

"군은 (언론에게) 협력 여부를 떠나 뉴스의 출처 (source of news)가 된다 … (군에 대하여) 비판적 뉴스를 만들어내는 가장 확실한 방법은 나쁜 뉴스를 막으려고 노력하는 것이다 … (군은) 보여져야 하거나 보여지 길 원하는 것이 아닌 있는 그대로를 보여주어야 한다(present the Army as it is, not as it ought to be or would like to be)"

1950년 한국전쟁 초기에는 록하트가 제안한 '정직의 원칙'이 그대로 적용된 것처럼 보인다. 실제로 한국전쟁 초기에 모든 전황과 작전이 비교적 자유롭게 보도된 측면이 있다. 이는 한국전쟁은 냉전 초기에 매카시 선풍 같은 강경 분위기와 유엔 동의하에 참전한 전쟁이라는 점에서 군과 언론 사이에 큰 갈등 없이 취재행위가 이루어졌기 때문이다(Mueller, J. E., 1981). 특히 인천상륙작전 성공으로 언론 보도가 미국 내에서 긍정적 여론을 형성하는데 기여하였다. 하지만 중공군 개입과 전쟁의 장기화 등으로 전황이 악화되면서 전쟁 중반 이후에는 언론 보도에 대한 통제가 강화되게 된다. 특히 맥아더 사령관이 1932년에 있었던 '보너스 행진'을 강력하게 진압했던 것처럼 언론에 대한 통제 인식이 강했던 것도 취재 활동을 제한하게 된 이유 중에 하나일 수 있다.

베트남 전쟁 역시 초기에는 정직 작전 패러다임이 그대로 적용되었다. 개입 초기에 미 군부는 말단 소대까지 종군기자 동반 취재를 허용할 정도로 개방적이었다. 하지만 잔인하고 비인간적인 전투 장면들이 여과 없이 뉴스로 전파되면서, 베트남 전쟁에 대한 국민들의 인식이 나빠지게 되자 결국 언론 통제를 강화하게 된다. 특히 1968년 구정 공세 이후 전황이 악화되고 군의 통제를 피해 유출된 전투 장면들이 보도되면서 언론과 군의 갈등은 종전 때까지 지속되었다. 우호적 관계가 갈등 관계로 전환되는 '위대한 결별(great divorce)'이 이루어진 것이다. 베트남 전쟁 종료 후 미국 정부는 자유롭게 허용된 취재 활동이 국내·외 여론을 나쁘게 만들어 반전운동을 유발한 것이 패전 원인 중의 하나라고 판단하였다.

1990년대 이후 등장한 '평화전쟁' 개념은 전쟁 목표와 수행과정의 정당성을 요구하게 된다. 무엇보다 군사작전이나 전투 상황에 대한 투명성과 진실성이 중요하다. 군사시설이 아닌 민간인에 대한 공격이나 반인륜적 전투행위는 국·내외 비판 여론에 시달리게 된다. 군사적 목표물만 정확하게 공격하는 '정밀타격'과 민간인 피해를 최소화하는 '깨끗한 전쟁(clean war)' 또는 '스마트 전쟁(smart war)' 개념이 등장하게 된 것이다. 하지만 깨끗한 전쟁이란 원천적으로 있을 수 없다. 그것은 미디어에 깨끗하게 비추어진 전쟁일 뿐이다. 실제로 1991년 제1차 걸프전쟁에 보여주었던 이른바 '재미있는 전쟁', '게임 같은 전쟁'은 고도화된 전시 언론 통제의 결과물이라고 할 수도 있다.

취재 활동을 제한한다는 인상을 주지 않으면서 언론 보도 통제를 처음 시도한 것은 미국이 아니라 영국이다. 1982년 포클랜드 전쟁 당시 영국군은 작전 종료 때까지 기자들을 후방 함대에 대기시켰다가 전장을 깨끗이 정리한 후 현장 취재를 허용하였다. 이에 대해 '철저히 계산된 잘 조직된 PR 쇼'라는 비판도 있었지만(Mercer, D. et al., 1987), 영국을 비롯한 서방 국가들의 지지 여론을 조성하는데 크게 기여했다는 상반된 평가도 함께 받았다. 미국은 1980년대 그레나다 침공, 파나마 공격 같은 몇 차례 전쟁을 통해 새로운 전시 언론 통제 방법을 시험하였다. 그리고 1992년 걸프전쟁에서 전투 중에 기자들의 현장 접근을 통제하고 브리핑을 통해 뉴스거리를 제공하는 방식을 사용하였다. 비록 CNN의 피터 아네트(Peter Arrnet) 기자가 바그다드 시내에서 SNG 카메라를 이용해 폭격 장면, 민간인 피해 화면을 실시간으로 중계한 'CNN효과(CNN effect)' 때문에 반감되기는 했지만,

슈왈츠코프(H. Norman Schwarzkopf Jr.) 사령관의 정규 브리핑, 미사일에 장착된 카메라로 찍은 영상들이 미디어에 활용되면서 스마트 전쟁 이미지를 형성했던 것으로 평가받고 있다.

그림9 노먼 슈왈츠코프 사령관과 피터 아넷 기자

1991년 걸프전쟁은 연합군 사령관 슈왈츠코프의 전황 브리핑과 CNN 피터 아넷 기자의 현장 보도가 맞붙은 미디어 전쟁이라고 해도 지나치지 않다.
(https://www.voanews.com/a/retired-gulf-commander-general-norman-schwarzkopf-dies/1573697.html ; https://ew.com/article/2003/03/31/nbc-fires-peter-arnett-iraqi-tv-interview/)

이후에도 미군은 아이티 공격, 소말리아·코소보 내전 등을 통해 기자들의 현장 접근을 효과적으로 제한하고 여론에 유리한 정보를 미디어에 제공하는 'Media Pool System'을 정교화 시켜나갔다. 그 결과 2003년 이라크 공격에서 기자들을 전장에서 떨어진 후방부대나 함대 등에 미리 배속시켜 병사들과 함께 생활하면서 전투와 작전 관련 정보들을 제공받는 '임베디드 프로그램(embedded program)'이 실행되었다. 이 역시 긍정·부정 평가가 공존한다. 제한적이지만 현장 접근이 가능하고 부대 내에서 다양한 루트를 통해 비교적 정확한 정보를 알 수 있었다는 점은 좋은 평가를 받았다. 반대로 실제 병영에서 함께 생활하는 것은 자연스럽게 '군의 시각(military vision of war)' 혹은 '미국적 시각(american perspective)'을 유도하는 통제 시스템이라는 비판도 받고 있다(Johnson, T. J. & S. Fahmy, 2010).

어쩌면 전시 언론 통제는 바람직하지는 않지만 필요한 제도라 할 수 있다. 국가안보와 국민의 알권리가 충돌하기도 하고 연계되기도 하는 지점이기 때문이다. 전통적으로 전시 언론 통제 혹은 검열이 '전시 언론 실천 요강(Code of Wartime Practice for the American Press)' 같은 자율규제 혹은 합의 형태로 유지해 온 이유도 여기에 있다. '임베디드 프로그램' 역시 국가이익이라는 명분 아래 군과 언론이 협력하면서 각자의 목표에 근접할 수 있게 하는 일종의 협력프로그램인 셈이다. 군의 통제 방식을 받아들이면 더 많은 뉴스거리를 편리하게 제공받을 수 있다는 일종의 교환 관계로 볼 수 있다. 그러나 비판적 시각에서 보면 이 역시 위장된 통제 제도 즉, '자기검열(self-censoring)'의 한 형태로 보일 수 있다.

전시 언론 통제와 관련해 최근의 변수는 소수 언론매체만 통제하는 것으로는 효과를 기대할 수 없게 되었다는 점이다. 다양한 언론 매체를 비롯해 인터넷을 통해 어떤 제약도 받지 않는 수많은 개인 매체들이 활동하고 있기 때문이다. 새롭게 등장하고 있는 '전략 커뮤니케이션' 개념은 이 같은 환경 변화에 대응해 다양한 매체들을 복합적으로 활용하는 방식이다. 하지만 전략 커뮤니케이션은 아직 추상적이고 지나치게 광범위해 국가의 공공 외교 혹은 해외 정보활동들과 명확히 구분된다고 보기 어렵다. 물론 전시·비전시 커뮤니케이션 활동에 대한 구별도 분명치 않다. 이 때문에 전략 커뮤니케이션 활동은 전시 언론 통제와 심리전이 혼재되면서 혼선을 야기할 가능성이 높다. 그러므로 전쟁과 평화 양날의 칼이 될 수 있는 국가 간 커뮤니케이션 현상에 대한 새로운 연구 접근이 요구되고 있다.

커뮤니케이션 무기체계

전쟁과 커뮤니케이션이 연계된 영역 중 최근 들어 관심이 커지는 분야는 커뮤니케이션 무기 체계가 아닐까 싶다. 그 이유는 전쟁의 보조적 수단에 불과했던 커뮤니케이션 기술이 전쟁 승패를 좌우하는 핵심 무기체계가 되었기 때문이다. 전쟁은 언제나 새로운 기술을 탄생시키는 실험실 역할을 해왔다(Winthrop-Young, G., 2002, 825~854쪽). '필요는 발명의 아버지'라는 말처럼 전쟁은 가장 절박하게 기술 개발 필요성이 분출되는 환경이기 때문이다. 전쟁이 커다란 역사적 전환점이 되었던 이유도 전쟁 중에 만들어졌거나 응용된 새 기술들 때문이라 할 수 있다. 인간이 석기시대를 완전히 벗어나기도 전인 B.C. 16세기에 히타이트(Hittite)는 철제무기와 바퀴가 달린 수레 전차를 이용해 중·근동 지역에서 막강한 제국을 구축했다. 몽골 제국이 동아시아에서 동유럽까지 인류 역사상 가장 넓은 영토를 지배할 수 있었던 이유 중에 하나가 말을 탄 상태에서 병사들이 자유롭게 무기를 사용할 수 있게 만든 '등자(stirrup)'의 발명이었다. 16세기 이후 유럽 국가들이 제국주의 전쟁을 통해 수많은 식민지를 손쉽게 확장할 수 있었던 것도 근대 과학기술에 힘입은 화약 무기 때문이었다.

전쟁의 승패를 좌우했던 기술들 모두가 처음부터 무기로 개발된 것은 아니다. 아주 오랫동안 전쟁을 지배해 온 창과 활 같은 무기는 원래 사냥을 위해 개발되었고, 철도, 선박, 비행기 같은 운송 수단들도 전쟁용으로 발명된 것은 아니었다. 반대로 전쟁과 전혀 무관해 보이는 기술들이 군사적 목적으로 만들어진 것들도 있다. 통조림은 나폴레옹 군대가 장거리 원정에 필요한 식량을 오래 보관하기 위해 공모를 거쳐 발명된 것이다. 전자레인지, 스팸 통조림, 햄버거 같은 이른바 정크 식품들도 전쟁용으로 간편하게 먹기 위해 개발된 것이다(Nowak, P. 이은진(역), 2012). 심지어 포르노 비디오도 전쟁의 부산물 중에 하나다. 키틀러가 제1차 세계대전 참호가 최초의 대중 관객을 놓고 실험하는 미디어 연구실이었다고 한 것은 병사들을 위로하는 수단으로 포르노 영상물이 제작되었다는 뜻이다(Kittler, F., 윤원화(역), 2011; 노왁(Nowak, P., 이은진 (역), 2012) 유튜브 동영상을 올리고 페이스북에 사진을 공유할 수 있는 인터넷은 미 국방부가 군사용으로 개발한 것이지만, 상업적 포르노 산업에 가장 적합한 기술이었다고 주장한다. 실제 포르노 영상물은 폴라로이드 카메라, VCR, 케이블TV, 영화, 영상통화, 컴퓨터, 인터넷 등 모든 뉴미디어를 확산시키는데 결정적 역할을 해 온 것이 사실이다(Coopersmith, J., 1998, 94~125쪽).

전쟁에 사용하기 위해 개발 혹은 응용된 기술에 당연히 커뮤니케이션 기술들도 있다. 깃발이나 봉화 같은 전송 수단들은 선사시대부터 전투 목적으로 사용되었다. 그렇지만 19세기 중반 과학혁명에 힘입어 유·무선 통신 기술들이 등장하기 전까지는 커뮤니케이션 기술은 전쟁의 중심에 있지 않았다. 지리적으로 좁은 지역에서 벌어지는 전역戰域(campaign, 요즘 선거전 개념으로 사용하는 캠페인이라는 용어는 여기서 유래한 것이다) 수준의 전투에서는 신속하게 멀리 메시지를 전달할 수 있는 커뮤니케이션 수단들이 필요하지 않았을 것이다. 반대로 그런 커뮤니케이션 기술이 없었기 때문에 광범위한 전투가 불가능했을 수도 있다. 하지만 19세기 초·중반 유·무선 통신 기술들이 연이어 발명되면서 커뮤니케이션 기술은 전쟁의 성격을 근본적으로 변화시키고 중심에 위치하게 된다. 모스(Samuel morse)의 무선전신(1837), 벨(Bell)의 전화(1876), 마르코니(Marconi)의 무선전신(1896)은 전쟁을 이전과 전혀 다른 양상으로 변화시켰다.

첫째, 전장의 크기 변화로 모든 병사들을 특정 지역에 군집시키지 않더라도 원격 통신 수단을 이용해 병력 분산 운용이 가능하게 되었다. 그 결과 소규모 전술(tactics) 중심의 전투 개념에서 광범위한 지역에서 대규모 병력을 활용하는 전략(strategy) 개념으로 변화하게 된다. 둘째, 모든 자원과 인력을 동원하는 총력전(total war)으로의 전환이다. 국민 개병제에 기반을 둔 최초의 총력전 개념은 18세기 말 ~19세기 초 나폴레옹에 의해 처음 시작되었다. 그렇지만 당시만 해도 대규모 병력을 효율적으로 분산해 운영할 수 있는 커뮤니케이션 수단이 없었다. 만약 신속한 통신수단이 있었다면 워터루 전투(Waterloo War)에서 나폴레옹 본진이 프러시아 군 등장으로 위기에 빠졌을 때, 그루시(Grouchy)가 이끄는 3만 3천의 병사들이 다른 지역에서 허송세월하지 않았을 지도 모른다. 이후 등장한 무선 통신 기술들은 대규모 병력을 체계적으로 분산 운용할 수 있게 해주어 본격적인 총력전 시대를 열게 된다. 셋째, 유·무선 통신 기술 발달은 화기 특히 장거리 포의 정확성을 높이는 데 결정적 역할을 한다. 산업혁명을 통해 대량 생산된 살상 무기 특히 장거리포의 위력은 얼마나 정확성을 높이느냐가 매우 중요하다. 이 때문에 목표물을 정확하게 측정하는 탄도학은 군사학에서 가장 중요한 분야가 되었고, 적의 위치와 포격 결과를 정확하고 신속하게 감지·판단할 수 있는 군사용 정보·통신 기술들이 더욱 빠른 속도로 발전하게 된다.

그림10 미국 남북전쟁 당시 신문에 실린 통신선 설비 그림 (A. R. Waud)

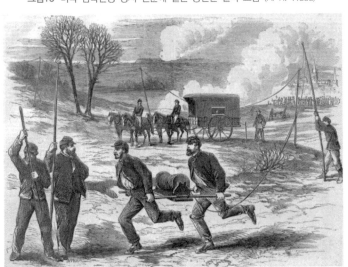

미국 남북전쟁은 통신·열차 같은 근대적 기술이 처음 사용된 전쟁이었다.
(https://n-news.com/2019/12/antique-communication/)

무엇보다 커뮤니케이션 기술 발달은 더 넓은 공간과 더 많은 병력과 무기를 동원 가능하게 해 전쟁의 절대 규모를 확대시켰다. 무선 통신 기술과 열차 같은 대량 수송 수단이 처음으로 전쟁에 동원된 것은 미국 남북전쟁이다. 이후 제국주의 국가들은 식민지 확보를 위해 무엇보다 철도와 통신망을 가장 먼저 구축하였다. 그 결과 제1·2차 세계대전은 커뮤니케이션 기술들이 군사작전의 중심으로 이동하는 전환점이 되었다. 제1차 세계대전이 유·무선 통신, 영상, 사진 같은 기술들이 활용된 전쟁이라면, 제2차 세계대전은 컴퓨터 같은 정보 기술들이 전쟁목적으로 개발된 전쟁이었다. 제2차 세계대전 종전 후 동·서 냉전체제에서 시작된 핵무기 개발과 미소 우주개발 전쟁은 정보·통신 기술이 군사 전략의 핵심에 위치하게 되는 결정적인 계기가 되었다. 핵전쟁을 예방할 수 있는 원격 방어 무기들의 중심에 커뮤니케이션 기술들이 서게 된 것이다.

그림11 제1차 세계대전 무선 통신에서 21세기 C₄ISR 방어체제로

(좌) National Archive/Official German Photograph of WWI 소장
 (https://www.theatlantic.com/photo/2014/04/world-war-i-in-photos-technology/507305/)
(우) Hershey, P. & Wang, M. (2013). "Composable, distributed system to derive actionable
 mission information from intelligence, surveillance, and reconnaissance (ISR) data" IEEE
 System Conference.

대규모 전쟁을 통해 개발된 정보통신 기술들은 전후에 민간영역에서 활용되게 된다. 제1차 세계대전 종전 후에는 라디오·텔레비전 같은 매스미디어 시대가 시작되었고, 제2차 세계대전과 미소우주경쟁 이후인 1970년~80년대에는 컴퓨터, 인공위성, 광섬유 같은 기술을 바탕으로 정보화 사회가 도래하였다. 더 나아가 21세기 들어서는 인공지능, 빅데이터 같은 군사적 목적이 연계된 기술 개발을 촉진시켜 4차산업혁명 시대를 여는 배경이 되었다.

여기서 우리는 군사적 목적으로 개발된 커뮤니케이션 기술들이 민간영역에서 활용되는 방식에 주목할 필요가 있다. 즉, 군사적 목적에서 군과 민간기업 그리고 연구 집단이 함께 개발한 기술들이 민간영역에서 상용화

되어 경제적 이익을 추구하는 시스템을 '군산복합체(MIC : Military-Industrial Complex)'라고 한다. 군산복합체라는 용어를 처음 사용한 사람은 공교롭게도 제2차 세계대전 영웅인 아이젠하워 미국 대통령이다. 대통령 임기를 마치기 직전에 군산복합체의 영향력을 경고한 것이다. 그렇지만 군산복합체의 역사는 19세기 중반까지 거슬러 올라간다. 산업혁명 당시 영국 해군과 군함 제조업자들 간의 협력 관계에서 근원을 찾기도 한다(이내주, 2015). 하지만 군산복합체가 본격적으로 성장한 것은 제1·2차 세계대전 기간이다. 군산복합체를 매개하는 제품은 매우 광범위하지만 주로 비행기, 군함 그리고 총기·대포 같은 살상 무기들이 주를 이루었다. 의약품, 화약, 식품들과 마찬가지로 통신·정보 기기들이 중심에 위치하지는 않았다.

그림12 아이젠하워 대통령

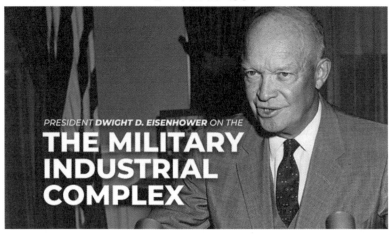

군·산복합체라는 용어를 처음 사용하고 그 위험성을 경고한 사람이 공교롭게 군 출신 아이젠하워 대통령이다. 이것은 그가 제2차 세계대전을 승전으로 이끈 사람으로, 군·산복합체의 위력을 잘 이해할 수 있었기 때문이라는 역설적 해석도 가능하다.
(https://nickrobson.net.ky/2018/02/17/the-intelligence-industrial-complex)

하지만 제2차 세계대전 중에 위력을 발휘한 레이더와 컴퓨터에 이어 동·서 냉전기에 우주개발 경쟁의 산물인 다양한 정보·통신 기술들이 군산복합체 중심으로 부상하게 된다. 1970~1980년대 정보사회로의 전환을 군산복합체가 주도한 것이라는 주장도 여기에 근거하고 있다. 대표적인 미디어 정치경제학자인 허버트 쉴러(Schiller, H., 1986, 강현두(역), 1990, 17~39쪽)는 1960년대 이후 제조업 분야에서 국제경쟁력을 상실한 미국이 세계 경제 패러다임을 절대 우위에 있는 군사적 목적으로 개발된 정보 기술들을 축으로 하는 정보 경제 패러다임으로 전환한 것이라 주장한다. 이를 두고 19세기 중반부터 이어져 온 미국의 '커뮤니케이션 군사화(militarization of communication, Schiller, D., 2008)', '군사화된 정보사회(militarization of information society, Mosco, V., 1989)'라고 규정하기도 한다. 특히 빈센트 모스코는 『환상을 누르는 단추(Pushbutton Fantasies)』라는 책에서 제2차 세계대전 이후 급성장한 미국 정보산업의 재정적 후원자가 국방부라는 점을 강조하고 있다(Mosco, V., 1982). 최근에는 빅데이터와 클라우드 서비스의 가장 큰 고객이 미 국방부로 4차산업혁명을 주도하고 있는 첨단 정보통신 산업의 중심에 군산복합체가 위치하고 있다고 지적하고 있다(Mosco, V., 2014, 백영민 (역), 2015).

그렇지만 전통적인 군산복합체와 커뮤니케이션 기술을 매개로 한 군산복합체와는 작동 원리에서 차이가 있다. 앞서 언급한 것처럼 기존의 스핀오프(spin-off) 방식이 아닌 '민군 겸용 패러다임(dual-use paradigm)' 혹은 '스핀온(spin-on)' 방식이 혼용되어 사용되고 있다(홍성범, 1994; 송위진, 1992). 인터넷이 1950년대 미 국방부가 추진했던 '반자동 지상 통제 시스템(SAGE :Semi-Automatic Ground Environment)'을 고도화하기 위해 '국방고등연구계획국(DARPA: Defense Advanced Research Project Agency)'이 주도해 개발한 '스핀오프' 기술에 가깝다면, 구글 맵(google map)은 민간기업이 국방부의 지원을 받아 군사적 목적과 상업적 목적을 함께 가지고 개발된 것이라 할 수 있다. 군과 민간 영역에서 동시에 활용되면서 4차산업혁명을 이끌었던 것이다. 최근 폭발적으로 성장하고 있는 클라우드 서비스(cloud service) 또한 데이터를 분산·저장함해 외부 공격으로부터 C6I & SR의 신뢰도를 높이기 위한 군사 기술이다. 세계 최대의 클라우드 서비스 '아마존 웹 서비스(AWS,

Amazon Web Service)'의 가장 큰 고객은 미 국방부와 군이다. 하지만 클라우드 서비스 또한 군사적 목적과 함께 민간영역에서 더 활발히 이용되고 있다.

앞서 설명한 것처럼 첨단 정보·통신 기술에 바탕을 둔 전쟁을 '스마트 전쟁(smart war)', '클린 전쟁(clean war)', '시뮬레이션 전쟁(simulation war)' 같은 그럴듯한 용어들로 표현하고 있다. 적의 공격을 신속하게 감지·대응해 민간인 피해를 최소화하고, 첨단 정보 기술들을 이용해 공격 목표만 정밀 타격하는 인간미 넘치는 전쟁이라는 의미다. 스마트 전쟁 개념이 처음 등장한 것은 1980년대 초 미국 레이건 정부가 소련의 미사일 공격을 첨단 정보 추적 장치를 이용해 조기에 포착하고 대기권 밖에서 무력화시키기 위해 추진한 '전략적 방어계획(SDI : Strategic Defence Initiative)'이다. 흔히 '별들의 전쟁 프로젝트(Star Wars Project)'라 불리는 이 계획은 핵무기 사용을 억제하는 '상호확증파괴(MAD : Mutual Assured Destruction)' 패러다임에서 벗어나 군사적 주도권을 확보하기 위한 것이다. 하지만 소련 붕괴로 동·서 냉전이 종식되면서 이 계획은 폐기되고, 첨단 정보통신 기술에 기초한 스마트 전쟁 개념으로 전환되었다. 한때 논란이 되었던 'THAAD(Terminal High Altitude Area Defense)'도 스마트 전쟁의 한 단면이라 할 수 있다.

그렇다고 '스마트 전쟁'이 결코 신사적이거나 깨끗한 전쟁은 아니다. 1991년 걸프전쟁에서 처음 등장했던 이 용어는 침략전쟁이나 무차별 공격 같은 나쁜 이미지에서 벗어나 평화롭고 정의로운 전쟁이라는 인상을 주기 위한 정치적 수사에 가깝다. 물론 정교한 정보·통신 기술을 이용한 정밀타격으로 대량 살상과 무차별 공격은 최소화할 수 있다. 하지만 그보다 우리의 전쟁이 인간적이고 평화적이라는 인식을 심어주려는 여론조성 목적이 더 강하다. 이러한 스마트 전쟁 즉, 깨끗한 전쟁, 정의의 전쟁 이미지를 대중들에게 각인시키는데 결정적으로 기여한 것이 바로 '시뮬레이션 워 게임(simulation war game)'이다.

엄청난 이용자를 확보하고 있는 스타크래프트(Starcraft)나 LOL(League of Legend) 같은 '시뮬레이션 워 게임'들은 원래 병사 훈련용으로 개발된 소프트웨어를 민간용 오락 게임으로 상용화된 것이다. 이러한 '시뮬레이션 워 게임'을 매개로 군과 게임개발자, ICT사업자 그리고 할리우드 연예·오락 산업체들이 연대하는 새로운 형태의 군·산 복합체가 형성되게 된다. 특히 게임 오락의 실재감(presence)과 몰입감(immersiveness)을 극대화하기 위해 인공지능이나 가상·증강현실(VR/AR) 기술까지 접목시키면서 군과 산업체 협력 관계는 더욱 복잡해진다. 이처럼 '시뮬레이션 워 게임'을 매개로 하는 군·민 연합체를 기존의 군산복합체와 구별해 '군·엔터테인먼트 복합체'(Military Entertainment Complex)'라 부른다(Lenoir, T. & L. Caldwell, 2018).

그림13 브레이스 스털링

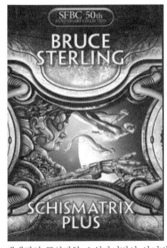

세계적인 공상과학 소설가이면서 사이버 펑크 장르 개척자인 브레이스 스털링도 자신의 활동이 군·엔터테인먼트 복합체라는 틀 안에서 활동하는 엔터테이너(entertainer)라고 고백하고 있다. 이는 디지털 미디어 영역에서 군·엔터테인먼트 복합체가 차지하고 영향력을 엿볼 수 있다.

앞에서 설명한 것처럼 군·엔터테인먼트 복합체들은 기존의 군산복합체와 달리 군과 산업체가 함께 개발하고 동시에 활용하는 '민·군 겸용 패러다임' 더 나아가 상업적으로 활용된 기술을 군에서 사후에 활용하는 '스핀온' 방식으로 작동된다. 더 나아가 군사적 목적과 상업적 이익뿐 아니라 오락·연예·게임 같은 엔터테인먼트 요소까지 가미해 애국심·물리적 응징 같은 정치적·군사적 의식 형성 역할도 하고 있다. 이 때문에 정치·경제학적 분석 뿐 아니라 심리적·사회적 영향에 대한 학문적 접근이 활성화되고 있다.

'시뮬레이션 워 게임' 이용자들의 의식과 행동에 미치는 효과를 실증적으로 연구한 결과들은 생각보다 많다. 전쟁 같은 폭력 현상을 일상적인 것으로 인식시켜 총기 난사 같은 게임 중독으로 인한 폭력성을 유발할 수 있다는 것이 정설로 받아들여지고 있다. 특히 주 이용자층인 청소년들에게 애국심, 폭력적 응징의 정당화, 영웅주의, 정치적 보수화 경향에 대한 실증 연구들이 많이 발표되고 있다(Breuer, J. F. et. al., 2012, 215~237쪽). 실제로 2000년대 초반 미국에서 폭발적으로 인기를 끌었던 'America's Army' 게임은 군 지원자를 늘리는데 크게 기여한 것으로 평가받고 있다. '시뮬레이션 워 게임'은 대중들에게 국제적 갈등을 해결하는데 있어 군 조직이나 무기 체계를 긍정적으로 인식하는 '군사주의적 태도(militaristic attitude)' 혹은 '군사주의(militarism)' 분위기를 확산시키고 있는 것이 사실이다. 이 때문에 1960년대 텔레비전 폭력물에 대한 장기간 노출이 청소년의 폭력 성향을 강화시킨다는 거브너(George Gerbner)의 '배양효과(cultivation effect)'가 워 게임을 통해 다시 주목받고 있다(Festl, R, et al., 2013, 392~407쪽).

실제로 '시뮬레이션 워 게임'을 매개로 형성된 군·엔터테인먼트 복합체는 공중에게 군에 대한 좋은 이미지를 심어주는 PR도구이면서 동시에 군 지원자를 늘리고 병사들을 훈련시키는 수단이 되고 있다(King, C. R. & D. J. Loenard, 2010; Lenoir, T. & H. Lowood, 2003). 그럼에도 불구하고 우리나라에서는 군·엔터테인먼트 복합체라는 연구는 물론이고 용어조차 생소한 상태다. 세계 최대의 '시뮬레이션 워 게임' 소비국이면서 동시에 세계에서 6번째로 많은 군 예산을 사용하는 우리나라에서 이와 관련된 연구들이 전무하다는 것은 아주 의외다.

이처럼 전쟁과 커뮤니케이션 관련 연구들은 여러 영역에서 다양한 접근 방법에서 수행되고 있다. 커뮤니케이션 전공자들에게는 아주 익숙한 많은 커뮤니케이션 이론들이 전쟁을 배경으로 연구되었거나 전시 상황에서 실증적으로 분석된 것들이다. 그렇지만 전쟁과 커뮤니케이션 현상을 연계해 체계적으로 접근한 학술 연구들이 의외로 적다. 특히 우리나라가 더욱 그렇다. 아마도 민간 연구자들이 전쟁이라는 현상이나 용어에 대한 부정적 선입관 때문에 회피하는 경향도 있고, 연구 결과들도 학문적으로 크게 인정받지 못하는 경우가 많기 때문 아닌가 생각된다. 무엇보다 앞서 언급한 것처럼 전쟁은 군과 군인들만의 독점 영역이라는 오랫동안 고착되어온 고정관념에서 벗어나지 못하고 있는 것도 또다른 원인으로 생각된다.

참고 문헌

김상배(2021). "디지털 플랫폼 경쟁의 국제정치경제 : 미중 기술 패권 경쟁의 진화" 『국제지역연구』 제30권 제1호. 41~76.

_____(2020). "4차산업혁명과 첨단 방위산업 경쟁: 신흥권력론으로 본 세계정치의 변환" 『국제정치논총』 제60집 제2호. 87~131.

_____(2006). "실리우드(Siliwood)의 세계정치: 정보화시대 문화제국과 그 국가전략적 함의" 『국가전략』 제12권 제2호. 6~34.

김영희(2015). 『한국전쟁기 미디어와 사회』 커뮤니케이션북스.

_____(2012). "한국전쟁기 이승만정부의 언론정책과 언론의 대응" 『한국언론학보』. 제56권 제6호. 366~390.

_____(2010). "한국전쟁기 커뮤니케이션 현상에 관한 연구동향과 과제" 『한국언론학보』 제54권 제5호. 205~226.

_____(2009). "한국전쟁 기간 미국의 대한(對韓) 방송활동 : VOA 한국어방송과 VUNC를 중심으로" 『한국언론학보』 제53권 제2호. 140~160.

_____(2008). "한국전쟁 기간 삐라의 설득커뮤니케이션" 『한국언론학보』 제52권 제1호. 306~333.

_____(2007). "한국전쟁 기간 북한의 대남한 언론활동 : 『조선인민보』와 『해방일보』를 중심으로" 『한국언론정보학보』 287~320.

박휘락(2009). "미국의 전략적 소통(Strategic Communication)개념과 한국의 수용 방안" 『국방정책연구』 제25권 제3호. 149~176.

송위진(1992). "민군겸용기술정책 패러다임의 등장 : "SPIN-OFF"에서 "DUAL-USE"로" 『과학기술정책』 제33집. 4~12.

이내주(2015). "영국 군산복합체의 형성과 발전, 1870~1920" 『군사연구』 제140집, 141~166.

홍성범(1994). 『민군겸용(Dual-Use) 패러다임과 기술개발전략』 과학기술정책관리연구소. 정책보고 94-01.

Breuer, J., Festl, R. & T. Quandt(2012). "Digital War : An Empirical Analysis of Narrative Elements in Military First-person Shooters" *Journal of Gaming & Virtual Worlds*. No. 4 Vol. 3. 215~237.

Bennett, W. L., & S. Livingston(2003). "A Semi-independent Press : Government

Control and Journalistic Autonomy in the Political Construction of News" *Political Communication*. Vol. 20. 359~362.

Coopersmith, J.(1998). "Pornography, Technology and Progress" *Icon*. Vol. 4. 94~125.

Festle, R., M. Scharkow, M. & T. Quandt(2013). "Militaristic Attitudes and the Use of Digital Games" *Games and Culture*. Vol. 8. No.6. 392~407.

Glassgow University Media Group(1976). *Bad News*. London: Routledge & Kegan Paul.

_____(1980). *More Bad News*, London: Routledge & Kegan Paul.

_____(1985). *War and Peace News*. Milton Keynes : Open Univ. Press.

Hafen, L. R.(1969). *The Overland Mail 1849~1869 : Promoter of Settlement Precursor of Railroads*. New York : AMS Press.

John, R.(1995). *Spreading the News : Tje American Postal System from Franklin to Morse*. Cambridge : Harvard Univ. Press.

Johnson, T. J. & S. Fahmy(2010). "When 'Good' Conflicts Go Bad : Testing a Frame-building Model on Emdeds' Attitudes toward Government News Management in the Iraq War" *The International Communication Gazette*. Vo.72. No.6. 521~544.

King, C. R. & D. J. Leonard(2010). "Wargames as a New Frontier : Securing American Empire in Virtual Space" in Huntlemann, N. B. & Payne, M. T.(eds.). *Joystick Soldiers : The Politiacal Play in Military Video Games*. New York : Routledge. 109~115.

Kittler, F.(2002). *Optische Medien-Berliner Vorkesung 1999*. 윤원화 (역). 2011. 『광학적 미디어 : 1999년 베를린 강의, 예술, 기술, 전쟁』 현실문화연구.

Lenoir, T. & H. Caldwell(2018). *The Military- Entertainment Complex*. Harvard Univ. Press.

Lenoir, T. & H. Lowood(2003). *The Theatre of War : The Military Entertainment Complex*. Stanford Univ. Press.

Linebarger, P. A.(1954). *Psychological Warfare*. Washington: Combat Press.

Lockhart, J. H.(1946). *The Lockhart Report*. Forgotten Books.

Mosco, V.(2014). *To the Cloud : Big Data in the Turbulent World*. 백영민(역). 2015. 『클라우드와 빅데이터의 정치경제학』 커뮤니케이션북스.

_____(2009). *The Political Economy of Communication. 2nd (ed)*. Lodon : Sage.

_____(1982). *Pushbutton Fantasies : Videotex and Information Technology.* Norwood, N. J. : Ablex.

Mueller, J. E.(1981)."Popular Support for the Wars in Korea and Vietnam" in Janowitz, M. & M. Hirsch. *Reader in Public Opinion and Mass Communication.* New York : The Free Press, 89~97.

McLuhan, M.(1970). *Culture Is Our Business,* Balantine Books.

Mercer, D., G. Mungham & K. Williams(1987). *The Fog of War.* London : Heinemann.

Nowak, P.(2010). *Sex, Bombs and Burgers.* 이은진(역). 2012. 『섹스, 폭탄 그리고 햄버거 : 전쟁과 포르노, 패스트푸드가 빚어낸 현대 과학기술의 역사』. 문학동네.

Pfau, M., Haigh, M., Gettle, M., Donell M., Scott, G., Warr, D. & E. Wittenberg (2004). "Embedding Journalists in Military Combat Units: Impact on Newspaper Story Frames and Tone" *Journal & Mass Communication Quartetly.* Vol. 81 No.1, 74~88.

Robinson, P., Goddard, P., Parry, K. & C. Murray(2009). "Testing Models of Media Performance in War Time : U.K. TV News and the 2003 Invasion of Iraq" *Journal of Communication.* Vol. 59. 534~563.

Schiller, D.(2008). "The Militarization of U.S. Communication," Communication, *Culture & Critique.* Vol.1. 126~138.

Schiller, H.(1986). *Information and the Crisis Economy.* 강현두 (역), 1990. 『현대 자본주의와 정보지배논리』. 나남.

Schudson, M.(1978). *Discovering the News.* New York : Basic Books.

Williams, W. A.(1980). *Empire as a way of Life.* New York : Oxford Univ. Press.

Winthrop-Young, G.(2002), "Drill and Distraction in the Yellow Submarine : On the dominance of War in Frederich Kittker's Media Theory" *Critical Inquiry.* Vol. 28. 825~854.

제 3 장

참호속에서 성장한
설득 커뮤니케이션 : 심리전

전시 선전과 심리전

전쟁과 커뮤니케이션이 가장 먼저 만난 곳은 전시 선전(war propaganda) 또는 전시 심리전(psychological warfare)이다. 심리전의 역사는 전쟁의 역사와 같다고 해도 크게 틀리지 않다. 근대적 형태의 심리전은 신문·라디오·텔레비전 같은 매스미디어 등장 이후에 시작되었지만, 그 이전에도 여러 형태의 심리전들이 있었다. 적의 사기를 꺾기 위해 북이나 징 같은 악기와 수기帥旗·횃불 등을 이용하는 것은 아주 오래 전부터 사용되어온 고전적 형태의 심리전이다. 해롤드 라스웰(Lasswell, H.D., 1951, 261쪽)은 "심리전은 전투에서 승리하기 위해 적의 전투 의지를 무너뜨리려는 오랜 역사를 지닌 개념의 새로운 이름"이라고 한 바 있다.

그림14 알프스를 넘는 나폴레옹

그림 좌측 하단 바위에 자기 이름과 한니발 그리고 샤를 마뉴 대제 이름이 새겨져 있다. 나폴레옹은 자신을 한니발과 같은 위대한 전쟁 영웅으로 기억되기를 희망했던 것 같다. 알프스를 넘어 진군하면서 병사들에게 한 연설도 그런 이유에서 한니발의 연설에서 모티브를 얻은 것으로 보인다. 이처럼 자신을 과거의 영웅들을 연상케 하는 것은 가장 많이 사용되어온 심리전 기법 중의 하나다. (출처: Wikipedia, Napoleon Crossing the Alps, 1801)

역사적으로 많은 전쟁 영웅들이 출정을 앞두고 병사들을 상대로 한 연설들도 심리전의 한 유형으로 볼 수 있다. 1796년 나폴레옹은 알프스산맥을 넘어 이탈리아를 공격하면서 "귀관들은 지구상에서 가장 풍요한 롬바르디아 평야로 진군할 것이다. 진격하는 곳마다 명예와 영광과 금은보화가 있을 것이다. 그것은 모두 귀관들의 것이다. 귀관들은 진군할 용기와 인내가 없습니까?"라고 하였다. 이는 2,000년 전에 알프스를 넘어 로마를 공격했던 한니발(Hannibal)이 했던 "이 전쟁은 반드시 이긴다. 그리고 전쟁이 끝나면 너희들에게는 카르타고든 이탈리아든 에스파니아든 원하는 나라의 땅을 주겠다. 자식 때까지 면세다. 땅보다 금화를 원하는 자에게는 응분의 금화를 주겠다. 카르타고 시민권을 원하면 그것도 주겠다"라고 한 것과 거의 유사하다. 시대가 바뀌고 전쟁 양상이 변화했어도 병사들을 상대로 한 물질적 보상은 여전히 가장 효과적인 선전 메시지다.

다른 예를 하나 더 보자. 1941년 6월 22일 나치 독일은 '바르바롯사 작전(Operation Barbarossa)'이란 명칭으로 소련을 공격하였다. 이날은 1812년 나폴레옹이 러시아원정을 위해 니이멘(Niemen)강을 도하했던 날이다. 작전명 '바르바롯사(Barbarossa)'는 이탈리아 말로 '붉은 수염'이라는 뜻으로, 동방 원정을 감행했던 신성로마제국 황제 프리드리히 1세의 별명이자 붉은 수염의 소련 지도자 스탈린을 비유한 것이다. 이처럼 작전명이나 공격 날짜를 통해 병사들에게 자신을 나폴레옹 같은 위대한 정복자 이미지를 심어주는 것도 전형적인 심리전 중에 하나다. '니미츠 호'나 '서희 부대'처럼 군함이나 부대 명칭에 역사적 인물의 명칭을 붙이는 것도 이 때문이다. 2022년 초 푸틴 러시아 대통령이 우크라이나 대통령을 나치에 비유하면서 공격을 감행한 것 또한 상대국을 격하시켜 전쟁을 정당화하기 위한 심리전이다.

심리전(psychological warfare)은 "전쟁 당사국 간에 무력적 수단이 아닌 비폭력적 수단인 언어를 사용하는 전쟁"으로 정의된다. 군사적 관점에서는 심리전은 '적 병사나 무기의 전선 이탈을 강요하고 실제 있지 않을 공격에 대해 방어 태세를 취하도록 병력이나 무기를 교착시키기 위한 의도적 행위(Clark, M., 1984, 201쪽)'로 정의된다. 클라우제비츠 『전쟁론(On War)』에서도 "전쟁목적을 위해 비폭력 수단인 언어를 사용하는 전쟁(Clausewiitz, C. von, 1976, 612쪽)"이라고 기술하고 있다. 하지만 제1·2차 세계대전 전까지는 '이념전(ideological warfare)', '정치전(political warfare)', '사상전(war of idea)', '신경전(nerve warfare)', '간접 공격(indirect aggression)' 같은 여러 용어들이 혼재되어 사용되었다.

제2차 세계대전 중에 미군 전투 교범은 '전시' 개념을 '공포된 위험이 있는 시기'로 규정하고, 직접적인 무력 충돌 상황이 아닌 경우에는 심리전이란 용어 대신 정치전, 사상전 같은 용어들을 사용했다. 선전이 비전시 상황 혹은 국내 정치에서의 조직적 설득 행위를 모두 지칭한다면, 심리전은 전투 상황에서 적 병사들을 대상으로 하는 전술적 형태의 선전행위만 의미하는 것이다. 물론 심리전은 '선전이라는 설득 커뮤니케이션을 통한 전쟁'으로 간단히 정의할 수도 있다. 하지만 정규전을 벗어난 게릴라전, 전면전이 아닌 지엽적 분쟁, 국가 간 전쟁이 아닌 비국가 집단과의 전쟁들이 늘어나면서, 전시 심리전과 비전시 정치·외교 선전 간의 구분이 점점 더 애매해지고 있다. 때문에 최근에는 전시 심리전과 비전시 선전을 모두 포함하는 '전략적 커뮤니케이션(strategic communication)'이란 용어를 사용하고 있다.

심리전이란 용어를 처음 사용한 것은 영국의 군사학자 존 프레데릭 찰스 풀러(Fuller, J. F. C., 1932)로 알려져 있다. 그는 제1차 세계대전을 분석한 책에서 "미래의 전쟁은 무기와 전장(戰場)이 없는 심리 전쟁으로 전환될 것"이라고 전망하였다. 심리전이란 용어를 공식적으로 사용한 것은 미국으로, 나치 독일의 '세계관 전쟁(Weltanschauungskrieg)'에 대응하기 위한 개념이었다. 당시 미군 교범에서는 심리전을 "전쟁에서 이기기 위한 수단으로서 선전, 테러 및 국가의 강제력을 과학적으로 응용하는 것 혹은 이데올로기적, 정치적, 군사적 목표를 달성하기 위한 수단"이라 정의하고 있다. 여기서 주목할 부분은 "과학적으로 응용한다"는 표현이다. 이는 제2차 세계대전과 한국전쟁 등에 많은 학자들이 참여하게 되는 근거가 되었다. 이를 두고 크리스토퍼 심슨은 심리전을 "정부 또는 정치적 후원 조직들이 이데올로기적·정치적·군사적 목적을 달성하기 위해 대상 공중의 문화 심리적 속성과 커뮤니케이션 시스템을 활용한 전략과 전술의 집합"이라고 정의하고 있다(Simpson, C., 정용욱(역), 2009, 26쪽).

심리전을 분석적으로 접근한 사람은 폴 리네바아거(Paul Linebarger)다. 그는 심리전을 "물리적 전투 대신 적의 사기를 무너뜨릴 수 있는 태도를 형성해 전투 의지와 능력을 감소시키는 것'이라 하고, "특정한 목적 달성을 위해 의도적으로 계획된 설득 커뮤니케이션 행위인 선전(propaganda)을 전시 혹은 비전시 상황에서 전략적·전술적으로 활용하는 것"은 "군사 선전(military propaganda)'이란 용어를 사용하고 있다. '군사적 목적과 직·간접적으로 연관된 목표 집단을 대상으로 하는 선전'을 심리전으로 본 것이다(Linebarger, P. M. A., 1972, 유지훈(역), 47~54쪽).

테일러는 아군을 대상으로 하는 것은 '전시 선전(wartime propaganda)', 적을 대상으로 하는 것을 '심리전(psychological warfare)'으로 나누고 있다(Taylor, P. M., 1992, 13쪽). 적과 다른 나라를 대상으로 하는 선전만 심리전으로 간주하고, 자국민이나 자국 병사들을 대상으로 하는 선전은 '홍보(public relations)'란 용어를 쓰고 있다. 실제로 미국 의회는 1948년 스미스-문트법(the Smith-Mundt Act)을 제정해 심리작전에서 국내 청중을 제외하였다(송태은, 2019, 172쪽). 최근에는 여기서 더 나아가 선전이란 용어의 부정적 이미지를 고려해, 해외 청중을 대상으로 하는 선전을 '공공 외교(public diplomacy)'나 '공공 관리(public affair)' 같은 용어로 대신하고 있다. 때로는 자신들의 심리전 활동을 '심리작전(PSYOP, Psycholgical Operation)'이라고 하고, 적국의 심리전 활동은 '선전(propaganda)'으로 표현하기도 한다. 이 책에서는 군사 선전 중에 "전쟁 목적과 관련해 적 병사와 적국 국민, 아군과 자국 국민, 주변 국가들을 대상으로 하는 모든 선전 행위"를 '전시 심리전

(psychological warfare)'에 포함시켜 설명할 것이다. 우리 군에서도 심리전 목표와 대상 그리고 규모에 따라 전략 심리전, 전술 심리전 그리고 작전 심리전으로 분류하고 있다(최용성, 2003).

'식물을 접목시킨다(propagate)'라는 의미의 '선전(propaganda)'이란 용어는 1622년 교황 그레고리 15세가 개신교 확산에 대응하기 위해 설립한 '가톨릭 신앙선교회(Sacra Congregatio de Propaganda Fide)'에서 만든 용어다. 그렇지만 제1차 세계대전 전까지는 대중화된 용어는 아니었다. 20세기 초만 해도 브리태니커 백과사전에는 간단한 의미만 설명되어 있었고, 옥스퍼드 사전에는 "특정한 원칙이나 행위를 전파하기 위한 제휴나 체계화된 계획 또는 일치된 행동"처럼 중립적 의미로 정의되어 있었다. 선전이 부정적 의미로 인식되기 시작한 것은 제1차 세계대전 참전국들이 상대국을 '야만인', '살인자' 같은 원색적으로 공격하면서부터다. 또한 나치 독일과 소비에트 러시아의 조직적인 선전·선동으로 인해 '더러운 술수(dirty tricks)', '세뇌(brainwashing)' 같은 나쁜 의미로 인식되기 시작하였다(Taylor, P. M., 2003).

심리전 혹은 심리작전이란 용어가 등장한 것은 부정적으로 인식된 선전이란 용어 대신 "비군사적인 수단에 의한 조직적인 설득 활동"처럼 긍정적 의미를 주기 위해 만들어진 것이다(김태현, 2018). 이후 민간 기업이나 단체들이 심리전 활동에서 개발된 기법들을 활용하면서 선전이라는 용어보다 '광고'나 '홍보' 같은 용어가 더 많이 사용되게 되었다. 근대 PR의 선구자라 일컬어지는 루이스 버네이스(Louis Berneys)는 선전이나 선전자(propagandist)란 용어는 기만·사기 같은 부정적 이미지를 주고 있어 호감이 가는 광고나 홍보라는 용어를 사용했다고 고백한바 있다(Berneys, E. L., 강미경(역), 2009). 실제로 홍보(PR : public relations)라는 용어를 처음 사용한 것은 제1차 세계대전 중에 미국의 전시 동원 캠페인을 주도했던 크릴 위원회(Creel Committee)다.

현대 심리전은 여러 커뮤니케이션 수단들을 이용해 아군의 사기 증진, 자국민의 지지 확보, 적 병사와 국민들의 전쟁의지 저하는 물론 중립적 국가들로부터 전쟁의 정당성 확보 등 복합적 목적을 지닌 설득 커뮤니케이션 개념으로 확대되고 있다. 전장에서의 피·아 병사들을 대상으로 하는 전술적 심리전 뿐 아니라 자국민과 다른 국가들의 지지를 확보하기 위한 전략적 활동들까지 포함하고 있다. 그러므로 포괄적으로 "정치적·군사적 국가목표 달성을 위해 연관된 국가나 집단 혹은 개인의 의견, 감정, 태도, 행동을 통제하기 위한 조직적이고 계획적인 선전 활동"으로 정의될 수 있다.

커뮤니케이션학 관점에서 심리전은 정치적 목적으로 행해지는 설득 커뮤니케이션(persuasive communication)인 선전의 하위 유형으로 분류된다. 설득 커뮤니케이션이란 "송신자 의도에 맞도록 수용자의 태도나 행동을 형성, 강화, 변화시키기 위한 목적적 커뮤니케이션 행위"를 말한다. 여기에는 상품 판매를 목적으로 하는 광고, 대중들의 우호적 태도나 관계를 형성하기 위한 홍보, 정치적 목적의 선전(propaganda)이 있다. 선전은 정치선전(political propaganda)과 군사선전(military propaganda)으로 나누어지고, 군사선전은 다시 대적 선전, 대민 선무 선전, 대 아군 정훈 선전, 국제 군사 선전 등으로 구분된다(차배근 외, 1992, 27쪽).

이렇게 볼 때 심리전은 좁은 의미에서 대적 선전 즉, 전시 심리전만을 의미할 수도 있고, 넓은 의미로 보면 모든 군사 선전 행위들까지 포함될 수도 있다. 더구나 글로벌 디지털 미디어 시대에 들어서면서 군사작전이나 전쟁이 일반적인 정치적·사회적 행위들과 명확하게 구별하기 힘들어지면서 심리전은 정보전쟁, 정치전쟁, 외교전쟁 같은 용어들과 혼용되고 있다. 특히 온라인 공간에서의 사이버 심리전은 오프라인 공간에서의 물리적 전투와 연계되어 하이브리드 전쟁(hybrid warfare)이라 불리는 차세대 전쟁에서 중심에 위치하고 있다(송태은, 2021). 이처럼 접근하는 시각이나 방법에 따라 다를 수 있는 심리전을 체계적으로 이해하기 쉽지 않다. 그러므로 좀더 쉽게 이해하기 위해 심리전 구성 요소별로 특성 및 변화추이를 살펴볼 필요가 있다. 이 책에서는 심리전 주체와 목표, 심리전 메시지, 심리전 매체 그리고 심리전 효과별로 특성과 변화의 추이를 살펴보겠다.

심리전 주체 : 조직화와 군·민 연계

고대 전쟁은 병력의 규모가 승패를 좌우하는 '중력의 전쟁'이었다. 마라톤 전투(Marathon War, B.C. 490)나 칸나이 전투(Cannae War, B.C. 216) 등에서 원시적 수준의 전술이 등장했지만, 전쟁의 승패는 대부분 수적 우세에 의해 결정되었다(Chandler, D., 1974, 11쪽). 전쟁 양상도 소수의 특출한 지략가나 장수들이 주도하는 형태였다. 역사에 기록된 전쟁들도 시저, 알렉산더, 칭기스칸, 나폴레옹 같은 특출한 전쟁 영웅들의 이야기가 주를 이루고 있다. 심리전 또한 뛰어난 장수나 지략가들의 개인 능력에서 나오는 경우가 많았다. 그 내용도 주로 대치 중인 적에게 아군의 능력이나 공격 방향 등을 기만해 혼란을 유발하거나 상대방에 대한 인식공격이나 유언비어를 흘리는 것들이다. 심리전 수단들도 횃불이나 깃발, 복장 같은 가시적 도구들이 사용되었다.

B.C. 326년 알렉산더 대왕이 인도 북부의 히다스페스 전투(Battle of the Hydaspes river)에서 사용했던 기만전술이나 B.C. 216년 2차 포에니전쟁(Punic war)에서 카르타고의 한니발이 알프스 산맥을 넘어 로마를 공격할 때 병사들을 독려했던 출정 연설은 개인적 능력에서 나온 것이다. 반면에 "몽골군은 전부 건장한 역사力士들이고, 그들은 피와 살은 물론이고 늑대, 곰, 개 등도 가리지 않고 먹는다"는 유언비어는 몽골인의 문화적 속성이나 이전 전투 경험을 통해서 자연스럽게 형성된 위협적 소구(fear appeal)라 할 수 있다. 이렇게 개인 역량에 의존하는 심리전은 19세기 나폴레옹 전쟁이나 미국 남북전쟁때까지 계속되었다.

전문적 심리전 조직이 처음 등장한 것은 제1·2차 세계대전이다. 특히 제1차 세계대전은 모든 참전 국가들이 심리전의 중요성을 인식하고 처음으로 전담 조직을 만든 전쟁이었다. 군 내부의 심리전 조직 뿐 아니라 민간 단체들과의 협력체계도 구축되었다. 이를 통해 학계·언론계 인사들이 심리전 활동에 참여하면서 이른바 '군·학복합체(Military Academic Complex)'

가 시작되었다(김일환, 정준영, 2017, 280~371쪽). 제2차 세계대전 이후 미국을 중심으로 실증주의 사회과학이 융성하게 된 배경에 학자들의 심리전 활동 참여가 있었다. 특히 한국전쟁은 심리전 활동에 전문 연구자들이 대대적으로 참여해 심리전을 체계화하였을 뿐 아니라 커뮤니케이션 학문의 기반을 구축하는 바탕이 되었다.

제1차 세계대전이 발발하자 참전국들 모두 본격적인 심리전 활동에 돌입했다. 영국과 독일이 가장 먼저 심리전 기구를 정비하고 조직적인 대내·외 심리전을 전개하였다. 영국은 개전 직후 기존의 '전쟁 선전국(War Propaganda Bureau)'을 '정보부(Department of Information)'로 확대 개편하고, 중립국과 우방국으로부터 독일을 국제적으로 고립시키기 위한 심리전을 실시하였다. 개전 초기 독일 공세에 밀려 크게 고전했던 영국으로서는 미국 정부와 국민들을 상대로 미국의 지원과 참전을 호소하는 대대적인 심리전 활동을 벌였다. 당시 영국의 심리전 슬로건은 "유혈이 낭자한 벨기에의 고아들을 입양하자"는 것이었다(Lasswell, H. D., 이극찬(역), 1979, 44쪽). 물론 미국의 직접적인 참전 원인은 루시타니아호 격침과 독일의 외무장관이 멕시코 대사 리베르만에게 보낸 이른바 '치머만 전문電文사건(Zimmermann Dispatch)'이지만, 미국을 상대로 한 영국의 심리전 활동도 크게 영향을 미친 것이 사실이다.

독일 또한 개전과 함께 조직적으로 심리전을 실시하였다. 독일의 심리전은 자국 병사와 국민이 연합군 심리전 메시지에 노출되는 것을 막는 방어에 초점을 맞추었다. 이러한 독일의 방어심리전은 비교적 성공적이었다고 할 수 있다. 독일이 항복한 후에도 많은 독일 국민들은 왜 항복했는지 심지어 전쟁에 패한 것조차 모를 정도였다는 사실에서도 짐작할 수 있다. 히틀러를 비롯한 나치주의자들의 제1차 세계대전 패배는 전선에서가 아니라 후방의 유대인과 사회주의자들이 배신한 것이라는 '배후로부터의 중상 이론(Stab in the Back Myth)'이 큰 효과를 보게 된 이유도 여기에 있다(Earle, E. M., 1943, 511쪽). 실제로 이 이론은 제2차 세계대전 발발 원인 중에 하나가 됐다. 그렇지만 독일의 대적 혹은 대외 심리전은 성공적이지 못했던 것으로 평가받고 있다. 그 내용이 자국의 문화적·인종적 우월성을 지나치게 강조하고, 영국을 비롯한 적국에 대한 비하적 표현들이 도리어 적개심을 유발했기 때문이다(장을병, 1979; 차배근 외, 1992).

그림15 나치가 만든 '배후로부터의 중상' 선전 포스터

(https://pbs.twimg.com/media/CUFytHrWsAERpzM.jpg)

제1차 세계대전 중에 가장 조직적이고 활발한 심리전 활동을 전개한 국가는 미국이다. 미국 정부는 1917년 참전과 함께 '선전과(Propaganda Section)'를 설치하고, 독일군의 사기를 저하시키기 위해 대대적인 심리전을 전개하였다. 실제로 파리 외곽에 형성된 진지전에서 연합군과 독일군이 뿌린 심리전 전단은 1억 5천만 장이 넘은 것으로 기록되어 있는데, 이 중 상당 부분이 미군이 살포한 것이다. 1917년 '승리 없는 평화(peace without victory)'라는 슬로건을 내걸고 참전이 결정되자, '전략 업무실(Office of Strategic Services)'은 대내 심리전 강화를 위해 '연방공공정보위원회(United States Committee on Public Information)'를 설립하게 된다. 이 위원회는 외형적으로는 군과 무관한 민간 기구로서 '민주주의 안전을 위해 세계평화를 구현하자' 같은 구호를 걸고 미국의 참전 정당성과 전시 동원을 위한 대대적

인 대내 심리전을 전개하였다.

위원장인 조지 크릴(George Creel)의 이름을 따 '크릴위원회(Creel Committee)'라고 불렸던 '공공정보위원회'의 임무는 전쟁과 연관된 뉴스를 통제하는 것과 국민들을 대상으로 하는 전쟁 지원 캠페인 활동이었다. 우선 전쟁과 관련된 모든 뉴스는 위원회가 정한 '국제뉴스 검열 가이드라인'에 따라 통제되었다(엄기열, 2003. 이 부분에 대해서는 6장 전시 언론 통제 부분에서 자세히 서술할 것이다). 위원회는 군사 비밀을 제외한 모든 정보를 공개한다는 원칙을 표방했지만, 그 내용은 사실상 통제 성격이 강했다. 크릴위원회의 '국제뉴스 검열 가이드라인'은 1950년대 후반 전시 언론 통제 기조가 '정직의 원칙(condor doctrine)'으로 변화될 때까지 존속하였다. 또 다른 활동은 전쟁 지원을 위한 징병 운동, 전시 산업 동원, 식량 절약 운동, 자유공채(Liberty Bonds) 판매 같은 전시 캠페인을 전개하는 것이었다. 다양한 미디어를 동원해 국민들의 애국심과 국가주의(nationalism)를 고양하는 이른바 '정부를 지지하는 언론의 애국적 요망에 의한 대국민 캠페인이다(Mott, F. L., 1950).

이 캠페인 활동에는 수많은 광고·PR 전문 인력들이 동원되었는데, '미국 PR의 원조'라 일컬어지는 에드워드 베어너스(Edward L. Barneys)나 칼 바

그림16 제1차 세계대전 중 전쟁 참여를 독려하는 대국민 포스터

이어(Karl Byoir) 같은 PR전문가들은 이 전시 캠페인을 통해 탄생하였다(김정기, 1981). 이외에도 미국의 참전 정당성과 독일군의 만행을 강조하는 영화(White, D. M. & R. Averson, 1972)나 포스터들도 제작해 배포하였다(Rawls, W., 1988)들을 제작하여 상영하였다. 이 같은 크릴위원회의 활동은 참전에 부정적이었던 미국 국민들의 여론을 단기간에 획기적으로 바꾸는 성과를 거두기도 했다. 이처럼 제1차 세계대전은 심리전 조직과 군과 민간이 협력하는 체제를

등장시켰다. 이는 전선에서 병사들을 상대로 하는 전술적 심리전과 후방 혹은 주변국 국민들을 상대로 한 전략적 심리전이 모두 중요하다는 것을 인식했다는 것을 의미한다. 즉, 적의 전투 의지를 약화시키고 아군의 사기를 높인다는 전통적인 심리전 개념이 대상과 목표에 따라 분화되기 시작한 것이라 할 수 있다.

심리전 조직의 체계화

제1차 세계대전을 통해 조직화된 심리전 활동은 제2차 세계대전을 거치면서 더욱 체계화되었다. 이는 제2차 세계대전이 선전과 선동을 바탕으로 한 대중정치의 연장에서 발발했기 때문이다. 제2차 세계대전 중 심리전에 직접 참여했던 리네바아거는 그가 저술한 책에서 "제2차 세계대전 원인도 선전이었고, 그 무기도 선전이었다(Linebarger, P., 1954, 유지훈(역), 2020, 78쪽)"라고 단정하고 있다. 실제로 제2차 세계대전은 독일 나치즘과 소비에트 사회주의 혁명이라는 전체주의 국가의 등장과 깊이 연관되어 있다. 히틀러와 스탈린은 선전과 선동을 이용한 대중 설득으로 강력한 군국주의 정권을 구축하였고 이는 결국 세계대전으로 이어졌다. 이를 두고 리네바아거는 "전쟁이 가진 전체성(totality)은 독재의 결과"라고 주장하였다.

나치 독일은 제1차 세계대전의 패배는 전선이 아니라 연합국 선전에 현혹된 정치인들이 전의를 상실했기 때문이라는 '배후로부터의 중상이론'을 주장해 권력을 쥐었다. 같은 시기에 러시아는 소비에트 혁명으로 선동 정치의 광풍에 빠져 있었다. 전체주의 정권은 '물리적 강제력'과 '심리적 대중 통제'라는 두 기제를 기반으로 존립한다. 그런데 이 두 기제는 대외적 갈등으로 이어지면서 전체주의 정권들은 거의 전쟁으로 마감되는 경우가 많다. 전쟁에 돌입하자 두 나라의 심리전 공세는 엄청났다. 특히 독일은 전쟁 발발 이전에 이미 유럽과 미국에서 나치를 추앙하는 각종 선전·선동에 주력해 대부분의 나라에서 나치주의 운동이 활발히 벌어졌다.

1939년 폴란드 침공 전후에 독일은 본격적인 전시 심리전 활동에 돌입하였다. 이를 주도한 것은 파울 요세프 괴벨스(Paul Josef Göbbels)가 지휘하는 '민중계몽선전부(Ministry for Propaganda and Popular Enlightenment)'였다. 특히 괴벨스가 지휘하는 독일의 심리전 활동은 사람들의 심리적 속성과 새로운 미디어를 적극적으로 활용하였다. 나치의 심리전 기법은 감성을 자극할 수 있는 '반복'과 '단순화'라는 두 가지 심리 기제를 활용해 쟁점을 단순화시켜 반복적으로 제공하는 것이었다(Duverger, M., 1966, Wagoner, R.(trans.), 1972, 511쪽). 특히 당시 새로운 매체였던 라디오와 영화를 효과적으로 사용한 것은 주목할 부분이다. 라디오는 대중연설에 능했던 히틀러의 선전·선동에 매우 적합한 매체였고, 드라마틱한 군중 집회와 강력한 군사력을 스펙터클하게 보여주는 영화는 선전효과를 극대화시킬 수 있었다.

영국 또한 전쟁 발발과 함께 '정치 선전국(The Political Warfare Executives)'을 설립해 육군성·해군성·외무부·정보부의 대외 심리전 관련 권한을 통합 운영하였다. 다만, 작전 집행은 '정보부(Ministry of Information)'가 수행하고, 해외 라디오 선전은 BBC에 위임하였다. 특히 영국의 심리전은 전 세계의 자국 식민지 지역 주민들을 대상으로 하는 방송에 초점을 맞추었다. 전쟁 중에 BBC는 48개 언어로 만든 뉴스를 하루 230회씩 방송한 것으로 기록되어 있다. 심지어 독일군 수뇌부가 BBC 뉴스를 듣고 전황을 파악했다는 믿기 힘든 이야기가 있을 정도다. 실제로 많은 독일 국민들이 BBC 뉴스를 청취했던 것으로 밝혀졌다. 지금도 막강한 영향력을 지닌 BBC 월드와이드 뉴스의 토대가 제2차 세계대전 심리전 방송에서 시작되었다고 할 수 있다. 하지만 라디오 보급이 적었던 식민지 지역에서의 심리전 방송은 기대만큼 크지 않았던 것으로 평가되고 있다.

제2차 세계대전에서 가장 체계적으로 심리전 조직을 운영한 것은 미국이었다. 개전 초기만 해도 미국의 심리전 기구는 전혀 체계적이지 못했다. 진주만 기습 이후에도 유럽의 독일, 태평양의 일본과 양면 전쟁을 치러야 했기 때문에 심리전 조직도 분산될 수밖에 없었다. 그렇지만 1942년 6월

'전시정보국(OWI : Office of War Information)'이 창설되면서 모든 전시 심리전 활동이 통합되었다. 물론 필요시 '전략업무국(OSS : Office of Strategic Service)'과 협력하도록 하였다. 명확한 역할 분담 기준은 없었지만 군사작전과 연관된 전술적 심리전은 OSS가 합동참모본부 혹은 해당 지역 사령관과 협력해 실행하고, 국내·외 수용자를 대상으로 하는 심리전 활동은 OWI가 주도하였다(선동식, 1979). 이외에도 기존에 심리전 활동을 주관했던 정보조정국, 국내 언론을 관리하던 '뉴스편집국(News Bureau)', '전쟁광고위원회(War Advertising Council)'도 있었고, 중남미 지역의 방송심리전은 '록펠러 사무국(the Rockefeller Office)에서 수행하였다. 특히 록펠러 사무국의 중남미 심리전 방송은 1980년대 후반까지 유지되었다.

미국의 전시 심리전 조직은 군이 분산된 조직들을 통합 관리하고, 이를 기반으로 여러 민간 기구들과 협력하는 형태였다. 이는 전선에서 행해지는 전술적 심리전뿐만 아니라 적 후방과 국내·외 여론에 영향을 미치기 위한 전략적 심리전의 비중이 커졌다는 것을 의미한다. 특히 냉전을 거치면서 소프트 파워(soft power)의 중요성이 커지게 되자, 국가가 직접 통제·관리하지 않고 민간영역과 대등한 관계에서 협력하는 형태로 변화되었다. 그런 의미에서 동서 냉전기는 일종의 과도기라 할 수 있다. 한국전쟁까지는 군이 심리전을 주도했다면, 베트남 전쟁은 이런 방식이 실패하면서 민간 주도로 이양되는 계기가 되었다. 급기야 1991년 걸프 전쟁을 전후해 심리전 주체는 사실상 민간이 주도하고 군이 지원하는 형태로 전환되었다.

21세기 첨단 정보통신 기술 발달에 따라 심리전 주체 역시 또 변화하게 된다. 고도화된 정보·통신네트워크와 게임·오락산업 그리고 군이 상호 연계된 이른바 '군·엔터테인먼트 복합체(Military Entertainment Complex)'의 등장이다. 이는 심리전 주체가 국가나 군으로부터 완전히 벗어나 미디어·엔터테인먼트 사업자들과 연계된 네트워크 형태로 변화되었음으로 보여준다. 군의 지원 아래 영화·게임 같은 문화산업이 협력해서 '즐기는 전쟁 콘텐츠' 즉 '밀리테인먼트(militainment)'를 생산·공급하는 '군·산·미디어·엔터테인먼트 네트워크(Military-Industrial-Media-Entertainment Network)가 심리전 활동을 주도하게 된 것이다(Anderson, R. & Mirrlees, T., 2014; Stahl, R., 2010). 첨단 디지털 기술을 바탕으로 군과 민간사업자들이 협력해서 만든 소프트 파워 콘텐츠들이 병사들 뿐만 아니라 일반 사람들에게도 전쟁의 정당성과 도덕성, 무력 사용의 당위성 같은 군사 의식을 무의식중에 확산시키는 네트워크 형태의 심리전 주체들이 부상하고 있는 것이다(하영선·김상배(편), 2006; Der Derian, J., 2009; 양종민, 2020). 이제 국가는 심리전 활동에 있어 총괄 통제자가 아니라 여러 민간 행위자들을 연결할 수 있는 네트워크 체계를 구축하는 조정자라고 할 수 있다. 이처럼 네트워크로 연결된 '디지털 연합체(Hozic, A. A., 2001)' 형태에서 국가는 '도구적 지식국가(김상배, 2007)' 성격으로 변화될 수 밖에 없다. 디지털 네트워크가 주도하는 심리전은 적에 대한 직접적 공격이나 노골적인 전쟁 의식 고취가 아니라 영화나 게임 같은 오락 콘텐츠들을 통해 사람들에게 무의식적으로 전시 동원 심리상태를 형성하는 방식으로 변화하고 있다.

전술 심리전, 전략 심리전 그리고 사이버 심리전

심리전은 목표에 따라 크게 '전술적 심리전'과 '전략적 심리전'으로 구분된다(황근, 1995, 167~170쪽). 전술적 심리전이란 전장에서 적 병사의 전투 의지를 약화시키고 아군의 사기를 높이는 군사적 심리 활동을 말한다. 군사적 공격이나 방어를 보조하는 '심리 작전(PSYOP : Psychological Operation)'이라고 하기도 한다(KBS방송연수원 연구실, 1985). 육군본부 야전교범에는 심리 작전을 "군사작전 목표 달성을 지원하기 위해 상대국에 선별된 첩보와 징후를 전파하여 상대국 국민의 감정, 동기 및 태도에 영향을 주고 궁극적으로 정보, 조직, 단체 그리고 개인들의 행동에 영향을 미치도록 기획한 작전(육군본부, 2012)"이라 규정되어 있다. 이때 아군이나 자국민들을 대상으로 하는 선전 활동을 제외하고 있어, 우리 군에서는 전술적 심리전을 주로 전선에서 마주하고 있는 적 병사와 적 국민들을 대상으로 하는 좁은 의미로 정의하고 있다. 군사작전의 한 형태 혹은 보조 수단으로 추진되므로 전술 심리전 수행 주체는 야전부대인 경우가 많다.

전술적 심리전의 목적은 전장에서 대치하고 있는 적군의 사기 저하와 전선 이탈에 있다. 이를 위해 감성적이고 행동 유발적 메시지는 물론이고 거짓, 과장 같은 선동적 내용들도 자주 사용된다. 또한 적을 속이기 위한 기만작전과 혼용되기도 한다. 20세기 초 대표적인 전략사상가인 리델 하트는 기만전술이란 용어 대신 '간접 접근 전략'이란 용어를 사용하고 있지만, "지형을 이용하여 군사력의 기동으로 적의 배후를 공격하여 심리적 마비를 추구하는 물리적 행동"이라고 정의하여 사실상 전술적 심리전과 구별하지 않고 있다(Liddel Hart, B. H., 주은식 (역), 2018).

일반적으로 전술적 심리전은 즉각적인 행동을 유발하기 위한 선동적 메시지를 주로 사용한다. 대표적으로 '안전 귀순증' 같은 투항을 유도하기 위한 전단은 지금도 가장 많이 사용되는 방식이다. 2003년 미국의 이라크 공격에서 귀순을 종용하는 심리전은 수만 명의 이라크 병사들의 투항을 이끌어냈다. 후방의 정치인, 군 수뇌부, 장교들에 대한 불신감을 조성해 병사들의 전투 이탈을 유도하기 위한 메시지도 자주 사용되고 있다. 실제 제1·2차 세계대전에서 모든 참전국들이 가장 많이 사용한 전술적 심리전 기법이다. 한편 성적 욕망을 자극하는 사진이나 그림을 통해 적의 사기를 저하시키는 심리전도 자주 사용되는 방법이다. 우리나라 역시 얼마 전까지도 북한에 살포하는 심리전 전단에 유명 여배우 사진과 유혹하는 글을 많이 사용하였다. 이처럼 전술적 심리전은 적을 속이거나 혼란을 유발하기 위한 기만행위에 가까워 심리전을 부정적으로 인식하게 된 원인이기도 하다.

반면 전략적 심리전은 병사들이 아닌 상대국 국민들의 전쟁 의지를 약화시키고, 중립적 국가와 그 국민들의 우호적 태도를 획득하는 것이 목표다.

그림17 성적 충동을 유발하는 심리전 전단

전략적 심리전은 냉전(cold war), 제한전쟁(limited war), 평화 전쟁(peace war) 처럼 가용한 폭력 수단이나 공격 목표, 전투 공간 등이 제한받고 있을 때 더욱 활성화된다. 이 때문에 심리전이란 용어보다 '정치전'이나 '사상전' 같은 용어를 사용하는 경우가 많다. 미군 교범에서도 "정부와 직접적인 정치 관계 혹은 정치적 성격을 지닌 사람들과의 관계에서 군사작전이나 선전을 지원하는 방법으로 외교적 수단, 정치적 압력, 거짓 정보의 전파, 선동, 암시, 태업, 폭력 그리고 적을 그의 동맹국이나 중립국으로부터 고립시켜 약화시키는 것"으로 규정하고 있다. 이 규정에서 보듯이 전략적 심리전은 다양한 물리적·상징적 수단을 사용하는 활동들이 모두 포함되어 있어 심리전 개념을 벗어나는 경우도 많다. 따라서 최근에는 '공공 외교(public diplomacy)' 같은 포괄적이고 중립적 의미를 지닌 용어들이 더 많이 사용되고 있다.

근대 전쟁 이전의 심리전은 거의 대부분 개별 전투 상황에서 행해지는 전술적 심리전이었다. 하지만 19세기 이후 총력전 개념이 등장하면서 전략적 심리전이 대두되게 된다.

표2 전략적 심리전과 전술적 심리전

	전술적 심리전	전략적 심리전
목적	적 병사의 전투 의지 약화 및 전선 이탈 아군의 사기 고양	자국민의 전쟁 지지 및 동원 적 국민의 부정적 여론 형성 및 제3국 지지 여론 형성
주체	군 수뇌부, 단위 전투 부대	정부, 군 수뇌부, 민간단체
대상	아군 병사, 적 병사	자국 및 적국 국민 외국 국민 및 집단, 국제 기구들
주요 내용	개별 전투상황, 감성적 메시지(향수 등) 적군 내 불신감 및 갈등 조성 공포감 조성 등 위협적 메시지 행동을 촉발하는 내용	전체 전황, 국내외 여론 정치·외교 관련 정보 정치 이데올로기 체제 우월성 관련 내용
주요 매체	전단지, 확성기방송, 모바일	방송, 신문, 인터넷, 모바일 등
특징	거짓, 선동, 유언비어, 암시 등 (백색 심리전 위주)	진실의 원칙 (가짜뉴스 등 적색·회색 심리전 증가)
유사 용어	심리작전	정치전, 외교전, 정보전, 이데올로기전

특히 나폴레옹 전쟁 이후 확산된 국민 군대는 전략적 심리전의 중요성을 크게 부각시켰다. 개별 전투 능력이 떨어지는 국민 군대의 약점을 보완하고, 국가자원을 모두 동원해 국운을 걸고 벌이는 총력전에서 승리하기 위해 전략적 심리전의 필요성이 커졌기 때문이다. 총력전은 병력 규모, 전장戰場, 무기 사상자와 전쟁 피해가 확대된 전쟁이다. 퀸시 라이트는 현대 전쟁의 특징으로 기계화, 군 규모의 대형화, 전 국민의 군사화, 전쟁 노력의 국민화, 총력전, 작전의 격렬화를 들고 있는데(Wright, Q., 1964, 33~50쪽). 이는 총력전 특성과 거의 같다. 무엇보다 수송 수단과 통신 기술 발달로 동원 가능한 병력의 양적 증가는 총력전의 가장 두드러진 특징이다.

이는 곧 심리전 수용자가 양적·질적으로 크게 확대되었다는 것을 의미한다. 다양한 사람들로 구성된 국민 군대와 민간인까지 동원되는 총력전으로 인해 심리전 수용자가 불특정 다수 즉, 대중(mass)으로 변화한 것이다. 병사들과 국민들의 전쟁 의지가 전쟁의 승패를 좌우할 정도로 중요해졌다. 이처럼 민간인까지 심리전 수용자에 포함되면서 심리전 목표와 방법, 이용 매체도 변화하게 된다. 불특정 다수에게 심리전 메시지를 접근시킬 수 있는 기계적 전송 수단과 대중 설득 기법이 필요해진 것이다. 당연히 심리전 목표도 개개인의 원초적 본능을 자극하는 것보다 전쟁의 정당성 같은 이념을 전파하는데 더 초점이 맞춰졌다. 전략적 심리전이 국제 선전이나 해외홍보 활동과 구별하기 어려운 이유가 여기에 있다. 앙드레 보프르가 말했던 것처럼, 전략적 심리전은 "군사적 수단이 아닌 정치·경제·사회·심리 등 다른 방법에 의해 결정적 승리를 쟁취하기 위한 수단"인 것이다(Beaufre, A., 1965).

특히 제2차 세계대전 이후 냉전기 심리전들은 거의 대부분 전략적 심리전이다. 위튼(Whitton, J. B.,1979, 218~224쪽)은 냉전기 전략적 심리전들을 ① 특정 국가나 정권을 전복시키기 위한 '전복 선전(subversive propaganda)' ② 적국의 기관, 지도자, 국민들을 격하시키기 위해 사진, 그림, 언어 등을 사용하는 '비방 선전(defamatory propaganda)' ③ 무력이나 물리적 갈등을 조장해 무력 행위를 자극하는 '전쟁 선전(war propaganda)'으로 분류하고 있다. 이 중에 '전복 선전'은 이념을 전파하는 '이데올로기 선전(ideology propaganda)', 집단행동이나 폭력을 유발하기 위해 감성에 호소하는 '해방 선전(liberation propaganda)', 국제관계에서 유리한 입지 확보를 위해 적성 국가들을 분리하는 '방해 선전(disturbing propaganda)'으로 다시 구분하고 있다.

민족주의 이데올로기와 심리전

인간이 사회를 이루고 살기 시작하면서부터 집단의 동질감과 결속력을 위한 이데올로기는 존재해 왔다. 유발 하라리에 의하면, 사회구성원 숫자가 수백을 넘어가면 구성원들을 통합할 수 있는 상징적 수단이 필요하게 된다. 언어, 문자 같은 상징적 수단들과 이를 이용해 형이상학적 상상물을 만들어 낸 종족이 사피엔스(sapience)다. 사피엔스 종족이 육체적으로 훨씬 우월했던 네안데르탈인을 비롯한 다른 종족들을 멸족 혹은 흡수·동화시키면서 현재까지 유일한 인간 종족으로 존재하고 이유가 사회 집단을 결속시킬 수 있는 사상 즉, 이데올로기를 가지고 있었기 때문이라는 것이다. 그는 이것을 인지 혁명(cognitive revolution)이라고 지칭하고 있다(Harari, J., 조현욱(역). 2015. 42~49쪽).

인간이 최초로 만든 사상은 종교다. 토테미즘이나 애니미즘 같은 원시 종교에서부터 불교, 기독교, 이슬람교에 이르기까지 종교는 선사시대부터 지금까지도 거의 모든 사회를 형성·유지하는 통치 수단이 되어왔다. 그렇지만 한 시기 혹은 지역을 지배했던 종교와 사상들은 갈등과 전쟁의 원인이기도 했다. 십자군 전쟁, 30년 전쟁은 물론 지금도 그치지 않고 있는 중동지역의 전쟁들은 종교적 갈등과 밀접히 연관되어 있다. 하지만 종교개혁 이후 형성된 세속 정치체제들은 다른 통치 이데올로기를 필요로 하였다. 민족 개념과 민족국가 이데올로기는 이런 배경에서 등장하였다.

민족국가의 개념은 14~15세기 절대 왕정국가 시대에 처음 등장했다고 보는 것이 정설이다. 하지만 인간은 혈연적 친밀감과 연대감을 바탕으로 선사시대 때부터 친족, 부족, 종족 단위의 공동체를 이루었고, 이런 동질감을 바탕으로 집단을 형성될 때 강력한 힘을 발휘할 수 있어 민족과 민족 의식은 그 이전부터 존재해 왔다고 할 수 있다(Gat, A. & A. Yakobson, 2013). 하지만 18세기 후반 프랑스 혁명과 나폴레옹 전쟁 이후 민족주의는 동일 민족으로 구성된 국민국가 개념으로 진화하게 된다. 민족주의는 "민족이란 공통의 정체성과 하나의 국가를 이룰 권리에 대한 주장"이다. 유사한 인종적 특성에 기반을 두고 공통의 정체성을 강조하면서 국가적 통제를 정당화하기 위한 이념이다. 하지만 동일한 인종이 아닌 민족국가들도 있고, 이스라엘과 아랍 국가들처럼 종교적 차이로 서로 다른 민족 감정이 형성되는 경우도 있다. 심지어 아프리카 국가들처럼 인위적으로 만든 국경이 민족을 만들어내기도 한다. 에른스트 르낭(Ernest Lenan)이 말한 것처럼 "민족의 기본요소는 구성원들 간의 공통점이지만 반대로 그만큼 많은 것을 포기해야" 할 수도 있다(Lenan, E., 1882, 신행선(역), 2002). 심지어 민족주의는 '개개인이 함께 살고 있는 사람들과 공동의 삶을 계속하기를 희망하는 매일 매일의 국민투표'라고 비판받기까지 한다.

한마디로 민족이나 민족국가는 본질적인 것이 아니라 정치적으로 만들어진 이데올로기라는 것이다. 이 때문에 민족 개념을 '상상 속의 공동체(imagined community)'로 보는 주장도 있다(Nye, J. S., 양준희·이종삼(역), 280쪽). "개인들이 그들의 존재적 조건들에 대한 상상적 관계(the imaginary relationship of individuals to their real conditions of existence)"라는 루이 알뛰세(Louis Althusser)의 이데올로기 정의와 같은 맥락이다. 이는 민족주의 이데올로기를 정치적 목적으로 만들어진 심리적 기제의 하나로 보는 것이다.

민족주의 이데올로기는 국민들을 전쟁에 동원하는 이념으로 자주 이용되고 있다. 민족 개념과 국민국가 이데올로기를 심리전에 처음 활용한 것은 나폴레옹이다. 그는 혁명이념 전파를 명분으로 한 유럽 국가들과의 전쟁에서 처음으로 징병된 국민 군대를 동원하였다. 이들은 단기 훈련만 받은 병사들로 기존의 용병이나 사병私兵에 비해 전투력이 크게 떨어졌다. 그러므로 병사들의 부족한 전투 능력을 애국심이나 혁명이념, 민족 감정 같은 이데올로기로 보완할 필요가 있었다. 즉, 전쟁의 명분으로 개인의 이익이 아닌 프랑스와 프랑스 민족을 위한 것이라는 의식을 심어주었던 것이다. 실제로 나폴레옹 군대는 프랑스 혁명 정신을 전파한다는 의무감과 열정으로 무장되어 강한 전투력을 유지했던 것으로 평가되고 있다. 로버트 홀트만은 나폴레옹에 대해 "스스로 선전이라는 용어를 사용하지는 않았지만 정치적 목적으로 선전을 적극 활용해야 한다는 것을 잘 인식하고 있었다"고 묘사하고 있다(Holtman, R., 1950, 110쪽).

19세기 중반 이후 민족주의 이데올로기는 모든 유럽 국가들로 확산되고, 결국 국가 간 전쟁을 증폭시키는 원인이 되었다. 프로이센은 프랑스의 민족주의 확산에 대응하고 통일 전쟁을 정당화하는 수단으로 민족주의를 이용하였다. 반면에 민족주의 확산으로 제국이 붕괴될 것을 우려한 오스트리아는 이를 강력히 압박하였다. 결국 발칸지역에서 러시아 지원을 받는 '범슬라브주의(Pan-Slavism)'에 대한 강압적 대응이 제1차 세계대전의 촉발제가 되었다 (Nye, J. S., 양준희·이종삼(역), 2009, 128~132쪽). 특히 19세기 후반 민족주의 이데올로기가 자국민의 인종적 우월성을 강조하는 배타적 형태로 악성 진화하면서 국가 간 갈등을 더욱 심화시켰다. 17~19세기 유럽 국가들의 식민 지배를 정당화하기 위해 탄생했던 우생학優生學이 민족주의와 결합된 것이다. 그 이유는 19세기 중반 식민지 쟁탈전이 유럽 국가 간 분쟁으로 전환되면서 민족주의를 더욱 극단적 형태로 포장할 필요가 있었기 때문이다. 이 같은 배타적 민족 이념이 심리전에 활용되면서 형성된 것인지 아니면 정치적으로 만들어진 것을 심리전에 활용한 것인지는 분명하지 않다. 그렇지만 이러한 악성 민족주의 개념이 제1차 세계대전의 한 원인이 되었던 것은 사실이다.

제1차 세계대전은 민족주의 이데올로기가 정면으로 충돌한 전쟁이다. 모든 나라에서 국민들의 열렬한 환호 속에 병사들을 환송하는 얼핏 보기에 낭만적인 전쟁처럼 보이기까지 한다. 당시 유행했던 '전쟁을 끝내기 위한 전쟁(The War to end all wars)'이라는 말은 역설적으로 19세기부터 끊이지 않았던 전쟁에 지쳐있던 유럽인들로 하여금 더 강렬하게 전쟁을 열망하게 만들었다는 것을 알 수 있다. 이 같은 열광적 분위기는 모든 나라들이 자국민들을 상대로 하는 대대적인 민족주의 선전과 무관하지 않다. 심리학적 관점에서 제1차 세계대전 원인을 분석한 심리학자 구스타프 르봉은 당시 독일에 팽배했던 극단적 게르만 우월주의, 국가사회주의 같은 집단 심리들이 인종적 우월성으로 변질되면서 힘으로 다른 민족을 제압하는 것이 정당하다는 인식을 만연시켰다고 결론 내리고 있다(LeBon, G.,1915, 정명진(역), 2020).

당시 독일의 민족주의 광풍은 당시 신문에 실린 글 몇 개만 봐도 쉽게 알 수 있다. "영국이 불구대천의 적이고 우리 민족의 독립과 독립적 문명을 파괴하고자 하는 것을 우리는 잘 알고 있다", "도적(영국)에 맞서는 투쟁은 이 땅 위에서 정직의 존재를 지키는 일종의 십자군 운동이다", "독일인

이야말로 모든 일에서 최고의 적자 아닌가? … 독일인만이 고귀한 인간이
다" 등과 같은 배타적 민족 감정은 제2차 세계대전까지 이어졌다. 나치 독
일의 '범게르만 민족주의'나 일본 군국주의 바탕에 민족주의 이념이 깔려
있었던 것이다. 제1·2차 세계대전이 별개의 전쟁이 아닌 연속된 전쟁이라
는 주장은 이러한 민족주의 이데올로기와도 관련되어 있다.

제1차 세계대전 직전 유럽 내 민족주의 이데올로기가 얼마나 극심했는
지는 사라예보 사건 발생 40여 일 만에 거의 모든 유럽 나라들이 참전을
선언한 것에서도 알 수 있다. 심지어 제국주의 전쟁이라고 비난했던 레닌
조차 '위대한 전쟁(Great War)'이라 지칭했을 정도다. 어쩌면 민족주의 이데
올로기는 국가가 가진 모든 유·무형 자원을 총동원해 명운을 걸고 싸우는
총력전(total war) 시대의 신호탄이었을 수도 있다. 더구나 처참한 진지전이
길어지면서 병사와 국민들의 전쟁 의지를 지속시키기 위해 각 나라들은
민족 감정을 더 자극할 수밖에 없었다.

그림18 Great War 게임 패키지

유럽인들에게 제1차 세계대전은 여전히 '위대한 전쟁(great war)'으로 기억되어 있다. 지금까지
도 지속적으로 '위대한 전쟁'이라는 명칭의 게임 소프트웨어가 제작·판매되고 있다. 사진 왼쪽
사진은 2018년 프랑스에서 발매된 게임의 겉포장이고, 오른쪽은 미국의 게임 제작사인 GMT가
만든 2007년 시뮬레이션 게임이다.
(https://blog.naver.com/aprilwine74/220813581305 ; https://www.kickstarter.com/projects/pscgam
    esuk/richard-borgs-the-great-war-french-army-expansion)

제2차 세계대전이 끝나고 동서 냉전체제에 들어서면서 민족주의 이데 올로기는 잠시 주춤하는 듯했다. 그 이유는 자본주의와 공산주의라는 정치 이데올로기가 압도하면서 다른 이념들이 끼어들 틈이 없었기 때문이다. 냉전 초기에 공산 진영은 범 사회주의를 지향하면서 개별 국가나 민족의식을 인정하지 않았고, 민주 진영의 모든 신생 국가들에서는 선진국들의 정치·경제 발전모델을 따라야 한다는 '근대화(modernization)' 혹은 '서구화(westernization)' 이념이 주도하였다.

그렇지만 냉전 상황에서도 민족주의 이데올로기가 완전히 소멸된 것은 아니다. 실제로 공산 진영 내에서도 일국사회주의를 이념으로 한 소련과 개별 국가들의 특수성을 인정하는 중국 간에 균열이 발생하고, 정치적 독립에도 불구하고 경제·사회적으로 여전히 서구 열강들에게 종속되어 있던 제3세계 국가들 사이에 민족주의 정서가 싹트고 있었다. 1970년대 분출되었던 제3세계 국가들의 비동맹 운동은 이 같은 민족주의를 바탕으로 하고 있다. 즉, 국내적 통일과 민족적 자주성을 통해 후진성을 극복하고 사회구조의 근대화를 이룬다는 것이다(김학준, 1979, 21~33쪽). 이러한 민족주의는 1970~80년대를 지배했던 종속이론과 함께 반미·반자본주의 이데올로기로 발전했다. 물론 민족주의가 신생국 간에 갈등을 부추겨 전쟁을 유발하기도 하였고, 미국을 비롯한 서방 국가들이 친공산주의 정권들을 공격하는 빌미가 되기도 하였다. 실제로 쿠바, 베트남, 이란 같은 나라들은 '민족주의 = 반미, 반제국주의'를 대외 심리전 중심 테마로 사용하였고, 미국은 '제국주의자' '제국주의 전쟁'이라는 비판에 시달려야 했다.

소비에트 연방 해체로 다른 이데올로기들을 억누르고 있던 냉전체제가 붕괴되면서 민족주의는 냉전 이데올로기를 대체하는 국가 간 갈등의 주된 원인이 되고 있다(Nye, J., 2015, 양준희·이종삼(역), 2000, 386~390쪽). 유고슬라비아 연방 해체 이후 발칸반도에서 벌어진 세르비아, 크로아티아, 코소보 간 분쟁은 '인종청소(ethnic cleansing)'라는 극단적 민족주의 전쟁의 전형을 보여주었다. 이뿐 아니라 소비에트 연방 붕괴 이후 독립했던 나라들이 거의

다 민족적·종교적 갈등 속에 끊임없는 분쟁에 시달리고 있다. 2014년과 2022년 러시아의 우크라이나 침공에서도 우크라이나의 민족적 정체성을 두고 치열한 심리전이 전개되고 있다. 또한 아프리카와 아시아 지역에서도 민족 문제로 인한 정치적 갈등과 내전이 끊이지 않고 있다. 최근 중국의 대국화 전략도 주변 민족들의 독립성을 인정하지 않으면서 갈등이 커지고 있다. '중국 굴기中國 崛起'는 2006년 중국 CCTV가 '대국굴기大國崛起'라는 제목으로 제작한 선전용 다큐멘터리에서 만든 슬로건으로 민족주의 심리전의 대표적 사례라 할 수 있다. 프랑스와 독일이 EU를 강력히 지지하는 이유도 서로가 강대국으로 성장하는 것을 억제하려는 역사 깊은 민족 감정이 깔려 있고, 유럽에서 확산되고 있는 북아프리카 이주민들에 대한 '외국인 혐오증(xenophobia)'도 배타적 민족주의를 보여주는 현상이다. 9·11테러를 비롯한 아랍인들의 대서방 테러에도 민족주의 정서가 내재되어 있다.

이러한 현상은 냉전 이후 미래의 전쟁은 문화 전쟁이 될 것이라고 했던 사무엘 헌팅턴(S. Huntington)의 예언과는 거리가 있다. 전쟁까지 이어지지 않더라도 많은 나라에서 민족 정서가 더욱 확산되고 있고, 민족 기반이 없는 미국에서도 '애국주의(patriotism)'가 심화되고 있다. 여기에 온라인 매체들이 확산되면서 배타적인 민족주의 감정 대립을 부추기고 있다. 인터넷에서 다른 나라를 비하하거나 자국 우월주의를 조성하는 집단적 '넷셔널리즘(netionalism, net + nationalism)'과 사이버 공간에서 같은 생각을 가진 사람들끼리 공동체를 형성해 그렇지 않은 사람들을 적대시하는 '사이버 발칸화(cyber-balkanizaion)' 현상도 민족주의 이데올로기 심리전을 격화시키는 원인이 되고 있다.

헨리 타지펠의 사회 정체성 이론(Social Identity Theory)에 따르면, 개인의 정체성은 사회적 정체성에 의해 결정된다. 사회적 정체성은 인종, 종교, 국가, 문화 같은 부류(category)에 대한 소속감에 의해 형성되고, 그 소속감은 '내가 속한 집단(in group)'과 '내가 속하지 않은 집단(out group)' 간의 차별화로 이어진다(Tajfel, H., 2010). 이러한 집단 간 차별화가 '우·열優·劣',

'선·악善·惡과 같은 배타적 인식으로 발전해 갈등을 증폭시키게 된다. 민족 감정이나 민족국가 같은 신화적 내러티브들 역시 사회적 정체성으로 민족적 우월성을 발현시켜 적대국에 대한 공격을 정당화시킨다. 이러한 메커니즘으로 민족주의는 국민들을 전쟁에 동원하기 위한 좋은 심리전 소재가 되고 있다.

동·서 냉전과 사상전

제2차 세계대전 이후 형성된 냉전체제는 자본주의와 공산주의라는 두 이데올로기가 대립하던 시기다. 특히 소비에트 연방 체제에서 민족주의나 인종, 종교 등은 완전히 억압되었다. 반면에 민주주의 절차와 비폭력적 방법을 공유하고 있는 자유주의 진영 역시 민족, 종교, 문화적 갈등이 분쟁으로 이어지는 것을 억제하고 있었다. "자유민주주의 국가는 다른 자유민주주의 국가와 전쟁을 벌이지 않는다"는 마이클 도일의 '민주부전론民主不戰論'이나 '민주평화론(Democratic Peace Theory)'이 강한 설득력을 갖는 시기였다(Doyle, M., 1983, 207~208쪽). 특히 핵무기의 전쟁억제력이 강하게 작용하면서 전면적인 무력 충돌을 자제하였고, 그 결과 30여 년간의 냉전체제가 유지되었다. 그런 상황에서도 비폭력 갈등행위인 심리전은 더욱 치열하게 전개된 측면도 있었다(Osgood, R. E., 2019; Reuth, H., 1956, 89~90쪽).

제2차 세계대전이 끝나자 미국 정부는 전시 심리전 기구와 인력을 대폭 축소하였다. 군에서 주관했던 대외심리전 업무는 '미국공보원(United States Information Service)'으로 이관되고, 대적 심리전 활동은 'CIA(Central Intelligence Agency)'가 수행하게 하였다. 실제로 한국전쟁에서 국군과 유엔군의 심리전조직이 체계화된 것은 인천상륙작전 후 정보부(G-2) 내의 심리전 전담반 인력이 보강된 이후다(Kendall, W. et al., 1952; 한국학중앙연구원(편), 2005, 313~314쪽). 마치 제1차 세계대전 종전 후 크릴위원회가 해체된 것과 비슷한 분위기였다. 그렇다고 심리전 활동이 완전히 중지된 것은 아니었다. 동서냉전

체제에 적합한 이데올로기 전쟁 혹은 사상전 형태로 변화된 것 뿐이다. 그렇지만 1950년에 발발한 한국전쟁은 심리전이 여전히 필요하다는 것을 보여주었다. 또 1960년대 베트남 전쟁은 자국민과 주변국들을 상대로 한 대내·외 심리전이 얼마나 중요한가를 확인해 주었다. 특히 한국전쟁은 제2차 세계대전 동안 개발된 심리전 기법들의 효과를 과학적으로 분석하는 일종의 실험장이 되었다. 또한 베트남 전쟁은 미국의 심리전 패러다임을 전환하는 결정적 계기가 되었다. 한국전쟁 중에 수많은 커뮤니케이션학을 비롯한 많은 학자들이 한국에 와서 심리전 효과를 연구하였고, 베트남 전쟁이 격화되자 각 분야 전문가들로 구성된 대통령 직속 '베트남 정보그룹(Vietnam Information Group)'을 설치해 체계적인 심리전 방안을 구상하기도 했다.

비록 제2차 세계대전 종전 후 1980년까지 대규모 전면전은 없었지만, 한국, 베트남, 중동, 쿠바 같은 지역에서의 분쟁은 꾸준히 이어졌다. 또 동·서 냉전기는 자본주의와 공산주의 이념 혹은 진영 간 갈등이라는 점을 빼면, 전체 시기를 관통할 수 있는 하나의 요소나 특성을 찾기는 힘들다. 접근하는 시각에 따라 시기 구분도 달라질 수 있다. 패리 가일즈는 미국의 심리전 전략을 기준으로 냉전기를 '순진한 시기(naïveté period)', '과잉 흥분 시기(hysteria period)', '전략적 심리전 시기(psychological strategy period)'로 구분하고, 각각의 시기별로 심리전 양상을 설명하였다(Parry-Giles, S. J., 1994).

첫째, 1947년에서 1950년까지 '순진한 시기(naïveté period)'로 미국의 가치나 생활방식, 자유민주주의 이데올로기를 전파하게 되면 자연스럽게 공산주의 확산을 막을 수 있다고 믿었던 시기다. 제2차 세계대전 종전 직후 트루먼 대통령이 발표한 '진실 캠페인(Campaign for Truth)'은 이를 상징적으로 보여준다. 1948년 '미국 정보 및 교육 교류법(Smith-Mundt Act)'에 의해 '미국의 소리(Voice of America)'와 '라디오 자유 유럽(Radio Free Europe)' 같은 방송국들이 만들어졌고, 한국전쟁 말기인 1953년에는 '자유 라디오(Radio Liberty)'도 설립되었다(김성해·심영섭, 2010). 이 방송들은 단파를 이용해 지금까지도 '미국 알리기(Knowing North America)' 프로그램을 전 세계에 전파하고 있다. 오바마 대통령은 2013년에 '스미스-문트법(Smith-Mundt Act)'을 폐기해, 이 방송들이 미국인들도 수신할 수 있도록 해 대내 심리전으로도 활용하고 있다. 소련 역시 1917년 볼셰비키 혁명 이후 주로 대내 선전용으로 활용해 왔던 영화, 라디오, 신문 같은 매체들을 대서방 심리전에 활용하기 시작하였다. 특히 유고, 헝가리 같은 동유럽 위성 국가들을 상대로 한 방송 심리전에 총력을 기울였다.

둘째, 1950년부터 1953년까지 '과잉 흥분 시기(hysteria period)'이다. 이 시기는 한국전쟁 기간과 정확히 일치한다. 한국전쟁이라는 열전熱戰 상황에서 양 진영 모두 상대방을 악으로 규정하고 원색적으로 비판하는 전투 상황에 필요한 전술적 심리전을 치열하게 전개하였다. 이 기간은 소련을 비롯한 공산국가들이 급속한 경제성장으로 자본주의 진영을 위협하던 시기이기도 했다. 이에 대응하기 위해 미국을 비롯한 자유 진영 국가 역시 대응 심리전을 고민해야 하는 상황이었다. 당시 분위기는 공산 진영이 소프트 파워 능력에서 자유 진영보다 우월했다고 할 수도 있다. 실제로 '모스크바 라디오(Radio Moscow)'는 84개 언어로 방송되는 세계 최대의 단일 국제방송이었다. 이 방송들은 매우 공격적인 대서방 심리전을 전개하였고, 특히 1950년 한국전쟁 발발 이후에는 더욱 활발하게 활동하였다. 이 방송들은 소비에트 붕괴 이후 지금까지도 '러시아의 소리(Радио Голос России)'라는 명칭으로 활동하고 있다. 2004년 'RT(Russia Today)'로 바꾸었다가 2009년에 현재 이름이 되었다. 2013년에 유튜브 조회 수 10억 건을 달성하기도 했고, 미국에서는 BBC 다음으로 많은 시청자를 가진 국제 방송이다. 하지만 조지아나 우크라이나 침공 때 보여준 것처럼 러시아를 일방적으로 옹호하는 가짜뉴스를 공급하는 심리전 매체라는 비판을 받고 있다.

이런 배경에서 한국전쟁은 자유 진영 국가들의 심리전 역량을 강화하게 하는 계기가 되었다. 전쟁 발발로 이른바 '결집 효과(rally around the flag effect)'가 필요했기 때문이다. 하지만 한국전쟁 초기에 미군은 사실상 해체되었던 심리전 조직을 다시 재건하는데 애를 먹었고 인원 충원도 어려웠다. 부족한 심리전 인력을 충원하기 위해 전역한 저널리스트들을 동원하기도 했다(Linebarger, P., 유지훈 (역), 341~350쪽). 결국 전쟁 후반에 아이젠하워 대통령이 '작전협력위원회(OCB : Operations Coordinating Board)'를 설치해 분산된 심리전 활동들을 통합 관리할 수 있었다.

냉전 초기에 양 진영이 충돌한 한국 전쟁은 사상전과 전술적 심리전이 동시에 전개되었다. 특히 미국 정부는 제2차 세계대전 중에 개발된 심리전 기법들이 공산주의와의 사상전에도 적용될 수 있는지를 시험해볼 수 있는 좋은 기회이기도 했다. 한국전쟁 초기인 1950년 12월부터 1951년 1월까지 활동했던 미 공군의 '인적 자원 연구소(HRRI : Human Resource Research Institute)'의 '공군대학 극동연구단(AUFERG : Air University Far East Research Group)이 만든 보고서 명칭이 '공산주의가 한국에 미친 영향에 대한 예비적 연구(Preliminary Study of the Impact of Communism upon Korea)', '남한에서의 심리전 연구의 함의와 요약(Implications and Summary of Psychological Warfare Study in South Korea)'였다는 것이 이를 잘 보여주고 있다. 이 때문에 '소비에트화 연구'라고도 불리웠다(김일환·정준영, 2017, 280~317쪽). 특히 커뮤니케이션 학자인 윌버 슈람(Wilbur Schramm)이 작성한 내용의 제목이 '한국의 소비에트화 유형 : 개요와 북한의 소비에트화에 관한 노트'였다. 즉, 한국전쟁은 소비에트 심리전을 연구할 수 있는 최초의 실험장(Croker, G. E., 1969, 189쪽)이었다. 연구 결과는 1951년 『빨갱이가 점령한 도시(Reds Take a city)』라는 제목의 책으로 만들어져 일반에게도 공개되었다. 한마디로 이 시기는 미국을 강타했던 매카시 열풍과 함께 동서 진영이 극단적으로 대립하면서 격렬한 심리전 양상을 보여준 기간이라 할 수 있다.

셋째, 1953년 이후 1970년대까지는 '전략적 심리전 시기(psychological strategy period)'다. 1953년 한국전쟁 종료 후 미국 정부는 새로운 형태의 심리전 방식을 모색한다. 장기적인 차원에서 상대방을 자극하지 않고 체제 우월성을 인식시키는 '진실전쟁(campaign for truth)'으로의 전환이다. 1946

년 록하트(Jack H. Lockhart)가 군 홍보전략 보고서에서 제안했던 '정직 작전 (Operation Condor or Maximum Condor)'과 같은 내용이다. 하지만 한국전쟁 발발로 이러한 정직 작전 패러다임은 보류될 수 밖에 없었다. 하지만 역설적으로 정직 작전이 다시 부활한 것은 베트남 전쟁 때문이었다.

같은 냉전 시기에 발발했지만 베트남 전쟁은 한국전쟁과는 심리전 양상이나 효과 면에서 크게 다르다. 서방 국가들과 한국인들의 전폭적 지지를 받았던 한국전쟁과 달리 베트남 전쟁은 미국 내 반전 분위기와 제국주의 침략이라는 전쟁 내내 비판적인 국·내외 여론에 시달려야 했다. 펠러는 그 원인을 두 전쟁 기간 중에 실시되었던 몇 가지 여론조사 결과들을 가지고 비교 분석한 바 있다(Mueller, J. E., 1981, 89~97쪽). 두 전쟁의 가장 큰 차이는 정치적 분위기였다. 한국전쟁은 냉전 초기 매카시 선풍, 중국 공산화 등으로 이데올로기 갈등이 첨예한 시기였던 반면, 베트남 전쟁은 냉전 분위기가 어느 정도 진정되고 이른바 뉴레프트 운동(new left movement)이 전개되기 시작하던 시점이었다. 특히 좌파 지식인(The Intellectual Left)들이 조직적으로 여론지도자 역할을 하면서 반전 분위기를 고조시킨 것이 큰 영향을 미쳤다. 이는 정치 지도자들이 대중운동을 주도한다는 기존의 논리를 벗어나는 것이었다(Verba, S. & Brody, R., 1970, 325~332쪽). 이런 분위기 속에서 베트남 전쟁 기간 중에 미국의 대·내외 심리전은 사실상 큰 효과를 보지 못했다. 더구나 전쟁이 길어지고 사상자가 늘어나면서 반전 여론은 더욱 확산되었고, 전쟁을 정당화하기 위한 대내외 심리전은 도리어 부메랑 효과(boomerang effect)를 유발하였다.

또 신문과 라디오가 주 매체였던 한국전쟁과 달리 베트남 전쟁은 텔레비전 특히 컬러텔레비전이 본격적으로 확산·보급되던 시기였다는 점도 중요하다. 전쟁 초기에 군의 통제가 거의 없던 상태에서 현장에서 촬영한 전투 장면들이 여과 없이 방송되면서 미국 내 반전 분위기를 고조시켰다는 것이다. 특히 텔레비전 같은 영상 매체는 한국전쟁에서처럼 '전쟁 영웅 맥아더'나 '인천상륙작전 같은 위대한 승리' 같은 과장된 심리전도 어렵게 만들었다. 그 결과 베트남 전쟁은 미국에게 치욕적인 패배를 안겼을 뿐 아니라 이미지도 크게 실추된 전쟁이 되었다.

이 같은 베트남 전쟁의 교훈 때문에 심리전 패러다임의 획기적 변화를 모색하지 않을 수 없었다. 상대방을 자극하는 공격적이고 거짓과 과장이 포함된 원색적 심리전이 아닌 거부감 없이 침투할 수 있는 심리전으로 방향을 전환한 것이다. 냉전이 막바지에 이른 1980년대 중반에 레이건 행정부는 그동안 유명무실했던 '진실 프로젝트(Project Truth)'나 '자유의 십자군(crusade for freedom)' 같은 소프트 파워 심리전을 본격적으로 전개하였다. 미국의 소리'나 '자유 유럽 라디오' 같은 심리전 방송 매체들이 전파한 청바지, 맥도널드, 팝 음악 같은 대중문화들이 결국 1980년대 말 동유럽 공산 진영을 붕괴시키는 데 큰 역할을 하게 된다.

표3 한국전쟁과 베트남 전쟁의 심리전 양상 비교

	한국전쟁	베트남 전쟁
기간	1950 ~ 1953	1955 ~ 1975
정치적 배경	초기 냉전 분위기, 맥카시즘 중국 공산화	진정된 냉전 분위기, 반전분위기 뉴 레프트운동(지적 좌파 엘리트)
심리전 양상	(부분적) 전술적 심리전	전략적 심리전과 전술적 심리전 혼재
심리전 주체	연합국 사령부	미국 행정부(백악관)
심리전 내용	향수, 투항 권고, 위협적 소구	향수, 투항권고, 이데올로기 민사심리전
주 심리전 매체	대적 : 전단, 확성기, 라디오 대내 : 라디오, 신문	대적 : 라디오, 전단 대내 : 텔레비전
수용자	소수 정치 엘리트, 다수의 포획된 대중	오피니언 리더의 역할 부상 (조직적 시민·미디어 운동)
전쟁 인식	자유 수호를 위한 정의로운 전쟁	제국주의 전쟁

소프트 파워 심리전

1970년대 미국의 심리전 전략은 '파괴적 선전(destructive propaganda)'에서 '건설적 선전(constructive propaganda)'으로 전환된다(Lasswell, H. D., 1923, 1971). 파괴적 선전이란 상대방에게 공포심을 조성해 사기를 저하시키고 아군에게 우호적인 행동을 유도하기 위해 왜곡된 메시지를 전파하는 것을 말한다. 반면에 건설적 선전이란 진실에 기반을 둔 정보를 바탕으로 대상자들에게 공감과 동경심을 유발하는 기법의 심리전이다(Choukas, M., 1965, 37쪽). 즉, 거짓이나 과장된 내용이 아닌 사실적 내용을 전파해 자발적으로 수용하는 형태의 심리전을 말한다. 이렇게 심리전 패러다임을 변화시킨 이유는 공격적이고 과장된 심리전이 적대국의 방어 시스템과 대상자들의 심리적 저항에 의해 효과가 거의 없고 도리어 적대적 태도가 강화되는 '부메랑 효과(boomernag effect)'까지 유발하였기 때문이다.

특히 양 진영 모두 방해전파를 통해 상대방의 심리전 방송 유입을 극도로 통제하고 있는 상태에서, 이를 돌파할 수 있는 비정치적 메시지를 이용할 필요가 있었다. 이것이 '소프트 파워(soft power)'인 것이다. '소프트 파워'라는 용어는 2004년 조지프 나이(Nye, J. S., 2004, 71쪽) 교수가 처음 사용했지만, 그런 유형의 심리전 개념은 이미 1970년대에도 있었다. 원래 조지프 나이의 소프트 파워 개념은 미디어 콘텐츠를 의미하는 것이 아니라, 민주주의 정치제도, 자유로운 경제체제, 문화적 다양성처럼 매력적 제도와 의식 같은 것들을 말한다. 이러한 소프트 파워들은 영화, 드라마, 뉴스, 대중음악 같은 다양한 미디어 콘텐츠로 재생산되어 확산되게 된다는 의미에서 소프트 파워 콘텐츠라 지칭한 것이다.

특히 1970년대 들어 데탕트 무드가 확산되면서 미국의 소프트 파워 전략이 본격화되었다. 베트남 전쟁 중에 대·내외 심리전에 실패했던 미국 정부가 이른바 '해방 전략(liberation strategy)' 심리전으로 전환한 것이다. '자유 유럽 라디오(Radio Free Europe)'와 '미국의 소리(Voice of America)' 같은 방송들이 동유럽 국가들을 상대로 이데올로기 메시지 대신 오락과 뉴스를 중심으로 한 이른바 '홈 서비스 전략'으로 바뀌었다(Frederick, H. H., 1984, 155~156쪽). 이렇게 변화된 심리전 전략의 효과는 엄청났다. 폴란드, 루마니아, 헝가리에서는 평균 30~50%의 청취율을 기록했고, 중요한 사건이 발생할 때는 80%가 넘은 사람이 청취하기도 했다(Frederick, H. H., 1986).

이렇게 동유럽 공산 진영을 상대로 했던 소프트 파워 심리전에 대한 자신감이 반영된 것이 1980년대 미국의 대쿠바 심리전이다. 원래 쿠바 정권을 대상으로 전파한 미국의 심리전 방송은 1959년 쿠바혁명 직후 과테말라 인근 스완 섬에서 송출된 흑색 방송 'Radio Swan'이었다(Frederick, H. H., 1986, 5~50쪽). 하지만 1961년 피그스 만 공격 당시 허위·과장 방송이 도리어 역효과를 유발했다는 비판이 제기되었다(Soley, W. & Nichols, H. S., 1987, 177쪽). 피그스만 기습작전 실패 원인에 대해서는 여러 주장들이 있지만(Wyden, P., 1979), 비방과 거짓 선동으로 일관했던 심리전 방송이 카스트로 정권에 대한 쿠바인들의 신뢰를 도리어 더 높였다는 평가를 받게 된다.

이런 배경에서 1981년 USIA가 건의한 '진실 프로젝트(truth project)'에 의해 설립한 방송이 '라디오 마르티(Radio Marti)'라고 하는 'Radio Free Cuba'다. 공식적으로는 쿠바 난민들이 송출하는 방송으로 위장된 '흑색 심리전 방송'이다. 라디오 스완과 차이점은 노골적인 선전 메시지가 아닌 뉴스와 오락물 위주로 편성한 것이다. 초기에는 쿠바인들이 접할 수 없는 다양한 국제뉴스들을 제공했지만, 뉴스에 정치적 이데올로기나 편향성이 개입될 수 있다는 지적에 따라 점차 오락물 특히 스포츠 이벤트를 크게 늘렸다. 이처럼 소프트 파워를 앞세운 미국의 심리전 방송에 대응하기 위해 쿠바가 만든 방송이 'Radio Habana Cuba'다. 이 방송은 'Radio Lincoln'이라고도 하는데, 그 이유는 'Radio Marti'가 쿠바의 독립 영웅 호세 마르띠(Jose Marti)의 이름을 붙인 것에 대응하기 위한 것이다. 관심을 끄는 것은 'Radio Marti'의 뉴스 공세에 대응하기 위해 뉴스 프로그램을 대폭 강화한 것이다.

'Radio Marti'는 300여 명이 넘는 스탭들이 하루 14시간 이상 방송하였지만 효과는 기대에 크게 못 미쳤다. 특히 쿠바인들에게 정부에 영향을 미칠 수 있는 수단을 제공하겠다고 한 목표는 주요 통신사들의 미협조와 취재 문제 등으로 사실상 포기하였다. 이를 보완하기 위해 1990년 위성을 이용하는 'TV Marti'를 송출하였다(황근, 1993, 283~284쪽). 이러한 소프트 파워를 이용한 영상 심리전에 대해 소련을 비롯한 공산국가들이 '문화 제국주의' '정보 제국주의' 같은 용어로 강하게 비난했지만, 자국민들의 선호를 원천 봉쇄하는 것이 사실상 불가능했고 그 결과 공산 진영 붕괴로 이어졌다.

그림19 TV Marti

Marti는 지금도 라디오와 텔레비전 방송은 송출하고 있다. 대부분 예산은 미국 정부가 지원한다. 하지만 쿠바에서의 시청률은 1%를 넘지 못하고 있다.
(https://www.wlrn.org/news/2015-05-19/radio-marti-turns-30-but-is-anyone-in-cuba-listening)

미국의 소프트 파워 전략은 1950년대부터 추진해왔던 신생 국가들을 경제적으로 지원하는 'guns for butter approach' 전략에 심리전 요소를 결합시킨 것으로 볼 수 있다(Bah, U., 2008, 185~186쪽). 1980년대 이후에는 정치적 성향이 덜한 '해외공보처(USIA : United States Information Agency)'와 '국제개발협력처(USAID : United States Aid for International Development)'가 주도하

였다. 특히 1997년부터는 USIA가 아닌 '민주주의 진흥재단(NED, National Endowment for Democracy)을 통해 다양한 공공정보 활동을 펼치고 있다. 하지만 2015년에 러시아가 자국 내에서 NED 활동을 금지하게 된다. 그 이유는 이 단체가 러시아의 샤프 파워(sharp power) 심리전 문제를 처음으로 제기했기 때문이다. 또한 1999년에는 USIA의 명칭을 '국제프로그램정보처(IIP : International Information on Programs)로 변경하였는데, 이는 공공정보 같은 소프트 파워 심리전 체계를 강화하기 위한 목적으로 보인다.

평화 전쟁과 심리전

20세기 후반 심리전 패러다임이 다시 변화하게 된다. '평화 전쟁(peace war)' 시대에 들어섰기 때문이다. 평화 전쟁이란 "피간섭 국가로 하여금 인도주의 정책을 취하게 할 목적으로 하나 혹은 다수의 국가가 무력수단을 사용하여 타국의 국내문제에 간섭하는 전쟁"을 말한다. 한마디로 인간주의적 개입(humanitarian intervention)을 표방한 '정의로운 전쟁(justice war)'을 말한다. 평화를 목적으로 다른 나라의 내전에 개입하거나 반인권적 혹은 반민주적 정권을 폭력 수단을 이용해 공격하는 것은 정당화 될 수 있다는 논리를 바탕으로 하고 있다. 정의로운 전쟁이란 말은 아주 오래전부터 있어 왔다. "왜 전쟁이 일어나는지는 신만 알고 있기 때문에 인간으로서 할 수 있는 일은 결국 전쟁의 범위와 방식을 제한함으로써 그 폐해를 줄이는 것"이라는 성 오거스틴(St. Augustin)의 '정당한 전쟁론'을 근거로 중세 윤리관에서 시작되었다는 주장도 있다(권기봉, 2005, 15~41쪽).

그렇지만 20세기 후반에 나온 '정당한 전쟁' 개념은 동·서 냉전체제 붕괴, 민족주의 부활, 군과 민간이 구분되기 힘든 현대전 양상 등 여러 요인들을 배경으로 등장하였다. 특히 첨단 영상 미디어와 글로벌 네트워크, 모바일·인터넷 같은 실시간 양방향 매체 같은 커뮤니케이션 기술 발달이 결정적 원인이다. 특히 20세기 후반에 등장한 글로벌 네트워크는 이전과 비교가 안 될 정도로 신속하고 생생하게 전투 장면과 전쟁 피해 영상을 확산시킬 수 있다는 점에서 더 이상 전쟁을 병사들 만의 전투일 수 없게 만들었다. 미디어로 생중계되는 전쟁에서 참전국들은 사용 무기나 공격 대상 그리고 전쟁 목표가 극도로 제한받을 수밖에 없다. 한마디로 새로운 형태의 '제한전쟁(limited war)' 시대에 들어선 것이다. 산업혁명 이후 당연한 것으로 여겨져 왔던 대량 살상무기를 동원해 적 병사뿐 아니라 국토 전체를 초토화시키는 무제한 총력전은 더 이상 불가능하게 되었다.

역사상 최장기 진지전으로 기록되고 있는 이란·이라크 전쟁(1980~1988)은 이제 전쟁 당사국들이 국운을 건 총력전을 벌일 수 없게 되었다는 것을 극명하게 보여주었다(Staudenmaier, W. O., 1985, 211~237쪽). 이와 함께 1980년대 이후 미국을 비롯한 강대국들이 다른 나라 내전이나 국지전에 개입하면서 내걸었던 평화와 인권을 수호하는 '평화작전(peace operations)' 또는 '평화 전쟁(peace war)' 역시 전쟁 양상을 크게 제한하는 또 다른 원인이 되었다. 포클랜드전쟁(1982), 그레나다침공(1983), 파나마침공(1989), 걸프전(1990~1991), 아이티침공(1994), 아프가니스탄전쟁(2001), 이라크 공격(2003)이 바로 그런 명분을 갖고 실행되었다. 지금도 중동지역에서 지속되고 있는 평화 전쟁들은 얼핏 보면 마치 성지회복을 이유로 벌어졌던 십자군 전쟁과 흡사하다. 각종 분쟁지역에 UN의 깃발 아래 파견되어 주둔하고 있는 '평화유지군(PKO : Peace Keeping Operation)'이란 명칭도 어딘가 십자군을 연상케 한다.

평화 전쟁은 기존의 전쟁들과 달리 전쟁 목표도 애매하고 승패도 분명치 않은 경우가 많다. 또 지지부진한 상태에서 장기간 지속되기도 한다. 소련의 아프가니스탄 침공은 1979년에서 1989년까지 이어졌고, 미국이 무려 21년 만에 승리 없이 철군하면서 종료되었다. 전쟁에서 승리한 국가가 어떤 이득을 보았는지도 애매하다. 이 때문에 평화 전쟁은 파나마 사태, 중동 사태, 아프가니스탄 사태처럼 '사태'라는 용어로 표현되기도 한다. 이런 이유로 전투에서의 승리보다 전쟁에 대한 여론의 지지 여부가 더 중요한 변수로 작용한다. 그래서 평화 전쟁은 '미디어와 함께하는 전쟁'

아니 '미디어와 싸우는 전쟁'이기도 하다.

야콥슨(Jacobsen, P., 1996)은 평화 전쟁의 원인으로 '명백한 인도적·법적 위기', '국익', '성공의 기회', '자국 내의 지지' 그리고 'CNN효과(CNN effect)'를 지적하고 있다. 이 중에서도 'CNN효과'를 가장 중요한 요인으로 꼽고 있다. 다른 요인들이 애매한 상태에서 미디어의 관심 정도와 보도 태도가 전쟁을 촉발시키는 역할을 한다는 것이다. 그는 "일정 기간 지속적인 텔레비전 보도 없이 국제적 쟁점이 부각된 경우는 없다"고 지적하면서 'CNN 효과'가 전쟁 발발의 필요조건이 되고 있다고 보고 있다(CNN 효과에 대해서는 5장 평화전쟁의 언론통제 부분에서 상세히 설명할 것이다).

이는 매체들의 전쟁 보도가 심리전의 한 수단이 되었다는 것을 의미한다. 평화 전쟁이라는 명분을 유지하려면 참혹한 전투 현장이나 잔악성이 그대로 노출되어서는 안된다. 전쟁 목적이 정당해야 하지만 전쟁 과정도 정당하게 보여야 하기 때문이다. 즉, 공격 목표나 사용가능한 무기 또한 정당성이 담보되어야 한다. 만델바움은 '인도주의적 개입(humanitarian intervention)'이라고 주장하는 전쟁에 대해 "돈도 영광도 전략적 계산도 아닌 동정심(sympathy)에서 정당성을 찾으려 하고 있다"고 비판하고 있다(Mandelbaum, M., 1994). 북이라크, 소말리아, 보스니아 등에 파병하면서 폭정과 기아에 허덕이는 주민들과 관련된 영상을 각종 매체를 통해 전파하면서 정당한 전쟁 이미지를 확보하려 애를 썼다는 것이다.

야콥슨은 평화 전쟁의 프로세스를 "미디어의 기아 및 양민 학살 보도 → 저널리스트와 의견 지도자들의 개입 필요성 제기 → 공중의 압력 확산 → 서방 국가들의 군사적 조치 정당화"로 구분하고 있다(Jacobsen, P., 2000). 이 과정에서 대중들의 감정적 충동을 자극하는 언론 보도가 결정적인 역할을 하고 있다고 지적한다. 심지어 'CNN 효과' 조차도 전쟁을 수행하는 미국 정부의 정치적 이해와 언론의 상업주의가 결합되어 만들어 낸 효과라고 비판한다. 19세기 말 미국의 대중 신문들의 부수 경쟁에서 야기된 애국적 황색 언론 보도 행태가 재연되고 있다는 것이다. 다만 황색언론 경쟁이 언론사들의 상업적 이익에만 충실했다면, 지금은 국가와 언론이 서로의 이익을 위해 상호 협력한다는 점에서 차이가 있을 뿐이라는 주장이다.

당연히 평화 전쟁을 기획하고 작전을 수립하는 단계에서 미디어 전략이 함께 고려될 수밖에 없다. 언론 보도가 군사작전의 한 부분이 된 것이다. 러시아의 우크라이나 침공에서 보는 것처럼, 관영 미디어와 인터넷 매체들을 조직적으로 동원한 사이버 심리전은 전쟁의 정당성 확보 뿐 아니라 전황에 영향을 미칠 정도로 중요한 위치를 차지하고 있다. 이 때문에 전쟁을 목적으로 국가와 미디어가 암묵적으로 공모하면서 언론 보도가 심리전 도구로 변질되고 있다는 비판을 받고 있다. 최근에 전시 언론 통제와 심리전 활동을 통합하는 '전략적 커뮤니케이션(strategic communication)'이란 용어를 사용하고 있는 이유도 여기에 있다.

그림20 러시아-우크라이나 가짜뉴스 심리전

러시아는 우크라이나 임산부 폭격 뉴스를 가짜뉴스라고 반박하고, 우크라이나는 러시아 전투기 6대를 격추한 타라발카 소령을 '키이우의 유령'이라고 선전했지만 조작된 사진임이 밝혀졌다. (https://www.sedaily.com/NewsView/263E1AKQSM ; https://www.hankyung.com/article/202204303615Y)

전쟁 정당성 확보를 위해 군과 언론이 상호 연대하면서 대·내외 심리전은 점점 더 조직적으로 수행되고 있다. 전 세계를 아우르는 위성방송, 24

시간 월드 뉴스 채널, 시·공간을 초월하고 있는 인터넷·모바일 폰과 SNS에 이르기까지 최첨단 커뮤니케이션 수단들은 언론의 전쟁 보도 영향력을 증대시켰지만, 반대로 군사작전과 연계되면서 신뢰가 추락하는 현상도 발생하고 있다. 이는 전쟁을 수행하는 국가와 군에 대한 불신을 야기해 '부메랑효과(boomerang effect)'로 이어질 수 있다. 실제 2022년 러시아의 우크라이나 침공 당시 양측이 확산시켰던 가짜뉴스들은 두 나라 모두에게 국제적 신뢰와 지지에 부정적인 영향을 미쳤다. 또한 소수 매스미디어만 통제하면 되었던 이전과 달리 무수히 많은 인터넷 매체들을 실시간으로 모두 통제할 수 없게 된 것도 사실이다.

심리전 메시지 특성과 변화

심리전 속성 중에 역사적으로 가장 크게 변화한 것은 심리전 메시지다. 심리전 메시지는 "적대 수용자의 마음속에 아군 측의 목표 달성을 저해하지 않겠다는 뜻이나 감정을 불러일으키기 위해 심리전 주체가 의도적으로 사용하는 기호나 기호의 집합(Fotheringham, W. C., 1966, 54쪽)"으로 정의된다. 이는 설득 커뮤니케이션 메시지의 정의를 전쟁이라는 상황에 맞게 변형한 것이다. 하지만 모든 커뮤니케이션 메시지가 그렇듯이 메시지 작성에는 불변의 원칙이 있을 수 없다. 다만 적대적 혹은 중립적 태도를 가진 수용자를 대상으로 한다는 점에서 광고나 PR 같은 설득 메시지들과는 차이가 있다. 그럼에도 전시 심리전 메시지 기법들은 상업 광고와 PR 활동에 적극 활용되고 있다. 설득 커뮤케이션 연구의 원조라고 할 수 있는 칼 호블랜드(Carl Hovland)는 제2차 세계대전 중에 신병들을 대상으로 했던 실험연구 결과를 바탕으로 뛰어난 학문적 성과를 거두었다. 실험 결과들을 종합한 『매스 커뮤니케이션에 관한 실험(Experiments on Mass Communication)』이란 저서는 설득 커뮤니케이션 이론의 바이블처럼 되었다. 이 책에서 그가 내린 "심리전 메시지 내용의 효과는 수용자의 속성에 크게 의존한다"는 결론은 '제한효과이론(limited effect theory)'의 근거가 되었다.

레오나드 둡은 히틀러와 괴벨스의 선전 내용물을 분석해, 선전 메시지 작성 시 고려해야 할 일곱 가지 원리를 제시하였다(Doob, L. W., 1948). ① 선전 주체자 의도의 원리 ② 지각의 원리 : 적대 상황에서 메시지가 대상자들에 의해 접근 가능할 것 ③ 선전유형의 원리 : 명시적 혹은 암시적 유형 같은 모든 효과적인 유형들을 고려할 것 ④ 관계적 태도의 원리 : 암시의 과정에서 목표로 하는 성과를 거둘 수 있는 태도들을 고려할 것 ⑤ 통합의 원리 : 대상자가 의도한 목표에 맞도록 모든 메시지를 통합하는 것 ⑥ 예측 불가능 범위의 원리 : 시간적 차이, 대립적 선전 주체의 속성 등을 고려할 것 ⑦ 역선전의 원리 : 선전 목적을 방해하는 요소들에 대한 역선전 요소들을 고려하는 것 등이다.

그렇지만 심리전 메시지는 시간적·공간적 상황에 따라 꾸준히 변화되어 왔다. 이는 심리전 메시지가 송신자의 능력, 매체 특성, 수용자 속성 그리고 환경적 요인들을 복합적으로 고려해 만들어지기 때문이다. 같은 심리전 메시지라 하더라도 상황에 따라 효과가 다른 경우가 많다. 예를 들면, 한국전쟁 중에 미군은 인민군을 상대로 귀순 혹은 투항하라는 전단과 방송 심리전을 대대적으로 실시했다. 하지만 얼마 지나지 않아 유엔군 사령부는 귀순 심리전을 중단하였다. 그 이유는 한국전쟁이 동서냉전 체제에서 발발한 이념 전쟁으로 상대방에 대한 불신과 적대감이 강해 메시지 내용을 거짓이라고 생각해 투항을 권고하는 메시지가 인민군의 전투 의지를 더 강화시켰다는 사실이 밝혀졌기 때문이다. 여기서는 메시지 관련 요인들을 설명하기보다 심리전 메시지가 어떻게 변화되어왔는가를 중심으로 심리전 메시지의 속성을 살펴보고자 한다.

첫째, 직접적·물리적 설득 메시지에서 간접적·상징적 설득 메시지로의 변화를 들 수 있다. 고대 전쟁에서 근대 전쟁에 이르기까지 가장 많은 심리전 메시지 형태는 적을 기만하거나 사기를 떨어뜨리기 위해 아군의 힘을 과장하는 것이었다. 이에 가장 잘 부합하는 메시지가 바로 '위협적 소구(fear appeal)'다. 위협적 소구는 물리적 응징을 전제로 하는 개념으로 현대 전쟁에서도 자주 사용되고 있다. IS가 민간인이나 연합국 병사들을 참수하는 장면을 유포하는 것이나 "서울을 물바다로 만들어 버리겠다"라는 북한의 위협 같은 것들이다. 역사상 위협적 심리전을 가장 잘 구사한 것은 몽골군이었다. 저항하는 적을 잔혹하게 학살하거나 도시 전체를 파괴시켜 저항 의지를 포기하게 만들었다. 실제로 아주 짧은 기간에 동아시아 끝에서 유럽까지 점령할 수 있었던 것은 말을 이용한 기동력 때문이기도 하지만, 위협적 심리전으로 싸우지 않고 무혈 점령한 곳이 많았기 때문이기도 하다. 물론 그 배경에는 막강한 군사력이 뒷받침되었다.

다른 유형은 직접적 설득 메시지로 적의 향수를 자극하는 것이다. 사면초가(四面楚歌)에서부터 지금도 자주 사용되는 심리전 메시지다. 실제로 전투에 지친 병사들을 대상으로 후방에 있는 가족이나 고향에 대한 향수를 자극하는 것은 매우 효과적이다. 특히 제1차 세계대전 같이 전쟁이 장기화되면 더 효과가 크다. 제2차 세계대전 당시 태평양의 미군 병사들을 자극했던 '도쿄 로즈' 방송도 향수를 자극하는 것이었다. 비록 전략적 심리전에서는 실패했지만, 베트남 전쟁에서 미군이 성공했던 심리전도 있었다.

그림21 Operation Wondering Soul 심리전 방송 및 전단

(좌로부터) 유령소리 방송과 전단 살포 헬리콥터, Leaflet 23-65, leaflet 4454

'방황하는 영혼(Wondering Soul)'이라는 명칭의 심리전으로, "고향에 가서 묻혀야 영혼이 조상들에게 돌아갈 수 있다. 그렇지 않으면 유령이 되어 구천을 떠돌아다닌다"는 베트남 사람들의 관념을 이용한 것이다. 유령이 울부짖는 듯한 음성방송과 방황하는 영혼을 그린 전단으로 투항자가 크게 늘어났었다. 하지만 이 심리전은 오래가지 못했는데, 그 이유는 베트남 병사들의 사기도 같이 저하되었기 때문이다.

역사적으로 아군을 상대로 한 대내 심리전에서 가장 많이 사용된 심리전 메시지는 물질적 보상을 약속하는 것이다. 앞에서 언급했던 한니발이나 나폴레옹의 출정 연설은 '적을 물리치면 금은보화와 먹을거리가 풍요할 것'이라는 내용이다. 종교적 명분을 내세웠던 십자군 전쟁조차 병사들의 사기를 높이기 위해 물질적 보상을 약속하였다. 특히 근대 이전의 전쟁들은 적을 공격해 노예, 식량, 물자 등을 획득하는 '약탈 전쟁(war of plunder)' 성격을 내포하고 있었다. 심지어 영국의 엘리자베스 여왕은 해적 프란시스 드레이크(Francis Drake)에게 공식적으로 해적행위를 허용하는 사략(privateer) 권한과 귀족 작위를 부여하기도 했다.

하지만 점차 자급적 보급체제가 정착되면서 물질적 보상을 약속하는 심리전은 많이 사라졌다. 도리어 현대 전쟁에서 약탈적 보상 메시지는 전쟁의 정당성도 훼손되고 역효과를 유발할 가능성이 높다. 그 대신 이념, 종교, 평화, 인권 같은 상징적 메시지들이 주로 사용되고 있다. 그 이유는 앞서 설명한 것처럼, 대내적으로는 국민들을 전쟁에 동원하고, 대외적으로는 전쟁의 명분을 얻을 수 있는 이데올로기가 점점 더 중요해졌기 때문이다.

둘째, 메시지의 진실성과 관련된 문제다. 심리전은 전쟁에서 이기는 것을 목적으로 하는 설득 커뮤니케이션이다. 그러므로 메시지가 진실이냐 거짓이냐 하는 것은 크게 중요하지 않다. 실제로 선전 주체(propaganda source)를 감추고 허위·조작·속임수 같이 적을 기만할 수 있는 심리전이 더 효과적일 때도 있다(방정배·최윤희. 1989. 345~346쪽). 하지만 매스미디어의 발달로 완벽하게 속일 수 없게 되었고, 거짓이 드러날 경우 훨씬 심각한 역효과가 발생할 수도 있다. 특히 장기적이고 전략적 성격이 강한 대·내외 심리전의 경우, 전달하려는 메시지의 진실성이 더 많이 요구되고 있다. 특히 제2차 세계대전 이후 크고 작은 수많은 국제 분쟁에 개입하였던 미국에서 대·내외 심리전의 진실성 문제가 심각하게 검토되었다.

제2차 세계대전의 경험을 바탕으로 종전 후 미국 전략업무부(OSS)가 정착시킨 '선전내용의 진실성 원칙'은 다음과 같다(Fraser, L., 1967, 203쪽). 첫째, 사실을 수정할 만한 정당한 이유가 없을 때에는 사실을 이야기할 것. 둘째, 군사적인 비밀을 고려하는 것이 아니라면 사실을 은폐하거나 수정하지 말 것. 셋째, 거짓말한다고 상대방의 수용자가 인식할 때마다 우리의 설득력은 중대한 상처를 입게 된다는 것. 넷째, 이런 이유들 때문에 공개적인 심리전에서 청중이 파악할 수 있는 거짓을 사용하지 않아야 한다는 것이다. 특히 정보원을 속이는 흑색 심리전(black propaganda)은 전술적 효과를 기대할 수 있지만 전략적 측면에서는 역효과를 야기할 가능성이 크다고 지적하고 있다. 이는 같은 시기에 전쟁부 산하 홍보국(Public Relations Bureau)에서 제안한 새로운 전시언론통제 패러다임인 '정직 작전(operation condor)'과 맥락을 같이 한다고 볼 수 있다.

진실성의 원칙은 한국전쟁과 베트남 전쟁을 거치면서 혼선을 빚기도 했지만, 1980년대 미국의 심리전 전략이 변화하면서 다시 전면에 부상하게 된다. 그 이유는 팽팽한 대립 상태에서 상대방이 인식할 수 있는 심리전 메시지는 그것이 사실이라 하더라도 심리적 방어 상태에 있는 상대국 수용자들이 노출을 거부하거나, 노출되더라도 수용되거나 신뢰를 받지 못할 가능성이 높기 때문이다. 무엇보다 30년 이상 유지되어온 냉전체제에서 양 진영 구성원들 모두가 상대 이념에 대한 면역(immunization)을 통해 자기 체제에 대한 일종의 '문화적 진리(cultural truism)'가 형성된 상태(Papageorgis, D. & W. McGuire, 1961)로 이데올로기 심리전이 효과를 거두기는 사실상 힘들었다.

또한 양 진영 모두 심리전 방어 활동이 강한 상태에서 정치적 심리전은 투과성이 매우 낮을 수밖에 없었다. 이러한 상황을 돌파하기 위해 자본주의 국가들이 절대 우위에 있는 문화 콘텐츠를 이용해 침투하는 전략으로 바꾼 것이다. 이미 민주적 정치 과정, 시장 경제 체제, 문화적 다원성 같은 소프트 파워에서 절대 우위에 있었던 자본주의 진영은 비정치적인 심리전에서 매우 유리한 조건을 갖추고 있었다. 특히 국가가 직접 개입하지 않고도 민간 콘텐츠들을 활용할 수 있다는 것은 적대적 수용자들의 저항 의지를 약화시킬 수 있다는 장점이 있다. 이 때문에 진실성의 원칙은 자연스럽게 소프트 파워 전략으로 이어졌다. 이러한 자본주의 국가들의 소프트 파워를 공산 진영에 전파하는 중심에 라디오·텔레비전·영화 같은 미디어들이 위치하게 된다. 실제로 미국을 중심으로 뉴스, 드라마, 대중음악, 스포츠 이벤트 같은 비정치적 대중문화 콘텐츠는 1980년대 말 공산 진영을 와해시키는데 큰 역할을 하였다.

셋째, 20세기 후반 미국을 비롯한 자본주의 국가들의 소프트 파워 심리전에서 패배한 러시아·중국 같은 권위주의 국가들이 택한 심리전이 바로 샤프 파워(sharp power) 심리전이다. "마음과 뜻을 얻기 위한 매력 공세(charming offensive winning hearts and minds)"로 정의되는 소프트 파워 전략은 기본적으로 정치적·경제적 체제 우월성을 전제로 한다. 체제 경쟁에서 열세에 놓인 권위주의 국가들 입장에서 같은 소프트 파워 심리전으로 대응하는 것은 승산이 거의 없다. 이에 따라 비록 체제 경쟁에는 실패했지만 미국을 비롯한 서방 국가들과의 패권 경쟁에서 밀리지 않기 위한 새로운 심리전 전략을 추구하게 된다. 즉, "적국 정책 결정자의 정확한 정보 분별을 방해하고 주의를 분산시키거나 정보과부하를 유발해 혼란을 조성하는 것"을 목적으로 한 내러티브 공세 즉, '샤프 파워 심리전'이다(Walker, C., Kalarthil, S & J. Ludwig, 2018). 러시아·중국 같은 권위적 정치체제를 가진 국가들이 주로 사용하는 샤프 파워 전략은 서방 국가들의 소프트 파워(soft power) 공세에 대응하기 위한 일종의 대응 심리전이라 할 수 있다.

표4 하드 파워, 소프트 파워, 샤프 파워 비교

	하드 파워		소프트 파워	샤프 파워
	군사력	경제력		
주체	국가, 군산복합체	국가, 민간기업	국가, 민간단체, 미디어	국가 위장된 민간 미디어
주요 수단	군사적 행동, 위협	보상, 지원, 제재	문화, 정치제도, 가치 지식, 미디어 콘텐츠	허위정보, 정보왜곡 정보시스템 파괴
작동 원리	강제, 억제, 보호	유인, 압박	매력, 자발적 선호 유인, 설득, 동의	기만, 정책교란, 혼란, 국민균열, 조작 직·간접적 압력과 보상
주요 행위	전쟁, 군사적 동맹 무력시위, 강압외교	경제협력, 경제제재, 통상외교	일반 외교, 문화교류 미디어 활동, 정보제공	가짜뉴스, 흑색방송 사이버심리전 사이버전
대상	상대국, 교전국	상대국 상대국의 유대 ·동맹국	상대국, 주변국 자국 국민	상대국, 주변국
특징	가시적, 측정 가능, 계량적		비가시적, 상대적 평가 기준	기밀성, 위장 시스템 공격 저비용 고효율 민주·개방국가 공격용이

샤프 파워란 용어는 2017년 크리스토퍼 워커(Christopher Walker)와 제시카 루드위그(Jessica Ludwig)가 '민주주의를 위한 국가기금(National Endowment for Democracy)'에서 작성한 "샤프 파워 : 독재 정권의 영향력 강화(Sharp Power: Rising Authoritarian Influence)"라는 보고서에서 처음 등장하였다(National Endowment for Democracy, 2017). 제목처럼 서방 국가들과의 소프트 파워 게임에서 밀린 중국과 러시아가 교란과 조작을 목적으로 상대방 국가의 정치 및 정보 네트워크에 침투하는 활동들을 말한다. 샤프 파워란 용어는 민주주의 국가들이 지닌 네트워크 개방성을 이용해 정체를 속이고 은밀히 침투해서 큰 혼란과 갈등을 유발하는 단검의 끝 혹은 주사기 바늘 같다고 해서 붙여진 것이다.

소프트 파워 개념을 처음으로 제기했던 조지프 나이는 정보를 기만적으로 사용하므로 샤프 파워는 하드파워의 한 종류로 간주한다. 또 비밀스럽게 상대방을 압박하는 흑색 심리전의 한 형태로서 '공격적인 소프트 파워'로 보는 시각도 있다(고동우, 2018, 1~42쪽). 스코네츠니와 카초(Skoneczny, L. & B. Cacko, 2021, 329쪽)는 샤프 파워를 "자국 혹은 국제적으로 연관이 있는 국가들의 이미지를 조작하거나 정치·사회 시스템을 붕괴시키거나 강제로 특정 행위를 강요하기 위하여 소프트 파워 요소들을 모방한 수단들을 이용하는 국가 활동의 총합(a aggressive actions of the state carried out with the use of methods imitating soft power elements in order to manipulate the image of a given country (or other entities of international relations) or to destabilize its socio-political system, or to force certain actions by its authorities)"으로 정의 내리고 있다.

일반적으로 샤프 파워는 군사력 혹은 경제적 하드 파워와 연계하는 '하이브리드 전략(hybrid strategy)'으로 사용된다. 샤프 파워 공세는 사이버 공격으로 적의 기반 시설과 방위체계를 마비시키고 정보를 조작해 물리적 공격 같은 하드 파워의 파괴력을 배가시키는데 목적이 있다. 특히 사이버 심리전은 전쟁 초기에 상대국의 혼란과 갈등을 조장하고, 저항 의지를 무력화시키는 일종의 티핑 포인트(tipping point) 역할을 한다(송태은, 2021, 78~81쪽). 그렇지만 중국과 러시아의 샤프 파워 심리전은 하이브리드 방법에서 차이가 있다. 중국이 주로 경제협력이나 지원과 결합하는 방식을 사용하고 있다면, 러시아는 군사적 위협수단을 사이버 심리전과 융합하는 방식이다.

그림22 샤프 파워와 소프트 파워, 하드 파워

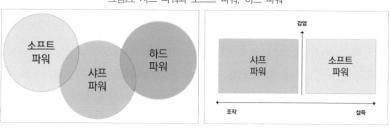

대표적인 샤프 파워 심리전 도구가 가짜뉴스(fake news)다. 가짜뉴스는 자국에게 유리하게 사실을 조작하고 전쟁을 정당화하는 것을 목적으로 한다. 2014년 큰 저항 없이 크림반도를 점령한 것과 2022년 우크라이나 공격 초기에 가짜 뉴스를 대량 살포해 자신들의 전쟁을 정당화려 한 것처럼, 러시아는 '정보대립(information confrontation)'이라는 이름으로 샤프 파워를 가장 많이 또 효과적으로 사용하는 국가다(송태은, 2021). 엄격하게 말하면 가짜 뉴스를 이용한 샤프 파워 심리전도 사이버 공간을 이용한다는 것에서 차이가 있을 뿐 출처와 진위를 확인하기 힘든 흑색 심리전의 한 형태라 할 수 있다. 그렇지만 기존 흑색 심리전들과 다른 점은 자신에게 유리하거나 우호적인 태도를 형성하는 것이 아닌 상대방 체제를 붕괴시키는데 초점을 맞추고 있다는 점이다. 그것은 사실이 아닌 내용도 얼마든지 조작해 심리전에 이용할 수 있다는 것을 의미한다. 2016년 RAND가 발간한 『러시아의 거짓 유포 선전모델(The Russian "Firehose of Falsehood" Propaganda Model)』의 내용을 보면 이런 특성을 잘 볼 수 있다. 이 보고서에 기술된 러시아의 사이버 심리전 내용은 ① 가짜계정을 통한 거짓 정보의 대량 유포 ② 신속하고 지속적, 반복적인 허위 정보 유포 ③ 객관적 현실과 관계없이 조작된 사실의 전파 ④ 일관성이 없더라도 유리한 새로운 정보의 반복적 유포 같은 것들이다(Paul, C. & M. Metthew, 2016; 송태은, 2019, 184~186쪽).

한편 자국민을 대상으로 하는 심리전 내용도 크게 변화되어왔다. 직접적으로 전쟁 의지를 촉발하는 내용이 아니라 자연스럽게 전쟁이나 무력 사용에 대해 긍정적인 태도를 형성하는 것이다. 또한 인터넷을 통해 무수히 많은 매체들이 실시간으로 엄청난 정보들이 쏟아내고 있는 상태에서 군이 언론을 직접 통제·운영하는 것이 사실상 불가능하다. 대신 애국심, 전쟁의 당위성, 무력 사용 등에 대한 긍정적 태도를 심어주는 방식으로 바뀌고 있다. 영화나 드라마 같은 전통 미디어들을 이용할 수도 있지만 시뮬레이션 워 게임(simulation war game)처럼 무력 사용 자체를 큰 문제의식 없이 체화시키는 방법으로 바뀌었다. 군과 ICT업체 그리고 할리우드가 연결된 군·엔터테인먼트 복합체에 의해 만들어진 상업용 '워 게임(war game)'이 국민 특히 청소년층을 중심으로 국가 간의 관계를 선·악으로 구분하고, 폭력적 수단에 의한 악의 퇴치, 영웅주의와 애국주의를 당연한 것으로 인식하게 만드는 방법이다.

참고 문헌

권기봉(2005). "전쟁의 일반이론과 정당한 전쟁론"『철학연구』제68집. 15~40.

고동우(2018).『국제정치에서의 강대국들의 '파워(power)' '구사(驅史)' 동향』국립외교원 외교안보연구소, 2018, 정책연구자료.

김상배(2007). "글로벌 지식패권의 국내적 기원 : 미국형 네트워크 국가론의 모색"『한국정치학회보』제41집 제2호, 245~269.

김성애·심영섭(2010).『국제뉴스의 빈곤과 국가의 위기』서울 : 한국언론진흥재단.

김일환·정준영(2017). "냉전의 사회과학과 '실험장'으로서의 한국전쟁 : 미공군 심리전 프로젝트의 미국인 사회과학자들"『역사비평』제118호. 2017년 봄호. 280~317.

김정기(1981).『새 PR원론 : 공중설득의 제이론과 실무』탐구당.

김학준(1979). "신생국 이데올로기의 시련" 김학준 외(편).『제3세계의 이해』형성사.

방정배·최윤희(1989).『여론과 정치설득』서울: 나남.

선동식 편저(1979).『심리의 전쟁 : 역사를 중심으로』영진문화사.

송태은(2019). "사이버 심리전의 프로패건더 전술과 권위주의 레짐의 샤프 파워 : 러시아의 심리전과 서구민주주의 대응"『국제정치논총』제59집 제2호. 161~204.

_____(2021). "디지털시대 하이브리드 위협수단으로서 사이버 심리전의 목표와 전술"『세계지역연구논총』제39집 제1호. 69~105.

양종민(2020). "군-산-대학-연구소 : 게임의 밀리테인먼트(Militainment)"『국제정치논총』제60집 제4호. 335~382.

엄기열(2003). "미국 언론의 전쟁보도에 대한 역사적 고찰 : 건국 후부터 제2차 세계대전까지"『방송문화연구』제15권, 제1호. 69~105.

육군본부(2012).『(야전교범 3-0-1) 군사용어사전』서울: 육군본부.

장을병(1979).『정치커뮤니케이션론』서울: 태양출판사.

차배근·리대룡·오두범·조성겸(1992).『설득커뮤니케이션 개론』나남.

최용성(2003). "한국전쟁 시 미군의 전술심리전 효과분석(1950년 6월~12월)"『軍史』제53호. 233~256.

하영선·김상배(편)(2006).『네트워크 지식국가 : 21세기 세계 정치의 변환』을유문화사.

한국학중앙연구원(편)(2005).『6.25전쟁기 미군 심리전 관련 자료집 Ⅱ』선인.

황 근(1993). "뉴미디어시대의 방송심리전에 관한 연구"『방송학연구』제10호. 263~290.

_____(1995). "설득커뮤니케이션 차원에서 본 한국전쟁 심리전 평가"『軍史』제30호. 164~205.

KBS방송연수원연구실(1995). 『심리전의 이론과 실제』 서울 : KBS.

Anderson, R. & T. Mirrlees(2014). "Introduction Media, Technology, and Cultue of Militarism : Watching, Playing and Resisting the War Society" *Democratic Communique*. Vol. 26 No. 2 (Fall 2014). 1~21.

Bah, Umaru(2008). "Daniel Lerner, Cold War Propaganda and US Development Communication Research : An Historical Critique" *Journal of Third World Studies* Vol. XXV No. 1. 183~198.

Baufre, A.(1965). *Introduction to Strategy*. New York : Praeger.

Berneys, E.(1995). *Propaganda*. 강미경(역). 2009. 『프로파간다 : 대중심리를 조종하는 선전 전략』 공존.

Chandler, D.(1974). *The Art of Warfare on Land*. London : The Hamlyn Publishing Group Limited.

Clark, M.(1984). *From the Danube to the Yalu*. New York : Harper & Brothers.

Croker, G. E.(1969). "Some Peoples Regarding the Utilization of Social Science Research within the Military" in Crawford, E. T. & A. D. Biderman(eds.). *Social Scientist and International Affairs : A Case for a Sociology of Social Science*. New York : John Wiley & Sons, Inc. 185~194.

Choukas, M.(1965). *Propaganda Comes of Age*. Washington : Public Affairs Press.

Clausewitz, C. von.(1832). translated by Paret, P.(1976). *On War*. New Jersey : Princeton Univ. Press.

Der Derian, J.(2009). *Virtuous War : Mapping the Millitary- Industrial-Media-Entertainment Network*. 2nd edition. New York and London : Routledge.

Doob, L. W.(1948). *Public Opinion and Propaganda*. New York : Henry Holt & Co.

Doyle, M.(1983). "Kant, Liberal Legacies, and Foreign Affairs" *Philosophy and Public Affairs* Vol. 205.

Duverger, K.(1972/2012). translated by Wagoner, R.(1972). *The Study of Politics*. London : Nelson.

Earle, E. M.(1943). "Epilogue, Hitler : The Nazi Concept of War" in Earle, E. M. (ed.). *Makers of Modern Strategy*. London : Princeton Univ. Press.

Fotheringham, W. C.(1966). *Perspectives and Persuasion*. Boston : Allyn & Bacon.

Fraser, L.(1967). *Propaganda*. London : Oxford Univ. Press.

Frederick, H. H.(1984). " La Guerre Radiofonica : Radio War between Cuba and United States" in Mosco, V. & J. Wasco(eds.) *The Critical Communication*

Review, Vol. II : Changing Patterns of Communication Control. Norwood, New Jersey : Ablex Publishing Co.

_____(1986). *Cuban-American Radio War : Ideology in International Telecommunication.* Norwood, New Jersey : Ablex Publishing Co.

Fuller, J. F. C.(1932). *The Dragon's Teeth: A Study of War and Peace.* London : Trubner & Company.

Gat, A. & A. Yakobson(2013). *Nations: The Long History and Deep Roots of Political Ethnicity and Nationhood.* Cambridge : Cambridge University Press.

Harari, J.(2011). Sapiens. 이태수(역).2016. 『사피엔스』김영사.

Holtman, R. B.(1950). *Napoleonic Propaganda.* Boston : Louisiana State Univ. Press.

Hozic, A. A.(2001). *Hollyworld : Space, Power, and Fantasy in the American Economy.* New York : Cornel Univ. Press.

Jakobsen, P.(1996). "National Interest, Humanitarianism or CNN: What Triggers Unpeace Enforcement after the Cold War?" *Journal of Peace Research* Vol. 33 No. 2. 205-215.

Jakobsen, P.(2000). "Focus on the CNN effect Misses the Point: The Real Media Impact on Conflict Management Is Invisible and Indirect" *Journal of Peace Research.* Vol. 37 No. 2. 131-143.

Kendall, W., Ambrose, D. E., Hinrichs, G., Ogloblin, P. K. & J. Ponturo(1952). "Psychological Warfare Operations : Leaflets" *ORT-T-21. FEC(1951.3.31.).*

Lasswell, H. D.(1927/1971). Propaganda Technique in the World War. New York : Peter Smith.

_____(1936/2018). *Politics : Who Gets What When How?* 이극찬(역). 1979. 『정치 : 누가 무엇을 언제 어떻게 얻는가?』전망사.

_____(1951). *"Political and Psychological Warfare"* in Daniel Lerner (ed). *Propaganda in War and Crisis.* N.Y. : W. Stweart. 261~266.

LeBon, G.(1915). *The Psychology of the Great War.* 정명진(역). 2020. 『전쟁의 심리학』서울: 도서출판 부글북스.

Liddell Hart, B. H.(1991). *Strategy 2nd edition.* 주은식(역). 2018. 『전략론』책세상.

Linebarger, P. M. A.(1954). *Psychological Warfare.* 유지훈(역). 2020. 『심리전이란 무엇인가?』투나미스.

Mandelbaum, M.(1994). "The Reluctance to Intervene" Foreign Policy. vol. 9.

Mott, F. L.(1950). *American Journalism : A History of Newspaper in the United*

States through 260 years: 1960 ~1950. New York : Macmillan Company.

Mueller, J.(1974). "Popular Support for the Wars in Korea and Vietnam" in Janowitz, M. & P. M. Hirsch(eds.) *Reader in Public Opinion and Mass Communication.* New York: Free Press. 89~97.

National Endowment for Democracy(2017). *Sharp Power : Rising Authoritarian Influence International Forum for Democratic Studies.* Washington D.C.

Nye, J. S.(2004). *Soft Power : The Means to Success in world Politics.* New York : Public Affairs.

_____(2009). *Understanding International Conflicts : An Introduction to Theory and History.* 양준희·이종삼(역). 2009. 『국제분쟁의 이해 : 이론과 역사』 한울아카데미.

Osgood, R. E.(2019). *The Nuclear Dilemma in American Strategic Thought.* New York : Routledge.

Papageorgis, D. & W. McGuire(1986). "The Generality of Immunity to Persuasion Produced by Pre-exposure to Weakened Counterarguments" *Journal of Abnormal and Social Psychology* Vol. 62. 475~481.

Paul, C. & m. Mattews(2016). "The Russian "Firehose of Falsehood" Propaganda Model : Why It Might Work and Options to Counter It" *Perspective.* RAND Corporation.

Perry-Giles, S.(1994). "Rhetorical Experimentation and the Cold War, 1947~1953 : The Development of an International Approach tp Propaganda" *Quarterly Journal of Speech.* Vol. 80. 448~467.

Rawls, W.(1988). *Wake Up America : World war I and the American Poster.* N.Y.: Abbeville Press.

Reuth, H.(1956). "Psychologische Kampffuehrung" *Schriftenreihe zur Wehrpolitik. Heft.* Nr. 10.

Skoneczny, L. & B. Cacko(2021), "Sharp Power : Introduction to the Issue" *PMW,* Vol. 25. 325~340.

Simpson, C.(1996). *Science of Coercion : Communication Research and Psychological Warfare,* 1945-1960. 정용욱(역). 2009 『강압의 과학: 커뮤니케이션 연구와 심리전: 1945~1960』 선인.

Soley, L. C. & J. S. Nicholas(1987). *Clandestine Radio Broadcasting : A Study of Revolutionary and Counter Revolutionary Electronic Communication.* New York : Praeger.

Stahl, R.(2010). *Millitainment, Inc. : War, Media and Popular Culture*. New York
  : Routledge.

Staudenmaier, W. O.(1985). "Iran-Iraq(1980-)" in Harkavy, R. E. & S. G. Neuman.
  *The Lessons of Recent Wars in the Thied World, Vol. 1 : Approaches and
  Case Studies*. Massachusetts : Lexington Books. 211~237.

Tajfel, H.(2010). *Social Identity and Intergroup Relations*. New York : Cambridge
  Univ. Press.

Taylor, P. M.(1992). *War and Propaganda : Propaganda and Persuasion in the Gulf
  War. Manchester: Manchester Univ.*

_____(2003). *Munitions of the Mind : A History of Propaganda from the
  Ancient World to the Present Day*. Manchester : Manchester Univ. Press.

Verba, S. & R. Brody(1970). "Participation, Policy Preferences, and the War in
  Vietnam" *Public Opinion Quarterly* Vol. 34. 325~332.

Walker, C., Kalarthil, S & J. Ludwig(2018). "Forget Hearts and Minds" *Foreign
  Policy* (Sep. 14. 2018).

Whitton, J. B.(1879). "Hostile International Propaganda and International Law" in
  Nordenstreng K. and H. J. Schiller(eds.). *National Sovereignty and International
  Communication*. Norwood, New Jersey : Ablex Publishing Co.

Wright, Q.,(1964). *A Study of War*. Chicago : Univ. of Chicago Press.

Wyden, P.(1979). *Bay of Pigs : The Untold Story*. New York ; Simon & Schuster.

제 4 장

미디어의 두 얼굴
: 심리전 매체의 진화

심리전 역사에서 가장 획기적으로 변화를 거듭해 온 것은 심리전 매체 즉, 커뮤니케이션 기술이다. 어쩌면 미디어 발달사가 곧 심리전 매체 발달사고 이는 곧 심리전의 역사라고 할 수도 있다. 특히 1452년 구텐베르크의 인쇄활자 발명과 19세기 통신 기술 등장 이후 심리전 매체는 급속히 발전해왔다. 매체 발달사는 송신자와 수용자 사이에 기계적 수단(machine-interposed)이 개입해 온 역사다. 시·공간적 제약이 많을수록 커뮤니케이션 매체의 효과는 한정적일 수밖에 없다. 그러므로 제약이 큰 매체들을 이용한 심리전은 특정 지역에서 특정 대상자들을 상대로 제한적으로만 활용될 수 있다. 횃불이나 꽹과리, 피리, 함성 등을 사용했던 고대 심리전은 내용이나 방법이 단순할 수밖에 없다. 그렇지만 이 같은 고전적 도구들 중에는 인공지능이 활용되는 디지털 글로벌 미디어 시대인 지금까지도 사용되는 것들도 있다. 한국 전쟁 중에 북한은 병사들이 동시에 함성을 질러 상대방을 압박하는 '함화喊和'라는 심리전을 구사한 적이 있다(김선호, 2021. 77~115쪽). 적 진영을 향해 함성을 지르면서 돌격하는 '납함전법吶喊戰法'은 적에게 공포심을 주기 위해 지금도 종종 사용된다.

테렌스 퀄터는 심리전 도구를 '원초적 도구'와 '2차적 도구'로 분류한 바 있다(Qualter, T. H., 1972, 276~277쪽). '원초적 도구'란 선전 메시지를 실재적 형태(actual forms)로 전달하는 매체들이다. 여기에는 웅변, 루머, 집회, 시위, 행진, 유니폼, 군대, 종교 양식, 게시판, 포스터, 건축물, 삐라 등 사용 가능한 수단들이 모두 포함된다. 이것들은 주로 선전 주체의 독창적 능력에 의해 이용되는 경우가 많았다. 반면 '2차적 도구'는 선전 메시지를 광범위하게 분산되어 있는 수용자에게 전달할 수 있는 커뮤니케이션 수단 즉, 신문·방송·출판물 같은 매스미디어들과 함께 정치적·사회적·종교적 조직체들도 포함시키고 있다. 오늘날과 같은 불특정 다수를 상대로 한 대중 심리전은 구텐베르크의 인쇄 활자를 이용한 신문·잡지가 등장하면서 가능해졌다. 여기에 19세기 중반 유·무선 통신 기술들이 발명되고 라디오, 텔레비전 같은 시청각 매체들이 등장하면서 더욱 활성화되었다. 또 20세기 후반에 등장한 인터넷 같은 첨단 네트워크는 심리전 양상 자체를 완전히 바꾸어 놓고 있다.

심리전 매체들은 최근까지도 군사용 무기로 인정되지 않았다. 전통적인 시각에서 무기武器(weapon)란 "싸움이나 전쟁, 사냥 등에서 대상을 살상하기 위해 만들어지고 쓰이는 도구"로 정의된다. 하지만 살상 수단이 아니더라도 '전쟁에서 쓰이는 모든 기구'로 확대하게 되면, 심리전 매체들도 무기에 포함될 수 있을 것이다. 최근에는 사이버 심리전이 활발해지면서 무기의 용도를 "적을 살상하는 목적 뿐 아니라 군사시설, 각종 병기 및 건물 파괴로 적의 군사적 저항 능력을 상실케 하는 비살상 도구"까지 포함시켜야 한다는 주장도 나오고 있다(문규석, 2003). 최근 전쟁에서 커뮤니케이션 기술이 차지하는 비중이 커지는 추세를 감안한다면, 더 이상 심리전 도구들을 무기체계에서 배제하기는 힘들어 보인다. 실제로 러시아의 최근 군사전략을 보면, 심리전은 전통적인 무기를 사용하는 군사작전과 거의 대등한 비중을 차지하고 있다.

테렌스 퀄터는 심리전에서 매체를 선정하는 기준으로 ① 활용 가능성(availability) ② 도달 범위(coverage) ③ 수용자의 해독 능력(literacy) ④ 목표 대상의 매체 이용 상황을 들고 있다(Qualter, T. H. ,1962). 이런 기준들 관점에서 보면, 심리전 매체의 발달은 네 가지 조건들을 만족시킬 수 있는 기술 발달 과정이라고 할 수 있다. 이를 종합하면 심리전 매체 발달은 크게 다음과 같은 세 가지 특징으로 요약할 수 있다. 첫째, 전달가능한 수용자의 확대 둘째, 목표 군중에 대한 선별적 접근성 셋째, 심리전 메시지 효과 극대화. 이런 배경에서 매스 미디어 발달 순서에 따라 심리전 양상과 속성 변화를 살펴보도록 하겠다.

현대 심리전 대중 매체의 시작 : 전단

'매스미디어 시대'는 1452년 구텐베르크의 인쇄 활자 발명에서 시작되었다. 인쇄 활자는 곧바로 서적, 잡지, 신문으로 진화하면서 대중 사회로의 이전을 가속화시켰다. 인쇄 활자는 인류 역사상 처음으로 대량의 메시지를 제작과 공급할 수 있게 만들어 대중사회의 서막을 열었다. 성서의 대량 보급으로 천 년 가까이 유지해 왔던 성직자들의 지식독점이 붕괴되면서, 대중 설득과 동의가 정치적·사회적·문화적으로 중요해졌다. 구텐베르크가 인쇄 활자로 처음 제작한 책이 성서였고, 이를 잘 활용한 사람이 종교개혁을 주도했던 마르틴 루터였다. 그는 1520년 한 해에만 총 900쪽에 달하는 27편의 논문을 발표했고, 전체 인쇄 부수는 50만 권이나 되었다. 또 그가 쓴 신약성서는 발간 두 달 만에 3천 부를 비롯해 총 8만 6천 부가 판매되었다고 기록되어 있다.

이처럼 인쇄물이 대중 설득에 유용하다는 것은 정치적으로도 이용될 수 있다는 것을 의미한다. 활자매체가 처음 전쟁에 이용된 것은 크림전쟁(Crimean War, 1853~1859)과 미국 남북전쟁(Civil War, 1861~1865)이다. 크림전쟁에서 전신 기술을 이용한 종군기자와 전쟁 보도가 처음 등장했고, 이는 참전국들의 정책 결정에 큰 영향을 미쳤다(Knightely, P., 1975, 5쪽). 미국 남북전쟁 중에 발표된 대중소설 『톰 아저씨의 오두막집(Uncle Tom's cabin)』이란 소설은 북군 승리에 크게 기여한 것으로 알려져 있다. 또한 19세기 후반에 크게 성장한 '일전 신문(penny paper)'이라 불리던 저가 대중신문들은 사람들에게 전쟁에 대한 관심을 고조시켰다. 산업혁명, 제국주의 팽창, 급격한 정치 변화 같은 유동적 사회 분위기가 사람들의 미디어에 대한 관심과 노출을 증가시키고 이는 곧 언론의 성장으로 이어졌다. 이러한 현상은 사회적 혼란과 갈등이 커지면 사람들의 정보욕구가 증가되고 미디어 노출이 늘어나면서 매체의 영향력도 커진다는 멜빈 드플러(M. Defleure)의 '미디어 의존효과(Media Dependency Effect)' 관점에서도 이해할 수 있다.

대량 복제된 인쇄물을 심리전에서 활용된 형태는 일명 '삐라(bill의 일본식 발음 '비라(びら)'가 변형된 표현)'라고 하는 종이 전단(leaflet)이다. 고대 이집트에서 탈출한 노예를 잡기 위해 파피루스로 만든 전단을 사용했다는 기록도 있다. 구체적인 기록은 없지만 남북전쟁과 보불전쟁에서도 심리전 전단이 사용되었다는 주장들이 있다. 그렇지만 본격적으로 전시 심리전 매체로 전단이 활용된 것은 제1차 세계대전이다. 단기간에 프랑스를 점령하고 병력을 동부전선으로 이동해 러시아 공격에 대비한다는 독일의 전쟁 계획 즉, 변형된 '슐리펜 계획(Schlieffen Plan)'이 파리 50km 외곽 마른 강(Marne river) 유역에서 교착상태에 빠지면서 역사상 유례없는 진지전이 전개되었기 때문이다. 기관총과 철조망으로 구축된 양측의 방어진지를 돌파하지 못하면서 4년여의 처절한 공방전을 벌이게 된 것이다. 끝을 알 수 없는 진흙 구덩이 참호전으로 극도로 사기가 저하된 병사들을 독려하고, 적의 전투 의지를 약화시키기 위한 '무기 없는 전쟁(war without weapons)' 즉, 대대적인 심리전이 전개된다. 공식적으로 제1차 세계대전 중에 연합국이 살포한 전단은 프랑스 4천 330만 장, 영국 1천 925만 장, 미국 300만 장으로 총 6천 595만 장에 달했다(Lasswell, H. D., 이극찬(역), 1979, 47~48쪽). 독일 역시 '가제트 드 아르덴(Gazette de s Ardennes)'이란 제목의 전단을 225만 3천 장을 살포해 양측 진지에는 전단이 마치 눈처럼 날렸다는 기록도 있다.

전단 내용은 크게 두 가지 내용이 주를 이뤘다. 하나는 자국의 전쟁 능력에 대한 확신과 후방의 국민 지원이 충분하다는 인식을 적에게 심어주는 것이다. 또한 적 병사들에게 전쟁 지도층이나 후방 국민들과 심리적으로 분리시키기 위한 내용도 있었다. 연합군의 막강한 전쟁 수행 능력을 보여주기 위한 심리전은 1916~1917년 이른바 '순무의 겨울(turnip winter)'이라고 일컬어지던 시기의 식량난과 함께 큰 효과를 거두었다. 실제로 1917년 여름 솜므(Somme) 전투를 계기로 독일 병사들의 사기가 크게 추락하고 전선 이탈자도 크게 늘어난 것으로 나타났다.

또 전선의 병사들과 장교 혹은 후방의 정치지도자나 군 수뇌부를 이반시키기 위한 내용들도 있다. 영국군은 독일군 수뇌부를 '프러시아 군국주의(Prussian militarism)', '피에 굶주린 카이제르(Bloodthirsty Kaiser)', '융커(Junker)' 같은 용어로 묘사하였다. 독일 또한 영국이나 프랑스의 수뇌부를 '살인자 처칠' 같은 메시지로 공격하였다. 이러한 심리전은 끝이 보이지 않는 장기간의 전쟁 양상과 열악한 참호 생활에 지친 병사들에게 나름 효과를 거둔 것으로 나타났다. 특히 직접적 비난이 많았던 독일 심리전보다 풍자적 내용의 영국 심리전이 더 효과적이었다. 무엇보다 군 수뇌부와 병사들을 이반시키는 영국의 심리전은 전쟁 후반에 위력을 발휘하였다. 1918년 연합군의 대공세가 시작될 무렵 무려 75~100만 명 가까운 독일 병사들이 전선을 이탈한 것이다. 이때 독일 병사들 사이에는 전투에 적극 참여하는 동료들을 '스트라이크 파괴자(strike breaker)'나 '전쟁 연장자(war prolongers)'로 낙인찍기까지 했다는 증언들도 있다. 그럼에도 불구하고 전쟁 내내 독일군 수뇌부는 영국군의 심리전을 과소평가했고, 그 효과를 인지하였을 때는 이미 전쟁이 종료될 때였다.

그림23 제1차 세계대전 중 심리전 전단지

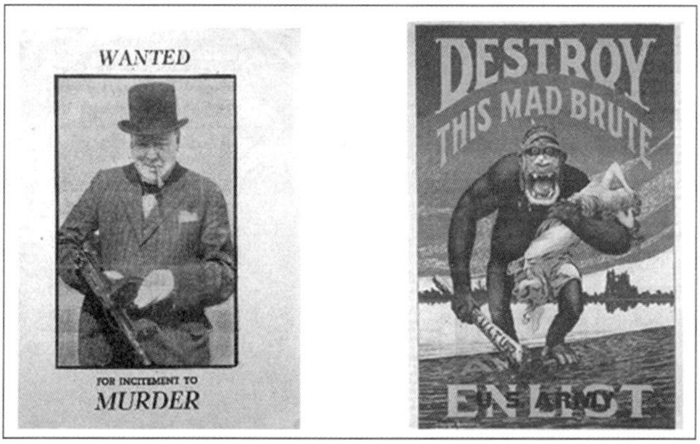

제2차 세계대전 기간 중 뿌려진 전단 숫자는 정확히 알 수 없으나, 미군이 유럽 전선에서만 뿌린 전단이 80억 장 이상이나 되고, 남태평양 지역

에서는 B-29 비행기로 수백 톤의 전단을 뿌렸다는 기록도 있다(육군심리전감실 (편), 1958, 82쪽). 특히 미군 전단에 실린 '갱스터 군국주의자', '평화주의자 천황' 같은 문구는 일본군 내부에 분열을 유도하는데 효과를 본 것으로 평가되고 있다(이임하, 2012). 1950년 한국전쟁에서 유엔군이 북한군과 북한 주민들을 대상으로 살포한 심리전 전단은 25억 장이 넘는 것으로 알려지고 있다. 특히 진지전이 절정에 이르렀던 시기에는 매주 2천만 장 이상의 심리전 전단이 제작·살포되었고, 1개 '전단 및 확성기 중대'가 주당 350만 장을 살포했다는 기록도 남아 있다(Pease, S. E., 1992; Linebarger P. M. A., 유지훈 (역). 2020. 348쪽). 이윤규(2010. 130~147쪽)는 실증적인 연구를 통해 한국전쟁에서 미군 심리전의 핵심 매체는 삐라였다고 결론내리고 있다.

열전이 아닌 냉전 상황에서도 전단은 여전히 중요한 심리전 매체로 이용되었다. 동서 화해 무드가 형성된 1972년 이전까지 서독은 '인민군'이란 제목의 위장 신문을 매 호 50만 부 정도 발행해 동독지역에 살포하였고(김태현, 2015. 150쪽), 공산주의 체제를 비판하는 포켓용 서적을 제작해 1962년 한해에만 해상과 공중을 통해 동독지역에 약 6만 3천부 가량 배포하였다 (Drews, D., 2006. 211쪽). 공식 기록에 의하면 1964년 한 해에만 동독 인민군과 국경수비대를 대상으로 한 심리전 전단을 20만 부 이상 살포한 것으로 나타났다(Wenzke, R., 2005. 173쪽). 당시 동독 정부는 국경수비대, 학생, 노인들까지 동원해 전단을 수거했다는 기록도 있다.

심지어 첨단 무기와 정보통신 매체들이 주도하고 있는 최근에도 전단은 여전히 주요 심리전 매체로 활용되고 있다. 1991년 제1차 걸프전에서 연합군은 M129 전단탄과 유리병을 통해 이라크군과 민간인을 상대로 '폭탄 투하 날짜'를 알리는 내용의 전단을 최소 2천 5백만 장 이상 뿌렸고, 2003년 2차 걸프전 때도 대략 3천만 장이 살포된 것으로 알려지고 있다. 2001년 아프가니스탄 공격 때도 B-52 폭격기를 이용하여 총 28종의 전단 4,400만 장을 투하한 것으로 기록되어 있다(임현정 외, 2018. 293~296쪽). 이를 통해 폭격 전에 투항하거나 피신한 이라크군과 민간인들이 많았던 것으로 전후

조사를 통해 밝혀지기도 했다. 특히 제1차 걸프 전쟁 당시 귀순 전단을 읽은 이라크 병사 7만 여 명이 집단으로 항복한 것은 유명한 사건이다(Spiers, E. M., 2015, 146~147쪽).

이처럼 전단이 지금까지도 심리전 매체로서 활용되고 있는 이유는 퀄터가 말한 4가지 심리전 매체 선택 조건들을 대부분 충족시키고 있기 때문이다. 우선 심리전 주체들 입장에서 볼 때 전단은 대치하고 있는 적을 상대로 한 심리전에서 가장 효율적인 수단이다. 종이라는 매체의 속성상 도달 범위가 한정되어 있기는 하지만, 진지전이나 제한된 지역에서 벌어지는 전술적 심리전에는 크게 장애가 되지 않는다. 물론 분산되어 있는 병사나 민간인들을 상대로 하는 전략적 심리전 매체로는 유용하지는 않다. 하지만 별도의 수신 장치 없이도 메시지에 접근할 수 있다는 것과 주파수 방해 같은 통제 수단으로부터 비교적 자유로워 접근 가능성이란 측면에서 여전히 장점이 있는 심리전 매체다.

최근 탈북민들의 날려 보내는 대북 풍선에 대해 북한 연일 비난을 쏟아내고, 급기야 쓰레기 풍선을 남쪽으로 날려 보내는 것도 심리전 매체로서 전단이 여전히 유용함을 보여주고 있다. 특히 북한이 외부로부터의 정보 유입을 철저하게 차단하고 있는 폐쇄 사회라는 점에서, '활용 가능성(availability)' '수용자 해독 능력(literacy)' '목표 대상의 매체 이용 상황' 같은 요인들에 부합하는 매체이기 때문이다. 또한 전단 내용과 USB에 담긴 소프트 파워 메시지들은 김일성 일가를 비롯한 지배층과 다수의 인민을 심리적으로 분리시킬 수 있는 효과를 기대할 수 있을 것이다.

그렇지만 전단은 기본적으로 문자 매체라는 점에서 문자 해독률이 낮을 경우 효과를 기대하기 힘들다. 특히 사용 언어가 다른 국가들간의 전쟁일 경우 더욱 그렇다. 2003년 미국의 아프가니스탄 공격 때 사용된 전단들은 학력수준이 낮은 아프가니스탄 주민들에게는 거의 효과가 없었던 것으로 나타났다. 더구나 피로도가 높은 전투 상황에서 문자로 작성된 이념이나 주장들은 인지적 수용 가능성이 크게 떨어진다. 이 때문에 문장형 메시지보다 그림이나 사진 같은 시각적 메시지와 선정적 문구, 즉각 행동을 유발할 수 있는 선동적 내용이 주를 이루게 된다. 심리전 전단 내용 중에 역사적으로 가장 많이 사용되었던 주제는 향수를 자극하거나 진영 내 갈등을 유발하는 내용과 투항을 권장하는 '귀순증'이었다. 쉴즈와 자노비츠가 제2차 세계대전 말 연합군이 독일 본토로 진격할 시기에 포로들을 대상으로 조사한 결과, "항복하면 신변 보장하겠다"는 전단 내용을 가장 많이 기억하고 있는 것으로 나타났다(Shils, E. A. & Janowitz, M.,1981, 341~347쪽). 또 한국전쟁에서 가장 성공한 심리전 사례로 평가되는 '물라 작전(Operation Moolah)'은 북한 미그기 조종사들의 귀순을 유도하는 내용이었다(김기도, 1989, 202~203쪽; 김종숙, 2004, 101~142쪽; 이임하, 2012, 105~107쪽).

그림24 한국전쟁과 태평양 전쟁에서 사용된 '귀순증' 전단

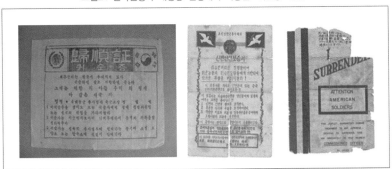

방송 심리전 시대 : 라디오의 활용

전단 심리전이 지금도 사용되고 있다고 하지만 물리적 도달 범위에는 근본적 한계가 있다. 따라서 전략적 심리전에도 일부 활용될 가능성은 있지만, 대체로 전선에서 대치하고 있는 병사들을 대상으로 하는 전술적 심리전에 주로 사용되고 있다. 이러한 심리전 매체의 한계는 20세기 초반 무선주파수를 사용하는 라디오가 등장하면서 획기적으로 개선되었다. 라

디오는 제1차 세계대전 중에 개발된 군사용 통신 기술들이 전후 민간에서 상업적으로 활용된 일종의 군산복합체의 부산물이라 할 수 있다. 라디오는 등장하자마자 엄청난 속도로 확산되었다. 1920년 미국 피츠버그에서 처음 시작한 라디오 방송 보급률은 5년도 채 안되어 전체 미국 가구의 10%를 넘겼고 1929년에는 35%에 달했다. 이에 따라 1930년대에 라디오는 사회·문화적 효과만큼 정치적 영향력도 엄청났다. 라디오가 당시로서는 상당한 고가 장비임에도 불구하고 빠른 속도로 확산되는데 결정적인 역할을 한 것이 정치선전이었다. 먼저 라디오를 선전도구로 활용한 것은 나치 독일이다. 음성 매체인 라디오는 히틀러의 격정적인 연설과 선전·선동 방송을 통해 나치 정권을 지탱하는 토대가 되었다. 당시 독일은 선전효과를 높이기 위해 각 가정에 라디오를 보급하기도 했다. 미국에서도 루즈벨트 대통령의 연설 방송 '노변방담爐邊放談(fireside chat)'이 화제를 모으면서 정치적 영향력을 보여주었다.

라디오가 심리전 매체로서 각광받는 이유는 앞서 설명한 퀄터의 심리전 매체 선택 조건 중에 세 가지를 충족시킬 수 있기 때문이다. 무엇보다 라디오는 무선주파수를 사용하여 신속하고 광범위한 지역을 대상으로 심리전을 전개할 수 있다는 장점을 가지고 있다. 이 때문에 전선에 있는 병사들을 대상으로 한 전술적 심리전 뿐 아니라 후방 국민 나아가 다른 나라의 수용자들을 대상으로 메시지를 전파할 수 있어 전략적 심리전에도 유용하다.

이뿐 아니라 음성 매체인 라디오는 수용자의 가독성可讀性(literacy)이 매우 높아 누구나 쉽게 접근할 수 있고, 감성적 소구력訴求力이 높다는 장점을 지니고 있다. 마셜 맥루한은 라디오를 '고정밀성(high definition)'과 '저참여성(low participation)'을 가진 '뜨거운 매체(hot media)'라고 한 바 있다(McLuhan, M., 1964). 여기서 '정밀성'은 메시지가 포함하고 있는 정보의 정교성 정도 즉, 밀도를 말하고, '참여성'은 메시지를 받아들이는 사람이 그 의미를 인식하는데 들어가는 노력의 정도를 말한다. 즉, 라디오는 쉽게 수용할 수 있으면서 사람들의 감성을 자극하는 매체라는 뜻이다. 이런 논리로 맥루한은 라디오는 열광시키기 좋은 매체로서 아프리카, 인도, 중국 같은 지역에서 민족 감정을 유발하는데 유용하다고 말하기도 했다. 이 말은 다분히 인종차별적 의식을 반영하고 있지만, '히틀러가 텔레비전을 선전 수단으로 사용했더라면 결코 대중선전에 성공할 수 없었을 것'이라 한 말은 나름 일리가 있다.

그림25 Tokyo Rose와 Axis Sally

여러 명의 Tokyo Rose 중에 실명이 공개된 여성은 이바 도쿠리 밖에 없다. 그는 반역죄로 기소되어 형을 마치고 나왔지만, 나중에는 미군 포로들을 도와주었다는 행적 등으로 미국 정부로부터 공로상을 받는 등 파란만장한 인생을 살았다(왼쪽 사진). 한편 독일의 Axis Sally는 2021년 'American Traitor : The Trial of Axis Sally'라는 제목으로 영화화되기도 했다(오른쪽 사진은 영화의 한 장면). (www.radioheritage.com/story41)

이처럼 라디오는 일방적으로 메시지를 전파하는 매체지만 소구력이 뛰어난 감성적 매체다. 이러한 속성을 잘 이용한 심리전이 바로 전시 '선무宣撫방송(pacification broadcast)'이다. 태평양 전쟁 당시 일본이 NHK를 통해 방송했던 '도쿄 로즈(Tokyo Rose)'는 선무방송의 고전으로 기억되고 있다. 당시 미군들의 영원한 연인으로 불리웠던 대표적인 도쿄 로즈 '이바 도쿠리(Iva Toguri D'Aquino)'가 방송했던 '0시의 앤(Zero hour Anne)'은 달콤한 목소리와 익숙한 팝뮤직으로 미군 병사들의 향수를 자극해 사기를 떨어뜨리는데 큰 위력을 발휘하였다. 또 베트남 전쟁 중에 있었던 북베트남의 '하노이 한나(Hanoi Hanna)'도 있다. "투홍(가을 향기)입니다"로 시작하는 그녀가 달콤한 목소리로 "남의 나라 전쟁에서 의미 없이 죽어가고 있군요"라는 멘트는 총포보다 위력적이었다. 이외에도 나치 독일의 'Axis Sally'나 한국전쟁 중에도 '평양의 샐리(Pyeongyang Sally)', '서울의 수(Seoul City Sue)' 같은 미국 여성을 내세운 북한의 선무심리전 방송도 있었다.

어쩌면 이는 2000년 전 유방의 '사면초가四面楚歌'가 라디오라는 매체를 통해 재현된 형태라 할 수 있다. 적국의 언어를 사용하는 여성을 내세운 라디오 선무 방송은 '오디세이(Odyssey)'에 나오는 요정 '사이렌(Siren)'에 비유되기도 한다. '시레눔 스코풀리(Sirenum Scopuli)'라는 섬에 살았던 요정들이 고혹적인 노래로 섬 주변을 항해하는 배 선원들을 유혹해 암벽에 충돌시켜 난파시켰다는 신화에 빗대어 나온 말이다. 선무심리전은 아니지만 영화 '굿모닝 베트남(Good Morning Vietnam)'에서 루이 암스트롱의 'What a Wonderful World'와 함께 나오는 폭격 장면은 베트남 전쟁에 대한 부정적 인식을 심어주는 데 일종의 선무심리전 같은 역할을 했다고 볼 수 있다.

그렇지만 라디오는 심리전 수용자들이 수신 장비를 보유해야 한다는 점에서 통제된 상태에 있는 적 병사들에게는 효과를 기대하기 힘들다. 물론 확성기를 이용해 야전 심리전 방송을 할 수는 있다. 지금도 남북한은 군사 분계선을 경계로 대형 확성기를 이용한 심리전을 전개하고 있다. 그렇지만 이런 제약은 병사들을 대상으로 하는 전술적 심리전 매체로서 라디오의 실효성을 낮추는 원인이 된다. 베트남 전쟁에서 미군은 북베트남에 트랜지스터 라디오를 투하하는 이른바 'HoHo 작전'을 전개하기도 했다. 또한 1980년대 이후 미군이 개입하였던 아이티 공격(1994), 보스니아 내전(2002), 아프가니스탄 공격(2001) 같은 거의 모든 개입 전쟁(intervention war)에서 적 진영과 후방에 라디오를 투하하는 작전이 이루어졌다. 비록 덩치가 큰 것은 아니지만 물리적 수신 장치가 필요한 패키지형 매체가 지닌 본질적 한계라 할 수 있다.

우리나라도 최근에 북한 주민들의 남한 방송 청취를 돕기 위해 북한에 '라디오 살포 작전'을 구상하기도 했다. 2016년 미국 의회가 결의한 북한 핵무기 개발과 관련된 '대북 제재법'에 대북한 심리전 강화책을 포함되어 있는데, 그 내용은 '대북 방송 강화', '라디오 등 외부 정부 제공 수단 공급', '외부 정보 기술(IT) 매체 보급' 등이었다. 이에 따라 '자유 아시아 방송(Radio Free Asia)', '미국의 소리(Voice of America)' 대북 방송을 하루 12시간으로 늘리고, 라디오와 USB 드라이브·오디오/비디오 플레이어·SD 카드 같은 IT기기 보급에 각각 매년 300만 달러와 200만 달러씩 5년간 총 5천만 달러를 투입하도록 결정하였다. 이외에도 휴대폰·무선통신기·와이파이·무선인터넷 등도 함께 유입시키는 법안도 추가로 상정한 바 있다. 이는 라디오가 디지털 미디어 시대에도 여전히 유용성이 있는 심리전 매체라는 것을 보여주는 것이다.

이처럼 수신기 보급 등의 단점에도 불구하고 라디오 심리전이 지속되고 있는 또 다른 이유는 음성 매체로서 감성적 소구력이 높고 공동 청취 등의 이점이 있기 때문이다. 그럼에도 불구하고 라디오 심리전의 효율성을 약화시키는 것은 결국 언어의 문제다. 라디오는 멀리 떨어진 널리 분산된 수용자를 대상으로 한다. 주파수 종류에 따라 가청(可聽) 지역에 차이가 있지만, 대기권의 외곽 전리층을 이용하는 단파방송은 지구 어느 곳에도 전파를 보낼 수 있다. 문제는 (옛) 동·서독이나 남·북한과 달리 서로 다른 언어를 사용하는 경우 언어적 장벽에 부딪칠 수 있다는 점이다. 특히 유사 문화권이 아닌 동·서양이나 서방·아랍 국가 간 전쟁에서 라디오 심리전 방송은 심각한 어려움에 봉착할 수 있다. 앞서 설명했던 제2차 세계대전 중에 미군을 대상으로 했던 일본이나 독일의 라디오 심리전 방송들이 모두 영어에 유창한 미국인 여성들을 이용했던 것도 이 때문이다.

제2차 세계대전 중에 있었던 라디오 심리전을 분석하면서, 리네바아거 역시 라디오 매체가 지닌 언어의 중요성을 지적하고 있다. 어설프게 적의 언어를 흉내 내거나 지나치게 세련된 언어는 도리어 역효과를 야기할 수 있다는 것이다(Linebarger, 1954, 72~73쪽). 이런 난점은 언어의 정확성 문제를 넘어 심리전 내용에까지 영향을 미친다. 2014년에서 2017년까지 있었던

ISIL(Islamic State of Iraq and the Levant) 공격 당시 미군의 심리전 팀에는 아랍어를 구사하는 인력이 없고 무슬림에 대한 이해도도 낮아, SNS를 이용한 ISIL의 서방 심리전에 속수무책으로 당해야 했다(임현명 외, 2018, 295~296쪽). 이처럼 심리전에 있어 언어·문화 차이로 인해 발생하는 문화적 할인(cultural discount)은 심리전이 수용성이 높은 소프트 파워(soft power) 전략으로 전환하는 이유가 되었다고 할 수 있다.

영화 : 영상 심리전의 명암

최초의 영상 미디어인 영화가 처음 탄생하는 것은 1895년 뤼미에르 형제에 의해서다. 하지만 영화와 관련된 기술들은 19세기 초부터 속속 등장하였다. 영화의 원리는 눈의 잔상을 이용해 사진이나 그림을 연속적으로 보내면 마치 움직이는 것처럼 보이게 되는 것이다. 처음에는 초당 8컷에서 시작해 가장 자연스러운 동작이 재연되려면 1초에 20컷 정도가 적합하다는 것을 알게 되었다. 관건은 일정한 속도를 유지하면서 연속적으로 촬영하고 재생할 수 있는가 하는 것이었다. 이 문제를 해결해 준 것이 바로 연발총의 발사 원리였다. 이 원리를 응용해 에티엥 쥘 마레(Etienne-Jules Marey)가 만든 촬영기를 '연발 사진총(fusil chronophotographique)'이라고 한 것도 이 때문이다. 촬영을 시작하는 '슈팅(shooting)'이라는 용어도 마레가 만든 촬영기가 권총처럼 방아쇠를 당기는 형태로 되어 있는데서 나온 말이다. 이뿐 아니라 사진이나 영화필름 재료로 쓰이는 셀룰로이드는 폭발물 원료인 니트로셀룰로스(nitrocellulose)이다. '지각의 병참학(Logistique de la Perception)'이란 부제를 붙인 비릴리오(Virilio, P., 1989)의 저서 『전쟁과 영화(Guerre et Cinéma, 1989)』에서는 "포병에서 사용하는 탐조등 같은 조명 기술이 카메라와 기관총을 결합할 수 있게 해주었다"라고 주장한다.

이렇게 탄생한 촬영기는 1904년 프랑스 참모부가 의뢰한 군대 행진을 촬영하는데 사용되었다(Kittler, F., 윤원화(역), 2011, 244~246쪽). 영화가 탄생부터 전쟁이나 군과 무관하지 않다는 것을 상징적으로 보여주는 것이다. 인종주의적 편견으로 가득찬 내용이지만 '클로즈 업(close up)', '플래시 백(flash back)', '교차편집(cross-cutting)' 같은 첨단 영화기법을 선보인 최초의 무성 장편영화 '국가의 탄생(The Birth of nation, 1915)'이나 '몽타쥬(montage)', '시퀀스(sequence)' 등을 처음 사용한 '전함 포템킨(Bronenosets Potemkin, 1925)' 같은 영화들이 전쟁과 군을 배경으로 했다는 것은 영화라는 매체가 원천적으로 전쟁과 친화적이라는 것을 보여주는 것일 수도 있다. 지금도 전쟁은 영화의 가장 인기 있는 소재이자 장르 중에 하나로 군림하고 있다.

그림26 국가의 탄생(The Birth of nation)과 전함 포템킨(Bronenosets Potemkin)

'국가의 탄생'은 무성영화지만 최초로 전투 장면을 넣은 영화이고(왼쪽 사진), '전함 포템킨'은 선전 영화지만 새로운 영화기법들을 사용한 기념비적 작품으로 인정받고 있다(오른쪽 사진).

영화가 심리전 매체로 활용되기 시작한 것은 제1차 세계대전이다. 전쟁 중인 1917년에 독일 정부는 지금도 이름이 남아있는 영화제작사 '우파(UFA : Universum Film AG)'를 설립해 선전 영화들을 제작하였다. UFA는 종전 후 나치 독일의 선전 영화제작의 중심이 되었고, 제2차 세계대전 이후 해체되었다가 다시 재건되어 지금까지도 영화와 텔레비전 프로그램들을 제작·공급하고 있다. 괴벨스가 1933년에 설립한 '제국영화연구소(Reich Film Kammer)'는 선전 영화의 핵심 조직이었다. 인기 배우와 감독들도 심리전 영화제작에 동원되었는데, 대표적으로 여성 감독인 레니 리펜슈탈(Leni Riefenstahl)이 있다. 그녀는 히틀러 밑에서 많은 반영, 반미, 반유대 그리고 히틀러 통치 체제를 선전하는 영화들을 만들었다. 가장 유명한 것이 1934년 나치의 뉘른베르크 전당대회를 찍은 기록 영화 '의지의 승리(Triumph des Willens)'다. 이 영화는 너무나 선동적이어서 제2차 세계대전 종전 후에도 꽤 오랫동안 대중에게 공개되지 않았다.

심리전 매체로서 영화를 잘 활용한 또 다른 사람은 레닌이다. 러시아 혁명으로 집권한 레닌은 선전매체로서 영화의 위력을 간파하고, 이를 적극적으로 공산주의 국가건설에 동원하였다. 세르게이 에이젠슈테인(Sergei Eisenstein), 프세볼로트 푸도프킨(Vsevolod Pudovkin), 지가 베르토프(Dziga Vertov) 같은 당시 유명한 영화감독들이 사회주의 선전에 동원되었다. 에이젠스타인 감독의 '전함 포템킨(Bronenosets Potemkin, 1925)'도 공산주의 혁명을 미화한 작품이다. 이처럼 심리전 매체로서 영화의 위력을 먼저 인지한 것은 독일·이탈리아 같은 전체주의 국가들이었다. 나치 독일과 이탈리아 무솔리니 정권은 전쟁에서 영화의 가치를 인식하고, 선전 영화에 할리우드 제작시스템과 오락적 요소들을 결합하려 했다. 나치독일은 영화제작자들을 군대처럼 조직화하였고, 이를 거부할 경우 탈영 같은 군법으로 처벌하기도 하였다(Virilio, P., 1989, 9쪽).

미국 역시 독일처럼 조직적이지 않았지만 민간에서 제작된 영화들을 대·내외 선전 수단으로 활용하였다. 제1차 세계대전 중인 1915년에 개봉된 '평화의 함성(The Battle Cry of Peace)'은 독일의 루시타니아(Lucitana)호 격침사건과 맞물려 미국의 참전 결정에 결정적 역할을 하기도 했다. 참전 이후에도 '프랑스의 딸(A Daughter of France)', '전쟁과 여자(War and Woman)', '베를린의 야수(Beast of Berlin)' 같은 선전용 영화들이 상영되었다. 이처럼 민간 영화사들이 제작한 영화들이 주를 이뤘지만, 국가가 직접 제작·공급하기도 하였는데, 크릴위원회(Creel Committee)가 '민주주의 전쟁에서의 노동의 역할(Labor's Part in Democracy War)', '전쟁에서의 여성의 역할(Woman's Part in the War)' 같은 다큐멘터리 영화들을 직접 제작·공급하기도 했다(주은우, 2002, 68~70쪽). 이들 영화의 심리전 효과에 대한 실증적 자료들은 없지만, 독일군 총사령관 루덴도르프(Eric Ludendorf)가 미국의 선전 사진과 영화로 인해 큰 피해를 입었다고 고백한 것으로 보아 효과가 전혀 없었다고 하기는 어렵다. 1917년에 독일이 민간 영화사를 통합해 국영영화사 UFA를 만들게 된 것에도 영향을 미쳤다고 할 수 있다(Kracauer, S., 1974, 35~39쪽).

제2차 세계대전은 할리우드가 전시심리전 활동에 크게 개입하면서 군과 영화산업이 본격적으로 결합하는 전환점이 된 전쟁이다. 이처럼 군과 할리우드가 결합하게 된 원인으로 김현수 등(2018, 53~82쪽)은 정부 기관 인사들이 영화의 잠재적인 선전 위력을 인지하기 시작했다는 것과 미국 영화산업의 '거대화'와 '복잡화'를 들고 있다. 제1차 세계대전 종전 후 미국 정부와 군 수뇌부에서는 영화가 위협적이면서 동시에 매력적인 선전 수단임을 인식하게 되었다. 윌슨 대통령은 '선량한 미국인' 이미지를 전 세계에 알리는데 영화가 가장 적합한 매체라고 생각했고, 심리전 책임자였던 엘머 데이비스(Elmer Davis)는 프로파간다를 눈치 채지 못하게 하는 훌륭한 도구로 영화를 꼽았다. 이처럼 영화는 '위협'과 '매력' 요소를 동시에 지니고 있어 흑색선전과 백색선전의 접합지점에 있다고 할 수 있다. 이 때문에 영상물은 "선전 같지 않으면서 선전 같은 매체"로서 제2차 세계대전과 냉전 시대에 핵심 심리전 수단으로 부상하게 되었다. 소프트 파워 심리전의 맹아는 제1·2차 세계대전 중에 시작되었다고 할 수 있다.

전쟁 초기에는 영화에 대한 직접적 통제는 거의 없었다. 1930년대부터 미국 정부와 할리우드의 협력관계가 이미 형성되어 있었기 때문이다. 유럽에서 파시즘이 창궐하자 1936년에 '할리우드 반나치 연맹(The Anti-Nazi League of Hollywood)'이 결성되었고, 전운이 감돌던 1940년에는 '국방협력영화위원회(The Motion Picture Committee Cooperating for National Defense)', 진주만 공습 이후에는 '전쟁활동위원회(WAC, The War Activities committee)'로 명칭을 바꾸어 주로 군과 민간의 사기를 진작시키기 위한 영화를 제작·공급하였다. 실제로 제2차 세계대전 동안 할리우드는 미국 정부의 대내심리전 활동에 충실한 동반자였다. 셰인의 연구에 따르면, 1942년부터 1944년까지 할리우드가 제작된 영화 1,281편 중 412편이 전쟁 관련 영화로 32%를 차지하였다(Shain, R. E., 1976). 이는 전쟁 전후에 전쟁 관련 영화가 5%를 넘지 못했던 것과 비교하면 큰 차이다.

할리우드 영화사들이 만든 선전용 영화로 '스미스씨 워싱턴에 가다(Mr. Smith Goes to Washington, 1939)', '멋진 인생(It's a Wonderful Life, 1946)', '당신이 떠나간 뒤에(Since You Went Away, 1944)' 같은 것들이 있다. 디즈니가 미국 정부 지원으로 만든 애니메이션 영화 '총통의 얼굴(Der Furer's Face, 1942)'은 아카데미상까지 수상하기도 했다. 특히 디즈니 영화사는 사내에 '디즈니 훈련영화 제작단'을 만들어 심리전 활동에 앞장서서 참여하였다. 특히 1934년에 탄생한 만화 캐릭터 '도널드 덕(Donald Duck)'은 다양한 군복 차림으로 병사들의 사기를 높이기 위한 선전 영화에 이용되었다. 1942년 개봉된 '미니버 부인(Mrs. Miniver)'은 주목할 만한 영화다. 전쟁 중 영국 여인의 의연하고 용기 있는 생활을 묘사한 것으로, 독일 총공세에 맞서 싸우는 영국에 대한 미국인들의 태도를 긍정적으로 만드는데 크게 기여하였다.

그림27 '총통의 얼굴(Der Furer's Face)'과 '미니버 부인(Mrs. Miniver)'

(https://it.chosun.com/news/articleView.html?idxno=2018012385009 ; https://en.wikiquote.org/wiki/Mrs._Miniver_(film)#/media/File:Mrs._Miniver_(1942_poster_-_Style_D).jpg)

주인공 그리어 가슨(Greer Garson)은 아카데미 여우주연상을 수상하기도 했다. 이 영화를 두고 "전시에 제작된 가장 훌륭한 영화(Jones, D. B., 2000, 126쪽)"라는 호평도 있지만, 반대로 매우 비현실적인 선전 영화라는 비판도 받고 있다. 하지만 이런 전시 선전용 오락 영화들이 대국민 선전 활동에 적지 않은 효과를 거둔 것은 분명하다.

그렇지만 제2차 세계대전이 점점 격화되면서 소극적이었던 심리전 영화 정책 기조가 크게 변화된다. 1941년 진주만 기습 이후 본격적인 전시 체제에 돌입하면서 조직과 방침 모두 새롭게 개편되었다. 1942년 설립된 전시정보국(OWI)이 대·내외 심리전을 통합 관리하면서 영화에 대한 전시 통제가 본격화되었다. 특히 전쟁정보국의 할리우드 사무실이라 할 수 있는 '영화사무국(The Motion Picture Bureau)'에서 제시했던 제작 가능한 '전쟁 정보 관련 범주'들을 보면 통제가 결코 느슨하지 않았다는 것을 알 수 있다. ① 전쟁의 쟁점들 즉, 우리는 무엇을 위해 싸우는가, 미국적 생활양식 등 ② 적의 본성 즉, 적의 이데올로기, 목표, 방법들 ③ 연합국과 국민들 ④ 생산 전선(the production front) 즉 승리를 위한 물자의 공급 ⑤ 후방(the home front) 즉, 희생과 시민의 책임 ⑥ 전투력 즉, 미국과 동맹국 군대, 전선에서의 전투원의 직무 등이다(Jowett, G., 1976, 312~313쪽). 물론 미국 정부와 군 내에서 영화 통제에 대한 논란이 제기되면서, 1943년 이후에는 영화사무국의 역할이 대폭 축소되고 다시 군과 영화사가 협력하는 방식으로 전환되었다.

군이 직접 주도해서 영화를 제작하기도 하였는데, 여기에는 프랭크 카프라(Frank Capra), 존 포드(John Ford), 윌리엄 와일러(William Wyler) 같은 당대의 명감독들이 참여하였다. 특히 1942년부터 1945년까지 모두 7편의 시리즈로 제작되었던 '우리는 왜 싸우는가?(Why we Fight?)'라는 다큐멘터리 영화는 원래 신병들의 사기를 높이기 위한 교육용 영화로 만들어졌지만, 영화를 본 루즈벨트 대통령의 명령으로 일반 대중에게도 공개되었다. 영화 제작을 총괄한 사람은 프랭크 카프라 감독으로 전시 다큐멘터리 영화의 진수를 보여준다. 어찌 보면 나치가 만든 '의지의 승리' 같은 선전 영화들을 본떠 만든 듯한 느낌마저 든다. 하지만 선전효과는 매우 커서 미국 역사상 가장 많은 사람이 본 전시 다큐멘터리로 평가되고 있다(Doherty, T., 1999, 406~408쪽; Jowett, G., 1976, 320~321쪽). 당시 교육 장교였던 칼 호블랜드(Carl Hovland)가 이 영상물을 심리전 효과를 분석하는 도구로 활용해 더욱 유명해졌다.

그림28 Why We Fight?

냉전과 전쟁영화의 두 얼굴

제2차 세계대전은 할리우드 영화산업과 미 군부의 연계망을 강화하는 토대가 되었다. 할리우드는 전쟁을 통해 대형 산업으로 급성장하였고, 동시에 영화가 엔터테인먼트와 선전매체로서 영향력이 만만치 않다는 인식을 심어 주었다(Jowett, G., 1976). 물론 종전 후 군과 영화 산업의 협력관계는 다시 느슨해졌다. 동·서 냉전 체제 등장으로 공산주의 이념공세에 대응해야 하는 새로운 문제는 있었지만 필요성이 크게 낮아졌기 때문이다. 이 시기에 군과 영화 산업 간의 관계망이 해체되었다고 평가되기도 한다(심경석, 2018). 실제로 제2차 세계대전 이후 미국의 대외 심리전 활동을 주관했던 USIA는 신생 국가들에게 미국 영화를 보급하거나 영화제작을 지원하는 정도였다. 또한 냉전 초기에 핵무기를 선점한 미국이 하드 파워에서의 우위를 확신한 것도 영향을 미쳤던 것으로 보인다. 하지만 영화 매체가 가진 물리적 속성에서도 그 원인을 찾을 수 있다.

영화는 밀폐된 공간과 상영 장비를 갖추어야 메시지 접근이 가능하다. 이 때문에 영화는 대적 심리전보다 자국민이나 주변국들을 상대로 하는 대내·외 심리전에 적합한 매체다. 또 전쟁이 끝나면서 멜로나 코미디처럼 오락 영화들이 더욱 각광받게 된 것도 원인이다. 할리우드 역시 폭력적인 전쟁 소재를 가급적 줄이게 되면서 심리전 매체로서 영화의 가치는 크게 낮아질 수밖에 없었다. 특히 베트남 전쟁 후유증으로 1960년대 후반부터 심리전 매체로서의 영화의 가치는 극도로 낮아졌다. 1968년에 베트남 전쟁 참전 정당성을 알리기 위해 미국 정부가 전폭적으로 지원해 만들었던 존 웨인(John Wayne) 주연의 '그린베레(Green Berets)'가 대표적 사례다. 이 영화는 전통적 백인우월주의와 유색인종을 야만적으로 보는 '황색 공포(yellow peril, Marchetti, G., 1993, 2~3쪽)'를 노골적으로 드러내면서, 식민주의에 대한 가부장적 태도와 제국주의 이데올로기를 대변했다는 비판을 받았다(심경석, 2018, 205~209쪽).

도리어 한국전쟁과 베트남 전쟁을 거치면서 영화는 대중들에게 전쟁을 비인간적이고 폭력적 현상으로 인식시키는 역할을 하였다. 무엇보다 장기간 지속된 베트남 전쟁은 영화를 반전운동을 주도하는 매체로 만들었다. 한국전쟁 직후인 1950~60년대에도 전쟁에 비판적이고 냉소적인 영화들이 없지는 않았다. 그렇지만 미군이 철수하고 베트남이 공산화된 1970년대 중반 이후에는 반전 분위기 영화들이 쏟아져 나온다. '택시 드라이버

(Taxi Driver, 1976)', '디어 헌터(Deer Hunter, 1978)', '지옥의 묵시록(Apocalype Now, 1979)' 같은 영화들이 연이어 개봉되고 상업적으로도 크게 성공한 것이다. 이러한 분위기는 1980년대 후반까지 이어져, '플랫툰(Platoon, 1986)', '풀 메탈 재킷(Full Metal Jacket, 1987)', '7월 4일생(Born on the Fourth of July, 1989)', '전쟁의 사상자들(Casualties of Warm 1989)'처럼 전쟁을 부정적이고 반인권적인 행위로 묘사하는 영화들이 제작되었다.

이처럼 소원해졌던 군과 할리우드가 다시 결합하게 된 것은 1980년대 중·후반 강한 미국이라는 슬로건을 내걸고 신보수주의 노선을 추구한 레이건 행정부에 와서다. 그 전환점이 1986년 탐 크루즈(Tom Cruise)가 주연했던 '탑 건(Top Gun)'이다. 2022년에 첨단 영상기법으로 속편이 제작되어 또 다시 많은 관객을 동원한 이 영화는 첨단 전투기 등 미국 정부의 전폭적 지원으로 만들어졌다. 당시 전투기 대여비가 불과 180만 달러였다는 것은 지원 정도를 가늠케 한다. 당연히 조건 없는 지원은 없다. 실제로 탑 건은 시나리오부터 군 관련 정보와 이미지 관련 내용들까지 군의 검토과정을 거쳤다. 원 시나리오에 있던 북한 전투기는 북한과의 관계를 고려해 러시아 전투기로 바뀌었다. 또한 지원을 요청했던 전쟁 소재 영화들 중에는 군의 방침과 맞지 않는다는 이유로 거부된 경우도 많았다(주은우, 2002, 85~86쪽).

탑 건은 베트남전 이후 군에 비판적이었던 분위기를 반전시키는 전환점이 되었고, 이후 군과 전쟁을 긍정적으로 묘사해도 상업적으로 성공할 수 있다는 가능성을 보여주었다. 탑 건 개봉 직후 공군 지원자가 전년 대비 500%나 증가했다는 사실이 선전 매체로서 영화의 위력을 입증해 주었다. 이는 2000년대 초반 미국에서 크게 유행했던 시뮬레이션 워 게임 'America's Army'을 이용했던 청소년들의 군에 대한 인식이 좋아지고 군 입대자가 늘어났다는 사실과 매우 유사하다. 이후 미국이 영상 콘텐츠를 이용한 대내·외 심리전이 효과를 거둘 수 있다는 확신을 갖게 되었고, 소프트 파워 심리전 시대에 들어서는 계기가 되었다.

그림29 탑 건(Top Gun, 1986, 2022)

영화 탑건은 이외에도 여러 측면에서 의미를 찾을 수 있다. 베트남 전쟁 이후 군과 할리우드 영화가 긍정적으로 재결합했다는 것을 상징하는 동시에 군·엔터테인먼트 복합체의 등장을 예고하는 것이기 때문이다. 2022년 속편의 흥행은 군과 영화산업 결합체의 위력을 다시 한번 보여주었다. 더구나 전쟁과 영화 모두에서 사라진 영웅주의가 다시 부활될 수 있음을 예고하는 것처럼 보인다.

본격적인 소프트 파워 심리전 시대를 연 것은 1991년 걸프전쟁이다. 걸프전쟁은 최초로 최첨단 무기와 촬영 장치들을 이용해 정밀타격과 전투 장면을 마치 비디오를 보듯 전 세계에 중계된 전쟁이다. 전쟁 자체가 흥미로운 볼거리라는 인식을 심어주기 시작한 것이다. 물론 위성통신을 이용한 SNG 카메라(Satellite News Gathering Camera)로 실시간 현장 뉴스를 제공한 CNN 때문에 차질을 빚기도 했지만, 미국을 비롯한 연합군은 인명 살상과 민간인의 피해를 줄이고 깨끗하게 전쟁을 종결짓는 '스마트 전쟁(smart war)' 이미지를 보여주는데 성공하였다. 이는 곧 평화적인 정의로운 전쟁이라는 이미지를 형성하는 심리전에 주력하는 계기가 되었다.

이 같은 평화전쟁 이미지화 노력이 표면화된 것은 2001년 9·11테러 직후다. 전미영화협회(MPPA : Motion Picture Association of America) 회장인 잭 발렌티(Jack Valenti)는 부시 행정부 관계자와 만나 '테러와의 전쟁(the War against Terror)'에 영화와 텔레비전 산업계가 적극 협력하는 것에 합의하였다. 특히 논란의 여지가 있는 다큐멘터리나 스팟 뉴스에서 벗어나 전쟁을 옹호하는 선전 영화를 적극적으로 제작·공급할 것을 약속하였다(Stockwell, S. & A. Muir, 2013). 한마디로 미국의 전쟁 정당성을 전세계에 확산시키겠다는 것이다(Huck, P., 2002). 그 이유는 군과 영화산업 간에 경제적-이데올로기적 거래에서 상호 이해관계가 맞아 떨어졌기 때문이다. 영화사는 군의 지원으로 안정적인 제작 기반을 확보할 수 있고, 군은 이미지와 각종 대외 전쟁 활동을 정당화할 수 있는 영화 스토리에 관여할 수 있게 된 것이다.

이때부터 할리우드의 블록버스터 급 전쟁 영화에 수많은 제작자·연출가·배우들의 참여가 크게 늘어났다. '진주만(Pearl Harber, 2001)', '블랙 호크 다운(Black Hawk Down, 2001)' 같은 대작들은 값비싼 무기들을 지원받으면서 반대급부로 군의 시나리오 검토를 수용해야했다. 제2차 세계대전 종전 후 느슨해졌던 영화산업과 군 사이에 새로운 협력 네트워크가 구축되게 된 것이다. 군과 영화·엔터테인먼트 산업이 결합되는 이른바 '실리우드(Siliwood: Silicon + Hollywood)' 체제가 본격적으로 가동하게 되었다(김상배, 2006). 지금도 할리우드에서 지속적으로 배출하고 있는 영웅주의와 애국심을 자극하는 블록버스터 전쟁 영화들은 군의 적극적 협조 아래 제작된 것들이다. 이것은 최근에 직접적인 심리전 공격이 아닌 문화적 콘텐츠를 이용해 우회하는 소프트 파워 심리전으로 전환되는 것과도 무관하지 않다.

영화를 이용한 소프트 파워 심리전은 디지털 스마트 미디어 발달과 함께 공진화하고 있다. 그중에 대표적인 것이 인공지능 같은 첨단 시뮬레이션 기술을 바탕으로 하는 게임 소프트웨어 전략이다. 1999년 미군은 남캘리포니아대학(USC)의 '창조 기술 연구소(Institute for Creative Technology)'에 5천만 달러를 지원하고 병사들의 훈련을 지원하는 시뮬레이션 게임 개발을 의뢰하였다. 군의 전략과 전술과 관련된 데이터들을 가지고 다양한 작전을 수행할 수 있는 유연한 군대를 만드는 훈련 프로그램이었다. 이 훈련용 게임이 병사 훈련 뿐 아니라 상업용으로 출시되어 일반인들에게도 큰 인기를 모았던 'America's Army'다. 군·ICT·게임·연예·오락·산업이 결합된 '군·엔터테인먼트 복합체(Military Entertainment Complex)'의 시발점이 된 게임이다.

이처럼 단기간에 군·엔터테인먼트 복합체가 형성될 수 있었던 배경에는 군·산 연계 패러다임의 변화다. 전통적으로 무기산업과 관련된 군산복합체(Military Industry Complex)가 스핀오프(spin-off) 패러다임에 기초해 있었다면, 군·엔터테인먼트 복합체를 주도하는 군과 영화산업은 이미 오래 전부터 협력해서 만든 영상물들을 군과 민간이 동시에 활용하거나 상업적으로 개발된 콘텐츠를 군이 사용하는 형식을 사용하였기 때문이다. 한마디로 1990년대 중반 이후 제기된 민군 겸용(dual use) 혹은 스핀온(spin-on) 패러다임에 부합할 수 있었던 것이다. 이제 인터넷과 스마트 미디어에 장착된 영상과 게임 소프트웨어는 사이버 심리전의 중심에 위치하고 있다.

그림30 엘머 데이비스(Elmer Davis)

제2차 세계대전 중에 미국의 대내심리전 책임자였던 엘머 데이비스는 선전매체로서 영화의 오락적 요소들이 사람들로 하여금 선전이라는 사실을 알아차리지 못하게 하기 때문이라고 말한 바 있다. 군·엔터테인먼트 아이디어는 우리가 알고 있는 것보다 훨씬 오래전부터 있어 왔다.
Ray E. Boomhower's Books: Elmer Davis: Defender of American Liberties
(https://rayboomhower.blogspot.com)

텔레비전 : 영상 심리전의 기대와 한계

영화와 마찬가지로 영상 매체들은 영상 메시지의 장점에도 불구하고 심리전 수단으로 활용하는데 큰 결함을 가지고 있다. 수용자들이 심리전 메시지에 접근하려면 물리적 장비와 공간이 필요하기 때문이다. 특히 상대국에서 적의 심리전 메시지 접근을 적극 차단·방어하고 있는 상태에서 영상 매체들은 무용지물이 될 수도 있다. 특히 물리적 공간과 시사 장비를 사용해야 하는 영화는 병사들을 상대로 한 대적 심리전 매체로서 활용 가능성이 거의 없다. 2016년 아마존 프라임(Amazon Prime)이 제작해서 방송한 '높은 성 사나이(The Man in the High Castle)'라는 시리즈물에서 반체제 영화 필름을 놓고 등장인물들이 치열하게 싸우는 모습은 인터넷과 모바일을 이용하는 오늘날 시점에서 보면 아주 생소하다. 1970년대 비디오 리코더(video recorder)가 등장했지만, 이 역시 콘텐츠를 물리적으로 이동해야 하는 패키지형 미디어 한계를 완전히 벗어날 수 없었다. 1970년대 말 이란의 혁명가 호메이니가 망명 시절 카세트 테잎을 이용해 혁명 메시지를 전파해 혁명에 성공했던 것은 개별 휴대가 가능한 소형 카세트 라디오라는 매체 때문이었다. 스타이너(Steiner. L.,1993. 286~300쪽)는 심리전이 학문적으로 발전하지 못한 이유를 제1차 세계대전 이후 적대적 수용자들에게 도달할 수 있는 커뮤니케이션 기술 발달이 진척되지 못했기 때문이라고 지적하고 있다

이런 이유로 1960년대 급속히 대중화된 텔레비전은 심리전 매체로서 큰 기대를 받았다. 하지만 기대와 달리 심리전 매체로서 크게 성공하지는 못했다. 그 이유는 국가간 정치적·경제적 이해 때문에 컬러텔레비전 표준 방식이 합의되지 못했기 때문이다. 미국의 국가표준방식(NTSC)과 유럽의 PAL방식이 병존하게 되었고, 특히 서구의 대중문화가 유입되는 것을 막기 위해 프랑스와 동유럽 국가들이 PAL 방식이 변형된 SECAM 방식을 채택하였고, 1990년대 공산 진영이 붕괴된 이후에야 러시아를 제외한 대부분

동유럽 국가들이 PAL방식으로 전환하였다.

　라디오에 비해 텔레비전은 영상물을 송출하기 때문에 상대적으로 가시청 범위가 좁고 송출 비용도 많이 든다. 또한 외부로부터 침입해 들어오는 방송 전파를 수신하지 못하게 방해전파도 강할 수 밖에 없다. 일반적으로 방해전파의 출력이 방송 출력의 5배가 넘어야 하지만 많은 국가들이 적성국의 방송수신을 막기 위해 값비싼 방해전파를 송출하고 있다. 1980년대 말 소련은 미국과 유럽지역에서 유입되는 방송 전파를 막기 위해 사용한 방해전파 송출 비용이 연간 12억 5천만 달러 정도로, 당시 소련의 경제 여건을 감안하면 결코 적은 비용이 아니었다. 이처럼 공산국가들 입장에서는 서방 국가들의 대중문화 콘텐츠를 앞세운 소프트 파워 심리전 침투를 막기 위해 고심하지 않을 수 없었다.

　이러한 상황에서 1990년대 직접위성방송(DBS : Direct Broadcasting Satellite)의 등장은 엄청난 기대와 우려를 낳았던 것이 사실이다. 국경과 방송권역을 무력하게 만드는 위성방송의 전파월경(spill over) 현상은 국가 간에 심각한 갈등을 유발하였다. 직접 위성방송을 활용한 새로운 심리전 시대가 열렸다는 주장도 나왔다(Frederick, H. H., 1984, 176쪽). 대표적인 사례가 'TV Marti'라고 명명된 위성을 이용한 심리전 방송이다. 이 방송은 미국 마이애미에서 위성으로 송출한 방송 전파를 쿠바 인근의 카리브 해에서 수신해 쿠바 상공의 비행선에 전송하여 쿠바지역에 송출하는 방식이었다(황근, 1993, 283~284쪽). 이렇게 복잡한 절차를 거친 이유는 위성방송을 직접 수신하려면 약 1.2~1.5m 내외의 수신안테나가 필요했기 때문이다. 하지만 수신안테나까지 설치하는 위험을 무릅쓰고 미국 방송을 볼 사람은 별로 많지 않았다. 당시 쿠바 육군참모총장이 방송이 계속되면 미국의 군 통신시스템을 마비시키겠다고 했지만 실제 그런 일은 벌어지지 않았다.

　결국 컬러텔레비전이나 위성방송은 영상 매체라는 큰 장점에도 불구하고 기대와 달리 심리전 매체로서 큰 효과를 거두지는 못했다. 그 이유는 '도달 범위'를 제외한 단점이 너무 많았기 때문이다. 안테나 같은 수신 장치로 인해 비밀 유지가 어렵고, 방해전파나 기술적 표준의 차이 등으로 접근이 차단될 소지가 높다는 점이다. 한마디로 이용가능성(availability)이 크게 떨어졌다. 또 다른 단점은 텔레비전 모니터는 본질적으로 여러 사람이 공동으로 시청하는 '공시청 매체'라는 점이다. 이로 인해 인터넷이 상용화되고 모바일 폰이 확산되기 시작한 1990년대 후반에야 영상 심리전이 활성화될 수 있었다.

특히 2008년 스마트폰의 등장으로 영상 메시지를 이용한 광범위한 심리전이 본격화될 수 있었다. 인터넷·스마트 폰 같은 첨단 디지털 기술은 정치적으로 폐쇄된 몇몇 국가를 제외하고 도달 범위에 제한이 없다. 최근에는 네트워크가 고도화되면서 속도도 배가되고 가용한 전송 콘텐츠 용량도 커지고 있다. 무엇보다 큰 장점은 TV나 영화 같은 공시청 매체가 아니라 개인 매체라고 하는 점이다. 또한 양방성 매체라는 점은 확산 경로와 확산 속도를 거의 통제할 수 없게 만들고 있다. 40년 전 미래의 커뮤니케이션 기술의 '신속성(rapidity)', '경제성(parsimony)', '실재성(reality)'으로 심리전에서 강력한 효과를 발휘할 것이라고 했던 해롤드 라스웰의 전망이 현실이 되고 있다(Lasswell, H. D., 1986, 525쪽). 머티도 그의 저서『선전의 국제법(International Law of Propaganda)』서문에서 선전 문제가 국제관계에서 중요한 문제로 부각된 이유는 커뮤니케이션 기술 발달에 따라 선전 전략가들에게 많은 이점을 제공하게 되었기 때문이라고 설명하고 있다(Murty, B. S., 1989, 12~20쪽).

하이브리드 전쟁과 심리전 성격 변화

현대의 심리전은 인공지능이나 빅데이터 같은 4차산업혁명 기술들이 결합되면서 기존의 심리전과는 다른 양상으로 변화하고 있다. 특히 사이버 공간의 특성을 활용해 심리전 주체와 내용의 진위성을 파악하기 힘든 흑색, 회색 심리전 형태로 변화하고 있다. 상대방의 마음과 뜻을 얻는 것에는 관심이 없고(forget hearts and minds), 혼란스럽게 만들어(distract) 여론을 왜곡시키는 것을 목적으로 하는 심리전이다. 한마디로 적성 국가의 커뮤니케이션 환경을 뚫고 침투해 혼란을 유발하는 것이다(Walker, C. & J. Ludwig, 2017, 8~25쪽). 특히 러시아·중국 같은 권위주의 국가들은 첨단 기술과 네트워크를 활용한 사이버 심리전을 전쟁의 핵심 요소로 설정하고 적극적으로 활용하고 있다.

그것은 군사력이나 경제력 같은 하드 파워와 제도, 문화, 의식 같은 소프트 파워 모두에서의 열세를 만회하기 위한 것으로 보아야 할 것이다. 자신들의 군사력이나 경제력을 사이버 심리전 같은 샤프 파워와 연계하는 하이브리드 전략을 추구하고 있는 것이다. 이것은 미국을 비롯한 서방 국가들의 하드 파워와 소프트 파워 심리전을 결합한 하이브리드 전략과 대비되는 형태다. 서방 국가들의 하이브리드 전쟁 개념을 '포지티브 하이브리드 전략(positive hybrid strategy)'이라고 한다면, 권위주의 국가들의 하이브리드 전쟁 개념은 '네거티브 하이브리드 전략(negative hybrid strategy)'이라고 할 수 있다.

서방 국가들의 소프트 파워 심리전이 온라인 네트워크 뿐만 아니라 다양한 매체들을 활용한다면, 권위주의 국가들의 샤프 파워는 익명성을 보장받고 책임성이 약한 사이버 공간에 집중하고 있다. 실제로 사이버 심리전은 거의 대부분 러시아·중국 같은 권위주의 국가들이 고도화된 개방형 네트워크를 지닌 자유주의 국가들을 대상으로 하고 있다. 네트워크가 개방된 국가들은 방어하기 힘든 반면 공격하는 측은 최소 비용으로 선제적 우위를 확보할 수 있어 비대칭 전쟁이 될 수밖에 없다(송태은, 2019, 13~14쪽).

새로운 전쟁 개념을 지칭하는 용어들도 많은데, '모호전(ambiguous warfare)', '비선형전(nonlinear war)', '차세대전(new-generation war)'이라고도 하고, 사이버 공간에서 벌어지는 전쟁이라는 의미에서 '제5의 전장(the fifth domain of warfare)' 혹은 인식 공간에서의 전쟁이란 뜻의 '제6의 전장(the sixth domain of warfare)'이라고도 한다(손영동, 2013, 15~41쪽). 다른 관점에서 기존의 전쟁 양식에다 테러리즘과 사이버 공격, 사이버 심리전 같은 비군사적, 비전통적 전쟁 수단들을 포함한다는 의미로 '제5세대 전쟁'이라고도 한다(Reed, D. J., 2008, 705~713쪽). 그렇지만 가장 많이 사용되는 용어는 전통적인 무력 수단과 사이버 공격을 동시에 활용한다는 의미에서 '하이브리드 전쟁(hybrid warfare)'이다.

하이브리드 전쟁이란 말 그대로 여러 전쟁 수단들을 복합적으로 사용한다는 개념이다. 정규전과 비정규전을 함께 사용하는 것은 오래전부터 있어 왔다. 호프만(Frank H. Hoffman)도 하이브리드 전쟁을 처음에는 "재래식 능력, 비정규전 전술, 무차별 폭력, 강압, 범죄적 무질서 같은 테러리스트 활동 등을 모두 포함하는 모든 영역에서의 다양한 전쟁 양식(Hoffman, F. W., 2009, 3쪽)"이라고 정의했었다. 하지만 전통적인 무력 수단과 사이버 공격을 병행되는 것을 강조해 "경제적 압박, 역내 반대 세력의 지원, 허위 정보 그리고 범죄행위 같은 비운동성(non-kinetic) 군사 수단들을 우선순위로 하여 타국의 국정 불안을 조성하는 것" 같은 확대된 의미로 정의되고 있다(Cantwell, D., 2017, 2쪽). 여기서 '비운동성(non-kinetic) 군사 수단'이란 레이저, EMP(전자기파), 마이크로웨이브(극초단파), 음향 무기처럼 사람을 직접 공격하지 않고 적국의 무기체계나 시설을 무력화하는 비살상 무기들을 말한다. 한마디로 물리적 전쟁 수단에 사이버 공격이 결합된 형태라고 할 수 있다.

2008년 조지아 침공과 2014년 크림반도 점령 같은 연이은 러시아 군사 작전에 위협을 느낀 NATO는 2014년 9월 웨일즈에서 열린 'NATO 정상회담(Wales NATO Summit Communique)'에서 "러시아의 하이브리드 위협은 군사적 수단과 사이버 공격과 같은 비군사적 수단을 혼합하여 수행하는 현대 전쟁으로, 광범위한 지역에서 노골적이거나 은밀하게 군사·준군사(paramilitary)·민간 수단들을 통합적으로 사용하는 도발 행위"라고 선언하였다(Nato Press Release, 2014). 이 밖에도 2000년대 들어 벌어졌던 '이스라엘-레바논 전쟁(2006)', '러시아-에스토니아 분쟁(2007)', '러시아-이란 분쟁(2010)', '가자-이스라엘 분쟁(2012)', '이스라엘-하마스 교전(2013)', '러시아-우크라이나 침공(2022)'에서 무력 공격과 함께 사이버전이 벌어졌다. 하지만 적의 방공망을 마비·교란시키는 공격은 1991년 걸프전에서 이미 실행된 적이 있다. 상대국의 사기를 약화시키기 위한 심리전도 새로운 것이 아니다. 사이버 공간을 활용한다는 점을 제외하면 이미 있어 왔던 심리전·교란전 양상이 진화한 것으로 볼 수도 있다.

표5 러시아의 하이브리드 전쟁 사례

시점	지역	내용
2006년	제2차 레바논 전쟁	- 레바논 무장세력 헤즈볼라: 가짜 시체 및 폭격 장면 연출 등 사이버심리전 전개
2008년	러시아의 조지아 침공	- 러시아: 디도스 공격으로 조지아 주요기관 공격 및 봇활용 '메일폭탄'으로 전산망 무력화
2012~2013년	이스라엘·팔레스타인 분쟁	- 이스라엘: SNS 통한 가자지구 공습 우호여론 조성 - 팔레스타인 무장세력 하마스: 이스라엘군 휴대폰 해킹 및 사이버 심리전
2014년	러시아의 크림반도 침공	- 러시아: 사이버 공격으로 우크라이나 대규모 정전 사태 발생
2022년	러시아의 우크라이나 전격 침공	- 러시아: 대규모 디도스 공격으로 우크라이나 주요기관 무력화

출처: 한국일보 (2022.02.27.)

주목할 점은 최근 있었던 하이브리드 전쟁들이 대부분 러시아와 연관되어 있다는 점이다. 실제로 사이버전이 결합된 하이브리드 전략을 주도하고 있는 것은 러시아다. 러시아는 1991년 소련 붕괴 이후 경제력은 물론이고 군사력에서도 미국에 크게 뒤져 있었다. 이러한 군사적 열세를 만회하기 위해 비대칭 전략 즉, 하이브리드 전략을 개발하게 된 것이다. 이를 주도한 사람이 러시아군 총참모장 발레리 게라시모프(Valery Gerasimov)다. 그는 2013년 발표한 논문에서 "현대 전쟁의 핵심은 정보와 정보공간을 지배하는 것"이라는 이른바 '정보전(information warfare)' 개념을 제시하였고, 이 구상은 2014년 '게라시모프 독트린(Gerasimov Doctrine)'이라는 이름으로 구체화되었다. 군사력으로 대변되는 하드 파워 전력과 경제전, 에너지 갈취, 파이프라인 같은 경제·외교 전술들을 정보전과 결합하는 것이다. 특히 정보전을 모든 군사적·비군사적 활동과 정부·민간 활동을 포괄하는 '시스템 통합자(system integrator)'로 규정하고 있다. 이 원칙은 2016년에 "외부의 사이버 위협으로부터 러시아 국민을 보호하고, 러시아의 정보 자유를 위해서 사이버 전력과 무기를 통제할 수 있는 국가 시스템을 설립해야 한다"는 '정보 안보 독트린'이 되었다.

사이버 심리전의 명암

사이버전(Cyber Warfare)과 사이버 심리전(Cyber Psychological Warfare)은 모두 사이버 공간에서 이루어지지만 내용적으로는 차이가 있다. 2013년 에스토니아 수도 탈린(Tallinn)에 설치된 'NATO 협동사이버방위센터(CCDCOE : Cooperative Cyber Defence Centre of Excellence)'는 사이버 전쟁 지침서 '탈린 메뉴얼(Tallinn Manual)'을 발표한 바 있다. 이 지침서에서는 사이버 전쟁(cyber warfare)을 "사이버 공간에서 행하는 군사적 공격 행위로 상대국의 인프라, 명령 통제시스템을 손상시키거나 파괴함으로써 인명 살상이나 목표물의 손상 등 물리적 타격을 가하는 것"이라 규정하고 있다. 우리 군도 비슷하게 "인터넷을 비롯한 사이버 공간에서 다양한 사이버 공격수단들을 이용하여 적의 정보체계를 교란, 거부, 통제, 파괴하는 등의 공격과 이를 방어하는 활동"으로 정의하고 있다(국군 사이버사령부, 2018, 139쪽). 한마디로 상대국의 사이버 공간을 파괴·기만하여 물리적·심리적 혼란을 일으키고 전쟁 수행 능력을 무력화시키는 것이다. 탈린 메뉴얼에서는 사이버 무기도 정의하고 있는데, "사이버 무기란 전투를 위한 사이버 수단으로, 사람의 살상과 상해 또는 물건의 손상과 파괴를 목적으로 사용, 설계 또는 의도된 사이버 기기, 자재, 도구, 장비 또는 소프트웨어를 포함한다"라고 되어 있다.

마틴 리비키는 사이버 공격을 '물리적 공격(physical attack)', '구조 기반 공격(syntactic attack)', '의미 기반 공격(semantic attack)'으로 분류하고 있다 (Libicki, M., 2016). 물리적 공격이란 네트워크, 정보시스템, 디지털 기기를 직접 공격하여 마비시키는 것이고, 구조공격은 웜 바이러스처럼 컴퓨터 운영체계의 알고리즘과 프로토콜을 왜곡시키는 것이다. 반면 의미 기반 공격은 네트워크를 통해 전파되는 정보를 왜곡시켜 사람들의 인지능력을 파괴해 잘못된 판단에 이르게 하는 것이다. 물리적 공격과 구조기반 공격이 컴퓨터 네트워크 시스템에 대한 공격이라면, 사이버 심리전의 공격 대상은 사이버 공간에서 정보를 주고 받는 사람들의 생각이나 감정이다. 물리적 공격과 구조 기반 공격이 사이버 공간 '제5의 전장'에서 수행되는 것이라면, 의미 기반 공격은 인간의 의식 즉, '제6의 전장'에서 벌어지는 것으로 볼 수 있다.

물론 기술이 발달하면서 사이버전과 사이버 심리전 간의 구분이 점점 불분명해지고 있다. 개인 서버나 데이터 스토리지 시스템에 침투해 자신에게 유리한 정보를 확산시키는 '데이터베이스 해킹(database hacking)', 정보의 출처를 해킹하여 조작하는 '머신 해킹(machine hacking)' 같은 것들은 거짓 정보를 사실인 것처럼 퍼트리는 가짜 뉴스(fake news)를 이용한 같은 사이버 심리전들과 거의 동일한 효과를 유발하고 있다. 이는 인공지능이나 빅데이터 그리고 메타버스 기술이 더욱 고도화되면서 인간의 인지 활동에 대한 기술적 통제력이 점점 강화되고 있기 때문이다. '반향실 효과(echo chamber effect)', '필터버블 효과(filter bubble effect)', '진실 착각효과(the illusory effect)' 같은 사이버 심리전 설득 기제들은 엄청난 정보를 대량으로 유통시키는 '봇(bot)'이나 감성적 게시물(trolling) 같은 기술과 밀접히 결합되면서 사이버전과 명확한 구분이 어려워지고 있다.

사이버 심리전의 목표는 상대국의 정책 결정을 지연하고 국가 시스템을 마비시켜 정치적 우위를 확보하는 데 있다. 이것이 상대국의 여론을 왜곡시키고 분열과 갈등을 유발하는 '샤프 파워(sharp power)' 전략이다. 적 진영을 분열시킨다는 목표는 전통적인 심리전과 다르지 않지만, 소셜 미디어 공간에서 가짜뉴스 같은 허위 정보를 조작해 '내러티브(narrative)'를 무기화한다는 점에서 차이가 있다(송태은, 2021). 여기서 내러티브란 온라인을 기반으로 확산되는 가짜뉴스나 딥 페이크 같은 거짓 정보들을 말한다. 실제 러시아는 2007년 에스토니아 침공 때부터 크림반도 점령과 2022년 우크라이나 침공에 이르기까지 다양한 샤프 파워 심리전 공세를 전개해왔다. 흥미로운 점은 '거짓을 이용한 선전'이라는 의미의 러시아어 '데진포르마치야(дезинформация)'라는 용어는 (옛) 소련 정권이 허위정보 유포를 통해 상대 사회의 혼란을 유도하기 위해 사용했던 사회심리학적 무기라는 것이다 (Karlova, N. A., & Fisher, K. E., 2013, 1~17쪽). 이를 보면 러시아의 샤프 파워 심리전은 생각보다 오랜 역사를 가지고 있다고 할 수 있다.

이처럼 사이버 심리전은 적국 정부가 군사적으로 중요한 사안에 대해 잘못된 결정을 내리고 적국 국민들 사이에 반전 여론을 조성할 수 있는 저비용·고효율 수단이 되고 있다(Erray, M. H., 2019; Mcfate, S., 2019). 그 이유는 다음과 같은 속성들 때문이다.

첫째, 물리적 정형성이 없다는 것이다. 전통적인 무기들은 특정 공간에 배치돼야 하고 공격할 수 있는 대상도 제한되어 있다. 하지만 사이버 심리전은 가상공간에서 이루어지므로 공간적 제약이 거의 없다. 온라인과 연결된 상태라면 어디서든 공격할 수 있고 공격 목표 역시 제약받지 않는다. 또한 광범위한 지역에 분산된 목표들을 동시에 공격할 수 있어 비용 대비 효과가 매우 높은 효율적인 공격 수단이기도 하다. 이러한 사이버 무기의 비정형성은 국가관할권을 애매하게 만들고 결국 책임소재를 알기 어렵게 만든다(오현철, 2002, 37~38쪽).

둘째, 익명성 혹은 은밀성이다. 사이버 심리전은 공격 주체를 명확히 파악하기 어렵고 심지어 공격 자체를 인지하지 못하는 경우도 많다. 2016년 미국 대통령선거와 영국 브렉시트 투표에 러시아가 사이버 심리전으로 퍼뜨린 가짜뉴스가 큰 영향을 미쳤다는 것도 한참 뒤에나 알 수 있었다. 물론 러시아는 지금도 이를 부인하고 있다. 이 또한 사이버 심리전의 익명성과 연관되어 있다. 더구나 민간 기업을 이용하거나 해커, 핵티비스트(hacktivist) 들의 자발적 행동으로 위장하는 경우가 많다(Connell, M. & Vogler, S., 2017, 19~21쪽). 서방 국가들을 상대로 한 러시아의 가짜뉴스 공세들은 민간기업 인 'Internet Research Agency(IRA)' 같은 트롤 팜(troll farm)이 위탁 운영하 고 있다. 2005년에 설립된 국제 방송 'Russia Today(2009년에 국적을 감추기 위 해 RT로 명칭을 변경하였다)', 2013년에 'Radio Russia'를 이름을 바꾸어 만든 '스푸트니크(Sputnik)'는 통신사 '로씨야 세고드냐(Rossiya Segodnya)'의 자회사 다(심종현·제성훈, 2021, 2022, 219~246쪽). 러시아군은 크림반도 점령과 우크라 이나 공격 때 이들 매체들이 만들어낸 가짜뉴스들을 사이버 심리전에 활 용하였다. 특히 스푸트니크는 스스로 '대안 뉴스 콘텐츠 공급자'를 표방하 고 러시아에게 유리한 정보들만 골라 페이스북, 트위터 같은 SNS를 통해 전 세계에 확산시키고 있다(Lucas, E. & Pomeranzev, P., 2016, 37쪽). 이러한 사 이버 심리전의 익명성과 은밀성 때문에 주체를 파악할 수 없어 국제법으 로 규제하기 어렵게 만들고 있다.

셋째, 효과의 비회복성과 지속성이다. 사이버 심리전은 자신에게 유리 한 의도나 생각을 심어주는 것이 아니라 상대방의 인지 왜곡을 통해 혼란 과 갈등을 유발하는 것이 목적이다. 그러므로 사이버 심리전 공격으로 발 생한 피해는 단기간에 회복하기 어렵고, 온라인 네트워크 특성상 장기간 효과가 지속될 수 있다. 인터넷은 공간적 확장성과 시간적 지속성을 동시 에 담보하고 있는 매체다. 해롤드 이니스(Harold Innis)가 말한 공간 편향성 (space bias)과 시간 편향성(time bias)를 모두 갖춘 매체다. 이 때문에 사이버 심리전 공격은 단기간에 엄청난 효과를 발생시키면서 동시에 장기간 지속 될 수 있다. 많은 나라들이 러시아의 RT나 스푸트니크의 활동을 제한 혹 은 차단하고 있지만 제공되었던 뉴스들이 여전히 사이버 공간에서 유통되 고 있다. 스푸트니크 코리아(Sputnik Korea)도 2017년 이후 새로운 뉴스가 업로드되지 않고 있지만 기존 뉴스들은 여전히 노출되어 있다.

그림31 구글의 RT, Sputnik 차단

구글은 러시아의 우크라이나 침공 직후 구글 검색 도구를 포함한 모든 뉴스 관련 기능에서 RT를 포함한 러시아 국영 게시자들을 제거하겠다고 발표했다.
(https://m.khan.co.kr/economy/economy-general/article/202203011543001#c2b)

    넷째, 앞에서 말한 속성들을 종합하면 결국 사이버 심리전의 가장 큰 속성은 책임이 불명확하다는 것이다. 익명성을 기반으로 하는 사이버 공간에서 벌어지기 때문에 심리전 주체를 명확하게 규명할 수 없기 때문이다. 또한 아직까지 사이버 심리전의 위법성 여부를 정확히 규정할 수 있는 법적 근거도 부족하다. 국제법상 전쟁 무기 사용과 관련해 위법성을 판단하는 기준에는 '구별의 원칙(principle of instinct)', '비례의 원칙(principle of proportionality)', '예방조치의 원칙(principle of precautions)', '군사적 필요성 원칙(principle of military necessity)', '기사도騎士道의 원칙(principle of chivalry)', '마르텐스 조항 원칙(Martens Clause)' 등이 있다. 사이버 무기와 관련해 판단 근거가 되는 것은 앞의 세 가지 원칙들이다.

    우선 '구별의 원칙'이란 제네바 협약 제1추가 의정서 제48조(기본 규칙), 제51조(민간주민의 보호), 제52조(민간물자의 일반적 보호) 규정에 따라 "보호 대상 및 민간물자 및 민간인에 대한 공격과 무차별적 공격을 금지"하는 원칙이다. '비례의 원칙'은 "공격으로 인하여 야기되는 부수적 피해와 이로 인해 얻어질 수 있는 군사적 이익과의 비교 형량"을 계산하는 것이다. 이는 '군사적 필요성 원칙'과도 관련되어 있다. 군사적 필요성이나 목표를 어떻게 해석하느냐에 따라 위법성 여부가 다를 수 있기 때문이다(Kalmanovitz, P,

2016, 151쪽: 오현철, 2020, 51~54쪽). 한편 '예방조치의 원칙'은 "공격을 계획하거나 결정, 수행하는 데 있어 민간 및 민간 물자가 위해 받지 않도록 실행가능한 모든 예방조치를 취해야 하는 것"을 말한다.

이러한 원칙들과 관련해 사이버 심리전은 국제법상 위법성 여부를 놓고 논란이 계속되고 있다. 무엇보다 사이버 공격은 네트워크 속성상 목표로 하는 대상 중에 국가나 군, 민간을 구분해 공격할 수 없기 때문이다. 대부분의 나라에서 사이버 공간은 정부, 군, 민간이 함께 사용하고 있고, 군사정보를 민간 플랫폼이나 네트워크 사업자에게 위탁 저장·운영하는 경우도 많아 사실상 구분이 불가능하다. 더구나 정상적인 민주주의 체제를 가진 나라들은 가짜뉴스 같은 반사회적 온라인 정보를 사전에 통제할 수 없다. 또 사이버 심리전 공격으로 인한 민간인 피해도 논란이 될 수 있다. 가짜뉴스 공격으로 혼란이 발생했다고 해도 단기간에 공격 주체를 확인하는 것이 쉽지 않다. 심지어 일부에서는 사이버 심리전으로 인해 피해가 전통 무기를 이용한 공격보다 인명살상 등에 있어 도리어 덜 파괴적이라는 주장도 제기하고 있다. 민간인의 생명 손실, 상해뿐 아니라 사이버 작전으로 인한 불편함, 짜증, 스트레스 장애, 두려움 등도 피해에 포함시켜야 한다는 주장도 있지만 아직은 문제제기 수준이다.

다섯째, 사이버 심리전의 가장 큰 위협은 사전에 방어하는 것이 불가능하고 신속하게 대응하는 것도 어렵다는 점이다. 전쟁에서 선제공격은 매우 중요한 요소다. 특히 상대방이 전혀 예상하지 못한 상태에서 기습 공격은 그 효과가 훨씬 배가된다. 그런 의미에서 공격 시점과 목표를 사전에 감지하기 어려운 사이버 심리전은 위력적이다. 특히 네트워크를 강력하게 통제하는 국가들보다 개방형 네트워크를 가진 민주주의 국가들이 공격에 더 취약하다. 이 때문에 사이버 심리전은 권위주의 국가들이 절대 유리한 비대칭 전쟁(asymmetric warfare)이 될 수밖에 없다(송태은, 2019, 12~14쪽). 비대칭 전쟁은 주로 전력이 열세인 나라들이 사용하는 방법이다. 러시아와 중국이 사이버 심리전에 주력하는 것도 미국이나 서방 국가들과 격차가 큰 하드 파워(hard power)나 소프트 파워(soft power) 열세를 만회하고, 전쟁 초기에 유리한 국면을 확보하기 위한 것이다. 특히 네트워크나 운영상의 허점을 막아주는 보완 패치가 나오기 직전에 이 취약점을 공략하는 악성코드나 해킹 공격을 이용하는 'zero day attack'은 매우 위력적이고 사실상 완전 회복이 불가능하다.

이처럼 사이버 심리전은 정보통신 기술 발달에 따라 전쟁의 양상이 크게 변화하고 있다는 것을 보여준다. "전쟁 주체가 합법적인 무력 사용 (legitimate use of force)이 가능한 국가(statehood)이어야 하고 가시적인 전투행위(act of warfare)가 있어야 한다"는 전통적인 전쟁 개념에서 벗어나고 있는 것이다. 프랑크 호프만이 말했던 전통적 군사 수단과 비정규 전술을 복합적으로 사용하는 '하이브리드 전쟁(Hybrid Warfare)'을 넘어 이른바 '제5세대 전쟁'으로 전환되고 있는 것이다(Hoffman, F. G., 2009, 3쪽). '제5세대 전쟁'이란 "실체를 파악하기 힘든 강력한 적이 은밀하게 목표를 정한 국가나 사회 내부에 침입하여 정보 조작 및 선동, 테러 등 가용한 모든 수단을 동원해 해당 구성원들의 인식 영역을 조작, 마비 또는 파괴하여 사회 혼란을 조장하고 분열을 가중시켜 궁극적으로 해당 국가나 사회가 의도된 방향으로 움직이도록 만들기 위해 수행하는 전쟁"을 말한다(이수진·박민형, 2017, 24쪽).

이 때문에 선사시대 이래 물리적 폭력 수단에 의한 전쟁을 보조하는 위치에 머물러 있었던 심리전이 전쟁이나 작전의 중심으로 이동하고 있다는 사실이다. 첨단 정보·통신 기술을 바탕으로 한 사이버 심리전이 전체 전쟁 양상에 점점 더 큰 영향을 미치기 때문이다. 더구나 심리전 활동이 사람이 아닌 인공지능과 빅데이터 같은 지능형 기술들로 대체되면서 질적으로도 급속하게 진화하고 있다. 어쩌면 미래의 전쟁은 무력 충돌이 없는 사이버 공간에서의 심리전 대결 양상이 주도하게 될지도 모른다. 그렇게 되면 무력 충돌은 최소화되고 효율적인 전쟁이 될 수도 있겠지만, 다른 한편으로는 인간이 배제된 기계의 전쟁이 될 수도 있다.

심리전 효과와 연구

심리전 효과 연구는 전쟁 수행 과정에서 커뮤니케이션 수단을 얼마나 효과적으로 활용할 것인가를 분석하는 것이다. 이러한 심리전 연구는 제1, 2차 세계대전을 거치면서 체계화되었다. 1937년 미국의 '선전분석연구소(Institution for Propaganda Analysis)'가 발간한 『선전의 예술(The Fine Art of Propaganda)』이란 책에 소개된 7가지 선전기법들은 지금도 기업 광고나 정치 캠페인 기법의 바이블처럼 쓰이고 있다. 이 연구소는 정치학자인 해들리 캔트릴(Hadley Cantrill)이 1930년대 나치를 지지하는 대규모 군중대회가 연일 벌어지고, 나치 지지자인 찰스 코플린(Charles Caughlin) 신부의 선교 방송이 대중적으로 엄청난 인기를 끌자 이에 대응하기 위해 설립한 것이다. 여기에는 에드가 데일(Edgar Dale), 레너드 둡(Leonard Doob) 같은 선전 분석에 많은 연구 성과를 냈던 학자들이 대거 참여하였다.

테렌스 퀄터는 제2차 세계대전 중에 있었던 선전 사례들을 분석해 '선전이란 개인이나 집단이 어떤 주어진 상황에서 자신들이 바라는 반응을 얻을 목적으로, 커뮤니케이션 수단들을 이용해 다른 개인이나 집단의 태도를 형성·통제·변화시키기 위한 조직적 기도'라고 정의 내렸다(T. H. Qualter, 1962). 그는 사실을 은폐하고 허위정보를 유포하는 것도 선전개념에 포함시켰는데, 그 이유 전시심리전이 일반적인 선전과 달리 반드시 진실만 사용하는 것이 아니라고 보았기 때문이다. 이 때문에 『심리전 사례집(A Psychological Warfare Casebook)』을 저술한 윌리암 도어티와 모리스 자노비츠(Daugherty, W. E., 1958)는 선전은 명확하게 정의하기 힘들다고 말하기도 했다. 한참 뒤에 조웨트와 오도넬(Jowett, G. S. & V. O'Donnell, 2019), 자크 엘럴(Ellul, J., 1973) 등이 선전을 "특정 개인이나 집단이 대중을 대상으로 태도를 형성하거나 변용시킬 목적으로, 기호로 구성된 메시지를 전달하여 의도한 반응을 유발시키는 조직적 활동"으로 정의내리게 된다.

전시 심리전 효과에 관한 실증적 연구는 제2차 세계대전 중에 시작되었다. 앞에서 설명한 것처럼 정치학, 사회학, 심리학, 커뮤니케이션학 등 여러 사회과학 영역에서 많은 학자들이 제2차 세계대전과 한국전쟁 중에 심리전 활동이나 연구에 참여하였다. 이들의 연구 결과들을 모두 열거할 수는 없지만, 심슨은 커뮤니케이션학에서 다루고 있는 심리전 연구의 유산으로 다음과 같이 9개 주제를 들고 있다. ① 효과(effects) 연구 ② 미국 정책 입안자들에게 중요한 의미를 지닌 소련과 다른 국가들의 커뮤니케이션 체계(communication system)에 관한 연구 ③ 여론조사 설문지 문항과 이로부터 유용한 정보를 끌어내리기 위해 적용하는 계량적 척도기법(scaling technique)의 정교화 ④ 미국 밖의 특히 적대적인 지역에서 활용할 수 있는 여론조사 및 수용자 연구(survey & audience research)기법 ⑤ 초기 확산이론(diffusion theory) ⑥ 초기 발전 이론(development theory) ⑦ 매스 커뮤니케이션 연구와 교육 분야에서 '시대정신(the spirit of the times)'에 대한 윌버 슈람의 정교화 작업 ⑧ 준거 집단(reference group)과 2단계 커뮤니케이션 이론(two step flow of information)의 정교화 ⑨ 상업적 홍보(public relation)에 폭넓게 사용된 동기(motivation) 연구와 이와 유사한 사기(morale) 유지 기법 연구들이다(Simpson, C., 정용욱(역), 2009, 214~215쪽).

여기에 포함되어 있지 않지만 심리전 효과를 실증적으로 연구한 칼 호블랜드(Carl Hovlnad)의 연구는 의미가 크다. 그는 제2차 세계대전 중에 장교로 참전하여 신병 정훈 교육을 담당하였다. 그러면서 병사들의 사기를 높이는데 어떤 유형의 설득 메시지가 효과적인가를 실험연구를 통해 검증하였다. 그는 선전 메시지들은 개인의 지적 능력, 시간 경과, 메시지 유형 등에 따라 효과가 차이가 난다는 사실을 발견하였다. 특히 앞에서도 언급했던 군 교육목적으로 만들었던 영화 'Why we fight'를 이용해 심리전 효과를 분석한 것으로도 유명하다.

호블랜드는 실험을 통해 '개인차 이론(individual difference theory)', '선택적 노출(selective exposure)', '선별 효과 이론(selective influence theory)', '수면자 효과(sleeper effect)', '공신력 효과(source credibility)' 같은 지금도 커뮤니케이션

학의 주요 개념으로 사용되는 이론들을 발견·검증하였다. 이러한 실험 결과들을 기반으로 1950~1960년대 예일대학에 재직하면서 설득 커뮤니케이션 이론을 정립해 이른바 '예일학파(Yale School)'라는 별칭을 얻기도 하였다. 호블랜드와 예일학파의 설득 이론은 커뮤니케이션효과는 송신자 요인, 메시지 요인, 수용자 요인 같은 독립변수들과 인간이 심리적 상태를 반영하는 노출, 이해, 수용 같은 중개변수들이 복합적으로 작용한 결과로 보고 있다. 이러한 이론들은 1950~1970년대 초까지 매스 커뮤니케이션 효과가 기대만큼 크지 않다는 '제한효과이론(limited effect theory)'이 지배하게 되는 배경이 되었다.

그림32 예일학파의 커뮤니케이션 모델

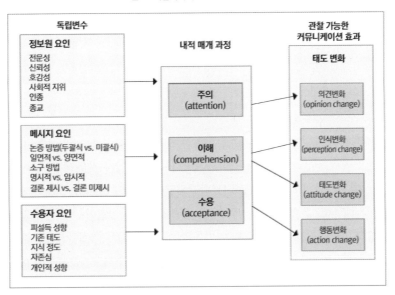

제1·2차 세계대전을 통해 개발되었던 심리전 기법들은 한국전쟁을 통해 실전에서 다시 효용성 여부를 검증받게 된다. 한국 전쟁은 동·서 냉전 이데올로기가 정면으로 충돌한 첫 전쟁이다. 더구나 전쟁 중반 이후에는

무려 2년간 '휴전 천막과 싸우는 전투(Truce Tent and Fighting Front)'라고 했던 치열한 고지전이 전개되어 심리전이 활성화될 수 있는 좋은 조건이 형성되었다. 실제로 양측 모두 엄청난 규모의 심리전을 전개하였다. 미군은 '미국의 소리(VOA)', '유엔군 총사령부 소리(VUNC : Voice of United Nations Command)' 같은 매체들을 동원해 전시 방송심리전과 전투 현장의 전단 심리전을 실시하였다. 한국전쟁 심리전 양상은 김영희(2009) 연구에서 상세히 서술하고 있다. 한국전쟁 초기 심리전에서 우세했던 것은 북한이었다는 평가가 지배적이다(Dyer, M., 1979). 기습 공격으로 초기 전투를 주도했다는 이유도 있지만, 반대로 전쟁 초기 심리전 활동 조직이었던 '미국 정보교육 한국위원회(United States Information and Education Korea)'가 민간 조직으로 군사작전과 효율적으로 연계되지 못한 것에도 원인이 있다(Jacoby, R., 1964, 225~227쪽). 하지만 유엔군이 전쟁에 개입하고 전선이 안정화되고 체계적인 심리전이 이루어지면서 전쟁 중반 이후에는 유엔군의 심리전 활동도 효과가 있었던 것으로 보인다.

이러한 이유로 한국전쟁은 심리전 관계자들이 관심이 높을 수밖에 없었다. 실제로 사회과학자들을 중심으로 한국전쟁 기간 중에 심리전 활동에 대한 다양한 학문적 접근이 시도되었다. 대표적으로 윌버 슈람(Wilbur Schramm)은 한국전쟁에 직접 참전해, 미군의 VOA와 유엔군 총사령부 방송(VUNC : Voice of United Nations Command)의 심리전 내용을 비교 분석하였다(Schramm, W., 1952). 종전 후에는 여기서 수집된 심리전 사례들을 바탕으로 커뮤니케이션 기본 원리를 서술한 『커뮤니케이션 과정과 효과(The Process and Effect of Mass Communication, 1954)』라는 책을 저술하였다. 이 책은 그의 다른 저서 『매스커뮤니케이션(Mass Communication, 1949)』『커뮤니케이션 4이론(Four Theories of the Press, 1956, 1991)』과 함께 오랜 기간 대학에서 커뮤니케이션학의 교재로 사용되었다. 윌리암 도허티(William Daugherty)의 『심리전(A Psychological Warfare)』 역시 한국 전쟁 당시 미 제8사단 심리작전 책임자로서 직접 체험한 경험을 바탕으로 저술된 것이다.

이처럼 한국 전쟁은 학문적·실용적 목적에서 심리전 연구 대상이 되었고, 그 연구 결과들은 20세기 중반 커뮤니케이션학이 체계화되는데 토대가 되었다. 로빈은 제2차 세계대전이 심리전이라는 영역을 만들었다면, 한국전쟁은 이념전쟁(the war of ideas)으로서 정부·군대·학계를 연계하는 '군·관·학 복합체(Government-Military-Academy Complex)'가 형성되는 계기가 되었다고 주장한다(Robin, R., 2001). 아마도 냉전 시대에 성장한 '군산복합체(Military-Industrial Complex)'를 빗대어 만든 용어 같다. 이처럼 전쟁과 학계의 결합은 최근 급부상하고 있는 군과 IT기업, 게임사업자, 미디어산업 그리고 할리우드가 연계된 '군·엔터테인먼트 복합체'의 원형이라 할 수도 있다. 1990년대 후반부터 등장하기 시작한 군·엔터테인먼트복합체는 군산복합체와 달리 '민간 영역에 군사주의(militarism)의 보편화'라는 목적을 함께 담고 있어, 많은 사회과학계와 영상·엔터테인먼트 전문가 집단들까지 가세하게 된다.

하지만 정작 국내 학자들에 의해 이루어진 한국 전쟁 관련 심리전 연구는 생각보다 많지 않다. 다른 군 관련 정보들과 마찬가지로 심리전 관련 정보들 역시 군에서 독점해왔던 것이 가장 큰 원인으로 생각된다. 또 한국에서 커뮤니케이션 학문이 본격적으로 정착된 것이 1980년대 이후라는 점도 작용했을 것이다. 1990년대 이후 관련 기록들이 일반에게 공개되면서 한국에서도 심리전 관련 연구들이 점차 늘어나고 있는 추세다. 장영민은 '1948년 이후 한국 정부 수립 전까지 심리전 조직과 활동(2004)' '중공군 개입 초기 미군 심리전 평가(2005)' '한국 전쟁 직후 유엔군 총 사령부 방송(VUNC) 활동(2005)' 같은 연구 결과들을 발표하였다. 정용욱(2004, 2010)은 한국 전쟁 중에 미군 심리전 조직과 삐라 분석을 통해 '심리전이 가장 저렴하고 효과적인 전쟁 수단'으로 인식되게 되었다고 보고 있다. 또 이상호(2011), 김영희(2008, 2009), 박현수(2009), 이윤규(2006) 등도 한국 전쟁 기간 중 삐라 심리전 내용을 분석해 지속적인 연구 성과를 내고 있다. 특히 김영희는 한국전쟁 관련 심리전 뿐 아니라 여러 커뮤니케이션 현상들을 분석하고 있다.

심리전 효과 연구는 베트남 전쟁을 거치면서 다른 국면에 들어선다. 그 이유는 텔레비전 같은 영상 매체의 등장 때문이다. 특히 신문·전단 같은 인쇄 매체와 텔레비전 같은 영상 매체의 심리전 효과를 비교하는 연구들이 증가하였다. 시청각 매체는 문자매체보다 가독성(literacy)이 좋고, 전파를 사용하기 때문에 수용자 범위가 훨씬 커졌다는 장점을 가지고 있다. 그렇지만 시청각 매체들은 문자매체보다 거짓이나 허위 사실을 이용하기 어렵다. 특히 영상 뉴스는 거짓·과장이 허용되던 전통적인 심리전 개념에서 벗어나야만 했다. 뮐러(Mueller, J. E., 1981, 89~97쪽)의 연구 결과에서처럼, 한국전쟁과 베트남 전쟁에 대한 사람들의 인식 차이는 '과장·왜곡이 가능한 신문·라디오 매체'와 '전투 현장 화면을 제공한 텔레비전 매체' 간 차이일 수도 있다. 실제로 한국전쟁 기간 중에 언론을 도배했던 '맥아더 장군', '장진호 전투' 같은 영웅적 인물이나 전투에 대한 신화가 베트남 전쟁 이후에 거의 사라졌다. 이는 텔레비전이 본격적으로 보급되기 이전이었던 한국에서는 신문과 라디오 그리고 국책 차원에서 만든 '대한 뉴스'를 통해 '안케 패스(Ankhe Pass) 전투'와 수많은 전쟁 영웅들이 넘쳐났던 것과 크게 대조적이다. 베트남 전쟁 내내 텔레비전 뉴스에 비추어진 참혹한 전쟁 영상들로 반전 분위기가 고조되었던 미국과는 사뭇 다른 이유도 결국 매체의 차이에서 비롯되었다고 할 수 있다.

이로 인해 1970년대 후반 이후에는 심리전이란 용어 자체를 기피하는 분위기가 지배적이었다. 결국 심리전은 자유민주주의와 자본주의 체제의 우월성을 자연스럽게 보여주는 소프트 파워 방식으로 변화하게 된다. 심리전이란 용어보다 '국제 커뮤니케이션'이나 '글로벌 커뮤니케이션' 혹은 '문화간 커뮤니케이션'이란 용어가 더 선호되고 있다. 또한 설득커뮤니케이션 연구도 광고나 PR 같은 연구들이 주도하고 있다. 지금도 심리전을 냉전 시대의 유산으로 전단 살포·선무 방송·기만 작전 같은 부정적 의미로 받아들이는 사람들이 적지 않다(전건수, 2011). 최근 확성기 심리전 방송

중지, 탈북자 대북 전단지 유포 금지 법안 등이 우리나라의 심리전 연구의 현주소를 잘 보여주고 있다.

최근 들어 심리전 효과 연구는 또 다른 국면에 들어서고 있다. 전쟁의 명분과 정당성을 중시하는 전쟁 패러다임과 인공지능이나 빅데이터 같은 첨단 커뮤니케이션 기술 발달로 심리전 양상 자체가 변화하고 있기 때문이다. 특히 온라인 네트워크를 통한 사이버 심리전은 기존의 심리전 효과 개념을 근본적으로 다시 검토하게 만들고 있다. 1990년대 초반에 테일러(Taylor, P. M., 1992)나 조윗(Jowett, G. S., 1993) 같은 학자들이 제기했던 글로벌 정보 매체들에 의한 '공시성共時性(synchronicity) 효과'가 다시 주목받고 있다. 상호 연관성이 없어 보이는 다양한 정보들도 여러 매체에서 동시다발적으로 제공되게 되면 사람들 스스로 인과성이 있다고 믿게 만든다는 점에서 '집단 압력(group pressure)'이나 '침묵의 나선(Spiral of Silence)', '다원적 무지(pluralistic ignorance)'와 같은 효과 이론들을 적용한 심리전 효과분석의 필요성이 커지고 있다.

특히 효율적이고 효과적인 네거티브 심리전 수단인 가짜뉴스는 정밀하게 연구되어야 할 과제다. 칼로바와 피셔(Karlova & Fisher, 2013쪽, 1~17)는 가짜뉴스의 특성으로 다른 사람을 의도적으로 속이고자 하는 '기만성'을 지적하고 있다. 가짜뉴스는 일반적인 거짓말(lying)과 달리 사전에 계산된 방식으로 특정 정보를 퍼뜨려 오도하기 위한 부정적 정보이기 때문이다(Jowett, G. S. & V. O'Donnell, 2014). 특히 사이버 공간은 정보의 원천이나 그 내용을 입증할 증거들을 추적하는 것이 쉽지 않다. 이 때문에 가짜뉴스를 믿을 것인지의 판단을 네트워크로 연결된 집단 의견이 지배할 위험성이 높다. 특히 자신의 생각과 비슷한 정보라면 불명확한 것이라도 진실로 믿고자 하는 확증편향(confirmation bias)은 심각한 문제다. 가짜뉴스(fake news)나 조작된 영상에 의한 샤프 파워 심리전이 급증하고 있는 이유도 여기에 있다. 디지털 영상 기술이 고도화되고 일반인들도 정교한 영상 조작이 가능해지면 영상매체를 활용한 가짜뉴스 심리전은 더욱 창궐할 가능성이 높다. 그런 의미에서 '반향실 효과(echo chamber effect)' '필터버블 효과(filter bubble effect)' 같은 인터넷 미디어 관련 효과이론들을 기반으로 사이버 심리전 효과 분석이 필요해 보인다. 정치학적 관점에서 해몬드 에레이(Erray, M. H., 2019, 6쪽)는 가짜뉴스 같은 샤프 파워 심리전의 효과들을 [표6]과 같이 정리하고 있다.

표6 사이버 심리전 내러티브 효과들

전략적 의도	의도하는 효과
기만(Device)	적국의 잘못된 판단을 유도하여 군대 자산을 재배치하게 만듦
지연(Delay)	적국의 시의적절한 의사결정을 지연시킴
차단(Deny)	중요 사안을 특정 프레임으로 보게 만들의 적의 정확한 정보분별 차단
억지(Deter)	위협이나 장애 극복 가능성에 대한 좌절감 주입
주의분산(Distract)	적국이 공격목표에 집중할 수 없도록 실제 혹은 가상의 위협, 이슈 장애를 발생시킴
분열(Device)	적국 정부가 동맹의 이익에 반대되는 행동을 하도록 유도
왜곡(Manipulate)	널리 알려져 있는 정보에 대한 고의적인 공작이나 왜곡
과부하(Overload)	대량의 정보 발신
진정(Pacify)	예상되는 위험이나 공격적 활동에 대한 적국의 경계심 완화(예, 공격적 대비태세가 아니라 마치 예정된 통상적인 훈련인 것처럼 인식하게끔 유도)
마비(Paralyze)	적국에게 핵심이익에 대한 위협이 발생한 것 같은 인식을 심어주거나 혹은 적국의 취약성을 이용해 적의 대응 움직임을 부분적 혹은 전체적으로 무력화시킴
압박(Pressure)	적국이 국익에 반하는 행동을 하도록 설득 혹은 위협
자극(Provoke)	공격목표로 삼는 대상에 대해 적국도 공격적 행동을 하도록 유발
정보제시(Suggest)	적국의 법·도덕·이념에 영향을 끼칠 수 있는 정보 유출
손상(Undermine)	대중의 적국 정부에 대한 신임이 줄어들도록 적국 정부의 정당성 약화

출처: Errey, M. H.(2019), 송태은(2021) 84~85에서 재인용

심리전 커뮤니케이션의 두 얼굴

전쟁과 관련된 모든 커뮤니케이션 행위는 소통과 합의를 목적으로 하는 평화의 수단이 될 수도 있고, 반대로 갈등을 조성하고 물리적 충돌을 가열시키는 도구가 될 수도 있다. 심리전 역시 똑같은 양면성을 지니고 있다. 심리전은 적대적이거나 중립적 수용자들에게 특정 태도나 행동을 유도하기 위한 설득 커뮤니케이션 중에 하나다. 설득에서 커뮤니케이션 행위는 최종 목적이 아니라 도구적 행위이다. 그러므로 목적을 효과적으로 달성하기 위해서 어떤 전송수단과 내용도 사용될 수 있다. 이런 특성 때문에 심리전 커뮤니케이션에 대해서는 몇 가지 대립하는 시각들이 존재할 수 있다.

첫째, 심리전이 국가 간 갈등을 증폭시키고 전쟁을 격화시키는지 아니면 갈등을 완화하고 물리적 충돌로 인한 피해를 줄이는가 하는 논쟁이다. 결론부터 말하면 어떤 주장이 더 옳은지 명확히 판단하기 힘들다. 후자의 시각은 상대국 병사나 국민들의 전투 의지를 약화시켜 전쟁을 쉽게 끝내게 되면 사상자나 피해가 줄어들 수 있다는 주장이다. 옛 몽골군은 위협적 심리전으로 전투를 벌이지도 않고 많은 도시들을 쉽게 점령할 수 있었다. 1939년 독일의 폴란드 침공 이후 1940년 5월까지 9개월을 일컫는 이른바 '가짜 전쟁(phony war)'은 영국과 프랑스가 상대방을 자극하지 않기 위해 갈등을 피하면서 발생한 단기간의 평화 시기다. 이러한 분위기 형성에 자신의 힘을 과시하는 독일의 심리전이 영향을 미쳤다고 할 수 있다. 또 동서 냉전기 양 진영 간에 벌어진 치열한 이데올로기 심리전은 '팍스 루소 –아메리카나(Pax Russo-Americana)'를 형성하는 데 큰 역할을 했다는 평가도 받고 있다. 반대로 한국전쟁 중에 유엔군의 공격적 심리전이 인민군의 저항 의지를 도리어 강화시켰다는 주장도 있다. 또 전쟁 직전 혹은 전쟁 중에 자국 국민들을 대상으로 한 대내심리전이 전쟁을 크게 격화시킬 수도 있다. 종교적 명분을 내걸었던 십자군 전쟁이나 제1차 세계대전 직전 각국의 대내심리전은 대규모 전쟁으로 이어졌다. 한국전쟁과 베트남 전쟁은 정치 이데올로기 때문에 엄청난 민간인 사상자들 낸 잔인한 전쟁이었다. 발칸 반도에서 벌어진 인종 갈등과 종교적 갈등이 혼합된 전쟁은 국민들을 선동한 대내 심리전과 결코 무관하지 않다. 결국 심리전은 전쟁을 진정시키는 '스펀지 효과'와 가열시키는 '스프링 효과'를 모두 가지고 있다고 할 수 있다.

둘째, 심리전에서 진실과 거짓 중에 어느 것이 더 효과적인가에 대한 논쟁이다. 오래전부터 사용되어 왔던 선전(propaganda)이라는 용어가 '거짓'의 의미로 인식되고 있는 것을 고려해, 심리전(psychological warfare)이란 용어가 등장하였고, 이후에 대내심리전은 홍보(public relation)란 말을 주로 사용하게 되었다. 특히 최근에 전쟁 개념이 변화하면서 전술적·전략적 심리전의 구별이 쉽지 않고, 주변 국가들의 여론이 중요해지면서 '공공 외교(public affairs)'나 '전략 커뮤니케이션(strategic communication)'이란 용어가 더 많이 사용되고 있다. 이 같은 용어 변화를 보면 거짓보다는 진실이 더 효과적일 수 있다는 것이 경험적으로 확인된 것처럼 보인다. 제2차 세계대전 이후 미국이 정했던 '진실의 원칙'이나 공산 진영을 붕괴시키는데 기여했던 소프트 파워(soft power) 심리전도 그런 효과를 증명해 주고 있다.

하지만 최근에 러시아를 비롯한 권위주의 국가들의 샤프 파워(sharp power) 심리전은 아예 거짓 내러티브인 가짜뉴스와 데이터 왜곡, 시스템 파괴 같은 방법들을 수단으로 하고 있다. 이는 심리전 수용자를 설득하는 것이 아닌 혼란과 분열을 유발하는 데 목적을 두고 있다. 그러므로 전통적인 설득 커뮤니케이션 양식의 선전이나 심리전과는 성격 자체가 전혀 다르다. 문제는 이처럼 거짓을 기반으로 하는 심리전이 진실을 가지고 설득하는 심리전보다 공격에 용이하고 단기간에 큰 효과를 낼 수 있다는 것이다. 특히 개방형 네트워크를 가진 민주주의 국가들을 공격하는데 유용하다는 것이 문제가 되고 있다. 아마도 향후 심리전 양상은 진실을 기반으로 설득을 목적으로 하는 전통적 방식과 거짓과 허위사실을 기반으로 상대방을 혼란스럽게 만드는 방식이 경쟁하는 구도가 될 가능성이 높다.

셋째, 심리전처럼 상대방에게 나의 의지를 강요하거나 설득하는 것이 목적인 도구적 커뮤니케이션 행위는 불가피하게 가치중립적일 수밖에 없다는 것이다. 같은 설득 커뮤니케이션이라 하더라도 광고나 PR, 정치 캠페인 등은 윤리적 규범과 법적 규제로 수단과 내용에서 제한받는다. 하지만 국가의 운명이나 국익이 걸린 전쟁 수단으로서 심리전은 그런 제약에서 벗어날 가능성이 높다. 국제법상 전쟁의 목적과 수단에 대한 원칙이 있기는 하지만, 실제 전쟁 상황에서 그런 원칙들을 제대로 준수하는 것은 사실상 쉽지 않다. 결국 심리전은 전쟁에서 이겨야 한다는 절대 목표와 도덕적 기준 사이에서 두 얼굴을 가진 야누스가 될 수 있다.

참고 문헌

국군사이버사령부(2018). 『사이버전 용어사전』. 서울 : 사이버사령부.

김기도(1989). 『정치선전과 심리전략』. 나남출판사.

김상배(2006). "실리우드(Siliwood)의 세계정치 : 정보화시대 문화제국과 그 국가전략적 함의". 『국가전략』 제12권 제2호. 5~34.

김선호(2021). "6.25전쟁기 북한의 심리전 수행방식과 인적 심리전 : 적군 와해사업을 중심으로". 『통일과 평화』 제13집 제1호. 77~116.

김영희(2008). "한국전쟁기간 삐라의 설득커뮤니케이션". 『한국언론학보』 제52권 제1호. 306~333.

_____(2009). "한국전쟁기간 미국의 대한(對韓) 방송활동: VOA한국어방송과 VUNC를 중심으로". 『한국언론학보』 제53권 2호.

김종숙(2004). "6.25 전쟁기 심리전 운용실태 분석". 『軍史』 제53호. 101~142.

김태현(2015). "냉전기 서독연방군의 심리전 체계 연구 : 조직과 전략". 『분쟁해결연구』 제13권 제2호.

김현수·김형수(2018). "미국정부의 허리우드 영화정책 : 그레이 프로파간다 전략을 중심으로". 『세계지역논총』 제36집 제3호. 53~81.

문규석(2003). "국제법상 정보전에 관한 연구". 『국제법학회 논총』 제48권 제1호. 152~192.

박현수(2009). 6.25전쟁기 삐라의 사회기호학적 분석. 『軍史』 제73호.

송영동(2013). "사이버심리전 전개 양상 : 제6의 전장, 인식의 공간". 『군사논단』 제74호 2013년 여름호. 15~41.

송태은(2019). "사이버 심리전의 프로패건더 전술과 권위주의 레짐의 샤프 파워 : 러시아의 심리전과 서구민주주의의 대응". 『국제정치논총』 제59집 제2호. 161~204.

_____(2021). "디지털시대 하이브리드 위협수단으로서 사이버 심리전의 목표와 전술". 『세계지역연구논총』 제39집 제1호. 69~105.

심경석(2018). 『관계망의 해체와 재구성 : 한국전쟁과 베트남 전쟁 미국소설과 할리우드영화를 중심으로』. 파주 : 보고사.

심종현·제성훈(2021/2022). "러시아의 샤프 파워(Sharp power)' 전략과 서방의 대응 : 미디어를 활용한 대외 선전을 중심으로". 『中蘇研究』 제45권 제4호 219~246.

오현철(2020). "하이브리드전쟁의 등장과 사이버무기의 국제법적 적법성". 『평화학연구』 제21권 제1호. 35~57.

육군본부 심리전감실(편)(1958). 『현대심리전』. 서울 : 육군본부.

이상호(2011). "한국전쟁기 맥아더사령부의 삐라 선전 정책" 『한국근현대사연구』 제58
　　호. 178~213.
이수진·박민형(2017). "제5세대 전쟁: 개념과 한국 안보에 대한 함의" 『한국군사』 제2
　　호. 1~34.
이윤규(2006). "6.25전쟁과 심리전 :'들리지 않던 총성 종이폭탄!' 삐라를 중심으로"
　　『한국근현대미술사학』 총권 21호. 130~147.
이임하(2012), 『적을 삐라로 묻어라 : 한국전쟁기 미국의 심리전』 철수와 영희.
임현명·황현정·김용주(2018). "현대 심리전 양상과 미래 심리전 발전 방안" 『군사연
　　구』 제146집. 285~310.
전건수(2011). 『전쟁수행전략으로써 기만에 관한 연구』경희대학교 석사논문.
장영민(2004). "정부 수립 이후(1948-1950) 미국의 선전정책" 『한국근현대사연구』 제
　　31집.
＿＿＿(2005). "한국전쟁 초반기 미군의 심리전에 관한 고찰" 『軍史』 제55호.
＿＿＿(2008). "6.25전쟁기 '유엔군총사령부의 소리(VUNC)' 라디오 방송에 관한 고찰"
　　『한국근현대사연구』 제47집.
정용욱(2004). "6.25전쟁기 미군의 삐라 심리전과 냉전 이데올로기" 『역사와 현실』 제
　　51호. 97~133.
＿＿＿(2010). "미군의 삐라 심리전과 냉전 이데올로기" 한국역사연구회 현대사분과
　　(편). 『역사가의 시선으로 읽는 한국전쟁』 휴머니스트. 267~298.
주은우(2002). "문화산업과 군사주의 : 할리우드 영화산업을 중심으로" 『진보평론』 제
　　14호 2002년 겨울호. 58~93.
황　근(1993). "뉴미디어시대의 방송심리전에 관한 연구" 『방송학연구』 제10호. 263~
　　290.

Cantwell, D.(2017). "Hybrid Warfare L Aggression and Coercion on the Gray
　　Zone" *AJIL Insight 21.*
Connell, M. & S. Vogler(2017) "Russia's Approach to Cyber Warfare" CNA March.
　　2017.
Daugherty, W. E. & M. Janowitz(1958). *Psychological Warfare Casebook. Baltimore*
　　: The Johns Hopkins Press
Doherty, T.(1999). "Documenting the 1940s" in Schatz, T.(ed.) *Boom and Bust :*
　　American Cinema in the 1940s. Berkeley : University of California Press.
　　397~460.
Drews, D.(2006). *Die Psychologische Kampffuuehrung/Psychologische Verteidigung der*

Bundeswehr : Eine Erziehungswissenschaftliche und Publizistikwissenschaftliche Untersuchung. Mainz : Johannes Gutenberg-Universitaet.

Dyer, M.(1979). *The Weapon on the Wall. NY:Arno Press.*

Ellul, J.(1973). *Propaganda : The Formation of Men's Attitudes. New York. : Vintage.*

Errey, M. H.(2019). "Understanding and Assessing Information Influence and Foreign Interference" *Journal of Information Affair.* Vol. 18 No. 1.

Frederick, H. H.(1984). "La Guerre Radiofonica : Radio War between Cuba and United States" in Mosco, V. & J. Wasco(eds.) *The Critical Communication Review, Vol. II : Changing Patterns of Communication Control.* Norwood, New Jersey : Ablex Publishing Co.

Hoffman, F. G.(2009). "Hybrid vs. Compound War : The Janus Choice of Modern War : Defining Today's Multifaced Conflict" *Armed Forces Journal.* Oct. 2009.

Hovland, C. I., Lumsdaine, A. A. & F. D. Sheffield(1949). *Experiments in Mass Communcation. Princeton.* New Jersey : Princeton Univ. Press.

Huck, P.(2002). "Hollywood Goes to the War" The Age 16 September 16. http://www.theage.com.au/articles/2002/09/14/1031608342634.

Jacoby, R.(1964). *"USIE Korea : An Experiment in Wartime Operations"* in William Daugherty and Morris Janowitz (eds). *A Psychological Warfare.* Baltimore : *The Johns Hopkins Press.*

Jones, D. B.(2000). "Hollywood Goes to War" in Bromley, C.(ed.) *Cinema Nation: The Best Writing on Film from The Nation. 1913-2000.* New York : Nation Books.

Jowett, G. S.(1976). *Film: The Democratic Art : a Social History of American Film.* Boston : Little, Brown and Company

_____(1993), *"Propaganda and the Gulf War"* Critical Studies in Mass Communication, Vol. 10. 286~300.

Jowett, G. S. & V. O'Donnell, (2019). *Propaganda and Persuasion (7th edition).* C.A.:Sage.

Karlova, N. A., & K. E. Fisher(2013). "A social diffusion model of misinformation and disinformation for understanding human information behaviour" *Information Research.* Vol. 18 No. 1. 1~17.

Kalmanovitz, P.(2016). "Judgement Liability and the Risks of Riskless Warfare" in

Bhute, N.(ed.) *Autonomous Weapons System : Law, Ethics, Policy.* Cambridge : Cambridge Univ. Press.

Kittler, Friedrich(2002). *Optiche Medien-Berliner Vorlesung 1999*, 윤원화(역), 2011. 『광학적 미디어 : 1999년 베를린 강의, 예술, 기술, 전쟁』 서울 : 현실문화연구.

Kracauer, S.(1974). From Caligari to Hitler : A Psychological Hitler of the German Film. New Jersey : Princeton Univ. Press.

Lasswell, H. D.(1936/2018). *Politics : Who Gets What When How?* 이극찬(역). 1979. 『정치 : 누가 무엇을 언제 어떻게 얻는가?』 전망사.

_____(1986). "The Future of World Communication and Propaganda" in Lasswell, H. D., Lerner, D. & H. Speier(eds.). Propaganda and Communication in World History Vol. III : A Pluralizing World in Formation. Honolulu : The East-West Center.

Lee, A. M. Lee. & E., B. Lee(1939). *The Fine Art of Propaganda : A Study of Father Coughlin's Speechs Propaganda Analysis. New York : Harcourt Brace & Company.*

Libicki, M.(2016). *Cyberspace in Peace and War.* Anapolis, Maryland National Institution Press.

Linebarger, P. M. A.(1954). *Psychological Warfare.* 유지훈(역). 2020. 『심리전이란 무엇인가?』 투나미스.

Lucas, E. & P. Pomeranzev(2016). *Winning the Information War : Techniques and Counter-strategies to Russian Propaganda in Central and eastern Europe.* Washington, D.C. : Center for European Policy Analysis.

McFate, S.(2019). *The New Rules of War : Victory in the Age of Durable Disorder.* New York : William Morrow.

Marchetti, G.(1993). *Romance and the Yellow Peril. Berkeley* : Univ. of California Press.

McLuhan, M.(1964). *Understanding Media : The Extension of Man.* McGraw-Hill.

Mueller, J.(1974). "Popular Support for the Wars in Korea and Vietnam" in Janowitz, M. & P. M. Hirsch(eds.) Reader in Public Opinion and Mass Communication. New York: Free Press. 89~97.

Murty, B. S.(1989). *The International Law of Propaganda : The Ideological Instrument and World Public Order.* New Heaven : New Heaven Press.

Pease, S. E.(1992). *Psywar: Psychological Warfare in Korea 1950-1953.* Stackhole Books.

Reed, D. J.(2008). "Beyond the War on Terror : Into the Fifth Generation of War and Conflict" *Studies in Conflict & Terrorism.* Vol. 31 No. 1. 705~713.

Robin, R.(2001). *The Making of the Cold War Enemy : Culture and Politics in the Military-Intellectual Complex. Princeton : Princeton University Press.*

Qualter, T. H.(1962). *Propaganda and Psychological Warfare. N.Y: Random House.*
_____(1972). "The Techniques of Propaganda" in Wells, A. (ed.). *Mass Media and Society.* California : National Press Books.

Schramm, W.(1954). *The Process and Effect of Mass Communication.* Urbana : University of Illinois Press..

Schramm, W. Siebert, F. S. & T. Peterson(1949). *Four Theories of Mass Communication.* Urbana: Univ. of Illinois Press. 강대인 역(1991). 『언론의 4 이론』 나남.

Shain, R. E.(1976). *An Analysis of Motion Pictures About War Related by the American Film Industry,* 1939~1970. New York : Amo.

Shils, E. A. & M. Janowitz(1981). "Impact of Allied Propaganda on Wermacht Solidarity in World War II" in Janiwitz, M & P. H. Hirsch(eds.) (1981). *Reader in Public Opinion and mass Communication.* New York : Free Press.

Simpson, C.(1996). *Science of Coercion : Communication Research and Psychological Warfare, 1945-1960.* 정용욱(역). 2009 『강압의 과학: 커뮤니케이션 연구와 심리전: 1945~1960』 선인.

Spiers, E. M.(2015). "NATO and Information Warfare" in David, W.(ed.). *Propaganda, Power and Persuasion : From World War I to Wikileaks.* London/ New York : I. B. Tauris.

Steiner, L.(1993). "Review and Criticism : Propaganda and War" *Critical Studies in Mass Communication.* Vol. 10, 1993- Issue 3.

Stockwell, S. & A. Muir(2013). "The Military-Entertainment Complex : A New Facet of Information Warfare" *The Fibre Culture Journal. Issue 1-2003.* April. 2013.

Taylor, P. M.(1992). *War and Propaganda : Propaganda and Persuasion in the Gulf War. Manchester: Manchester Univ.*

Virilio, P.(1989). *War and Games : The Logistics of Perception.* London & New York : Verso.

Walker, C. & J. Ludwig(2017). "Introduction : from 'Soft Power' to 'Sharp Power' : Rising Authoritarian Influence in the Democratic World" *International*

  Forum for Democratic Studies. Washington D. C. : National Endowment for
  Democracy.

Wenzke, R.(2005). *Staatsfeinde in Uniform? Widerstaendiges Verhalten und Politische*
  Vervolgung in der NVA. Berlin : Ch. Links Vertag.

제 5 장

가장 흥미로운 뉴스거리
: 전쟁 보도

근대 언론의 역사, 전쟁 보도의 역사

전쟁 보도의 역사는 근대 언론의 역사라 해도 크게 틀리지 않다. 17세기 유럽에서 시작된 근대 신문의 급격한 성장도 전쟁과 깊이 연관되어 있다. 1618년에서 1648년까지 벌어졌던 30년 전쟁은 유럽이 본격적으로 근대사회로 넘어오는 계기가 되었고, 이후 자본주의 경제가 성장하고 교역이 활발해지면서 뉴스에 대한 수요도 늘어나 활자로 만들어진 간행물들이 급증하게 되었다(Smith, A., 최정호·공용배(역), 1990). 특히 18세기 말 프랑스대혁명과 미국독립전쟁 그리고 19세기 중반 미국 남북전쟁은 신문의 발달을 가속화시킨 결정적 계기가 되었다. 최초의 전쟁 보도는 영국 '더 타임즈(The Times)'가 나폴레옹의 러시아 원정을 취재하기 위해 베를린에 파견하였던 헨리 로빈슨(Henry Robinson)의 엘베강 전투 보도로 기록되어 있다. 하지만 전투 현장을 직접 취재한 것이 아니어서 1812년 미국 독립 전쟁 중에 있었던 뉴올리언즈 전투를 보도한 '타임 피스(Time Peace)' 편집인 제임스 브래드포드(James Bradford)를 최초의 종군기자로 보기도 한다(Mott, F. L.,1950). 이와 달리 1835년 스페인 내전을 취재 보도한 '모닝 포스트(Morning Post)'의 찰스 크러니슨(Charles L. Cruneisen)이 최초라고 하는 주장도 있다.

직접 전투에 참가하면서 취재한 최초의 종군기자는 크림전쟁(Crimean War, 1853~1856) 중에 활동했던 '더 타임즈(The Times)'의 윌리엄 하워드 러셀(William Howard Russell, 1820~1907)이다. 크림전쟁은 산업혁명 이후 등장한 대량 살상 무기로 전통적

그림33 윌리엄 하워드 러셀(1820~1907)

(http://www.sonofthesouth.net/leefoundation/civil-war/william-russell.htm)

전술이 무용할 수 있음을 예고한 전쟁이다. 러셀은 이러한 전쟁 패러다임 변화에 대응하지 못하는 영국군 수뇌부의 무능함과 권위적 지휘 행태를 가감 없이 보도하였다. 이 보도로 5천부 수준이었던 '더 타임즈' 발행 부수가 6만 부까지 늘어났고, 전후 영국군 총사령관 래글런 경(Lord Raglan)이 물러나는 등 영국 육군 개혁운동의 결정적 계기가 되었다(원태재, 1996). 누가 최초의 종군기자인가를 떠나 윌리엄 러셀을 '종군기자의 아버지'라고 하는 이유는 단순한 전황 보도가 아니라 전쟁과 관련된 의미있는 기사들을 보도했기 때문이다.

초창기 전쟁 보도는 전쟁 수행 주체인 군과 매우 독립적인 관계였다. 전쟁과 미디어가 밀착되어 있지도 않고 그렇다고 갈등적 관계에 있지도 않았던 것이다. 이러한 분위기는 19세기 후반까지 유지되었지만, 본격적인 제국주의 경쟁 가열과 국가 간 민족주의 갈등 고조로 언론과 전쟁 수행 주체들이 밀착 관계를 형성하게 된다. 이러한 현상은 제1·2차 세계대전을 거치면서 더욱 심화되었다. 하지만 전쟁 중이라 하더라도 언론의 취재행위에 대한 지나친 통제와 간섭은 항상 갈등의 소지를 안고 있었다. 특히 제2차 세계대전 이후 매스 미디어가 급속히 성장하고 언론 자유에 대한 사회적 분위기가 커지면서 전쟁 보도에 대한 군이나 국가 통제는 지속적으로 축소되어왔다.

전쟁 보도가 자유로워지는 추세의 배경에는 미디어 발달이 결정적이다. 전쟁이 미디어 발달을 가속화시킨 것도 있지만, 역으로 미디어 발달이 전쟁의 개념을 바꾸어 놓기도 한 것이다. 해쉬튼(Hachten, 1998, 146쪽)은 전쟁과 미디어 발달의 관계를 다음과 같이 설명하고 있다. 남북전쟁(1861~1865) 중 뉴스에 대한 수요가 급증하면서 매일 발행하는 일간 신문들이 등장하였고, 1963년 쿠바 위기와 케네디 대통령 암살로 속보성이 강한 생방송 텔레비전 보도가 지배적인 매체로 부상해 ABC, NBC, CBS라는 메이저 방송사 체제가 구축되었다. 그리고 46일간의 걸프 전쟁은 전 세계를 대상으로 24시간 뉴스를 내보냈던 CNN을 글로벌 뉴스매체로 자리 잡게 했다.

CNN의 성공은 이후 'BBC World Wide News', ' Sky·Fox News' 같은 글로벌 뉴스 전문 매체들을 등장시켰다. 또한 '알 자지라(Al-Jazeera)', '알 아라비아(Al-arabia)' 같은 비서방 국가들의 글로벌 뉴스네트워크들도 탄생시켰으며, 더 나아가 프랑스의 'France 24'와 같은 국가가 전략적으로 지원·운영하는 24시간 뉴스 채널들의 등장에도 영향을 미쳤다.

전쟁과 언론보도는 수많은 전쟁을 거치면서 점점 더 밀접한 관계를 형성해왔고 동시에 전쟁 주체들과 언론사 간 갈등과 논란을 야기하기도 했다. 이 때문에 미국은 제1, 2차 세계대전과 베트남전쟁 등을 거치면서 취재의 자유를 침해한다는 인식을 주지 않으면서 전쟁 보도를 제어할 수 있는 방안들을 끊임없이 모색해 왔다. 더구나 최근 인터넷과 모바일, SNS 같은 첨단 스마트 미디어의 일상화로 전쟁보도 양식과 전시 언론보도 통제방식도 큰 변화를 요구받고 있다. 군 입장에서 볼 때, 누구나 전쟁 관련 소식들을 SNS를 통해 실시간으로 자유롭게 확산시킬 수 있는 상태에서 언론사의 전쟁 보도만 통제하는 것이 무의미해지고 있다. 언론사들 또한 전쟁 보도 주체로서 존립 근거를 위협받고 있다. 총력전이 아닌 국지전 혹은 게릴라전 성격이 강한 현대전쟁 역시 전쟁 보도를 어렵게 만들고 있다. 무엇보다 전쟁을 일종의 워 게임 같은 오락거리로 인식하는 태도가 확산되고 있다는 것이다. 특히 청소년층을 중심으로 워 게임(war game) 이용자들이 급증하면서 그런 추세가 더욱 가속화되고 있다.

전쟁과 언론 보도의 여러 얼굴

전쟁이나 전쟁을 수행하는 주체들과의 관계에 있어 미디어는 대단히 다면적이다. 테라니언은 전쟁과 같은 갈등 구조에서 언론이 어떤 역할을 하느냐에 따라 '역사의 산파로서 사심 없는 혁명가(selfless revolutionaries as midwife of history)', '발전 촉진자(development promoter)', '책임 있는 의제 설정자로서 진실 추구자(true seekers as responsible agenda setter)', '유순한 게이트키퍼(benign gatekeeper)', '숨겨진 설득자(hidden persuader)', '사악한 조작자(sinister manipulator)'로 분류하고 있다(Teranian, M., 1982, 23~25쪽).

'사심 없는 혁명가'란 미디어가 흔히 사회주의에서 말하는 '집단적 조직자(collective organizer), 선동자(agitator), 선전자(propagandist)' 같은 역할을 하는 것이다. 공산주의 국가나 권위주의 체제의 미디어들이 주로 여기에 해당되지만, 민주주의 국가에서도 이런 성격의 매체들이 일부 존재하고 있다. 한편 여전히 적지 않은 국가들이 정치발전과 경제 성장을 위한 국민 동원 수단으로 미디어를 '발전 촉진자(development promoter)'로 활용하고 있다. 1960~70년대 다니엘 러너(Daniel Lerner) 같은 학자들이 주도했던 '국가 발전이론(national development theory)'에서 생각했던 미디어 역할과 같은 것이다. 하지만 국가 발전을 위해 정부가 언론은 직접 소유하거나 운영해야 한다는 논리는 권위주의 국가들이 미디어 통제를 정당화하기 위한 것일 수도 있다는 점에서 사실상 '사심 없는 혁명가' 역할과 큰 차이가 없다.

한편 전쟁과 같은 갈등 상황을 어떤 시각으로 접근하느냐에 따라 언론의 역할이 달라질 수 있다. '유순한 게이트키퍼'란 사건들을 있는 그대로 공정하게 보도하는 것을 말한다. 1897년 뉴욕 타임즈의 소유주였던 아돌프 오츠(Adolph S. Ochs)가 말했던 "그것에 맞는 모든 뉴스가 인쇄된다(all the news that's fit to it print)"는 말에 부합하는 보도 태도다. 여기서 그것이란 뉴스 가치(news value)를 의미한다. 민주주의 국가의 많은 언론들이 이러한 유형에 속한다. 하지만 이처럼 객관성(objectivity)을 지향하는 언론 보도는 결국 상업주의를 포장하는 것일 뿐이라는 비판을 받고 있다. 반대로 '진실 추구자'로서 역할은 전쟁 같은 갈등의 원인과 내용을 명확히 추적해서 밝히는 언론 태도를 말한다. 주로 기성 언론보다 특정한 방향성을 갖고 사실에 접근하는 '대안언론(alternative journalism)'이나 '탐사언론(investigative journalism)'들이 여기에 포함된다. 최근 인터넷을 중심으로 이러한 매체들이 급증하고 있지만, 보도 객관성을 담보하기 힘들다는 점에서 진정한 '진실한 추구자'인가에 대한 논란이 있을 수 있다.

또 어떤 매체들은 전쟁을 경제적 이익을 위한 뉴스 소재로 접근하기도 하는데, '숨겨진 설득자'란 상업적 이해를 드러내지 않고 경제적 이익을 위해 대중들을 조작하는 언론을 말한다. 1890년 미국과 스페인 전쟁을 촉발시켰던 뉴욕 저널(New York Journal)과 뉴욕 헤럴드(New York Herald) 같은 황색언론(yellow journalism)들이 대표적인 경우다. 지금도 종종 전쟁 보도는 애국심을 바탕으로 전쟁 분위기를 조성해 구독자와 시청률을 높이는 수단으로 이용되고 있다. 1991년 걸프 전쟁 중에 미국을 비롯한 서방 언론들은 고정밀 카메라가 장착된 미사일 같은 최첨단 무기들을 보여주면서 높은 시청률을 기록하기도 했다. 하지만 이보다 더 바람직하지 않은 것이 '사악한 조작자'의 모습이다. 특정 집단이나 이데올로기와 연계해 정치적·경제적 이익을 목적으로 진실을 왜곡하거나 봉쇄하는 언론 양식이다. 물론 대다수 언론들이 전쟁 중에는 국가 이익을 위해 정부나 군과 협력하고 있다. 하지만 '사악한 조작자'로서의 언론은 진실이나 객관적 사실을 포기하는 행위라는 점에서 일반적으로 전시 통제를 받는 언론과는 성격이 다르다.

이처럼 전쟁 상황에서 미디어들은 자신들이 추구하는 목적에 따라서 서로 다른 모습을 보인다. 어떤 경우에는 두 개 이상의 모습을 함께 보이기도 한다. 북한의 중앙방송이나 인민일보가 '사심 없는 혁명가'라면, 가짜 뉴스의 진원지로 알려진 RT나 스푸트니크 같은 러시아 국영 매체들은 전형적인 '사악한 조작자'라 할 수 있다. 한편 1991년 걸프전쟁 당시 CNN은 '진실 추구자' 성격이 강하지만 보는 시각에 따라서는 상업적 목적을 띤 '숨겨진 설득자'로 보기도 한다. 반면 1990년대 이후 미국의 모든 개입 전쟁을 적극적으로 응원했던 보수 성향의 폭스 텔레비전은 애국적 전쟁 보도로 상업적 이익을 추구하는 확실한 '숨겨진 설득자'라고 할 수 있다. 우리나라 언론들은 국제적 갈등이나 전쟁 관련 보도에서 '유순한 게이트키퍼'에 가장 가깝고, 일부는 정치적 성향에 따라 '사심 없는 혁명가'로 보이기도 한다. 아마 그 이유는 전쟁 관련 뉴스를 직접 취재하기 힘든 상황에서 주로 통신사들이 제공한 뉴스나 외국의 주요 뉴스들을 인용할 수밖에 없기 때문인 것 같다(임영호, 2022, 12~15쪽). 하지만 분명한 것은 전반적인 전쟁 보도 추세는 '책임 있는 게이트키퍼로서 진실 추구자'를 지향하는 언론들이 점점 줄어들고 있다는 사실이다.

최고의 뉴스 가치, 전쟁

전쟁은 가장 중요하고 대표적인 언론의 환경감시(surveillance) 대상이다(황근, 2009). 커뮤니케이션 기원으로 마을 외곽의 높은 곳이나 첨탑에서 외적의 침입을 알리는 파수꾼(town crier)이 거론되기도 한다. 그러므로 전쟁은 언제나 가장 중요하고 대표적인 뉴스 소재가 되어 왔다. 흔히 특정 사건을 뉴스로 다룰 만한 가치가 있는가 하는 관점에서 보면, 전쟁은 매우 높은 뉴스 가치(news value)를 가지고 있다. 뉴스 가치에는 '사건의 크기·영향력(magnitude, impact)', '저명성(prominence, celebrity)', '갈등(conflict)', '지리적 근접성(proximity)', '시의성(timeliness)', '시사성·시간적 근접성(currency, immediacy)', '신기성·희소성(novelty, rarity)', '인간적 흥미(human interest)' 같은 것들이 있다. 대부분의 사건들은 뉴스의 가치가 떨어지거나 한두 개 정도의 뉴스 가치만 가지고 있는 경우가 많다.

전쟁은 물리적 폭력 수단을 사용하는 극단적 갈등이라는 점에서 인간적 흥미도가 높다는 것 하나만으로도 충분히 뉴스거리가 될 수 있다. 여기에 그치지 않고 전쟁은 여러 뉴스 밸류를 함께 가지고 있어 언론이 가장 선호하는 사건이 될 수 있다. 중동·발칸반도에서 벌어진 전쟁들은 지리적 근접성이라는 관점에서 보면 뉴스 가치가 크게 떨어질 수 있다. 하지만 모든 언론이 전쟁을 크게 보도하는 이유는 그 영향력 때문이다. 중동지역에서의 분쟁은 석유공급에 차질을 주고, 러시아와 우크라이나 전쟁은 전 세계적인 곡물 가격 인상을 유발할 가능성이 높다. 더구나 뉴스 가치를 떨어뜨렸던 지리적 근접성 문제는 글로벌 커뮤니케이션 네트워크와 통신 기술 발달로 더 이상 장애로 작용하지 않고 있다. 전 세계 사람들 모두가 실시간으로 직접 전쟁에 참여하는 것 같은 느낌이 들 수 있다. 여기에 이전에 보지 못한 신무기들은 신기성(novelty)을 자극할 수도 있고, 극적인 전투나 전쟁 영웅이 등장한다면 뉴스 가치는 더욱 높아질 수 있다. 종합하면 전쟁은 사활은 건 극한적 갈등과 엄청난 피해 그리고 높은 사회적 영향력 등을 동시에 가지고 있어 보도 가치가 매우 높은 사회현상이라 할 수 있다 (Denis,E. E. & J. C. Merill, 1991). 이러한 이유로 전쟁의 원인·경과·결과까지 모든 과정이 뉴스 거리가 되고 있다. 이러한 언론의 높은 관심과 보도는 전쟁의 양상이나 승패에도 영향을 미치기도 한다.

그림34 전쟁의 뉴스 가치(news value)

전쟁이 지닌 여러 뉴스 가치들 중에 어디에 방점을 두느냐에 따라 보도 내용과 논조가 완전히 다를 수 있다. 전쟁의 발발 원인과 배경, 전투 경과 등에 초점을 맞추게 되면, 사건의 본질을 중심으로 보도하는 '경성 뉴스 (hard news)'가 된다. 이 경우 전쟁 보도는 환경감시나 해설 같은 역할을 하게 된다. 하지만 개별 전투 장면이나 신무기 같은 사람들의 관심을 끌 수 있는 비맥락적 요소들에 초점을 맞추게 되면 '연성 뉴스(soft news)'가 된다.

이때 사람들은 전쟁을 처참하고 비극적 사건이 아닌 흥미진진한 재밋거리로 인식하게 된다. 전쟁 영웅이나 전투를 미화하는 신화적 보도(mythic report)들은 아주 오랜 역사를 지닌 대표적인 연성 보도다. 1991년 걸프 전쟁에서 화제가 되었던 첨단 무기와 그래픽·모형으로 재연된 전투 장면들도 엄밀히 보면 연성 보도에 포함된다.

객관적 사실 보도를 통해 전쟁의 본질에 초점을 맞추는 경성 보도는 거짓이 아닌 한 개인이나 사회에 긍정적인 효과를 미칠 수 있다. 하지만 전쟁을 흥밋거리 위주로 보도하는 연성 보도들은 사회에 부정적인 영향을 미칠 수 있으며, 이와 관련된 실증 연구들도 많다. 이러한 연구들은 보는 관점에 따라 두 가지 시각으로 구분된다. 먼저 전쟁의 주체인 국가나 군 입장에서 볼 때, 주목도가 높은 잔인한 전투 장면이나 처참한 살상 장면들을 보여주게 되면 사람들의 전쟁이나 군사작전에 대한 지지도가 약화되는 '사상자 회피현상(casualty shyness, Dauber, C. E., 2001)'이나 '사상자 불내증(casualty intolerance, Burk, J., 1999)' 효과를 유발할 수 있다. 특히 사상자와 관련된 개별 화면들보다 맥락상 '헛된 죽음(marginal casualty)'처럼 묘사될 때 그런 효과가 더 클 수 있다(Gartner, D. A. & & G. Segura, 1998).

이와 반대로 전쟁이 흥미진진한 게임처럼 보도되면, 사람들은 전쟁을 일상적이고 흥미로운 사건처럼 생각하는 관전자가 될 수 있다. 여기에 정치적 편견이나 애국주의 같은 정서가 개입되면, 전쟁처럼 무력을 사용해서 문제를 해결하는 것을 당연한 것 혹은 효과적인 것으로 인식시킬 수 있다. 이는 사람들 마음속에 전쟁에 대한 심리적 준비상태를 형성할 수도 있다. 특히 연성 보도는 전쟁의 본질을 벗어나 비본질적 현상에 주목하게 만들어 개인이나 사회 전체에 사실을 왜곡시키고 잘못된 여론을 형성할 수 있다. 물론 연성 보도의 근본 원인은 상업주의 같은 미디어의 속성에 있지만, 전투 현장을 직접 취재하기 힘든 환경 혹은 정부나 군의 통제로 인한 보도자료와 정보 부족도 또 다른 원인이다.

그림35 베트남 전쟁 영상과 걸프 전쟁의 영상

베트남 전쟁 TV 영상과 걸프 전쟁 당시 한국의 TV 뉴스 화면. 같은 전쟁 보도 영상이지만 분위기는 완전히 다르다. 왼쪽 사진은 전쟁의 처참함을 보여주는 반면 오른쪽 화면은 마치 전쟁 당사국의 선전 방송 같다.
(https://monthly.chosun.com/client/news/print.asp?ctcd=&nNewsNumb=200611100034 ; https://news.kbs.co.kr/news/pc/view/view.do?ncd=3702193)

통제와 제약으로 포위된 보도

"전쟁의 첫 번째 희생자는 진실이다(In war, truth is the first casualty)" 고대 그리스의 극작가 아이스킬로스(Aeschylos)가 했다는 이 말은 전쟁 보도를 염두에 두고 한 것은 아니지만, 오늘날 전쟁 보도의 한계를 묘사할 때 자주 인용되는 말이다. 전쟁은 반드시 승리해야 한다는 절대 목표가 존재하기 때문에, 전쟁과 관련된 행위들에 대한 통제가 법적으로나 도덕적으로 용인되어 왔다. 이로 인해 전쟁 주체인 국가와 국민의 알권리를 대행하는 언론과의 충돌은 불가피한 면이 있다. 전쟁과 관련된 정보를 수집해 일반에게 공개하는 보도 행위는 군사 작전에 직접적으로 영향을 미칠 수 있어 다른 영역보다 강한 통제가 이루어지게 마련이다. 실제로 전쟁 보도는 취재접근의 어려움과 위험성, 전쟁 목표와 군사작전에 따른 군 통제 등으로 취재 활동이 크게 제한받는 특수한 보도 유형이다. 그렇다고 전쟁 보도가 언론의 기본 책무에서 완전히 벗어날 수는 없다. 전쟁이라는 이유로 국민의 알권리나 상업 언론사의 경제적 동기를 완전히 포기할 수도 없다. 이 때문에 전쟁 보도는 다른 뉴스보다 훨씬 많은 제약적 요소를 안고 있다. 전쟁 보도를 제약하는 주요 원인들은 다음과 같은 것들이 있다.

첫째, 접근 제한성이다. 군사 작전이 실행되는 전투 현장은 다른 일반인들과 마찬가지로 언론인의 접근 자체가 금지되는 경우가 많다. 또 접근을 통제하지 않더라도 취재를 위한 전장 접근은 매우 위험한 일이다. 물론 베트남 전쟁 초기처럼 말단 전투부대까지 종군기자의 동반 취재를 허용하는 경우도 있지만 전투 현장에 기자가 직접 접근해 취재하는 일은 그렇게 많지 않다. 그 보다는 정보원을 직접 접촉해 취재하지 못하고 군이나 정부에서 발표한 자료에 의존해야 하는 경우가 훨씬 많다. 이로 인해 정부나 군에 의해 걸러졌거나 가공된 2차 정보를 근거로 작성된 뉴스가 주를 이루게 된다.

둘째, 발표 저널리즘에 의존하는 전쟁 보도는 환경감시 기능만 약화시키는 것이 아니라 보도의 진실성이나 정확성도 담보하기 어렵게 만들고 있다. 작전 상황이나 전투 결과에 대한 정보들은 군에서 발표하는 상황브리핑이나 보도자료에 전적으로 의존해야 한다. 그래서 같은 전투에 대해서도 양측이 서로 다른 결과를 발표하는 경우도 많다. 최근 러시아-우크라이나 전쟁에서 보듯이, 양국이 발표하는 전황이 완전히 상충하는 일이 전쟁 내내 지속될 수 있다. 더구나 양측이 심리전 차원에서 확산시키는 가짜뉴스들은 정확한 진실을 파악하는 것을 더욱 어렵게 만들고 있다.

셋째, 전쟁 보도의 가장 큰 어려움은 보도 행위에서 국익을 고려하는 수준의 문제다. 흔히 전쟁보도와 관련해 국가 이익 즉, 승리를 위해 보도 내용이 제한되어야 한다는 주장과 국익에 반하더라도 국민의 알권리를 위해 사실을 보도해야 한다는 주장이 대립하고 있다. "군과 언론은 동지적 공생관계가 될 수 없다"라는 논리와 "국익이라는 보편적 목적에 따라 동지적 공생 의식이 필요하다"는 논리는 매우 오랫동안 해결되지 않는 딜레마다. 이것은 전쟁 보도가 다른 보도들과 가장 크게 다른 특수성이라 할 수 있다(황정연, 2004).

현실적으로 국익을 고려해 언론의 취재 활동을 통제해야 한다는 주장이 더 우세하다. 전쟁이라는 특수한 상황에서 군은 국가의 모든 영역을 통제할 권한을 가지고 있고, 언론 역시 권한 행사 범주 안에 있다는 논리가 설득력이 더 크기 때문이다. 그 이유는 미디어가 정책 아젠다를 정하는 '규정력(definitional power)'을 행사할 수 있기 때문이다. 실제로 국익을 초월하여 전쟁을 객관적으로 보도하는 경우가 생각보다 그렇게 많지 않다. 크림 전쟁 당시 '더 타임즈(The Times)' 보도가 언론의 역할을 보여주는 사례로 교과서에 실리고, 진실 여부를 떠나 BBC 전쟁 보도가 언론의 객관성을 언급할 때 자주 인용되는 것은 어쩌면 전쟁 보도가 가진 어려움을 역설적으로 보여주는 것일 수 있다.

넷째, 전쟁을 접근하는 시각의 문제다. 전쟁은 물리적 폭력을 허용하는 행위로 도덕성과는 거리가 있을 수밖에 없다. 그렇다 하더라도 전쟁을 미화해서 보도하는 것이 바람직한 것은 아니다. 그렇지만 거의 모든 언론이 전쟁 당사국이나 관련된 국가에 속해 있어, 제3자 입장에서 객관적 시각을 가지고 전쟁을 보도하는 것이 사실상 쉽지 않다. 더구나 전시 중에 정부와 군은 국익이나 군사작전을 이유로 가급적 언론을 통제하려 한다. 또 각 언론사가 가지고 있는 편집 방침이나 정치적 경향성 등으로 전쟁을 바라보는 시각에 차이가 있을 수 있다. 그 결과 자국 군대의 행위를 정당한 군사작전으로 포장하거나 미화할 가능성이 높고, 적국의 무력 행위들을 부도덕한 반인륜적 행위로 보도할 수 있다.

더구나 전쟁 중에는 군이 공식적으로 발표한 자료들과 의도적으로 퍼트린 심리전 메시지들이 주된 정보원일 경우가 많다. 이런 정보들은 군사적 목적으로 가공되거나 허위의 내용일 수 있어 진실에 접근하는 것을 더욱 어렵게 만들 수 있다. 이러한 이유로 객관적 시각으로 전쟁을 보도하는 것이 쉽지 않다. 더구나 자국 입장에서 애국적으로 전쟁을 보도하는 것이 독자나 시청자들로부터 더 크게 각광받을 수 있다. 수많은 폐해에도 불구하고 전쟁 보도가 '애국주의(patriticism)'와 결합되는 현상이 지금까지 반복되고 있는 이유가 여기에 있다.

넷째, 텔레비전 프로그램들 중 가장 선정적 장르가 폭력 관련 뉴스이다. 선정성을 '독자나 시청자들에게 불쾌한 감정을 유발하는 것'이라고 정의한다면, 전쟁 보도는 정도와 무관하게 그 자체가 선정적이다. 특히 전쟁은 어떤 뉴스보다 갈등의 정도가 높은 뉴스 가치를 가지고 있다. 뉴스에서 전쟁이 흥미진진한 볼거리나 게임처럼 비추어지는 것도 이 때문이다. 특히 영상 미디어 시대에 들어서면서 전쟁 보도는 각종 글로벌 뉴스 에이전트들이 제공하거나 SNS에 올라온 영상들 아니면 특파원이 제공하는 전장 화면에 점점 더 많이 의존하고 있다. 여기에는 전쟁 당사국들이 심리전 목적으로 제공한 영상들도 넘쳐나고 있다.

실제로 1991년 걸프 전쟁 이후 전쟁 당사국들은 깨끗한 전쟁 이미지 조성을 위해 '정제된 실체(sanitized reality)' 영상들을 경쟁적으로 제공하고 있다(안민호, 2003, 20~22쪽). 특히 제약이 많은 전쟁 환경에서 손쉽게 만들 수 있고 사람들의 흥미를 끌 수 있는 선정적 전쟁 보도는 매우 매력적일 수 있다. 무엇보다 그런 전쟁 보도들은 국가나 군의 통제로부터 상대적으로 자유로울 수 있다. 실제로 언론 보도의 선정성이 꾸준히 증가해 온 원인이 국제뉴스 특히 재난, 기아, 전쟁과 같은 뉴스 아이템이 늘어났기 때문이라는 연구 결과들도 있다(Slattery, K. etc., 2001).

이외에도 전쟁 보도를 제약하는 요인들은 매우 많다. 국제정치 상황, 정치지도층의 전쟁 인식, 군 관련 정보통제 정도, 분쟁 지역의 특성과 분쟁 기간, 미디어에 대한 통제 정도, 언론사의 이해관계, 미디어 보도 양식 변화 같은 다양한 요인들이 전쟁 보도에 영향을 미치고 있다. 1960년대 베트남 전쟁, 1980년대 포클랜드 전쟁, 1990년대 걸프전쟁을 비교해 보면, 여러 차례 전쟁을 거치면서 미국과 서방 언론들의 전쟁 보도 양상이 시기별로 크게 변화된 것을 알 수 있다.

무엇보다 동·서 냉전기에 벌어진 베트남 전쟁 이후 국가 지도층 간에 전쟁을 둘러싼 갈등이 점점 줄어들고 있고, 군 당국의 전쟁 관련 정보통제 방식이 체계화되고 있다. 특히 주목할 점은 베트남 전쟁 때까지 느슨한 자유주의 원칙을 고수했던 미디어들의 보도 태도가 전쟁 주체들과 강하게 유대하는 애국주의 보도 태도로 변화되고 있다는 것이다. 이는 통제하지 되지 않은 전쟁 보도 때문에 발생하는 문제점들을 예방하기 위해 전시 언론 통제 방법을 강화했기 때문이다. 특히 SNG를 이용해 24시간 현장 중계를 했던 CNN 전쟁보도로 큰 곤욕을 치뤘던 미군은 전쟁 보도의 편의성과 전시 언론통제를 결합한 새로운 방법을 개발하였다. 2003년 이라크 공격 이후에 기자들의 전장접근을 제한하고 통제구역에서 군이 제공하는 정보를 이용해 보도하는 'Pool system'과 'Embedding program'이 그것이다.

표7 전쟁 보도 요인 변화 추이 : 베트남 전쟁, 포클랜드 전쟁, 걸프 전쟁 비교

요인	베트남 전쟁 (1955.11.1.~1975.4.30)	포클랜드 전쟁 (1982.4.2.~1982.6.14)	걸프 전쟁 (1990.8.2.~1991.2.28)
정치 상황	냉전	공산권 국가와 물리적 분쟁 없는 냉전	냉전 종식
지도층 전쟁 인식	초기 : 의견 일치 후기 : 의견 불일치	주요 정당 간 의견 일치	주요 정당 간 의견 일치
군 관련 정보통제	적음 (정보원 접근 용이)	많음 (전장 출입 제한 내용 통제)	많음 (pool system, 전장 접근 통제)
분쟁 지역	원거리	비교적 원거리	비교적 원거리 (석유 문제로 거리요인 약화)
분쟁 기간	장기간	단기간	1차 : 3개월 2차 : 장기지속
보도 규범	자유주의	자유주의 및 애국적 보도	자유주의적 애국보도
언론 입장	초기 : 군대 옹호 후기 : 미국 군부 태도 의심	편향된 애국적 성향	강한 애국적 성향
보도 양식 변화	컬러 TV 뉴스의 양적·질적 확대	-	1차 : CNN, 24시간 보도 2차 : Fox News

※ Oates, S.(2008). *Introduction to Media and Politics*. London : Sage Publications, 112~133에서 발췌 후 저자가 수정 보완함.

전쟁 보도의 유형들

전쟁 보도에 관한 실용적·학문적 관심은 생각보다 오래되었다. 특히 베트남 전쟁 이후 언론의 비판적 보도가 미국의 전쟁 수행 동력을 크게 약화시켰다는 평가를 검증하기 위한 연구들이 크게 늘어났다. 가장 많이 연구된 주제는 전시에 정부의 군사적 목표로부터 언론이 얼마나 자율적인가하는 것이었다. 울스펠드는 현대 정치의 가장 중요한 특성이 미디어를 둘러싸고 벌어지는 정치 집단 간 경쟁이라는 '정치적 경쟁이론(political contest model)'을 제시한 바 있다(Wolfsfeld, G.,1997). 그는 전쟁 보도 유형을 전쟁 지도층의 시각을 일방적으로 추종하는 '충성스러운 하인(faithful servant)', 전쟁 지도층의 시각으로부터 일정 정도 독립성을 유지하는 '적당히 정직한 브로커(semi-honest broker)', 정치지도자들에게 도전하는 '소수 대변자(avocate of under dog)' 세 가지로 구분하고 있다.

이와 유사하게 로빈슨 등은 언론의 자율성을 기준으로 전쟁 보도를 다음과 같이 세 가지 유형으로 나누고 있다(Robinson et al., 2009, 534~563쪽). 첫째, '엘리트 추동적 모델(elite driven model)'로 정부의 전쟁 목표 지지자로서 전쟁 지도층들의 관점을 그대로 전달하는 '좋은 보도보다 군사적 역할을 더 추구하는(the military rather well) 보도 행태'다(Carruthers, S. L., 2000, 271~272쪽). 베트남 전쟁 초기와 1991년 걸프 전쟁 그리고 2003년 이라크 공격 등에서 미국과 일부 영국 언론들이 보여주었던 전쟁 보도들이 여기에 속한다. 1982년 포클랜드 전쟁 당시 영국의 반격 작전 이후 대다수 영국 언론들의 순종적이고 애국적인 맹목적 보도 성향도 이 유형에 포함될 수 있다(Glasgow Univ. Media Group, 1985). 이 유형의 보도들은 대부분 '승리 프레임(victory frame)' 형식을 취하고 있다. 이를 두고 월스페드는 '충성스러운 하인(faithful servant)' 역할을 했다고 풍자하였다(Wolsfeld, G., 1997, 69쪽).

엘리트 추동적 언론 보도의 원인과 특성을 분석한 연구들도 적지 않다. 렌스 베넷 등(Bennett, W. L., 1990; Bennett, W. L., Lawrence, R. & S. Livingston,

2007)은 9·11테러 이후 백악관 정보원을 인용한 미국 언론들의 뉴스를 분석해 엘리트 추동적 보도의 원인을 '색인 가설(indexing hypothesis)'로 설명하고 있다. '색인 가설'이란 언론이 정부 부처에 있는 정보원들을 특권화시켜 정치 엘리트 간 논쟁 프레임을 통해 드러난 정보들에 근거해 뉴스를 제작하는 것을 말한다. 정부에 대한 비판 역시 지배 엘리트 간의 논쟁과 합의의 정도에 의해 수위가 결정된다는 것이다. 지배 엘리트 간에 합의 영역(sphere of consensus)이 존재할 때는 합의된 가치를 옹호하거나 지지하고, 합의가 약하거나 안될 경우에는 정부를 비판하고 대안적 정보를 모색하게 된다는 주장이다(Bennet, W. L., 1990, 1994). 이 같은 보도 행태가 주도하게 되면 정부나 군이 언론을 통제하기에 용이하다. 엘리트 추동적 보도가 정부나 군에서 제공하는 정보나 주장들에 의존하는 소극적 보도라는 비판을 받는 이유다(Hallin, D. C., 1986). 1991년 걸프 전쟁 중에 대부분의 언론들이 극적인(dramatic) 영상 같은 군 당국이 언론 통제를 목적으로 가공해 제공한 보도자료에 크게 의존한 것이 대표적 사례다. 이러한 현상들은 결국 애국주의(patriotism)나 '국기 동원 효과(rally round the flag effect)' 같은 효과를 유발하게 된다(Mueller, J. E., 1973). 유명한 저널리스트이자 하버드 대학의 'Shorenstein Center on Media, Politics and Public Policy' 소장이었던 마빈 칼브(Marvin Calb)는 "걸프 전쟁이 시작되면서 성조기에 쌓여 있었던 미국 언론들이 정작 미군들보다 덜 자랑스럽지 않았을까?"라고 의문을 제기한 바 있다.

엘리트 추동적 보도의 또 다른 문제점은 전쟁과 관련해 '절차적 비판'에만 초점을 맞추고 '본질적 비판'을 외면한다는 사실이다. 핼린은 베트남 전쟁에 개입한 미국의 외교정책에 많은 비판들이 제기되었지만, 미국의 주류 미디어들은 그런 의문을 거의 제기하지 않았다고 지적한다(Hallin, D. C., 1986, 207~208쪽). 대신 전쟁 개입 절차의 정당성 문제만 다루었다는 것이다. 한마디로 엘리트 추동적 전쟁 보도는 전쟁 주체들이 언론보도를 지배하는 형태라 할 수 있다. 이러한 보도 태도는 언론사들의 상업적 이해와 부합해 군과 언론이 공생하는 구조를 형성하게 된다. 어찌 보면 정치권력과 언론이 공생하는 일종의 '후견주의(clientalism)'와 유사하게 전쟁 중에 언론이 정부와 군을 지지하고 동원된 대가로 접근하기 어려운 전쟁 관련 정보나 영상들을 제공 받는 공생관계라 할 수 있다.

둘째, 전쟁 엘리트들의 시각을 여과 없이 보도하지 않고 언론사 내부의 게이트키핑을 거쳐 선별적으로 뉴스를 제공하는 '독립적 모델(independent model)'이다. 즉, 정확성과 균형성을 추구하는 '전문가적 자율성(professional autonomy)' 원칙을 고수하는 보도 행태를 말한다. 1991년 걸프전쟁 당시 대다수 미국 언론들은 군이 제공하는 첨단 무기와 현란한 그래픽 자료에 의존하는 엘리트 추동적 보도 행태를 보였지만, 일부 언론들은 '선동자(instigator)' 같은 입장을 견지하기도 했다. 전자가 전쟁의 정당성과 처음 의도했던 전쟁 결과에 초점을 맞추는 '결과적 담론(ends disclosure)'을 중시했다면, 후자는 전쟁과 관련된 거시적인 정치 상황 등에 초점을 맞추는 '맥락적 담론(context disclosure)'에 중점을 둔다(Althaus, S. L., 2003). 텀버와 웹스터(Tumber, H. & F. Webster, 2006)는 독립적 보도 모형을 '전문가적 행위(professional commitment)'라고 묘사하고 있다.

독립형 보도는 1982년 포클랜드 전쟁에 대한 영국 BBC의 보도에서 엿볼 수 있다. 또 1991년 걸프 전쟁과 2003년 이라크 공격 때 이라크 저항군을 동행 취재한 'Channel 4 뉴스'도 들 수 있다. 독립형 보도들은 군 뿐만 아니라 민간인, 인권 단체, 반전 운동단체, UN 같은 국제기구처럼 다양한 정보원들을 균형있게 활용한다는 점에서 엘리트 추동적 보도와는 차이가 있다. 그렇지만 독립형 전쟁 보도는 정부나 군의 통제에 취약하다는 것이 문제다. 자칫 정부 입장과 대안적 주장들 사이에서 오락가락하는 '적당히 진실한 브로커(semi-honest broker)'가 될 가능성도 있고, 정보원 간의 균형을 고려하는 '교섭적 보도(negotiated report)'가 될 수도 있다(Robinson, P. et al, 2009, 538~539쪽).

그림36 포클랜드 전쟁과 BBC

영국 BBC는 포클랜드 전쟁 내내 중립적 입장을 견지했다. 이 때문에 당시 대처 수상의 분노를 사기도 했다. 사진은 지난 2020년 영국과 아르헨티나의 포클랜드 전쟁 참전용사 대담 프로그램 장면. 마치 전쟁 중에 영국과 아르헨티나의 외무장관이 화상 인터뷰한 것을 연상케 한다. (https://www.youtube.com/watch?v=MXiSjFy5GzM)

셋째, 정부나 군 당국이 의도하지 않았던 사건들에 초점을 맞추는 '대항적 모델(oppositional model)'이다. 전쟁 중에 독립적 언론들의 예측하지 못했던 극적인 보도들로 인해 전쟁 양상이 급변하는 경우가 종종 있다(Lawrence, R. G., 2000). 1990년대 이후 평화 전쟁에서 가장 많이 논란이 되고 있는 대규모 공습에 의한 민간인 피해 보도들이 전형적 사례다. 엔트만(Entman, R. M., 2003, 422~423쪽)은 '다층적 활성화 모델(cascading activation model)'에서 대항적 보도는 '정부 상층 지도자들 간의 불화', ' 중간 관리들이 정부 정책에 대한 도전', '문화적으로 불확실한 저항' 같은 것들이 주된 소재라고 주장한다. 전쟁 목표나 작전 수행 과정에서의 오류나 일탈, 허점, 불화처럼 사전에 예측하지 못했던 우연적 사건들에 초점을 맞춘다는 것이다.

로렌스는 대항적 보도를 '사건 추동적 보도(event-driven news)'라는 용어로 지칭하고 있다(Lawrence, R. G., 2000). 대항적 보도들은 전쟁 주체인 정부나 군의 미디어 통제 능력을 현저히 약화시키게 된다. 더구나 미디어가 다양해지고 인터넷이 일반화되면서 전투 중에 발생하는 우발적 사건들이 짧은 시간에 급속히 확산될 수 있다. 1992년 걸프전에서 CNN을 가장 영향력있는 뉴스 매체로 만들었던 SNG(satellite news gathering)는 이미 구식이 되어 버렸다. 지금은 전문 기자들 뿐 아니라 누구나 인터넷과 모바일로 무장한 실시간 뉴스 전파자가 될 수 있어, 정부나 군이 발표한 정보에 대한 의존도가 급속히 낮아지고 있다. 이 때문에 독립적이고 사건 추동적 뉴스가 급증하고 있다. 실제로 러시아·우크라이나 전쟁에서 두 나라가 공식적으로 발표하는 정보보다 현장에서 SNS에 올라오는 개인들의 영상이나 메시지에 대한 신뢰가 더 높은 경우도 많다.

군사작전의 문제점이나 실패에 초점을 맞추는 사건 추동적 뉴스들은 당연히 전쟁 주체인 군에서 볼 때 적에게 유리한 행위로 비추어질 수 있다. 또한 민간인 피해나 사상자에 초점을 맞추는 보도는 전쟁에 대한 비판적 분위기를 조성할 가능성도 높다. 그나마 전쟁 초기에는 대부분 언론들이 정부의 전쟁방침이나 행동들을 지지하는 엘리트 추동적 보도 행태를 보이지만, 전쟁의 장기화, 위기 국면 봉착 시 대항적 보도가 주도할 가능성이 높아지게 된다(Nacos, B., 1990). 실제로 미국의 이라크· 아프가니스탄 공격이나 2022년 러시아의 우크라이나 공격 등은 명분으로 내세웠던 전쟁 목표가 빗나가고 전쟁도 장기화되면서 대항적 보도들이 많아지는 현상을 보여주었다. 이러한 현상을 베넷과 리빙스턴(Benett, W. L. & S. Livingston, 2003)은 '전쟁 보도는 자율적이면서도 동시에 정부 의존적인 이중적 태도'를 보이는 '준독립적 언론(semi-independent press)' 행태라고 규정하였다. 하지만 대항적 전쟁 보도들은 전쟁의 본질적 문제를 다루려고 한다는 점에서 의미가 있지만, 본질적 문제를 벗어나 부수적인 문제들을 보도하는 경우가 많아지고 있다는 비판도 제기되고 있다(Robinson, P. et al., 2009).

공존과 공생의 타협

전쟁은 국가의 존립을 걸고 벌어지는 무력투쟁이다. 그러므로 전쟁 기간 중 군과 군사작전은 국가의 모든 행위와 자원을 통제할 수 있는 당위성을 가지고 있다. 언론 역시 전쟁이라는 특수한 환경에서 보도의 객관성과 중립성을 유지하는 것이 쉽지 않다. 하지만 언론 입장에서 전쟁은 극한적 갈등 상황이고 엄청난 인적·물적 피해를 유발하는 뉴스 가치가 매우 높은 사건이다. 즉, 전쟁은 갈등성, 재앙성, 영향력 같은 여러 보도 가치들을 함께 가지고 있다(Dennis, E. E. & J. C. Merrill, 1991). 그러므로 전쟁 중에 국가와 언론의 충돌은 어쩌면 지극히 당연한 현상이다. 물론 전시가 아니더라도 정부와 언론 간에는 항상 갈등이 존재하지만, 국가 이익이 걸린 대외 정책, 군사 분쟁, 인질 사태, 국제 협약 같은 이슈가 터질 때 표면화되는 경우가 많다(김성해 외, 2011). 그러므로 전쟁보도는 전쟁 주체인 정부·군과 보도 주체인 언론이 각각 용인할 수 있는 수준에서 타협된 결과물이라고 할 수 있다(Sarcinelli, U., 1987). 즉, 전쟁과 관련된 국익과 국민의 알권리가 절충된 결과물이 전쟁 보도인 것이다.

전쟁 당사국들은 자신들이 보유하고 있거나 통제 가능한 모든 자원을 총동원하여 전쟁에서 승리하고자 한다. 반면에 언론은 전쟁을 국민에게 알려야 한다는 일종의 사명감을 가지고 있다. 이로 인해 전쟁 중에 언론은 정부와 공조하기도 하고 잘못된 전쟁 목표나 실패한 군사작전을 두고 대립적 관계에 놓이기도 한다. 두 집단은 '사실 또는 진실'과 '국가 이익'이라는 공존이 쉽지 않은 목적 때문에 갈등할 수밖에 없다. 실제로 언론은 국민들의 알권리를 위해 제한 없는 정보 접근을 희망하지만, 정부와 군은 '국가안전보장과 국민의 생명 보호'를 이유로 정보공개를 통제하려 한다. 특히 언론의 자유를 법으로 보장하고 있는 민주주의 국가에서 전시에 군과 언론은 갈등적 관계에 놓일 가능성이 매우 높다.

군이 정보를 통제하려는 이유는 적에게 유리한 정보나 아군의 사기가 저하될 수 있는 정보가 보도되어 작전에 차질을 빚는 것을 피하기 위해서다(전병규, 2002). 또 잘못된 작전이나 무능함이 언론을 통해 공개되는 되는 것을 두려워하기 때문일 수도 있다(Greenway, 노성환 (편역), 1999). 이유가 무엇이든 군은 다양한 방법을 이용해 기자들이 전쟁 관련 정보에 접근하는 것을 가급적 통제하려고 한다. 하지만 군은 언론의 접근을 완전히 금지해 갈등 관계를 유지하는 것도 바람직하지 않다는 것을 알고 있다. 언론이 군사 작전에 필요한 수단이 될 수 있기 때문이다. 물론 전쟁 중에 언론의 접근을 완벽하게 통제했던 사례는 거의 없다. 언론 역시 국가나 군과 완전히 갈등 관계를 형성하는 것이 불이익이 많다는 것을 인지하고 있다. 특히 자본주의 언론 시스템에서 상업적 가치가 높은 전쟁 보도를 포기할 수 없기 때문이다. 결과적으로 자본주의 국가에서 전쟁 보도는 정부와 언론의 이해관계가 절충된 타협의 산물이다. 다만 어느 쪽의 힘이 우위에 있는가에 따라 정도의 차이를 보일 뿐이다.

이 같은 정부와 언론의 관계를 설명하기 위해 가장 많이 인용되는 접근 방법이 '상호 관계 모델(mutual relationship model)'이다. 즉, 정치 체계와 언론 체계가 존립과 유지를 위해 상호 기능적으로 공생적 협력관계를 구축하고 있다는 것이다. 여기서 공생적 협력이란 상호의존의 범주를 벗어나지 않는 범위 내에서 각자의 독립적인 존립 기반을 인정하는 것을 의미한다. 군이 예를 들자면, 제2차 세계대전 이후 '정직의 원칙(Maximum Condor)'이 지배하던 시대에 미국 정부의 언론 보도를 들 수 있다. 이와 달리 외형적으로는 상호 의존 관계는 동일하지만, 정치와 언론이 서로 도구화하면서 자신의 체계를 유지하거나 강화하는 '상호 침투모델(mutual exploitation model)'도 있다(O'Heffernan, P., 1994, 231~249쪽). 두 모델은 상반되는 것이 아니라 정부와 언론의 관계를 어떤 시각으로 접근하는가에 따른 차이일 수도 있다.

전쟁을 배경으로 정부와 군이 타협하는 양식으로 허먼과 촘스키가 주장한 '선전 모델(propaganda model)'도 있다(Herman, E. S. & N. Chomsky, 1988: Chomsky, N & D. Barsamian, 이성복(역), 2002). 자본주의 체제에서 상업 언론들이 국가의 통제를 수용하면서 전쟁이나 대외 정책에 대한 국민들의 동의를 지속적으로 생산하는 역할을 하고 있다는 것이다. 전쟁으로 인한 사상, 민간 피해 같은 사실들은 축소·외면하고, 전쟁이라는 사건이 가지고 있는 인간적 흥밋거리에 초점을 맞추어 전쟁에 대한 관심을 고조시켜 지지와 동원 효과를 유발한다는 논리. 군과 상업주의 언론이 암묵적으로 결탁하는 '안보상업주의'가 대표적인 경우다.이러한 보도 유형에는 '자국중심주의 보도' '신화창조 보도' '애국주의 보도' 같은 것들이 있다.

자국중심주의

당연히 전쟁을 가장 관심 있게 보도하는 것은 전쟁 당사국 언론들이다. 그러므로 국익은 미디어가 전쟁을 보도하는데 있어 가장 큰 영향을 미치게 된다(Bennet, W. L., 1990; Dickson, S. H., 1992, 1995). 실제로 거의 모든언론들은 자국의 이해에 기반하여 뉴스를 선택하지 않을 수 없다(Yang, J., 2003). 이는 전쟁 보도에서 자민족중심주의(ethnocentrism)가 중요한 뉴스 선택 요인이 되고 있다는 것을 의미한다(Gans, H. J., 1979). 더구나 사회 분위기가 격앙된 전시 상황에서 자국의 군 수뇌부나 군사작전을 비판하거나 불리한 전황을 보도하는 것은 여론의 비난을 받을 수 있고, 정부와 군의 통제도 받을 수 있다. 이 때문에 전쟁 관련 기사를 작성하는 과정에서 자국의 이익을 고려하는 '자국중심주의'가 개입되는 것은 사실상 불가피하다. 심지어 자국에게 유리하게 사실을 왜곡하거나 과장 보도하는 일도 발생한다. 마치 국가대표선수들이 출전하는 국제경기를 중계하는 것 같은 애국적 감정이 개입될 수 있다. 촘스키는 자신이 제기했던 '선전 모델' 혹은 '선전 프레임(propaganda model or framework)'을 가지고 미국의 대외 정책과 개입 전쟁을 보도하는 언론들의 태도를 맹렬히 비판하고 있다. 미국의 동맹국인 인도네시아가 동티모르를 공격한 것은 축소 보도하면서, 베트남이 같은 공산국가인 캄보디아를 공격한 것은 확대 보도한 것을 사례로 들고 있다.

문제의 본질은 자국중심적 보도 자체가 아니라 그것이 정부의 직접 통제가 아닌 정부와 원활한 관계를 유지하면서 상업적 이익을 목적으로 하는 언론사들의 자발적 통제에 있다(Chomsky, N. & D. Baramian, 이성복(역), 2002). 1991년 걸프전쟁 기간 중에 미국 언론들의 보도 내용을 분석한 베넷과 팔렛츠는 자국의 군사작전을 비판하는 기사에 부정적이었던 애국적 독자들을 염두에 두는 경제적 동기가 언론 보도에 가장 큰 영향을 미쳤다고 주장한다(Bennet, W. L. & D. Paletz, 1994, 284). 특히 Fox TV의 노골적인 자국중심주의적 애국주의 보도는 보수 성향의 노령층을 시청자를 브라운관 앞에 잡아두려는 상업적 목적에서 나오는 것이라고 평가하고 있다. 2003년 이라크 전쟁 중에 당시 BBC 사장이었던 그렉 다이크(Greck Daijk)는 미국 언론들의 보도가 '애국적 의무'로 덧칠되었다고 비판하면서, 저널리즘과 애국주의를 혼돈하지 말아야 한다고 강조하고 있다. 실제로 평화 전쟁 시기에 대다수 미국과 영국 언론들은 전쟁의 정당성에 대한 논쟁을 피하고 지지 분위기를 조성하는데 초점을 맞추었다는 것이 실증적 분석을 통해서도 확인되었다(Murray, C. et al., 2008, 7~27쪽).

통상 자국중심주의 보도는 그 시대의 이데올로기와 연관되는 경우가 많다. 베트남 전쟁 때는 반공 이데올로기가 정부와 언론을 결탁하게 만들었고, 이는 미국 정부가 전쟁을 추진하는 원동력이 되었다(Hallin, D. C., 1986, 24). 실제로 부시 정부가 표방했던 '테러와의 전쟁(War on Terror)'은 미국의 중동지역에 대한 군사적 개입을 정당화하는 이데올로기였다(Domke, D., 2004). 당시 미국 언론들은 '작전 수행 중인 미국의 아들(American boys in action)' '전쟁 주도권 장악(holding the military initiatives)' 같은 용어들을 사용하였다. 1991년 이라크 전쟁 중에 영국의 4개 주요 방송사(BBC, ITV, Ch. 4, SkyTV)의 언론보도를 내용 분석한 로빈슨은 일방적으로 자국의 전쟁을 지지하는 전형적인 '엘리트 추동적 보도'가 지배했다고 결론 내렸고(Robinson, P., 2009), 텀버와 웹스터는 '우리의 아들들(our boys)' 같은 기사제목에서 보듯이 '영웅적 민족주의(heroic nationalism)' 성향을 강하게 드러냈다고 지적하고 있다(Tumber, H. & F. Webster, 2006, 163쪽).

신화 창조 보도

흔히 "전쟁은 영웅을 낳는다"고 한다. 아니 전쟁의 역사는 영웅들의 역사일 수도 있다. '영웅(hero)'이란 단어의 사전적 의미는 "지혜와 재능이 뛰어나고 용맹하여 보통 사람이 하기 어려운 일을 해내는 사람"이다. 그런데 사람들 머릿속에 떠오르는 영웅들은 거의 대부분 전쟁 영웅들이란 사실이다. 인터넷에서 영웅이란 단어를 검색하면, 전쟁 영웅과 스포츠 영웅이 주를 이룬다. 소크라테스 같은 위대한 철학자나 뛰어난 학문적 업적을 이룬 뉴턴이나 아인슈타인을 영웅이라 부르지 않는다. 심지어 어려운 역경을 딛고 정치적 위업을 남긴 사람에게도 영웅이란 명칭을 붙이는 경우는 흔치 않다. 역사를 통틀어 영웅은 주로 기념비적인 전쟁을 통해 탄생하는 경우가 가장 많다. 알프스 산맥을 넘어 로마를 공격한 '한니발', 역사상 가장 넓은 대제국을 건설했던 '알렉산더 대왕', '징기스칸', '나폴레옹' 같은 장수들을 전쟁 영웅이라 한다.

이 같은 전쟁 영웅들은 후대 사람들에 의해 만들어진 일종의 신화(myth) 같은 것이다. 전쟁과 관련된 이야기나 담론들은 '실제 사실에 허구적 사실들이 가미'되는 '과잉 입력(over coding)'의 결과물이다. 당나라 백만대군을 섬멸한 을지문덕 장군의 살수대첩이나 황산벌 전투에서 몇 배나 되는 신라군과 맞서 싸운 계백 장군 이야기는 사실에 기초된 것이지만 과장된 신화적 성격이 강하다. 신화적 전쟁 담론이 고대 전쟁에만 있는 것이 아니다. 북한의 6·25 전쟁 공식간행물인 '조선인민해방전쟁사'를 보면, 낙동강 전선에서 한 병사가 미군 폭격으로 끊어진 무전기 선을 입으로 물어 통신을 가능하게 해 승리했다는 믿기 힘든 영웅적 행동을 기록하고 있다.

미국 또한 가장 많은 사상자를 냈던 '장진호 철수작전'을 미군의 용맹성을 과시한 영웅적 전투로 기록하고 있다. 실제로 미국 대통령들이 강력한 대외 정책이나 전쟁 의지를 표명할 때 '장진호 전투(Battle of the Chosin Reservoir)'를 자주 인용하고 있다. 당시 50만 중국군의 포위망을 뚫고 철수

작전을 벌인 제2해병사단 스미스 사단장의 "우리는 다른 방향으로 공격하고 있다(We are attacking to another direction now)"라는 말은 미군의 강인한 전투의지를 상징하고 있다. 2021년 중국에서 제작되어 무려 5천만 명의 관객을 동원한 영화 '장진호長津湖'는 '중국판 관제 애국심 고취운동'을 상징적으로 보여주고 있다. 이 영화에서는 중국군 7개 사단이 미 제1해병사단을 괴멸시킨 영웅적인 전투로 묘사되고 있다. 중국 외무부는 "미국과의 전략적 경쟁에서 중국의 굴함 없는 정신은 항미원조 전쟁 시기 장진호반 전투에서 발휘한 정신과 같은 것"이라고 평가하며 최근 악화되고 있는 미·중 관계를 의식해 중국인의 강한 결의를 강조하고 있다.

그림37 포위되었지만 패배하지 않은 전투

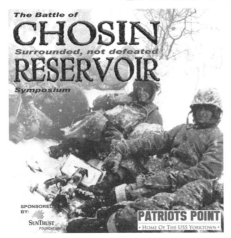

미국인에게 장진호 전투는 미군의 강인한 전투 의지와 애국심을 상징하는 전투로 기억되고 있다. 왼쪽은 장진호 전투를 기념하는 미국의 심포지움 포스터, 오른쪽은 중국 영화 '長津湖' 포스터.

이처럼 특정 인물이나 전투의 영웅적 전과를 과장해서 보도하는 것을 '신화 창조적 보도'라 한다. 전쟁의 극적 요소들을 부풀려 강조하는 보도 행태이다. 이는 자국중심적 전쟁보도와 애국주의적 보도가 혼합된 형태로 심리전의 한 수단으로 이용되는 경우가 많다. 언론사 역시 과장된 애국적 보도가 상업적으로 이익이 될 수 있어 선호할 수밖에 없다. 어쩌면 촘스키의 선전 모델에 가장 적합한 전쟁 보도 양식이라고 할 수 있다. 이 같은 신화창조적 보도는 영화나 소설 등으로 확대 재생산되면서 점점 더 신화로 고착되게 된다.

신화적 전쟁 영웅에는 군대나 병사 뿐 아니라 전쟁을 취재하는 언론인들도 있다. 1853년 크림전쟁에 참전해 '종군기자의 아버지'라 불리우는 윌리엄 러셀을 비롯해 수많은 영웅적 종군 기자들이 있다. 이들이 영웅으로 칭호되는 이유는 전투 현장에 직접 참가해 병사들 만큼 위험을 감수하면서 취재했기 때문이다. 그렇게 보도된 내용은 전쟁 양상을 바꾸기도 한다. 이처럼 생사를 무릅쓰고 취재하는 기자정신을 '카파이즘(Capaism)'이라고 하는데, 이는 베트남 독립전쟁 취재 도중 지뢰를 밟아 사망한 전설적 종군기자 로버트 카파(Robert Capa) 이름에서 따온 것이다. 국제 언론자유 감시 단체인 'Freedom Forum'의 'Freedom Park'에는 제2차 세계대전을 비롯해 여러 전쟁에서 숨진 세계 각국의 저널리스트 934명의 이름이 새겨져 있다. 특히 르완다, 보스니아, 알제리 내전이 함께 벌어졌던 1994년 한해에만 157명의 종군기자들이 사망하였다. 한국전쟁에서도 17명이 사망한 것으로 기록되어 있다. 종군기자 활동을 했던 사람들 중에 후에 정치를 비롯한 여러 영역에서 두각을 나타낸 사람들도 있다. 영국 총리였던 윈스턴 처칠은 보어전쟁(1899~1902)에서 'Daily Graphic'과 'Morning Post' 종군기자로 활약했고, 소설가 어니스트 헤밍웨이는 제1차 세계대전과 스페인 내란에 'Toronto Star' 종군기자로 활동한 경험을 바탕으로 『누구 위하여 종은 울리나』『무기여 잘 있거라』 같은 소설들을 발표해 명성을 날렸다.

선정적 애국주의 보도

자국중심주의 보도나 신화 창조적 전쟁 보도는 그 자체로도 문제가 될 수 있지만, 국가의 전쟁 동원과 언론의 상업적 이익과 결탁해서 야기되는 부작용이 더 큰 문제다. '애국주의'와 '선정주의'가 결합하면서 언론의 전쟁 감시 기능을 크게 저해할 수 있기 때문이다. 전쟁은 중요성이나 영향력 같은 '경성 보도(hard news)' 속성과 갈등·투쟁·참혹성·영웅 같은 인간적 흥미를 유발하는 '연성 보도(soft news)' 속성을 함께 가지고 있는 복합적 뉴스 소재이다. 그러므로 사람들의 관심을 끄는 것이 목적인 '황색언론(yellow journalism)'은 사람들에게 전쟁의 본질을 외면하고 재미있는 구경거리로 인식하게 만드는 무책임한 보도가 될 수 있다.

선정적 애국주의 전쟁 보도는 19세기 중반 대중신문 등장과 깊이 관련되어 있다. 정치 엘리트층을 주된 독자로 했던 '정당 신문(party paper)'이나 신흥 부르조아를 대상으로 했던 '경제신문(mercantile dailies)'을 벗어나 일반 대중이나 노동자 계층을 대상으로 하는 저가 신문들은 제작 원가도 안 되는 가격으로 신문을 판매하고 그 대신 광고 수입을 늘리는 마케팅 전략을 취했다. 특히 철도, 전신 기술 발달에 힘입어 본격적인 판매 경쟁이 돌입하였고, 이런 상업화 경쟁이 선정적인 보도 경쟁으로 이어지게 된다.

1846년 미국-멕시코 전쟁이 발발하자 'Baltimore Sun'을 비롯한 많은 신문들이 여러 단의 선정적 헤드라인과 전투지도나 전투 장면 그림을 담아 화려하게 지면을 구성하는 선정적 전쟁 보도 경쟁을 하게 된다(염기열, 2003). 이러한 발행 부수 경쟁은 1895년 미국-쿠바 전쟁에서 극에 달하게 된다. 쿠바에서 스페인으로부터 독립을 요구하는 무력 저항 사태가 발생하자, 허스트(Hearst)계의 'New York Journal'이 선정적인 과장 보도로 인기를 끌면서 경쟁지인 퓰리처(Pulitzer)계의 'New York World'도 같이 경쟁에 뛰어든 것이다. 두 신문은 쿠바 아바나 항에서 미국 전함 메인호가 피습당한 모습을 하프 톤(half-tone) 그림을 통해 대서특필하고 스페인을 공격해야 한다는 선동적인 기사를 연일 내보내 전쟁 의식을 조장하고 대통령과 의회에게도 참전을 요구하였다. 당시 신문에 실렸던 "이 전쟁은 하느님의 뜻을 따르는 성전이고, 우리들은 오직 그의 대리인일 뿐이다(This is God Almighty's war, and we are only his agents)"라는 기사 제목은 지금도 미국이 대외전쟁을 시작할 때 자주 원용되는 일종의 주문처럼 되어 있다. 블럼은 미국·스페인 전쟁 이후 미국에서 국가와 국기에 대한 맹세 같은 '맹목적 애국주의(jingoism)'가 자리 잡게 된 원인으로 선정적인 전쟁 보도를 지적했고 (Blum, J. M., 1963), 이후 통단 헤드라인과 자극적 그림(illustration)들을 사용하는 선정적 애국주의 보도가 정형화되었다고 주장한다(Emery, E. & M. Emery, 1978).

그림38 미국-스페인 전쟁을 야기한 황색언론(Yellow journalism) 경쟁 보도

"1895년 쿠바 폭동 당시, 만약 Hearst가 Pulitzer계 신문들에게 발행 부수 경쟁에 도전하지 않았더라면 이 전쟁은 일어나지 않았을 것"(Frank L. Mott, American Journalism : 1690~1960) (출처: 위키피디아)

이 같은 미국의 선정적 애국주의 전쟁 보도는 다른 나라 언론에도 영향을 미치게 된다. 1880년대 후반부터 제1차 세계대전에 이르기까지 애국적 전쟁 보도는 유럽의 모든 나라에서 정형화된 기사 작성 패턴이 되었다. 사라예보 사건 이후 한 달여 만에 거의 모든 유럽 국가들이 참전을 선언하고 국민들의 열광적인 지지를 받으며 전쟁에 돌입한 배경에는 당시 신문들의 선정적인 애국주의 보도가 큰 몫을 했다고 할 수 있다. 심지어 제1차 세계대전을 자본가 계급들의 부도덕한 제국주의 전쟁이라고 비판했던 공산주의자들까지도 앞장서 전쟁에 참전했던 것은 당시 애국주의 보도가 얼

마나 위력적이었는가를 짐작게 한다. 선정적 애국주의 전쟁 보도를 극단적으로 이용한 것은 나치 독일과 소비에트 러시아다. 이들 국가는 언론을 혁명 또는 통치를 위한 도구로서 국가나 당이 직접 통제하는 수단으로 이용하였다. 언론의 선동적 역할을 강조하는 북한을 비롯한 공산주의 국가들의 언론 보도는 감성에 호소하는 선동적인 애국주의를 극명하게 보여주고 있다.

자본주의 국가에서도 애국심을 부추기는 선정적 전쟁 보도는 언론의 상업화와 함께 꾸준히 성장해왔다. 특히 1990년대 이후 선정적 애국주의 보도가 다시 부활하고 있다. 그 원인으로 다음과 같은 네 가지를 들 수 있다.

첫째, 군의 전시 언론 통제 방법 변화다. 미국 정부와 군은 베트남 전쟁에서의 실패를 거울삼아 전시에 언론이 전장에서 직접 취재하는 것을 효율적으로 통제할 수 있는 방법들을 개발해왔다(이 부분에 대해서는 평화전쟁과 전시언론통제 장에서 상세히 설명할 것이다). 이는 기자들의 현장 접근을 최대한 억제하고 군에서 제공하는 가공된 보도자료에 기초해 보도하게 하는 방법이다. 군사작전 중에 기자들의 현장 출입을 완전히 통제하는 풀 시스템(pool system)이나 군에 귀속되어 작전 관련 취재자료를 제공받는 임베딩 프로그램(embedding program)은 군이 가공한 정보에 대한 의존도를 급속히 높였다. 이때 제공된 정보들은 자국 군대나 작전들에 대해 우호적인 내용이 주를 이루고 있어 자연스럽게 자국중심적이고 애국적인 보도가 많아질 수밖에 없었다. 특히 임베딩 프로그램으로 귀속된 부대 병사들과의 유대감 즉 일종의 '스톡홀름 증후군(Stockholm syndrome) 효과'도 영향을 미쳤다고 할 수 있다(Fahmy, S. & T. J. Johnson, 107~108쪽).

둘째, '9·11테러' 이후 미국 사회에 팽배해진 애국주의 분위기도 원인이 되었다. 미국 사회가 급격히 보수화되었고, 미국의 대외 정책 역시 군사력을 기반으로 하는 강경 노선이 주도하였다. 미국과 갈등 관계에 있던 이란, 이라크, 북한 같은 '테러를 지원하는 정권(regimes that sponsor terror)'을 '악의 축(an axis of evil)'로 규정하였다. 이 용어는 레이건이 대통령이 (옛) 소련을 비판하며 사용했던 '악의 제국(evil empire)'과 제2차 세계대전 때의 '주축국(axis)'을 조합한 것이다. 2005년 콘돌리자 라이스 국무장관은 악의 축 3개국 중 후세인 정권이 붕괴된 이라크를 제외하고 짐바브웨, 벨라루스, 쿠바, 미얀마를 추가해 '폭정의 전초기지(Outposts of tyranny)'라고 하였고, 2018년에 존 볼턴 백악관 국가안보좌관이 쿠바, 니카라과, 베네수엘라를 '폭정 3인방(troika of tyranny)'이라 공격한 것도 전쟁에 우호적인 보수화 추세가 지속되고 있음을 보여준다.

이처럼 애국주의 분위기는 언론의 보수화를 촉진시키고 있다. 폭스TV는 미국의 대외 전쟁 때마다 강한 애국주의 보도를 통해 확보한 보수 성향 시청자들을 발판으로 급성장하였다. 이에 경쟁하기 위해 현장 화면과 사실 보도를 지향해 온 CNN까지 애국주의 경쟁에 가세하고 있다는 평가를 받고 있다. 여기에 SNS와 유튜브가 급성장하면서 모든 나라에서 보수화가 가속화되고 있다. 실제 2010년대 이후 미국, 일본, 영국 같은 민주 국가들은 물론이고 러시아·중국 등 권위주의 국가들에서도 강한 대외 정책을 추구하는 정치지도자들이 각광 받고 있다. 이는 애국주의 보도가 전 세계에 걸친 보편적 추세라는 것을 보여주는 단면이라고 할 수 있다. 쿠마르는 이런 애국주의 분위기가 "언론의 자기검열을 넘어 논쟁 자체를 완전히 진압(squelched)해 버렸다"고 주장했다(Kumar, D., 2006, 53쪽).

셋째, 1990년대 이후 규제완화 정책으로 미디어시장 내 경쟁 가열로 전쟁 보도를 둘러싼 경쟁도 함께 치열해졌다는 것이다. 2003년 이라크 공격 중에 파견된 종군기자는 2천 명이 넘고, 24시간 전쟁뉴스를 제공하는 뉴스 전문 채널만 수십여 개나 되었다. 이렇게 뉴스 채널이 많아지게 된 배경에는 1990년대 이후 많은 나라들이 여러 차례 전쟁을 거치면서 뉴스 채널의 육성과 지원을 중요한 정책과제로 설정하고 추진해 왔기 때문이다 (Syverten, T., 2004; Salomon, E., 2006). 특히 Fox, MS NBC, CNN 같은 주요 뉴스 매체들 간의 시청률 경쟁은 선정성 경쟁을 더욱 가열시켰다. 무엇보다 인터넷 뉴스의 약진은 획기적이었다. 넬슨 조사에 따르면, 이라크 전쟁 직후 CNN 뉴스 사이트 방문자 수는 전쟁 전에 비해 70%, NBC는 65% 증가했다. 전쟁 기간 방문자가 2배 이상 늘었다는 조사 결과도 있다. 제임스 밴코프 AOL 부사장은 "멀티미디어 뉴스 시청이 평소보다 5배에서 10배까지 늘었다"고 밝혔다. 또 CNN과 ABC 두 회사의 비디오·오디오 뉴스 자료 사용도 10배 이상 증가한 것으로 나타났다.

하지만 취재기자들의 전장접근을 엄격히 통제하는 풀 시스템으로 가용한 전쟁 관련 정보는 도리어 부족하게 되었다. 그러자 언론사들은 시청자들의 주목을 끌 수 있으면서 손쉽게 제작할 수 있는 컴퓨터 그래픽, 버츄얼 스튜디오 같은 흥미 위주 보도로 눈을 돌리게 된다. 1990년대 출범한 Fox TV는 이라크 공격에 대한 흥미 위주 보도로 미국 내 뉴스 시청률 1위로 올라서게 된다.

그림39 폭스TV의 대표적인 토크쇼 'Tucker Carlson Tonight'

터커 칼슨은 대표적인 보수 성향의 방송 앵커다. 사진은 2019년 이란 폭격 관련 방송 코멘트 (https://www.independent.com/2019/06/27/tucker-carlson-saves-the-world/)

이를 두고 뉴욕 타임즈(New York Times)의 짐 루텐버그(Jim Rutenberg) 사장은 '미국 제일주의 냄새를 강하게 피우는 주관적 뉴스 취급(opinionated news)은 시청률 대폭 상승에 기여한 폭스 뉴스 방식'이라고 비난하기도 했다. MS NBC 에릭 소렌슨(Eric Sorenson) 사장은 '애국심을 거침없이 드러내면서도 동시에 훌륭한 뉴스 저널리스트가 될 수 있다'라고 비꼬기도 했다. 미국·스페인 전쟁 당시 미국 신문들이 자행했던 '애국심과 상업주의가 결합한 전쟁 팔기'가 부활했다는 지적도 나왔다.

넷째, 첨단 디지털 영상 기술이 방송 매체에 활용되면서 뉴스 제공 양식이 변화된 것이다. 글로벌 네트워크로 연결된 첨단 영상 매체들을 통해 전투 현장을 실시간으로 보여줄 수 있게 되었다. 이러한 영상 매체들은 시청자들의 감성에 소구하는 양식에 의해 지배된다. 그 결과 언론사의 뉴스 게이트키핑이 시청자들에게 주목을 끌 수 있는 화면 위주로 변화되었다. 선정적인 영상이 높은 뉴스 가치를 갖고 있기 때문이다. 전쟁 보도에서 선정성을 담보할 수 있는 가장 효과적인 방법은 감성에 초점을 맞추어 애국심에 호소하는 것이다. 이는 선정적 애국주의 보도가 영상뉴스와 결합하는 좋은 DNA를 가지고 있기 때문이다. 2003년 이라크 전쟁기간 동안 미국을 대표하는 TIME, Newsweek, U.S. News & World Report 세 잡지의 사진을 분석한 슈월브는 ① 용감한 미군과 강력한 무기를 강조하는 '갈등 프레임(conflict frame)' ② 부시 대통령이나 미군 지휘관들에게 초점을 맞추는 '정치인 프레임(politician frame)' ③ 전쟁의 감성적이고 인간적인 측면을 강조하는 '인간적 흥미 프레임(human interest frame)'이라는 3개의 공통적인 프레임을 밝혀냈다(Schwalbe, C, 2013, 239~262쪽).

영상 뉴스의 선두 주자인 CNN은 1991년 걸프 전쟁의 최대 승자라는 평가도 받았다. 피터 아넷이 이라크 수도 바그다드에서 실시간으로 전송하는 폭격 장면과 현장 소식들은 전쟁 기간 내내 가장 큰 관심거리였다. 당시 CNN이 다른 매체들을 압도할 수 있었던 것은 '사건 현장에서 가장 빨리 들어오는 영상화면' 때문이었다. 내레이션을 중시하는 전통적 저널리즘을 벗어나 감성적인 영상을 전면에 내세웠다. 영상 뉴스 시대를 열었다고 하지만 SNS를 통해 삽시간에 확산되는 지금과 비교하면 CNN의 영상은 초보 수준이다. 인터넷에서 공유되는 영상들은 소수 언론이 독점할수도 없고, 게이트키핑을 거친 정제된 사실(sanitized reality)들도 아니다. 개인이 자신의 판단에 따라 촬영했거나 편집한 영상들은 당연히 객관성을 담보할 수 없다. 그렇기때문에 노출 자체를 목적으로 하는 감성적 영상들은 애국주의나 자국중심주의를 더 자극할 수 있다. 최근에는 기성 언론들까지도 영상 경쟁에 동참하지 않을 수 없는 것이 현실이다.

다섯째, 본격적인 스마트전쟁 시대에 돌입하고 있다는 것이다. 1991년 걸프 전쟁은 미군이 제공한 첨단 무기 화면과 게임 같은 이미지가 처음 등장한 전쟁이었다. 이른바 '스마트전쟁(smart war)' 혹은 '클린 전쟁(clean war)'이라 명명된 전쟁이다. 모형 비행기와 그래픽 이미지를 활용한 전황 브리핑과 언론보도는 전쟁을 마치 흥미진진한 전자오락 게임처럼 착각하게 만들었다. 해쉬튼과 스코튼은 미국의 아프가니스탄 공격을 최초의 '비디오폰 전쟁(videophone war)'으로 "군에 의해 무대 연출된 거대한 뉴스 이벤트(great news event stage managed by military)"라고 비판하였다(Hachten, W. A., 2002). 전쟁의 잔인함과 희생자를 감추고 첨단 무기를 이용한 깔끔한 승리에 열광하게 만드는 '마취효과(anesthetising effect)'를 야기했다는 것이다(Moeller, S. D., 1999). 2003년 이라크 공격 중에 선보였던 정해진 목표물을 신중하고 정교하게 타격하는 스마트 무기라는 이미지는 사람들에게 전쟁이라는 생각을 날려버렸고(Mirzoeff, N., 2005), 현대 전쟁의 핵심 무기가 곧 이미지라는 것을 확실하게 각인시켜 주었다(Michalski, M. & J. Gow, 2007).

조지프 나이는 이처럼 군이 제공한 영상자료에 의존하는 언론을 '기자의 무기화(weaponization of reporters)'라고 지칭하고 있다(Nye, J., 2003). 전쟁 보도가 깨끗한 승리에 도취된 상태에서 애국주의와 패권 의식을 주입해 전쟁 정당성을 담보하는 수단이 되었다는 것이다. 전쟁 영상의 효과는 '영상 가독성(visual literacy)'과 '정서적 감수성(affective sensibility)'에서 나온다(Chouliaraki, 2006, 265쪽). 캐티 패리는 전쟁뉴스의 영상화를 '미디어화(mediatisation)'와 '수행성(performativity)'이라는 두 개념으로 설명하고 있다(Parry, K., 2010, 417~429쪽). 미디어에 맞도록 계획되고 편집된 전쟁 이미지와 정교하고 효과적인 전쟁 수행 이미지를 형성한다는 것이다. 한마디로 뉴스에 비추어진 전쟁 영상들은 계획적으로 편집되고(edited) 사전에 검열된(pre-censored) 허구의 영상물이라는 주장이다(Taylor, P. M., 1997, 119쪽).

애국주의 성향은 컴퓨터 시뮬레이션 기술에 바탕을 둔 워 게임(war game)이 상용화되면서 더욱 팽배해지고 있다(시뮬레이션 위게임과 군·엔터테인먼트 복합체 부분에서 자세히 설명하게 된다). 이는 모든 사람이 항상 '심리적 전쟁 준비 상태(psychological war preparation)'를 형성하게 된다. 최근 무수히 쏟아져 나오고 있고 수많은 청소년들이 열광하고 있는 상업용 워게임들은 '스마트 사회의 군사화(militarization of smart society)' 단면을 보여주고 있다. 이는 전쟁과 전쟁 피해에 대한 윤리적 책임 의식이나 도덕적 부담에서 벗어나 애국주의 전쟁을 부추기는 원인이 되고 있다. 어쩌면 이러한 현상은 애국주의 전쟁 보도보다 더 위험하고 위력적인 심리전 기제가 될 수 있다.

전쟁 보도에 대한 비판과 전망

최근의 전쟁 보도의 양상은 기존의 언론 패러다임을 완전히 벗어나고 있다. 원인은 미디어 환경의 변화에 있다. 소수 거대 미디어들이 독점하던 뉴스 공급체제가 붕괴되면서, 기존의 전쟁 보도와 관련된 이론들이 용도 폐기될 수도 있다는 위기감이 돌고 있다. 실제로 2022년 9월 우크라이나 군이 동부의 전략적 요충지인 하르키우를 탈환했다고 주요 외신들이 보도했을 때만 해도 사람들은 반신반의하는 분위기였다. 러시아 정부와 언론들은 가짜뉴스라고 반박하는 메시지를 내보냈다. 하지만 얼마 지나지 않아 SNS에 올라온 사진들을 보고 나서야 탈환되었다는 사실을 믿게 되었다.

이것은 인터넷으로 이동해가는 미디어 추세를 그대로 보여주는 것이다. 스마트 폰이나 각종 인터넷 미디어들의 급팽창으로 기성 언론들이 맥을 못추고 있는 것이 사실이지만, 기성 언론들의 전쟁 보도에 대한 사람들의 신뢰가 급감한 것도 원인이라 할 수 있다. 최근에는 객관적 사실 보도를 표방하는 기성 언론들까지 선정성 경쟁에 뛰어들고 있다. 여기에 경제적 충돌, 인종 문제, 종교적 갈등 증폭이 더해지면서 제1차 세계대전 직전과 유사한 분위기가 형성되고 있다. 특히 정의로운 전쟁을 명분으로 내건 이른바 평화전쟁 패러다임은 자국중심적 보도 성향을 더욱 심화시키고 있다. 전쟁 보도가 국가 이익을 명분으로 자국민의 애국심을 고취시키고 호전적 여론을 조성하는 선전도구화 되고 있는 것이다(Oates, S., 2008). 아울러 전시 언론 통제 시스템을 이용한 전쟁 관련 정보에 대한 접근 통제가 고도화되면서, 전쟁 보도는 취재된 진실이 아니라 발표된 사실을 전파하는 선전 수단이 되고 있는 느낌이다.

그림40 우크라이나의 러시아군 점령지역 탈환 사진

왼쪽은 병사들이 찍은 사진을 우크라이나 대통령이 SNS에 올린 사진이고, 오른쪽은 BBC가 보도한 러시아군 퇴각 사진. 사람들은 왼쪽 사진이 더 사실에 가깝다고 믿을 가능성이 높다. (www.bbc.com/korean/international-60975390)

허먼과 촘스키(Herman, E. & N. Chomsky, 1988)는 애국주의 전쟁 보도를 통한 정부와 언론 간의 보이지 않는 공조 현상을 '조작된 동의(manufacturing consent)'라고 정의한 바 있다. 전시에 미디어가 정부의 선전 활동에 묵시적으로 동의하는 일종의 선전모델이라는 것이다. 그 원인으로 ① 기업의 미디어 소유와 이윤 지향성 ② 미디어 콘텐츠에 대한 광고주의 영향 ③ 관변 위주의 미디어 취재원 편향성 심화 ④ 출입처 기자제 같은 정보조작에 취약한 취재·보도 관행 ⑤ 유력한 취재원으로부터 공격이나 비난받는 것에 대한 두려움 ⑥ 반공산주의 혹은 친글로벌 자본주의적 성향 등을 들고 있다. 이 모델은 정부가 미디어를 직접 장악하거나 매수하는 고전적인 언론통제 방법은 아니다. 전쟁이라는 특수상황과 미디어의 경제적 환경이 맞물리면서 국가의 선전기구와 미디어가 암묵적으로 공모하는 형태인 것이다.

이러한 방식은 국가와 미디어가 상호 이해관계로 결합하는 '자발적 동의 (voluntary consent)' 형태에 가깝다. 전설적인 텔레비전 뉴스 앵커였던 워터 크롱카이트(Walter Cronkite) 조차도 미국 언론의 전쟁 보도는 '미디어의 자기검열(the media's self-censorship)' 결과라고 시인했을 정도다. 세츠터는 '테러와의 전쟁(War on Terror)'으로 거대 미디어, 거대 정부, 정치지도자 그리고 거대 산업 간에 '새로운 안락한 삼각관계(new cozy triangle)'가 구축되었다고 주장한다(Schechter, D., 2003). 언론이 전쟁 상황에서 국가의 정당성을 대변해주고 그 댓가로 정치적·경제적 보상을 받는 일종의 '후견주의 (clientalism)' 시스템이 형성되고 있는 것이다. 제1·2차 세계대전 종전 후 군과 군수산업체가 결합한 군산복합체(military industrial complex)가 무기를 매개로 만들어진 후견 제도의 산물이라면, 전쟁 보도는 게임을 포함한 ICT산업, 미디어·헐리우드 오락산업과 군이 연계된 군·엔터테인먼트 복합체의 한 축이 되고 있다. 21세기 들어 기성 언론들의 전쟁 보도는 국가와 점점 더 밀착되고 있다. 권위주의 국가들의 샤프 파워 가짜뉴스가 관제 언론들이 만들어 낸 편파적인 애국적 뉴스를 자원으로 하고 있는 것도 같은 맥락이다. 급성장하면서 위력을 더해가고 있는 다양한 인터넷·모바일 매체들이 전쟁과 관련해 정부나 군과 어떤 관계를 형성할 것인지도 주목해야 할 부분이다.

참고 문헌

김성해·유용민·김재현·최혜민(2011). "리비아 사태와 글로벌 정보 전쟁 : 24시간 영어 뉴스 채널을 통해서 본 미디어 외교의 현장"『한국언론정보학보』통권 56권. 86~116.

안민호(2003). "전쟁 저널리즘의 몇 가지 쟁점들 : 이라크전쟁 보도를 중심으로" 고려 대학교 신문방송연구소 (편).『이라크 전쟁과 언론 보도』삼성언론재단.

엄기열(2003). "미국 언론의 전쟁 보도에 대한 역사적 고찰 : 건국 후부터 제2차 세계 대전까지"『방송문화연구』제15권 제1호. 159~193.

원태재(1996). "크리미아전쟁 시 신문보도가 영국군에 미친 영향"『軍史』통권 33호, 323~348.

임영호(2022). "전쟁 보도의 현황과 쟁점" 한국언론진흥재단 주최『우크라이나 전쟁과 언론보도』세미나 발표문.

전병규(2002). "디지털 시대의 군과 언론 관계 연구"『군사평론』제356호.

황정현(2004).『각국 신문의 국제뉴스 비교분석 : 이라크 전쟁 보도를 중심으로』한국 외국어대학교 대학원 석사학위논문.

황 근(2009). "전쟁 보도 : 전시언론통제방식의 변화"『전쟁과 유물』제1호. 187-206.

Althaus, S. L.(2003). "When News Norms Collide, Follow the Lead : New evidence for Press Independence" *Political Communication* Vol. 20 No. 3. 318~414.

Bennet, W. L.(1990). "Toward a Theory of Press-State Relation in the United States" *Journal of Communication* Vol. 40 No. 2. 103~127.

Bennet, W. L.(1994). "The News about Foreign Policy" in Bennet, W. L. & D. L. Paletz(eds.) *Taken by Storm : The Media, Public Opinion, and U.S. Foreign Policy in the Gulf War*. Chicago : The Univ. of Chicago Press, 12~42.

Bennett, W. L. & S. Livingston(2003). Editor's Introduction : A Semi-independence Press : Government Control and Journalistic Autonomy in the Political Construction of News. *Political Communication* Vol. 20 No. 4. 359~362.

Bennett, W. L., Lawrence, R. & S. Livingston(2007). "None Dare Call It torture : Indexing and the Limits of Press Independence in the Abu Gharib Scandal" *Journal of Communication* Vol. 56 No. 3. 467~485.

Bennet, W. L. & D. L. Paletz(eds.). *Taken by Storm : The Media, Public Opinion, and U.S. Foreign Policy in the Gulf War.* Chicago : The Univ. of Chicago Press.

Blum, J. M.(1963). *The National Experience.* New York : Harcourt, Brace & World.

Burk, J.(1999). "Public Support for Peacekeeping in Lebanon and Somalia : Assessing the Casualties Hypothesis" *Political Science Quarterly* Vol. 114. 53~74.

Carruthers, S. L.(2000). *The Media at War : Communication and Conflicts in Twentieth Century.* Basingstock : Macmillan.

Chomsky, N. & D. Baramian(2001). *Propaganda and the Public Mind, South End Press.* 이성복 (역). 2002. 『프로파간다와 여론』 아침이슬.

Chouliaraki, L.(2006). "The Aesthetization of suffering on Television" *Visual Communication* Vol. 5 No. 3. 261~285.

Dauber, C. E.(2001). "The Shots seen Round the World : The Impact of the Images of Mogadishu on American Military Operations" *Rhetoric & Public Affairs* Vol. 4.

Dennis, E. E. & J. C. Merill(1991). *Media Debate : Basic Issues in Mass Communication.* New York : Macmillan Publishing.

Dixon S. H.(1992). "Press and U. S. Policy Toward Nicaragua 1983~1987 : A Study of the New York Times and Washington Post" *Journalism Quarterly.* Vol. 69. 562~571.

Dixon S. H.(1995). "Understanding Media Bias : The Press and the U.S. Invasion of Panama" *Journalism Quarterly.* Vol. 71. 809~819.

Domke, D.(2004). *God Willing? Political Fundamentalism in the White House, the War on Terror and the Echoing Press.* London : Pluto Press.

Emery, E. and M. Emery(1978). *The Press and America : An Interpretive History of the Mass Media.* Englewood Cliffs, New Jersey : Prentice-Hall.

Entman, R. M.(2003). "Cascading Activation : Contesting the White House's Frame after 9/11" *Political Communication* Vol. 20. 415~432.

Fahmy, S. and T. J. Johnson(2007). "Embedded Versus Unilateral Perspectives on Iraq War" *Newspaper Research Journal* Vol. 28 No. 3. 98~114.

Gans, H. J.(1979). *Deciding What's News : A Study of CBS Evening News, NBC Nightly News, Newsweek and Time.* New York : Pantheon Books.

Gartner, S. & G. Segura(1998). "War, Casualties and Public Opinion" *Journal of Conflict Resolution.* Vol. 4. 278~300.

Glassgow University Media Group(1985). *War and Peace News. Milton*, Keynes. U. K. : Open Univ. Press.

Greenway, H. D. S.(1999). *Millennium Series on News Gathering over the Past Decades.* 노성환 (편역). 1999. 『뉴밀레니엄 결산 : 20세기 전쟁과 언론보도』 한국언론재단.

Hachten, W. A.(1998). *The Troubles of Journalism : A Critical Look at What's Right and Wrong With the Press.*

_____(1998). New Jersey : Lawrence Erlbaum Associates.

Hachten, W. A. & J. F. Scotton(2002). *The World News Prism : Global Media in an Era of Terrorism.* 6th edition. Ames, Iowa : Iowa State Press.

Hallin, D. C.(1986). *The "Uncensored War".* New York : Oxford Univ. Press.

Herman, E. & N. Chomsky(1988). *Manufacturing Consent : Political Economy of the Mass Media.* New York : Pantheon.

Kumar, D.(2006). "Media, War, and Propaganda : Strategies of Information Management during 2003 Iraq War" *Communication and Critical/Cultural Studies.* Vol. 3 No. 1. 48~69.

Lawrence, R. G.(2000). *The Politics of Force : Media and the Construction of Police Brutality.* Berkeley, CA. : Univ. of California Press.

Michalski, M. & J. Gow(2007). *War, Image and Legitimacy : Viewing Contemporary Conflict.* Lodon & New York : Routledge.

Mizoeff, N.(2005). Working Babylon : *The War in Iraq and Global Visual Culture.* New York : Routledge.

Moeller, S. D.(1999). *Compassion Fatigue : How the Media Sell Diseas, Famine, War and Death.* New York & London : Routledge.

Mott, F. L.(1950). *American Journalism : A History of Newspaper in the United States through 260 Years : 1690 ~1950.* New York : Macmillan Company.

Murray, C., Parry, K., Robinson, P. and P. Goddard(2008). "Reporting Dissent in War Time British Press, the Anti-war Movement and the 2003 Iraq War" *European Journal of Communication* Vol. 23 No. 1. 7~27.

Mueller, J. E.(1973). *War, Presidents and Public Opinion.* New York : Wiley.

Nacos, B.(1990). *The Press, Presidents, and Crises.* New York : Columbia Univ. Press.

Nye, J.(2003). "U.S. Power and Strategy after Iraq" *Foreign Affairs* Vol. 82 No. 4. 60~73.

Oates, S.(2008). *Introduction to Media and Politics*. London: Sage Publications.

O'Heffernan, P.(1994). "A Mutual Exploitation Model of Media Influence in U.S. Foreign Policy" in Bennet, W. L. & D. L. Paletz(eds.). *Taken by Storm : The Media, Public Opinion, and U.S. Foreign Policy in the Gulf War*. Chicago : The Univ. of Chicago Press. 231~249.

Parry, K.(2010). "Media Visualisation of Conflict : Studying News Imagery in 21st Century Wars" *Socioloy Compass*. Vo. 7. No. 4. 417~429.

Pfeiffer, L. J.(2015) *The Role of News Outlets in Mediating Definitional Power in a Contested Environmental Policy Debate*. Madison : Univ. of Wisconsin.

Robinson, P., Goddard, P. & K. Parry(2009). "U.K. Media and Media Management during the 2003 Invasion of Iraq" *American Behavioral Scientist* Vol. 52. 678~688.

Robinson, P., Goddard, P., Parry, K. & C. Murray(2009). "Testing Models of Media Performance in War Time : U. K. TV News and the 2003 Invasion of Iraq" *Journal of Communication* Vol. 59. 534~563.

Salomon, E.(2006). *Guidlines for Broadcasting Regulation*. UNESCO.

Schwalbe, C.(2013). "Virtually Framing the Invasion and Occupation of Iraq in TIME, Newsweek, and U.S. News & World Report" International Journal of Communication. Vol. 7. 239~262.

Sarcinelli, U.(1987). *Symbolische Politik : Studien zur Sozialwissenschaft*. Westdeutcher Verlag.

Schechter, D.(2003). *Media Wars: News at a Time of Terror*. Lanham, Maryland : Rowman & Littlefield.

Slattery, K., Doremus, M. & L. Marcus(2001). "Shifts in Public Affairs Reporting on the Network Evening News : A Move toward the Sensational" *Journal of Broadcasting & Electronic Media*. Vol.45 No.1. 290-302.

Smith, A.(1979). *The Newspaper : An International History*. London ; Thames and Hudson, 최정호·공용배(역). 1990. 『세계 신문의 역사』 나남.

Syverten, T.(2004). *Mediemangfold (Media diversity)*. Oslo : Ij Forlaget.

Taylor, P. M.(1997). *Global Communication, International Affairs, and the Media since 1945*. London & New York : Routledge.

Teranian, M.(1982). "International Communication : A Dialogue of the Deaf?" *Political Communication and Persuasion*. Vol.2 No. 1.

Tumber, H. & F. Webster(2006). *Journalists under Fire : Information war and*

Journalistic Practices. Thousand Oaks, CA : Sage.

Wolsfeld, G.(1997). *Media and Political Conflict : News from the Middle East*. Cambridge : Cambridge Press.

Yang, J.(2003). "Framing the NATO Air Strikes on Kosovo across Countries : Comparison of Chinese and U.S. Newspaper Coverage" *Gazzette*. Vol. 65. 231~249.

제 6 장

언론과 군사작전의 교집합
: 전시 언론 통제

군과 언론의 교차점 : 전시 언론 통제

"나라가 전쟁을 시작하게 되면 주요 뉴스 매체들도 전쟁을 하게 된다." 미국의 언론인 벤 배그디키안(Ben Bagdikian)이 한 말이다. 전쟁이 발발하면 전쟁 당사국들의 모든 시스템은 전쟁 승리라는 국가 목표에 맞추어질 수밖에 없다. 모든 영역에 대한 정부와 군 당국의 통제가 강해진다는 의미다. 더구나 국가의 사활이 걸려있는 총력전(total war) 상황에서는 더 강력한 통제가 이루어질 수밖에 없다. 언론 역시 예외일 수 없는데, 전시 중에 정부와 군은 국가 안위를 위해 언론 행위에 간여하고 통제할 수 있는 정당성을 갖기 때문이다. 국가 이익에 반하는 언론 행위들에 대해 선동죄, 반역죄 같은 엄격한 법률을 적용하기도 하고, 언론 보도를 사전에 통제하는 경우도 많다. 하지만 국민들 입장에서 보면 국가의 주요 행위들을 알아야 할 권리를 갖고 있으므로 어떤 상황에서도 언론의 자유와 취재원 접근이 보장되어야 한다는 주장도 설득력이 있다. 특히 전쟁은 국민들의 삶에 엄청난 영향을 미치는 사건이므로 언론의 취재가 허용되어야 한다는 것이다. 이처럼 전시 언론통제 조치들을 두고 국가 이익과 언론 자유라는 두 가지 가치가 충돌할 수밖에 없다. 어쩌면 전시 언론 통제를 두고 벌어지는 군과 언론 간의 갈등은 필연적이면서 또 당연한 것일 수도 있다.

다른 정부행위들도 그렇지만 국가 안보를 두고 정부와 언론은 적대적일 수도 혹은 협력적일 수도 있다. 그렇지만 "한 쪽(미디어)이 다른 쪽(정부, 외교관)이 숨기고 싶어 하는 것을 폭로하려 하기" 때문에 태생적으로 '내재된 이해 갈등(built-in conflict of interest)'이 발생할 수밖에 없다(Eban, A, 1983, 347쪽). 언론의 적대적 보도가 여론을 악화시켜 국제관계나 외교협상에서 국가의 선택지를 크게 약화시키는 일도 적지 않다. 특히 전시 언론 통제는 군사 정보가 적에게 알려지는 것을 예방하는 목적도 있지만, 언론에 보도됨으로 인해 군의 전쟁방침이나 작전에서 선택의 범위가 좁아지는 것을 예방하려는 이유도 있다(Hill Jr. R. R., 1997). 반대로 언론 보도가 비폭력적 방법으로 국가 간 갈등이나 분쟁이 해결되어야 한다는 여론을 조성해 협상을 촉진시킬 수도 있고, 객관적 입장에서 다양한 분석 등을 통해 분쟁 해결에 필요한 대안을 제시할 수도 있다. 때로는 정부나 군이 전쟁 중 적국의 대응이나 여론 동향을 떠보기 위해 일종의 '풍선 띄우기(trial balloon)'로 언론 보도를 이용하기도 하고, 기만전술의 수단으로 이용되는 경우도 있다. 1991년 걸프 전쟁에서 미군은 '헤일 메리 플레이(Hail Mary Play)'라는 언론 보도를 이용한 기만작전을 수행한 적이 있다. 연합군 수뇌부가 "해병여단과 상륙기동부대의 쿠웨이트 해안작전이 주공격 목표"라는 CNN을 비롯한 언론 보도들을 이용해 공격 방향을 속인 것이다.

언론과 군은 각각의 조직이 지향하는 목표가 달라 서로 갈등하면서도 서로 필요로 하는 존재다. 국가 안위라는 궁극적 목표에서 보면 군과 언론이 협력하는 것이 당연해 보이지만 이를 실현하는 방법에서 차이가 있다. 언론은 국민을 대신하는 객관적 관찰자로서 군의 전투 행위를 감시하는 주체로 인식하고 있다(Keanley, K. P., 1992; Steger, M. D., 1994). 반면에 군은 '국가안전보장과 국민의 생명 보호'를 목적으로 적과 싸우는 전쟁 주체라고 생각하고 있다. 그러므로 적에게 유리할 수 있는 정보들이 보도되는 것을 원치 않고, 언론 보도로 아군 사기가 저하되는 것도 우려한다. 무엇보다 잘못된 군사작전이나 취약한 전투 능력 등이 세상에 공개되는 되는 것을 두려워하는 경향이 있다(Greenway, H. D. S, 노성환(편역). 1999. 22쪽). 이는 규칙과 동질성을 강조하는 군의 폐쇄적 조직 문화에서 나온 비밀주의와도 무관하지 않다(Aukofer, F., & W. P. Lawrence, 1995).

전쟁에서의 승리를 목표로 조직적인 명령체계와 보안의 가치를 중시하는 군의 기밀주의와 최대한 전장에 가까이 접근해 취재·보도하려는 언론의 공개주의는 영원한 갈등 관계(permanent adversary relationship)일 수밖에 없다(공군정훈홍보실, 2003, 15쪽). 언론은 전쟁을 취재의 대상인 객체로 간주하는 반면 정부와 군은 전쟁의 주체로서 언론 취재 행위를 객체로 보는 상반된 시각을 가지고 있다. 그렇지만 군은 심리전 같은 전쟁의 한 수단으로서 언론의 협력이 필요하고, 언론 또한 보도에 필요한 정보 수집과 전장 접근을 위해 군의 보호와 도움이 요구된다. 군사 전문기자였던 애미 카플란(Amy Kaplan)은 전시 중에 군과 언론은 '강렬한 애증 상호성과 의존성(an intense love-hating mutuality and dependency)'을 가지고 있다고 표현한 적도 있다.

군과 미디어의 상호지향적 관계

채피와 맥레오드(MCLeod, J. M. & S. H. Chaffee, 1968, 661~669쪽)의 '상호지향성 모델(co-orientation model)'은 두 개인 혹은 집단 간에 존재하는 '객관적 일치도(agreement)'와 각각 2개씩의 '주관적 일치도(congruency)'와 '정확도(accuracy)'를 가지고 상호관계를 설명하고 있다. 이는 군과 미디어의 관계를 분석할 수 있는 하나의 방법이 될 수 있다. 그 이유는 전시 언론 통제 시스템을 군과 언론이 상호 협력관계를 형성하는 일종의 매개체 같은 것으로 볼 수 있기 때문이다.

먼저 객관적 일치도(agreement)란 어떤 대상이나 사건에 대해 두 집단 인식이 일치하는 정도를 말한다. 객관적 일치도가 높을수록 두 집단은 상호 지향적이다. 양자는 궁극적인 국익이나 안보관에 있어 큰 차이가 있을 수 없다. 하지만 전쟁 현상에 대한 인식은 크게 다르다. 군에게 전쟁은 국가의 생존이 걸려있는 반드시 이겨야만 하는 것이지만, 언론에게 전쟁은 높은 뉴스 가치를 지닌 사건이라는 인식이 강하다. 이러한 객관적 불일치는 전시에 군과 언론 간에 갈등을 유발하는 원인이 된다. 결국 국익이라는 궁극적 목표에 대한 인식은 일치하지만 이를 구현하는 방법에서 일치도가 낮은 이중성을 띠고 있다. 이는 군과 언론이 전쟁 관련 정보에 대한 서로 다른 시각에서 기인하는 것이다. 군은 보안이 군사작전에서 승리하기 위한 가장 중요한 조건이라고 생각하는 반면, 언론은 가급적 많은 정보가 공개되어야 국민들의 지지를 받아 승리할 수 있다고 믿고 있다.

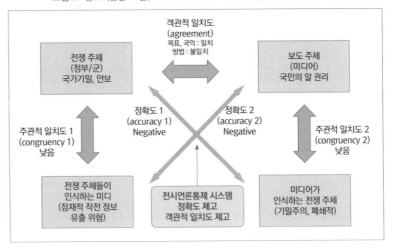

그림41 상호지향성 모델(co-orientation model)로 본 군과 언론의 관계

군과 언론의 갈등은 정확도(accuracy)가 낮은 것도 원인이다. 정확도란 특정 대상에 대한 자신(A)의 인식과 추정된 상대방(B)의 인식이 일치하는 정도 즉, 얼마나 정확하게 상대방을 이해했는가를 의미한다. 당연히 정확도가 높을수록 커뮤니케이션은 효과적이다. 즉, 군과 언론이 생각하는 상대방의 역할에 대한 인식과 상대방의 자기 인식 간에 괴리가 높을 때, 전시 언론 활동을 두고 갈등이 커질 수밖에 없다. 그러므로 커뮤니케이션을 통해 정확도를 높이게 되면 궁극적으로 객관적 일치도도 높아지게 된다는 것이 이 모델의 결론이다(Chaffee & McLeod, 1968, 663쪽). 그러므로 전시 상황에서 군과 미디어 간에 인식의 정확도를 높이기 위한 커뮤니케이션 수단이 바로 전시 언론통제시스템인 것이다.

실제 군이 생각하는 언론의 취재 활동은 언론사들이 표방하는 국민의 알권리 대리인이라는 인식과는 차이가 크다. 군이 보기에 미디어가 직접 전쟁을 수행하는 군과 후방에 있는 국민들 간에 중요한 통로 역할을 하는 것은 맞지만, 다른 한편으로는 전쟁을 소재로 한 인기 있는 정보 상품을 팔아 돈을 버는 조직으로 보기도 한다. 이러한 미디어의 상업적 보도를 아자이 라이(Rai, A. K, 2000)는 '전쟁 팔기(war sell)'라고 규정하고 있다. 전쟁이 잘 팔리는 상품이 되기 위해서는 누구의 전쟁인가가 매우 중요하다. 미디어 소비자들이 그 전쟁과 깊이 관여되어 있다고 생각하게 만들어야 한다는 것이다. 그러므로 군에서 볼 때 기자들은 국익을 생각하기에 앞서 언론사의 이익을 위해 의도적 편견을 갖고 군에 대해 부정적 태도를 조성하는 조직으로 보일 수도 있다(Naparsteck, A., 1993).

언론이 내세우는 알권리가 과연 미디어를 소비하는 국민들의 생각인가에 대해서도 의문이 제기되고 있다. 영국 국방부가 실시한 포클랜드 전쟁과 관련된 여론조사 결과, 대다수 영국인들은 전쟁에서 이기는 것을 '알권리' 같은 언론 자유보다 더 높은 차원의 '선(good)'으로 간주하는 것으로 나타났기 때문이다(Morrison, D. & H. Tumbler, 1988). "국민들은 정부의 전쟁 수행을 판단할 때 언론들이 신성하고 절대적이라고 여기고 있는 많은 원칙들 - 알 권리 같은 - 이 덜 엄격한 하나의 기준으로 인식하고 있다"는 것이다. 즉, 영국 국민들은 정의로운 전쟁으로 희생된 사람들의 대가를 갚기 위해 알권리를 포기할 준비가 되어 있다는 결론이다(Taylor, P. M., 1998, 274~275쪽). 물론 이것은 전쟁이라는 긴급 상황을 전제로 한다(Morrison, D., 1992). 또 전쟁으로 군인이나 민간인이 희생될 수 있다는 것을 충분히 인지하고 있는 상태에서, 사상자들의 비참한 모습을 군이 시각적으로 확인하고 싶어하지 않는다는 조사 결과도 있다. 실제로 영국인 57%가 걸프전 희생자들의 시신을 감춘 BBC 화면이 옳았다고 생각하고, 23%가 BBC 자체 검열을 지지하는 것으로 나타난 것이다(Shaw, M. & R. Carr-Hill, 1992, 25쪽).

반면 언론은 군의 '작전을 수행하는 병사들을 보호하기 위해 최소한의 정보만 공개해야 한다'는 주장에 대해 "군의 본능적인 기밀 은폐 태도로 진실성을 믿을 수 없게 만든다"고 생각하는 경향이 있다. 특히 군의 기밀주의는 군사작전이나 국가 안보 문제가 아니라 군의 무능과 부패가 외부에게 알려지는 것을 기피하는 폐쇄적 조직 문화와 연관되어 있다고 비판한다. 자신들에게 호의적인 보도만 가능하도록 비밀주의를 내세우고

(Paletz, D. L., 1999), 언론인들을 무책임하고 절차에 따르지 않고 군의 목표를 혼란스럽게 만드는 존재로 인식하는 경향이 있다는 것이다(Keanly, K. P., 1992). 그러므로 언론들은 군이 군사 기밀이라는 이유로 국민의 알권리를 자의적으로 억압해서는 안되고, 군이 독자적으로 공개 여부를 결정해서도 안 된다는 생각을 가지고 있다.

그림42 전쟁 구경

전쟁은 오래전부터 사람들의 관심을 끄는 구경거리였다. 실제로 남북전쟁 초기 전투에는 여자들이 맞은편 언덕 위에서 마치 피크닉을 즐기듯 구경했다는 기록도 있다. 어쩌면 현대인은 텔레비전 뉴스를 통해 전쟁을 구경하고 있는지도 모르겠다. 왼쪽은 1409년 아우크스부르크 전투 재판 그림이고 오른쪽은 러시아-우크라이나 전투 관련 TV 뉴스 캡처 화면
(https://ko.wikipedia.org/wiki/%ED%8C%8C%EC%9A%B8%EB%A3%A8%EC%8A%A4_%ED%97%A5%ED%86%A0%EB%A5%B4_%EB%A7%88%EC%9D%B4%EC%96%B4 ; https://www.youtube.com/watch?v=CfrxT47PAdY)

일반적으로 군과 언론의 인식 차이를 '기밀주의'와 '공개주의' 간의 갈등으로 보고 있다. 그 원인은 다음과 같은 세 차원에서 생각해 볼 수 있다. 첫째, 국가 이익과 국가 기밀을 누가 어떤 기준에서 판단할 것인가 하는 '직업 규범적 차원' 둘째, 언론을 정책의 홍보 수단으로 볼 것인가 정책을 비판·감시하는 기구로 볼 것인가하는 '언론 기능에 대한 견해 차이' 셋째, 정부의 비리와 부정을 은폐한다든지 정권 유지를 위해 군이 언론을 통제한다고 보는 언론의 입장과 국가 이익보다는 매체의 인기와 상업적 목적의 특종을 위해 언론이 과도한 폭로를 일삼는다고 보는 군의 입장이 대립하는 '상호인식의 괴리'가 갈등 원인이다(육군공보실, 1993. 26~31쪽).

이러한 상호 인식의 불일치는 전쟁이라는 상황에서 갈등만 증폭시켜 군과 언론 모두에게 이익이 되지 않는다. 전쟁 주체인 군은 대·내외 심리전에 미디어를 활용하는데 어려움을 겪게 되고, 언론은 전쟁이라는 뉴스 가치가 높은 사건에 접근하거나 관련 정보를 획득하기 힘들게 되기 때문이다. 이는 결국 두 집단 간에 커뮤니케이션이 활성화될 수 있는 상호지향적 관계(co-orientation relation)가 형성되어야 한다. 특히 전시라는 특수상황은 상호 유기적인 커뮤니케이션을 더 어렵게 만들 수 있다. 퍼거슨(Ferguson, M. A., 1984, 17쪽)이 말한 '이해의 상호성(mutuality of understanding)', '일치(agreement)', '합의(consensus)'의 가능성이 크게 떨어진다. 제1차 세계대전 이전까지 언론은 전쟁 주체들과 주로 갈등 관계를 형성하였고, 군의 일방적인 언론 통제가 이루어졌다. 군은 전쟁 중에 검열(censorship)과 전장 접근 제한(access denial in military operation)이라는 두 방법을 오랫동안 유지해 왔고(Homonoff, H. B., 1985), 언론을 주로 선전 수단으로 인식해왔다(Taylor, P. M., 1998).

제1차 세계대전이 발발하면서 이러한 일방적 통제시스템은 그 한계가 드러난다. 군과 언론이 각자의 이해관계를 어느 정도 충족시키면서 전쟁이라는 목표에 부합할 수 있는 새로운 시스템이 필요해진 것이다. 전시에 갈등 관계를 지속하게 되면, 국익이나 국민의 알권리 모두 위협받게 되기 때문이다. 전쟁 상황에서 정부(혹은 군 수뇌부)와 언론은 주체이면서 객체가 된다. 그러므로 각자가 자기들의 이익만 추구하게 되면 전시 언론보도는 국익에도 국민의 알권리에도 도움이 되지 않는다. 통제받지 않는 전쟁 보도는 상업적인 과장·허위 보도와 국익에 반하는 오보 가능성이 높아지게 된다. 반대로 군의 일방적 언론통제는 적이 아니라 자국민들과 싸워야 하는 상황을 만들 수 있다. 이 때문에 전시 언론보도 지침 혹은 규약은 군의 일방적 통제에서 점차 군과 언론이 타협하는 형태로 진화해왔다. 그러므로 전시 언론 통제는 불변의 원칙이 있을 수 없고, 전쟁의 특성이나 언론 상황 같은 여러 요인들 때문에 다양한 형태가 될 수밖에 없다. 한마디로 전시 언론 통제는 해당 시기의 전쟁 주체와 언론 간 합의의 산물이라 할 수 있다.

언론의 발달과 전시 언론 통제의 등장

전쟁과 미디어의 발달은 동전의 양면과 같다. 19세기 근대 신문의 폭발적 성장으로 전쟁 관련 뉴스 수요가 폭증한 것과도 연관되어 있다(Smith, A., 최정호·공용배(역), 1990). 특히 남북전쟁(1861~1865), 보불전쟁(1870), 수단 전쟁(1898), 미국·스페인전쟁(1898), 보어전쟁(1899~1902), 러일전쟁(1904~1905)이 벌어졌던 1860년에서 1910년까지는 나이틀리(Knightley, P., 1975, 27쪽)가 말했던 이른바 '종군기자의 황금기(golden age of the war correspondent)'였다. 그 이유는 제국주의 국가들 간의 이익이 정면으로 충돌하면서 관심이 고조된 것도 있지만, 기관총 같은 첨단 대량 학살 무기들의 등장으로 전쟁 보도는 볼거리가 많은 소재였기 때문이다. 수단 전쟁과 보어전쟁에서 영국군이 처음 선보인 개틀린 기관총은 마치 살육하듯 삽시간에 적을 진압했다고 기록되어 있다. 후발 국가인 일본과 선발 제국주의 국가 간에 벌어졌던 러일전쟁에서 러시아군이 구축한 기관총과 참호 때문에 일본군은 엄청난 사상자를 냈다. 이는 10년 후에 벌어진 제1차 세계대전의 대량살상이라는 전쟁 양상을 예고한 것이었다.

첨단 무기들의 엄청난 살상력, 전쟁의 비참함 같은 요소들은 상업적으로 매우 좋은 뉴스 소재가 되었을 것이다. 산업혁명 이후 첨단 과학기술에 대한 열광적인 기대감, 유럽인들 사이에 팽배했던 인종 우월주의와 제국주의 분위기도 선정적 전쟁 보도에 열광하는 분위기를 만드는데 기여하였다. 라스웰은 제1차 세계대전을 평가하면서 "전쟁은 뉴스 공급 뿐 아니라 뉴스 수요도 창출한다. 전쟁과 관련된 모든 것들의 매력은 너무 뿌리 깊어서, 신문 판매를 늘리기 위해 '위대한 전투'라는 플랫카드만 걸어도 (장사가) 된다"고 하였다(Lasswell, H. D., 1927, 192쪽). 또한 전쟁의 양상이 모든 국민과 자원을 동원하는 총력전으로 변화되면서 언론의 관심은 더욱 고조되었다. 당연히 전쟁을 취재하는 기자들도 크게 늘어났다. 그렇지만 이 같은 언론의 전쟁에 대한 높은 관심이 전쟁 주체들에게 반드시 좋은 것만은 아니었다. 도리어 전시 중에 전쟁 정보에 대한 제한없는 접근은 국가적으로 불이익을 야기할 수 있다는 우려가 더 컸다.

실제로 30년 전쟁(1618~1648) 중에 독일은 인쇄 출판 활동을 완전히 금지시키기도 했다. 독립 초기부터 언론의 자유를 중시했던 미국조차도 1789년에 "미합중국 정부에 대한 허위, 스캔들, 악의적인 글을 작성, 인쇄·발표·출판하는 것을 금지"하는 '선동법(Sedition Act)'을 제정하였다. 이법은 프랑스와 전쟁을 명분으로 만들어졌지만, 전쟁이 일어나지 않자 정치적으로 이용되었다. 이 법에 의해 24명의 민주·공화당 계열 신문편집인들이 처벌받았다. 심지어 아담스 대통령을 비판한 편지를 신문사에 보낸 매튜 라이언(Mattew Lyon) 하원의원도 벌금 1,000달러와 4개월 징역형을 받았다(Middleton, K. R., Trager, R. & B. F. Chamberlin, 2002, 100쪽). 하지만 1800년 토마스 제퍼슨이 대통령이 되고 연방주의자들이 상·하원을 장악하면서 사실상 유명무실한 상태로 유지되다 1801년 폐지되었다. 하지만 선동법 유산은 이후에도 계속되었다. 1917년 제1차 세계대전 참전과 함께 '간첩법(Espinage Act of 1917)'이 제정되었고, 1년 후에는 '1918년 선동법(Sedition Act of 1918)'이라고 불리는 개정 법안이 통과되었다(Smith, J. A., 1999, pp. 128~142). "미국헌법이나 미국 정부 그리고 미군 깃발·군복과 관련된 것들을 경멸하는 욕설·그림·저술·출판 등을 금지"하는 내용이었다. 이 법에 의해 "미국의 참전은 아무런 실리도 없는 노골적 살인(upright murder without serving anything practical)"이라고 비판했던 'Missouri Staats Zeitung' 편집장과 'Yankee Bluff'라는 칼럼에서 "미국은 독일을 이길 힘이 없다"라고 말한 'Tageblatt' 기자 3명을 포함해서 여러 언론인이 법원에서 유죄판결을 받았다(Chafee Jr., Z., 1920, 97쪽). 또한 이 법에서는 모든 우체국장에게 반역, 반란 또는 미국의 법에 저항하거나 이를 옹호하는 어떤 우편물도 거부할 수 있는 권한도 부여하였다(Stone, G. R., 2004, 164~170쪽; Mock, J. R., 1941, 173~212쪽).

근대 신문 초기에 가장 많이 사용된 한 전시 언론 통제 방법은 우편 검열제도였다. 1464년 프랑스에서 처음 시작된 우편제도는 삽시간에 유럽 각국으로 확산되었다. 종이를 이용한 인쇄매체 특히 신문의 성장은 우편 검열제도와 밀접히 연관되어 있다. 17세기부터 유럽 여러 나라에서 우편 검열이 시행되었고, 지금까지도 몇몇 나라는 이 제도를 언론 통제 수단으로 사용하고 있다. 기록상으로 우편 검열을 이용해 통한 최초의 전시 언론 통제를 실시한 사람은 남북전쟁 중에 링컨 대통령이다. 그는 1861년 남북 전쟁을 반대하는 사설을 실은 신문들의 우편배달을 거부하는 명령을 내렸다. 이에 그치지 않고 전쟁 발발 후에는 "군 관련 내용이 담긴 일체의 서신과 통신을 금지하는" 전쟁부 장관의 행정명령을 발동하였다. 이후 "전쟁부 또는 야전 지휘관의 사전 승인을 받지 않은 군사작전과 관련된 어떠한 전보 통신도 금지한다"라는 2차 행정명령을 내렸고, 이를 위반한 신문은 전신 접수가 거부되고 신문 배달을 위한 열차 이용도 금지되었다. 당시 전신은 원거리 뉴스 취재에 가장 중요한 커뮤니케이션 수단이었고, 전신부장은 편집국장만큼 중요한 자리였다. 더구나 2장에서 설명한 것처럼 미국의 우편제도는 군사적 목적으로 네트워크가 구축되었고, 주로 고위급 장교 출신들이 우체국장 자리를 차지하고 있었기 때문에 효율적인 통제 수단이 될 수 있었다(Williams, W. A.,1980; John, R. ,1995; Hafen, L. R.,1969).

검열(censorship)이란 용어는 B.C. 443년 로마의 검열관(censor) 제도에서 유래되었다. 검열관은 인구조사, 공중의 도덕성 감시, 정부 재정 예측 등을 책임지는 행정관이었다(Suolahti, J., 1963). 그 당시 검열이란 '사람들에게 좋은 인성을 갖게 한다'는 의미로 검열관은 매우 명예로운 자리였다. 하지만 이후에 정치적·종교적 이유로 의견을 표현하거나 기록·공표하는 것을 제한하는 부정적 의미로 변하게 되었다. 도덕적·정치적 죄목을 들어 독약을 마신 소크라테스나 분서갱유焚書坑儒 같은 것들이 그런 변화를 잘 보여주는 사례다. 중세에는 종교적 검열이 더욱 엄격하게 시행되었다. 특히 인쇄 활자 등장 이후 교회의 종교적 검열이 더욱 강화되었다. 마르틴 루터의 종교개혁이 인쇄 활자를 이용했다는 점도 종교적 검열이 강화된 이유 중에 하나다.

전쟁 보도 검열은 근대 신문 등장 이후 본격화되었다. 전쟁 관련 보도를 국익 차원에서 유보해야 할 것인지 아니면 보도를 허용하는 것이 바람직한가를 두고 논란이 벌어진 것이다(Royle, T., 1989, 19쪽). 기록으로 남아 있는 최초의 전시 언론 통제는 1812년 제2차 미국독립전쟁이라고 하는 미·영 전쟁이다. 당시 앤드류 잭슨(Andrew Jackson) 장군이 군사 기밀 보호를 이유로 기자들의 취재 활동을 통제하는 계엄령을 선포한 것이다(Smith, A, 1999, 91~92쪽). 크림전쟁(Crimean War)에서 영국군 수뇌부의 무능함과 병사들의 고통을 폭로하는 기사를 썼던 'The Times'의 윌리암 하워드 러셀(William Howard Russell)도 전시 언론 통제의 피해자였다. 크림전쟁 보도로 영국 애버딘 정권을 퇴진시킬 정도로 명성을 떨쳤지만 군의 반감을 사 간첩죄로 기소당하기도 했다. 결국 무죄로 판결되었지만 이후 전장에 접근하는 것을 원천적으로 차단당했다. 이후 러셀은 남북전쟁 때도 종군기자로 활동하였지만, 양측 모두 그의 취재 활동을 승인해주지 않아 결국 영국으로 돌아가야 했다(Young, P. & P. Jesser, 권영근·강태원(역), 2005, 69~71쪽).

특정 신문사를 대상으로 한 전시언론통제가 등장한 것은 1843년 미국·멕시코 전쟁이었다. 전쟁 중에 모든 신문 기사들이 사전 검열되었고, 이를 지키지 않을 경우 경제적 압박과 폭력 위협에 시달려야 했다. 심지어 'Genius of Liberty' 처럼 미군 작전에 비판적인 신문사는 아예 폐간되기도 했다(Reilly, T., 1977, 268~269쪽). 신문들이 마치 군 기관지 같다는 말을 들을 정도였다(McCaffrey, 1992, 197~199쪽). 이어 벌어진 남북전쟁에서는 더 노골적인 보도 검열이 이어졌다. 전쟁 초기에 조지 메켈란(George McClellan) 장군이 서로 협력하기로 기자들과 '신사협정(Gentlemen's Agreement)'을 맺기도 했지만 오래가지 못했다(Crozier, E., 1973, 134~135쪽). 그 주역은 전쟁부 장관 에드윈 스탠턴(Edwin M. Stanton)이었다. 그는 불리한 전황은 감추거나 축소하는 수준을 넘어, 전쟁에 반대하는 편집자를 구속하고 신문사를 폐간시켰다. 심지어 사전에 알리지 않고 취재한 기자에게 사살 명령을 내리기도 했다. 또한 스탠턴 장관의 지시로 '최고사령부(Chief Military Authority)'가 발행한 '전쟁 소식(War Bulletin)'이란 팜플렛을 AP통신을 통해 미국 전역에 배포하기도 했다(Knightley, P., 1975). 이것은 최초로 전쟁 중에 군이 홍보용 뉴스를 제작해 공급한 것이라 할 수 있다. 이에 대해 모트는 보도 통제들이 원칙 없이 행해져 '산발적이고 비조직적(sporadic and disorganized)'이었다고 평가하였다(Mott, F. L., 1950, 336~338쪽). 한마디로 남북전쟁은 부대 이동이나 전투 상황 같은 뉴스들이 완전히 차단되어 군사기밀주의가 언론의 자유를 압도한 전쟁이었다고 할 수 있다(Emery, E. & M,. Emery, 1978, 169쪽).

그림43 스탠턴 장관의 전시 뉴스 검열을 풍자한 만화

Vanity Fair가 그린 이 만화는 전쟁장관 Edwin Stanton을 튜닉(tunic)을 입고 있는 황제로 묘사하고, 그의 서명을 '스탠토니우스(Stantonius)'로 바꾸었다.
(https://newseumed.org/tools)

프랑스와 프로이센이 맞붙었던 보·불 전쟁(1870~1871)에서도 두 나라 모두 언론을 통제했지만 방식은 극명하게 달랐다. 프랑스가 매우 강한 검열 방식을 취했다면 프로이센은 언론에게 제공되는 정보를 통제하는 방식을 사용하였다. 프랑스의 나폴레옹 3세는 외국 특파원들의 동행 취재를 원천적으로 금지하였다. 이는 당시 프랑스의 애국적 분위기와 무관하지 않았던 것으로 보인다. 반면 프로이센의 비스마르크는 영국의 러셀이나 스코

틀랜드의 포브스(Archibald Forbes) 같은 외국 기자들의 동행 취재는 물론이고 주요 인사들과의 인터뷰까지 허용하였다. 이러한 우호적 태도는 우세했던 전황 때문에 가능했다. 영국은 식민지 지역에서의 전쟁 관련 보도를 통제하는데 신경을 썼다. 무엇보다 취재기자 숫자가 크게 늘어난 것이 가장 큰 골칫거리였다. 수단 전쟁에는 28명이었던 취재기자가 보어전쟁 때는 300명이 넘었다. 이 때문에 수단 전쟁에서는 기자 한 명당 하루 200단어 이내만 허용하였고, 보어전쟁 때는 처음으로 정규 브리핑과 공식발표가 등장했다. 특히 부대 배치, 병사들의 사기와 관련된 뉴스는 적에게 유리할 수 있다는 이유로 금지되었고, 아군에게 유리하게 보도하도록 압력을 가하기도 했다.

이처럼 제1차 세계대전 이전까지는 전쟁 보도에 대한 통제가 양적으로 증가했지만 체계적이지는 못했다. 대부분 개별 전투 상황에서 지휘관의 성향이나 판단에 따라 주관적으로 실행되는 경우가 많았다. 지휘관이나 정치인들의 이해에 따라 통제되기도 하고 밀월관계를 유지하기도 했다. 예를 들면 미국·스페인 전쟁에서 미군과 언론은 마치 동업자 같았다. 황색언론(yellow paper)들의 선정성 경쟁과 연관되어 나타난 현상이다. 특히 4개월 전쟁 기간 중에 무려 5백여 명이 넘는 기자들이 취재 경쟁을 벌였고, 군 역시 유례가 없을 정도로 자유로운 취재 활동을 허용하였다. 이에 그치지 않고 일부 신문들은 군 수뇌부 인사들과 밀착해 정치적 공방전에 동원되기도 했다. 물론 전과를 과장·왜곡하는 보도들도 많았다. 하지만 스페인으로부터 할양받은 필리핀과의 전쟁에서 강한 저항에 부딪쳐 고전하게 되자, 당시 제8군단장 오티스(Elwell S. Otis) 소장은 태도를 바꿔 강도 높은 보도 검열을 시행하려 해 기자들과 갈등을 빚기도 했다.

이렇게 기능적으로 행해졌던 전시 언론 통제는 제1·2차 세계대전을 거치면서 조직적인 활동으로 발전하였다. 지금도 사용되고 있는 ① 사전·사후 검열 ② 보도지침(guideline) ③ 종군기자 기본 규약(ground rules) ④ 전시 브리핑 ⑤ 전투 현장 접근 제한 ⑥ 취재기자 수 제한 같은 전시 언론 통제 방법들이 19세기 중·후반과 제1차 세계대전을 통해 등장하였다. 초기에는 군의 일방적 조치에 의해 통제가 이루어졌다면, 점차 군과 언론이 서로 합의하는 형식으로 변화하게 된 것이다.

제1차 세계대전 : 전시 언론 통제의 시작

제1차 세계대전은 1914년 독일이 '수정된 슐리펜 계획(Schlieffen-Plan)'에 따라 프랑스를 공격하면서 시작되었다. 가장 먼저 전시 언론통제의 중요성을 인식한 것은 영국이었다.

그림44 제1차 세계대전 중에 각국의 징집 포스터

영국의 키치너 경은 "당신을 원한다"라는 참전 독려 포스터에 직접 등장하였다. 영국의 일러스트레이터 알프레드 리트(Alfred Leete)가 그린 것으로, 1914년 '런던 오피니언(London Opinion)' 표지에 게재되었다. 이런 선전 활동으로 제1차 세계대전 중에 2백만 명 이상이 자원 입대하였다. 이 포스터는 다른 나라에도 영향을 미쳐 각국이 유사 포스터를 제작했을 정도다. 미국의 전쟁 기금 마련을 위한 공채 발행 포스터 '엉클 샘'도 이를 모방한 것이다.
(https://bemil.chosun.com/nbrd/bbs/view.html?b_bbs_id=10164&num=194)

전쟁부 장관 아놀드 포스터(Arnold Foster)는 러·일전쟁의 사례를 통해 전시 언론 통제가 필요하다는 것을 알게 되었다(Bray, M., 1984, 10). 그 후 육군성에서 작성한 '전시 또는 위협 상황에서 언론통제(Control of the Press in Time of War or Threat)'라는 보고서에 기초해 1911년에 '공무상 비밀법(Official Secrets Act)'이 제정되었고, 전쟁 발발 후에는 육군 총참모부 산하에 언론 검열과 통제를 위해 '합동군사언론위원회(Joint Military Press Committee)'가 설치되었다. 또 1914년 8월에는 '국방법(D.O.R.A. : Defence of the Realm Act)'이 제정되어 전쟁에 유해하다고 판단되는 정보를 유포하거나 출판하는 것을 금지하였다. 이에 따라 육군과 해군이 각각 언론 검열을 위한 사무국을 설치하였다. 하지만 군의 언론통제는 전통적으로 유지해 온 군과 언론의 상호 합의관계를 언론이 심각하게 벗어났을 경우에만 적용될 수 있다는 조건을 붙였다(Badsey, S., 2014). 그렇지만 전쟁 중에 이 같은 조건부 언론 통제는 거의 지켜지지 않았다. 전쟁부 장관 키치너 경(Lord Kitchener)은 기자들의 전장 접근을 원천적으로 금지하였고, 개전 초기 영국 원정군에 단 한 명의 기자도 동반시키지 않았다(Royle, T., 1989, 119쪽).

이 같은 초강경 언론통제는 '아미엥 급보(Amiens Dispatch)' 사건으로 변화되게 된다. 이 사건은 개전 초기에 세르비아로 이동하던 '런던 타임즈(London Times)'의 아서 무어(Arthur Moore)와 '데일리 메일(Daily Mail)'의 해밀턴 파이퍼(Hamilton Fype) 기자가 영국군의 초기 전투 상황을 "역경과 싸우는 붕괴된 영국군 연대(Broken British Regiments Battling Against Odds)", "노도와 같은 독일군의 진격, 우리 병사 압도(German Tidal Wave, Our Soldier Overwhelmed)" 같은 제목의 기사를 보도한 것이다. 이 기사를 놓고 논란이 일자 영국 정부는 군 대변인 격인 '목격자(Eyewitness)' 제도를 신설하고, 임명된 어니스트 스윈턴(Ernest Swinton) 대령이 작성한 기사만 신문사들이 게재하도록 하였다. 스윈턴 대령은 나름대로 사실을 전달하고자 노력했지만 그렇다고 언론사와 대중들을 만족시킬 수는 없었다.

신문사들의 불만이 커지자 1915년에 일부 기자들을 전선에 배속해 취

그림45 Arthur Moore 기자가 전송한 몽 전투(Battle of Mons) 관련 급보

(The Times, 30 August 1914)

재할 수 있도록 조치하였다. 그렇지만 서부전선을 비롯한 주요 전투 지역에서의 취재는 '웰링턴 하우스(Wellington House)'라 불리던 '전쟁선전국(The War Propaganda Bureau)'과 선전용 언론 자료를 작성·제공하는 전쟁부 산하 'MI7'이 주요 영국 신문들과 협상을 통해 허용 여부를 결정하였기 때문에 지극히 제한적이었다. 1917년에는 국내 선전 활동을 책임지고 있던 '국민 전쟁 목표위원회(National War Aims Committee)' 요구로 외무부 산하의 국내 선전 담당 기구였던 '정보국(Department of Information)'을 확대 개편하였다. 전쟁 막바지에는 '전쟁사무국 영화 위원회(The War Office Cinema Committee)'까지 흡수·통합해 '정보부(Ministry of Information)'로 승격되었다. 당시 영화위원회는 카메라맨들을 전장에 투입해 매주 두 차례 공식 뉴스 영화를 제작하고 있었다. 흥미로운 것은 같은 시기에 '크류 하우스(Crewe House)'라고 불리는 언론사 사장 출신 알프레드 햄스워드(Alfred Hamsworth)가 이끄는 '적국 선전부 (Department of Enemy Propaganda)'가 창설되었다는 것이다. 이 기구의 목적은 독일을 비롯한 적국을 대상으로 한 심리전이었지만 정보부와 많은 업무가 중첩되면서 갈등이 컸다(Derrism, P., 1972).

결과적으로 제1차 세계대전 중에 영국의 대·내외 심리전과 언론 통제 기구는 '정보부'와 '적국 선전부', '국가전쟁 목표위원회', '공보국', 전쟁부 산하의 'MI7'으로 분리되어 있었다. 하지만 의회 산하에 있던 '전쟁목표위원회'와 전쟁부 조직이었던 'MI7'를 제외하고는 사실상 '정보부'가 주도했다고 할 수 있다. 여기서 주목할 점은 전쟁 후반부로 갈수록 전시언론통제가 대·내외 심리전 활동 기구에 흡수·통합되었다는 것이다. 이는 전쟁의 강도가 높아질수록 전시 언론 통제가 군이 주도하는 형태로 변화했다는 것을 의미한다. 피터 영과 피터 제시카는 제1차 세계대전 중에 영국 언론들은 애국심과 사명감에 충실해 정부의 전쟁목표 달성에 매우 순종적이었다고 지적하고 있다(Young, P. & P. Jessica, 권영근·강태원(역), 2006, 90~94쪽). 다시 말해 민족주의와 애국심이 주도하는 전쟁은 정치적 이해득실과 대중의 기대가 결합된 국익 명분에 의해 언론의 자유가 위축되었다는 것이다. 그러나 독일이 항복하고 파리조약이 체결되기 직전 이 조직들은 모두 해산되었고, 이 기구들에 대한 어떤 기록이나 평가도 이루어지지 않았다.

프랑스 또한 전쟁 발발 직전에 언론에 대한 검열을 고려하였다. 하지만 프랑스에서는 군과 언론 간의 갈등이 심했다. 지식인들은 언론 통제를 국민들을 상대로 한 '두뇌 충전(burrage de crâne, brain-stuffing)'이라고 생각했고, 반대로 군은 언론을 매우 정치적이고 부패한 집단으로 인식하고 있었다(Badsey, S., 2014). 이런 배경에서 전쟁 발발 직전인 1913년 10월에 기존에 있었던 '전시 통제법'을 다시 가동하였다. 그리고 전쟁 발발 직후인 1914년 8월에 언론사 대표들로 구성된 '언론위원회(Press Commission)'를 구성해 전국 또는 지역 단위로 신문 검열을 실시하였고, 일부 신문들은 이를 위반했다는 이유로 정간되기도 했다. 또 군인을 검열관으로 임명하는 것을 놓고 언론과 갈등이 빚어지기도 했다. 10월에는 '육군 정보부(Information Section)'를 설치해 최전선 전황들을 언론사에게 정기적으로 제공하도록 하였다.

그렇지만 마른(Marne) 전투 이후 참혹한 진지전으로 전쟁 양상이 변화되면서 국민들의 여론이 나빠지는 것을 느낀 프랑스 정부는 언론 통제 방법을 전환하게 된다. 1917년 초부터는 전선에서 기자들의 취재는 물론 홍보용 뉴스 영화 제작을 위한 카메라맨과 사진기자 취재활동도 허용하였고, 영국 언론과 취재자료 교환도 가능하였다. 특히 1917년 4월에서 6월까지 있었던 프랑스 육군 반란 이후에는 형식적으로는 영국처럼 자율 규제 방식으로 변경하게 된다. 그렇지만 제1차 세계대전 동안 프랑스 정부의 언론 통제는 일부 정치인들과 정치군인들의 정략적 목적과 깊이 연관되어 있었다. 이 때문에 작전을 명분으로 했던 군사 기밀주의가 언론의 자유를 억압하는 수단으로 악용된 경우가 적지 않았다.

한편 추축국인 독일은 영국·프랑스 같은 국가들과 전시 언론에 대한 접근 방법부터 달랐다. 가장 큰 차이점은 언론을 검열 대상을 넘어 선전 수단으로 인식한 것이다. 이미 전쟁 전부터 주요 일간지였던 '노드 도이체 알게마이네 자이퉁(Norddeutsche Allgemeine Zeitung)'이나 '쾰르니체 자이퉁 (Kölnische Zeitung)'은 공개적으로 정부 대변지를 표방하고 나섰다. 또한 다른 나라들의 우호적 여론을 조성하기 위해 반관영(semi-official) 방송 네트워크를 운영하였고, '울프 전신국(WTB : Wolff Telegraph Bureau)' 같은 통신사를 외무부 비밀 재정으로 지원하였다. 전쟁 발발 후 이 통신사는 '우베르시덴스트 트란소젠 GmbH(Überseedienst Tranzosean GmbH)'라는 라디오 뉴스 통신사를 별도 자회사로 설립해 전쟁 기간중에 독일 외무부의 선전 도구로 활용하였다.

또 다른 차이점은 독일의 전시 언론 통제는 군이 직접 통제했다는 것이다. 독일은 1914년 8월 전쟁을 시작하면서 발표된 '정쟁 중지(Burgfreiden) 지침' (III)b항(Nachrichten-abteilung, 군사정보부)에 따라 육군 최고 사령부(OHL : Oberste Hereesleitung)가 언론 검열, 여론 통제 및 선전 활동을 총괄하였다. 같은 해 10월에는 'Messter-Fim GmbH'와 'Messter-Woche'를 설립해 전선에서의 사진·영화 촬영도 군이 독점하였다. 또한 마티아스 에르츠베르거 (Mathias Erzberger) 의장의 이름을 딴 '에르츠베르거 사무소(Erzber Office)'를 설립해 반독일 선전에 대응하도록 하였다. 1915년 2월에는 '최고검열과 (Oberzensurstelle, Supreme Censorship Office)'를 설치하였고, 얼마 후에 '전쟁보도국(K.P.A : Kriegspresseamt)'으로 확대해 '정보국'과 '최고검열과'를 함께 관할하였다. 이외에도 군에서 제작한 '독일 전쟁 언론서비스(Deutsche Kriegsnachrichtendienst)'라는 신문을 주 3회씩 발행하기도 하였다. 1916년에는 최고사령부 내에 외무부 대외 선전 조직을 흡수한 '군사 대외홍보사무소(M.A.A. : Militälische Stelle des Auswärtiges Amts)'를 창설하였다. 조직 산하에 다큐멘터리와 뉴스 릴을 책임지는 '군사영화 및 사진 센터(BUFA : Bild-und Filmant)'와 선전영화를 제작하는 'UFA(Universum-Film Aktiengesellschaft)'를 두어 독일의 대내·외 심리전을 총괄하였다.

그림46 제1차 세계대전 중에 독일 신문 검열

1915년 7월 27일자 "Arbeiterinnen Zeitung"
ANNO, Österreichische Nationalbibliothek,
(http://anno.onb.ac.at)

제1차 세계대전 중에 독일 언론들은 군의 조직적이고 체계적인 통제를 받았다는 점에서 영국·프랑스와 크게 대비된다. 그 배경에는 군사 국가 성격이 강했던 프로이센 전통과 당시 독일에 팽배해 있던 국가사회주의 분위기가 있었다. 특히 독일군 총참모장 루덴도르프(Erich Ludendorff)의 의지가 전시 선전체계나 언론 통제 방식에 큰 영향을 미쳤다. 그는 국민들의 사기를 총력전의 일부라 생각하였고, 전쟁 중에 국민들의 생각을 군사적 비전에 맞추어야 한다고 생각하였다(Badsey, S., 2014). 이런 인식은 독일의 심리전이 현실과 괴리가 커지면서 도리어 역효과를 냈다는 평가를 받기도 했다(Welch, D., 2000). 비록 실현되지는 못했지만 루덴도르프는 '전쟁보도국'을 독일 국민과 군을 연계하는 '애국적 교육(Vaterländische Unterricht)' 프로그램을 추진하는 기구로 만들고자 하였다. 이 같은 루덴도르프의 야망은 나치 제국에 계승되면서 제2차 세계대전을 통해 다시 부활하게 된다. 전쟁 말기에 그가 주장했던 '배후로부터의 중상 이론(Dolchstosslegende, stab in the back)'은 나치와 괴벨스의 선전·선동 전략의 핵심이 되었다. 전쟁 종료와 함께 모든 심리전·언론 통제 관련 기구들을 완전히 폐쇄하고 자료를 없애버린 영국과는 크게 대비되는 모습이다.

크릴 위원회와 팔머의 언론 검열 : 조직적 전시 언론 통제의 시작

제1차 세계대전은 전시 언론 통제가 체계화되는 전환점이라 할 수 있다. 19세기 후반 대중 신문이 성장하고 유·무선 통신기술 발달로 커뮤니케이션 수단들이 질적·양적으로 늘어나면서 체계적인 전시 언론 통제가 필요해졌기 때문이다. 하지만 역설적으로 주요 언론사와 통신수단만 통제하면 정보의 차단과 검열이 도리어 더 용이해진 측면도 있다(엄기열, 2003). 1912년 미국의 '통신법(Radio Act of 1912)'이 대표적인 경우다. 이 법의 제정 목적은 무선 주파수 혼선을 막는 것이었지만, 전시 혹은 위급 상황이 발생하면 대통령이 라디오 방송국을 폐쇄시킬 수도 있고 해군의 통제 아래 둘 수 있다고 규정하고 있기 때문이다(Douglas, S. J., 1987). 실제로 우드로우 윌슨(Woodrow Wilson) 대통령은 1918년 참전 선언과 동시에 '공공의 안전'을 이유로 모든 전신과 전화선 및 해저케이블을 이용하는 커뮤니케이션 내용을 검열하도록 명령하였다(Headrick, D. R., 1991). 미국 참전의 직접적인 동기가 되었던 '루시타니아(Lusitania) 호 피격사건'도 미국 정부가 통신망을 통제하면서 참전 여론에 유리한 내용만 보도하게 하면서 파장이 더 커졌다는 평가도 있다.

이뿐 아니라 '간첩법(Espionage Act of 1917, 1918)'과 '선동법(Sedition Act)'을 통해서도 전쟁 수행에 방해가 되는 언론 보도들을 제재 혹은 사전 통제할 수 있었다. 특히 '적성국 무역금지법(Trading Act with the Enemy of 1917)'은 "영어 이외의 다른 언어로 신문을 출판할 때는 전쟁 관련 기사의 영어 번역본 제출을 의무화하였고, 필요한 경우 우편 검열과 통신 수단 차단도 가능하였다." 미국 내에서 발간되는 외국어 신문의 '적성국 무역 금지법' 위반 여부를 감시하기 위해 '공공정보위원회(CPI : Committee on Public Information)' 산하 '외국어 신문과(Foreign Language Newspaper Division)'에는 200여 명의 자원봉사자가 활동한 것으로 기록되어 있다.

미군의 전시 언론 통제는 참전 이후 더욱 본격화되었다. 유럽 원정군의 언론 통제 책임자는 총사령관 퍼싱(John Pershing) 장군 예하의 검열 및 보도 담당 참모 프레드릭 팔머(Frederick Palmer)였다. 그는 전쟁 중에 최대 400명이 넘는 취재기자단을 통제하였다. 기자들은 미군들과 동반 취재하기 위해 2,000달러의 보증금과 1,000달러의 공탁금을 예치하고 취재허가증을 발급받아야 했다. 취재허가증을 받지 못하면 직접 취재할 수는 있었지만 기사 송고는 사전검열을

그림47 제1차 세계대전 중 우편 검열을 암시하는 미국 정부 포스터

거쳐야 했다. 이로 인해 허가증을 발급받지 않은 취재기자들은 취재 불편함과 까다로운 검열 절차 때문에 사실상 취재가 불가능했고 무엇보다 안전을 보장받을 수 없었다. 이러한 경험들은 후에 미군이 'pool system'이나 'embedding program'을 개발하는 동기가 되었다.

특히 언론 통제 책임자인 프레드릭 팔머(Frederick Palmer)는 부정확한 정보, 적에게 유리한 정보, 아군의 사기를 저하시킬 수 있는 정보를 원천적으로 금지하였다. 실제로 병참선 위치나 군사작전, 방어 진지, 작전 진행 상황, 적의 화력 효과, 과장된 군사 활동, 관측소 위치, 전투 지역에서의 지뢰 매설과 철교 건설 같은 것들이 취재 금지되었다(Larson, C., 1940,

317~320쪽). 전투 지역에 출입할 수 있는 기자는 40명으로 제한되었으며, 1만 달러의 출입 보증금을 요구하기도 했다. 이를 두고 기자들은 '신문사 노릇(act as a gentleman of press)'이라고 조롱하기도 했다(Knightley, P., 2004, 133쪽). 전투 현장에서 사진 촬영도 금지되었다가 나중에 허용되었지만 군의 검열을 거쳐야 했고 미군 병사들의 시신은 노출되어서는 안 되었다(Roeder Jr. G. H., 1993, 8쪽). 모든 기사는 본사로 송고하기 전에 사전검열을 통과해야 했고(Mock, J. R., 1941, 103쪽; Larson, C., 1940, 316쪽), 보도 관련 규칙을 어기면 벌금을 물리거나 파면·구금되기까지 했다. 하지만 야전부대에서의 취재 통제나 보도 검열에 분명한 원칙과 기준이 있었던 것은 아니고 상황에 따라 지휘관의 판단에 의해 결정되는 경우가 많았다.

제1차 세계대전 중에 미국의 언론 통제를 체계화시킨 것은 조지 크릴(George Creel)이 이끌었던 '공공정보위원회(CPI : Committee of Public Information)'라고 할 수 있다. CPI는 형식적으로는 민간 기구였지만 정부와 군의 주요 인물들이 위원으로 참여하고 있어 미국 내 선전 활동을 주도한 사실상 준국가기구였다. 조직은 크게 '국내부'와 '해외부'로 구성되어 있는데, '국내부'에는 많을 때는 12개가 넘는 하위 부서들이 있었고 '해외부'에는 9개 국가에 30여 개 이상의 지부를 두고 있었다. CPI는 국·내외 언론에게 전쟁 정보나 영상, 사진 등을 제공한다는 것을 명목으로 전쟁 관련 뉴스들도 검열할 수 있었다.

CPI의 검열 기준과 절차는 '국외 뉴스'와 '국내 뉴스'로 분류해 실시되었다. 국외 뉴스란 미국 이외에서 취재된 뉴스 즉, 종군 기자들이 전장에서 작성한 뉴스를 말한다. 이 뉴스들은 CPI가 정한 기준에 따라 까다로운 검열을 거쳐야 했고, 이를 위반할 경우에 엄한 법적·경제적 조치들이 취해졌다. 이와 관련된 검열 가이드라인에는 ① 정확하게 작성할 것 ② 적에게 도움이 되는 군사정보를 제공하지 말 것 ③ 군의 사기를 실추시키지 말 것 ④ 국가를 난처하게 만들지 말 것 등이 포함되어 있었다(엄기열, 2003). 특히 전쟁과 관련된 사진이나 영상은 승인받은 것만 사용할 수 있었다(Smith,

A., 1999, pp.139~141). 심지어 '육군통신단(US Army Signal Corps)'이 제작했던 영화관 전용 '주간 뉴스 영화(Weekly Newsreel)'에 필요한 영상들도 '영화홍보과(Division of Film)'에 의해 차단되는 경우가 많았다

CPI가 작성한 '미국 언론에 대한 예비 공고(The Preliminary Statement to the Press of the United States)'에 따르면, 국내 뉴스는 절대로 보도해서는 안 되는 '위험한 기사(dangerous matters)', CPI의 동의를 받아야 하는 '문제성 기사(questionable matters)', 자유롭게 보도할 수 있는 '일반 기사(routine matters)'로 분류되었다. '위험한 기사'에는 진행 중인 군사작전, 대통령과 고위 공직자에 대한 살해 위협 및 음모, 사보타주나 간첩 활동을 막기 위한 비밀 정보나 명령 같은 것들이 포함된다. 또한 군용 선박 간의 커뮤니케이션 내용, 단위 부대에 부여된 특별 임무, 부대 병력이나 군함, 지뢰, 미국 내 방공시스템 위치 등도 해당된다. 이외에도 전쟁물자와 관련된 실험이나 개발 내용, 병사들을 이동하는 수단들도 보도할 수 없었다. '문제성 기사'란 신속하게 보도 여부를 통보해 주어야 하는 부대나 함대의 이동, 전쟁물자 생산과 관련된 내용, 상업용 선박의 출발과 도착 장소 및 시간, 해상화물의 내용 등이 담긴 보도들이다. 또한 미군 전투기 숫자, 항만 방어체계, 공군 부대 배치가 노출된 사진은 CPI의 동의를 받아 보도할 수 있었지만 사실상 거의 금지되었다. 특히 전쟁과 관련된 루머들을 기사화할 수 없었다. 그 이유는 많은 루머들이 독일이 선전 목적에서 의도적으로 퍼뜨린 것으로 간주했기 때문이다. 그렇지만 많은 신문들이 '독일의 거짓말(German Lies)'이라는 제목으로 전쟁 관련 루머들을 기사화했다(Sweeny, M., 2006, 9~28쪽).

이러한 검열 규정을 위반하면 취재 허가증 압수 같은 강한 제재를 받았기 때문에 CPI의 언론 검열은 악명이 높았다. 물론 모든 검열은 '자율 규정'이란 명칭에서 보듯 언론사의 자발적 통제 형식으로 이루어졌다. 하지만 실제로는 전장에서 취재된 국외 뉴스만큼 엄격한 검열을 거쳐야 했다. 흥미로운 것은 거의 모든 신문들이 이러한 검열에 순순히 동조했다는 점이다. 역사학자인 제임스 모크는 당시 99% 언론들이 검열에 동의했거나

자발적으로 규제했다고 주장한다(Mock, J. R., 1941, 81쪽). 조지 크릴 위원장도 자신의 저서에서 검열 규정에 동의하지 않은 언론인들 중에 겨우 두세 명 정도가 의도적으로 위반했다고 자랑스럽게 밝힌 바 있다(Creel, G., 1972, 24쪽). 아마도 자율 규정 이면에 있던 우편 거부, 인쇄 압박 같은 압력을 의식했기 때문인 것으로 보인다(Mock, J. R & C. Larson, 1968, 42~47쪽). 이 때문에 제1차 세계대전은 미국 역사상 언론인들을 가장 심하게 억압했던 시기라는 평가를 받고 있다(Johnson, D., 1962, 58쪽). 결국 전쟁이 끝나고 미국 대법원은 전쟁 중에 행해졌던 검열 조치들이 수정헌법 1조에 위반된다고 판결하였다. 한마디로 제1차 세계대전 중에 미국 언론들은 정부와 군에 대한 감시견(watchdog) 역할을 스스로 유보했던 것으로 평가할 수 있다(Smythe, D., 2013, 66쪽).

제1차 세계대전 종전 직후 곧바로 크릴 위원회를 해체한 것도 고립주의 외교로의 복귀, 군비축소 여론 같은 외적 요인들도 있지만, 지나치게 극단적이고 공격적인 위원회 활동에 대한 국민들의 나쁜 시선도 영향을 미쳤다고 할 수 있다. 리네바아거는 "크릴위원회의 대·내외 활동은 국내에서는 실망을 국외에서는 불신을 자초했다"고 평가하면서, "그 결과는 결국 제2차 세계대전의 불씨가 되었다"라고 평가하였다(Linebarger, P. A., 유지훈(역), 2002, 83~84쪽). 물론 크릴 위원회는 미디어를 통한 애국심 고양 활동들에 대해 '정부를 지지하는 언론의 애국적 열망(the patriotic desire of the press to support the government)'에 따른 것이었다고 주장했다(Mott, F. L. 1950, 625~627쪽). 하지만 CPI의 과도한 거짓 선전들은 대중에게 혐오의 대상이 되었고, 선전은 민주주의를 위협할 수 있다고 인식을 심어주었다. 이 때문에 제2차 세계대전 초기 루즈벨트 정부가 선전 정책을 수립하고 기구를 설립하는데 주저했던 것이 사실이다(Leuchtenburg, W. E., 1958, 44~46쪽). 그럼에도 불구하고 분명한 것은 CPI의 전시 언론 통제 가이드라인은 이후 미국의 모든 전시 언론 통제 규칙의 바이블이 되었다는 것이다.

그림48 제1차 세계대전 중에 크릴 위원회와 미국 정부의 홍보 포스터

(https://commons.wikimedia.org/wiki/File:Pershing's_crusaders-Auspices_of_the_United_States_
government_-_The_H.C._Miner_Litho._Co._N.Y._LCCN2002712072.jpg
https://commons.wikimedia.org/wiki/File:%22Be_Patriotic_sign_your_country's_pledge_to_save_
the_food.%22,_ca._1917_-_ca._1919_-_NARA_-_512497.jpg
https://www.artnet.com/artists/karl-koehler-and-victor-ancona/this-is-the-enemy-QGgUw-Xrq
MJCIdlyj3qnJw2)

제2차 세계대전 : 전시 언론 통제의 체계화

제2차 세계대전은 당시로서는 획기적인 뉴미디어라 할 수 있는 라디오
와 영화로 시작된 전쟁이라 해도 크게 틀리지 않을 것이다. 제1차 세계대
전 종전 직후 등장한 라디오는 정치적으로 막강한 위력을 발휘하였다. 문
자매체인 신문과 달리 음성이나 영상을 보여주는 시청각 매체들은 사람들
의 미디어 가독성(media literacy)을 획기적으로 증가시켰다. 특히 시청각 매
체의 감성적 메시지들은 선전·선동 매체로서 크게 부각되었다. 실제 독일
의 나치 정권이나 레닌의 볼셰비키 혁명에서 라디오와 영화는 가장 중요
한 선전 수단으로 활용되었다. 1937년부터 미국의 루즈벨트 대통령이 매
주 1회씩 방송했던 '노변정담爐邊情談(fireside chat)' 프로그램은 라디오의 정
치적 영향력을 확인시켜 주었다(Ryfe, D. M., 1999, 80~105쪽). 이와 더불어 제1
차 세계대전 중에 사용되었던 다양한 심리전 기법들에 대한 실증적 분석

이 이루어지면서 실용적인 선전 도구로 활용되었다.

제2차 세계대전 발발 이전부터 많은 나라들이 적극적인 심리전 활동을 벌였다. 특히 1939년 9월 독일의 폴란드 공격 이후 1940년 5월 프랑스를 공격할 때까지 벌어졌던 '가짜 전쟁(phony war)'에서는 군사적 충돌 없이 서로의 눈치를 보면서 심리전만 전개하게 된다. 영국과 프랑스는 제1차 세계대전의 악몽을 재현하고 싶지 않았고, 독일은 서부전선에 병력을 재배치할 시간을 벌고 싶었다. 이 기간에 프랑스와 독일은 마지노선(maginot line)과 지그문트선(Siegfried line) 사이의 공간을 두고 상대방을 자극하지 않기 위한 심리전을 전개하였다. 영국 폭격기가 전단을 뿌리면 독일 쪽은 확성기 연설과 밴드 연주로 응수하였다. 주로 "너희들이 공격하지 않으면 우리도 공격할 생각이 없다", "너희들이 여기서 이러는 동안 누군가 당신 애인을 차지할 것이다. 그러니 돌아가라" 같은 내용이었다.

이와 함께 국내·외적으로 언론을 효율적으로 활용하기 위한 언론 통제 방안을 준비하게 된다. 가장 효과적인 통제 시스템을 구축한 것은 나치 독일이다. 하지만 전체주의 국가의 언론 체제는 전시·비전시에 관계없이 철저한 국가 통제 아래 있으므로, 군과 언론의 상호작용 기제로서 자유민주주의 국가들의 전시 언론 통제 양식과는 거리가 멀다. 같은 자유민주주의 국가지만 영국과 미국은 유사하면서도 서로 다른 모습을 보여주었다.

나치 독일의 정치 선전이 극에 달하고 전운이 감돌기 시작했던 1935년에 영국의 '제국국방위원회(Committee of Imperial Defense)'가 전시 정보통제를 위한 장관급 기구가 필요하다는 권고안을 제출하였다. 이에 따라 1939년 '공보부(Ministry of Information)'가 다시 부활되었다. '비상대권법(Emergency Powers Act)'에 근거해, 공보부 장관은 "우편, 유·무선 통신을 통해 영국을 벗어나는 모든 뉴스, 상업용 메시지, 사적 메시지의 검열과 관련해 무제한의 권한"을 부여받았다. 신문편집인을 포함해 누구든 적에게 이득이 될 수 있는 정보를 획득·보도·발행하거나 다른 사람에게 전달하지 못하도록 하기 위한 것이었다(Knightley, P., 1975, 202쪽). 하지만 공보부는 출범 초기부터

두 가지 난관에 부딪치게 된다. 하나는 처칠 수상을 비롯한 정치인들의 언론에 대한 부정적인 인식과 제1차 세계대전 중에 사용하였던 '목격자(Eyewitness)' 제도를 둘러싼 논란, 종군 기자들의 전투 현장 취재 허용과 관련된 혼선이었다. 이 문제는 2년 이상의 시행착오를 거쳐 보도 검열규약이 마련되면서 해결되었다.

반면 미국은 출발은 늦었지만 신속하게 전시 언론 통제 시스템을 구축하였다. 통제 시스템이 늦은 이유는 앞서 설명한 것처럼 제1차 세계대전 중에 있었던 CPI 활동에 대한 부정적 인식 때문이었다. 더구나 루즈벨트 대통령은 참전하지 않겠다는 공약으로 3선에 당선된 상황이었다. 하지만 영국의 지속적인 참전요구와 전쟁의 심각성을 인식하면서 참전에 대비한 공보 및 언론 관련 조직들을 신설·정비하게 된다. 1939년 9월 '국정보도국(Office of Government Report)' 설치를 시작으로 '비상관리국 정보부(Division of Information in Office of Emergency Management, 1941년 3월)', '정보조정국(Office of the Coordinator of Information, 1941년 7월)', '정밀정보국(Office of Fats and Figures, 1941년 10월)', '해외정보지원과(Foreign Information Service, 1941년 10월)'가 연이어 창설되었다(Steele, R. W., 1985). 이와 별도로 1940년 12월에는 전쟁부 내에 전시 언론 검열을 담당하는 '언론관계실(Press Relation Bureau)'이 만들어졌는데, 총인원이 장교 52명을 포함해 259명이나 되는 방대한 조직이었다. 또한 1941년 6월에는 전쟁부와 해군부에 각각 "보도 검열 사무소(Department of Public Affairs)'가 설치되었다.

급기야 1941년 12월 7일 일본의 진주만 기습으로 의회에서 '제1차 전쟁수권법(the First War Powers Act)'이 의결된다. 이 법안은 전쟁 수행을 위해 대통령이 '보도 검열국(Office of Censorship)'을 설치할 수 있도록 하였다. 원래 표현의 자유를 강조했던 루즈벨트 대통령도 "전시 중에는 오래전부터 유지되어 왔던 법(Espionage Act of 1917과 Alien Registration Act of 1940, 일명 Smith Act)들에 규정된 것처럼 정보의 국내 유포행위에 대해 금지 조치가 엄격하게 집행되어야 한다"고 발표하였다(Koop, T. F., 1946, 20쪽). 그리고 다음 날 보도 검열국 책임자로 AP통신 편집장 출신인 바이런 프라이스(Byron Price)를 임명하였다. 보도검열국 조직은 신속하게 구성되어 무려 1만 4천 462명의 직원들이 국내에 유입되거나 국외로 유출되는 모든 뉴스들을 검열하였다.

보도 검열국은 출범 한 달 만인 1942년 1월 이른바 '프라이스 전시 강령(Price Direct)'이라는 언론사들과 협약 형식으로 만들어진 업무 규약을 발표하였다. 신문을 대상으로 하는 '전시 미국 신문 업무 규약(A Code of Wartime Practices for the American Press)'과 라디오 방송과 관련된 '전시 미국 방송 업무 규약(A Code of Wartime Practices for the American Broadcasters)'이다. 두 규약은 거의 유사하지만 라디오 주파수가 대서양을 건너 독일까지 도달할 수 있어 신문보다 더 신중해야 한다는 이유로 신문과 방송을 분리하였다. 특히 미국 서부 연안까지 접근한 독일 잠수함들이 청취할 수도 있다는 것도 명분이 되었다(Sweeny, M., 2006, 84쪽).

이 규약에 포함된 통제 내용들을 보면 사실상 제1차 세계대전 중의 CPI가 정한 검열 규칙을 그대로 가져온 것들 많다. 주요 검열 기준들을 살펴보면, ① 부대의 위치나 이동 ② 해군과 선박의 위치 및 이동 ③ 적의 공격에 의한 해군 피해 상황 ④ 적의 공중포격에 의한 피해 상황 ⑤ 미군과 연합군의 작전 계획 ⑥ 아군의 방어 태세 및 진지 위치 ⑦ 미국의 군수물자 생산시설 및 능력에 관한 내용 ⑧ 날씨에 관한 정보 ⑨ 전쟁에 관한 루머 ⑩ 적에게 이로울 수 있는 사진이나 지도 ⑪ 아군 희생자에 관한 내용 같은 것들이다(The Office of Censorship, 1942, 1945). 다른 점은 독일 잠수함 공격에 이용될 수 있는 풍향, 온도 같은 기상 정보와 적의 공격에 의한 아군 피해와 관련된 정보들이 추가된 것 정도다. 또 대통령과 군 수뇌부 인사들의 동정과 군수물자 생산과 관련된 정보들이 검열 대상에 포함되었다. 특히 방송은 군사 장비 실험 관련 보도와 징집 숫자, 국제 커뮤니케이션 여론에 대한 내용들까지 금지하고 있다.

보도 검열국의 업무 규약은 전쟁 중에 네 차례 보완·개정되었는데, 주로 비밀을 요하는 군사작전과 관련된 내용, 항공기 혹은 선박 관련 정보처럼 군사작전과 관련된 민간 활동, 기밀을 요하는 정보작전이나 외교활동 같은 것들이 추가되었다(Smythe, D., 2013, 75쪽). 특히 적국의 통신 암호와 관련된 내용은 1942년 6월 7일 'Chicago Tribune'이 일본군 통신 암호 해독을 암시하는 보도가 나간 후 추가되었다(Sweeny, M., 2006, 81쪽; Smith, J. A., 1999). 심지어 전쟁 후반부에는 전쟁 공포심을 유발하는 내용, 우천으로 인한 운동경기 지연 소식, 지역행사 안내방송까지도 통제되었다. 마우나로아 화산폭발 보도도 일본군의 야간공습 표적이 될 수 있다는 이유로 금지되었고, 적의 암호 메시지 전송수단으로 이용될 수 있다는 명분으로 청취자 참여프로그램과 루즈벨트 대통령이 휠체어 타고 있는 사진도 통제되었다(Winfield, B. H., 1994).

이처럼 포괄적인 검열 규약으로 인해 사실상 거의 모든 보도들을 규제할 수 있었다. 명목상으로 자율 규제라고 했지만 사실상 강력한 사전 규제와 별반 차이가 없어 언론사들의 불만이 많았다. 보도 검열국 책임자인 브라이언 프라이스는 99.99% 언론인들이 이 규약에 동의하고 있다고 말했지만, 일부 언론들은 전장에서 벌어진 일들을 국민들에게 감추기 위해 이 규약을 사용하고 있다고 비판하였다. 또한 제1차 세계대전 때와 마찬가지로 규약을 위반하는 신문들은 우편을 통한 배포가 금지되었다. "미국은 돈을 위해서 전쟁하는 것이고 결국 패배할 것"이라는 내용이 포함된 찰스 코플린 신부(Father Charles Coughlin) - 그는 유명한 나치주의 신봉자였다 - 가 발행한 'Social Justice'라는 잡지를 포함해 6개 신문과 잡지들이 우체국에 의해 배포가 차단되었다(Marcus, S., 1973, 214~215쪽).

보도 검열국과 함께 주목해야 할 조직이

그림49 'Social Justice'

대내·외 심리전을 총괄했던 '전쟁정보국(OWI, Office of War Information)'이다. 루즈벨트 대통령이 제1차 세계대전 당시 CPI의 지나친 검열 정책에 대한 반감을 고려해 선전영역과 검열 영역을 분리한 것이다. 하지만 전쟁이 본격화되면서 분산된 언론·홍보 관련 조직들을 통합해야 한다는 의견들이 많이 제기되었다. 이에 따라 1942년 6월에 국정보도국, 비상관리국 정보부, 정밀정보국과 정보조정국의 해외정보부서를 통합해 대통령 직속의 '전쟁정보국'을 설립하였다(Weinberg, S., 1968, 77쪽). 책임자로는 'New York Times' 기자 출신인 엘머 데이비스(Elmer Davis)가 임명되었다. OWI 조직은 해외 지부와 국내 지부로 구성되는데, 각 지부에 10개와 6개 사무국을 두고 있었다. 이 중에 언론 검열을 담당하던 부서는 국내 지부 산하 '뉴스사무국(News Bureau)'으로, 250여 명의 인력이 국내·외에서 들어오는 모든 전쟁 관련 뉴스들을 분석·검토한 후 선별해 국내 언론들에게 배포하였다. 전쟁 초기에 '뉴스사무국'에는 50여 명 정도의 직원들이 상주하면서 300여 명의 기자들에게 뉴스를 제공하였고 전쟁 후반에는 1,646명까지 늘어나게 된다. 지금은 보편화된 '전시 뉴스 브리핑 시스템'의 원조라 할 수 있다. 이렇게 전쟁정보국은 공식적인 보도 검열 권한은 없었지만 간접적으로 언론 보도를 통제하였다.

미국 내에서의 보도 통제와 함께 전투 현장에서의 취재 활동 통제 또한 제1차 세계대전과 유사한 방식으로 이루어졌다. '종군기자를 위한 야전규범(Regulations for Correspondents Accompanying U. S. Army Forces in the Field)'이 있기는 했지만, 작전 상황과 지휘관의 성향에 따라 통제 수준이 달랐다. 유럽 지역 연합군 사령관 아이젠하워(Dwight Eisenhower)는 비교적 자유롭게 종군기자들의 취재와 인터뷰를 허용했던 반면 태평양 지역의 맥아더 사령관은 공식 허락 없이 인터뷰하는 것조차 금지할 정도로 취재 활동에 폐쇄적이었다(엄기열, 2003). 물론 아이젠하워 역시 항상 개방적이었던 것은 아니다. 1942년 친 독일의 프랑스 비시(Bichy)정부가 통치하고 있던 북아프리카 지역 사령관과 비밀 협상을 통해 전투 없는 치러진 상륙작전(Operation

Torch, 횃불 작전)은 작전 종료 때까지 언론에 일체 비밀로 하였다. 반면 이탈리아 점령 작전(Operation Husky)은 자세한 작전 계획 – 심지어 상륙지점을 속이는 기만 작전까지 – 을 작전 개시 때까지 보도 시점을 유예하는 '엠바고(embargo)'를 전제로 기자들에게 공개하였다.

1944년 4월 노르망디 상륙작전 때는 이른바 '불굴의 용기 작전(Operation Fortitude)'이라고 명칭된 대대적인 기만작전을 전개하면서 언론 보도를 극도로 통제하였다. 당시 연합군 사령부가 발표한 언론 검열규칙에는 ① 연합군의 전쟁 수행 요소 같은 적에게 이로운 군사정보 ② 오보와 루머에 기초한 허위 보도 ③ 연합군의 사기를 훼손하는 내용 등을 통제하였다. 하지만 작전 개시일이 임박하면서 ① 작전 계획과 의도 ② 부대의 구성 및 형태 ③ 군대의 위치 ④ 군항, 기지, 비행장 위치 ⑤ 탄약저장소 위치 ⑥ 신병기 및 무기 소개 ⑦ 아군의 세부 전략 사항 ⑧ 새로운 무기의 전술적 사용법 ⑨ 아군의 화력 및 전쟁 수행 능력 ⑪ 아군의 피해(숫자 혹은 %) ⑫ 아군의 정보 주지 상태 ⑬ 레이더와 통신기에 관한 모든 정보 ⑭ 아군의 암호에 관련된 정보들처럼 구체적인 금지 사항들을 적시하고 있다(송민호, 1991).

그림50 포티튜드 기만 작전

(https://www.studentnewsdaily.com/daily-news-article/u-s-1-illinois-ghost-soldier-gets-heros-welcome)

또한 수 백명의 기자들이 취재 경쟁을 벌이면서 야기될 수 있는 문제를 예방하기 위해 '취재기자 승인제도'도 실시하였다. 취재를 승인받은 기자들은 엠바고 제약은 있었지만 영관급 장교의 신분보장과 취재 혜택을 받을 수 있었다. 작전 준비기간에는 개별 지휘관 재량으로 병사들과 함께 생활하면서 취재도 허용되었다. 작전 개시 이후에도 부대와 동행 취재할 수 있었는데, 일부 기자들은 공수부대와 함께 낙하산으로 투하해 전장에 접근하기도 했다. 아이젠하워는 종전 후 참모총장이 된 이후에도 '정확하고 편견 없는 정보'를 군 홍보의 가장 중요한 원칙으로 강조하였다.

태평양 지역 사령관인 맥아더는 아이젠하워와 정반대였다. 맥아더는 제1차 세계대전 중에 뉴턴 베이커(Newton D. Baker) 전쟁부 장관의 언론담당관으로 있으면서 전쟁 중에 엄격한 보도 검열 정책이 필요하다는 신념을 갖게 되었다. 육군참모총장 재직 중에는 제1차 세계대전 참전용사들의 '보너스 부대(Bonus Army)' 시위를 강경 진압해 물의를 일으키기도 했다. 이러한 그의 성향대로 태평양전쟁 중에 기자들은 맥아더가 직접 작성한 성명서(communique)만으로 기사를 작성할 수 있었다. 성명서는 보도자료라기보다 선전물에 가까웠는데, 전투 부대와 참전 병사들을 '맥아더의 군대(McArthur's Army)', '맥아더의 병사(McArthur's Man)'로 표현되기도 했다. 이를 위반한 기자들은 취재허가증을 압수당하고 예치했던 공탁금과 보증금을 회수 받지 못한 것은 물론 때로는 군법회의에 회부되기도 했다.

맥아더는 언론을 정치적 목적으로 자신에게 우호적인 기자만 인터뷰를 허용하고 편파적으로 뉴스거리를 제공하기도 했다(Manchester, W., 1978, 358~363쪽). 1945년 10월 6일 군의 사전검열이 공식적으로 종료되자, 일본에 주재하던 특파원들로부터 맥아더의 독선적이고 불합리한 보도 통제에 대한 비판이 쏟아져 나왔다(Voss, F. S., 1994, 29~32쪽). 그러자 일주일 뒤 연합군 최고 사령관 명령으로 새로운 언론 지침을 발표하였다. 그 내용은 3대 통신사와 7개 미국 신문사가 극동지역에서 운영할 수 있는 기자 상한선을 정한 것이다. 그 결과 필리핀, 일본, 한국에서 취재할 수 있는 기자는 132

명으로 제한되었다. 하지만 이 제한은 기자들의 반발이 거세 얼마 못 가서 중단되었다. 이처럼 제2차 세계대전 중에 미국 야전군의 전시 언론 통제는 지휘관의 성향과 작전의 특성에 따라 가변적이었다.

제1·2차 세계대전은 지구촌 전반에 걸쳐 정치·경제·사회·문화 등 모든 영역에서 전환점이 된 전쟁이었다. 미디어 측면에서도 19세기 중반 이후 급성장한 신문을 비롯해 20세기 초에 등장한 라디오, 영화가 전쟁을 거치면서 급속히 대중화되고 영향력이 커졌다. 각종 매스 미디어들은 전쟁을 수행하는 중요한 수단으로 부상하였고, 어떤 경우에는 전쟁의 승패에 영향을 미치기도 했다. 특히 야전 부대 지휘관들에 의해 임의적으로 행해졌던 전시 언론 통제가 제1·2차 세계대전을 거치면서 조직화·체계화되었다고 할 수 있다. 일단 형식적으로는 타율적 검열에서 자율 규제 방식으로의 변화는 주목할 부분이다. 물론 자율적 규제라고 하지만 여전히 타율적 통제에 가까웠던 것이 사실이다. 이 때문에 제2차 세계대전 종전 후 전시 보도 통제와 관련된 정부와 언론 간 소송에서 정부가 패소하는 사례들이 매우 많았다. 이는 미국의 전시언론통제 방식이 언론 보도를 직접 검열하는 방식에서 벗어나 전장 출입을 체계적으로 통제하고 정제된 정보들을 제공하는 방식으로 변화시키는 계기가 되었다. 전후 냉전기에 발발한 한국전쟁과 베트남 전쟁 그리고 1980년대 이후 있었던 레바논 전쟁, 그레나다 침공, 리비아 공격, 걸프 전쟁 등을 거치면서 미국 정부와 군은 효율적인 전시 언론 통제 방법들을 개발해나가게 된다.

한국 전쟁 : 자율 검열의 실험장

제2차 세계대전 종료 후 미국의 심리전 방침과 전시 보도 통제 방식은 완전히 바뀌게 된다. 미국을 비롯한 서방 국가들은 제2차 세계대전 중에 활동하였던 심리전과 언론 관련 기구들을 모두 폐지시켰다. 그 대신 1946년 제2차 세계대전 중에 보도검열국 부책임자로 근무했던 록하트(Jack H.

Lockhart)가 작성한 보고서에서 제안한 '정직의 원칙(naximum condor)'을 지향하는 분위기로 바뀌게 된다. 보고서 내용 중에 "군의 홍보는 보여져야 하거나 보여지기 원하는 것이 아닌 있는 그대로를 보여주는 것이다(present the Army as it is, not as it ought to be or would like to be)"라는 말이 이를 잘 대변해주고 있다. 이러한 이유로 한국전쟁 발발한 시점에 미군에게 전시 보도에 대한 어떤 원칙도, 조직도 존재하지 않았다. 다니엘 스마이드는 "한국전쟁은 언론인이 간첩죄로 기소되지 않은 것을 포함해서 어떤 보도 검열도 행해지지 않은 전쟁이었다"라고 기술하고 있다(Smythe, D., 2013, 77쪽).

제2차 세계대전 종료와 함께 시작된 냉전은 심리전 개념과 전쟁 관련 보도 통제 양식을 근본적으로 변화시켰다. 냉전冷戰(cold war)은 무력 수단을 직접 사용하는 '열전熱戰'과 반대되는 개념으로 '경제·외교·정보 같은 간접적 수단을 통해 적대적으로 대립하고 있는 상태'를 말한다. 특히 동·서 냉전은 공산주의와 자유민주주의라는 이념 대립을 근간으로 하고 있어 체제 우월성을 강조하는 심리전이 격화될 수밖에 없었다. 또한 사실상 사용 불가능한 핵무기가 가용한 무기와 전장戰場의 범위를 억제하면서 국가 간 무력 충돌은 '국지전(local war)'이나 '제한전(limited war)'에 그칠 가능성이 높았다. 이런 상황에서 비폭력 수단을 통한 심리전은 더욱 격화될 수밖에 없었다(황근, 1994). 하지만 미국을 비롯한 자유 진영 국가들은 전시 언론 통제를 놓고 딜레마에 빠지게 된다. 미디어를 통제·활용해야 하는 심리전과 전시 언론 통제는 불가분의 관계에 있다. 그렇다고 언론의 자유를 체제 우월성의 한 요소로 표방하고 있는 자유민주주의 국가들이 전시 또는 국가 안보를 이유로 언론을 강하게 통제하는 것은 자기모순에 빠질 수 있기 때문이다.

이 같은 배경에서 한국 전쟁은 언론의 자유를 보장한다는 자유민주주의 이상이 딜레마에 봉착한 전쟁이라고 할 수 있다. 실제로 3년간의 한국 전쟁 기간 중 전세 변화에 따라 미군의 전시 언론 통제 정책은 여러 차례 오락가락하게 된다. 한국 전쟁은 전세가 몇 차례 역전되었고 전쟁 양상도 급변하였다. 심지어 전쟁이 격화되고 전세가 불리해지면서 중반 이후에는 제1·2차 세계대전 중에 행해졌던 보도 통제들이 다시 등장하기도 했다. 그런 의미에서 전시 언론 통제를 서술하기 전에 한국 전쟁이 가지고 있는 의미들을 살펴볼 필요가 있다(황근, 1994).

첫째, 무엇보다 미국과 소련을 축으로 하는 동·서 냉전 체제가 구축되기 시작한 시기에 발발한 전쟁으로 이념 갈등과 무관할 수 없다는 것이다. 하지만 한국 전쟁이 이념 전쟁이었다는 주장은 강대국들의 시각일 뿐 정작 당사자인 남·북한 주민들에게는 이념이 의미가 없었다는 주장도 있다(이창훈, 1990). 그렇지만 한국 전쟁은 발발 배경에서부터 전쟁 진행 과정 그리고 종전에 이르기까지 동·서 양 진영의 이데올로기가 크게 영향을 미친 전쟁인 것만은 분명하다(Robin, R., 2001). 또한 20여 개이상의 국가들이 직·간접적으로 개입했던 전쟁이지만 본질적으로 같은 민족 간의 전쟁이라는 점에서 이념이 아니더라도 한반도 내의 여러 집단 혹은 개인 간 갈등이 전쟁을 더욱 격화시킨 정치전(political war)이라는 사실을 무시할 수 없다.

둘째, 한국전쟁은 초기에 밀고 밀리는 전면전 혹은 기동전 양상을 보이다가, 중반 이후에는 진지전 양상의 제한전(limited war)으로 변화된 역동적인 전쟁이었다. 북한이 북위 38°선 전면에 걸쳐 기습적으로 남침하고 불과 한 달 만에 낙동강 전선까지 밀어붙였지만, 인천상륙작전으로 전세가 역전되고 압록강까지 국군과 유엔군이 반격하고, 다시 중국군이 개입하면서 중부 전선에서 교착될 때까지 초기 전투는 양측이 사활을 건 전면전 양상이었다. 하지만 1951년 중반부터 1953년 7월 정전협정 체결까지 한편에서는 휴전회담이 진행되고 다른 한편에서는 치열한 고지 쟁탈전을 벌이는 진지전으로 바뀐다. 특히 진지전 양상에 대해 미군의 한국전쟁 공식 기록물에서는 '휴전 천막과 싸우는 전선(Truce Tent and Fighting Front)'라는 부제를 붙였을 정도다(Hermes, W. G., 육군본부(역), 1968). 이처럼 지루하고 처절한 진지전으로 바뀐 이유는 미국과 중국을 비롯해 여러 나라들이 전쟁에 개입하게 되면서, 각국의 정치적 이해에 따라 전쟁 규모나 양상이 변화되었기 때문이다.

이렇게 휴전 협상이 장기화되면서 양측은 협상에서 유리한 분위기를 조성하기 위해 대대적인 심리전에 주력하게 된다. 1952년 2월 북한은 미군이 독가스와 화학무기를 사용했다는 주장을 언론을 통해 전 세계에 유포하기도 했다(Hermes, 육군본부(역), 1968). 영국의 'Daily Worker'의 친 공산주의 성향의 앨런 위닝턴(Alan Winnington)과 호주 출신 윌프레드 버체트(Wilfred Burhett) 기자는 북한에 수용된 미군 포로들의 인터뷰를 통해 미군이 세균전을 전개하려 했다는 보도로 파란을 일으켰다(Knightley, P., 1975, 339쪽). 이 보도는 후에 미군 포로들의 거짓 인터뷰에 의한 것으로 밝혀졌다. 휴전 협상 중에 국군과 UN군, 인민군이 뿌린 심리전 전단이 대략 28억 장이 넘는 것으로 추정되고 있다(이윤규, 2010). 이러한 심리전 상황에서 적의 거짓 심리전을 방어하는 차원에서 전시 언론 보도 통제는 전쟁 중·후반기에 중요한 군사 작전의 일부가 되었다.

그림51 윌프레드 버체트(Wilfred Burhett)의 세균전 보도

'The Atomic Plague' The Daily Express, September 5 1945.

셋째, 한국 전쟁은 미국·중국 등 여러 국가들이 참전했지만 본질적으로 남·북한이라는 같은 민족 간의 전쟁이다. 심리전의 가장 큰 제약 요소라 할 수 있는 언어적 장벽과 문화적 차이가 거의 없어 심리전이 활성화될 수 있는 좋은 조건이다. 진지전 중에서 가장 많이 사용된 심리전 전단 내용도 같은 민족임을 강조하는 것이었다. 문화적 차이가 거의 없는 같은 민족 간의 전쟁 양상을 잘 보여주고 있다. 이런 이유로 조지 페티는 한국 전쟁을 제2차 세계대전에서 얻은 심리전 기법들이 매우 효과적으로 활용된 전쟁이었다고 평가하고 있다(Pettee. G. S., 1951). 이처럼 같은 민족으로 대상으로 하는 심리전은 병사들 뿐 아니라 민간인들에게 전파되는 전쟁 관련 뉴스에 대한 통제 필요성을 더욱 커지게 만들었다.

넷째, 한국전쟁은 국제정치의 역학 구도가 전쟁 양상에 크게 영향을 미친 전쟁이다. 어쩌면 이념을 바탕으로 형성된 냉전체제에서 벌어진 모든 전쟁들의 공통점일 수도 있다. 한국전쟁 중에 미국과 소련, 중국의 정치적 계산은 전쟁 양상에 결정적으로 영향을 미쳤다. 실제로 유엔군 개입과 중국군 참전 같은 상황 변화에 따라 미국의 전쟁 목표 변화가 반복되었다. 무엇보다 유엔군 사령관 맥아더와 트루먼 정부와의 갈등은 결국 맥아더의 중도 퇴진으로 이어졌다. 언론을 정치적으로 활용해왔던 맥아더의 개인적 성향은 미국 정부의 정책과 자주 충돌하였다. 특히 중국군이 개입하고 수세에 몰리면서 미군의 언론 통제는 더욱 강도가 높아졌다. 중국군 개입이 확인된 직후인 1950년 12월 5일 트루먼 대통령은 "외교 및 군사정책에 관한 모든 연설과 공개 성명, 보도자료 등은 국무부와 국방부의 승인을 받아야한다"는 교서를 발표하기까지 했다.

한국 전쟁은 참전국 숫자만큼 전 세계의 관심을 집중시켰다. 전쟁을 취재한 외국인 기자가 238명이나 되었다(변동현·박흥수·김영기, 2000). 전쟁 초기에 미군과 연합군은 기자들의 취재 활동을 강하게 통제하지 않았다. 비록 군이 군사작전 취재를 승인할 수 있는 권한은 가지고 있었지만 엄격한 보도 통제는 거의 없었다. 그래서 한국 전쟁을 제2차 세계대전 이후 미군이 지향했던 '자발적인 자율 검열(voluntary self-censorship)'의 시험장이었다고 하는 것이다(Knightley, P.,1975, 367쪽). 이처럼 한국 전쟁 초기 이러한 자발적 통제가 가능했던 이유는 몇 가지 관점에서 분석해 볼 수 있다.

첫째, 미국 정부와 미군의 전시 언론 통제 방식의 변화다. 이 부분에 대해서는 다시 서술할 필요가 없을 것 같다. 둘째, 초기 전쟁 양상이다. 초기 북한군의 파상공세와 낙동강 방어선 전투 그리고 인천상륙작전과 압록강까지 북진한 처음 6개월 동안은 전시 언론 보도를 놓고 큰 쟁점이 있을 수 없었다. 도리어 유엔군 총사령관인 맥아더 장군에게 인천상륙작전과 유엔군의 반격은 아주 드라마틱한 정치적으로 활용하기 좋은 소재였다. 실제로 맥아더 사령부는 인천상륙작전을 위한 부대 이동 상황이나 상륙지점 등에 대한 보도까지도 크게 문제 삼지 않았다. 심지어 인천상륙작전 중 기자들과 함께 함정에 승선해 작전 내용을 브리핑하고 작전 성공 기사가 바로 전 세계에 전파될 수 있도록 적극 지원하였다(Thompson, R., 1951, 33~38쪽). 셋째, 군이 직접 검열하거나 취재 활동을 통제하지 않더라도 본국에 기사를 송고하기 위해서는 군의 통신 수단을 사용할 수밖에 없었다는 점이다. 당시 한국은 경제적으로나 기술적으로 낙후된 신생 독립국으로 해외로 기사를 전송할 수 있는 통신 수단이 매우 열악했다. 이 때문에 모든 종군 기자들은 유엔군 사령부의 군 통신수단에 의존해야만 했다. 미군은 이를 통해 전송되는 기사들을 선별하고 지연하는 방식으로 사실상 보도 검열을 할 수 있었다(Burgess, P., 1986, 112쪽). 마지막으로 대다수 외국 종군 기자들에게 한국 전쟁은 자국의 이해와 직접 관련이 없는 제 3자 간의 전쟁이었다는 점이다. 그러므로 애국심이라는 걸림돌에서 벗어나 관찰자 시각에서 전쟁을 보도할 수 있었다. 일부 이념적 성향이 강한 기자들을 제외하면 대다수 언론들은 군이 제공하는 전쟁 상황이나 작전 경과만 보도하는 것에 큰 부담을 느끼지 않았다(Young, P. & P. Jesser, 권영근·강태원(역), 129~130쪽).

한국 전쟁 초기 미군과 UN군의 전시 언론 통제는 매우 허술했다. 한국

전쟁 초기에 미군의 심리전 주체가 군이 아니라 민간 기구인 'USIE-Korea (United States Information and Education-Korea)'였다는 것이 이를 여실히 보여 주고 있다. 이 조직은 북한이 유포하는 유언비어나 공포감을 예방하는 방어심리전 정도만 수행할 수 있었다(Jacoby, R., 1964, 225~227쪽). 물론 한국 정부는 1950년 7월 25일 계엄법 제13조에 근거해 모든 간행물의 사전검열과 방송수신기를 등록하는 특별조치를 발표하였다. 이에 따라 계엄사령관 휘하 정훈국 보도과에서 모든 언론의 전쟁 관련 보도를 통제하고 사령부에서 제공한 내용만 보도하게 하였다. 물론 보도 검열에 대한 논란이 없지는 않았지만 정전협정 체결까지 계속 유지되었다(김영희, 2012). 그렇지만 유엔군이 총괄 작전권을 가지고 있는 상태에서 한국군의 보도통제 조치는 사실상 큰 의미가 없었다.

이처럼 전쟁 초반에 전시 취재 활동에 대한 통제시스템이 정립되지 않은 상태에서 기자들은 큰 제약 없이 전쟁 상황을 보도할 수 있었다. 실제로 일부 언론들은 연합군 사령부가 발표하기도 전에 '미 제1해병사단 한국 상륙', '미 제1기병사단 예비대에서 전방 투입' 같은 내용을 보도하기도 했다(Headquarters, 8th United States Army Korea, 1952, 115쪽). 그렇다고 기자들의 취재 활동이 완전히 자유로웠던 것은 아니다. 앞서 서술한 것처럼 언론에 맥아더는 언론 보도에 우호적이지 않았다. 맥아더는 검열이라는 말 대신에 '군사 비밀', '증거 없는 비판', '아군 병사들의 보호' 같은 이유로 기자들의 취재 활동을 엄격하게 통제하였다. 이 때문에 도리어 기자들이 공식적인 검열 기준을 요구하기도 했다. 애매한 법 규정이 가장 강력한 규제 수단이 되는 경우가 많았기 때문이다.

급기야 1950년 7월 유일한 여성 종군기자였던 '뉴욕 헤럴드 트리뷴(New York Herald Tribune)'의 마가레트 히긴스(Marguerite Higgins)를 비롯해 AP통신의 톰 램버트(Tom Lambert)와 UPI 통신의 피터 칼리셔(Peter Kalischer) 기자에게 "기진맥진하고 겁먹은 미군들(whipped and frightened GI's)"이라는 보도로 미군의 사기를 추락시켰다는 이유로 추방 명령을 내렸다(Knightley, 1975,

367쪽; Smith, J. A., 1999, 170쪽). 많은 비판에 밀려 취소하기는 했지만, 맥아더 사령부의 보도 검열 수준을 잘 보여준 사건이다. 이후 마가레트 히긴스 (Marguerite Higgins)는 인천상륙작전을 특종 보도한 '뉴욕 헤럴드 트리뷴(New York Herald Tribune)'의 호머 비가트(Homer Bigart) 기자와 함께 한국전쟁 보도로 퓰리처상을 수상하였다(Greenway, 노성환(편역), 1999).

그림52 마가레트 히긴스
(Marguerite Higgins)

마가렛 히긴스는 1942년 New York Herald Tribune 기자로 시작해 런던, 베를린, 토쿄 특파원을 지냈다. 한국전쟁 발발 후 바로 참전하여 흥남철수작전까지 취재하였다. 1951년에 'War in Korea : The Report a Woman Combat Correspondent'라는 저서(우리나라에서는 '자유를 의한 희생'이란 제목으로 변역되었다)를 발표해 퓰리처상을 받았다. 이후 베트남 전쟁 등에서 활약하다 1966년에 사망하였다. '한번 해병은 영원한 해병'이나 '귀신잡는 해병' 같은 말은 그녀를 통해 전 세계에 알려지기도 했다.

1950년 11월 중국군이 개입하고 전황이 불리해지면서 언론 통제 시스템도 바뀌게 된다. 미군 수뇌부는 이미 개전 초기인 7~8월부터 상세한 검열 지침을 언론에 제공해야 한다고 권고했지만 맥아더 사령부는 이를 무시하였다. 기자들의 전화나 편지를 공식적으로 검열하는 것은 아니었지만, 검열 조치를 거부할 경우에 검열법 위반으로 기소할 수도 있었다. 특히 군사작전이나 전투 관련 기사보다 맥아더 평판과 관련된 기사들이 주로 통제되고 있다는 불만도 많았다(Horrell, M., 2002, 186쪽). 하지만 중국군 개입이 확인된 이후에는 언론 통제 분위기가 완전히 바뀌게 된다. 1950년

12월 4일 맥아더 사령부는 공보장교 브리핑을 60분에서 15분으로 단축하고 12월 9일에는 브리핑을 일시 중단하였다.

　이후 군 수뇌부들의 논의를 거쳐 1950년 12월 22일 맥아더 사령부는 모든 야전부대에서 미국으로 송고되는 기사를 사전 검열한다는 내용의 보도검열 지침을 발표하였다. 그 내용은 ① 모든 기사는 그 문장이나 문맥상 정확해야한다 ② 적에게 군사정보를 제공하는 것이어서는 안 된다 ③ 아군의 사기를 손상시켜서는 안 된다 ④ 미군이나 동맹국 또는 중립국들에게 당혹감을 주어서는 안 된다 ⑤ 이 같은 규정을 위반하면 계엄법에 의해 처벌한다는 것이었다(이상철, 2002). 세부 검열 기준은 제1·2차 세계대전 때 정해졌던 기준들과 거의 대동소이하다(Horell, M., 2002, 186~207쪽). 다만 미군의 활동과 관련된 내용들은 좀 더 강하게 검열되었고, 전쟁 후반 휴전 협상 시기에는 포로 관련 보도나 군 수뇌부 인사들의 동향 등도 검열 대상에 포함시켰다(Smythe, D., 2013, 79~80쪽).

　이와 함께 미군의 언론 관련 조직도 개편하였다. 우선 검열 지침 발표와 함께 미8군 내에 5명의 검열관으로 구성된 '언론보안부(Press Security Division)'가 창설되었다. 이들은 토쿄의 유엔군 사령부 산하의 '언론자문단(Press Advisory Division)'의 지원과 통제를 받았다. 또 육군 정보참모부 '심리전부(Psychological Operation Division)' 산하의 '심리전과(Psywar Section)'를 작전참보부 산하로 이관하였다(황근, 1994). 그 이유는 UN군 사령부의 전략·전술적 심리전 활동에서 보도 통제가 매우 중요해졌기 때문이다(장영민, 2012).

　1951년 4월 맥아더 사령관 후임으로 임명된 매튜 릿지웨이(Mattew Ridgeway) 대장은 언론과 우호적 관계를 회복하기 위해 노력하였다. 부임 직후 제2차 세계대전 중 조지 팻튼(George Patton) 장군 휘하에서 공보장교를 했던 제임스 쿼크(James T. Quirk)를 홍보책임자로 임명하였다. 그는 그동안 형식적으로 행해졌던 정규 브리핑을 실질적인 보도 창구로 만들었다는 점에서 좋은 평가를 받고 있다. 기자들에게 군사작전 및 부대 현황 등을 전체 맥락을 가지고 제공해 기자들이 통제해야 할 내용과 보도 가능한 내용을 스스로 이해할 수 있도록 하였다. 브리핑 내용 중에 "모든 전진이 대공세로 인식되어서도 모든 후퇴가 패배로 간주되어서는 안 된다(not every advance should be seen as a major offensive, not should every retreat be seen as a route)"라는 말은 릿지웨이의 작전 방침을 명확히 대변해 주고 있다.

전체적으로 한국 전쟁 중에 전시 언론통제는 매우 포괄적이었다고 평가할 수 있다. 구체적인 개별 전투 상황 뿐 아니라 군 수뇌부 결정에 대한 비판이나 유엔군으로 참전한 각국의 군대와 관련된 내용까지도 금지되었다. 하지만 제1·2차 세계대전과 달리 미국의 안보나 미국 대통령과 관련된 보도는 크게 통제되지 않았다. 그 이유는 한국전쟁이 미국이 아닌 다른 나라에서 벌어진 전쟁이었기 때문이다(Smythe, D., 2013, 80쪽). 또 한국전쟁이 벌어진 1950~1953년은 민주 진영과 공산 진영이 첨예하게 대립했던 '광분적 시기(hysteria period)'였다(Perry-Giles, S. J., 1994). 맥카시 상원의원이 주도한 맥카시즘(McCathysm)이 미국 사회를 휩쓸기도 했다. 이런 분위기에서 공산 진영과 벌어진 한국전쟁에서 군과 언론이 협력해야 한다는 인식이 당연하게 받아들여졌을 가능성이 높다. 한국전쟁 중에 애국주의와 영웅주의 보도가 두드러졌던 것도 이와 무관하지 않을 것이다. 인천상륙작전과 장진호 전투가 영웅적인 승리로 미화되고, 트루먼 대통령과 갈등으로 해임된 맥아더 사령관 귀국 퍼레이드를 영웅의 귀환처럼 대대적으로 보도한 것도 그런 맥락에서 나온 것이라 할 수 있다. 중요한 것은 그런 인식이 정부나 군의 직접 통제나 압력에 의해서가 아니라 언론 스스로 그렇게 인식하고 행동한 것이라는 점이다. 하지만 이런 관계는 베트남 전쟁을 통해 완전히 깨지게 된다. 그런 의미에서 한국 전쟁은 국가와 군이 주도하는 애국심에 기반을 둔 마지막 전쟁이었다고 할 수 있다.

베트남 전쟁 : 언론과의 전쟁에서 패한 전쟁

동·서 냉전기 미국을 비롯한 서방 국가들의 전시 언론 통제 방식을 결정적으로 변화시킨 전환점은 베트남 전쟁이다. 베트남 전쟁은 미국이 250만 명이 넘는 병력을 투입해 4만 6천명 이상의 희생자가 발생하고 수백억 달러의 전비를 퍼부었지만 결국 패배한 전쟁이라는 점에서 미국인에게는 가장 굴욕적인 역사이기도 하다. 더구나 미국은 1964년 통킹만 사건을 빌미로 본격적으로 월남전에 개입하고 1971년 철수할 때까지 지속적으로 '명분 없는 제국주의 전쟁'이라는 비판에 시달려야 했다. 또 전통적인 정규전에 익숙해 있던 미군이 '전선 없는 전쟁' 즉, 게릴라전을 처음 경험한 전쟁이기도 하다. 공산주의와 연관(communist ties) 되었다는 의혹으로 FBI와 CIA 조사까지 받았던 CBS TV의 몰리 세이퍼(Morley Shafer) 기자가 말했던 것처럼, 베트남 전쟁은 최초의 'TV전쟁'이기도 하다(Oates, S., 2008, 15~17쪽). 그리고 미국 내 반전 분위기 확산과 여론분열 때문에 자국민을 상대로 한 대내 심리전의 필요성이 부각된 전쟁이다. 미국의 전략분석 전문가인 로렌스 예이츠는 "자국의 전쟁을 전폭적으로 지지하지 않던 언론매체를 정부와 군이 통제하고자 노력했던 최초의 전쟁"이라고 규정하고 있다(Yates, L., 1988, 174쪽).

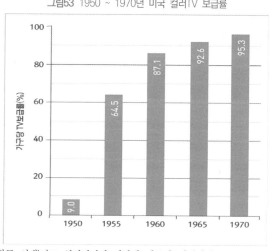

그림53 1950 ~ 1970년 미국 컬러TV 보급률

'텔레비전의 황금 시대'라고 일컬어지던 시기에 미국의 텔레비전 보급률은 1950년 9%에서 1970년에는 95.3%까지 폭발적으로 증가하였다.

지금과 비교가 되지 않지만 베트남 전쟁은 당시 확산되고 있던 컬러텔레비전을 통해 생생한 전투 장면과 충격적 영상들이 국민들에게 여과 없이 보여진 전쟁이다. 우연인지 1950년대 후반부터 1970년대 초까지 베트남 전쟁 기간은 미국을 중심으로 컬러텔레비전이 급속히 확산된 시기와 거의 일치한다.

　　하지만 베트남 전쟁 초기부터 군과 언론의 관계가 나빴던 것은 아니다. 전쟁 수행 중에 정부나 군에서 발표하는 내용과 실제 베트남 현장에서 목격한 사실들이 크게 차이가 나면서 불신이 형성된 것이다. 전쟁 초기에 미국 국민들의 베트남 전쟁에 대한 지지도는 그렇게 낮지 않았다. 통킹만 사건 직후 1965년 미국이 참전을 선언할 당시 미국 국민의 61%가 지지하고 있었고 1967년까지는 더 상승하였다(Levering, R., 1978, 128쪽). 부정적 여론이 긍정적 여론보다 높아진 것은 1968년 구정 공세(Tet Offensive) 이후다(Hallin, D., 1994, 44~45쪽). 이 같은 부정적 여론형성에 언론 보도가 큰 역할을 했고 결국 전쟁 수행에까지 영향을 미쳤다는 것은 여러 연구결과들을 통해 확인할 수 있다(Barber, R. & T. Weir, 2002). 그렇지만 미국의 언론들이 전쟁을 수행하는 정부와 군에 대해 비판적이었는지 아니면 긍정·부정적 태도와 무관하게 언론 보도 자체가 영향을 미친 것인지는 시각에 따라 의견이 갈린다(조항제, 2003, 99~103쪽). 전자가 언론 보도 성향과 무관하게 부도덕하고 잔인한 전쟁 보도 자체가 여론을 악화시켰다는 시각이라면, 후자는 미국 정부와 군이 언론 관리에 실패해 부정적인 보도를 유발시켰다는 입장이다(Mercer, D., Mungham, G. & K. Williams, 1987).

　　여기서 후자의 입장은 베트남 전쟁이 미디어가 정부와 군의 통제로부터 벗어난 전쟁이었다는 점을 강조한다. 이전 전쟁들과 달리 베트남 전쟁 초기에 조직적인 언론 통제 시스템이 거의 없는 상태에서 언론들의 취재 활동이 매우 자유로웠다는 것이다. 베트남에 대한 군사적 개입 압력을 받고 있던 케네디 대통령은 "정부는 베트남 전쟁 관련 뉴스에 대한 검열이나 언론인에 대한 어떤 통제도 없을 것"을 약속하기도 했다. 그러면서 기자들에게 국가 안보를 다루는 기사 작성에 있어 신중해 줄 것을 요청하고, 자신도 전쟁과 관련된 정보를 신문을 통하여 얻을 것이라고 공개적으로 자랑하기도 했다(Kennedy, J. F., 1962, 336~337쪽). 또한 1964년 미국 국무부는 언론에 대한 정보공개를 약속하는 '최대한의 정직성(maximum candor)' 원칙을 훈령으로 발표하였다. 이는 미국 참전 확대에 대한 국·내외 비판을 의식한 '선전포고 없는 전쟁' 분위기와도 크게 연관되어 있다. 실제로 1968년 구정 공세로 여론이 급격히 나빠질 때까지 각 야전군 사령부에서 자율적으로 기자들의 취재 허용 여부를 결정하였다.

하지만 이 원칙은 절반만 지켜졌다. 미국의 전격적 개입에 대한 국제 여론을 의식해 언론 통제가 절실했기 때문이다. 1962년 '국무부-국방부 합동 정보국(Joint State-Denfence-United States Information Agency)'은 사이공 주재 미국 대사관에 "전쟁의 모든 부분에 기자들이 접근하지 못하도록 과도할 정도로 비밀 분류를 고수하라"는 내용의 지침을 하달하였다. 특히 1963년 1월 딘 투옹(Dihn Tuong)에서 남베트남군 1개 사단이 베트콩 게릴라 350여 명에게 참패하고, 승려들이 분신자살하는 등 베트남 정세가 크게 악화되면서 공보조직을 더욱 강화하게 된다. 1965년 미군의 참전 확대를 승인하는 '국가 안전보장 실행각서(NSAM : National Security Action Memorandum)' 제328호에는 "부대 이동에 관한 공식적인 언급은 오직 국방부장관의 직접적인 승인과 국무부의 자문을 받은 후에 할 수 있다"라고 명기하였다.

그렇다고 전쟁과 관련된 언론의 취재 활동을 자유롭게 허용하겠다는 약속을 정면으로 어길 수 없는 상황에서 미국은 공보 업무를 강화해 정보를 통제하는 방법을 취하게 된다. 이에 따라 참전 확대 직후인 1965년에 '미국 합동 공보국(JUSPAO : Joint United States Public Affairs Office)'은 사이공 주재 '미국 공보원(USIS : U.S. Information Service)'과 '베트남 주둔군 지원사령부 (MACV : Military Assistance Command Vietnam)'와 '미국 국제개발처(USAID : U.S. Agency for International Development)'의 공보 업무들을 하나의 조직으로 통합하였다. 그리고 조직 책임자로 사이공 '미국의 소리(VOA)'를 담당하던

USIS 공보장교 '배리 조르지안(Barry Zorthian)'을 임명하였다. 기자들은 그를 군과 민간의 모든 정보를 통제할 수 있는 전권을 쥐고 있다고 해서 '사이공의 미디어 차르(Saigon's czar of media relations)'라 불렀다. 이렇게 군과 민간의 공보조직을 통합 운영한 이유는 남베트남 응오 딘 디엠(Ngo Dinh Diem) 정권의 부패와 무능이 미국 전쟁 개입의 걸림돌이 될 수 있었기 때문이다. 남베트남 정권에 대한 비판적인 기사가 북베트남의 심리전 소재로 활용될 수 있다고 본 것이다. 이렇게 통제가 강화되면서 전쟁 초기에 우호적이었던 미국 언론들의 베트남 전쟁에 태도가 급속히 나빠지게 된다.

그림54 베리 조르지안(Barry Zorthian)과 '5 O'clock Follies'

(https://todaysdocument.tumblr.com/post/110339185549/secretary-of-defense-robert-s-mcnamaras-press ; https://alchetron.com/Barry-Zorthian)

특히 조르지안의 공보실(Office of Information)의 매일 오후 5시 정기 브리핑은 여론을 악화시키는데 결정적인 역할을 했다. '5시의 촌극', '5시의 허튼 소리', '5시의 바보들'이라고 번역되는 '5 oclock's Follies'는 지금도 거짓말이 섞인 브리핑을 지칭하는 용어로 자주 인용되고 있다. 대표적 사례로 1965년 2월부터 1968년 11월까지 지속된 북베트남과 주요 침투지역에 대한 융단폭격 즉, '롤링 썬더 작전(operation rolling thunder)'과 관련된 브리핑이다. '시체 세기(body count)'와 '정밀 폭격(precision bombing)'이라 불리는 공중폭격으로 인한 적의 사망자 숫자와 폭격지점을 매일 매일 공개하는 것이었다. 하지만 이 브리핑이 과장 혹은 거짓이라는 사실이 속속 밝혀지면서 언론과의 관계는 물론이고 미국인들의 여론을 급속히 악화시키게 된다.

1966년 북베트남의 수도 하노이에서 미군 폭격 현황을 취재한 뉴욕 타임즈의 해리슨 솔즈베리(Harrison E. Salisbury)의 보도가 결정적이었다. 미군은 군사 시설 뿐 아니라 민간 마을까지 무차별 폭격하고 있어 정밀폭격이라는 발표는 거짓이고, 군사적으로 아무런 타격도 주지 못했다는 내용이다.

그림55 솔즈베리(Harrison E. Salisbury)의 북베트남 폭격 관련 음반 표지

이처럼 미군이 베트남 전쟁에서 제1·2차 세계대전이나 한국전쟁 때 사용했던 사전검열 대신에 자율 검열 혹은 브리핑 방식을 사용한 이유를 다음과 같다. 첫째, 검열시스템이 비효율적이라고 판단한 것이다. 뉴스 수집과 전송에 필요한 커뮤니케이션 기술 발달로 기자들이 마음만 먹으면 주변 국가나 여러 통로를 통해 얼마든지 기사를 본국에 송고할 수 있었다. 하지만 이러한 기술 발달에 대처할 수 있는 검열 방식은 그때까지 없었다.

둘째, 기존의 전시 보도 검열 시스템에 불만을 가지고 있던 기자들에게 가뜩이나 인기 없는 전쟁에 대한 비판적 시각을 자극하고 싶지 않았다는 것이다. 셋째, 전·후방 개념도 없고 군과 민간인 구별도 어려운 게릴라전 상황에서 모든 취재 활동과 보도를 완벽하게 검열하는 것이 사실상 불가능하고, 검열한다 해도 방대한 조직이 필요했고 특히 베트남 정부와 군의 지원도 받아야 했기 때문이다(Hammond, W. M., 1988, 143~145쪽, 193~195쪽; Halllin, D. C., 1986, 126쪽; Hammond, W. M., 2004, 84쪽).

1964년 10월 미 베트남 주둔군 사령부(MACV)는 '자율 검열(voluntary censorship)' 원칙을 내용으로 하는 '기본 규약(Ground Rule)'을 발표하였다. 기본 규약의 내용은 제1·2차 세계대전 당시 자율규약과 거의 대동소이하다. 하지만 특정 작전에 투입된 우방국 군대 참전 여부나 규모, 추락 비행기의 수색·구조작전 상황, 공중폭격 횟수나 폭탄 투하량 같은 내용들이 추가로 금지되었다. 하지만 제1·2차 세계대전 중에 금지되었던 미군의 규모나 부대 위치, 신무기의 실험과 개발, 적의 암호 해독 같은 내용은 금지 항목에서 빠졌다. 그 이유는 베트남 전쟁의 게릴라전 양상은 이런 정보들에 대한 비밀유지가 필요 없었기 때문이다. 군사력에서 절대 우위에 있는 상태에서 미군의 규모나 위치는 베트콩이나 북베트남 군에게 이미 다 노출된 상태였고, 신무기 개발 소식은 도리어 적을 압박할 수 있었다고 판단한 것으로 보인다.

기본 규약에 대한 논란이 없지는 않았지만 형식적으로 기자들의 전시 취재 활동이나 보노에 대한 공식적 통제는 완전히 없어졌다. 물론 작전 수행 지역에 대한 접근 제한, 다낭(Da Nang)의 베트남 공군기지 취재 금지, 라오스·캄보디아 폭격 보도 제한 같은 통제가 있었지만, 전투 중에 병사들과 함께 이동하기도 하고 심지어 항공기도 이용할 수 있었다. 또한 자율 검열에 동의하기만 하면 종군기자로 참전하는 것도 어렵지 않았다. 이 때문에 언론사에 소속되지 않은 프리랜서 기자들도 많았다. 1,951명의 종군기자 중에 프리랜서 기자가 146명이나 된 적도 있었다(Hammond, W. M.,

2004, 85쪽, 97쪽). 시카고 트리뷴은 "자율 검열이 타율 검열을 종식시키는데 연착륙(slippery slope) 할 수 있었다"라고 평가하였다. 이 규약을 위반한 건수는 공식적으로 16건에 불과했지만 미군의 동향을 보도하고 캄보디아·라오스 폭격을 폭로한 기자 세 명이 추방되기도 했다. 결과적으로 베트남 전쟁 초기 미국 정부의 '정직 작전(operation candor)'은 성공적이었다고 보기 어렵다. 브리핑을 정례화하고 언론의 취재를 자유롭게 취재하도록 한 것은 획기적인 변화라고 할 수 있지만, 허위 브리핑 등으로 언론의 군에 대한 불신을 증가시키고 여론을 악화시키는 역효과를 야기했기 때문이다.

베트남 전쟁은 크게 1968년 구정(몟, Tết) 공세를 기점으로 크게 변화된다. 1968년 1월 북베트남군과 베트콩이 사이공 시내까지 공격해 들어오면서 전쟁 양상은 큰 변화를 맞게 된다. 구정 공세는 단 하루 만에 미군의 대대적 반격으로 사실상 성공한 공격이라고 할 수 없다. 하지만 베트남 수도까지 공격당하고 특히 미국 대사관이 베트콩에 의해 점령되는 장면이 텔레비전을 통해 전 세계에 보도되면서 미국 내 여론이 급속히 악화되었다. 전쟁의 잔혹함과 민간인들의 고통을 인식하기 시작하였고 미국의 승리도 의심하기 시작한 것이다. 더욱 심각했던 것은 부정적인 언론 보도로 인해 패배 의식이 병사들 사이에서도 확산되었다는 것이다. 실제로 많은 병사들이 "구정 공세를 패배로 규정한 것은 언론 보도였다"라고 불만하기도 하였다.

핼린의 분석에 의하면 구정 공세 이후 베트남 정부에 대한 부정적 보도는 10배 이상, 미군에 대한 부정적 보도는 5.8배나 늘어났다. 이 때문에 "미국인들이 베트남 전쟁 개입에 대한 의심과 불확실성이 반전운동으로 전환될 수 있는 도덕적 명분이 되었다"고 결론내리고 있다(Hallin, D., 1994, 44~45쪽). 특히 1968년 2월 2일 NBC TV가 AP통신사의 에디 애덤스 기자가 촬영한 '경찰 책임자 응우옌응옥루안(阮玉鸞, Nguyễn Ngọc Loan) 소장이 포로로 잡혀 온 민간인 복장의 베트콩 대위 응우옌반렘(阮文歛, Nguyễn Van Lem)을 권총으로 즉결 처형'하는 사진은 엄청난 파장을 일으켰고 반전 분

위기를 확산시키는 촉발제가 되었다. 급기야 1971년 6월 베트남전쟁 개입
명분이었던 '통킹만 사건'이 미국에 의해 조작된 것이라는 'New York
Times'의 '펜타곤 페이퍼로 본 미국의 군사개입 확대 과정 30년' 기사가
미국의 패전을 확증해주는 결정타가 되었다(Emery, E. & M. Emery, 1978).

그림56 사이공 경찰 책임자의 베트콩 거리 총살 사진

구정 공세 이튿날인 1968년 2월 1일 베트남 수도 사이공에서 촬영된 이 사진은 베트남전의 비
극을 상징으로 평가받고 있다. 이 사진으로 에디 애덤스 기자는 이듬해 퓰리처상을 받았다. 이
사진은 미국을 비롯한 미국과 서방 사회에 반전 분위기를 일으키는데 결정적 역할을 했다. 하지
만 사살당한 응우 엔 반렌은 전쟁 중에 양민들을 학실하고 여성을 강간하는 등 파렴치한으로 밝
혀졌다. 훗날 애덤스 기자는 타임지 기고문에서 "장군은 베트콩을 죽였지만 나는 카메라로 장군
을 죽였다"라면서 미안함을 표시했다.

구정 공세 이후 언론들의 비판적인 보도가 미국의 베트남 전쟁 방침 변화
에 미친 메커니즘을 로빈슨은 '정책-미디어 상호작용 모델'로 설명하고 있다
(Robinson, P., 2000, 613~633쪽). 그는 미디어 보도가 정책 결정에 영향을 미치
는 과정을 크게 세 단계로 나누고 있다. 1단계에서는 집권 엘리트 간에 균열

이 발생하면서 기존에 형성된 '합의의 영역'을 벗어나지는 않지만, 미디어가 일방적으로 정부 정책을 옹호하는 태도에서 이탈하기 시작한다. 2단계에서는 '정책 불확실성'이 커지면서 엘리트들 간에 갈등하는 모습을 보도되면서 정부 신뢰도와 이미지가 추락하게 된다. 3단계에서 정부의 언론·공보 관련 조치들이 급속히 힘이 약화되면서 정책변화를 모색하게 된다는 것이다.

이 모델에 따르면 베트남 전쟁 초기에 미국 행정부나 군 수뇌부들의 의견이 합의된 상태에서 미디어들도 이에 동조하였다. 하지만 구정 공세 이후 엘리트들 간에 분열된 모습이 언론에 비추어지기 시작하였고, 동시에 전쟁에 대한 비판적인 보도들이 늘어났다. 이에 미국 정부와 공보조직들이 효과적으로 대응하지 못하면서 비판적 보도들이 급증하고 결국 정책 불확실성이 커지게 되었다. 결국 미국정부는 베트남 철수를 결정할 수밖에 없었다는 것이다.

베트남 전쟁 관련 언론 보도가 미국의 정책변화에 미친 영향은 볼 로키치와 멜빈 드플로어의 '미디어 의존 모델(Media Dependency Model)'로도 해석할 수 있다(Ball-Rokeach, S. J. & M. DeFluere, 1978, 86~87쪽). 사회가 불안하거나 혼란스러울 때 이와 관련된 미디어 보도가 양적·질적으로 증가하고, 그 보도에 노출된 수용자들의 심리적 불안감도 커진다. 이는 수용자들의 미디어 노출 욕구를 더욱 증대시키고, 이에 따라 미디어 보도들도 증가하면서 사회적 불안감이 더 커지는 순환적 관계가 형성된다. 이 순환 과정에서 사람들의 정부 정책에 대한 인지적, 감성적, 행동적 태도가 형성되고, 이것은 결국 정부의 정책변화를 압박으로 현상으로 나타난다.

1960년대 후반 베트남 전쟁은 미국인들의 최대 관심사였고 정치적으로도 가장 첨예한 쟁점이었다. 모든 미디어들이 경쟁적으로 전쟁 상황을 보도할 수밖에 없다. 더구나 미군의 느슨한 전시 언론통제로 전쟁의 참혹한 모습, 민간인의 고통과 피해, 전쟁 수행의 비효율성 같은 내용들이 자유롭게 취재·보도될 수 있었다. 여기에 1960년대 중·후반 컬러TV가 급속히 확산되는 시기와 맞물려 처참한 전쟁 장면이 컬러화면으로 여과 없이 방송되면서 베트남 전쟁이 잔인하고 부도덕한 전쟁이라는 인식을 형성되고, 반전 여론이 급속히 형성·확산되었다. 특히 주요 징집 대상이었던 대학생이나 젊은 층을 중심으로 반전운동이 확산되면서 결국 철수라는 정책변화로 이어졌다고 볼 수 있다.

베트남 전쟁을 흔히 '메디슨가의 전쟁(Madison Avenue's War)'이라고 부른다. 베트남에서의 군사적 충돌뿐만 아니라 미국 내 여론이 전쟁 양상에 큰 영향을 미쳤다는 의미다. 전쟁 내내 미국 정부와 군 수뇌부가 언론과 충돌하면서 갈등 관계가 지속되었기 때문에 미디어와 광고 산업의 중심부인 메디슨에서 벌어졌다는 것이다.

그림57 미디어 의존 모델

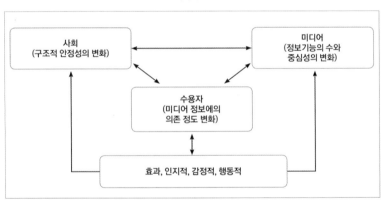

존슨 행정부가 1967년부터 대통령 직속으로 커뮤니케이션 전문가들로 구성된 "베트남 정보그룹(Vietnam information group)"을 설치해 전쟁을 팔기 위한 강력한 캠페인을 전개한 것은 잘 알려진 사실이다. 그럼에도 미국 정부는 '메디슨가의 전쟁'에서도 패배하였다. 자국민이나 언론과 우호적 관계를 형성할 수 있는 정교한 전략과 시스템이 없었기 때문이다. 닉슨 대통령이 "우리는 베트남에서 패배한 것이 아니라 미국 국민과의 전쟁에서 패배했다"고 한 것은 이를 상징적으로 보여준다. 특히 오랫동안 전쟁 중에

군을 지원했던 언론이 베트남 전쟁을 계기로 반대로 군의 감시 기구가 되었다는 점은 시사적이다. 또한 컬러TV 같은 새로운 커뮤니케이션 기술에 대한 이해가 부족했던 것도 패배의 원인이다. 이처럼 잘못된 언론 대응 방식으로 '베트남 전쟁은 비밀과 거짓으로 점철된 대표적인 전쟁'이라는 평가를 받고 있다(McNair, B., 1999).

베트남 전쟁 실패의 교훈은 이후 미국 정부와 수뇌부의 전시언론통제 방식 변화에 결정적인 영향을 미친다. 전시 중에 언론 보도를 사후에 통제하는 것은 매우 비효율적이고 사실상 불가능하다는 인식을 갖게 된 것이다. 기자들의 전장 출입을 원천 차단하되, 보도에 필요한 뉴스거리가 될 만한 의미 있는 정보들을 작전에 차질이 없는 형태로 가공해 제공하는 방식을 모색하게 된다. 1980년대 이후 미국은 몇 차례 전쟁을 거치면서 이러한 새로운 전시언론통제 방법들을 개발하고 수정·보완해 나가게 된다. 그 최종 결과물이 2003년 이라크 침공 때 미군이 사용했던 '임베딩 프로그램(embedding program)'이다.

참고 문헌

공군정훈홍보실(2003). 『또 하나의 전쟁 미디어전의 승리』 공군본부.

김영희(2012). "한국전쟁기 이승만정부의 언론정책과 언론의 대응" 『한국언론학보』 제 56권 제6호

변동현·박흥수·김영기(2000). "한국전쟁 말기 휴전협정에 대한 한미신문의 사설비교 연구" 『한국언론정보학보』 제14호.

송민호(1991). 『전쟁보도의 언론통제에 관한 이원적 연구』 중앙대학교 대학원 석사학 위 논문.

엄기열(2003). "미국 언론의 전쟁 보도에 대한 역사적 고찰 : 건국 후부터 제2차 세계 대전까지" 『방송문화연구』, 제15권 제1호.

육군공보실(1993). 『군과 언론』 육군본부.

이상철(2002). 『언론문화론』 일지사.

이윤규(2010). "6.25전쟁과 심리전 : '들리지 않던 총성, 종이폭탄! 삐라'를 중심으로" 『한국근현대미술사학』 제21집

이창훈(1990). "한국전쟁과 강대국 정치" 한국국제정치학회(편). 『한국전쟁의 역사적 재조명』 254~270.

장영민(2012). "한국전쟁기 유엔군사령부의 KBS 통제와 지원" 『한국언론학보』 제56권 제1호.

조항제(2003). "전쟁과 미디어 : 전쟁에 미친 미디어의 영향을 중심으로" 『방송문화연 구』 제15권 제1호.

황　근(1994). "설득커뮤니케이션 차원에서 본 한국전쟁 심리전 연구" 『軍史』 제30호.

Aukofer, F. & W. P. Lawrence(1995). *America's Team - The Odd Couple : A Report on the Relationship Between the Media and the Military.* Nashville, Tennessee : Vanderbilt University.

Ball-Rokeach, S. J. & M. DeFleur(1976). "A Dependency Model of Mass Media Effect" *Communication Research.* Vol. 3.

Barber, R. & T. Weir(2002). "Vietnam to Desert Storm : Topics, Sources Change" *Newspaper Research Journal.* Vol. 23 No. 2.

Badsey, S.(2014). "Media in War Politics" in Daniel, U., Gatrell, P., Janz, O., Jones, H., Keene, J., Kramer, A. and B. Nasson(eds.) *1914-1918-online. International*

Encyclopedia of the First World War. Berlin : Freie Universität Berlin.

Bray, M.(1984). "The Relationship between the Government and the Media in Time of War" Unpublished Thesis. Cambridge. Downing College.

Burgess, P.(1986). *WARCO*. Sydney : Heineman.

Chafee Jr., Z.(1920). *Freedom of Speech*. New York : Harcourt and Howe.

Chaffee, S. H. & J. M. McLeod(1968). "Sensitization in Panel Design : A Co-orientational Experiment" *Journalism Quarterly*. Vol. 45 No. 4. 661~669.

Creel, G.(1972). *How We Advertised America*. New York : Harper & Brother Publishers.

Croizier, E.(1973). *Yankee Reporters : 1861~1865*. New York : Oxford Univ. Press.

Culbert, D.(1998). "A View from the Academy" in L. Bennet and D. Paletz(Eds.). *Taken By Storm : The Media Public Opinion, U.S. Foreign Policy in the Gulf War*. Chicago : Univ. of Chicago Press.

Douglas, S. J.(1987). *Inventing American Broadcasting: 1899-1992*. Baltimore : Johns Hopkins Univ. Press.

Eban, A.(1983). *The New Diplomacy : International Affairs in th Modern Age*. New York : Random House.

Emery, E. & M. Emery(1978). *The Press and America: An Interpretative History of the Mass Media*. Englewood Cliffs, N.J.: Prentice-Hall.

Ferguson, M. A.(1984). "Building Theory in Public Relations: Interorganizational Relationships as a Public Relations Paradigm" Paper presented at the Association for Education of Journalism and Mass Communication Annual Conference. Gainesville. FL.

Greenway, H. D. S.(1998). *Millennium Series on Newsgathering over the Past Decades : Columbia Journalism Review*. 노성환(편역). 1999. 『뉴밀레니엄 결산 : 20세기 전쟁과 언론보도』 한국언론재단.

Hallin. D.(1986). *The 'Uncensored War' : The Media and Vietnam*. New York: Oxford Univ. Press.

Hallin, D.(1994). *We Keep America on the Top of the World : Television Journalism and Public Sphere*. London : Routledge.

Hafen, L. R.(1969). *The Overland Mail 1849~1869 : Promoter of Settlement Precursor of Railroads*. New York : AMS Press.

Hammond, W. M.(1988). *Public Affairs : The Military and the Media, 1962~1968*. Washington, D.C. : Center of Military History, United States Army.

_____(2004). "Who Were the Saigon Correspondents, and Does It Matter?" in Ionescu, M. E.(ed.). *War, Military, and Media from Gutenberg to Today.* Bucharest : Military Publishing House.

Headrick, D. R.(1991). *The Invisible Weapon : Telecommunications and International Politics, 1851-1945.* New York : Oxford Press.

Headquarters, 8th United States Army Korea(1952). *Special problems in the Korean Conflict and their Solutions.*

Hermes, W. G.(1966). *Truce Tent and Fighting Front.* 육군본부(역).『휴전천막과 싸우는 전선』서울 : 육군본부.

Horrell, M. E.(2002). "Reporting the Forgotten War : Military-Press Relations in Korea, 1950-1954." Ph.D. Dissertation, University of Kentucky.

Homonoff, H. B.(1984) "The First Amendment and National Security : The Constitutionality of Press Censorship and Access Denial in Military Operation" *New York University Journal of International Law and Politics.* Vol. 17. 369~405.

Hill Jr., R. R.(1997). "The Future Military-Media Relationship : The Media as a Actor in War Execution" A Research Paper presented to the Research Department Air Command and staff College.

Jacoby, R.(1961). "USIE Korea — An Experiment in wartime Operations" in Daugherty. W. & M. Janowitz(eds.) *A Psychological Warfare.* Baltimore : The Johns Hopkins Univ. Press.

John, R.(1995). *Spreading the News : The American Postal System from Franklin to Morse.* Cambridge : Harvard Univ. Press.

Johnson, D.(1962). "Wilson, Burleson and Censorship in the First War" *The Journal of Southern History.* Vol. 28 No. 1.

Keanley, K. P.(1992). "The Persian Gulf War and the Press : Is There a Constitutional Right of Access to Military Operation" *Northwestern University Law Review.* Vol. 87. 287~325.

Kennedy, J. F.(1962). *Public Papers of the Presidents of the United States, 1961.* Washinton, D.C. : US Government Printing Office.

Knightly, P.(1975). *The First Casualty : From the Crimea to Vietnam : The Correspondent as Hero, Propagandist, and Myth Maker.* New York : Harcourt Brace Janovich.

Knightly, P.(2004). *The First Casuality : The War Correspondent as Hero and*

Myth-Maker from Crimea to Iraq. Baltimore : The Johns Hopkins Univ. Press.

Koop, T. F.(1946). *Weapon of Silence.* Chicago : Univ. of Chicago Press.

Larson, C.(1940). "Censorship of Army News during the World War, 1917~1919" *Journalism Quarterly.* Vol. 17.

Lasswell, H. D.(1927). *Propaganda Technique in the World War.* London : Paul Kegan.

Leuchtenburg, W. E.(1958). *The Perils of Prosperity, 1914-1932.* Chicago : The Univ. of Chicago Press.

Levering, R.(1978). The Public and American Foreign Policy 1918-1979. New York : William Murrow & Co.

Linebarger, P. M. A.(1954). *Psychological Warfare.* 유지훈(역). (2020). 『심리전이란 무엇인가?』 투나미스.

McCaffrey, J. K.(1950). *Army of Manifest Destiny : The American Soldier in the Mexican War 1846~1848.* New York : New York Univ. Press.

Manchester, W.(1978). *American Caesar: Douglas MacArthur, 1880-1964.* Boston : Little Brown.

McNair, B.(1999). *An Introduction to Political Communication.* London : Routledge.

Marcus, D.(1973). *Father Coughlin : The Tumultuous Life of the Priest of the Little Flower.* Boston : Little, Brown and Company

McLeod, J. M. & S. H. Chaffee(1973). "Interpersonal Approaches to Communication Research" *American Behavioral Scientist,* Vol. 16 No. 4. 469~499.

Mercer, D., Mungham, G. & K. Williams(1987). *The Fog of War : the Media on the Battlefield.* London : Heinemann.

Middleton, K. R., Trager, R. & B. F. Chamberlain(2002). *The Law of Public Communication.* Boston : Allyn & Bacon.

Mock. J. R.(1941). *Censorship : 1917.* Princeton : Oxford Univ. Press.

Morrison, D. E.(1992). *Television and Gulf War.* London : John Libbey.

Morrison, D. E. and H. Tumber(1988). *Journalists at War : The Dynamics of News Reporting during the Falklands Conflict.* London : Sage Publications.

Mott, F. L.(1950). *American Journalism : A History of Newspapers in the United States through 260 Years : 1690~1950.* New York : MacMillan Company.

Naparsteck, A.(1993). "Partners in Conflict : The Media and the Military in Grenada, Panama, and the Persian Gulf Wars" A Thesis presented to the

Department of History at Washington University.

Oates, S.(2008). *Introduction to Media and Politics*. London : Sage Publications.

Paletz, D. L.(1999). *The Media in American Politics : Contents and Consequence*. New York : Longman.

Parry-Giles, S. J.(1994). "Rhetoric Experimentation and the Cold War, 1947-1953 : The Development of an International Approach to propaganda" *Quarterly Journal of Speech*. Vol. 80.

Pettee, S. G.(1951). *US Psywar Operation in the Korean War : Technical Memorandum*, ORO-T-3(FEC). Operational Research Office. John Hopkins University.

Rai, A, K.(2000). "Media at War : Issues and Limitations" *Strategic Analysis : A Monthly Journal of the IDSA*. Vol. XXIV No. 9.

Reilly, T.(1977). "Newspaper Suppression during the Mexican War" *Journalism Quarterly*. Vol. 54. 262~270.

Robin, R.(2001). *The Making of the Cold War Enemy : Culture and Politics in the Military-Intellectual Complex*. Princeton : Princeton Univ. Press.

Robinson, P.(2000). "The policy-Media Interaction Model : Measuring Media Power during Humanitarian Crisis" *Journal of Peace Research*. Vol. 37 No.5. 613~633.

Roeder Jr., G. H.(1993). *The Censored War : American Visual Experience during World War Two*. New Haven : Yale Univ. Press.

Royle, T.(1989). *War Report*. London : Grafton Books.

Ryfe, D. M.(1999). "Franklin Roosevelt and Fireside Chat" *Journal of Commuincation*. Autumn. 80~103.

Shaw, M. & R. Car-Hill(1992). "Public Opinion and Media War Coverage in Britain" in Mowlana, H., Gerbner, G. & H. I. Schiller(eds.). *Triumph of the Image : The Media's War in the Persian Gulf-A Global Perspective*. New York : Routledge.

Smith, J. A.(1990). *The Newspaper : An International History*. London : Thames and Hudson, 최정호·공용배 (역)(1979). 『세계신문의 역사』 나남

Smith, J. A.(1999). *War and Press Freedom : The Problem of Prerogative Power*. New York : Oxford University Press.

Smythe, D.(2013). "Avoiding Bloodshed? US Journalist and Censorship in Wartime" *War & Society*. Vol. 32 No. 1. 64~94.

Steele, R. W.(1985). *Propaganda in an Open Society : The Roosevelt Administration and the Media, 1933-1941.* Westport : Greenwood Press.

Steger, M. D.(1994). "Slicing the Gordian Knot : A Proposal to Reform Military Regulation of Media Coverage of Combat Operation" *University of San Francisco Law Review.* Vol. 28. 957~1007.

Stone, G. R.(2004). *Perilous Times : Free Speech in Wartime.* New York : W. W. Norton & Company, Inc.

Suolahti, J.(1963). *The Roman Censors : A Study on Social Structure.* Helsinki : Suoma-lainen Tiedeakatemia.

Sweeny, M.(2006). *The Military and the Press : An Uneasy Truce.* Evanston : Northwestern Univ. Press.

Taylor, P. M.(1998). *War and the Media : Propaganda and Persuasion in the Gulf War (2nd edition).* Manchester, New York : Manchester Univ. Press.

The Office of Censorship(1942). A *Code of Practice for the American Press.* Washington D.C. : United States Government Printing Office.

The Office of Censorship(1945). *A Report on the Office of Censorship.* Washington : United States Government Printing Office.

Thompson, R.(1951). *Cry Korea.* London : MacDonald.

Voss, F. S.(1979). *Reporting the War : The Journalistic Coverage of World War II.* Washington D. C. : Smithsonian Institute Press for the National Portrait Gallery.

Weinberg, S.(1968). "What to Tell America : The Writer's Quarrel in the Office of War Information" *The Journal of American History.* Vol.55 No.1.

Welch, D.(2000). *Germany, Propaganda, and Total War, 1914~1918 : The Sins of Omission.* New Bruswick : Reuter Univ. Press.

Williams, W. A.(1980). *Empire as a Way of Life.* New York : Oxford Univ. Press.

Winfield, B. H.(1994). *FDR and the News Media.* New York : Columbia University Press.

Yates, L.(1988). *Power Pack : US Intervention in the in the Dominican Republic 1965 - 1966.* Kansas : Combat Studies Institute.

Young, P. & P. Jesser(2004). *The Media and the Military.* 권영근·강태원(역). 2005. 『언론매체와 군대』 연경문화사.

제 7 장

평화를 위한 전쟁, 전쟁을 위한 평화
: 평화 전쟁과 미디어

베트남 전쟁의 유산

베트남 전쟁으로 미국과 국제사회는 전환점을 맞이하였다. 미국이 전통적인 고립주의 외교를 벗어나 국제사회의 중심 국가로 부상한 이후 처음으로 패배한 전쟁이기 때문이다. 특히 냉전 이후 자본주의 진영의 리더로서의 위상에도 큰 상처를 남기게 된다. 미국은 그 탄생에서부터 자본주의와 근대성을 체현하고 있는 본원적인 도덕적 존재로 생각하는 '예외주의(exceptionalism)'가 지배해왔으며, 그것은 미국 내부의 발전보다 세계와의 관계, 대외적 팽창을 통해 확인되어 왔다(이혜정, 2002). 제2차 세계대전이 패권국가로서 미국의 정체성을 확립시킨 전쟁이었다면, 베트남 전쟁은 예외주의에 의문을 갖게 만든 '가장 길었던 전쟁'이었다(Neu, C. E., 2004, 431~438쪽). 실제로 미국인들에게 제2차 세계대전은 미국의 막강한 힘과 우월한 도덕성으로 파시즘의 위협으로부터 전全세계를 구원한 '선한 전쟁'으로 인식되었다. 반면에 베트남 전쟁은 그런 미국의 힘과 도덕성에 흠집이 생기면서 미국 사회를 격렬한 갈등과 분열로 몰아넣었다.

베트남 전쟁 초기만 해도 미국 정부와 국민들의 분위기는 이전과 크게 다르지 않았다. 통킹만 사건으로 미국 정부가 참전을 결정할 시점에 미국인들의 전쟁 지지율은 높았다. 제2차 세계대전이나 한국 전쟁보다는 낮았지만 자국민 75%가 전쟁을 지지하였다. 지지 이유 역시 '공산주의 봉쇄(49%)', '공산주의에 저항하는 국가들의 지원(33%)', '미국 우방국가들의 명예(23%)'처럼 자본주의 패권국가로서 미국의 위상이나 책임과 관련된 것들이었다(Mueller, J., 1973, 49쪽). 이러한 분위기 아래 가장 많을 때는 54만 명이상의 병사들을 동시에 파병한 적도 있었다. 1968년 구정 공세(Tet Attack) 이후 극도로 나빠진 여론에도 불구하고 계속 공세를 유지할 수밖에 없었던 것도 이러한 미국 내 여론을 의식했기 때문이다. 다니엘 앨스버그는 미국 정책결정자들이 베트남에서 철수하지 못하고 전쟁을 지속할 수밖에 없었던 이유를 "미국 국민이 전쟁에서의 패배를 인정하지 않을 것"이라고 판단했기 때문이었다고 지적하고 있다(Ellsberg, D., 1972, 122쪽). 베트남에서 패배를 인정하고 철수한 것은 미국인들의 그런 인식이 붕괴된 것으로 볼 수 있다. 특히 1968년 구정 공세 이후 급격히 늘어난 사상자 숫자가 미국 국민의 전쟁 지지율을 하락시킨 결정적 이유가 되었다(Lorell, M. A. et. al., 1985, 28쪽). 그렇지만 실제 베트남 전쟁 참전 인원 대비 사상자 비율은 3.6%로 한국 전쟁보다 도리어 낮았다.

그럼에도 불구하고 베트남 전쟁에서 인명 살상에 대한 비판적 여론이 높았던 이유는 크게 두 가지 측면에서 살펴볼 수 있다. 우선 전쟁으로 인한 인명 살상에 대한 인식이 변화되었다는 것이다. 필립 에버츠는 제1·2차 세계대전 중에 미국인이 인명 살상을 용인할 수 있었던 것은 "자신들의 위치를 그대로 받아들이고 행동하는 것"이 당연하게 받아들였기 때문이라고 본다(Everts, P., 2000). 정치지도자의 결정이나 명령에 순종하고 희생하는 것을 자연스럽게 생각했던 인식이 베트남 전쟁 시기에는 바뀌게 되었다는 것이다. 그 원인으로 미디어의 영향력과 전쟁의 성격 변화, 징병제도의 변화 그리고 군사 기술 발달을 들고 있다. 특히 영상 미디어의 발달로 전쟁의 참혹성이 그대로 국민들에게 노출되었고, 전쟁 목표가 적을 완전히 소멸하는 것이 아니라 공존을 모색하는 것이라는 인식변화와 지원병제도가 보편화되면서 병사들의 의식도 바뀌었다는 것이다.

또한 군사 기술 발달로 인명 손실이 최소화된 전쟁에 대한 기대감도 작용했다(Everts, P., 2000, 97~98쪽). 전쟁으로 인한 사상자를 중시하는 분위기는 핵가족 시대에 들어서면서 가족이나 친지 중에 한두명이 전쟁에서 희생되는 것을 당연하다는 생각이 사라졌기 때문이라는 주장도 있다. 자신의 형제, 친척, 친구들이 참전하는 일이 늘어나면서 전쟁을 보는 관점이 감성화되었다는 것이다(Hallin, D. C. & T. Gitlin, 1993). 이를 두고 새로운 형태의 '모성주의(momism)'라고 주장하는 사람들도 있다. 영화 '라이언 일병 구하기(Saving Private Ryan)'와 같은 4명의 형제 중 3명이 전사하는 일은 더 이상 일어날 수 없을 것이라는 말이다. 한마디로 베트남 전쟁은 미국인들의 전쟁을 대하는 정서를 완전히 바꾸어버렸다고 할 수 있다.

그림57 영화 '라이언 일병 구하기' 실존 형제들

Edward
(1912-1984)
Preston
(1915-1944)
Robert
(1919-1944)
Fredrick
(1920-1983)

영화 '라이언 일병 구하기'의 실존 모델이 되었던 닐랜드(Niland) 형제들. 첫째인 에드워드는 폭격기 승무원을 참전했다 추락했고, 둘째 프레스턴과 로버트는 노르망디 상륙작전 중에 전사했다. 영화의 주인공이었던 프레드릭은 형들의 전사소식을 듣고 귀국해 헌병으로 군 복무를 마쳤다. 영화와 달리 첫째 에드워드는 포로로 잡혀있다가 1945년 5월에 구출되었다.
(https://en.wikipedia.org/wiki/Niland_brothers)

여기서 주목할 부분은 제1·2차 세계대전이나 한국전쟁, 베트남 전쟁 모두 미국 이외 지역에서 벌어진 전쟁이라는 점이다. 그러므로 병사들을 제외한 민간인의 피해는 미국 국민들과 무관한 일이었음에도 유독 베트남 전쟁 중에 인명 피해나 전쟁의 반인간적 행위들에 대한 비판의 목소리가 높았다. 그렇다고 베트남 전쟁의 인명 손실이 더 컸던 것도 아니며, 북베트남 폭격 같은 대규모 전략 폭격이 처음 있었던 것도 아니다. 제2차 세계대전 말에 있었던 연합국의 드레스덴 폭격은 무려 3만 5천여 명의 사상자를 냈지만, 1972년 북베트남 지역에 대한 크리스마스 폭격의 희생자는 1,500명 정도였다. 그렇지만 베트남 전쟁에서 미국은 매우 부도덕하고 반인간적인 전쟁을 수행한 것으로 이미지화되어 있다. 이 같은 부도덕한 전쟁이라는 이미지는 미국 국민 뿐 아니라 미국 수뇌부와 병사들에게까지 커다란 상처로 남게 되었다.

결국 미국 정부와 군 수뇌부는 언론 통제 시스템이 문제가 있었다고 결론 내리게 된다. 베트남 전쟁은 텔레비전으로 중계된 최초의 전쟁 이른바 '거실 전쟁(living room war)'이라 불리기도 한다(Arle, M. J., 1979). 베트남 전쟁은 제2차 세계대전이나 한국 전쟁과 달리 언론 보도에 대한 통제가 거의 없는 상태에서 시작된 전쟁이었다. 이로 인해 텔레비전은 공식적으로 발표된 군사작전의 내면을 여과 없이 보도하면서 반전 여론을 증폭시켰다. 베트남 전쟁 중에 거의 모든 언론들이 언제든지 어느 곳에나 기자를 파견해서 취재하는 이른바 '낙하산 저널리즘(parachute journalism)'이 성행하였다. 1966년 뉴욕 타임즈 솔즈베리 기자의 북베트남 하노이 현장 보도가 대표적인 사례다. 특히 북베트남군이나 베트콩, 베트남 민간인들의 피해에 대한 보도보다 미군 병사들이 희생되는 모습이 미국 내 언론을 더 극도로 악화시켰다. 이후 전시 언론보도는 자국 병사들이 희생되는 모습을 노출하지 않는 것이 관행으로 되어 있다.

결과적으로 미국 사회는 베트남 전쟁 패전 이후 심각한 사회적 갈등과 분열로 혼란을 겪게 된다. 1970년대 후반부터 1980년대 말까지 제작된 베트남 전쟁을 소재로 한 영화들은 그런 미국의 모습을 그대로 반영하고 있다. '디어 헌터(Deer Hunter)'나 '지옥의 묵시록(Apocalypse Now)', '플래툰(platoon)'은 물론이고 심지어 오락영화인 '람보(Rambo)' 시리즈까지 베트남 전쟁의 후유증을 소재로 하고 있다. 이 때문에 베트남 전쟁은 미국의 정치·사회·문화 모든 영역에 큰 변화를 가져오는 전환점이 되었다. 이처럼 미국인들에게 베트남 전쟁의 상처와 기억은 지금까지도 일종의 트라우마가 되고 있다(Degroot, G. J., 2000).

그림58 거실 전쟁(living room war)

그림58 거실 전쟁(living room war)

The Vietnam War was the first war that was covered on television.

(https://www.loc.gov/item/2011661230/)

하지만 1980년대 들어서면서 미국은 패권국가로의 복귀를 강하게 희망하였다. 그것은 실용적 목적도 있었지만 미국의 존재 이유와 자존심을 부활하는 것이었다. 베트남의 캄보디아 침공(1978), 베트남·중국 분쟁(1979), 소련의 아프가니스탄 침공(1979) 같은 냉전 종식 이후 혼란스러운 국제 상황도 미국의 이런 정책 기조를 압박하는 명분을 제공해 주었다. 1980년 레이건 대통령 후보가 베트남 전쟁을 '선善한 전쟁' '고귀한 대의大義'라고 강조한 것도 이런 맥락에서 나온 것이다. 미국의 이라크 공격은 이러한 배경에서 시작되었다. 그렇지만 베트남 전쟁의 상처는 군사작전 수행에 큰 걸림돌이 되었다. 이를 해결하기 위해 미국은 몇 차례 군사 행동을 민주주의와 인권수호를 목적으로 한 평화전쟁을 표방하게 된 것이다. 또한 깨끗하고 정의로운 전쟁 이미지를 형성하기 위해 군사적 목표물만 공격하는 정밀타격무기 개발과 함께 더욱 정교해진 전시 언론통제 방법을 구상하게 된다.

공생과 반목의 공진화共進化

베트남 전쟁은 미국과 소련 양강 체제 붕괴의 시발점이 되었다. 베트남 전쟁 패배 이후 국제무대에서 미국의 지배력은 크게 위축된 반면 제3세계

국가들이 부상하게 된다. 실제로 1980년대 중반까지 미국의 군사적 행동은 크게 위축되었다. 1979년 소련의 아프가니스탄 침공, 1981년 이란-이라크 전쟁 등으로 일부 분위기가 바뀌기는 했지만, 1980년대 말까지 대규모 군사개입은 최대한 억제되었다. 소련의 아프가니스탄 침공에 대해서는 외교적 제재 밖에 할 수 없었고, 10년 가까이 이어진 이란-이라크 전쟁에서 미국은 간접적으로만 개입하였다. 그렇지만 1980년대 후반 보수화 기류가 강해지면서 본격적인 대외 군사행동이 늘어나게 된다. 매우 신중하게 수행되었던 그레나다 침공(1983)이나 파나마 공격(1989)과 달리, 걸프 전쟁(1991)과 아프가니스탄 공격(2001), 이라크 전쟁(2003)에는 많은 병력과 첨단무기를 동원한 대규모 공격이 단행되었다.

하지만 명분 없는 전쟁이라는 비판에 시달렸던 베트남 전쟁의 기억이 걸림돌로 작용하였다. 특히 전쟁이 장기화되면서 자국민의 지지조차 받지 못했던 베트남 전쟁 증후군에서 벗어나기 위해 세 가지 문제를 해결해야만 했다. 첫째, 전쟁이 기본적으로 미국과 미국인이 이익을 위한 전쟁이라는 인식을 심어주어야 하고 둘째, 단기간에 전쟁을 종료해야 하며 셋째, 인명 피해 특히 미군의 사상자을 최소화해야 한다는 것이었다. 특히 미국의 이익을 드러내는 것은 전쟁 명분을 약화시킬 수 있어 민주주의, 인권 등을 내세우는 이른바 '평화 전쟁(war for peace)'을 표방해야 했다. 패권국가로서 국제사회에서의 미국의 군사 활동들이 미국의 이익을 위한 것이라는 인식을 주게 되면 전쟁의 정당성을 확보할 수 없기 때문이다. 하지만 평화 전쟁을 지나치게 강조하다 보면, 미국인들의 전쟁 지지를 저하시킬 수도 있어 균형을 유지할 필요가 있었다.

1946년 프랑스의 인도차이나 전쟁처럼 자국민의 이해도가 너무 낮거나, 1982년 이스라엘의 레바논 침공처럼 전쟁 목표가 명확하지 못하면 국민들의 지지를 받기 어렵다(Garnham, D., 1994, 22쪽). 그런 의미에서 걸프 전쟁 직전 미국 정부의 대국민 여론전은 성공적이었다고 평가할 수 있다. 미국 내 주요 언론들의 여론조사 결과들을 보면 그것을 알 수 있다. Time과

CNN의 조사에서는 미국의 공격 이유로 '이라크의 공격 저지', '중동 석유 공급 보호', '쿠웨이트 해방' 같은 것들에 대한 응답이 높았고, 갤럽 조사 결과는 '후세인의 화생방 무기와 핵무기 사용 방지'를 가장 중요한 이유로 생각하는 것으로 나타났다. 이는 최소한 미국인들에게 걸프전쟁이 국제사회의 이익이라는 인식을 형성하는데는 어느 정도 성공했다는 것을 보여준다. 하지만 미국의 정치 엘리트들과 국제사회의 인식은 그것과 거리가 있었다. 미국 의회는 부시 대통령의 걸프전쟁 전권부여 법안을 상원 54 대 47, 하원 250 대 183이라는 근소한 차이로 통과시켰고, 국제여론도 찬·반 의견이 극명하게 갈렸다. 결국 미국 국민들의 지지율이 걸프전쟁을 추진할 수 있었던 가장 큰 배경이었다고 할 수 있다.

미국 내의 전쟁 지지 여론을 유지하기 위해서는 전쟁 사상자를 최소화하는 것이 무엇보다 중요했다. 전통적으로 자국 내 전쟁 지지도에 가장 큰 영향을 미치는 것은 적 병사의 사상사 숫자였다. 적 사상자 숫자는 전과戰果를 가늠하는 가장 중요한 척도로 인식되어 과장해 발표하는 경우가 많았다. 하지만 이제는 적의 사상자 규모는 도리어 전쟁의 정당성을 저해하는 요인이 되고 있다. 특히 민간인 희생자 크기는 국제사회의 여론을 크게 악화시킬 수 있다. 물론 여전히 아군의 희생자 수는 자국민의 지지를 낮추는 요인이다(강관범, 2000). 평화 전쟁이란 결국 피·아를 막론하고 인명 살상을 최소화하는 전쟁이라 할 수 있다.

이 문제를 해결하는 가장 좋은 방법은 정밀타격무기 즉, 스마트화된 첨단 무기들을 개발하는 것이다. 군사적 목표물만 공격해 인명 피해를 최소화한다는 '깨끗한 전쟁(sanitized war)'이다. 하지만 아무리 정교한 무기라 하더라도 민간인 피해가 전혀 없을 수는 없다. 그러므로 비인간적이고 처참한 전투 상황에 대한 노출을 최소화하는 방법을 모색할 수밖에 없다. 전과를 과시하던 적 병사들의 사상자 숫자 즉, '시체 세기(body counting)' 대신 적의 무기와 군사시설에 대한 정밀 공격 성과 위주로 발표하는 것이다. 결국 전투 중에 기자들의 현장 접근을 최대한 제한하고, 깨끗하게 정리된 전장에서 기자들이 취재할 수 있게 하는 언론통제 활동이 중요해지게 된다.

1980년대 이후 인공위성, 비디오 레코드처럼 접근성과 휴대성을 지닌 커뮤니케이션 매체들이 상용화되고, 케이블TV 같은 다채널 방송들의 성장으로 미디어 환경이 급변하였고, 이는 전쟁에도 영향을 미쳤다. 특히 실시간 뉴스매체들이 급증하면서 멀리 떨어진 지역에서 벌어지는 국지전들도 텔레비전을 통해 모든 지구촌 사람들이 실시간으로 관전하는 글로벌 전쟁으로 변화되었다. 이 때문에 언론매체는 군사작전의 '전략적 조력자(strategic enabler)'가 될 수도 있고 '작전상 위험 요인(operational risk)'이 될 수도 있게 되었다(Belknap, M. H., 2002, 101쪽). 베트남 전쟁에서 언론이 작전상 위험 요인으로 작용했다고 판단한 미국 정부와 군은 언론을 전략적 조력자로 활용할 수 있는 효율적인 통제 방법을 구상하게 되었다(Prochnau, W., 2005). 전쟁 중에 군은 공중의 지지가 필요하고, 언론은 전쟁을 보도하는 데 있어 군의 도움이 필요하다는 '공생관계(symbiosis)'를 이용하는 것이다(Porch, D., 2002, 93쪽). 군과 언론이 서로 필요에 의한 협력 의지(motivation)와 상대에게 제공할 수 있는 혜택(resources)을 기반으로 공생관계를 형성하는 것이다(Borquez, J., 1993, 38쪽). 이를 두고 군과 언론이 공동의 이익을 추구하기도 하고 서로 갈등하고 피해도 줄 수 있는 '독립적 상호 착취관계(independent mutual exploitation)'가 되었다고 비판하는 시각도 있다(O'Heffernan, P., 1991, 82쪽).

통제 양식의 전환

베트남 전쟁 이후 국제정세와 미디어 환경이 크게 변화되었다. 이에 따라 100년 넘게 큰 변화 없이 이어져 왔던 전시 언론통제방식도 이제 근본적인 전환을 요구받게 되었다. 새로운 환경에 적합한 전시 언론 통제 방식을 고민하기 시작한 것이다. 이렇게 전시 언론 통제 방식의 변화를 압박한 요인들은 다음과 같다.

첫째, 전쟁의 성격과 양상의 변화이다. 가장 큰 변화는 1980년대 후반

소비에트 러시아를 비롯한 동유럽 공산 진영이 붕괴되면서 50년 가까이 지속되어왔던 냉전체제가 종식된 것이다. 그렇다고 군사적 갈등이 완전히 사라진 것은 아니다. 도리어 냉전 이념이 억제해왔던 민족주의, 인종적·종교적 갈등, 경제적 이익갈등이 봇물 터지듯 표출되면서 군사적 충돌이 더욱 빈번해졌다. 서방 국가들 역시 평화 유지나 인권 수호 같은 명분을 내걸고 다른 나라의 내전이나 국지전에 개입하는 '평화작전 혹은 평화전쟁(peace operation or war)'도 급증하였다(Strobel, W., 1997). 평화전쟁은 국민의 전폭적 지지를 기반으로 국가가 보유한 자원을 총동원했던 제1·2차 세계대전과는 본질적으로 다르다. 더구나 평화 수호, 인권 회복 같은 명분 이면에는 자국의 정치적·경제적 이익이 존재하고 있다. 그러므로 전쟁을 수행하는데 군사작전 이외에도 고려해야 할 점이 매우 많아졌다.

무엇보다 비평화적이고 비인간적인 전쟁으로 비추어지면, 전쟁 명분 자체가 훼손되어 부도덕한 전쟁이라는 비판을 피할 수 없게 된다. 전쟁 목표뿐 아니라 사용 무기, 공격 목표물, 민간인 피해, 인권 보호, 전후 처리 등에서 정당성을 담보할 수 있는 범법으로 전쟁을 수행하여야 한다. 그렇지만 물리적 폭력 수단을 사용하는 전쟁의 본질에서 벗어날 수 없는 한 '평화적 전쟁'이란 사실상 불가능하다. 어쩌면 '평화적 이미지로 포장된 전쟁'이라고 하는 것이 더 정확한 표현일 수 있다. 평화 전쟁 개념이 대두하게 된 배경에는 베트남 전쟁의 영향이 컸다. 사람들에게 잔인한 전쟁, 민간인 피해, 부도덕한 전쟁으로 인식된 베트남 전쟁을 통해 미국을 비롯한 서방 국가들은 전쟁에서의 승리보다 어떤 전쟁 목표를 표방하고 어떻게 승리할 것인가가 더 중요하다는 것을 알게 된 것이다. 이외에도 동·서 냉전 체계가 소멸된 이후 자국 밖의 전쟁에 개입하는 것을 정당화할 수 있는 그럴듯한 명분이 필요했던 것도 원인이 되었다.

둘째, 새로운 미디어 기술의 등장이다. 1970년대 후반은 선진 자본주의 국가들이 본격적으로 정보사회(information society)에 진입하던 시기로 디지털 정보·통신 기술들을 바탕으로 새로운 미디어들이 속속 등장하게 된다.

1960년대 말부터 보편화된 컬러TV를 비롯해 케이블TV, 휴대용 VCR 같은 미디어들이 상용화되면서 1980년대 들어 영상 매체 시대에 돌입하게 된다. 특히 1971년 미국의 '우주 개방 정책(open sky policy)'에 따라 인공위성을 상업적으로 이용하게 되면서 전全 세계를 대상으로 하는 직접 위성방송도 상용화되었다. 케이블TV도 인공위성을 이용해 SCN(Space Cable Network) 방식으로 글로벌 슈퍼스테이션(super station)으로 도약하게 된다. 뉴스 전문 채널 CNN이 전 세계에 24시간 실시간 뉴스를 제공하는 글로벌 미디어로 급성장할 수 있었던 것도 이 때문이다. 특히 개인 촬영 장비와 위성 송출 수단을 가지고 사건 현장에서 직접 화면을 송출하는 SNG(Satellite News Gathering) 카메라는 속보성과 현장 화면을 중시하는 CNN을 급성장시키는 결정적 요인이 되었다.

이로써 이제 모든 전쟁은 시작부터 끝날 때까지 언론 취재로부터 완전히 자유로울 수 없게 되었다(Cortel, A. P. et. al., 2009). 언론은 전쟁 양상이나 작전 결과를 보도하는 역할을 넘어 전쟁 양상과 결과에까지 영향을 미치는 주체로 부상하였다. 군은 미디어 전략을 군사작전의 한 부분으로 작전 수립 과정에서부터 언론의 전장 접근, 국내·외 여론에 미치는 영향까지 고려해 언론환경에 효율적으로 대응할 수 있는 새로운 양식의 전시 언론 통제 방법을 모색하지 않으면 안 되게 된 것이다.

셋째, 오랫동안 사용되어 온 검열(censorship)의 전시 언론 통제 효율성 문제다. 전통적으로 전시 언론통제는 '검열', '전장 접근 제한', '브리핑' 세 가지 방법에 주로 의존해 왔다. 이 중 검열은 가장 효율적이고 많이 사용되어온 방법이다. 하지만 수 많은 매체들이 쏟아내는 뉴스를 모두 검열한다는 것이 쉽지 않고, 특히 모바일 폰을 이용해 전장에서 직접 제공되는 영상 소식들은 사실상 검열 자체가 불가능하다. 한국전쟁 때까지 군의 보도 검열이 가능했었던 이유는 전장에서 본사로 전송하는 통신수단을 군이 독점하고 있었기 때문이다. 베트남 전쟁에서는 태국 같은 주변 국가들의 통신수단을 이용하기도 했지만, 지금은 개인 통신수단을 이용해 직접 전송하거나 보도하는 것을 원천적으로 봉쇄할 수 없다. 즉, 커뮤니케이션 기술 발달로 물리적 수단을 통한 검열이 어려워지게 된 것이다. 반대로 통제 상황에서 군이 제공하는 정보에 의존하는 보도는 걸러진 정보에 의존하여 대중의 신뢰가 저하될 수밖에 없다.

결국 군과 언론이 각자의 필요를 충족시키면서 공생할 수 있는 방법을 모색해야만 했다. 특히 경제적 이익을 추구하는 민간 언론들은 전쟁이라는 높은 뉴스 가치를 지닌 사건을 외면하기 어렵다. 그러므로 전쟁 중에 언론이 군과 갈등 관계에 서게 된다는 것은 전쟁 보도를 포기하는 것과 마찬가지다. 2003년 이라크 공격 당시 아랍 세계를 대변하는 알 자지라(Al zazeera)도 미군이 운영한 임베딩 프로그램에 기자들을 파견했을 정도다. 군 역시 전쟁 중에 언론과 불편한 관계를 유지하는 것이 결코 바람직하지 않다. 베트남 전쟁 때처럼 국민들의 지지는 물론이고 병사들의 사기에도 나쁜 영향을 미칠 수 있기 때문이다. 특히 평화나 인권 수호 등을 표방하는 평화전쟁에서 언론과의 우호적 관계는 군사 작전의 성공에 결정적 역할을 한다. 이처럼 전쟁 기간 중에 언론과 전쟁 주체들 간에 형성되는 공모 의식은 일종의 '로비(lobby)' 개념으로 설명되기도 한다(Oates, S., 2008). 군에 비판적인 기자나 언론의 정보 접근을 차단하고 우호적인 언론에게만 보도거리를 제공하기 위한 방식이다. 결과적으로 언론은 전쟁 중에 취재원 접근을 위해 정부나 군에게 우호적인 보도를 하지 않을 수 없게 된다. 이러한 공생관계를 촘스키는 '선전 프레임워크(propaganda framework)'라 규정하고 있다. 그는 미국 언론들이 인도네시아의 동티모 침공은 아주 축소해 보도하면서, 베트남의 캄보디아 침공은 대서특필한 것을 대표적인 예로 제시하고 있다. 결론적으로 정부나 군의 직접 통제가 두려운 것이 아니라 군과 원활한 관계를 유지하면서 상업적 이윤을 극대화하려는 자발적 통제요인 때문에 공생관계가 성립되었다는 주장이다(Chomsky, N. & D. Baramian, 이성복(역). 2002, 49~123쪽).

넷째, 1980년대 이후 급증한 다채널 방송과 글로벌 미디어들 때문에 매체 간 경쟁이 심화된 것이다. 전쟁은 언론 매체의 경쟁력을 높일 수 있는 매우 좋은 소재다. 이른바 '애국 마케팅'에 가장 부합하는 상품이다. 군 또한 언론의 애국적 보도가 군사작전에 도움이 될 수 있다고 생각하는 경향이 있다. 이 때문에 전시에 군과 언론은 각자의 목적으로 협력관계를 유지하는 공생 구조를 형성하게 된다. 허먼과 촘스키는 전쟁 중에 정부와 미디어가 암묵적으로 협력하는 이유로 ① 상업 미디어의 이윤 추구 ② 미디어 내용에 대한 광고주 영향 ③ 정부 기관에 편향된 미디어 취재원 ④ 출입처 기자제 같은 정보 조작에 취약한 취재·보도 시스템 ⑤ 영향력 있는 취재원의 공격이나 비난에 대한 두려움 ⑥ 반공산주의 혹은 글로벌 친화적 자본주의 분위기를 들고 있다. 이런 이유로 군과 미디어가 공조하는 것을 '동의의 조작(manufacturing consent)'으로 규정하고 있다(Herman, E. & N. Chomsky, 1988).

1982년 포클랜드 전쟁에 비판적이었던 정치인들을 출연시킨 BBC의 'Panorama'라는 프로그램은 대처 정부와 의회는 물론이고 보수 성향 신문인 'Sun'으로부터도 엄청난 공격을 받았다. '반역자(traitor)'라는 단어와 프로그램 명칭이 조합된 'Traitorama'라는 소리까지 들었다. 이 때문에 BBC는 전쟁과 관련된 정보 접근에 많은 제한을 받을 수밖에 없었다(Glassgow Media Group, 1985). 문제는 상업적 목적을 지닌 애국적 전쟁 보도는 선정주의와 불가분의 관계에 있다는 것이다. 1890년대 황색 언론 시대에 창궐했던 '애국주의 선정 보도'가 여전히 지속되고 있는 이유다. 2002년 9·11 테러 이후 미국 언론들의 애국적 선정 보도는 국내·외에 부정적 여론이 적지 않았음에도 불구하고 미국 정부가 이라크 공격을 단행할 수 있었던 결정적 배경이 되었다. 그 결과 이라크 전쟁 중에 "백악관 일일 브리핑을 앵무새처럼 따라한다"고 비난받았던 Fox TV는 이후 미국에서 가장 높은 시청률을 확보한 방송으로 올라섰다.

평화 전쟁과 전쟁 정당성

평화 전쟁이란 용어는 1980년대 처음 등장한 개념으로 '평화와 인권 수호'를 명분으로 다른 나라의 내전이나 국지전에 개입하는 것'을 말한다. 1980년대 이후에 벌어진 포클랜드 전쟁(1982), 그레나다 침공(1983), 파나마 침공(1989), 소말리아 내전(1992), 걸프 전쟁(1993), 보스니아 내전(1994), 아프가니스탄 전쟁(2001), 이라크 전쟁(2003) 등은 참전 동기와 방식도 다르고, 자국의 이익과 직접 연관되거나 그렇지 않은 경우도 있지만 거의 대부분 평화 수호를 표방하고 군사작전에 돌입하였다. 야콥슨은 평화 전쟁이라는 용어가 등장하게 된 원인으로 '명백한 인도적·법적 위기', '국익', '성공의 기회', '자국 내의 지지', 'CNN 효과'를 들고 있다(Jakobsen, P. V., 1996, 205~215쪽).

이 중 가장 확실한 명분은 '명백한 인도적·법적 위기'지만, 그 판단 역시 보는 시각에 따라 다를 수 있다. 실제 2003년 미국이 이라크 공격 명분으로 내걸었던 대량살상무기는 없었던 것으로 밝혀졌다. 이 때문에 미국의 이익을 포장하기 위한 거짓 명분이었다는 비난을 받았다. 이 같은 인도적 명분들은 '국익'을 포장하거나 전쟁 지지 여론을 획득하기 위한 수단으로 이용되는 경우가 많다. 1996년 미국 백악관이 발표한 'A National Security Engagement and Enlargement'에서 미국 정부는 국제 평화를 유지하기 위해 다양한 비군사적 수단들을 사용하고 군사적 개입은 최종적인 수단이라고 밝히고 있다. 특히 군사적 개입을 통한 평화전쟁은 미국의 국익과 관련되어 있어야 한다는 점을 강조하고 있다. 그러면서 군사적 개입의 우선순위를 ① 미국의 필수적 이익(vital interest)이 걸려 있는 경우에는 희생을 감수하고 개입 ② 미국의 중요한 이익(important interest)과 연관되었을 경우에는 비용·효과를 비교하여 군사력을 활용 ③ 인도주의적 이익(humanitarian interest)과 관련되었다면 군사작전 이외의 수단들과 비교해 개입 여부를 결정한다는 것이다. 이는 미국 정부의 평화 전쟁이 국익에 기반을 둔 개념이라는 것을 잘 보여주고 있다.

하지만 군사적 개입과 평화적 명분들은 상호 밀접히 연관되어 있다. 명분과 실익이 모두 긍정적이라면 당연히 국민들의 전쟁 지지도는 높아질 것이다. 1991년 걸프전쟁이 여기에 해당된다. 다소 명분은 약하더라도 미국의 이익과 직결된 군사적 개입에 대한 지지율이 대체로 높은 편이다. 1983년 미국의 그레나다 침공은 명분 자체는 취약했지만 소련과 동맹인 쿠바와 연계된 문제로 미국 국민들에게 안보 문제로 인식되면서 높은 지지를 받았다. 반대로 1994년 아이티 침공은 클린턴 정부가 민주주의, 인도주의를 표방하면서 정당성을 부각시켰지만 국민들의 지지는 매우 낮았다. 그 이유는 아이티 문제는 미국의 국익에 큰 관련이 없다는 인식 때문이었다(Mandelbaum, M., 1996). 무려 50만 명 이상의 민간인이 희생된 르완다 내전에 미국이 직접 개입하지 않은 것도 같은 이유 때문이다. 그런 의미에서 1991년과 2003년 이라크 공격은 평화적 목표들의 정당성은 논란이 될 수 있지만, 미국의 국익과 직접 연관되어 있다는 점에서 높은 자국민 지지를 확보할 수 있었던 것이다.

그림59 부시의 '악의 축'을 풍자한 'Gill Partington'의 책 표지

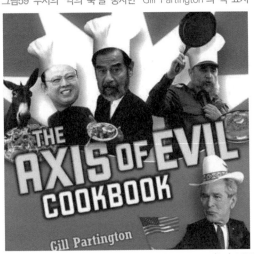

(https://www.amazon.in/Axis-Evil-Cookbook-Gill-Partington/dp/08635663160)

평화를 표방한 전쟁이 정당한 전쟁임을 보여주기 위해서는 누구나 동의할 수 있는 윤리적이고 보편적인 목적들을 내걸어야 된다. 이는 자국민의 지지나 자국 병사들의 사기는 물론 국제사회의 동의나 지지를 획득하는데 필수적이다. 특히 베트남 전쟁에서 '명분 없는 전쟁', '제국주의 전쟁', '부도덕한 전쟁'이라는 비난에 시달렸던 미국은 더욱 그렇다. 2003년 이라크 공격을 앞두고 부시 대통령이 이라크를 '악의 축(axial of evil)'으로 규정한 것도 그런 이유다. 이런 명분을 가지고 일부 우방국들의 지지를 확보했지만, 반대로 적지 않은 국가와 국제단체들로부터 9·11 테러에 대한 보복전 또는 미국의 이익을 위한 탐욕스러운 전쟁이라는 비난도 받았다.

평화 전쟁이란 이 전쟁이 정당하다는 점을 대·내외적으로 표방하기 위해 등장한 용어라 할 수 있다. 무엇보다 전쟁의 정당성은 합법적인 무력 사용을 인정받을 수 있는 근거가 되기 때문이다. 국제법에서는 정당한 전쟁 대신 '적법한 전쟁(legal war)'과 '불법한 전쟁(illegal war)'이란 용어를 사용하고 있다(권경민, 2011). 원래 전쟁 정당성 개념은 승전국이 사후적으로 자신의 전쟁 목적을 정의롭게 포장하는데 사용되었던 용어였다. 전쟁에서 승리한 국가의 전쟁목표는 정당한 것이고 어떤 수단과 방법도 합법적일 수 있다는 의미다. 하지만 최근에는 아무리 선한 전쟁 목적이라 하더라도 부도덕하고 반인륜적 수단이나 군사 행동을 하게 되면 부당한 전쟁으로 인식되고 있다. 전쟁 목적만큼 전쟁 수행과정에서의 정당성이 중요해지고 있다는 이야기다.

이는 속보성과 현장성을 지닌 매체들의 등장과 밀접한 관련이 있다. 만약 제2차 세계대전 중에 있었던 연합군의 드레스덴 폭격이나 원폭 투하가 20세기 후반에 벌어졌다면 하노이 폭격보다 더 심한 여론의 비판을 받았을 것이다. 우크라이나를 공격한 러시아군이 전쟁이 길어지면서 고전하게 되자 핵무기 사용 유혹을 받고 있지만 쉽지 않은 것도 이 때문이다. 공격 수단이나 대상에 큰 제한이 없었던 이전 전쟁들과 달리 평화 전쟁은 사용가능한 무기나 공격 목표를 제약받는 '제한전쟁(limited war)'인 경우가 많다. 국제법에서는 전쟁수행의 정당성 판단은 '차별의 원칙(principle of discrimination or distinction)'과 '대량 살상무기 금지 원칙(principle of prohibited weapons)'에 근거를 두고 있다.

첫째, '차별의 원칙'은 적국의 병사나 군사 목표물만 공격해야 하고, 군사작전과 무관한 민간인과 민간인 거주지역에 대한 공격을 금지한다는 것이다. 전투원과 전투시설은 공격 목표가 될 수 있지만, 비전투원과 민간시설들은 공격 목표가 되어서는 안 된다(Orend, B., 2013). 전시 민간인 보호와 관련된 국제규범으로는 1907년 '육전의 법 및 관습에 관한 헤이그 협약', 1950년 '전시 민간인 보호에 관한 제네바 협약'과 1977년에 제정된 '제1 추가 의정서' 그리고 "민간인을 공격 목표로 해서는 안된다"는 1996년 국제사법재판소 판결 등이 있다. 이외에도 '마르텐즈 조항(Martens Clause)'이라고 하는 전시 중에 민간인에 대한 살해 행위나 불필요한 공격을 금지하는 '최소한의 인도적 기준(minimum humanitarian standards)'도 국제관습법 지위를 인정받고 있다.

일반적으로 전시 민간인 보호와 관련된 차별의 원칙은 '군사적 필요성(military necessity)', '비례성(proportionality)' 그리고 '부수적 피해'(collateral damage)' 같은 요인들을 기준으로 판단한다. '군사적 필요성'이란 군사적 목표와 작전에 필요한 경우에만 무력 사용이 허용된다는 것이다. 군사 작전 목적을 넘어서는 과도한 시간과 비용의 투입 그리고 인명 살상이 행해져서는 안 된다는 원칙이다(Dinstein, Y., 2005, 237쪽). 군사적으로 불필요하거나 민간인에게 지나친 고통(unnecessary or superfluous suffering)을 주는 살상이나 파괴행위를 금지하는 것이다(Oeter, S., 1995, 105쪽). 여기서 요구되는 것은 군사 작전 효과와 예상되는 희생 간의 균형을 맞추는 비례성이다. 작전 효과보다 희생이 과도하게 크다면 그 공격은 정당하지 않은 것으로 간주된다(Dinstein, Y., 2005, 119~123쪽). 하지만 비례성을 정확히 측정하는 것은 사실상 불가능하다. 군사적 필요성에 의한 공격이라 하더라도 의도하지 않은(unintended or inadvertent) 민간인 피해가 발생할 수 있기 때문이다. 그래서 용인될 수 있는 부수적 피해(legitimate collateral damage) 정도를 놓고 논란이 벌어지는 경우가 많다. 이전에는 군사작전으로 인한 부수적 피해를 광범위하게 인정하였지만 최근에는 점점 더 엄격해지는 추세다. 1945년 히로시마와 나가사키 원폭 투하도 오늘날의 비례성 원칙 기준을 적용하면 정당한 행위로 인정받지 못할 가능성이 매우 높다.

둘째, '대량 살상 무기 금지 원칙'이다. 엄밀하게 보면 이 원칙은 '차별의 원칙'과 많이 중첩된다. 대량 살상 무기를 금지하는 이유는 전투와 무관한 민간인에게 피해를 줄 수 있기 때문이다. '국제 인권 관습법(Customary International Humanitarian Law)'과 '국제형사재판소에 관한 로마 규정(the Rome Statute of the International Criminal Court)' 제11조는 원천적으로 무차별적 속성을 지닌 무기 즉, 대량 살상 무기 사용을 금지하고 있다. 인류 역사상 처음 등장한 대량 살상 무기는 1905년 러일전쟁과 제1차 세계대전 중에 엄청난 사상자를 냈던 기관총이다. 또 제2차 세계대전 중에 대대적으로 행해졌던 적 후방에 대한 무차별 전략 폭격과 히로시마와 나가사키에 투하된 원자폭탄은 대량 살상무기에 대한 국제사회의 경각심을 높이는 결정적 계기가 되었다. 한국전쟁과 베트남 전쟁에서 미 공군에 의한 전략 폭격도 영향을 미쳤다. 특히 1980년대 후반까지 이어졌던 '상호확증 파괴전략(MAD : Mutual Assured Destruction)'에 따른 미·소 핵무기 경쟁은 대량 살상 무기로 인류가 공멸할 수 있다는 우려를 배가시켰다. 1970년 비핵국가들의 핵무기 보유와 핵보유국들의 비핵국가들에 대한 핵기술 이전을 금지하는 '핵 확산 방지조약(NPT : Nuclear Nonproliferation Treaty)'이 체결되었지만 별성과를 내지는 못한 것도 우려를 더 크게 만든 원인이 되었다.

오랫동안 핵무기는 공멸 가능성 때문에 사용할 수 없는 전쟁 억제 수단으로서 인식되어왔다. 이는 동·서 냉전 체제를 뒷받침하는 바탕이 되었다. 하지만 최근 들어 대량 살상 무기 성격이 크게 변화하고 있다. 1950년대 처음 대량 살상 무기(WMD : Weapon of Mass Destruction)라는 용어가 등장했을 때는 핵무기와 생화학무기만 지칭하는 'ABC(Atomic, Biological, Chemical Weapon)'라고 하였다. 그렇지만 이후 다양한 대량 살상 무기들이 개발되면서 현재는 방사선, 핵물질, 대량 살상 폭발물까지 포함하는 'CBRNE(Chemical, Biological, Radiological, Nuclear and Explosives)' 개념으로 확대되었다. 유엔 인권고등판무관실(UNHCHR : The Office of the UN High Commissioner for Human Rights)은 '화학무기(Chemical Weapon)', '집속탄 혹은 확산탄(Cluster Munitions)' 그리고 대형 컨테이너 같은 것에 폭발물을 채워 공중에서 투하하는 '대량 살상 폭발물(Barrel Bomb)'까지 무차별 공격이 가능한 불법 대량살상무기에 포함시키고 있다(UNHCHR, 2016).

표8 대량 살상 무기의 종류

분류		정의	보유국
전통적 WMD	핵무기	핵물질을 폭발에 의해 분열 또는 융합과정을 거치게 함으로써 대규모 폭풍 및 고열과 방사능을 방출하는 무기	UN안보리 상임이사국 5개국 등
	생물 무기	인명살상을 목적으로 병원체 같은 생물조직체 및 독소를 이용하는 무기	이라크, 이란, 러시아 등
	화학 무기	독성물질에 의한 인명살상과 신체의 무력화를 목적으로 하는 무기	이라크, 북한, 이스라엘
비전통적 WMD	탄도 미사일	대량 살상 무기의 발사 및 운반수단으로서 무기 자체는 아니지만 일반적으로 WMD에 포함	
	재래식 WMD	대규모 인명 살상과 피해를 발생시킬 수 있는 재래식 무기	

출처: 외교부, 대량살상무기(WMD) 확산 방지 현황

이처럼 대량 살상 무기들이 증가하는 깃은 평화 전쟁 개념과 밀접히 연관되어 있다. 평화전쟁 목적으로 많이 사용되는 '예방전쟁(preventive war)' 개념 때문이다. 예방전쟁은 대량 살상 무기를 개발 또는 보유하고 있는 이른바 테러국가나 악성 국가들을 공격하는 전쟁을 말한다. 특히 9·11테러 이후 미국이 주도해서 만든 '대량 살상 무기 확산방지 구상(WMD Proliferation Security Initiative)'은 테러 및 대량 살상 무기 확산을 막기 위해 가입국 간 정보 공유 및 합동작전이 가능하도록 규정하고 있다. 2003년 이라크 공격도 이라크가 보유하고 있는 대량 살상 무기 확산방지를 명분으로 내걸었다. 물론 대량 살상 무기가 발견되지 않아 이라크 공격에 대한 정당성 논쟁이 벌어지기도 하였다(김부찬, 2006).

전략 폭격에서 정밀타격으로

전쟁으로 인한 민간인 피해에 대한 관심이 높아진 원인은 무기의 위력이 커졌기 때문이다. 이와 함께 정보통신 기술 발달과 영상 매체의 등장도 영향을 미쳤다. 제1·2차 세계대전과 한국전쟁 그리고 베트남 전쟁 모두 민간인 피해가 엄청났다. 대량 살상을 특징으로 하는 총력전 개념이 등장한 이후 전략 폭격은 적 후방 지원과 사기를 약화시키는 중요한 작전이 되었다. 한국전쟁 중에도 2년 넘게 지속된 휴전 협상을 압박하기 위해 북한 주요 지역에 대한 미군의 대대적인 전략 폭격이 단행되었다. 전략 폭격 개념을 처음 창안한 사람은 이탈리아의 줄리오 두에(Giulio Douhet)로, 그는 국가의 모든 자원을 총동원하는 총력전에서 승리하기 위해 적의 물적 자원과 사기를 약화시킬 수 있는 인구 밀집 지역을 집중적으로 폭격해야 한다고 주장하였다(Douhet, G., 1921). 제2차 세계대전 중에 독일과 연합국 모두 그의 전략폭격 이론을 실전에 적극 활용하였다. 그 효과에 대해 논란이 없지 않았지만 한국전쟁과 베트남 전쟁에서 그 절정을 이뤘다(Weigley, R. F., 1973, 353~356쪽).

베트남 전쟁에서 미 공군은 615만 2천 톤의 폭탄을 투하하였는데, 이는 제2차 세계대전 중에 투하했던 215만 톤의 3배에 육박하고, 한국전쟁의 45만 4천 톤의 10배가 넘는 양이다(Berger, C., 1977, 366쪽). 베트남 전쟁 이전까지는 이러한 전략 폭격의 실상을 일반 사람들은 거의 알지 못했다. 그 이유는 신문과 라디오가 주된 매체였기 때문이었다. 이 때문에 전략 폭격의 참혹성이나 민간인 피해에 외부에 공개되는 것을 통제하기도 용이하였다. 하지만 텔레비전이 주도했던 베트남 전쟁은 달랐다. 병사와 민간인을 구별하기 힘든 게릴라 정글 소탕 작전, 북베트남 융단폭격, 침투로 차단을 위한 고엽제 살포 같은 무차별 공격 영상이 전 세계에 전파되었다. 군의 통제가 있었지만 다양한 통신 수단들을 이용한 언론 보도 때문에 한계가 있을 수밖에 없었다. 실제로 베트남 전쟁 사상자는 이전 전쟁들보다 많지 않았음에도 불구하고 전략폭격과 대량살상 무기로 인한 민간인 피해가 가장 컸던 전쟁으로 기억되고 있다.

베트남 전쟁 이후 미국 정부는 군사적 목표물만 타격하고 민간인 피해를 최소화하기 위한 정밀유도무기(precision-guided munitions) 개발에 전력하게 된다. 이렇게 개발된 정밀 타격 신무기들의 시험장이 바로 1991년 걸프전쟁이었다. 걸프전쟁에서 미국은 전략 폭격(strategic bombing) 대신 정밀 폭격(precision bombing)이 가능한 다양한 스마트 무기들을 선보였다. 레이더에 포착되지 않는 스텔스기, 쿠르즈 미사일이나 토마호크 미사일, M1A1 전차, AV-8B 전투기, 아파치 헬기 같은 것들이다. 특히 F-117A 폭격기의 출격 비중은 전체의 2% 정도였지만 전략목표의 40%를 공격한 것으로 기록되어있다. 이 같은 공격무기들을 통합 운영하는 '합동 감시 및 목표물 공격 레이더 체계(JSTARS : Joint Surveillance and Target Attack Radar System)'도 갖추고 있었다. 걸프 전쟁 중에 큰 관심을 끌었던 미사일 폭격 화면도 탄두에 설치된 고성능 카메라로 촬영한 것이다. 이것은 공격목표만 정확히 타격해 인명 피해를 최소화한 '깨끗한 전쟁(sanitized war)' 이미지를 심어주기 위해 미군이 제공한 영상이다.

그렇지만 걸프 전쟁에서 사용된 정밀타격은 명중률이 그다지 높지 않았다. 1991년 걸프 전쟁에서 미군이 사용한 무기의 7%, 전투기의 15%만 정밀타격이 가능하였다(합동참모본부, 2004). 물론 2003년 이라크 공격 때는 모든 전투기를 포함해 전체 무기의 68%가 정밀타격 능력을 갖추었다(이세한, 2004). 그러나 아무리 첨단 기술력을 갖춘 무기라 하더라도 '전쟁의 마찰(friction of war)'을 완전히 제어할 수는 없다. 클라우제비츠는 안개(fog), 기회(chance)와 함께 마찰(friction)을 전쟁에 영향을 미치는 독특한 인간적인 현상으로 기술하고 있다. 여기서 마찰이란 "단순한 것을 어렵게 만드는 수많은 사건들(the countless minor incidents that make the simple very difficult)"을 말한다. 군사작전으로 발생하는 부수적인 민간인 피해 같은 것들이나, 이러한 마찰을 줄이기 위해 개발된 정밀유도 무기나 첨단 사이버 수단들도 완벽할 수 없다는 것이다.

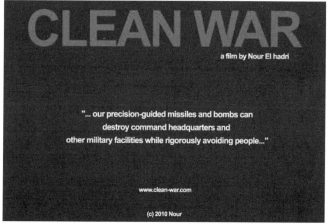

그림60 깨끗한 전쟁

2010년 누 엘 하드리(Nous El hadri)가 만든 다큐멘터리 동영상 'Clean War'는 첨단 무기를 이용한 현대 전쟁의 공포와 민간인 피해를 다루고 있다.
(https://en.unifrance.org/movie/32390/clean-war)

걸프전쟁 중에 이라크는 미군이 민간인 시설을 무차별로 폭격하고 있다고 비난했는데, 이때 피터 아넷(Peter Arnett) 기자가 바그다드에서 현장 화면과 함께 송출한 CNN 보도가 큰 영향을 미쳤다. 당시로서는 최첨단 위성 송출장비라 할 수 있는 SNG(Satellite News Gathering) 카메라를 이용해 연합군 폭격에 의한 민간인 피해 현장을 보도하였다. 이라크 정부는 민간인 대피소 폭격이 국제법 위반이라고 비난했지만, 미국은 군사 목표물로 오인해 폭격한 것이므로 적법한 공격이었다고 반박하였다(Dinstein, Y., 2005, 118쪽). 그렇지만 CNN 현장 보도가 이라크 주장에 무게를 실어주게 되자,

미국은 군사시설 위에 민간인 대피소를 설치해 고의적으로 폭격을 유도했다고 주장하였다. 그러면서 CNN이 상업적 목적으로 이라크 정부와 결탁해 선전도구가 되고 있다고 강하게 비판하였다. 이라크 역시 이스라엘의 민간인 거주지역을 미사일로 공격함으로써 자신들의 정당성에도 흠집이 가게 된다. 이를 통해 CNN의 현장 보도가 모든 나라들로 하여금 평화 전쟁을 표방하게 만든다는 로빈슨 가설이 등장하게 된다(Robinson, P. 2000).

정밀타격 무기 개발과 동시에 기자들의 전투 현장 접근을 효율적으로 차단하는 방안도 구상되었는데, 전투 중에 기자들의 전장 접근을 원천적으로 통제하는 방법은 1981년 포클랜드 전쟁에서 영국이 처음 시도하였다. 미국은 1983년 그레나다 공격과 1989년 파나마 침공 때 새로 개발된 '미디어 풀 시스템(media pool system)'을 가동하였다. 이는 기자들의 전장접근을 통제하는 대신 자국에게 유리하도록 가공된 보도자료를 제공하는 방식이다. 이후 걸프 전쟁을 비롯한 여러 차례 전쟁을 거치면서 이러한 전시 언론 통제 방식들이 수정·보완되었다. 그 결과 2003년 이라크 공격에서 처음으로 '임베딩 프로그램(embedding program)'이 등장하게 된다. 정밀 타격 무기들을 이용해 군사적 목표물만 공격하고 민간인 피해를 최소화한다는 '스마트 전쟁'이란 용어 자체에 허구라는 주장도 적지 않다. 전쟁의 잔인함과 폭력성을 은폐 또는 포장하는 것이지 실제 전쟁 양상은 그렇지 못하다는 것이다. 마찬가지로 '평화전쟁' 역시 자국의 전쟁 행위를 정당화하기 위한 일종의 선전용 구호일 뿐이라는 비판도 있다. 하지만 분명한 것은 평화 전쟁 이미지를 형성하기 위해서는 결국 언본보도를 통제하는 것이 더 중요해졌다는 사실이다.

CNN 효과와 전시언론통제의 변화

걸프 전쟁의 최대 수혜자는 미국이 아니라 CNN(Cable News Network)이라는 말이 있다. 걸프 전쟁을 통해 하나의 뉴스 전문 채널에 지나지 않았던

CNN이 가장 영향력 있는 언론매체로 부상했기 때문이다. 이후 CNN은 지구촌 어느 곳이든 전쟁이 발발하면 가장 먼저 현장 화면을 제공하는 뉴스 채널로 인식되고 있다. 이러한 CNN 보도에 대해 독자적인 취재 방식이라고 보는 시각과 전쟁 당사국들과 유착해 상업적 이윤을 추구하는 행위라는 서로 다른 시각이 존재한다. 그렇지만 분명한 것은 전쟁을 비롯한 국제 뉴스와 관련해 CNN의 영향을 무시할 수 없게 되었다는 것이다. 모바일·SNS 같은 인터넷매체들의 등장으로 영향력이 많이 약해졌지만, 지금도 CNN은 가장 빠르고 현장감 있는 뉴스 매체로 자리 잡고 있다.

CNN의 영향력을 상징해주는 용어가 바로 'CNN 효과(CNN effect)'다. 이용어는 1991년 걸프 전쟁 중에 CNN의 생생한 전쟁 보도들이 전쟁 양상이나 전쟁과 관련된 각국의 정책 결정에 미치는 효과를 지칭하는 것이다. 원래는 걸프 전쟁 초기에 심리학자인 제임스 터너(James Turner)가 워싱턴 포스트와의 인터뷰에서 "사람들이 마치 CNN 뉴스에 중독(addiction)되어 있는 것 같다"고 말하면서 'CNN 콤플렉스(CNN complex)'라는 용어를 사용하면서 시작되었다. 이후에 'CNN curve', 'CNN factor' 같은 CNN 효과를 의미하는 다양한 용어들이 등장하였다. 이후 점차 'CNN 효과'라는 용어로 수렴되면서 "사건과 관련된 정보들이 실시간으로 신속하게 보도되면서 글로벌 공동체의 태도가 변화하는 것"이란 의미로 정착되었다(Pahl, T., 1994).

CNN 효과를 보는 관점은 크게 두 유형으로 나눌 수 있다(Gilboa, E., 2005). 첫째, CNN의 실시간 보도가 국가 간 혹은 정치지도자 간에 신속한 커뮤니케이션을 촉진시켰다는 점에 주목하는 시각이다(Hoffman, D., 1991). 둘째, CNN 뉴스의 '정책 압박(policy forcing)' 효과를 강조하는 시각이다. CNN 같은 24시간 뉴스 채널들이 형성한 국·내외 여론이 전쟁과 관련된 각국의 정책 결정에 영향을 미친다는 주장이다. 전자는 오랫동안 국가 간 커뮤니케이션의 중심이었던 외교활동이나 서신교환의 역할, CNN 같은 글로벌 미디어들이 대신하게 되었다는 것이다. 후자의 예로 걸프 전쟁 초기에 쿠웨이트를 회복한 후 이라크 본토 공격을 주저하던 연합군 수뇌부가 다시 강공정책으로 선회한 것도 CNN 보도 때문이라는 연구 결과도 있다(Schorr, D.,1991, p.23).

한편 CNN 효과와 관련해 정책 결정을 책임지고 있는 공직자들의 정책 통제권을 미디어에게 빼앗겼다고 보는 부정적 시각도 있다(Balabanova, E., 2004, 275쪽). CNN 뉴스가 공중들의 감성을 자극해 정책결정자가 특정 상황에서 무언가를 하도록(do something) 압박한다는 것이다(Cohen, E. A. & J. Neuman, 1996). 국제 문제와 관련된 중요한 정책 통제권을 글로벌 미디어에게 내주었다는 부정적 의미로 '전자외교(telediplomacy)' 또는 '미디어정치(mediapolitik)'라고 지칭하기도 한다(Ammon, R., 2001; Edwards, L., 2001). 그렇지만 CNN의 전쟁 보도를 의식해 각국의 정치지도자들이 인간주의를 표방하는 '평화전쟁'을 지향하게 만들었다는 긍정적 평가도 있다. 결론적으로 CNN 효과는 "미디어 보도가 전쟁 같은 국제 정책들과 관련된 여론에 영향을 미치고, 그 여론 때문에 정치지도자들이 미디어가 선호하는 정책을 채택하게 만드는 현상(Seib, P., 2002, 27쪽)"이라고 정의할 수 있을 것이다.

리빙스턴(Livingston, S., 1997)은 CNN 효과를 '정책의제를 설정하는 효과(political agenda-setting agent)', '추구하는 정책목표를 방해하는 효과(impediment to the achievement of desired policy goals)', '정책 의사결정을 촉진시키는 효과(accelerant to policy decision making)'로 나누어 설명하고 있다. 각각의 전쟁 목표나 환경, 미디어 보도 유형에 따라 서로 다른 효과가 나타난다는 것이다. 하나의 효과만 발생하는 경우도 있지만 여러 효과가 연속적 혹은 복합적으로 발생하는 경우도 많다. 예를 들면, 1993년 소말리아 평화유지군 파견은 언론이 군부 쿠데타와 내전으로 인한 비인간적 테러 행위들을 집중 보도하면서 UN으로 하여금 신속하게 결정을 내리게 만들었다. 하지만 평화유지군 진압 작전중에 발생한 사건들과 작전 내용이 언론에 공개되면서 결국 철수 결정을 압박했다는 것이다. 이러한 CNN 효과들을 정리하면 아래 표와 같다.

표9 CNN 효과 유형

유형	효과
촉진 (acceleration)	·미디어 보도로 의사결정 시간을 단축 ·영상 외교(Television Diplomacy) ·전쟁 수행 중에 중요한 안보 관련 첩보 공개 ·미디어 보도가 군사력을 배가시키는 역할 ·전쟁/외교정책에서 미디어 관심을 받기 위한 노력 촉진
저해 (impediment)	·사기를 저하시키는 섬뜩한 전장 실태 보도 ·비디오게임 같은 형태로 '깨끗한 전쟁' 강조 ·전장 접근 제한 ·실시간 글로벌 미디어들의 보도로 군사작전 기밀 위협
의제설정 (agenda-setting agency)	·전쟁의 잔학상이나 비인간적 장면에 대한 감성적이고 충동적인 보도 ·소말리아, 보스니아, 아이티 내전이 대표적 사례

1990년대 있었던 전쟁들에 대한 글로벌 뉴스매체들의 보도 내용을 분석한 로빈슨은 '뉴스 틀짓기(news media framing)'와 '정책 확신(policy certainty)' 관계를 지적하고 있다(Robinson, P., 2002). 언론 보도의 '비판적이고 감성적 프레임(critical and empathy frame)'이 정책결정자들에게 전쟁 개입에 대한 확신(certainty)을 심어준다는 것이다. 1994년과 1995년에 있었던 보스니아 내전 개입이 대표적이다. '인종청소'라 일컬어지는 세르비아 민병대의 이슬람계 주민 대량 학살과 관련된 감성적 보도들이 미국을 비롯한 서방 국가들에게 내전 개입에 대한 확신을 주었다는 것이다. 이처럼 감성적 보도들이 정책결정자들에게 정책 변경을 압박할 수도 있다. 하지만 소말리아 내전이나 루완다 내전처럼 확실한 전쟁 목표가 정해져 있거나 우호적인 언론 보도가 주도하게 되면 CNN효과는 거의 발생하지 않는다. 걸프전쟁은 서방 국가들의 전쟁 목표도 분명했지만, 이라크의 쿠웨이트 침공에 대한 우호적 보도들이 전쟁을 추진하는데 크게 기여한 것이 사실이다. 물론 전쟁 초기에 미국의 개입정책과 공군 폭격에 대한 부정적 보도 때문에 고전하기도 했지만, 지상군을 투입하지 않은 것에 대한 우호적인 보도가 많아지면서 전쟁 추진에 동력을 받은 것으로 평가되고 있다.

표10 1990년대 주요 전쟁과 CNN 효과

전쟁/위기/작전	미디어 프레이밍	정책 확신	미디어 효과
이라크 지상군 공격 (1992)	비판적·감성적	확신	·강력한 CNN효과 아니지만 추진력 부여효과
소말리아 지상군 투입 (1994)	우호적·감성적	확신	·동의 생산을 통한 추진력 부여 효과 약한 CNN효과
루완다 학살 중 지상군 비투입 (1994)	우호적·관조적	확신	·동의 생산 ·저해효과가 지배
보스니아 공습 (1994, 1995)	비판적·감성적	불확신	·강력한 CNN 효과
코소보 공습 기간 중 지상군 비 투입 (1998)	초기 : 정책적·감성적 (다양한 시각) 후기 : 우호적·감성적	확신	·강력한 CNN 효과 아니지만 정서적 프레이밍 추진 효과를 발휘기 전까지 저해 효과

그렇지만 모든 전쟁에서 동일한 CNN 효과가 나타나는 것은 아니다. 정책 결정과 언론 보도 간에 인과관계가 분명하지 않다는 것이 CNN효과가 이론적으로 불완전하다고 평가받는 이유다. 예를 들어 전쟁을 원하는 국가가 비인간적이고 처참한 전쟁 관련 보도들을 방조하거나 부추기는 것과 전쟁을 원하지 않는 국가가 언론 보도로 인해 개입 압박을 받는 것은 인과관계가 반대로 나타날 수 있다. 또 미디어가 정책결정자들로 하여금 정책을 선택하도록 강요하는 '압박 프레이밍(forcing framework)'과 언론보도가 결과적으로 정책결정을 압박하는 '미디어 압력 프레이밍(pressure framework)'은 차이가 있다. 전자가 언론이 의도적으로 정부나 정책을 압박하는 것이라면 후자는 언론보도가 결과적으로 정부 정책에 영향을 미친 것을 말한다(Gilboa, E., 2005, 336쪽). 이처럼 전쟁의 성격이나 전쟁과 관련된 정부의 정책 방향이나 강도에 따라 CNN 효과는 다양한 형태로 나타난다. 밴시는 "CNN 효과가 있는 것은 사실이지만 항상 그런 것도 아니고, 예측 불가능한 효과로서 텔레비전 보도는 정치지도자들에게 전쟁 정책을 압박하는 여러 요인들 중에 하나"라고 결론 내리고 있다(Badsey, S., 1997, 10쪽).

또한 실시간으로 전투 상황을 보도하는 뉴스 매체들 때문에 전쟁 당사국들은 '정제된(sanitized)' 또는 '깨끗한(clean)' 전쟁으로 보여지도록 고민하게 만들고 있다. 자국의 군사 활동이 인간주의적이고 민간인 피해가 거의 없는 '깨끗한 전쟁'이라는 이미지를 조성해야 하기 때문이다. 반대로 적의 공격은 비인간적이고 잔학한 집단으로 묘사하고 인권침해 같은 반인륜적 요소들을 부각시켜 '악마화(diabolization)' 혹은 '범죄화(crimnalization)'해야 한다. 결과적으로 평화적 이미지로 포장하기 위해 언론매체를 통제하는 것은 중요한 군사작전의 한 요소가 되었다. 하지만 전시에 모든 매체가 자국에 우호적일 수 없고, 모든 언론을 직접 통제하는 것은 사실상 불가능하다. 특히 대 테러전(GWOT: Global War On Terrorism)을 표방하고 있는 중동지역에는 '알 자지라(Al Jazeera)'나 '알 아라비아(Al Arabia)' 같은 서방에 우호적이지 않은 아랍어 뉴스 매체들이 활동하고 있다. 이들 매체는 전쟁 중에 서방 진영 매체들의 보도 내용을 반박하거나 때로는 가짜뉴스로 공격하고 있다. 더구나 정치적·종교적·문화적 이유로 취재원 접근이나 정보 수집 등에서 서방언론들보다 월등히 유리하다.

한편 뉴스 작성 주체가 언론사와 기자들이라는 점에서 통제가 쉽지 않다. 군과 언론이 아무리 긴밀한 유대감을 형성하고 보도를 철저히 통제하더라도 뉴스는 언론사의 편집 방침이나 가치 판단을 거쳐 만들어진다. 그러므로 완벽하게 군이 원하는 뉴스만 보도될 수는 없다. 실제로 2003년 이라크 공격 때도 서방 언론들의 보도 태도가 모두 같았던 것은 아니었다. BBC와 CNN의 뉴스는 이라크 공격을 적극 옹호했던 폭스TV와 큰 차이가 있었다. 그렇다고 군이 모든 뉴스를 원천적으로 통제하는 과거 방식을 고집할 수는 없다. 결국 언론의 취재·보도의 자율성은 보장하면서 군사 활동에 유리한 뉴스가 보도될 수 있는 방법을 모색해야만 했다. 기자들의 전장접근은 제한하지만 반대로 뉴스 작성에 필요한 군사작전 관련 정보들을 선별적으로 가공해 제공하는 방법을 고안한 것이다.

1990년대 이후 미국은 여러 차례 전쟁을 거치면서 '깨끗한 전쟁' 이미지를 조성하기 위한 다양한 언론 통제 방법들을 시험해 왔다. 미국이 시도 했던 전시 언론 통제 방법들의 명칭은 다음과 같다. '격리(sequestering, 그레나다 침공 및 파나마 침공)', '집단화, 기만, 동반(pool, deception, escorts, 걸프 전쟁)', '영상의 텔레비전화(televised spectacles, 소말리아 내전)', '뉴스 차단(news blackout, 아이티 공격)', '군부대와 제한된 동반(limited embedding with Army units, 보스니아 내전)', '보도 금지 또는 함구령(gag orders, 코소보 내전)' 등이다(Belknap, M. H., 2002, 1~3쪽; Moskos, C., 2000, 9~17쪽; Porch, D., 2002, 100~102쪽).

이들의 공통점은 전쟁 중에 기자들의 전장 접근을 최대한 통제한 후 전격적으로 작전을 수행한다는 것이다. 또한 기자들의 취재원에 대한 개별적 접근이나 정보 수집을 가급적 억제하고 군사작전 수행에 도움될 수 있는 정보들을 선별·가공해 제공하는 것이다. 물론 언론의 취재 활동을 원천적으로 제한한다는 기자들의 불만이 제기될 수 있지만, 대신 정확하고 신속한 뉴스거리를 충실하게 제공받을 수 있다는 논리를 내세워 전시 언론을 통제하는 방법이다.

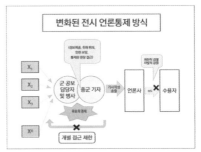

그림61 전시 언론통제 방식의 변화

'깨끗한 전쟁'의 시작 : 포클랜드 전쟁

처음으로 기자의 전장 접근을 전면 통제한 것은 1982년 영국과 아르헨티나 간에 벌어진 포클랜드 전쟁(Falkland war)이었다. 포클랜드 전쟁은 제2

차 세계대전 이후 처음으로 약소국이 강대국을 상대로 선제공격을 펼친 전쟁이다. 남대서양 최남단의 작은 섬들로 구성된 포클랜드 군도[스페인어 명칭 말비나스(Malvinas)]는 16세기 처음 발견된 이래 영국과 스페인 간에 영유권 분쟁이 이어졌고, 1816년 아르헨티나 독립 이후에도 영국과 갈등이 계속되었다. 1966년 영국이 아르헨티나에게 포클랜드 주권을 양도하겠다고 발표한 이후에도, 양국 간의 영유권 갈등이 해결되지 않고 있었다(박상현, 2007). 이처럼 갈등이 지속된 이유는 포클랜드 군도가 영국 외교 순위의 200위권에도 미치지 못하는 그렇게 중요한 의미를 지니고 있지 않았기 때문이다(Bluth, C., 1987). 이런 상황에서 아르헨티나의 갈띠에리(Leopoldo Fortunato Galtieri) 정권은 경제정책 실패와 정치적 불안정 타개의 수단으로 포클랜드 섬 공격을 선택했던 것이다(조정원, 2009).

전쟁은 1982년 4월 2일 약 2천 500명 규모의 아르헨티나군이 포클랜드 군도를 점령하면서 시작되었다. 아르헨티나 예측과 달리 영국 정부가 매우 신속하게 반격하게 된다. 대처 수상이 "포클랜드는 가능한 한 빨리 적의 침공으로부터 해방되어 영국 정부 관할하에 있어야 하며, 이를 위해 빠른 시일 내에 대규모 병력을 파견해야 한다"고 강한 의지를 표방했기 때문이다. 실제로 아르헨티나의 포클랜드 점령 3일 만인 4월 5일에 영국 해군의 특수임무부대(task force)가 포클랜드를 탈환하였다.

전쟁 초기 국·내외 여론은 영국에게 우호적이지 않았다. 그 이유는 영국 정부와 군이 제2차 세계대전 종료 후 군의 언론 관련 기구들을 모두 폐지해 체계적인 전시 언론통제가 이루어지지 못했기 때문이었다. 전쟁 초기에 BBC를 비롯한 영국의 주요 언론들은 아르헨티나 국영방송이나 아르헨티나에 우호적인 남미 언론들의 보도 내용을 큰 제약 없이 인용 보도하였다. 그중에는 아르헨티나 정부가 심리전 목적으로 확산시킨 것들도 포함되어 있었다. 이로 인해 많은 영국 국민들이 전쟁 정당성에 의구심을 갖고 있었고 아르헨티나 군의 전력을 과대평가하기도 했다. 심지어 높은 신뢰를 받고 있던 BBC 보도는 아르헨티나에게 유리한 여론을 형성하는데 크게 기여하였다. 글래스고우 대학 미디어그룹(Glasgow Univ. Media Group, 1995)의 분석에 따르면, BBC는 포클랜드 전쟁 내내 영국군을 '우리(we or us)'로 지칭하지 않았다고 지적하고 있다. 즉, 포클랜드 전쟁 초기 영국 언론들의 보도 태도는 전쟁을 지지하는 '엘리트 지향적 보도(elite driven model)'와 정부 통제에서 벗어난 독립적인 '대항적 보도(the oppositional model)'가 공존했다고 평가할 수 있다.

1982년 4월 5일 해병대의 반격 작전이 개시된 이후 영국군은 기자들의 전장 접근을 완전히 통제하게 된다. 특히 상륙작전 중에 일체 취재를 허용하지 않겠다고 했지만, 여론에 밀려 29명의 기자들에게 동행취재를 허용하였다. 하지만 이들은 영국 국방부가 만든 10개 보도금지 항목 지침에 서명해야 했다. 10개 금지 항목은 ① 가상의 적이 아군의 세부 의도를 유추해낼 수 있는 작전 계획 ② 가능한 방책(course of action)에 관한 추론 ③ 개별 부대 혹은 단위 부대의 준비상태와 세부 작전 능력 ④ 개별 부대 혹은 단위 부대 특히 특수부대의 위치, 활동 및 작전적 이동 ⑤ 현행 전술 및 전법에 대한 특이 사항 ⑥ 모든 유형 장비의 작전 능력 ⑦ 장비 재고 및 군수와 관련된 세부 사항 ⑧ 아르헨티난 군의 배치나 능력에 관한 사항 ⑨ 통신 ⑩ 장비 또는 기타 것들의 결함 등이었다(Aulich, J., 1992). 나머지 기자들은 상륙작전 중에 헤르메스(HMS Hermes) 호에 대기했다 작전 종료 이후 현장을 깨끗이 정리한 후에야 접근할 수 있었다.

또한 모든 기사들은 본국으로 송고하기 전에 군의 검열을 거쳐야 했다. 이 과정에서 아르헨티나군을 기만하기 위해 영국군이 제공한 가짜 정보들을 포함시키는 경우도 많았다. 이 때문에 포클랜드 전쟁에서 영국 언론의 보도는 기만(deception)과 역선전(disinformation) 그리고 오보(misinformation)로 점철되었다고 비판받고 있다(Young, P. & P. Jesser, 권영근·강태원(역), 2005, 227~236쪽). '슈퍼브(HMS Superb)호' 거짓 출정 보도, 스탠리 항구의 아르헨티나 공군 비행장 폭격 과장보도 그리고 영국 셰필드 호 피격 사실을 뺀 아르헨티나 순양함 '벨그라노(General Belgrano)' 침몰 보도 등이 대표적이다. 그렇지만 포클랜드 전쟁을 지휘했던 군 수뇌부 인사들은 이러한 오보, 기만 보도가 군사작전에 도리어 유용했다고 평가하고 있다. 심지어 통제받지 않은 영국 언론 보도가 아르헨티나 군의 정보원이 되었다고 주장하고 있다(Woodward, S. & P. Robinson, 1992, 112쪽). 군과 언론의 인식 차이를 잘 볼 수 있는 부분이다.

그림62 깨끗한 전쟁의 시작

포클랜드 섬을 점령한 후 전장을 청소하는 영국군(좌)과 전투 종료 후 아르헨티나군 포로들이 전사한 아르헨티나 병사들의 시체를 치우고 있는 모습(우). 기자들은 이처럼 전장이 깨끗이 정리된 후 현장에 접근할 수 있었다.
(https://commons.wikimedia.org/wiki/File:After_war_clean_up_Falklands_1982.jpg ; https://www.dailymail.co.uk/news/article-9305465/The-ghosts-Falklands-foes-peace-last.html)

이처럼 강한 언론통제가 가능했던 이유는 영국 본토에서 멀리 떨어져 있어 본사에 기사를 보내기 위해서는 군의 통신시설을 이용할 수밖에 없었기 때문이다. 마치 한국전쟁과 매우 유사한 상황이다. 무선 음성통신이 가능한 해사통신위성(MARISAT)을 이용하려면 비전투 함정으로 이동해야 했고, 그것도 군 위성이 작동하지 않은 시간에만 사용할 수 있었다. 신문 기사를 전송하는 음성 텔레타이프 통신도 마찬가지였다. 당시 TV용 영상 자료를 보내는데 평균 8~10일 정도 소요되었다(Morrison, D. & H. Tumber, 1988, 168쪽). 심지어 어떤 영상 테이프는 런던까지 도착하는데 23일이나 걸렸는데, 이는 1854년 크림전쟁에서 라이트 여단(Light Brigade) 돌격 사진이

20일 만에 런던 타임즈에 게재된 것보다 더 긴 시간이 소요된 것이다(Harris, R., 1983, 56쪽). 이처럼 제한된 통신수단을 사용해야 했기 때문에 기자들이 보도 내용과 관련된 군의 요구를 수용할 수밖에 없었던 것이다. 물론 군의 강한 취재 활동 통제가 용인된 배경에는 전쟁에 비판적인 태도를 비애국적이고 국가 이익에 반한다고 생각하는 언론사 내·외부 분위기도 영향을 미쳤던 것으로 보인다(Philo, G., 1995).

이런 이유의 영국의 포클랜드 공격을 "군사적으로나 정치적으로 철저하게 계산된 고도의 상징적 이벤트이며 잘 조직된 PR쇼"라고 혹평하는 시각도 있다(Mercer, D. et al. 1987). 이러한 비판에도 불구하고 당시 영국 국민들의 지지가 군사작전에 도움이 되었던 것은 사실이다. 영국은 포클랜드 전쟁에서 10억 파운드의 전비를 사용했지만, 영국 국민들의 지지율은 한때 83%를 기록하기도 했다(Norpoth, H., 1987, 13쪽). 전쟁 직전인 1981년 12월에 20% 이하로 떨어졌던 대처 정부 지지율이 공격 직후인 1983년 5월에는 47%까지 치솟아 1983년 총선에서 제2차 세계대전 종전 이후 처음 현직 수상이 승리하는 결과를 낳았다(Sanders et al., 1987, 281쪽). 이로 인해 전후에 '강한 정부'를 지향하는 '대처리즘(Thatcherism)' 바람을 일으키게 된다(이원규, 1993). 하지만 포클랜드 전쟁을 영국의 압승으로 보기는 어렵다. 영국은 사상자 452명, 항공기 25대, 함정 13척을 잃어, 사상자 630명, 항공기 94대, 함정 11척을 잃은 아르헨티나와 큰 차이가 없었다. 결과적으로 양국 모두 정치적 성과는 거두었지만 경제적 부담을 안게 되었고, 아르헨티나 군사 정권은 패배 후유증으로 얼마 못가 붕락하였다.

미국의 전시 언론 통제 실험

포클랜드 전쟁에서 영국이 시도했던 전시 언론통제 방법은 미국의 '그레나다 공격(1983)'과 '파나마 침공작전(1989)'에서 그대로 재연된다. 베트남 전쟁 후유증에서 벗어나지 못한 상태에서 미국 정부는 1979년 이란 미국 대사관 인질 구조작전(독수리 발톱작전 : Operation Eagle Claw) 실패로 사실상 패닉 상태에 빠져있었다. 그런 상황에서 영국군이 포클랜드 전쟁에서 보여준 '배제(exclusion)'와 '봉쇄(containment)' 방식의 언론통제는 미국 정부와 군 수뇌부를 고무시키기에 충분했다. 그러면서 미군 수뇌부는 포클랜드 전쟁에서 영국군의 언론 통제는 매우 효과적이었지만, 여전히 통제를 우회해 빠져나가는 기사들을 완전하게 관리하지 못했다는 점에 주목했다.

그레나다 침공 당시 미군의 언론통제를 두고 에드워즈 조이스(Edward Joyce) CBS 회장이 "공보장교들의 태도는 포클랜드 전쟁에서 영국이 터득한 교훈을 보여주고 있다. 여기는 미국이지 영국이 아니다"라고 했을 정도였다. 실제로 1983년 그레나다 침공은 미국이 정규군을 동원한 전쟁에서 처음으로 완벽하게 보안을 유지하면서 수행된 전쟁이었다. 심지어 총사령관이었던 멧칼프(Joseph Netalf III) 제독조차도 공격 39시간 전에야 작전 통보를 받았다. 특히 대서양 사령부 공보장교로부터 "이 작전에 언론의 개입(involvement)은 없다"는 말도 함께 들었다. 그야말로 작전명 '시급한 분노(Operation Urgent Fury)'처럼 시급하게 수행된 작전이었다. 후에 멧칼프 사령관은 "군은 베트남에서의 실패로 언론과의 관계가 최악의 상태에 있어 군은 언론을 비난하였고 언론은 군을 믿지 못했다. 국방부 고위 관료들은 언론에 대한 불신 때문에 본연의 업무보다 언론 보도에 더 집착했다"고 회고한 바 있다.

미국 정부가 은밀하게 작전을 수행하게 된 이유는 그레나다 침공에 대한 국제사회의 동의를 획득하지 못했기 때문이다. 평화전쟁에서 가장 중요한 군사 작전의 정당성과 합법성을 담보하지 못한 것이다. 미국 정부는 그레나다 공격 명분으로 미국인 안전보장을 내걸었다. 하지만 그레나다 혁명군사위원회(RMC : Revolutionary Military Council)는 미국 국민의 안전을 보장하겠다고 발표하였고, 실제로 1천여 명의 미국인 대부분이 의과대학생이어서 사실상 신변의 위협을 크게 느끼지 않았던 것으로 밝혀졌다. 실제 미국의 공격 이유는 그레나다 혁명정부가 비행장 건설에 쿠바 기술자를 초청하는 등 공산 진영 국가들과 가까워졌기 때문이다. 공격 직후 미국 유엔대사가 "그레나다가 수백만 달러의 무기를 무상 공급 받기 위해 북한·쿠바·소련과 비밀협정을 맺었다"는 증거를 제기하기도 하였다.

이런 이유로 미국의 그레나다 공격을 지지한 나라는 '동부 카리브 국가 기구(OECS : Organization of Eastern Caribbean States)' 가입국 중에 바베이도스와 자메이카 밖에 없었다. 유엔 안전보장이사회에서는 유엔헌장 제2조 "유엔 회원국들이 여타 국가를 군사적으로 위협하면 안된다"는 규정에 근거해 철군 결의안을 통과시켰다. 미국의 공격을 주권국가의 내정간섭을 금지하는 국제법을 위반했다고 규정한 것이다(Davison, S., 1987). 결국 미국 정부는 미국 국민이 위험에 처해있다는 점을 국제사회에 호소할 수밖에 없었다(Gilmore, W., 1984). 이 또한 OECS 국가들 중에 유엔헌장 51조에 명기된 자위권 행사가 필요할 정도로 위협을 느낀 국가들이 없다는 이유로 거부되었다. 결국 미국의 그레나다 공격은 평화 전쟁의 가장 기본적 명분을 담보하지 못하고 단행된 것이었다.

그림63 그레나다 공격에 대한 언론 보도

미국의 그레나다 공격은 자국언론들에게도 비판받은 전쟁이었다.
(https://www.sfchronicle.com/chronicle_vault/article/Chronicle-Covers-When-the-powerful-U-S-invaded-9985062.php)

미국의 그레나다 공격은 보안 유지를 위해 언론의 접근을 최대한 통제해야만 했다. 1983년 10월 25일 1천 900여 명의 해병대 특수 요원들이 그레나다에 상륙해 이틀 만에 작전을 종료하였다. 군사작전이 진행되는 동안 기자들은 공해상의 미국 군함에 통제되었다가 작전 종료 5일 후에야 현장 접근과 취재가 허용되었다. 한편 민간인 배로 그레나다 섬에 상륙했던 기자들은 필름과 취재 수첩을 압수당하고 48시간 동안 함정에 억류되었다(Cassell, P. G., 1985, 944쪽; Warden, M., 1988). 미군은 이런 통제 조치가 기자들의 안전을 위한 것이라고 발표했지만 이를 믿는 사람들은 거의 없었다. 도리어 취재원 접근 통제가 수정헌법에서 보장하고 있는 표현의 자유에 위배되는 것이라는 비판이 훨씬 많았다(Pincus, R. W., 1987).

이처럼 강한 언론 통제 방식으로 회귀한 것은 베트남 전쟁의 악몽과 깊은 관련이 있다(Tumber, H., 2009). 베트남 전쟁에서의 실패를 반복하지 않기 위해 미국은 전사자가 발생하지 않는 전투, 피를 흘리지 않는 전쟁, 민간인 사상자가 없는 전쟁을 보여주어야 했다. 이에 아군 사상자 숫자를 최소화하고 적의 피해 규모를 과장하는 이른바 '공식발표 전쟁(communique war)'의 중요성이 부각되었다. 이러한 배경에서 포클랜드 전쟁에서 영국군이 사용했던 '보안 작전(operation security)' 즉, '정보의 접근 통제', '정보 검열' 그리고 '정보 왜곡' 같은 통제 방식들이 사용되었다(Morrison, D. E. & H. Tumber, 1988). 군사 작전 측면에서 본다면, 이러한 언론통제는 성공적이었다고 할 수 있다. CNN의 여론조사에서는 응답자의 80%가 그레나다 공격 중에 있었던 언론 매체 통제를 긍정적으로 평가하고 있는 것으로 나타났기 때문이다. 심지어 검열로 삭제되었던 부분을 방송한 CBS 방송이 항의를 받기도 했다. 그 결과 그레나다 공격 후 레이건 대통령의 지지율도 급상승하게 된다.

이와 달리 언론과 정치 평론가들로부터는 '저널리스트의 재난', '베트남 전쟁이나 포클랜드 전쟁이 도리어 배려 깊은 전쟁' 같은 비난이 쏟아졌다. 특히 뉴욕 타임즈가 가장 강도 높게 비판하였는데, 당시 신문 헤드라인 제목만 봐도 이를 알 수 있다. '공식 발표 전쟁에서의 언론 보도(Reporting the News in a Communique War, 10월 26일)', '그레나다 공격에 대한 미국 변호사의 보도 : 취재기자단의 항의(U.S. Bars Coverage of Grenada Action : News Groups Protest, 10월 27일)', '그레나다 침공 : 미군의 언론 취재 방해에 대한 분노 폭발(The Grenada Invasion : Furor Rages as U.S. Hobbles Press Coverage, 10월 28일)' 등이 대표적이다. 결과적으로 강력한 언론 통제로 그레나다 공격을 깨끗한 전쟁으로 포장하는데 성공했지만, 군에 대한 언론의 불신과 불만을 자극해 향후 대외전쟁에서 언론의 협조를 확보하는데 어려울 수 있다는 우려가 제기되었다. 결국 미군 수뇌부는 새로운 전시 정보 접근 방식을 모색해야 했다(Beane Jr., T. C., 2009).

이상과 현실의 간격 : 미디어 풀 시스템(Media Pool System)

그레나다 공격 이후 미국 정부와 미군 수뇌부는 작전 성공에도 불구하고 엄청난 역풍에 시달려야 했다. 전쟁 상황에서 유보되어 왔던 국민의 알 권리에 대한 논쟁이 재점화된 것이다. 이에 대응하기 위해 존 베시(John H. Vessey Jr.) 미 합참의장은 언론과 관계를 회복하기 위한 '군·언론관계위원회(Commission on Military-Media Relation)'를 설립하고, 베트남 전쟁 중에 베트남 군사지원사령부(MACV : Military Assistance Command, Vietnam) 공보실장을 역임했던 위넌트 시들(Winant Sidle) 예비역 준장을 위원장으로 임명하였다. 미 국방부는 "언론매체들이 미군 작전의 보안과 안전을 확보하면서 미국 공중이 미디어를 통해 진실을 알게 하는 것"을 위원회 설립 목표로 내걸었다(Office of Assistant Secretary of Defence, 1984, 6쪽).

하지만 '군·언론 관계 위원회'에 대한 언론사들의 시선이 곱지는 않았다. 언론사들은 위원회가 제시한 9개 질문에 의견을 제시하였다. 질문 내용은 '검열' '수정헌법 1조' '군사작전을 취재하기 위한 기자 풀(press pool) 운영', '미디어 풀에 대한 보도 허가', '다양한 미디어들에 대한 수송' 같은 것들이었다. 청문 절차를 거쳐 위원회는 최종적으로 7개 권고사항을 제안하였다. ① 군사작전 수립 시 공보계획과 작전 계획의 병행 수립 ② 대규모 풀 시스템 운용 ③ 군사작전 발생에 대비해 사전에 인증된 기자단 필요성 ④ 보안 지침에 대한 언론인의 자발적 수용 ⑤ 미디어 취재를 지원하기 위한 적절한 장비와 군 인력 교육 문제 ⑥ 군사작전과 공조하지 않는 취재·보도에 대한 커뮤니케이션 시설 및 수송 수단 제공 문제 ⑦ 군과 미디어 종사자 간의 의사소통과 이해 협력 강화 등이었다(Woodward, G. C., 1993, 9쪽).

권고사항들은 주로 전시에 군과 언론이 자발적으로 협력할 것을 강조하고 있다. 하지만 권고 내용들은 제2차 세계대전부터 있었던 전시 보도 규약들과 큰 차이가 없다. 결국 위원회의 핵심 권고사항은 평시에 '공동취재단(press pool)'을 설치하고 전쟁 발발 시 군부대와 동행할 수 있게 하는 것이었다. 공동취재단 운영의 기본 원칙은 군은 언론의 전시 취재·보도 행위를 최대한 지원하고, 참여한 기자들은 작전보안 유지 책임을 지는 것이다. 권고안에 따라 1985년 4월 미 합참과 국방부는 군이 운영하는 비경쟁적 언론 취재 그룹 '뉴스 미디어 풀(DoD NMP : Department of Defense News Media Pool)' 설립을 승인하였다. 뉴스 미디어 풀에 소속된 기자들은 군의 작전 현황을 취재하는데 필요한 각종 정보와 편의를 제공받을 수 있지만, 사전에 군에서 정한 취재 기본 지침(ground rule)에 동의해야 한다. 또한 풀 시스템에 참여하는 기자들은 군이 제공하는 통신수단을 통해 기사를 전송해야 하고, 반드시 보안 검열을 받아야 한다. 전투 현장에 접근하는 것도 군의 통제 아래 허가된 지역만 가능하였다.

미군은 1985년과 1989년 두 차례 온두라스에 군을 투입하는 과정에서 미디어 풀의 효과를 검증하였다. 하지만 시들 보고서에서 제안한 미디어 풀 시스템은 군과 언론이 상호 협력한다는 강제력이 없는 일종의 신사협정 같은 것이었다. 이처럼 상호 이해를 전제로 한 제도의 허점은 1989년 '분명한 대의 작전(Operation Justice Cause)'이라 명명된 파나마 공격 작전에서 노출되게 된다. 정치적 목적이 군사작전을 지배하게 되면 군과 미디어의 자율적 협력관계가 유지되기 쉽지 않다는 것을 보여준 것이다. 미국의 파나마 공격은 파나마의 민주 헌정 회복과 국제 마약 밀매 혐의를 받고 있는 노리에가(Manuel Antonio Noriega) 체포를 명분으로 내세웠다. 그렇지만 실제로는 미국 정부와 갈등 관계에 있는 노리에가 제거를 위한 전쟁이라는 것이 너무도 분명했다. 직접적인 공격 이유는 1989년 12월 19일 미군 병사 1명이 사살되고 그 부인이 성적 폭행을 당했다는 것이었다. 하지만 미국 정부는 노리에가 제거를 위한 '정교한 미로(Elaborate Maze)', '기도서(Prayer Book)', '푸른 수저(Blue Spoon)' 같은 명칭의 '비상계획(contingency plan)'들을 이미 비밀리에 준비해오고 있었다. 이런 정치적 목적으로 인해 시들 보고서에서 제안한 자율적인 미디어 풀 시스템이 제대로 작동할 수 없었다.

그레나다 침공작전 초기에 미디어 풀에 참가한 기자와 TV요원들은 불과 12명이었다. 이들은 군부대와 함께 파마나로 이동했지만, 군사작전 중에는 파나마시티에서 40㎞ 떨어진 하워드 공군기지에서 대기한 후 24시간 이후에 취재가 허용되었다(Bioot, W., 1990). 뒤늦게 파나마에 도착한 300여 명의 기자들은 파나마시티 공항에서 군이 제공하는 브리핑 자료를 가지고 기사를 작성할 수밖에 없었다. 결국 파나마 침공 중에 미디어 풀 시스템은 시들 보고서에서 제안한 권고사항들은 다음과 같은 측면에서 전혀 지켜지지 않았다.

첫째, 군사작전 수립 시 공격계획과 공보계획을 함께 수립한다는 제안이 무시되었다. 기존의 공보계획이 군사작전의 보안에 목적을 두었다면, 시들 보고서는 군사적 보안을 유지하는 선에서 국민의 알권리를 최대한 보장하는데 초점을 맞추고 있다. 하지만 파나마 공격은 18개월 전부터 작성된 비상계획의 일원으로서 공격작전 수립과정에서 공보책임자를 참여시키지 않았다. 둘째, 사전에 인증된 대규모 풀 시스템을 구성하고, 군사작전 초기부터 취재를 보장해야 한다는 권고도 지켜지지 않았다. 셋째, 통신 장비나 이동 수단 같은 취재에 필요한 적절한 지원도 이루어지지 못했다. 통신수단의 통제는 남북전쟁 때부터 있었던 전시 뉴스 검열이 다시 부활된 것 같은 느낌이었다. 특히 미군은 파나마 공격으로 인한 민간인 피해와 사상자 숫자를 '부수적 피해(collateral damage)'로 묘사해 줄 것을 강요하였다. 넷째, 가장 큰 문제로 군과 언론이 협조해야한다는 권고와 달리 군은 철저히 언론을 통제의 대상으로 인식했다는 것이다. 특히 공보계획이 주요 지휘체계에 속해 있지 않아 언론 통제가 야전부대 단위별로 임의적으로 수행되었다는 점이다.

이처럼 강한 언론 통제가 시행된 이유는 파나마 공격에 대한 국제적 정당성을 확보하지 못했기 때문이다. 미국 정부가 내세운 명분은 유엔헌장 제2조와 제51조에 따른 자위권 발동이었다. 또 OAS 헌장, 아메리카 국가 간 상호지원 협약(The Inter American Treaty of Reciprocal Assistance), 파나마 운하 협정 등을 근거로 참전 명분을 강조하였다. 하지만 비동맹 국가들을 중심으로 비판의 목소리가 높았고, 이를 방어하기 위해 언론을 강하게 통제할 필요성을 느꼈다. 특히 미국 정부는 노리에가의 부도덕성을 집중적으로 공격하였고, 미국 언론들도 함께 가세하였다.

그림64 노리에가 축출을 묘사한 미국 신문의 가십

(http://www.newsart.com/sa/sa771.htm)

'New York Times'의 파나마침공 관련 기사를 분석한 산드라 딕슨 연구에 따르면, 공격이 임박해지면서 노리에가에 대한 부정적 기사들이 크게 늘어난 것으로 나타났다(Dickson, S., 1995). 당시 미국 언론들은 노리에가를 '마약거래자' '성적 이상자' '유아 학대자' '살인마' '악마와 같은 히틀러' 등으로 묘사하였다. 심지어 'AIDS 감염자'라는 보도도 있었다. New York Post는 "쥐새끼 어디 있는가(Where's the rat)"라는 제목의 기사를 실기도 했다. 마치 미국·쿠바 전쟁 중에 있었던 황색 언론이 다시 부활한 모습이었다.

하지만 작전 종료 후 노리에가 체포와 엔다라(Endara) 정권 출범 즈음하여 미국의 강압적 행위들과 공격으로 인한 민간인 피해 등이 드러나면서 미군의 전시 언론통제 시스템에 대한 비판이 쏟아지게 된다. 이에 언론사들은 미디어 풀 시스템 개선을 위한 17개 권고안을 제시하였다. 그중에 핵심 내용은 다음과 같다. ① 군사작전 보도는 공개적이고 독립적이어야 한다 ② 미디어 풀은 군사작전의 초기 단계에 취재를 보장받아야 하고, 24~36시간 사이에 해제되어야 한다 ③ 취재기자들은 모든 주요 부대 접근을 보장받아야 한다 ④ 군은 미디어 풀에 참가한 언론들은 물론이고 독립적인 언론들에게도 통신 및 수송 장비를 지원해야 한다 ⑤ 보안 검열은 폐지되어야 한다 등이다(박주미, 2021, 228~229쪽). 이후 미국 정부와 언론은 수 개월간 협상 끝에 취재 승인제, 미디어 풀 시스템, 취재 안내 같은 취재원 접근권 개선에 합의하게 된다. 하지만 당시 부시 대통령을 비롯한 군수뇌부 인사들은 여전히 언론은 무책임하고 통제되어야 한다는 생각을 지니고 있고, 그것은 2년 뒤 걸프전생에서 그대로 현실이 되었다.

걸프전쟁 : 미디어 풀에서 임베딩으로

그레나다와 파나마 공격 작전에서 많은 비난을 받았지만 언론의 전장 접근을 원천적으로 통제하는 전시 언론통제 양식은 1991년 걸프전쟁에서도 그대로 유지되었다. 걸프전쟁에서부터 2001년 아프가니스탄 공격까지 미군이 미디어 풀 시스템을 그대로 유지할 수밖에 없었던 이유는 1990년 대 이후 전쟁은 '그레나다 침공'이나 '파나마 공격'과 비교해 전쟁 규모나 공격 방법에서 현격한 차이가 있었기 때문이다.

첫째, 제1·2차 세계대전처럼 국가적 사활이 걸린 전쟁은 아니지만 1990 년대 이후 개입한 전쟁들은 상대적으로 강한 군사력을 보유한 국가들을 상대로 했다. 특히 대다수 중동국가들은 제2차 세계대전 이후 이스라엘과 10 여 차례 전쟁을 치렀고, 특히 이라크는 1980년부터 5년 넘게 지속된 이란과의 전쟁으로 비교적 강한 군사력을 확보하고 있었다(Staudenmaier, W. O, 1984, 213~215쪽). 둘째, 중동 지역은 언론들이 접근하기 용이한 지역이면서 동시에 오랫동안 분쟁이 지속되어 왔기 때문에 국제적으로 이목이 집중된 곳이다. 특히 알자지라 같은 중동국가들의 입장을 대변하는 매체들도 활발히 활동하고 있었다. 셋째, 1990년대는 인공위성을 비롯한 첨단 글로벌 정보통신 기술들이 빠른 속도로 발전한 시기다. 특히 인터넷과 모바일 폰이 급속히 확산되면서 커뮤니케이션 패러다임을 완전히 바꾸어 놓았다. 넷째, 동·서 냉전 체제가 붕괴되면서 전쟁을 수행하기 위해서는 인권 보호나 민주 회복 같은 대의적 명분이 더욱 중요해졌다. 평화전쟁 이미지 형성을 위해 모든 전쟁당사국들은 더 적극적으로 국제 선전 활동을 전개해야만 했다.

이러한 배경에서 미국 정부는 이전 전쟁에서 얻은 경험을 바탕으로 군사 작전의 참혹함을 최대한 은폐하고, 자국민과 우방국들의 지지를 획득하는데 주력하지 않을 수 없었다. 특히 미국에 대한 직접적인 위협이 없는 상황에서 국제사회의 우호적 여론을 형성하기 위해서는 언론통제가 매우 중요하였다. 실제로 미국 정부는 '미국의 소리(Voice of America)' 아랍어 방송 이외에도 '자유 이라크 소리(Voice of Free Iraq)', '자유 이라크 라디오(Radio Free Iraq)', '걸프의 소리(Voice of Gulf)' 같은 여러 방송을 통해 심리전을 전개하였다. 특히 '정의로운 전쟁'과 '평화수호'를 내세우기 위해서는 '클린 전쟁(clean war or sanitized war)' 이미지를 심어주어야 했다. 이를 위해 미국은 정밀타격 능력을 지닌 첨단 스마트 무기들을 총동원하였다.

새로 선보인 각종 정밀 타격 무기들이 효과를 본 것도 사실이지만 그 효과는 기대만큼 크지 않았다. 결국 미디어 통제를 통해 그런 이미지를 조성해야만 했다. 그렇지만 그레나다와 파나마 공격의 경험으로 언론을 일방적으로 강하게 통제하는 미디어 풀 시스템이 문제가 많다는 것을 인식하고 몇 차례 실험 운영을 통해 보완하게 된다(Ahern, T., 1987). 가장 큰 문제는 미디어 풀에 소속하지 않은 언론들을 취재에서 배제하는 것에 대한 적법성 논란이었다. 실제로 몇 개의 언론사와 기자들은 대법원에 소송을 제기해 놓은 상태였다(Danniston, L., 1991). 결국 1990년 3월 합참의장 공보 지침으로 작전 수행 중에 언론이 요구하는 통신·수송 수단을 최대한 지원하고, 각 부대 지휘관들의 브리핑을 강화하는 조치들을 취했다.

1990년 8월 2일 이라크가 쿠웨이트를 침공하고 유엔의 철수 결의안을 거부하자, 사우디아라비아의 요청에 따라 미국이 병력을 파견하면서 '사막의 방패작전(Operation Desert Shield)'이 시작되었다. 우선 이라크에 대한 경제제재조치 등이 취해졌고 유엔이 정한 1991년 1월 15일까지 이라크군이 쿠웨이트에서 철수하지 않자, 미국을 주축으로 한 연합군은 1월 17일 공중작전인 '사막의 폭풍 작전(Operation Desert Storm)'을 단행하였다. 그리고 2월 24일에는 '사막의 기병도 작전(Operation Desert Saber)'을 전개해 5일 만에 전쟁을 종료하였다.

공격직전인 1991년 1월 7일 미군 지휘부는 '뉴스 매체 기본지침(Ground Rules and Supplementary Guidelines for News Media)'을 예하 부대에 하달하였다. 이는 언론통제는 자발적 속성과 상호협조 방식이어야 한다는 시들 보고서(Sidle report) 권고 내용을 반영한 것이라고 하지만 내용은 기존의 전시 언론보도 규약과 큰 차이가 없었다. 주요 골자는 ① 작전 현장에 언론인 접근을 일체 금지하고, 기사 취재는 군 발표에 철저히 의존하게 한다. ② 적의 비인간적 행태들을 최대한 부각시켜 군사개입을 정당화한다. ③ 민간인 피해는 일체 보도하지 않는다. ④ 미군의 피해 상황은 숫자로만 취급하되 부상자나 사망자 모습에 대한 보도는 금지한다. ⑤ 현지인들의 저항에 대한 보도는 금지한다는 것 등이었다. 아울러 부대 병력과 무기 체계, 향후 작전 계획, 군사정보, 부대 위치 및 이동, 항공 활동 같은 12개 보도 금지 항목들을 규정하였다(LaMay, C. et al., 1991, 17~18쪽).

일주일 후인 1월 14일에 수정된 지침 내용은 시들 보고서 권고사항과 더 거리가 멀어졌다. 모든 인터뷰는 군 요원이 배석한 상태에서 이루어져야 하고, 모든 기사와 비디오테이프, 사진은 본사로 전송하기 전에 보안 검열을 받아야 한다는 내용이 추가된 것이다. 무엇보다 미디어 풀에 소속되지 않은 기자들이 전투 현장에 접근하는 것을 완전히 금지하였는데, 군과 언론이 상호 협력해 이해를 도모한다는 취지와 달리 국가안보와 군사 작전 관점에서 언론을 통제하게 되었다는 것을 의미한다. 이에 대한 언론사들의 반발이 커지자 체니 부통령 주재로 새로운 언론 취재 방침을 제시하게 된다. 그 내용은 "공개적이고 독립적인 보도가 취재의 원칙적 수단이고, 풀(pool)의 규모는 최대한 크게 하며, 취재진의 초기 전장 접근 – 24시간에서 36시간 이내 – 은 금지한다"는 것이었다. 하지만 이 방침을 국방부가 동의하지 않아 원래대로 사전검열을 포함한 강한 언론통제가 이루어졌다(Kurtz, H. & B. Gellman, 1992).

작전 개시와 함께 미군은 '미디어 풀 시스템(Media Pool System)'을 가동하였다. 군에서 만든 취재규약에 동의한 1,400명 중에서 선별된 192명으로 총 11개 풀이 구성되었다(Dennis, E. E. et al., 1991, 18쪽). 미디어 풀에 배속된 기자들도 작전 중에는 현장 접근이 금지되었고, 군이 정한 시간과 지역에서만 취재가 허용되었다. 때문에 대부분 매일 정기적으로 실시되는 전황 브리핑과 보도 자료에 의존해야 했다(우승룡, 1991, 113~129쪽). 더구나 지상군 작전이 시작될 무렵에는 참여 기자 숫자가 급증해 부득이 풀 숫자를 늘려야만 했다. 25~30명씩 윤번제로 풀을 구성해 현장 접근을 허용했지만 가능한 숫자는 전체의 1/10 수준이었다. 결국 미디어 풀에 선발되지 못한 기자들은 보도 자료와 브리핑 내용만 가지고 기사를 작성해야만 했다. 제공된 보도 자료들도 풀에 배속된 기자들이 공유하고 있어 모든 매체들의 뉴스가 큰 차이가 없었다. '뉴스위크'의 조너던 알터(Jonathan Alter) 기자는 "슬픈 진실은 전쟁을 취재하지만 보도할 수 없다는 것"이라고 불만을 토로하기도 하였다(Pavlik, J. & S. Rachilin, 1991). 심지어 개인 통신 수단을 반입할 수 없었기 때문에 펜과 종이만 가지고 기사를 작성하는 'Pencil Press Pool'이라 불리기도 했다.

많은 불만과 비판에도 군이 제공하는 보도 자료들은 미디어 풀 시스템에서 긍정적으로 평가받았던 부분이다. 이라크 공격 초기인 1월 17일부터 1월 20일 사이에 실시한 갤럽 여론조사에 따르면, 미국 국민의 89%가 전쟁 관련 보도 에 대해 '좋음(good)' 혹은 '우수(excellent)'라고 평가하고 있다. 그 이유는 미디어 풀에 참가한 기자들에게 군이 제공한 전황 브리핑과 자료 화면들이 좋은 뉴스 소재가 되었기 때문이다. 이는 미군이 임베딩 프로그램(embedding program)을 구상하게 만든 배경이 된다. 특히 총사령관 슈워츠코프(Norman Schwartzkopt)의 브리핑은 미디어 풀에 대한 비판을 진정시키는데 긍정적 역할을 한 것으로 평가된다. 사령관이 직접 전황을 브리핑한다는 것이 예전에 없었던 파격적인 일이기도 했지만, 무엇보다 그가 그레나다와 파나마 공격에서 미군이 경험했던 공보작전의 실패를 잘 인식하고 있었기 때문이다. 그가 직접 만든 4가지 언론 관련 기본 규칙들은 이를 잘 보여주고 있다. ① 언론이 당신을 위협하지 않게 하라(Don't let the media intimidate you). ② 기자의 모든 질문에 대답해야 한다는 법은 없다(There's no law that says you have to answer all theirs questions). ③ 적에게 도움이 될 수 있다고 판단된 질문에는 답하지 마라(Don't answer any question that in your judgement would help the enemy). ④ 미국 국민에게는 절대 거짓말하지 마라(Don't ever lie to the American People) 등 어찌 보면 지나치게 보수적인 측면도 있지만, 전시에 군이 언론을 대하는 가장 기본적인 태도들이라 할 수 있다.

그림65 슈워츠코프 사령관의 브리핑 장면

그림65 슈워츠코프 사령관의 브리핑 장면

(https://developingsuperleaders.wordpress.com/2014/05/25/general-norman-schwarzkopf-solid-dedication-to-troops-makes-him-an-all-time-great/)

스텔스기를 비롯한 첨단 무기들의 위력을 보여주는 영상화면들은 전세계인들의 시선을 집중시키는데 성공하였다. 특히 F-15 전투기와 미사일 탄두에 장착된 카메라가 촬영한 정밀 폭격화면들은 신선한 느낌을 주었다. 당연히 군이 아니면 제공할 수 없는 것이다. 모든 뉴스 매체들을 통해 전 세계에 보도된 이 영상들은 걸프전쟁을 민간인 피해가 거의 없는 '인도주의 전쟁(humanitarian war)' 혹은 '클린 전쟁(clean war)'으로 인식되게 만들었다. 또 최소한 전쟁 기간 중에 미국을 비롯한 다국적군의 전쟁 정당성을 확보하는데 기여하였다. 걸프 전쟁 중에 미국 국민들의 지지율과 전쟁 보도에 대한 긍정적 평가가 모두 높았던 것이 이를 단적으로 보여준다.

하지만 걸프전쟁 중에 미군이 언론에 제공한 영상화면들에 대해 좋은 평가만 있는 것은 아니다. 그래픽과 애니메이션을 활용한 가상 전쟁 화면과 첨단 무기 모형이 결합된 전쟁 보도들은 전쟁을 일종의 '구경거리' 또는 '나와 무관한 재미있는 게임'처럼 인식하게 만들었다는 지적이다. '하이테크 전쟁(hitech war)', '원격전쟁(remote war)'이란 명칭으로 참혹한 전쟁 실상을 포장하고 있다는 것이다. 물론 이러한 화면을 통한 첨단전쟁 이미지도 나중에는 사실과 큰 차이가 있다는 것이 밝혀지기도 했다. 이라크 전쟁 당시 최첨단 요격 미사일(패트리어트 미사일)의 명중률을 미군은 96%라고 발표했지만, 전쟁 종료 후 분석한 결과는 7% 정도에 불과한 것으로 드러났다. 심지어 미 육군이 의회에 제출한 보고서에서는 패트리어트 미사일에 의해 격추된 이라크의 스커드 미사일은 전혀 없었다고 밝히고 있다(Weekes, J., 1992, 13~14쪽). 이러한 하이테크 전쟁 개념은 이후 군사용으로 개발된 첨단 정보통신 기술과 인공지능·빅데이터 같은 가상기술들이 결합해 시뮬레이션 워게임을 매개체로 하는 '군·엔터테인먼트 복합체(military-entertainment complex)'로 진화하게 된다.

이처럼 첨단 영상화면이 제공되었지만, 미디어 풀에 참가했던 기자들은 전투 장면을 직접 볼 수 없었다. 대규모 지상군이 투입된 전쟁에서 실제 전투 장면을 직접 본 기자들이 거의 없다는 것은 역설적이다. 오직 군이 제공한 사진과 영상에 의존해 기사를 작성한다는 것은 결국 언론보도를 원천적으로 통제했다는 것과 같다. 1991년 2월 26일~27일 쿠웨이트에서 철수하는 이라크군을 공중 폭격한 '죽음의 고속도로(Highway of Death)' 상황도 미디어 풀 참여 기자들은 전혀 모르고 있었다(Garrett, L., 1991).

그림66 죽음의 고속도로 폭격 사진

(https://cl.pinterest.com/pin/415879346816340160)

민간인 피해가 없었다는 미군 발표와 달리 10만 명 넘는 민간인 사상자가 발생했다는 사실도 전쟁이 종료된 지 한참 후에야 밝혀졌다. 물론 군사작전 측면에서 미디어 풀 효과는 긍정적으로 평가될 수 있다. 압도적 위력을 지닌 첨단 무기를 경쟁적으로 보도하는 미국 언론과 이에 열광하는 국민들의 모습은 1894년 미국-스페인전쟁 당시 미국의 상업 신문들이 행했던 '애국심과 상업주의가 결합된 전쟁 팔기'를 연상시키기에 충분했다.

미디어 풀 시스템의 한계가 드러난 것은 CNN을 통해 전 세계에 중계된 피터 아넷(Peter Arnet)의 바그다드 현지보도였다. 전쟁이 시작되기 전부터 바그다드에는 NBC를 비롯한 주요 방송들이 현지 방송을 준비하고 있었지만, 전쟁 개시 이후에는 SNG를 이용했던 CNN만 송출이 가능했다. 피터 아넷의 현장 보도 역시 이라크 정부의 검열을 거쳐야 했으므로 완전히 객관적이라고 보기는 어렵다. 실제로 미국 정부는 CNN 보도가 이라크의 선전 수단이 되고 있다고 격렬하게 비판하였다. 특히 이라크 민간 시설 폭격 화면은 이라크군이 민간시설로 위장한 것이라는 미군의 반박으로 논란이 되기도 했다. 하지만 분명한 것은 CNN 보도가 대량 살상 전쟁 패러다임에서 정밀타격 전쟁 패러다임으로 전환하는 결정적 계기가 되었다는 것이다. 또한 인공위성, 개인 휴대 통신 같은 첨단 기술 등장의 등장으로 전장 접근과 언론보도를 검열하는 전시 언론통제 방법에 대해 근본적인 의문이 제기되었다.

미디어 풀 시스템은 언론의 방해를 받지 않고 군사작전을 수행하겠다는 군의 이해와 가급적 많은 정보를 취득해 전쟁을 보도해야 한다는 언론의 이해가 상호 절충된 일종의 '거래의 산물(the product of a deal)'이라 할 수 있다. 군과 언론이 공생하기 위한 '거래 탁자(negotiating table)'인 것이다(Cortell, A. P. & R. M. Eisinger, 2009). 하지만 걸프전쟁 이후 미디어 풀 시스템에 대한 언론들의 불만이 제기되었다. '특설 미디어 그룹(Ad Hoc Media Group)', '전미 편집인협회(American Society of Newspaper Editors)' 같은 언론단체들은 미디어 풀 시스템의 근본적 개선을 요구하였다. 1992년 5월 21일 미 국방부는 '특설 미디어 그룹'의 제안을 받아들여 9개 항목으로 구성된 '전쟁 보도지침 합의문(Agreement on war Coverage Guideline)'을 발표하였다. 주된 내용은 전쟁 기간 중에 개별 언론의 자유로운 취재를 기본 원칙으로 하고, 필요한 경우에만 미디어 풀을 운영한다는 것이다. 대신 출입기자 인증제도(credential system)를 실시하고, 규정을 위반할 경우 퇴출시킬 수 있도록 하였다. 제도적으로는 허가받은 기자들은 누구나 보안이 요구되는 특수작전 부대를 제외한 모든 부대에 접근할 수 있게 되었다.

표11 전시 보도 지침 합의문 내용

1	독립적인 언론보도가 (전쟁 관련) 취재의 기본 수단이다.
2	미디어 풀을 운영하는 것은 장려되지는 않지만, 초기 (군사작전) 접근에는 필요할 수도 있다. 운영하더라도 가급적 단기간이어야 한다.
3	타당한 제약조건들로 인해 미디어 풀의 운영방법 수정할 수 있다.
4	출입기자 인증제도를 운영하고, 위반할 경우에는 퇴출시킬 수 있다. 참여 언론사들은 군사작전에 경험이 많은 기자들의 투입시킨다.
5	기자들은 특수 작전을 제외한 모든 단위부대에 접근할 수 있다
6	기자들을 안내하는 행위가 취재를 방해해서는 안 된다.
7	군은 풀에 참여한 기자들을 수송하는 책임을 진다. 그리고 필요시 언제나 운송 수단을 이용할 수 있도록 노력한다.
8	군은 미디어 통신 수단을 신속하게 이용할 수 있도록 해야 한다.
9	이 원칙들은 기존에 설립된 국방부 미디어 풀 시스템(Pentagon Pool)에도 적용된다.

이후 몇 차례 군사작전에서 미디어 풀 제도는 긍정적인 측면과 부정적인 측면을 모두 드러냈다. 특히 전면적 군사작전이 아닌 애매한 상황에서 맹점이 많이 드러났다. 1992년 소말리아 내전과 1994년 아이티 사태가 그런 양면성을 각각 보여주었다. 소말리아에는 미국의 평화유지군이 진입하기 전부터 많은 언론들이 취재활동을 벌이고 있었고, 군도 언론의 취재활동을 거의 통제하지 않았다. 하지만 내전이 장기화되고 평화유지군과 소말리아 민병대 간 충돌이 격화되면서 언론 보도가 군사작전을 방해하는

일이 늘어나게 된다. 특히 1992년 12월 9일 미 해병대의 '희망 회복 작전 (Operation Restore Hope)'은 상륙지점인 모가디슈 해안에 250여 명이나 되는 기자들이 이미 진을 치고 있어 작전 자체가 무의미해져 버렸다. 이 때문에 소말리아 내전에 참전했던 미군은 마치 베트남 전쟁의 악몽이 되살아나는 것 같은 분위기였다고 평가하고 있다(Young, P. & J. Peter, 권영근·강태원(역), 436~437쪽). 이와 반대로 1994년 아이티 사태는 미디어 풀 시스템이 효율적으로 운용될 수도 있음을 보여주었다. 물론 공격 중지 명령에도 불구하고 일부 언론들이 공격을 개시했다는 오보가 있었지만, 전반적으로 군과 언론의 협력체제가 효율적으로 작동된 것으로 평가받고 있다.

그림67 소말리아 상륙작전 중의 취재기자들

(https://www.bbc.co.uk/programmes/p011h9dt)

임베딩 프로그램(embedding program)

'임베디드(embedded)'라는 용어가 처음 등장한 것은 1995년 보스니아 내전이다. '임베딩(embedding)'이란 말 그대로 '기자들이 장기간 군부대에 파견되어 병사들과 함께 생활하는 것'을 말한다. 보스니아에 파견된 '독수리 특임부대(Task Force Eagle)'에 24개 미국 언론매체와 영국, 프랑스 등 9개 외국 언론 소속 기자 33명을 15개 하위부대에 배속시켜 취재하게 한 것이다. 하지만 군의 통제 아래 제대로 된 취재가 쉽지 않았다. 특히 보스니아의 '코소보 인종청소 작전'을 중지하기 위해 1998년에 실시한 미군의 공군 폭격 작전은 임베딩 프로그램의 한계를 잘 보여주었다. 공군 작전 중에 기자들의 폭격 장소 접근을 엄격히 통제하였다. "세르비아의 정보분석 능력이 뛰어나 언론에 공개될 경우 아군의 무기 종류나 효과가 적에게 노출될 수 있다"는 이유였지만, 실제로는 공중폭격으로 인한 민간인 피해가 외부로 알려지는 것을 우려했기 때문이다. 이 같은 공중폭격 지역에 대한 접근 통제는 이후 오만(Oman), 우즈베키스탄(Uzbekistan), 파키스탄(Pakistan), 타지키스탄(Tajikestan) 공격에서도 실시되었다.

이러한 접근 통제는 심각한 역효과를 유발했다. 취재 경로가 막힌 기자들이 세르비아가 제공한 현장 취재를 통해 오폭으로 인한 민간인 피해를 전 세계에 보도했기 때문이다. 이러한 보도로 공격 명분이 되었던 세르비아의 인종청소 관련 보도는 완전히 묻혀 버려, 전장 접근 제한이 도리어 부메랑 효과로 돌아온 것이다. 이를 계기로 적이 세공하는 정보가 뉴스 매체를 지배하지 못하도록, 기자들의 현장 접근을 일부 허용하고 아군이 제공한 정보가 뉴스 소재로 활용될 수 있도록 해야 한다는 것을 인식하게 되었다. 그렇지만 이러한 인식은 2001년 9·11테러로 미국 사회에 불어 닥친 징고이즘(jingoism)과 애국주의 보도 분위기 때문에 오래가지 못했다.

2001년 9·11테러 주범인 오사마 빈 라덴 체포를 위한 아프가니스탄 공격 '항구적 자유 작전(Operation Enduring Freedom)'에서는 더 강한 전시 언론

통제가 이루어졌다. 작전을 마치고 귀대하는 부대원들에 대한 접촉까지 금지했을 정도였다. 아프가니스탄의 산악지형에 대비해 특수임무를 부여받은 부대들이 투입되면서 기자들의 합류가 힘들었다는 점도 작용하였다. 이와 관련해 기자들의 불만이 커지자 병사들이 착용한 미디어 키트(Media Kit)로 촬영된 영상들을 제공했지만 여전히 축소·은폐 의혹이 해소되지 못했다. 더구나 모든 작전이 목표를 완수했고, 아군 피해가 전혀 없었다는 공식 발표들이 거짓으로 밝혀지면서, 기자들 사이에는 알자지라 보도를 더 신뢰하는 일까지 벌어졌다. 이에 대응하기 위해 미국은 이슬라마바드, 런던, 워싱턴에 '다국적군 정보센터(CIC : Coalition Information Centere)를 설치해 탈레반의 역정보 확산을 막아야 했다.

취재진 접근 제한에 대한 불만이 계속되자, 미 국방부는 군사작전 중에 취재기자들을 특정 부대에 배속시켜 동행 취재하게 하는 '임베딩 프로그램(embedding program)' 운영과 관련된 '공공관리 지침(Public Affair Guidance)'을 발표하였다. 그리고 아라비아해에 있는 항공모함 3척에 88명의 기자들을 배속시켜 최초의 임베딩 프로그램을 실행하였다. 임베딩 프로그램의 규모와 운영 방법은 정형화되어 있지 않지만, '최상의 취재, 최소의 절차(maximum coverage, minimum hassle)'라는 원칙에 바탕을 두었다. 무엇보다 가장 논란이 되어왔던 임베딩 프로그램에 참여하지 않는 기자들의 독자적 취재도 허용하였다(Clarke, V., 2001).

강화된 미디어 풀 시스템이라고 할 수 있는 '임베딩 프로그램(embedding program)'이 본격적으로 실행된 것은 2003년 '이라크 자유 작전(Operation Iraqi Freedom)'이다. '이라크가 대량 살상무기를 보유하고 있고 이를 사용할 가능성이 있다는 점', '사담 후세인 정권의 폭압성' 같은 전형적인 평화전쟁 명분들이 제기되었고, 미국 입장에서는 이런 명분들을 정당화하기 위해 민간인 피해가 거의 없는 '깨끗한 전쟁(clean war)' 이미지를 보여주어야만 했다. 이를 위해 1991년 걸프 전쟁과 마찬가지로 첨단 무기와 접근 통제라는 두 가지 방법을 고민하게 된다.

그림68 2003년 이라크 공격 시 미군의 최첨단 무기들

GBU-31 Joint Direct Attack Munition(좌)과 GBU-28 Bunker Buster(우)
(좌) 나토 홈페이지 캡처, (우) https://www.yna.co.kr/view/AKR20180825002300098)

먼저 첨단 무기 측면에서 더욱 고도화된 정밀타격 무기들이 동원되었다. 반경 10m 이내의 정확도를 갖고 있으며, 야간·악천후에도 활용할 수 있는 합동직격탄(JDAM : Joint Direct Attack Munition), 전자기파를 이용해 통신·컴퓨터·미사일 시스템을 마비시키는 전자기 펄스탄(EMP : Electro-Magnetic Pulse), 전력 시설을 마비시키는 CBU-94B, 지하 벙커와 동굴을 파괴하는 벙커버스터 GBU-28/37, 열 압력 폭탄 BLU-118/B, 무인정찰기 겸 공격기(MQ-1 Predator), 개량형 M1A2 에이브럼스 전차, 중무장 항공기 AC-130 Gunship 같은 최첨단 무기들이 총동원되었다. 무기만 가지고 볼 때 승패는 이미 결정된 것이나 다름 없었다. 주목할만한 점은 걸프 전쟁에서는 주로 연락 수단으로 사용되었던 첨단 정보통신 기술들이 정밀유도무기의 핵심기술로 자리 잡았다는 것이다. 이를 통해 전 세계에 배치된 모든 군단급 이상 지휘부는 물론이고 말단 중대까지 실시간 상황인식 능력을 부여해 전장가시화 비율을 70% 이상으로 높였다(합동참모본부, 2003, 180~181쪽). 실제로 이라크 공격 중에 연합군이 사용한 정밀유도무기가 19,948발이었던 반면 비정밀무기는 9,251발에 불과하였다. 말 그대로 '정보화 전쟁' 또는 '스마트 전쟁'이 시작된 것이다(손경호, 2014).

하지만 무기의 능력을 통해 전쟁의 정당성을 담보하는 것은 한계가 있다. 적을 살상하는 행위인 전쟁은 원천적으로 비인간적일 수밖에 없고, 예

상치 못한 민간인 피해 등이 발생할 가능성도 높다. 이를 고려해 1991년 걸프 전쟁에서 미군은 존 워든(John Warden)이 제안한 '다섯 링 이론(Five Ring Theory)'에 의해 이라크의 지휘 통제 체계를 전략적으로 마비시키는 항공작전 중심 전략을 수행하였다(Warden III. J. A., 1995, 40~55쪽). [그림69]의 5개 동심원 중앙에 위치한 국가 및 군 지휘 체계를 시작으로 통신, 전력 같은 필수 자원, 식량 및 산업 기반 시설, 민간 시설 순으로 군 관련 목표물을 공격하는 방법이다. 이는 전통적인 공격전략의 역순으로 전투중에 발생할 수 있는 병사들과 민간인들의 피해를 최소화하면서, 효율적으로 전략적 목표를 단기간에 달성하기 위한 것이다. 이 개념은 주로 공군이 초기 작전을 주도하게 되고, 특히 전략 폭격 개념이 아닌 정밀폭격이 중요하다.

그림69 존 워든의 다섯 링 모델(Five Ring Model)

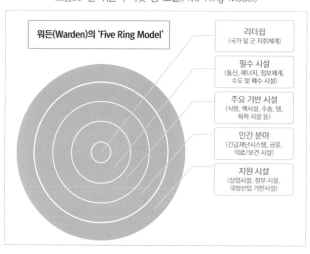

폭력을 사용하는 전쟁의 속성상 깨끗하고 인간적인 전쟁이라는 명분을 강하게 내세울수록 역설적으로 전쟁 수행은 더 어려워질 수밖에 없다. 그러므로 전시에 자유롭게 취재·보도를 허용하는 것은 전투에서의 승리하는 것과 별개의 문제다. 더구나 대규모 군사력을 투입하는 군사 작전에서 언

론을 완전히 배제한다는 것이 사실상 불가능한 일이다. 실제로 이라크 공격 전에 벌써 '국제 뉴스 안전 연구소(INSI : International News Safety Institute)'와 '군사 기자 및 편집인 협회(MRE : Military Repoters & Editors Association)' 같은 언론단체들이 군이 언론 취재에 협력해야 한다는 압력을 가하고 있었다. 이런 상황에서 미국 정부와 군 수뇌부는 기자들의 작전 현장 접근을 적절히 허용하면서 보안을 유지하는 방안을 고민하지 않을 수 없었다.

이라크 공격을 앞두고 미국 정부가 정교한 전시 언론통제 방식을 고민했던 또 다른 배경은 이전과 비교가 안 될 정도로 늘어난 뉴스 채널들과 모바일·인터넷이다. 특히 걸프 전쟁 이후 크게 영향력이 커진 알자지라(Al-Jazzira) 같은 아랍 언론들은 군사작전을 더 어렵게 만들고 있었다. 실제로 이라크 공격 이전부터 서방 언론들과 아랍 매체들간의 보도 내용은 큰 차이가 있었다. 전쟁 중에 CNN과 알 자지라는 상반된 보도로 치열하게 경쟁하였다. 2003년 3월 22일 CNN이 이라크 제51사단 집단투항설을 보도하자, 곧바로 알 자지라가 제51사단장 인터뷰를 내보내기도 했다. 또 3월 26일 바스라에서 봉기가 있었다는 CNN 보도에 대해 알자지라가 반박방송을 하기도 했다(진승웅, 2009, pp.51~53). 누가 더 영향력이 컸는지 객관적으로 판단하기 어렵지만, 두 매체가 각각 미군과 이라크군이 제공한 정보나 통제로부터 자유롭지 못했던 것은 사실이다. 결과적으로 임베딩 프로그램은 언론의 전장 접근을 통제해 보안을 유지하고 기자들의 현장 취재를 보호한다는 목적 이상의 역할을 한 것으로 보인다. 즉, 이라크의 허위정보에 대응하고(neutralize information), 미군의 위력을 과시하는데(demonstrate the professionalism of U.S. forces) 더 큰 목적이 있었다고 볼 수 있다(Beane, Jr., T. C., 2009, 18쪽).

미국 정부와 군 수뇌부 입장에서는 새롭게 등장한 첨단 커뮤니케이션 기술들 역시 고민거리였다. 특히 개인송출이 가능한 휴대용 모바일 폰으로 누구나 전장에서 직접 외부로 정보를 확산시킬 수 있게 되었다. 이는 기자들의 현장 접근을 직접 통제하는 것만으로는 전투 상황과 관련된 정보 확산을 막을 수 없고, 자칫 국내·외 여론만 악화시킬 수도 있다는 것이다. 또한 전투 수행 과정에서 야전군과 군 수뇌부 간에 미디어 정책에 혼선을 야기할 수도 있다(Cortell, A. P. & R. M. Eisinger, 2009, 669쪽).

결국 군과 언론은 기존의 미디어 풀 시스템을 개선할 필요성이 있다는 공감대를 형성되게 된다. 이에 2002년 1월 13~17일 국방부와 50여 개 언론사 대표들이 만나 임베딩 기본 원칙과 취재 기본 규칙(ground rules)에 합의하였다. 임베딩 프로그램의 주요 원칙은 다음과 같다. 첫째, 군 담당자는 전선에서 들어온 정보들을 기자들에게 신속하게 공급하는 데 최선을 다해야 한다. 둘째, 임베딩 프로그램에는 미국 뿐 아니라 작전에 참여한 다국적군 언론들도 포함한다. 셋째, 아랍 지역 언론들의 참여를 허용하고 그들을 최전선 미군 부대에 배치한다. 여기서 임베딩 프로그램이 '(미군이 원하는) 전쟁 관련 정보의 폭넓은 확산'에 목적을 두고 있음을 알 수 있다(Cortell, A. P. & R. M. Eisinger, 2009, 668~669쪽). 실제로 이라크 전쟁에서 임베딩 프로그램의 목적은 ① 미국 정부의 대 이라크 정책에 대한 미국내 지지 여론 형성 ② 이라크 심리전에 대응 ③ 국제적 지지 획득 ④ 전쟁 초기 정보 우위 달성 ⑤ 미군의 전문성 입증 같은 것들이었다(English, E. L.,1996).

그렇다고 임베딩 프로그램 참여 기자들에게 완전한 취재 자유가 허용된 것은 아니다. 영내에서는 모든 병사들에게 자유롭게 접근할 수 있었지만 외부 취재는 제한되었다. 임베딩 참여 기자들은 일체의 개인 통신 장비나 차량을 소지할 수도 없었다. 구체적으로 '병사 인터뷰 승인 및 공개', '개인 전화기 휴대 금지', '야간작전 수행 시 야전 지휘관 승인 없이 카메라 플래시 사용금지', '억류자 인터뷰 방법' 같은 여러 취재 제한 조치들이 실행되었다(공군본부 정훈공보실, 2003). 특히 지상군 작전 초기에는 각 야전 지휘관에게 취재를 금지할 수 있는 엠바고(embargo) 권한도 부여하였다. 물론 언론사들이 판단해 임베딩 프로그램에 참여하지 않고 독립적으로(unilateral) 취재할 수는 있었다. 그렇지만 언론사들은 임베딩 프로그램에 참여해 안전하게 전쟁 관련 정보를 제공받을 것인지 아니면 위험을 무릅쓰고 자유롭게 취재할 것인지를 놓고 딜레마 상황에 놓일 수밖에 없었다(Fahmy, S. & T. J. Johnson, 2007, 100쪽).

'취재 규칙(Ground Rules)'에는 '보도 가능한 소재(releasable items)' 14개 항목과 19개의 '보도 불가능한 유형(not releasable types)'을 규정해 놓고 있다. '보도 가능한 소재'들은 '우방국과 관련된 문제나 장점', '작전 종료된 공격 지점과 관련 정보', '군대 유형', '작전명', '본인이 동의할 경우 개별 병사들의 신상이나 고향' 등이다. 반면 '보도 불가능한 유형'에는 '작전 수행 중인 병력 숫자', '적의 전자무기 효과에 관한 정보', '작전 계획', '군부대의 상세한 위치', '실시간 군대 이동', '첩보 수집' 등이 포함되었다(Katovsky, B. & Carlson, T., 2003). 이는 사실상 제1·2차 세계대전 때부터 있었던 보도 금지 사항들과 거의 같은 내용이다.

이라크 공격을 앞두고 미 국방부는 신청 순서와 매체 영향력, 발행 부수 등을 고려해 미국기자 449명, 외국 기자 176명 총 625명을 선발하였다. 여기에는 미국 3대 지상파방송과 CNN 그리고 뉴욕타임즈, 워싱턴 포스트 같은 일간 신문들도 참여하였다. '롤링 스톤'이나 '피플' 같은 잡지 기자들도 있었고 음악채널인 MTV도 포함되었다. 외국 기자 176명 중에는 영국 언론사 소속 기자가 128명으로 가장 많았고, 우리나라도 7개 신문·방송사 37명이 참가했다. 또한 알자지라 같은 아랍 언론사들도 포함되어 있었다. 하지만 임베딩 프로그램에 참여하지 않고 개별적으로 취재한 기자들이 1,445명으로 훨씬 많았다. 임베딩 프로그램에 참여한 취재기자들은 육·해·공군 부대에 배속되어 1~4주간 군사훈련을 받은 후 육군 400여 명, 공군 18명, 해병대 150명, 해군 141명으로 분산 배치되어 병사들과 생활하면서 취재 활동을 벌였다(Paul, C. & J. J. Kim, 2004, 54~55쪽).

군 입장에서는 임베딩 프로그램은 취재기자들이 병사들과 함께 생활하면서 정서적 결속력을 형성해 군 작전에 우호적인 시각을 갖게 할 수 있고, 언론들은 현장 접근을 통해 제한적이지만 취재 욕구를 충족시킬 수 있다는 이점이 있었다. 특히 기자들에게는 군부대와 동행함으로써 일종의

'역사적 현장성(historical immediacy)'을 가질 수 있다는 매력이 있었다(Reese, S. D., 2007). 실제로 임베딩 프로그램에 참여한 기자들의 보도에는 단위 부대의 전술과 관련된 내용들이 주를 이뤘다. 결과적으로 미군의 임베딩 프로그램 운영 목적은 달성되었다고 할 수 있다. 이라크 공격 관련 미국 언론 보도들을 분석한 결과 긍정적 보도 내용이 압도적으로 많은 것으로 나타났다(Dimitrova, D. V. & J. Strömbäk, 2005; Haigh, M. M. et al., 2006; Pfau, M., 2004, 2005). 이러한 긍정적 효과에도 불구하고 임베딩 프로그램은 군과 언론의 교집합 영역을 군이 일방적으로 주도한다는 비판에서 벗어날 수 없었다. 심지어 임베딩으로 언론이 다시 군의 심리전 도구로 전락했다는 지적도 제기되었다.

그림70 이라크 전쟁 중 임베딩 프로그램 참가 기자들

(https://ethicaljournalismnetwork.org/ethics-safety-solidarity-journalism)

임베딩 프로그램에 대한 평가

임베딩 프로그램은 참가했던 기자들로부터 다양한 용어로 불리웠다. '숲속의 침대(in bed with bush)', '스냅사진(snapshots)', '터널적 시각(tunnel vision)', '미디어 조작(media manipulation)' 같은 부정적 용어들이 있는가 하면, '대단한 성공(great success)', '훌륭한 통제 수단(brilliant tool of control)' 같은 호평들도 있다. 이라크 전쟁이 종료된 후 임베딩 프로그램 효과와 관련한 많은 연구 결과들이 발표되었는데, 군이 제공하는 정보에 근거해 전쟁 전체 상황으로 착각하게 만드는 '소다 빨대 효과(soda straw effect)'도 있었지만, 기자들이 서로 협력하여 더 정확하고 질 높은 뉴스를 제공할 수 있었다는 긍정적 평가도 있었다. 임베딩 프로그램 효과에 대한 연구 결과들은 대체로 다음과 같다(Fahmy, S. & T. J. Johnson, 2005, 320~304쪽).

먼저 임베딩 프로그램을 긍정적으로 평가하는 근거는 다음과 같다. 첫째, 제한적이기는 하지만 군이 사전 검열 대신 군사 작전 중에 기자들의 정보원 접근을 허용한 것 자체가 진일보한 것이라는 시각이다. 둘째, 정기 브리핑을 통해 임베딩 프로그램 참여 기자들에게 실시간으로 전투 상황 및 작전 관련 정보들을 제공했다는 점이다. 특히 작전 상황에 대한 실시간 브리핑은 혼란과 불안감을 줄이는데 기여한 것으로 평가되고 있다. 셋째, 임베딩 프로그램 참여 기자들은 단순히 취재 정보만 제공받은 것이 아니라 군의 잘못된 브리핑을 수정하거나 감추려 했던 사실들을 지적하기도 했다는 것이다. 실제 CNN 보도 장면으로 미군 사령부가 큰 저항 없이 순조롭게 종료되었다고 발표했던 7기갑사단 공격에 대한 브리핑이 수정되기도 했다. 넷째, 임베딩 프로그램에 참여한 기자들과 군 담당자간에 형성된 친밀감이 동료 의식으로 발전하면서 같은 시각을 공유하게 되는 이른바 스톡홀름 증후군(Stockholm syndrom)이 발생했다는 것이다.

반대로 부정적인 평가들도 만만치 않다. 첫째, 임베딩 프로그램은 기자들에게 자유로운 취재 보도를 허용하기 위한 것이 아닌 '전쟁에 대한 군의 시각(military version of war)'을 알리기 위한 것이 목적이었다는 지적이다. 임베딩 프로그램 참여 기자들은 보안을 이유로 군이 제공하는 통신 장비를 사용해야 하고 개별적인 이동도 불가능했다. 존슨과 파미(Johnson, T. J. & S. Fahmy, 2010)가 임베딩 프로그램에 참여했던 600여 명 기자 중에 400명을 대상으로 한 설문 조사에 따르면, 임베딩 프로그램 참가자들이 겪었던 가장 큰 어려움은 교통수단을 군에 의존해야 하는 것으로 나타났다. 이로 인해 배속된 부대 내에서 제한된 정보원에만 접근할 수 있었다. 이처럼 군이 제공하는 침식, 교통수단, 정보에 의존하는 상황에서 보도 객관성(objectivity)을 유지하기가 어려울 수밖에 없다는 것이다. 둘째, 임베딩 프로그램에 참여한 기자들은 '미국적 시각(American perspective)'에서 전쟁을 접근하게 된다는 비판이다. 특히 군이 제공한 브리핑과 보도 자료에 의존하게 되면, 전쟁 전반에 대한 이해 없이 '파편화된 사실들(slices of reality)'만 보도하게 된다는 것이다. 이를 두고 '내셔널 저널(National Journal)'의 조지 윌슨(George Wilson) 기자는 '앞서가는 개 뒤꽁무니만 보고 달리는 개 썰매의 두 번째 개(second dog in a dog sled team)'에 비유하기도 했다. 셋째, 임베딩 프로그램에 참여하는 언론들은 결국 미국 정부와 군에 의해 조정당했다는 비판이다. 한 예로 임베딩 프로그램에 참여하는 언론들은 바그다드 시가전을 긍정적으로 보도했지만, 독립적으로 취재한 언론들은 마치 베트남 전쟁 같은 게릴라전이 전개되었다고 보도한 것을 들 수 있다.

부정적 평가들은 임베딩 프로그램 참여 기자들이 전장에서 멀리 떨어진 후방 부대나 해군 함정에 통제된 상태로, 군에서 제공한 정보를 검증할 방법이 없었던 것을 가장 큰 원인으로 지적하고 있다. 미군이나 연합군에게 불리한 정보들이 원천 차단된 상태에서 임베딩 참여 기자들은 이라크 전쟁을 '깨끗한 전쟁'으로 보도할 수밖에 없었다는 것이다. 특히 임베딩 프로그램이 위험을 감수하면서 '발로 뛰는 취재(boots-on-the-ground)'를 회피하는 기자들의 성향과 결합되어, 전화로 기사거리를 수집하는 이른바 '호텔 저널리즘(hotel journalism)'이나 '옥상 저널리즘(rooftop journalism)'을 만연시켰다는 비판을 받고 있다(Ricchiardi, S, 2006, 2007).

이처럼 임베딩 프로그램에 대해 상반된 평가들이 존재하지만, 군 입장에서 볼 때 긍정적인 성과를 거두었다고 할 수 있다. 특히 사전에 예상하지 못했던 효과가 발생했는데, 병사들과 취재기자들 간에 형성된 인간적 유대감과 집단 결속력 즉, '스톡홀름 증후군(Stockholm syndrome)'이다. 이는 군과 언론이 같은 시각을 공유하게 할 수 있다는 점에서 매우 효과적인 전시 언론 통제 방법이 될 수 있다. 임베딩 프로그램 참가자들 다수가 유용한 정보에 접근할 수 있었고 통제나 검열 없이 직접 취재가 가능했다고 평가하고 있는 것은 스톡홀름 증후군과 무관하다고 보기 어렵다. 참여 기자의

2/3(62.1%) 이상이 군의 어떤 통제도 받지 않았고, 전쟁 중에 알 권리를 충분히 누렸다고 평가하는 연구 결과도 있다(Johnson, T. J. & S. Fahmy, 2009).

　반대로 임베딩 프로그램으로 형성된 스톡홀름 증후군이 군이 제공하는 단편적 정보에만 의존하고, 정서적 유대감 때문에 보도의 객관성이나 독립성을 침해했다는 지적도 많다(Fahmy, S. & T. J. Johnson, 2007). 이 때문에 '미군이 보여주는 것만 쓰고 말하는 것만 말하는' 심리전 도구 역할을 했다는 비난도 받았다. 그렉 다이크(Greg Dyke) BBC 사장은 "임베딩 프로그램이 생생한 전쟁화면을 시청자들에게 제공해 주기는 했지만, 군부대 동행취재로 언론 보도가 연합군 작전 속에 파묻혀(in bed with their host) 버리지 않았는지 생각해 보아야 한다"고 비꼬기도 했다. 하지만 스톡홀름 증후군이 군에게 항상 이로웠던 것은 아니었다. 병사들의 무의식적이고 보도에 부적절한 대화와 행동들이 녹음·녹화되어 노출되기도 했고, 참혹한 전장, 작전 실패, 군의 무능함이 숨김없이 공개될 수 있었기 때문이다.

　이렇게 상반된 평가가 나오는 이유는 임베딩 프로그램의 어떤 부분을 주목하느냐에 따라 진단이 다르기 때문이다. 전반적으로 임베딩 프로그램에 참여했던 기자들을 대상으로 한 연구 결과들은 긍정적 효과가 더 컸다는 점을 강조하고 있다. 참여했던 기자들을 대상으로 여러 연구를 발표했던 파미와 존슨(Fahmy, S. & T. J. Johnson, 2005, 2007)은 임베딩 프로그램에 참여했던 기자들 대부분이 자신들의 보도가 정확하고 신뢰할 수 있으며 공정했던 것으로 생각하고 있다고 결론 내리고 있다. 비록 군이 제공한 정보들이 주로 파편적인 것들이 많았지만, 최종적으로 보도된 내용은 편집국에서 다양한 정보원으로부터 수집된 정보들을 종합한 것으로 문제가 없었다는 것이다. 그러면서 임베딩 프로그램의 성패를 결정짓는 요인은 개별 기자들이 가지고 있던 전문직 의식 같은 내적 요인들이라고 주장하고 있다. 존슨과 파미는 임베딩 프로그램 참여 기자들에게 뉴스 가치(news value) 판단이 가장 중요한 보도 기준이었다고 주장한다(Johnson, T. J. & S. Fahmy, 2010). 심지어 임베딩 프로그램에 참가한 기자들의 보도가 독립적으로 취재한 기자들보다 더 균형적이고 질적으로도 우수했다는 평가도 있다(Lews, J. & R. Brooks, 2004).

임베딩 프로그램에 참여한 기자들의 우호적인 평가에도 불구하고, 보도 내용에 대해서는 부정적인 시각이 훨씬 많다. 무엇보다 군에서 제공하는 '탈맥락적 에피소드 프레임(de-contextualized episodic frame)'이 전쟁의 전체 흐름을 은폐하였다는 비판이 지배적이다(Pfau et al., 2004, 74~88쪽). 물론 이런 비판에 대해서도 기자들의 개인적 속성에 따라 차이가 있다는 연구 결과도 있다(Johnson, T. J. & & S. Fahmy, 2009). 이와 반대로 쿠퍼와 퀴퍼스는 임베딩 프로그램에 참여하지 않고 독립적으로 취재한 기자들의 보도가 더 문제가 많았다고 주장한다(Cooper, S. & J. A. Kuypers, 2004, 161~172쪽). 임베딩 프로그램에 참여한 기자들이 주로 '참여적 관점(participant's perspective)'의 보도 성향을 보였다면, 독립적으로 취재한 기자들은 '관찰자 관점(outside observer's perspective)' 성향이 강했다고 평가하기도 한다(Fahmy, S. & T. J. Johnson, 2007). 이러한 보도 태도의 차이는 정보원에 가까이 접근할 수 있는 물리적 조건과도 관련된 것으로 보인다. 임베딩 프로그램이 군의 논리에 충실하고 영웅적 프레임에 치중한 측면이 있다 하더라도, 현장에서 독립적으로 취재하는 기자들이 더 충실하게 전쟁을 이해하고 균형적 시각을 보여주었다고 단정할 수는 없다. 그렇지만 전반적으로 임베딩 프로그램 참여 기자들의 보도 프레임이 글로벌 뉴스 흐름을 완전히 지배하지 못했다는 시각도 있다(Reese, S., 2004).

결국 임베딩 프로그램은 전쟁 수행 주체인 군이 언론을 통제한다는 인상을 주지 않으면서 효율적으로 통제하기 위한 일종의 고육지책이라고 할 수 있다. 임베딩 프로그램에 참가한 기자들은 통신수단을 독점하고 있는 군이 자신들의 송고하는 기사 검열을 심리적으로 수용하는 일종의 자기검열(self censorship)이 일어난 것이어서(Laurence, J., 2007), 군은 물론 많은 참여 기자들이 임베딩 프로그램을 공정하고 신속하게 군과 언론이 소통하는 시스템이었다고 평가하는 것은 당연한 결과라는 것이다(Martin, S. E., 2006).

그렇다면 임베딩 프로그램이 향후에도 계속 지속될 수 있을 것인가? 임베딩 프로그램은 군과 언론의 이해가 절충되는 교차점이라고 할 수 있다. 하나의 제도나 시스템에 대한 평가는 '목적의 타당성(feasibility of ends)', '수단의 적합성(suitability of resources)', '비용의 수용성(acceptability of means or cost)' 등에 의해 이루어진다. 우선 군의 입장에서 볼 때 임베딩 프로그램은 적의 허위정보를 무력화시키고 아군의 위력을 보여준다는 목적에 부합하는 시스템이라고 할 수 있다. 다만 작전 수립 단계나 실행 단계에 미디어 통제를 군사작전에 포함시키고 전략 수립에 참여시킬 것인지는 미지수다. 아마 적절한 수준에서 언론의 요구를 수용하면서 임베딩 프로그램을 향후에도 유지하고자 할 가능성이 높아 보인다.

반면 언론의 입장은 다소 유보적일 수 있다. 언론은 수용자들의 주목을 끌 수 있는 뉴스를 제공하는데 목적을 두고 있다. 그러므로 임베딩 프로그램은 기자들이 전투 현장이나 지휘관들에게 접근할 수 있다는 장점과 이동과 통신수단을 통제받는다는 단점을 놓고 저울질해야만 한다. 참가하지 않을 경우에 발생하는 재정적 비용과 안전 문제를 수용할 수 있는지에 대한 판단도 중요하다. 전투 현장에서의 위험성이 낮다면, 취재 독립성을 포기하고 임베딩 프로그램에 참여하지 않았을 것이다. 또 방송의 경우 비싼 참가비용을 고려하면, 임베딩을 통해 얻을 수 있는 기대효과가 상대적으로 낮을 수 있다. 결국 매체 간 경쟁이 치열해지는 상황에서 임베딩 프로그램은 '비용-산출'이라는 경제적 문제로 귀결될 가능성이 높다. 모든 매체들이 공유하는 정보를 위해 고비용을 지불하게 하는 것은 참여도를 약화시킬 수 있기 때문이다(Beane, Jr., T. C., 2009, 18~20쪽).

다매체 다채널 시대를 넘어 인터넷, 모바일을 기반으로 하는 온라인 매체들이 급성장하면서 전쟁을 전파할 수 있는 매체들이 질적·양적으로 변화하고 있다. 접근을 통제하는 전시 언론통제 방법이 더 이상 효율적이기는 어려워 보인다. 정보를 통제하는 권력이 언론이 아니라 시민으로 이동하면서 개개인이 직접 뉴스를 만들어 확산시키고 있다. 온라인 매체들에 의해 기성 언론들이 퇴출되는 상황에서, 전통적인 언론 통제 방식은 더 이상 효과를 기대하기 힘들 것이다. 인터넷과 모바일, 인공지능으로 무장한 첨단 심리전 양상을 보면 더욱 그렇다. 향후 전시 언론통제는 군과 언론의 문제에서 군과 민의 문제 즉, 새로운 '민군관계(civilized military relation)'를 의미한다 할 것이다. 이에 임베딩 프로그램은 군사적 목적 뿐 아니라 변화하는 미디어 환경과 연관해 새로운 접근이 요구되는 상황이다.

참고 문헌

강관범(2000). 『미국의 걸프전쟁 수행에 있어서 인명 손실에 대한 여론의 역할』 연세 대학교 대학원 정치학과 석사학위논문.

공군본부 정훈홍보실(2003). 『또 하나의 전쟁, 미디어전의 승리』 공군본부.

권경민(2011). 『전쟁의 정당성 문제와 전쟁결과의 불확실성』 한양대학교 대학원 정치 외교학과 석사학위논문.

김부찬(2006). "국제법상 무력사용금지의 원칙과 그 예외에 관한 고찰" 『인도법논총』 총권 26호. 317~353.

박상현(2007). "비대칭 분쟁과 약소국의 선택 : 전망이론(Prospect Theory)의 관점에 서 본 포클랜드 전쟁" 『국제정치논총』 제47집 제1호. 53~73.

박주미(2021). "한국군의 바람직한 전시 공보작전 수행방안 : 전시 미군의 공보작전에 대한 분석을 중심으로" 『정신전력연구』 제65호. 191~249.

손경호(2014). "걸프전쟁과 이라크전쟁 사이의 전쟁 패러다임 변화 고찰" 『서양사학연 구』 제33집. 161~186.

우승룡(1991). "걸프전쟁 보도지침과 언론의 자유" 『신문연구』 1991 여름호. 113~129.

이원규(1993). "쟁점투표(Issue Voting)에 관한 비교연구 : 미국의 베트남 전쟁과 영국 의 포클랜드 전쟁 사례를 중심으로" 『한국정치학회』 제27집 제1호. 245~267.

이혜정(2006). "미국의 베트남 전쟁(America's Vietnam War)" 『한국정치외교사논총』 제27권 제2호. 91~120.

조정원(2009). "포클랜드 전쟁(Falkland War)의 원인에 대한 재고찰 : 오인, 국가이미 지, 속죄양론적 측면의 분석을 중심으로" 『사회과학담론과 정책』 제2집 제2호. 309~334.

진승웅(2009). 『미국의 분쟁지역에 관한 언론정책 연구』 원광대학교 행정대학원 언론 홍보학과 석사학위 논문.

합동참모본부(2003). 『이라크전쟁 종합분석』 서울 : 합동참모본부.

Ahern, T.(1987). "White Smoke in the Persian Gulf" *Washington Journalism Review*. Vol. 9.

Ammon, R.(2001). *Global Television and the Shaping of World Politics : CNN, Teledemocracy, and Foreign Policy.* Jefferson, NC : McFarland.

Arlen, M. J.(1979). *The Living Room War.* New York : Viking.

Aulich, J.(ed.)(1992). *Flaming the Falkland War : Nationhood, Culture and Identity.*

Philadelphia : Open Univ. Press.

Badsey, S.(1997). "The Media and Peacekeeping since the Gulf War" *Journal of Conflict Studies.* Vol. 17. 7~27.

Balabanova, E.(2004). "The CNN-effect an Eastern Europe – Does It Exits? : The Representation of the Kosovo Conflict in the Bulgarian Print Media" *Perspectives on European Politics and Society.* Vol. 5 Issue 2. 273~304.

Beane Jr., T. C.(2009). *Military and the Media : What's Next after Embedding?.* Strategy Research Project. Carlisle Barracks : U.S. Army War College.

Belknap, M. H.(2002). "The CNN Effect : Strategic Enabler or Operational Risk?" *Parameter.* Vol. 32. 100~114.

Berger, C.(ed.)(1977). T*he United States Air Forces in Southeast Asia, 1961~1973.* Washington D.C. : U.S. Government Printing Office.

Bennett, W. L., & Paletz, D. L. (Eds.).(1994). *Taken by Storm: The Media, Public Opinion and U.S.Foreign Policy in the Gulf War.* Chicago : University of Chicago Press.

Biwoot, W.(1990). "Wading around in the Panama Pool" *Columbia Journalism Review.* Vol. 28 Issue 6.

Bluth, C.(1987). " The British Resort to Force in the Falkland/Malvinas Conflict 1982 : International Law and Just War Theory" *Journal of Peace Research.* Vol. 24 No. 1.

Borquez, J.(1993). "Newsmaking and Policymaking : Steps toward a Dialogue" In Spitzer, R.(ed.). *Media and Public Policy.* Westport, CT : Praeger.

Cassell, P. G.(1985). "Restrictions on Press Coverage of Military Operations : The Right of Access, Grenada, and 'Off-the-Record' Wars" *Georgetown Law Journal.* Vol. 73. 931~973.

Chomsky, N. & D. Baramian(2001). *Propaganda and the Public Mind, South End Press.* 이성복 (역). 2002. 『프로파간다와 여론』 아침이슬.

Clark, V.(2001). *Media Coverage Issues.* Washington, DC : Office of the Assistant Secretary of Defense.

Cohen, E. A. & J. Neuman(1996). *Lights, Camera, War : Is Media Technology Driving International Politics.* New York : St. Martin's Press.

Cooper, S. & J. A. Kuypers(2004). "Embedded versus Behind-the-Lines Reporting on the 2003 Iraq War" In Berenger, R.(ed.) *Global Media Goes to War.* Spokane, WA : Marquette Books. 162~172.

Cortell, A. P., R. M. Eisinger, and S. L. Althaus(2009). "Why Embed? Explaining the Bush Administration's Decision to Embed Reporters in the 2003 Invasion of Iraq" *American Behavioral Scientist.* Volume 52. Issue 5. 657~677.

Denniston, L.(1991). "Suing the Pentagon for Access to War" *Washington Journalism Review.* March. 1991.

Davidson, S.(1987). *Grenada. A Study in Politics and the Limits of International Law.* Aldershot : Avebury.

DeGroot, G. J.(2000). *A Noble Cause? America and Vietnam War.* New York : Longman.

Dennis, E. E. et al.(eds.)(1991). *The Media at the War : The Press and the Persian Gulf Conflict.* New York : Gannet Foundation Media Center.

Dinstein, Y.(2004). *The Conduct of Hostilities under the Law of International Armed Conflict.* Cambridge : Cambridge Univ. Press.

Dickson, S. H.(1995). "Understanding Media Bias : The Press and the U.S. Invasion of Panama" *Journalism Quarterly.* Vol. 71. No. 4, 809~819.

Dimitrova, D. V. & J. Strömbäck(2005). "Mission Accomplished? Framing of the Iraq War in the Elite Newapapers in Sweden and the Unite States" *Gazette.* Vol. 67 No. 5. 399~417.

Douhet, G.(1921). *The Command of the Air,* translated by Ferrari, D.(1998). Washington DC : Office of Air Force History.

Edwards, L.(2001). *Mediapolitik : How the Mass Media Have Transformed World Politics.* Washington, DC : The Catholic Univ. of America Press.

English, E. L.(1996). *Toward a More Productive Military-Media Relationship.* Kansas : U.S. Army Command and General Staff College.

Everts, P.(2000). "When the Going Gets Rough : Does the Public Support the Use of Military Force?" *World Affairs.* Winter 2000.

Fahmy, S. & T. J. Johnson(2005). "How We Performed : Embedded Journalists' Attitudes and Perception toward Covering the Iraq War" *Journalism and Mass Communication Quarterly.* Vol. 82 No.2. 301~317.

Fahmy, S. & T. J. Johnson(2007). "Embedded Versus Unilateral Perspectiveson the Iraq War" *Newspaper Research Journal.* Vol. 28 No. 3. 98~114.

Fahmy, S. & T. J. Johnson(2009). "How Enbedded Journalists in Iraq Viewed the Arrest of Al-Jazeera Reporter Taysir Alouni" *Media, War & Conflict.* Vol. 2 No.1. 47~65.

Garnham, D.(1994). "War Causalities and Public Opinion : A Cross-National Replication" *Paper presented at the International Studies Association Annual Conference.*, Washington D. C., March, 1994.

Garrett, L.(1991). "The Dead : What We Saw, What We Learned" *Columbia Journalism Review,* May/June 1991.

Gilboa, E.(2005). "Global Television News and Foreign Policy : Dabating the CNN Effect" *International Studies Perspectives.* Vol. 6. 325~341.

Gilmore, W.(1984). *The Grenada Intervention : Analysis and Documentation.* New York : Mansell Publishing.

Glassgow University Media Group(1985). *War and Peace News.* Milton, Keynes, U. K. : Open Univ. Press.

Haigh, M. M., Pfau, M., Danesi, J., Tallmon, R., Bunko, T., Nyberg, S., Thompson, B., Babin, C., Cardella, S., Mink, M. & B. Temple(2006). "A Comparision of Embedded and Non-Embedded Print Coverage of the US Invasion and Occupation of Iraq" *The Harvard International Journal of Press/Politics.* Vol. 11 No. 2. 139~153.

Hallin, D. C. & T. Gitlin(1993). *"The Gulf War as Popular Culture and Television Drama" Political Communication.* Vol. 10. 411~424.

Harris, R.(1983). *Gotch! The Media, the Government and the Falkland Crisis,* London : Faber and Fiber.

Herman, E. & N. Chomsky(1988). *Manufacturing Consent : Political Economy of the Mass Media.* New York : Pantheon.

Hoffman, D.(1991). "Global Communication Network Was Pivotal in Defeat of Junta" *Washington Post.* August 23.

Jakobsen, P. V.(2000). "Focus on the CNN Effect Misses the Point : The Real Media Impact on Conflict Management Is Invisible and Indirect" *Journal of Peace Research.* Vol. 37 No. 2. 131~143.

Jakobsen, P. V.(1996). National Interest, Humanitarianism or CNN : What Triggers UN Peace Enforcement after the Cold War? *Journal of Peace Research.* Vol. 33 No. 2. 205~215.

Johnson, T. J. & S. Fahmy(2009). "'Embeds' Perceptions of Censorship : Can You Criticize a Soldier Then have Breakfast with Him the Next Morning?" *Mass Communication and Society.* Vol. 12 No. 1. 52~77.

Johnson, T. J. & S. Fahmy(2010). "When 'Good' Conflicts Go Bad : Testing a

Frame-building Model on Embeds' Attitudes toward Government News Management in Iraq War. *The International Commmunication Gazette.* Vol. 72. No. 6. 521~544.

Katovsky, B. & T. Carlson(2003). *Embedded : The Media at War in Iraq.* Guilford, CT : The Lyon Press.

Kurtz, H. & B. Gellman(1992). "Guidelines Set for News Coverage of Wars : Pentagon Refuse to Drop Insistence on Reviewing All Stories from battlefield" *Washington Post.* May 22. A23.

LaMay, C., M. Fitzsimon & J. Sahadi(eds.)(1991). *The Media at War : The Press and the Persian Gulf Conflict.* New York : Feedom Forum Media Studies Centre.

Laurence, J.(2007). "Rules of Engagement" *Columbia Journalism Review.* Vol. 46 Issue 1. 30~38.

Lews, J. & R. Brooks(2004). "How British Television News Represented the Case for the War in Iraq" In Allan, S. & B. Zelizer(eds.). *Reporting War : Journalism in Wartime.* London : Routledge.

Livingston, S.(1997). *Clarifying the CNN-effect : An Examination of Media Effects according to Type of Military Intervention.* The Joan Shorenstein Center on the Press, Politics and Public Policy, John F. Kenndey School of Government, Harvard University, Research Paper R-18.

Lorell, M. A., Kelley, Jr., C. T & D. R. Hensler(1985). *Casualties, Public Opinion, and Presidential Policy During the Vietnam War.* Santa Monica. CA : RAND Corporation.

Madelbaum, M.(1996). "Foreign Policy as Social Work" *Foreign Affairs.* January/ February 1996.

Martin, S. E.(2006). "US Media Pools and Military Interventions in the 1980s and 1990s" *Journal of Peace Research.* Vol. 43 No. 5.

Mercer, D., Mungham, G. & K. Williams(1987). *The Fog of War : the Media on the Battlefield.* London : Heinemann.

Morrison, D. E. and H. Tumber(1988). *Journalists at War : The Dynamics of News Reporting during the Falklands Conflict.* London : Sage Publications.

Moscos, C.(2000). *The Media and the Military in Peace and Humanitarian Operations.* Chicago : McCormick Tribune Foundation.

Mueller, J.(1973). *War, Presidents, and Public Opinion.* N.Y. : John Wiley.

Neu, C. E.(2004). "Vietnam, The War That Won't Go Away" *Reviews in American History*. Vol. 32. 431~438.

Norpoth, H.(1987). "The Falklands War and Goverment Popularity in Britain : Rally without Consequence or Surge without Decline?" *Electoral Studies*. Vol. 6 No. 1.

Oates, S.(2008). *Introduction to Media and Politics*. London : Sage Publications.

Oeter, S.(1995). "Method and Means of Warfare" In Dieter, F.(ed.), *The Handbook of Humanitarian Law in Armed Conflict*. Oxford : Oxford Univ. Press.

Office of Assistant Secretary of Defence(1984). *News Release Reference Number 2030*. Washington DC.

O'Heffron, P.(1991). *Mass Media and American Foreign Policy : Insider Perspectives on Global Journalism and the Foreign Policy Process*. Norwood, NJ : Ablex.

Orend, B.(2013). *The Morality of War*. Buffalo, NY : Broadview Press.

Pahl, T.(1994). "New Challenges in Overseas Exposure" *Risk Management*. Vol. 15. 1~4.

Paul, C. & J. J. Kim(2004). *Reporters on the Battlefield : The Embedded System in Historical Context*. Washington, DC : Rand Corporation.

Pavlik, J. & S. Rachlin(1991). "On Assignment : A Survey of Journalists Who Covered the War" In Dennis, E. E. et al.(eds.). *The Media at the War : The Press and the Persian Gulf Conflict*. New York : Gannet Foundation Media Center.

Pfau, M., M. Haigh, M., Gettle, M. Donelly, G. Scott, D. Warr & E. Wittenberg (2004). "Embedding Journalists in Military Combat Units : Impact on Stroy Frames and Tone" *Journalism and Mass Communication Quarterly*. Vol. 81 No. 1. 74~88.

Pfau, M., M. Haigh, Logsdon, L., Perrine, C., Baldwin, J. P., Breitenfeldt, R. E., Cesar, J., Dearden, D., Kuntz, G., Montalvo, E., Roberts, D. & R. Romero (2005). "Embedded Reporting During the Invasion and Occupation of Iraq : How the Embedding of Journalists Affects Television News Reports" *Journal of Broadcasting and Electronic Media*. Vol. 49 No. 4. 468~487.

Philo, G.(1995). *Glasgow Media Group Reader, Vol. II. : Industry, Economy, War and Politics*. London : Routledge.

Pincus, R. W.(1987). "Press Access to Military Operations : Grenada and the Need for A New Analytical Framework" *University of Pennsylvania Law Review*.

Vol. 135 No. 3. 813~850.

Porch, D.(2002). "No Bad Stories : The American Media-Military Relationship" *Naval War College Review*. Vol. 55. 85-107.

Prochnau, W.(2005). "The Military and the Media" In Overholser, E. & K. H. Jamieson(eds.), *The Press*. New York : Oxford University Press. 310~331.

Reeds, S. D.(2004). "Mlitarized Journalism : Framing Dissent in the Gulf Wars" In Allan, S. & B. Zelizer.(eds.). *Reporting War : Journalism in Wartime*. London : Routledge.

Ricchiardi, S.(2006). "Out of Reach" *American Journalism Review*. Vol. 28 No. 2. 24~31.

Ricchiardi, S.(2007). "Obstructed View" *American Journalism Review*. Vol. 29 No. 2. 26~33.

Robinson, P.(2000). "The policy-Media Interaction Model : Measuring Media Power during Humanitarian Crisis" *Journal of Peace Research*. Vol. 37 No.5. 613~633.

Sanders, D., Huge, W. and M. David(1987). "Government Popularity and the Falklands War : A Reassessment" *British Journal of Political Science*. Vol. 17.

Schorr, D.(1991). "Ten Days that Shook the White House" *Columbia Journalism Review*. Vol. 4. 1~23.

Seib, P.(2005). "Hegemonic No More : Western Media, the Rise of Al-Jazeera, and the Influence of Diverse Voices" *International Studies Review*. Vol. 7. 601~615.

Staudenmaier, W. O.(1985). "Iran-Iraq(1980-)" In Harkavy, R. E. & S. G. Neuman (ed.) *Lessons of Recent Wars in the Third World, Vol. 1 : Approaches and Case Studies*. Mesachussetts : Lexington Books. 211~237.

Strobel, W.(1997). *Late-breaking Foreign Policy : The News Media's Influence on Peace Operation*. Washington DC : United States Institute of Peace Press.

The White House(1995, 1996). *A National Security Engagement and Enlargement*. Washington D.C.

Tumber, H.(2009). "Covering War And Peace" In Wahl-Jorgensen, K & T. Hanitzsch(eds.). *Handbook of Journalism Studies*. New York & London : Routledge. 386~397.

UNHCR(Office of the United Nations High Commissioner for Human Rights) (2016). *Indiscriminate Attacks and Indiscriminate Weapons in International*

Humanitarian Law. United Nations Human Rights, Office of the high Commissioners.

Warden, M.(1988). "The Military and the Media in Conflict : The Sidle Panel and the U.S. Invasion of Grenanda" Paper presented at the Annual Meeting of the Association for Education in Journalism and Mass Communication(71st, Portland, OR, July 2~5).

Warden III, J. A.(1995). "The enemy as a System" *Air Power Journal*. Vol. 9 No.1. 40~55.

Weekes, J.(1992). "Patriot Games. What Did We See on Desert Storm TV?" *Columbia Journalism Review*. Vol. 32 Issue 2.

Weigly, R. F.(1973). *The American Way of War : A History of United States Military Strategy and Policy*. New York : Macmillan Publishing Company.

Woodward, G. C.(1993). "The Rules of the Game : The Military and the Press in the Persian Gulf War" In Denton, Jr., R. E.(ed.). *The Media and the Persian Gulf War*. Westport, CT/london : Preger. 1~26.

Woodward, S. & P. Robinson(1992). *One Hundred Days*. London : Harper Collins.

Young, P. & P. Jesser(2004). *The Media and the Military*. 권영근·강태원(역). 2005. 『언론매체와 군대』 연경문화사.

제 8 장

군사작전에 포섭된 저널리즘
: 전략적 커뮤니케이션

군사적 승리와 심리적 패배

제2차 세계대전 승리로 미국은 민주주의와 자본주의 체제의 우월성을 확신하게 된다. 이것은 냉전기에 미국이 소프트 파워를 활용한 심리전을 자신했던 이유이기도 하다. 1999년 미국은 소프트 파워 심리전을 주도했던 '해외공보원(USIA, US Information Agency)'을 해체하게 된다. 냉전 시대가 종식되자 군사적 심리전 대신 민간 주도의 홍보활동으로 전환한 것이다. 이후 미국의 대외 심리전 활동은 국무부의 공공 외교(public diplomacy)가 주도권을 갖게 된다. 하지만 이후 미국이 개입했던 몇 차례 국지전을 통해 군사작전과 연계되지 않은 공공외교나 민간 홍보활동의 문제점을 절감하게 되었다.

특히 2004년 7월 '국방부 인수 및 기술부(Office of the Under Secretary of Defense for Acquisition, Technology, and Logistics, 2004)'에서 작성한 보고서 내용은 충격적이었다. 이집트 국민의 98%, 사우디아라비아 국민의 94%, 모로코 국민의 88%, 요르단 국민의 78%, 전 세계 언론 사설의 82.5%가 미국의 군사작전에 대해 부정적인 것으로 나타났기 때문이다. 1991년 걸프 전쟁 이후 여러 차례 군사작전에서는 승리했지만, 궁극적 승리를 거두지 못한 것이다. 군사적 주도권에도 불구하고 이슬람 지역에서의 메시지 통제권을 장악하지 못하고 있었던 것이다(Zaharna, R. S., 2001, 1~4쪽).

2008년 7월 15일 로버트 게이츠(Robert M. Gates) 미 국방장관은 "(아랍지역에서) 장기간 군사 작전에도 불구하고, 우리는 테러리스트들의 네트워크를 완전히 제압할 수 있는 방법을 찾지 못했다"라고 고백한 바 있다. 이 말은 테러리스트 지지자들 간에 강력한 신념 네트워크가 형성되어 있다면, 몇 명의 테러리스트를 사살 또는 체포했다고 작전 목표가 달성된 것이 아니라는 것을 의미한다. 실제로 1990년대에서 2000년대 초까지 미국은 평화유지를 이유로 세계 여러 지역에서 군사작전을 수행했지만, 분쟁 지역 주민들은 물론 국제사회의 부정적 여론 때문에 어려움을 겪어왔다. 그 이유는 말과 행동이 일치하지 않는 이른바 'say-do gap' 현상 때문이었다. 즉, 군사 작전 자체가 커뮤니케이션 행위가 되는 '행동 외교(diplomacy of deeds)'의 속성을 잘 이해하지 못했던 것이다(Gregory, B., 2008, 6쪽).

이러한 문제의식은 2000년 국방부가 의회에 제출한 '군사적 충돌 시기에 심리전에 대한 다각적 정보 지원 제작과 확산을 위한 국방 과학이사회 보고서(The Report of the Defense Science Board on the Creation and Dissemination of All Forms of Information Support of Psychological Operations in Times of Military Conflict)'에서 처음 제기되었다. 원래 이 보고서는 군사 작전 중 심리전 수단으로 라디오와 TV 활용 실태를 파악하고, 특히 발칸반도 내전에서 심리전 수단으로 활용방안을 검토하는 것이었다. 하지만 실제 작성된 내용은 국방부 내 심리전 관련 조직체계와 정보 기관들간의 관계를 분석하였다. 보고서 내용은 ① 심리전과 관련된 조직 차원의 이슈 ② 미디어 체계와 관련된 심리전 역량 이슈 ③ 정보 확산과 미디어 콘텐츠 제작과 관련된 기술적 이슈라는 세 가지 주제 아래 9개 권고안으로 구성되었다.

또한 2001년 '정보 확산 관리를 위한 국방과학이사회 보고서(The Report of the Defense Science Board Task Force on Managed Information Dissemination)'에서 처음 '전략적 커뮤니케이션(strategic communication)'이란 용어가 등장한다. 군사 작전을 지원하는 전술적 수준의 심리전 개념을 넘어 국가 차원의 목표를 성취하기 위한 새로운 개념의 필요성이 제기된 것이다. 이 두 보고서는 공히 '전술적 군사작전과 전략적 정보작전에 관련된 정부 내 기구들간의 정보 확산역량 강화와 협력 필요성'을 강조하고 있다. 특히 '정보 협력체계 개선'과 '메시지 확산을 위한 기술적 역량'에 초점을 맞추고 있다.

공공 외교가 주도하는 국제 심리전 활동의 문제점이 분명하게 부각된 계기는 2001년 발생한 9·11테러였다. 미국의 주요 공공시설과 주요 기관들에 대한 알카에다의 동시다발적 테러 공격은 무슬림 극단주의자들에 대한 미국 내 여론을 극도로 악화시켰다. 그렇지만 이슬람 지역에서의 여론은 이와 전혀 달랐다. 부시 대통령은 알카에다 소탕과 빈 라덴 색출을 위해 이라크를 공격하는 '테러와의 글로벌 전쟁(GWOT : Global War on Terrorism)'을 선언하였다. 전쟁 정당성 확보를 '글로벌 이념 투쟁(global struggle about idea)'으로 접근한 것이다. 하지만 이라크와 아프가니스탄 군사작전에서 승리하고 전쟁 복구, 민간인 구호 같은 대대적인 공공외교 활동을 벌였음에도 불구하고, 아랍권의 이슬람인들은 물론이고 국제 여론도 별로 우호적이지 않았다.

이전에도 국가적 차원의 조직적 커뮤니케이션 활동이 없었던 것은 아니다. 1999년 4월 클린턴 대통령은 '대통령 결정 지침 제68호(Presidential Decision Directive 68)'를 통해, 국무부 공공외교 및 공보 담당 차관을 의장으로 하는 '국제 공보 시스템(International Public System)'과 '국제 공공정보 핵심 그룹(International Public Information Core Group)'을 설립해 군사작전과 연관된 모든 커뮤니케이션 활동을 통합 운영하도록 하였다. 또 9·11테러 직후인 2001년 10월에는 더글러스 페이스(Douglas Feith) 국방 차관이 주도하는 '전략영향부(Office of Strategic Influence)'가 설립되었고, '국방과학이사회(Defence Science Board)'에서는 전략적 커뮤니케이션의 필요성을 건의하기도 하였다. 하지만 미국 정부가 조직적으로 가짜뉴스를 배포하려 한다는 식으로 보도되면서 '전략영향부'는 곧바로 폐지되었다. 대신 2002년 6월 백악관 국제 언론 담당 부보좌관을 의장으로 하는 '글로벌 커뮤니케이션부(Office of Global Communication)'가 설립되었다. 그 산하에 '전략적 커뮤니케이션 정책 조정위원회(Strategic Communication Policy Coordinating Committee)'라는 실행 기구를 두어 군사 작전과 관련된 외교, 민사, 통상 커뮤니케이션 활동들을 통합·운영하도록 하였다. 군사 작전에 사용되었던 심리전 원리를 비군사적 국제 커뮤니케이션 활동에 확대 적용한 것이다.

접근 방법을 둘러싼 갈등 : 군사작전과 민사활동

이런 분위기에서 2004년도 미 국방과학이사회는 '전략커뮤니케이션에 관한 특임 보고서(Report of the Defence Science Board Task Force on Strategic Communication)'를 통해 아프가니스탄과 이라크 공격과 관련된 문제점들을 분석하고 7개 권고 사항을 제시하였다. 이 중에 전략적 커뮤니케이션과 관련된 권고 내용은 다음 세 가지다. ① 전략적 커뮤니케이션 위원회를 지휘할 수 있는 '국가안보 자문 보좌관(Deputy National Security Advisor)' 신설 ② 관련 부처들의 공공외교 활동과 독립적 비영리 기구를 연계하기 위한 '국가안보회의(National Security Council)' 산하에 전담 기구 설립 ③ 효율적 공공외교 활동을 위한 부처 간 협력체계 간소화와 지원 조직 개편이다.

이 보고서에서는 전략적 커뮤니케이션 개념을 구체적으로 정의하거나 통합 방안을 적시하지는 않고 있다. 하지만 맥락적으로는 그 필요성을 지적하고 있는 것으로 보인다. 전략적 커뮤니케이션을 "글로벌 수용자들을 상대로 한 '이해(understand)', '관계(engagement)', '자문(advice)', '영향(influence)'"으로 기술해 공공외교 개념과 유사하게 사용하고 있다. 하지만 이 보고서는 향후 전략적 커뮤니케이션 논의를 '심리전 대 공공외교' 또는 '국방부 대 국무부'라는 부처 간 주도권 경쟁 양상으로 만든 원인이 되었다.

2006년 국방부 연례보고서(Quadrennial Defense Review 2006)에서는 전략적 커뮤니케이션의 필요성을 더 강조하고 있다. "미국이 직면하고 있는 안보적 도전들을 극복하기 위해 대·내외 협력과 공조가 필수적이고, 말과 행동에서 일관성, 진실성, 투명성을 유지해 미국에 대한 신뢰를 확보해야 한다"라고 기술한 것이다. 또 '전략적 커뮤니케이션 실행 로드맵(QDR Execution Roadmap for Strategic Communication)'과 '합동교범 5-0(Joint Operation Plan 5-0)'에서는 전략적 커뮤니케이션을 "국익과 목표를 증진시키는데 우호적인 조건들을 형성·강화·보존하기 위해 정보·주제·계획·프로그램과 행동들을 다른 국력 요소들과 일치시킴으로써, 핵심 수용자들을 이해시키고 관계를 형성하기 위한 정부의 집중적 절차와 노력(USG processes and efforts to understand and engage key audiences to create, strengthen, or preserve conditions favorable to the advance national interests and objectives through the use of coordinated information, themes, plans, programs, and actions synchronized with other elements of national power)"이라고 정의하였다.

이에 따라 전략적 커뮤니케이션 주도권은 국방부가 쥐게 된다. 2007년 국방부는 국방과학이사회(Defense Science Board)에 이를 지원하기 위한 군사 작전 과제 연구를 요청하였고, 그 결과가 2008년 발간된 '전략적 커뮤니케이션에 대한 국방과학이사회 보고서(Report of the Defense Science Board on Strategic Communication)'다. 이 보고서에서는 전략적 커뮤니케이션을 "이해, 자문, 관계, 영향, 측정을 포함하는 지속적이고 일관성 있는 일련의 활동들"이라 규정해 역동적인 상호작용 과정으로 접근하고 있다. 일방적 정보 전파나 설득 행위로 인식되어왔던 전통적 심리전과 국제 선전 개념에서 벗어나 '양방향 커뮤니케이션(two-way communication)' 개념으로 변화된 것이다. 특히 목표 수용자의 태도나 문화에 대한 심층적 이해의 중요성을 강조하고 있다. 전략적 커뮤니케이션의 한 요소로 '측정(measurement)'을 포함시킨 것도 그런 맥락으로 볼 수 있다.

같은 시기 국무부 '정책조정위원회(PCC, Policy Coordinating Committee)'가 대통령에게 제출한 '공공 외교 및 전략적 커뮤니케이션을 위한 국가 전략(U.S. National Strategy for Public Diplomacy and Strategic Communication)' 보고서에서는 공공외교 관점에서 전략적 커뮤니케이션의 필요성을 제안하고, 다음과 같은 목표들을 제시하고 있다. 첫째, 미국의 기본 가치에 바탕을 둔 희망과 기회라는 긍정적 비전을 제공한다. 둘째, 문명국가들이 추구하는 자유와 평화를 위협하는 폭력적 극단주의자들을 고립시키고 퇴치한다. 셋째, 미국인과 전 세계의 다양한 문화, 종교를 가진 사람들 간에 공통의 이해와 가치를 증진한다. 이런 목표를 수행하기 위한 전략적 커뮤니케이션 활동으로 ① 교육 및 교환학생 프로그램 강화 ② 미국의 소리(Voice of

America) 같은 글로벌 매스미디어의 적극적 활용 ③ 교육·의료·경제지원 같은 행동 외교(diplomacy of deeds) 강화를 제시하고 있다. 아울러 이런 활동들 간의 협력체계 구축을 위해 국무부가 지휘·감독할 수 있는 '대 테러 커뮤니케이션센터(Counterterrorism Communications Center)' 설립을 제안하였다. 여기서 주목할 부분은 전략적 커뮤니케이션 목표 수용자를 핵심 인플루언서(key influencer), 어린이와 여성, 그리고 일반 대중으로 분류하고 있다는 것이다.

하지만 이것은 그동안 국무부가 해오던 공공외교 개념을 확장시킨 것으로, 국방부가 접근하고 있는 전략적 커뮤니케이션 개념과는 차이가 있다. 어쩌면 전략적 커뮤니케이션을 주도하고 있는 국방부를 견제하기 위한 것으로 볼 수도 있다. 이런 차이는 전략적 커뮤니케이션의 핵심 요소인 '협력과 조정'의 의미를 두고 벌어질 부처 간 갈등의 시발점이 된다. 이런 과정을 거쳐 2010년 백악관은 "전략적 커뮤니케이션은 선별된 대상자들의 인식에 유의하여 말과 행위를 일치(synchronization)시키고, 공보, 공공외교, 정보작전 전문가들이 목표 수용자들과 소통하고 관계를 유지(engage)하기 위해 치밀하게 기획된 프로그램과 활동"이라는 내용의 보고서를 의회에 제출하게 된다(White House, 2010, 2). 결국 2006년 국방부 보고서에서 정의했던 '말과 행동의 일치(synchronization between ward and deed)'라는 개념을 수용해, 군사 작전과 공공 커뮤니케이션 활동 간의 조직적 연계성을 명문화한 것이다.

이렇게 2001년부터 2010년까지 나온 미국의 보고서들을 통해, 전략적 커뮤니케이션에 대한 다양한 시각과 이를 둘러싼 갈등을 읽을 수 있다. 초기에는 군사작전의 전술적 효과를 높이기 위해 정보작전을 강화하는 것으로 접근했지만, 점차 관련 기구나 활동들을 연계해 군사 활동과 민간 홍보 활동을 체계적으로 통합·운영하는 개념으로 변화되고 있다. 특히 2004년까지는 전략적 커뮤니케이션 활동의 수행 과정(process)에 중점을 두었다면, 점차 '대화(dialogue)' 즉, 메시지 내용으로 강조점이 변화되고 있다. 그 결과 전략적 커뮤니케이션은 '공유된 지식과 효율적 네트워크에 의존하는 국정운영 수단(instrument of statecraft that depends on shared knowledge and adaptive networks)'의 하나로 인식되었다.

표12 미국의 전략적 커뮤니케이션 관련 주요 보고서

년도	기관	보고서
2000	Department of Defense	The Report of the Defense Science Board on the Creation and Dissemination of All Forms of Information Support of Psychological Operations in Times of Military Conflict
2001	Department of Defense	The Report of the Defense Science Board Task Force on Managed Information Dissemination
2004	Defence Science Board Task Force	Report of the Defence Science Board Task Force on Strategic Communication
2006	Department of Defense	QDR(Quadrennial Defense Review) Execution Roadmap for Strategic Communication
2007	Policy Coordinating Committee	U.S. National Strategy for Public Diplomacy and Strategic Communication
2008	Defense Science Board	Report of the Defense Science Board on Strategic Communication
2009	Department of Defense	Strategic Communication Joint Integrating Concept
2009	Department of Defense	Report on Strategic Communication
2010	U.S. Government	National Framework for Strategic Communication

전략적 커뮤니케이션 체제 정립

앞서 서술한 것처럼 미국 정부와 군 수뇌부가 전략적 커뮤니케이션의 필요성을 인식하게 된 것은 2001년 9·11테러 때문이다. 이 사건 이후 미국 정부에서 제안한 방안은 크게 두 가지다. 하나는 폐지되었던 미국 공보원(USIA)을 다시 부활하자는 주장이다. '국방부 특수 작전 및 저강도 분쟁 담당 차관(Assistance Secretary of Defense for Special Operations and Low Intensity Conflict)'을 지냈던 마이클 럼킨(Michael Lumpkin)이 대표적인 인물이다. 그는 변화하는 정보환경에 맞추어 미국공보원을 더 견고하게 재건해야 한다고 생각했다. 이보다 더 강한 주장은 일관성 있는 대외 커뮤니케이션 정책을 추진하기 위해 정보작전에 대한 권한과 책임을 단일기구로 통합해야 한다는 것이었다. 결국 후자의 입장이 채택되어 국무부 산하에 '글로벌 협력센터(GEC : Global Engagement Center)'가 설립되게 된다.

2006년에 '글로벌 협력센터(GEC)'는 전략적 커뮤니케이션 전담 기구로 산하에 '대 테러 커뮤니케이션 센터(CTCC : Counter Terrorism Communication Center)'를 설치한다. 이 기구는 2008년에 '글로벌 전략적 협력 센터(GSEC : Global Strategic Engagement Center)'로 명칭이 변경되었고, 2011년에는 '전략적 대테러 커뮤니케이션 센터(CSCC : Center for Strategic Counterterrorism Communications)'로 또 한번 바뀌었다. 이 조직의 주된 목적은 중동지역 전쟁에서 친 아랍계 언론 보도에 대응하는 것이었다. 하지만 활동 범위가 점점 커지면서 ① 미국 정부의 커뮤니케이션 지원 ② 해외 파트너들과의 협력 활동 ③ 직접적인 디지털 개입(DDE : Direct Digtal Engagement) 같은 폭넓은 역할을 하게 되었다.

하지만 '전략적 대테러 커뮤니케이션 센터(CSCC)' 활동에 대해서 국무부나 국방부 모두 매우 미온적이었다(Paul. C., 2011, 77쪽). 특히 부족한 예산과 인력 그리고 신속하지 못한 국무부 의사결정이 역할을 위축시키는 가장 큰 원인이었다. 연간 예산은 6백만 달러 수준이었고, 인력도 겨우 12명 정도만 활동 가능한 상태였다. 또 실질적인 실행 권한이 없어 관련 활동을 연계·조정하는 역할도 할 수 없었다. 이 때문에 CSCC가 하는 일은 미 국무부가 만든 메시지를 온라인으로 확산시키는 '디지털 직접 개입(DDE, Digital Direct Involvement)' 정도였다. 그 역할도 온라인 메시지 감시를 주관하는 '디지털 해외지원팀(DOT : Digital Outreach Team)'과 협력해야 했다. 그렇다고 주로 알카에다나 탈레반을 대상으로 했던 CSCC 활동이 DOT와 전략적으로 잘 공조되었는지도 분명치 않다. 실제로 CSCC의 DDE 활동의 주 공간이었던 반-IS(anti-Islamic State) 캠페인 사이트 'Think Again Turn

Away'에서 만든 선전 영상들은 대부분 ISIS가 만든 'Welcome to Islamic State Land'의 모조품이라는 혹평을 받기도 했다.

그림71 미국의 심리전이 ISIS의 형식과 내용을 따라가고 있다고 비판한 워싱턴 포스트 기사

(https://www.washingtonpost.com/graphics/national/propaganda)

결국 2016년 오바마 대통령의 '행정명령 13721'에 의해 CSCC는 해체되고, 그 임무가 글로벌 협력 센터(GEC)로 이관되었다. 국무부는 "강하고 노골적인 선전을 피하기 위한 것"이라고 그 이유를 밝히고, GEC의 임무를 다음과 같이 규정하였다. 첫째, GEC의 기본 목표는 기구 간, 영역 간 그리고 국제 파트너들의 자료 분석 역량을 강화하고 조정한다. 둘째, GEC는 메시지를 작성과 활용에 직접 개입하지 않고, 전략적 커뮤니케이션 파트너들의 역량을 강화한다. 이를 위해 예산이 CSCC의 세 배나 되는 1,600만 달러로 증가했고 인원도 40명으로 늘어났다. 그렇다고 이것이 '반-IS' 혹은 '반-Daesh' 활동에 만족할 만한 수준은 아니었다. 다만 사이버 심리전에 필요한 기술적 개입 관련 연구 활동을 강화했다는 점은 주목할 만한 부분이다.

2017년에 미국의 전략적 커뮤니케이션 활동은 획기적 전환점을 맞는다. 그 이유는 2016년 영국 브렉시트 투표에 큰 영향을 미쳤던 러시아의 샤프 파워 공격 때문이다. 러시아 이외에도 권위주의 국가들의 온라인을 통한 사이버 심리전 위협이 점점 커지고 있었다. 특히 러시아는 군사 작전의 한 부분으로서 조직적이고 체계적인 사이버 심리전을 전개하고 있었다. 2008년 조지아 공격과 2014년 크림반도 점령 당시 러시아가 구사했던 군사작전과 정보전을 결합한 '하이브리드 전략(hybrid strategy)'은 충격적이었다.

'스톡홀름 국제 평화 문제연구소(The Stockholm International Peace Research Project)'의 2017년 보고서에서 "러시아가 전 세계에서 여섯 번째로 많은 610억 4천만 달러 군사비를 사용하고 있고, 이 중에 4~5억 달러를 국제 정보활동에 사용한 것으로 추정된다"고 밝혔다(Iasiello, E., 2017, 62쪽). 2018년 미국 상원에서 작성한 보고서에서도 러시아가 미국과 나토 국가들은 물론, (옛) 소비에트연방 국가들과 시리아 등을 대상으로 조직적인 정보 캠페인을 수행하고 있다고 기술하고 있다(US. Senate Report, 2018). 특히 영국 브렉시트 투표에 결정적 영향을 미쳤던 가짜뉴스 공세는 러시아 정보전이 서방 국가들의 민주주의 체제를 심각하게 위협할 수 있음을 보여주었다(Hatch, B., 2019, 69쪽). 이러한 러시아의 전략적 정보전(information warfare)은 기존 매체와 온라인 네트워크를 연계해 가짜뉴스를 조직적으로 전파하는 전형적인 하이브리드 전쟁(hybrid war) 패러다임이다(Thomas, T. L., 2016, 554~575쪽).

이러한 환경에서 미국 정부와 국방부는 정보역량 강화 방안을 모색하지 않을 수 없게 되었다. 무엇보다 분산 운영되고 있던 모든 정보역량을 조직화하는 통합 명령체계(unity of command and efforts)를 구축하는 것이었다. 미 해병대가 작성한 '2030~2045 안보 환경 예측 보고서'에서는 정보작전과 전략적 커뮤니케이션이 향후 국제관계에서 핵심 영역이 될 것으로 전망하였다. 그러면서 군사적 목표에 맞게 정보활동을 공격적으로 전개해야 한다고 제안하였다. 특히 군사적 정보활동이 다양한 비정부 활동 영역들과 공조해야 한다는 점을 강조하고 있다(The Marine Corps Security Environment Forecast, 2015).

이러한 배경에서 2017년 미국 정부는 전략적 커뮤니케이션과 연관된 법적, 제도적 역량을 강화하기 위한 다음과 같은 몇 가지 정책을 추진하게 된다(Ingram, H. J., 2020).

첫째, '2017 국방수권법(National Defense Authorization Act of 2017)'에서 GEC를 모든 커뮤니케이션 기구들을 범정부 차원에서 조정할 수 있는 '독주자에서 지휘자(from soloist to conductor)' 역할로 격상시켰다. 러시아, 이란, 중국, 북한 같은 권위주의 국가들의 샤프 파워(sharp power) 공세에 미국의 조직적 대응 역량이 미흡하다는 위기감이 반영된 결과다.

둘째, 권위주의 혹은 테러 국가들의 선전과 거짓 정보(disinformation)가 미국을 비롯한 민주주의 진영을 위협하고 있다는 점을 분명히 하였다. 특히 '국가 안보 전략서 2017(NSS 2017, National Security Strategy 2017)'에서는 중국, 북한, 러시아, 이란 그리고 다국적 테러 조직들이 전개하는 사이버전의 위험성과 대응 역량 강화의 필요성을 강조하고 있다. 국무부와 국제개발처(USAID : United States Agency for International Development)가 합동으로 작성한 전략보고서에서도 "국가 또는 비국가 행위자들에 의한 공격과 압박, 비방을 저지하고, 파트너와 동맹 관계를 회복할 수 있는 역량 강화"를 강조하고 있다. 이를 위해 민간인의 지지와 유리한 국제 여론 형성에 필요한 글로벌 파트너쉽 강화가 필요하다고 적시하고 있다.

셋째, GEC의 법적 위상과 역할을 크게 강화한 것이다. 이를 위해 '국가수권법 2019(NDAA 2019)'에서는 '국가수권법 2017(NDAA 2017)'에 규정되어 있던 GEC 조정 권한을 더욱 강화해, '명령(direct)'과 '통합(integrate)' 권한을 추가하였다. 미국과 미국의 동맹국 그리고 파트너 국가들의 정책, 안보, 안정을 저해하거나 영향을 미칠 수 있는 외부 세력의 선전과 거짓 정보에 적극적으로 대응할 수 있도록 하였다. 구체적으로 군사적 사이버 작전, 공격적 회색지대(gray zone) 활동, 외부로부터 유입되는 미디어 콘텐츠 분류체계와 여기에 필요한 법적 근거들이 추가되었다(Anderson, S. R., Chambers, S. & M. E. Reynolds, 2018; Chesney, R., 2019; Fattal, J. R., 2019).

넷째, 2019년 GEC 특사로 레아 가브리엘(Lea Gabrielle)을 임명하고, 인력과 예산을 두 배 이상 배정하였다. 2021년 GEC 예산은 1억 달러를 넘어, 전략적 커뮤니케이션의 목표(ends)와 이를 수행할 수 있는 방향(ways)과 수단(means)을 모두 갖추게 되었다. 모든 정보 관련 조직들과 민간 영역의 파트너들이 연계된 네트워크가 구축되면서, 외부로부터 유입되는 모든 허위정보와 선전에 대응할 수 있는 체제가 구축되었다. 이로써 GEC는 미국 정부와 관련 파트너들을 조정하는 '시스템들의 시스템(system of systems)'을 넘어, '공백을 메우는 마개(plugging gaps)' 역할을 할 수 있게 된 것이다. 즉, 글로벌 정보활동과 관련된 국무부, 국방부, 정보기관, 국가안보국(National Security Agency), 사이버사령부(Cybercom), 미국공보원(USIA)의 모든 커뮤니케이션 역량들을 체계적으로 통합·운영할 수 있는 권한을 갖추게 되었다. 또한 각 기구들의 역량을 극대화하는 것과 함께 각각의 기구들이 외부 공격에 대처할 수 있는 관리능력을 강화하였다. 예를 들어, 2014년 러시아의 크림반도 점령 중에 야전사령부가 미군 수뇌부의 정보작전을 제대로 인지하지 못해, 러시아의 하이브리드 공세에 무기력했던 일이 재발하지 않도록 한 것이다.

이 같은 방침에 따라 미국 정부는 '2018년 회계연도 국방수권법(National Defense Authorization Act for Fiscal Year 2018)'에서 국방부를 전략적 커뮤니케이션 주관 부처로 규정하고, 정보작전(information operation), 군사적 기만(military deception), 공공관계(public affairs), 전자전(electronic warfare), 사이버전(cyber warfare)을 모두 관장하는 '범 기능 특임기구(cross-functional task force)'를 창설하였다. 이 기구는 전략적 정보작전과 사이버 정보작전에 있어 공격과 방어 임무를 함께 수행하게 된다. 하지만 이 특임부서를 국방부 내의 정보 부서로 할 것인지 정책부서의 산하 조직으로 둘 것인지, 아니면 별도의 육군 사이버사령부를 설립할 것인가에 대해서는 논란이 있었다

(Hatch, B., 2019, 69~89쪽). 결국 2019년 사이버사령부를 설립해 국방부의 정보·정책 부서에서 주관했던 공격 및 방어 정보작전을 전부 흡수 통합하는 것으로 결론짓게 된다. 그렇지만 사이버사령부 역시 GEC의 통제를 받게 함으로써, 정보활동의 분산 운영이 불가피하다면 모든 메시지를 조화롭게 통합·운영해야 한다는 폴 크리스토퍼 교수의 주장이 받아들여졌다(Christopher, P., 2011, 29쪽). 이로써 군 심리전 조직에 모든 정보 활동들이 통합되면서 효율성은 높아졌지만, 진실성과 신뢰를 생명으로 하는 공공외교나 민간 정보 활동들에 군사적 목적의 속임수 같은 심리전 요소들을 포함시키는 것에 대한 우려가 없었던 것은 아니었다.

러시아의 군사 독트린과 하이브리드 전쟁

미국의 전략 커뮤니케이션 개념을 본격적으로 체계화하는 데 결정적으로 영향을 미친 것은 러시아·중국 같은 권위주의 국가들의 샤프 파워 심리전과 군사적 공격을 결합한 하이브리드 전쟁이다. 앞서 3~4장에서 서술한 것처럼, '게라시모프 독트린'이라 불리는 러시아의 군사적·비군사적 공격과 회색지대 전략이 미국의 전략적 커뮤니케이션 체제를 구축하는데 결정적 역할을 했다. 러시아는 2000년대 들어 에스토니아(2007), 조지아(2008), 크림반도 합병(2014), 시리아 IS 공격(2015) 등에서 다양한 정보전을 활용해 정치적·군사적 성공을 거두어왔다. 여기에는 디도스 공격 같은 사이버전에서부터 여론 조성을 위한 사이버 심리전까지 다양한 방법이 포함되어 있다. 실제로 시리아의 IS 공격작전 중 러시아는 다양한 민사 심리전을 통해 '평화 창조자(Peacemaker)'라는 이미지를 형성하기도 했다(김규철, 2022, 42~43쪽).

통상 러시아에서는 새로운 작전 형태를 '군사 독트린'이라고 한다. 최근 러시아의 군사 독트린은 "전쟁 억제 및 예방을 위하여 현대적 기술 수단과 정보 기술을 이용해 군사·정치 상황을 평가·예측하고, 도출된 위협에 대해 정치·외교·기타 비군사적 수단을 먼저 사용해 적의 저항 능력을 무력화시키고 군사력 사용은 최후에 사용하는 것"이다. 적의 인프라와 핵심 네트워크를 타격해 적의 정부와 대중을 충격과 혼란에 빠뜨리고 신속한 군사적 대응능력을 무력화 혹은 지체시킨 후, 자국의 공세를 신속하게 진전시키기 위해 물리적 공격에 앞서 정보전을 수행한다는 것이다.

그림72 시리아 여성을 치료하는 러시아 의료진

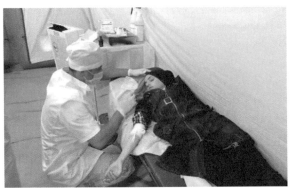
시리아 중부 홈스주(州)의 안전지대에 있는 다르 알카비라 외곽 팝업 시설에서 한 시리아 여성이 러시아 의료진의 보살핌을 받고 있다. (AFP 보도)

이처럼 전쟁과 평화, 정규전과 비정규전, 군사적 활동과 비군사적 활동이 결합된 새로운 형태의 전쟁을 '하이브리드 전쟁(hybrid warfare)' 혹은 '회색지대 전쟁(Gray Zone or Gray Area Warfare)'이라고 한다. 하이브리드 전쟁이란 용어를 처음 사용한 프랭크 호프만은 "재래식 능력, 비정규 전술, 무차별 폭격, 강압 그리고 범죄적 테러리스트 행위를 모두 포괄하는 모든 전쟁 양상을 통합한 전쟁"으로 정의하고 있다(Hoffman, F. G., 2007). 2010년 미 국방부 연례보고서(Quadrennial Defense Review 2010)에서 처음으로 "완전한 전쟁도 평화도 아닌 모호한 회색지대(gray area)"라는 용어가 사용되었다. 이처럼 미국의 전략적 커뮤니케이션 개념은 러시아, 중국 같은 반민주적 권위주의 체제 국가들의 사이버전이나 사이버 심리전 같은 샤프 파워 위협에 대비하기 위한 방어적 개념으로 접근하고 있다.

이때부터 미국 정부는 전쟁 상태 여부가 불분명한 이른바 '회색지대 전쟁'에 적합한 군사전략을 본격적으로 모색하게 된다. 그 핵심 목표는 다음과 같다. ① 응집력 있는 통합적 전역(campaign)을 통해 정치적 목적 추구 ② 비군사적·비행동적 수단의 활용 ③ 직접적·재래식 전쟁을 회피하기 위한 한계 설정 ④ 정해진 시간 내에 포괄적 목표와 점진적 목표 달성 등이다. 회색지대 전쟁은 전쟁도 평화도 아닌 애매한 상태에서 마치 살라미 소시지를 얇게 자르는 것 같다고 해서 '살라미 전략(salami-slicing strategy)'이라고도 한다. 상대국으로 하여금 전쟁 상황에 대한 판단을 혼란스럽게 만들어, 적극적인 군사적 대응을 어렵게 만드는 전략을 의미한다. 이 때문에 '모호전(ambiguous warfare)', '비선형전쟁(nonlinear warfare)', '차세대 전쟁(next-generation warfare)'이라고도 한다(Hoffman, F. G., 2007; Galeotti, M., 2014; Connell, M. E. & R. Evans, 2015).

여기서 주목해야 할 부분은 미국과 러시아 양측 모두 하이브리드 혹은 회색지대 전략을 상대방이 먼저 시작했다고 주장한다는 것이다. 앞서 설명한 것처럼, 미국은 러시아·중국 같은 권위주의 체제 국가들의 샤프 파워 공격에 대응하기 위해 전략적 커뮤니케이션을 체계화한 것이라고 주장한다. 그 근거가 이른바 '게라시모프 독트린(Gerasimov doctrine)'이다(Fridman, O., 2019, 106쪽). 이것은 2013년 러시아군 총참모장 게라시모프가 발표한 'The Value of Science Is in the Foresight'라는 논문에서 제시되었다(Gerashimov, V., 2016). 그는 "아랍의 봄을 계기로 전쟁의 법칙이 바뀌었다"고 주장하고, 21세기 들어 전쟁과 평화의 경계선이 모호해지면서 비군사적 수단의 역할이 커졌다고 지적하고 있다. 아울러 허위 정보, 정치적 영향력, 경제적 강압 등을 통해 큰 저항 없이 정치적·전략적 목표를 달성해야 한다는 것이다.

하지만 게라시모프 독트린은 '미래전 양상과 군사과학의 방향성을 언급한 것 뿐'이라는 주장도 있다(Bartles, C., 2016; Thomas, T., 2017). 2022년 10월 26일 화상으로 개최한 CIS 정보기관장 회의에서 푸틴 러시아 대통령은

"미국이 과거의 헤게모니를 유지하기 위해 정치, 경제, 군사, 정보 수단을 동원하여 전략적 안정성을 해치고 있으며, 러시아를 포함한 CIS 지역에서 색깔 혁명을 지속하고 있어 안보 위협이 되고 있다"고 발언한 것도 같은 맥락이다(Gerasimov, 2016, 24쪽). 이러한 주장은 마흐무트 가레예프(Makhmut Gareev)가 1998년에 발표한 『내일 전쟁이 벌어진다면(If War Comes Tomorrow)』이라는 책에서 "러시아의 군사전략과 전술 개념은 서방의 안보 위협에 대응하는 것이고, … 미래전은 정보전이 될 것이다"라는 주장에서도 볼 수 있다. 심지어 제임스타운 재단의 러시아·중앙아시아 군사 문제 전문가인 로저 맥더모트(Roger McDermott)는 "과연 게라시모프 독트린이 존재하는가"에 대한 근본적 의문을 제기하고, "서방 국가들이 자신의 문화, 심리, 제도적 프리즘으로 러시아를 평가하고, 거울 이미지에 의해 러시아 행동에 반응하고 있는 것"이라고 비판하고 있다.

이처럼 러시아도 새로운 군사 독트린이 기본적으로 방어 전략임을 강조하고 있다. 군사 독트린에 포함된 군사 위협에는 '세계 및 지역 안정을 위협하는 정보 및 통신 기술 사용', '국가시설 및 정보 인프라 와해 기도', '러시아 국민 특히 젊은 층의 정신적·애국적 전통을 침해하는 정보의 침투', '국가 및 군사 통제 체제, 핵무기 운용 체제 방해' 같은 서방 국가들의 심리·정보·사이버전 내용들이 포함되어 있다. 이는 2014년 우크라이나 수도 키에프에서 발생했던 유로마이단(Euromaidan) 사태와 돈바스 지역의 친러 자치공화국과 우크라이나 간 무력 충돌 배후에 서방 국가들의 정보전이 개입되었다는 판단에 근거하고 있다. 이 사태를 계기로 2014년 러시아군은 기존의 군사 독트린을 수정하였고, 2016년에 '정보 안보 독트린'을 제정·발표하였다. 또 2021년 발표된 러시아의 '국가 안보 전략 보고서'에서는 "국익 확보를 위해 정치·경제·외교·군사적 능력을 통합 운영하고, 군사 작전에 있어 심리전, 사이버전, 전자전을 포함한 모든 가용한 수단을 동원하여 전략적 목적을 달성한다"고 규정하고 있다. 이 내용은 사실상 미국의 전략적 커뮤니케이션 개념과 거의 유사하다.

러시아가 서방 국가들의 비군사적 영향력을 인지하고 우려하기 시작한 것은 이보다 오래되었다. 1990년대 초반 동유럽 공산 진영의 붕괴 원인은 여러 측면에서 찾아 볼 수 있지만, 미국을 비롯한 서방 국가들의 소프트 파워 공세로 심리적 체제 경쟁에서 실패했기 때문이라는 평가가 적지 않다. 특히 러시아 붕괴 이후 나토를 비롯한 서방 국가들이 유고슬라비아를 분할하고, 소련 위성 국가들을 분리·독립시키는 과정에서 노골적인 군사작전이 아닌 미디어, 비정부단체 활동 같은 비군사적 활동이 큰 영향력을 발휘했다고 러시아 정부는 판단하고 있다(송승종, 2017, 69쪽). 러시아의 군사 독트린이나 하이브리드 전략은 이러한 의식을 반영하고 있는 것이다.

러시아의 군사 독트린은 "전쟁 억제 및 예방을 위해 현대적 정보기술을 이용하여 군사 정치 상황을 평가·예측하고, 도출된 위협에 정치, 외교 및 기타 비군사적 수단을 사용해 무력화한 후 군사적 수단을 사용하는 것"이다. 이에 따른 정보 방어 활동에는 '전략적 억제, 정보기술 사용에 따라 발생할 수 있는 군사 분쟁 예방', '군의 정보 보안 시스템 향상', '군에 대한 정보위협의 예측, 탐색, 평가', '정보 분야에서 동맹국의 이익 수호 보장', '국가 수호 관련 애국적 전통을 침해할 목적으로 수행되는 외국의 정보 심리전 무력화' 같은 구체적인 활동들이 포함되어 있다. 단순히 논의에 그치지 않고 2000년대 들어 러시아는 주변 국가들과의 분쟁을 통해 새로운 군사 독트린을 실전에 적용해 왔다. 그동안 군사 작전의 보조 수단으로 활용해 왔던 첩보활동, 정보작전, 정보전 등을 사이버 공간에서 적극적으로 실행한 것이다(문용득·박동휘, 2020, 10~34쪽). 러시아는 사이버 공간이란 용어 대신 '정보공간'이란 용어를 사용하고, 국가 선전 목표를 가능하게 하는 새로운 수단으로 사이버전의 중요성을 강조하고 있다(Ajir, M. & B. Vailliant, 2018, 72쪽).

러시아의 군사작전에 정보전이 본격적으로 활용되기 시작한 것은 2007년 에스토니아, 2008년 조지아 공격 작전이다. 이 두 군사작전에서 처음으로 디도스 같은 사이버 해킹 공격이 실시되었다. 그렇지만 두 전쟁의 양상은 약간 차이가 있다. 에스토니아 침공작전에서는 민간 해킹 조직을 이용해 주요 공공기관들의 웹사이트를 공격했다면, 조지아 공격 작전에서는 군사적 공격과 정보전을 병행했다는 점이다(신범식 외, 2021, 218~219쪽). 전략적 목적으로 정보전을 활용했던 것을 넘어, 군사작전과 결합된 전술적 목적으로 사용한 것이다. 2022년 우크라이나 공격에서 러시아군이 사용한 전술은 두가지 형태를 복합한 새로운 형태의 전격전이라고 할 수 있다.

러시아의 회색지대 전술을 잘 보여준 것은 2014년 크림반도 합병 작전이다. 2013년 우크라이나의 친러시아계 야누코비치 대통령이 축출되고 과도정부가 친서방정책으로 전환하자, 러시아계 주민이 다수를 차지하고 있는 크림 자치공화국은 주민투표를 통해 독립을 추진하였다. 이러한 상황에서 러시아는 크림반도 주변에서 대규모 군사훈련을 실시하고, 우크라이나군의 지원을 막기 위한 주요 항구와 공군기지를 봉쇄하였다. 특히 '리틀 그린맨(little green men)'이라 불리는 위장 병력을 은밀히 침투시켜, 우크라이나계 병사들과 주민을 설득하는 공작을 펴게 된다. 회색지대 전략의 모호성을 잘 활용한 것이다.

그림73 크림 반도 합병 당시 '민병대'로 위장한 러시아 병사

러시아 정부는 이들을 민병대라고 선전했지만, 현지 주민들은 이들을 '순진한 사람들(polite people)' 혹은 '리틀 그린 맨(little green man)' 같은 냉소적인 별명으로 불렀다. 그것은 마치 이름도 얼굴도 없는 어린 장난감 병정 같다고 해서 붙여진 이름이다.
(https://www.rferl.org/a/sketches-from-simferopol-/25285574.html)

러시아 정부는 이 병사들이 러시아 트럭을 타고 러시아 무기를 들고 있었지만, '민병대(local defense force)'라고 주장하였다. 또 러시아 심리전 매체들은 현지 주민들이 냉소적으로 표현했던 '순진한 사람들(polite people)'이라는 용어를 선전용으로 사용하였다(Zinin, V., 2015). 그 결과 러시아의 크림반도 병합 국민투표는 96.8%라는 압도적 지지를 받아 승인되었다. 한마디로 물리적 충돌은 물론이고 서방 국가들의 큰 비판 여론 없이 크림반도를 점령함으로써 가장 성공한 하이브리드 전쟁이라 평가받고 있다.

2015년 시리아 지역의 IS 공격은 러시아의 새로운 군사 독트린 즉, 하이브리드 전략이 완성 단계에 왔음을 보여주었다. 2015년 UN 총회에서 푸틴 러시아 대통령은 '아랍의 봄' 사태 이후 중동과 북아프리카 지역에서 발생한 혼란의 책임은 UN의 무기력과 미국과 NATO의 무력 사용 때문이라 비난하고, 국제사회에 반테러 동맹 결성을 제안하였다. 이는 이틀 후에 예정되어 있던 러시아 공군의 IS 공습을 정당화하기 위한 것이었다. 이 공격으로 러시아의 지원을 받은 시리아는 90% 가까운 영토에 대한 통제력을 확보하게 된다. 특히 주목해야 할 부분은 군사작전의 정당성을 확보하기 위해 벌인 적극적인 대민 활동이다. 군사적 공격으로 회복한 IS 점령지역에서 'UN 난민위원회', '국제 적십자' 등과 협력해 구호품 제공 활동을 펼침으로 '평화창조자(peacemaker)'라는 우호적 이미지를 조성하는데 성공했다. 물론 이를 두고 서방 언론과 러시아 언론 간에 가짜뉴스 공방전이 벌어지게 된다(김규철, 2022, 43). 이처럼 크림반도 합병이나 시리아 IS 공격에서 보여준 소프트 파워 심리전을 포함하는 하이브리드 전략은 2022년 우크라이나 전쟁 중 러시아의 점령지역에서 완성된 형태로 나타나게 된다.

러시아의 하이브리드 전쟁은 조건에 따라 세 유형으로 나누어 볼 수 있다. 우선 러시아어를 사용하는 지역으로 윤리적으로나 문화적으로 거부감이 별로 없어 하이브리드 공격을 분명하게 인지하지 못하는 지역이다. 2014년 크림반도 합병이 가장 대표적 사례라고 할 수 있다. 두 번째로 러시아와 접해있는 우호적 조건을 가진 지역이다. 이 지역에서 하이브리드 공격은 은밀하게 시행된다. 에스토니아와 조지아 공격이 여기에 해당된다. 마지막으로 목표지역에 대한 통제가 쉽지 않아 하이브리드 공격 자체를 은폐해야 하는 지역이다. 시리아 IS 공격이 여기에 해당된다.

표13 러시아의 하이브리드 공격 사례

구분	에스토니아 침공	조지아 평화강요작전	크림반도 합병	시리아 IS공격
일시	2007	2008	2014	2015
작전 목표	반러시아 정책 압박	조지아 외교·군사능력 무력화	우크라이나군 저항 봉쇄, 유리한 주민투표 및 여론조성	군사작전 지원
작전 내용	·디도스 공격 ·주요 공공기관 네트워크 마비	·디도스 공격 ·지휘·정보체계 와해 ·사이버전·군사작전 결합	·비밀병력 투입 ·심리전을 통한 국·내외 여론 장악	·심리전을 통한 평화 이미지 조성 전자전
성과	·정치적 압박	·조지아 점령 후 휴전	·무혈 합병 성공 ·국제여론 조성	·IS 격멸 ·시리아 아사드 정권 및 국민들과 우호적 관계 형성

※ 신범식 외(2021). 243쪽 표를 저자가 일부 수정·보완하였음.

이렇게 2000년 이후 러시아가 주변 국가들을 상대로 사용한 비선형·하이브리드 전쟁 개념의 단점을 지적하는 시각도 있다. 가장 대표적인 사람이 캐나다 워터루 대학의 알렉산더 라노츠카(Alexander Lanoszka) 교수다. 그는 러시아의 비선형/하이브리드 전쟁 개념을 해석하는데 세 가지 유의해야할 점을 지적하고 있다(Lanoszka, A., 2016).

첫째, 하이브리드 전쟁은 '전쟁의 한 형태(a form of war)'가 아니라 전략이라는 것이다. 전쟁을 "다른 수단들에 의한 정치의 연속"으로 보는 클라우제비츠나 "다른 수단들에 의한 정책의 연속"으로 보는 레닌의 전쟁 개념과 같은 맥락으로 보고 있는 것이다. 그러므로 하이브리드 전쟁은 "목표로 정한 지역의 통합과 정치적 결속을 와해시키고, 경제기반을 파괴해 갈등을 지역화하기 위한 공격적 전략"으로 정의될 수 있다. 둘째, '다른 폭력적 수단(other violent means)'에 대한 잘못된 해석을 지적하고 있다. 비선형·하이브리드 전쟁은 무력 사용을 배제한다는 의미가 강하다고 주장한다. 셋째, 결론적으로 정규전과 비정규전을 혼합한 '하이브리드(hybrid)' 개념은 위협의 수준을 높여 적의 군사적 보복을 단념하게 만드는 것을 목적으로 한다는 것이다. 대상 국가로 하여금 자체 내의 갈등이 커져 자발적으로 포기하게 만든다는 주장이다. 실제로 크림반도 합병이나 시리아 내전에 미국이나 NATO가 개입하지 못한 것이 이를 입증해주는 것이라고 보고 있다. 이러한 라노츠카의 주장은 하이브리드 전략이 군사적 충돌과 병행하거나 고조시키는 전통적 심리전 개념과 다르다는 점을 강조하고 있는 것이다.

충돌과 갈등 : 조직화와 역량 강화

혼란스럽기는 하지만 전략적 커뮤니케이션 개념을 요약하면, "(특정 외교 정책이나 활동과 관련된) 국가의 의도나 계획을 다양한 수단들을 통합·운영하여, 목표로 하는 대상들의 속성에 맞춘 메시지를 전달해 자국에 대한 긍정적 이미지를 형성하고, 그들의 태도와 행동에 영향을 미쳐 국가 이익을 증진해 나가는 활동"으로 정의할 수 있을 것이다. 하지만 이런 정의는 '국제홍보(international public relations)'나 '공공외교(public diplomacy)' 같은 용어들과 별반 차이가 없다. 이 때문에 군사적 목적을 강조해 "동맹국이나 우방국의 지원을 획득하고 중립국을 우방으로 만들거나 최소한 중립상태에 머물도록 하며, 적에게 국가의 의지와 힘을 전달하고, 국민들로 하여금 정부의 정책을 지지하도록 만들기 위한 노력"이라고 정의되기도 한다(박휘락, 2009, 157쪽). 하지만 이런 방식의 정의는 심리전 개념과 유사해진다. 또 군사적 목적을 강조하게 되면, 군과 민간 커뮤니케이션 활동을 통합·운영해 효과를 극대화한다는 전략적 커뮤니케이션의 취지를 벗어날 가능성도 있다.

전략적 커뮤니케이션에 대한 시각의 차이는 현대 전쟁의 특성과 밀접히 관련되어 있다. 현대 전쟁은 열전熱戰상태와 외교 활동이 공존하고 있다.

1999년 미국 정부가 USIA를 해체하고 국제 선전 기능을 국무부가 주관하는 공공외교로 전환할 때만 해도, 21세기 전쟁 양상이 전쟁과 평화가 공존하는 새로운 형태의 냉전 체제가 될 것이라는 것을 예측하지 못했던 것 같다. 어쩌면 비군사적 커뮤니케이션 활동과 민간 영역의 글로벌 커뮤니케이션 수단들을 군사적 목적과 결합하는 매우 단순한 개념으로 구상되었을지도 모른다. 그러므로 군사적·비군사적 커뮤니케이션 활동을 분담해왔던 국무부와 국방부 간의 갈등은 당연한 것일 수도 있다.

특히 전략 커뮤니케이션의 핵심 요소가 '조직화(coordination)'와 '역량 강화(capability)'라는 점이 중요하다. 두 요소는 상호 보완적이면서 동시에 상호 충돌하는 개념이기 때문이다. 조직화가 국가의 모든 커뮤니케이션 활동들을 체계적으로 통합·운영해 효율성을 높이는 것이 목적이라면, 역량 강화는 각각의 기구들의 커뮤니케이션 활동 역량을 제고하는 개념이라 할 수 있다. 물론 각각의 기구들의 역량을 강화하고 이를 기반으로 협력체계도 효율적으로 운영될 수 있다면 가장 이상적이다. 하지만 실제는 각 기구들의 활동 역량이 강화되면 협력관계는 도리어 약화될 수 있다. 주도권을 놓고 갈등이 벌어질 가능성이 높기 때문이다.

이런 이유로 미국의 전략적 커뮤니케이션 개념은 '과정(process)'과 '역량(capability)'이라는 두 목표 간에 우선순위를 정해야만 했다. 2006년 QDR 보고서에서는 '과정'과 '역량'을 모두 목표로 규정하고 있다. 첫째, 국방부의 활동, 계획, 정책 등에 미국의 전략적 목표들을 총체적으로 반영한다. 둘째, 핵심적 커뮤니케이션 역량들을 적절하게 조직화하고 훈련, 준비, 자원 제공에 초점을 둔다. 이에 따라 관련 기구들의 활동을 '글로벌 협력센터(GEC : Global Engagement Center)'의 전략에 초점을 맞추는 '실천적 조정(practical coordination)', 설정된 목표나 원칙에 따라 모든 기구들의 행동과 말을 일체화하는 '전략적 조정(strategical practical coordination)', 개별 조직이 전파하는 메시지들의 보조를 맞추기 위해 중앙에서 메시지를 통제·확산하는 '커뮤니케이션 조직화(communication coordination)' 등으로 정하고 있다

(Ingram, H., 2020, 21쪽).

　하지만 전체적인 기조는 개별 조직들의 커뮤니케이션 역량 강화보다 기구들의 역할을 통합·조정하는 조직화에 방점을 두고 있다. 2006년에 발간된 미 국방부 용어 사전에서는 전략 커뮤니케이션을 "미국 정부의 이익과 정책, 목표를 성취하는데 우호적 환경을 창출·강화·유지하기 위한 목적으로 프로그램, 계획, 주제, 메시지 같은 모든 국력 수단들을 이용해 핵심 수용자들을 이해시키고 관계를 형성하려는 조직적인 노력"이라고 정의하고 있다. 또 2008년 '국방과학이사회 전략적 커뮤니케이션 특임분과' 보고서에서는 "(미국의) 정책, 이익, 장기적 목표들을 지원하는 공공 행동이나 메시지들을 개발·시행, 평가 그리고 진화를 포함하는 통합적 과정(Report of the Defense Science Board Task Force on Strategic Communication, 2008)"이라고 밝히고 있다. 2009년 국방부 '전략 커뮤니케이션 보고서(Report on Strategic Communication)' 역시 "전략적 커뮤니케이션은 일련의 역량·조직 혹은 분산된 활동들을 조직화하는 과정"으로 정의하고 있다. 2010년 발표된 '전략적 커뮤니케이션 통합 개념(Strategic Communications Joint Integration Concept)' 보고서에서는 '과정(process)'을 구체적으로 기술하고 있다. "국가적 목표를 지원하는 조정 효과를 창출하기 위해 정책 실행(policy implementation), 공공 홍보(public affairs), 병력 이동(force movement), 정보작전(information operations) 등을 복합적으로 배열(the alignment of multiple operations)하는 것"으로 기술하고 있다.

　제임스 파웰(James P. Farwell)은 그의 저서 『설득과 파워 : 전략적 커뮤니케이션 기법(Persuasion and Power : The Art of Strategic Communication)』에서 잭 캐튼(Jack Catton) 장군의 말을 인용해 '과정'으로서 전략적 커뮤니케이션 개념을 "각자의 활동을 독립적으로 수행하는 공공관계(public affairs), 공공 외교(public diplomacy), 정보작전(information operations) 실무자들을 한 테이블에 모아 놓은 것이 아니라 각자의 활동들과 관련된 지식을 공유하고 이익을 조화롭게 추구하는 것이다"라고 설명하고 있다(Farwell, J. P., 2012). NATO 역시 전략적 커뮤니케이션을 "상호협력을 통해 NATO 국가들의 커뮤니케이션 활동과 역량들을 적절하게 사용하는 것"이라고 규정하고 있다. '바람직한 효과를 성취하기 위해 행동, 이미지, 언어를 오케스트라화(orchestration)하는 것'이라는 비유가 여기서 나온 것이다(Murphy, D. M., 2009). 오케스트라 지휘자는 개별 연주자들의 악기 연주에 대한 깊은 이해보다 악기들간의 조화를 중시한다는 것에 비유한 것이다. [그림74]는 전략적 커뮤니케이션을 오케스트라에 비유하여 도식화한 것이다.

그림74 The Orchestration of Strategic Communication

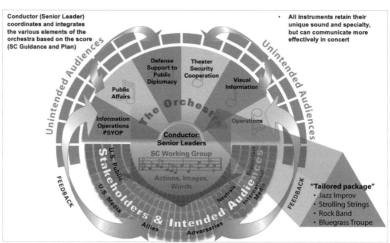

출처: Department of Defense, Office of the Secretary of Defense, Public Affairs, "Theory of Strategic Communication: like an ochestra producing harmony"

결국 '과정'으로서 전략적 커뮤니케이션 개념은 '노력의 통합(Unity of Efforts)'에 초점을 맞추고 있다. 여기에는 국방부나 국무부 산하 기구들 간의 수직적 협력체계 뿐 아니라, 여러 부처에 분산되어 있는 글로벌 커뮤니케이션 활동 조직들 간의 수평적 협력도 포함된다. 군사적 지원, 공공관계, 공공외교, 정보작전, 심리전 활동들이 각자의 영역에서의 역할에만 집중하는 것은 군사적 측면에서 비효율적이라는 이유다. 특히 수직적 명령체계를 가진 군사적 목표에 부합하기 위해서는 커뮤니케이션 활동 조직들을 이른바 '나무가지형(tree & branch)' 협력체계로 구축해야 한다는 것이다.

당연히 이런 분위기는 전략적 커뮤니케이션 추진을 둘러싸고 국방부와 국무부 간 갈등을 유발할 수밖에 없었다. 전략적 커뮤니케이션의 목표를 '과정(process)'에 집중하게 되면, 분산된 민간기구들이 주를 이루고 있는 국무부가 관장하는 커뮤니케이션 활동들의 자율성이나 역량(capability)은 약해질 수밖에 없기 때문이다(Paul, C. 2011). 이처럼 '과정'과 '조정' '협력체계'를 강조하는 접근방식에 대한 비판은 여전히 존재하고 있다. 특히 일사분란하고 효율적인 통합적 커뮤니케이션 활동에 방점을 두게 되면, 지역과 상황에 따른 다양한 목표 수용자들에게 적합한 메시지 생산·확산이 불가능하다는 것이다. 이점은 이전의 여러 대 테러작전에서 미군의 주된 실패 원인으로 지적되어 왔다. 그러므로 특정 상황과 사안에 맞는 커뮤니케이션 전략과 메시지가 필요하다는 주장이다. 실제로 국방부 '보안작전국(OSC : Office of Security Operations)'과 국무부의 국토안전부 활동을 연계시키면서 개별 조직들의 활동을 위축시켰다는 지적을 받아왔다. 예를 들어 미국 정부와 주요 인사들을 공격하는 딥 페이크 동영상 공격을 받게 되면, 주무 기관인 '전략적 대테러 커뮤니케이션 센터(CSCC : Center for Strategic Counterterrorism Communications)'가 정보원을 파악하고 메시지 작성을 주도하게 되는데, 이 과정에서 개별 기구들은 아무것도 아직 못하고 정해진 메시지를 기다리는 문제점이 발생할 수 있다는 것이다.

전략적 커뮤니케이션의 확산

전략적 커뮤니케이션은 물리적 공격과 사이버 공격이 혼합된 '하이브리드 전쟁(hybrid war)'과 밀접히 연관되어 있다. 국가목표 달성을 위해 물리적 충돌이 벌어지는 전장 뿐 아니라 사이버 공간에서의 활동들을 함께 사용하는 개념이다. 2008년 이후 미국이 전략적 커뮤니케이션을 적극적으로 추진한 배경에는 러시아, 중국 같은 권위주의 체제 국가들의 샤프 파워 심

리전과 사이버 정보전을 혼합한 '하이브리드 공격'이 본격화되었기 때문
이다. 특히 2014년 러시아가 큰 저항 없이 크림반도를 합병한 것은 유럽
국가들에게 큰 충격을 주었다. 하지만 유럽 국가들에게 전략적 커뮤니케
이션의 모닝콜이 울린 것은 1999년 코소보 내전부터라는 주장도 있다
(Risso, L., 2021). 또 2016년 영국 브렉시트 투표와 2017년 프랑스 총선에서
러시아가 확산시킨 가짜뉴스들이 큰 영향을 미친 것으로 밝혀지면서 위기
의식이 더 커진 것도 사실이다.

2016년 독일에서 13세 러시아계 소녀가 아랍계 난민으로부터 성폭행을
당했다는 러시아발 가짜뉴스가 소셜미디어를 통해 유포되면서 독일의 난
민 정책을 둘러싼 갈등이 커지고, 독일과 러시아 간의 외교적 갈등으로 비
화된 사건이 발생하였다. 또 코로나19가 창궐하던 시기에 무수히 많은 음
모론과 가짜뉴스들의 확산되면서, 심각한 사회불안과 국정 불안정을 야기
하게 된다. 이러한 허위 정보들은 물리적 전쟁이 일어나지 않는 평화 시기
에도 국가안보를 위협할 수 있다는 주장이 제기된다(Slugocki, W. L. & B.
Sowa, 2021). 유럽연합과 나토는 새로운 기술과 결합된 거짓 정보들에 대한
조직적 대응방안을 모색하게 된다.

이 때문에 허위 정보 문제를 주로 사회적 해악이나 공익, 공공안전, 민
주주의 질서 훼손 같은 사회적 법익 관점에서 접근하는 경우가 많지만, 유
럽 국가들은 국가안보 차원에 대한 우려가 더 강한 편이다(Brun, I. & N.
Roitman, 2019; Gioe et al., 2021). 그 이유는 러시아의 가짜뉴스들이 유럽 국가
들의 선거나 정치 과정을 혼란스럽게 만들고 있다는 위기위식 때문이다.
특히 러시아와 국경을 맞대고 있는 동유럽 국가들이 그런 성향이 더 강하
다. 불가리아의 벨로바와 조르지에바 교수는 "새로운 기술과 결합된 가짜
뉴스들이 선전도구로 활용되면서 동유럽 국가들의 안보에 위협이 되고 있
으므로, NATO와 EU는 이를 중화시킬 수 있는 사실들을 확산하는 방안을
모색하여야 한다"고 강조하고 있다(Belova, G. & G. Georgieva, 2018).

유럽연합과 NATO는 러시아의 크림반도 합병을 유럽-대서양 지역의 전

략적 환경에 근본적 변화를 야기한 사건으로 간주하고, 하이브리드 위협에 대응하기 위한 전략적 커뮤니케이션 체제를 구축해왔다(송태은, 2002). 2014년 1월 라트비아에 '나토 전략적 커뮤니케이션 센터(NATO Strategic Communication Centre of Excellence)'를 설립하였다. 또 2015년에는 유럽의 외교·안보 문제를 관장하는 '대외관계청(EEAS, European Union's External Action Service)' 산하에 커뮤니케이션, 저널리즘, 사회과학 그리고 러시아 전문가들로 구성된 '동유럽 전략 커뮤니케이션 분과(East StraCom Division)'를 설치하고, 러시아로부터 유입되는 가짜뉴스에 대처하고 있다(Kalniete, S. & T. Pildegovics, 2021, 23~33). 또 2018년에는 '온라인 허위정보 대응 전략(Tackling Online Disinformation)'을 발표하고, '허위정보 실천 규약(Code of Practice Disinformation)'을 제정하여 지속적으로 업데이트하고 있다. NATO 또한 "허위조작 정보는 NATO 동맹국들 간의 분열을 조장하고, 각국의 정부에 대한 국민들의 신뢰를 약화시키고 있다"는 점을 분명히 하고 적극적으로 대응하고 있다(NATO, 2019, 2020).

2024년 3월 7일 EU 의회에서 애플, 알파벳, 메타 같은 미국의 글로벌 플랫폼을 규제하는 '디지털 서비스법(DSA : Digital Service Act)'도 "인종, 성, 종교에 대한 편파적 내용이나 테러, 아동 성 학대 관련 콘텐츠의 온라인 유포를 금지하는 것"을 목적으로 하고 있지만, 한편으로 러시아의 허위 정보를 차단하는 목적도 가지고 있다. 또한 3월 13일 미디어 다원주의와 독립성 보호를 목적으로 하는 '유럽 언론 자유법(European Media Freedom Act)'도 같은 맥락으로 볼 수 있다. 이처럼 유럽 국가들도 가짜뉴스 같은 사이버 심리전 방어역량을 강화하기 위한 전략적 커뮤니케이션을 적극적으로 모색하고 있다. 각국의 전략적 커뮤니케이션 개념이나 접근 방법은 역사적·전략적 상황에 따라 약간의 차이는 있지만 크게 보면 대동소이하다. 특히 전략적 커뮤니케이션 정책을 군이 주도하고 있다는 점은 공통적인 특징이다.

표14 전략적 커뮤니케이션 정의와 특징의 국가간 비교

		정 의	운영 원칙
미국	국방부	모든 국력 수단들의 활동과 일치하는 조직화된 프로그램, 계획, 주제, 메시지 같은 생산물들을 이용하여 미국 정부의 이익과 정책, 목표들을 추진하는데 우호적인 조건들을 창출·강화·유지하기 위해 핵심 수용자들을 이해하고 관계를 형성하는데 집중된 미국 정부의 노력	① 지도자 주도적 (Leadership-Driven) ② 대화와 이해(Dialogue & Understanding) ③ 반응적 & 연속적(Responsive & Continuous) ④ 결과 기반(Result-Based) ⑤ 신뢰성(Credible) ⑥ 노력의 통일(Unity of Efforts)
	국무부	말과 행동의 일치(를 기반으로), 그것이 공공관계, 공공외교, 정보작전 전문가들이 수행하는 활동들을 포함해 목표 수용자와 소통하고 관계 형성을 목적으로 한 의도적 프로그램과 행동들이 선택된 수용자들에 위해 지각되게 하는 방법	
영국		개인, 집단, 국가들의 태도와 행동에 영향을 미쳐 영국의 국가안보 목적들을 전달하는 모든 커뮤니케이션 수단들을 상호 협력적으로 이용하는 것	① 정책 주도적(Policy- Driven) ② 다양한 내·외적 파트너와의 관계 형성 ③ 정보환경에 대한 적합성 ④ 평가(assessment) ⑤ 신뢰성(Credibility) ⑥ 조직 내·외부 메시지간의 수평적·수직적 일관성 ⑦ 정보 공간에서의 대비 강화를 위한 권한 부여
NATO		동맹국들의 징책, 작전, 행동들을 시원하고 NATO의 목표들을 증진시키는데, 공공외교, 공공관계, 군사적 공공관계, 정보작전, 심리전 같은 적합한 NATO가 가진 커뮤니케이션 활동과 역량들을 조직적이고 적절하게 이용하는 것	① 리더쉽(leadership) ② 공중의 이해 ③ 민첩성과 창의력(Agility & Creativity) ④ 평가(assessment) ⑤ 신뢰성(Credibility) ⑥ 협력(Collaboration), 포괄성(Comprehensiveness), 연속성(Continuity) ⑦ 권한부여(Empowerment)

[표13]에서 보는 것처럼, 각국의 전략적 커뮤니케이션 운영 원칙들은 ① 커뮤니케이션 메시지의 간명성(conciseness)과 일관성(consistency) ② 커뮤니케이션 수단의 다양화 ③ 커뮤니케이션의 적시성(timeliness) ④ 조직상호간의 협력(inter-organizational coordination) ⑤ 목표 군중의 선택(selection of target audience) 등을 공통으로 포함하고 있다(Toshimitsu, M., 2019).

우리나라도 2017년 국방부 훈령 제2025호 제2조에 전략적 커뮤니케이션 개념을 "전·평시 국방부의 정책목표 달성에 유리한 환경을 조성하기 위해 가용한 역량과 수단을 활용하여 전략적 커뮤니케이션 주 대상들의 인식, 신념, 행동의 변화를 유도하기 위한 의사소통 체계와 그 과정"으로 정의하고 있다. 이 같은 법적 정의는 군사적 목적으로 사람들의 인식이나 행동을 변화시키는 대·내외 심리전 개념과 크게 다르지 않다. 다만 군이 직접 통제하는 수단 뿐 아니라 비군사적 커뮤니케이션 수단들도 전략적 목표를 위해 통합·운용할 수 있다는 의미가 추가된 것이다. 또 커뮤니케이션학이나 광고학에서 사용하고 있는 설득 커뮤니케이션(persuasive communication) 개념과도 거의 유사하다. 앞에서 설득 커뮤니케이션 관점에서 심리전의 특성과 발달 과정을 설명한 바 있다. 그렇게 보면 전략적 커뮤니케이션이라고 해서 제1·2차 세계대전 중에 활동했던 '공공정보위원회(Committee of Public Information)'나 '전쟁 정보 사무국(Office of War Information)'의 전시 커뮤니케이션 활동들과 크게 다르지 않아 보인다. 유일한 차이는 인터넷·스마트폰 같은 첨단 미디어 등장으로 변화된 매체 환경이라는 것 정도다.

2002년 미국 '국방과학이사회'가 건의했던 전략적 커뮤니케이션 필요성이 수용되지 못했던 이유도 그 개념이 기존의 군사정보 활동들과 큰 차이가 없고, 기구들 간의 역할 분담에 대한 명확한 기준도 부족했기 때문이다(Darley, W. M., 2007, 109쪽). 군 수뇌부에서는 미디어 환경 변화에 따른 군홍보 전략의 변화 정도로 이해했을 가능성이 높다. 인터넷·모바일 같은 새로운 첨단 매체 환경에 적합한 심리전과 전시 언론통제 방식의 변화에 대한 요구라고 판단한 것으로 보인다. 엄격하게 말하면 불특정 다수를 대상으로 했던 전통 미디어를 이용한 대·내외 커뮤니케이션에서 벗어나 온라인 글로벌 네트워크에서 다양한 확산 수단들을 복합적으로 활용하는 '통합 커뮤니케이션(total communication)'으로의 변화로 볼 수 있다. 다만 군사작전과 분리되어 있던 민간 커뮤니케이션 활동들을 군사 패러다임 영역에 연계 혹은 추가시킨 것이 다른 점이라고 할 수 있다.

전략적 커뮤니케이션의 부활

전략적 커뮤니케이션 개념이 21세기 들어 갑자기 등장한 것으로 생각될 수도 있다. 하지만 전략적 커뮤니케이션이란 용어는 생각보다 오래되었다. 네메스는 온라인 학술 데이터베이스 EBSCO의 '국제 안보 및 대테러 색인 센터(International Security & Counter Terrorism Reference Center)'에서 '전략적 커뮤니케이션(strategic communication)'이란 용어를 검색해 연구논문이나 자료의 출현 빈도를 분석하였다(Nemeth, J. L., 2021).

그림75 전략적 커뮤니케이션 용어의 등장 빈도

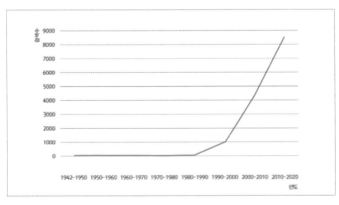

[그림75]에서 보듯이, 전략적 커뮤니케이션이란 용어가 처음 등장한 것은 1942년이다. 하지만 1980년대까지는 거의 사용되지 않았다가 1990년

대 이후 다시 등장하고 있다(Kirk, G., 1942). 특히 2001년 9·11 테러 이후 폭발적으로 늘어나 2010년 이후에는 8,400건이 넘고 있다. 물론 여기에는 PR, 조직 커뮤니케이션, 마케팅 커뮤니케이션 같은 비군사적 설득 커뮤니케이션 자료들도 포함되어 있다(Lim, Y. J., 2015). 하지만 1990년내 이후 전략적 커뮤니케이션에 대한 관심이 급증하고 있는 추세인 것은 분명하다.

전략적 커뮤니케이션이란 용어가 증가하기 시작한 것은 1990년대 초반 걸프전쟁 직후다. 아마도 이때부터 미국 정부의 대테러작전을 위한 군사적 개입이 본격화되었기 때문인 것 같다. 특히 2001년 9·11테러 이후 알카에다· 탈레반 같은 이슬람 무장 단체들에 대한 대규모 군사작전이 강화되면서 급증하였다. 2010년 이후에는 러시아, 중국 같은 권위주의 체제 (authoritarian regime) 국가들의 조직적 허위 정보활동이 증가하면서 전략적 커뮤니케이션에 대한 관심이 더욱 커지고 있는 것을 알 수 있다. 가짜뉴스를 이용한 샤프 파워 심리전에 대응하기 위해 전략적 커뮤니케이션에 대한 관심이 증가한 것으로 보인다.

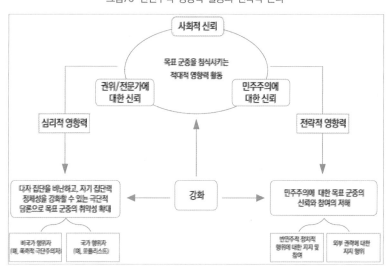

그림76 반민주적 영향력 활동의 전략적 논리

샤프 파워 심리전은 "민주주의 구성원들 간의 갈등을 조장하고 제도에 대한 믿음을 훼손하기 위한 반민주적 영향력 활동(anti-democratic influence activities)"이다. 민주주의 체제의 토대가 되는 세 가지 신뢰 체계 즉, '사회적 신뢰(social trust)', '권위와 전문성에 대한 신뢰(trust in authorities/experts)', '민주주의에 대한 신뢰(trust in democracy)'를 와해시키기 위한 조직적 가짜뉴스 공세들이 샤프 파워 심리전이다(Putnam, R., 2001; Halpern, D., 2005; Fukuyama, F., 1995). 인그램은 반민주적 영향력 활동들의 논리를 [그림76]의 도식에서와 같이 세 차원으로 설명하고 있다(Ingram, H., 2020).

그림77 2022년 미국 선거 기간 중에 바이든 대통령을 공격하는 가짜뉴스

2022년 미국 선거 기간 중에 러시아의 '인터넷 리서치 에이전시'(IRA)와 연계된 계정들이 다시 활동을 재개하였다. 이들은 주로 바이든 미국 대통령을 비롯한 민주당 후보들을 주로 공격하였다. 유색인종 후보를 인종차별적 만화로 희화화고, "펜타닐 유통업자랑 마약 밀매업자를 감옥에서 전부 석방할 것" 같은 갈등을 유발하기 위한 가짜뉴스들을 유포했다. '노라 베르카'라는 이름의 극우 SNS 플랫폼 갭(Gab) 사용자는 지폐 위에서 봉춤 추는 바이든 대통령 합성 사진을 게재하고, 우크라이나 지원 정책을 비판하였다. 이전과 달라진 점은 페이스북 같은 대형 플랫폼을 이용하지 않고, 갭, 팔러(Parler), 게터(Getter)와 같은 극우 성향의 소규모 플랫폼들을 통해 보수 유권자들을 겨냥하고 있다는 것이다.

첫째, 반민주적 영향력 활동은 민주주의 체제에서 개인의 안락함과 사회적 안정성을 보장해 주는 '구성원 상호 간에 연대와 믿음' 즉, 사회적 신뢰(social trust) 시스템을 와해하는 것에 초점을 맞추고 있다. 실제로 지하드(Jihadi) 같은 폭력적 극단주의나 백인 우월주의자들이 유포하는 가짜뉴스들은 공격 집단의 구성원 간에 불신과 갈등을 조장하는데 초점을 맞추고 있다.

2016년 미국 대통령 선거 기간 중에 러시아 인터넷 트롤(troll)이 유포한 가짜뉴스들은 미국 사회를 분열시키고 사회적 신뢰를 붕괴시키기 위한 것이었다(Stewart, E., 2018). 특히 '러시아 트롤 공장'이라 불리는 IRA (Internet Research Agency)는 아프리카계 미국인들을 대상으로 인종 갈등을 부추기기 위한 가짜뉴스들을 조직적으로 살포하였다. 이는 미국 국민 상호 간에 신뢰를 약화시키고 분열을 조장하는데 효과를 거둔 것으로 평가되고 있다(Parham, J. 2018; Shane, C. & S. Frenkel, 2018).

둘째, 대상 국가의 전문가와 권위에 대한 신뢰(trust in expertise·authorities)를 저해하는 것이다. 이것은 주로 학계, 전문가, 언론 매체가 주된 공격 대상이다(Nichols, T., 2017; Kavanagh, J. & M. D. Rich, 2018). 예를 들면, 자본주의 국가의 정부를 신뢰할 수 없는 체제라고 공격하거나, 미디어를 '가짜뉴스 살포자(purveyors of fake news)' 등으로 묘사하는 것이다. 실제로 중국, 러시아의 가짜뉴스에는 서방 진영의 학계나 언론계의 의제를 주도하기 위한 것들이 많다(Kirk, K., 2019). 중국이 전 세계 대학들과 연계해 설립한 '공자학원(Confucius Institute)'도 유사한 맥락이다. 공식적으로 공자학원은 중국 국무원 교육부 산하의 교육기관이지만, 실제로는 중국공산당 중앙위원회 통일전선공작부가 해외 영향력 활동을 목적으로 운영하는 기구다. 미국 헤리티지 재단(Heritage Foundation)은 공자학원을 '중국공산당의 트로이 목마'로 규정하고 있다. 최근 미국을 비롯해 영국, 캐나다, 호주, 핀란드처럼 공자학원을 폐쇄시키는 국가들이 점점 늘어나고 있는 것도 이 때문이다. 우리나라 역시 주로 대학과 연계해 20여 개 공자학원이 운영되고 있지만 퇴출 압력이 점점 커지고 있다.

셋째, 영향력 행위들의 궁극적 목적은 민주주의 체제에 대한 신뢰(trust

in democracy) 붕괴에 있다(Diamond, L, 2015, 151~152). 민주주의 체제는 부패하고 국민을 착취하는 집단이므로 타도해야 한다는 논리다. 대표적으로 "자신들은 위선적 민주주의 체제의 희생자이므로 전복시켜야 한다"고 주장하는 알카에다와 IS의 심리전 메시지들을 들 수 있다(Ingram, H. J., 2017, 357~375; Macdonald, S. & N. Lorenzo-Dus, 2017). 이는 자신들의 테러 행위를 정당화하면서, 서방 국가들의 정치과정에도 영향을 미치기 위한 것이다(Lawrence, B.(ed.), 2005, 233~236쪽). 특히 러시아, 중국처럼 국가가 미디어를 직접 통제하고 있는 경우에는 매우 조직적으로 가짜뉴스를 제작·확산시키고 있다.

권위주의 국가들의 '반민주적 영향력 활동' 즉, 샤프 파워 심리전은 상당한 전략적 효과를 거둔 것으로 평가되고 있다. 가짜뉴스가 새로운 태도를 형성하기는 쉽지 않지만, 반복적인 대량 유포를 통해 민주주의 체제에 대한 구성원들의 신뢰를 약화시키는 데는 효과가 있다. 최근 거의 모든 민주주의 국가들에서 체제에 대한 신뢰도가 하락하고 있다. 래리 다이아몬드 미국 스탠퍼드대 교수는 "2006년 이후 자유를 비롯한 헌법주의, 법치주의, 견제와 균형 등 여러 민주주의 지표들이 퇴보하고 있으며, 점점 이런 추세가 가속화되어 왔다"고 지적하고 있다. 특히 "2015년부터 많은 국가들이 민주주의 체제에서 벗어나면서 헌팅턴이 규정한 '민주주의 실패 물결의 역습(reverse wave of democratic breakdown)'의 경향을 보이고 있다"고 지적하고 있다(Diamond, L, 2015, 151~152쪽). 아시아·아프리카 지역에서 그런 경향이 강했지만 최근에는 북미나 유럽 국가들에서도 나타나고 있다는 것이다.

영국 이코노미스트 인텔리전스 유닛(EIU, The Economist Intelligence Unit)에서 발표한 2023년 민주주의 지수를 보면, 전 세계에 완전한 민주주의 삶을 누리고 있다고 생각하는 사람은 불과 8%에 불과한 것으로 나타났다. 민주주의 체제에 대한 신뢰도 추락에 권위주의 체제 국가들의 반민주적 영향력 활동이 영향을 미친 것은 분명해 보인다. 2017년에 Pew Research가 조사한 세계 38개국의 민주주의 지지 정도는 1/4 수준이었다. 특히 우리나라는 2%로 미국(15%), 영국(14%)보다 크게 낮았다.

그림78 2023년 한국의 사회적 자본 지수

	2013년 점수	2023년 점수	세계 순위	동아시아 및 태평양 순위
사회적 자본 지수	48.3	**51.6**	**107위**	**15위**
개인 및 가족 관계	61.8	64.9	103위	13위
소셜 네트워크	41.1	41.7	162위	17위
대인 신뢰	50.3	47.2	39위	8위
시민 사회 참여	43.8	44.5	72위	13위
사회적 관용	44.5	59.6	53위	10위

자료: 영국 싱크탱크 레가툼

대통령 탄핵 같은 혼란스러운 당시 정치 상황 때문일 수도 있지만, 한국이 주변 국가들의 반민주적 영향력 활동에 매우 취약한 상태라는 것을 보여주는 것이다. 실제로 한국은 구성원들의 신뢰적 관계를 기반으로 한 자원, 지지, 정보 획득 능력을 의미하는 사회적 자본(social capital) 수준은 세계 167개국 중에 107위로 초 위험사회 상태라고 지적받고 있다. 무엇보다 사법 시스템(155위), 군(132위), 정치인(114위), 정부(111위) 같은 공공 영역에 대한 신뢰도가 매우 낮다. 이는 한국 사회가 가짜 뉴스 같은 외부의 샤프 파워 심리전에 매우 취약한 상태라는 것을 의미한다.

전략적 커뮤니케이션과 전쟁 원칙

전략적 커뮤니케이션과 전통적인 군사 심리전의 가장 큰 차이는 목표하는 대상이 아니라 커뮤니케이션 수단과 양식변화라고 할 수 있다. 전략적 커뮤니케이션은 핵심은 '말(word)과 행동(deed)의 일치'에 있다. 거짓, 왜곡 같은 허위의 사실을 이용하는 심리전 개념을 넘어 진실을 바탕으로 다양한 매체를 활용해 상대방의 심리적 저항을 약화시키겠다는 것이다. 러시아, 중국 같은 권위주의 체제 국가들의 하이브리드 혹은 회색지대 전략도 목표라는 관점에서 볼때 전략적 커뮤니케이션과 큰 차이가 없다. 러시아의 비선형·하이브리드 전쟁(non-linear·hybrid warfare)도 "적이 군사적 대응을 자극할 수 있는 임계점을 넘지 않으면서 저항력을 무력화 혹은 심각하게 약화시키기 위해 다양한 수단들을 통합해서 체계적으로 이용하는 것"이다(Thiele, R. D., 2015). 현대 전쟁의 특성상 전쟁 정당성이나 우호적 국제 여론 형성을 도외시할 수 없기 때문에 나온 개념들이다.

전략적 커뮤니케이션은 첨단 커뮤니케이션 수단을 이용해 자신들의 체제 우월적 정보를 확산시켜 자국민은 물론 적국이나 주변국 국민들에게 전파해 군사작전의 정당성을 확보하는 것이다. 미 국무부 '전략적 커뮤니케이션 정책조정위원회'가 설정한 전략적 커뮤니케이션 목표는 이를 잘 보여주고 있다. 첫째, 미국의 기본적 가치인 자유, 인류의 존엄성, 평등성, 법에 의한 통치, 표현의 자유 같은 이념들을 지속적으로 확산시킨다. 둘째, 우방국과 협력하여 인류의 평화와 자유를 위협하는 폭력적 극단주의자들(violent extremists)을 고립시킨다. 셋째, 모든 나라들의 공통적 이해와 보편적 가치를 증진한다(Strategic Policy Coordinating Committee, 2007, 3쪽).

이러한 목표들은 공공외교나 소프트 파워(soft power)와 크게 다르지 않다. 다만 전쟁 또는 국가 간 갈등 상황을 전제로 한다는 점에서 다르다. 이 때문에 전략적 커뮤니케이션의 목표는 군사적 성격이 상대적으로 강할 수밖에 없다. 2009년 미 국방부 '전략적 커뮤니케이션 합동 통합 개념(Strategic Communication Joint Integrating Concept)'에서는 전략적 커뮤니케이션의 핵심을 '영향력(influence)'으로 규정하고 있다(DOD, 2009). 그리고 영향력을 "경쟁과 갈등 수단 뿐 아니라 (국제) 협력의 핵심 수단으로 여러 곳에 편재하고 있는 근본적인 사회적 상호작용 형태(Influence is a pervasive and fundamental form of any social interaction, as essential to cooperation as it is to competition or conflict)"로 정의하고 있다.

이러한 영향력의 작동 기제로서 커뮤니케이션 수단들을 활용하는 전략적 커뮤니케이션의 실행 목표들은 다음과 같다. 첫째, 미국 대외 정책의 정당성(legitimacy)과 신뢰성(credibility)을 높인다. 미국의 군사적 개입을 국제 평화와 인권을 수호하기 위한 것으로 인식시키고, 이와 관련된 다양한 커뮤니케이션 메시지들을 군사적, 비군사적 활동들과 일치시킨다. 둘째, 적국의 국민들이 자국 정부의 군사 행동의 정당성을 불신하게 만든다. 셋째, 특정한 목표 공중들에게 미국 정부의 대외 활동을 지지하게 만든다. 여기에는 미국 정부의 공식적 외교활동과 군사작전은 물론이고 민간 기업과 비정부 기구들의 활동도 포함된다. 특히 군사작전 지역에서의 비정부 민간단체 활동에 대해 우호적 분위기를 조성한다. 넷째, 적성국과 비우호적 국가들이 미국 국민과 미군을 목표로 하는 심리전 활동을 방어한다.

여기서 주목할 점은 전략적 커뮤니케이션 활동에는 억제 작전, 기만작전 같은 군사적 활동들도 포함된다는 것이다. 즉, 전략적 커뮤니케이션에는 장기적인 우호적 태도 형성과 함께 수용자의 태도에 직접 영향을 미치는 전술적 단기 효과도 포함되어 있다는 것을 의미한다. 전략적 커뮤니케이션 활동에 '군사적 지원(defense support)'이 포함되어 있는 것에서도 이것을 알 수 있다. 상징적 수단뿐 아니라 물리적 수단들이 함께 사용될 수 있는 것이다. 말과 행동을 일치시킨다는 원칙은 커뮤니케이션 전략을 통해 군사적 행위를 억제한다는 의미도 있지만, 달리 보면 커뮤니케이션 행위를 군사적 행동에 맞추는 것일 수도 있다.

군사작전의 한 수단으로서 전략적 커뮤니케이션은 전쟁 원칙 관점에서도 평가될 수 있다. 전쟁 원칙은 전쟁을 수행하는 기본적인 원리를 말한다. 하지만 전쟁 상황의 불확실성과 상대성은 확고한 단일 원칙을 불가능하게 만들고, 때로는 원칙들이 상충되거나 모순되는 경우도 발생한다. 그러므로 전쟁 원칙은 환경에 따라 가변적이고 선택적일 수밖에 없다. 예를 들어 병력을 집중 혹은 분산 운영한다는 원칙은 동시에 적용될 수 없고, 전쟁 상황과 피·아가 처한 여러 조건들을 반영해 선택되는 것이다.

많은 전쟁 원칙들이 있지만 가장 많은 국가에서 인용되고 있는 것은 안토니오 조미니(Antonie H. Jomini)와 존 프레드릭 풀러(John Frederick C. Fuller)의 전쟁 원칙이다. 이에 따라 각국은 자신들의 환경에 적합한 전쟁 원칙을 정해서 운용하고 있다. 미군은 1949년 제정된 '야전근무규정(U.S. Army Field Service Regulation)'에서 '목표(Objective)', '공세(Offensive)', '집중(Mass)', '병력 절약(Economy of Force)', '기동(Maneuver)', '지휘통일(Unity of Command)', '보안(Security)', '기습(Surprise)', '간결성(Simplicity)'이라는 9가지 전쟁 원칙으로 정하고 있다. 영국도 '목표의 선택과 유지(The Selection and Maintenance of the Aim)', '사기 유지(Maintenance of Morale)', '보안(Security)', '기습(Surprise)', '공세적 행동(Offensive Action)', '군사력 집중(Concentration of Force)', '최소의 노력(Economy of Effort)', '융통성(Flexibility)', '협동(Cooperation)', '지속성(Sustainability)'이라는 10가지 전쟁 원칙들을 규정하고 있다. 우리나라도 약간의 차이는 있지만 유사한 전쟁 원칙들을 규범으로 정하고 있다. 전쟁 혹은 군사적 갈등 상황에서 군사적 목적을 달성하기 위해 수행되는 전략적 커뮤니케이션 역시 전쟁 원칙을 가지고 의미를 해석해 볼 필요가 있다.

이 중에 가장 여러 국가에서 보편적으로 적용하고 있는 '목표', '공세', '집중', '기습', '보안'이라는 5개 전쟁 원칙을 가지고 전략적 커뮤니케이션의 의미를 설명해 볼 수 있을 것이다.

첫째, 명확하고 결정적이며 달성 가능한 목표를 설정한다는 '목표(objective)의 원칙'이다. 이 원칙에서 보면, 기존의 대·내외 심리전들은 불특정 다수의 군중을 목표로 하고 있어 효과가 제한적이었다고 평가할 수 있다. 물론 총력전의 경우 적의 병사와 민간인 모두가 목표가 될 수 있지만, 비용 대비 효과가 낮을 수밖에 없다. 하지만 전략적 커뮤니케이션은 '세분화된 목표 수용자(target audience)에게 적합한 메시지 제작'을 무엇보다 강조하고 있다. 정책목표에 부합하는 분명하고 일관성 있는 핵심 메시지를 활용하는 것이다(Goldman, E., 2007). 명확한 목표 설정은 모든 설득 커뮤니케이션에 있어 가장 중요한 부분이다. 특히 1990년대 중·후반 이후 시작된 다매체·다채널 시대와 인터넷의 급속한 확산으로 불특정 다수를 대상으로 하는 대중 매체 시대가 마감되었다. 최근에는 인공지능, 빅데이터 같은 첨단 기술이 활용되면서 보편적 다수를 목표로 했던 전시 커뮤니케이션 활동들도 변화되어야 하는 상황이다. 특히 전략적 커뮤니케이션은 목표 수용자들의 특성과 효과를 판단할 수 있는 조사와 평가를 강조하고 있는데, 이것도 특정화된 수용자를 정하고 적합한 메시지를 제공하는 '목표의 원칙'에 부합하는 것이라 할 수 있다.

둘째, 결정적 성과를 거두기 위해 전쟁 주도권을 장악해야 한다는 '공세(offensive)의 원칙'이다. 기존의 전시 심리전 활동은 적의 심리전을 방어하거나 자국의 군사작전에 부정적 영향을 미칠 수 있는 전시 언론통제 같은 수세적 활동에 치중될 수 밖에 없었다. 이 같은 방어 위주의 소극적 전시 커뮤니케이션 활동은 한계가 있을 수밖에 없다. 반면 전략적 커뮤니케이션은 전쟁 또는 전시에 준하는 국제적 갈등 상황에서 다양한 커뮤니케이션 수단들을 공격적으로 활용하는 것을 목적으로 하고 있다. 특히 미국은 보유하고 있는 다양한 소프트 파워 역량들을 공공외교나 국제 홍보, 전시 심리전 등에 복합적으로 사용해 공격적으로 활용할 것을 강조하고 있다. 또한 첨단 정보 네트워크를 이용해 주도권을 갖고 전시 커뮤니케이션 활동을 전개하겠다는 의도도 가지고 있다. 즉, 적국의 선전 공세를 통제하는 수세적 방식에서 탈피해 체제 우월적 메시지를 적국이나 주변 국가들의 수용자들에게 확산시키는 공세적 커뮤니케이션 활동으로 전환한 것이다.

셋째, 가용한 자원을 모두 동원하여 집중적으로 운영하는 '집중(mass)의 원칙'이다. 전략적 커뮤니케이션은 전시 혹은 국가 간 갈등 상황에서 가용한 모든 커뮤니케이션 수단들을 군사적 목적에 집중해 통합·운영할 것을 강조하고 있다. 전통적으로 미국을 비롯한 서방 국가들은 전시 중에 대적 심리전과 국내 언론 통제 활동은 별도 기구에 의해 분리·운영되어 왔다. 대적 심리전과 민간을 대상으로 하는 대·내외 심리전이 별도 조직에 의해 수행되기도 했다. 심지어 전시 중에 공공 외교나 국제 공보 같은 외교적 커뮤니케이션 활동들을 비군사적 기구나 민간 조직들이 주도하면서 군사적 목표와 일치되지 않는 경우가 많았다.

하지만 군사적 갈등과 비군사적 갈등이 혼재된 평화전쟁 상황에서 군사 목적의 심리전 활동과 외교적 공보 활동을 엄격하게 구분하는 것이 사실상 불가능해졌다. 더구나 인터넷, 모바일로 모든 전쟁 상황이 실시간으로 중계되는 상황에서 병사들과 민간인이 구별되지 않는, 말 그대로 전 국민이 심리적으로 전쟁에 동원되는 사실상 총력전 시대라 할 수 있다. 그러므로 모든 가용한 매체들을 통합 운영해 커뮤니케이션 효과를 극대화하는 것이 당연해졌다. 특히 군이 직접 통제할 수 있는 심리전 매체들과 민간 매체들을 군사적 목적에 집중해야만 한다. 이것은 단일 지휘체계로 군 조직을 운영한다는 '지휘통일의 원칙(unity of command)'과도 연관되어 있다.

그림79 오픈소스 정보전(Open Source Intelligence)

우크라이나 군인이 민간통신사와 스타링크로 연결된 인터넷으로 화면을 보면서 러시아군에게 폭탄을 투하할 드론을 조종하고 있다.(우크라이나군 배포)

실제로 전시 커뮤니케이션 활동이 분산 운영되면서 대·내외 심리전이 군사작전을 방해하는 경우가 적지 않았다. 자국 언론들에 의해 중요한 군사작전이 사전 노출되기도 하였고, 베트남 전쟁처럼 제약 없이 허용된 언론 보도들이 자국 국민은 물론이고 병사들의 사기를 저해시키는 경우도 있었다. 더욱이 최근에는 모바일이나 인터넷을 통해 전쟁 상황이 병사들 뿐만 아니라 민간인에게도 실시간으로 공유되면서 군사작전에 큰 영향을 미치고 있다.

넷째, 군사작전의 효과를 극대화할 수 있는 '기습(surprise)의 원칙'이다. 상대방이 예상치 못하거나 예상하더라도 효율적으로 대처할 수 없는 전술이나 무기를 사용하는 것을 말한다. 고대에서부터 현대 전쟁에 이르기까지 대승을 거둔 전투들은 대부분 기습에 의한 것이었다. 클라우제비츠가 말한 '전쟁의 안개(fog or war)' 즉, 군사작전에서 마주치는 상황인식의 불확실성(unpredictability)을 최대한 활용하는 것이다. 실제로 클라우제비츠는 '전쟁의 안개'라는 용어를 사용하지 않고, '환상', '달빛' 같은 은유적 표현으로 묘사하였다(Kiesling, E. C., 2001, 85~87쪽). 또 불확실성을 군사작전 중에 부딪칠 수 있는 물리적 장애물인 '마찰(friction)'과 예측하거나 계산할 수 없는 '가능성(chance)'으로 구분하였다. 이 중에 '가능성'이란 수학적으로 예측하거나 계산할 수 있는 '확률 법칙(law of probability)'이 아니라 전투 상황에서 자신과 적대자의 능력, 적대자 의도를 정확하게 인식할 수 없는 상태를 말한다. 이러한 불확실성은 고려할 사항과 의견들로 인한 혼돈이 증가하고 결국 판단을 어렵게 만든다는 것이다(Clausewitz, von C., 1832/ 1976, 112쪽).

전통적인 심리전이나 언론 통제는 상대방을 혼란에 빠뜨리는 기습 효과와 거리가 있었다. 적 병사들의 사기를 저하시키기 위한 것이 드러난 심리전 기법들을 오랫동안 사용해왔기 때문이다. 심지어 라디오, 텔레비전은 물론이고 전단을 이용한 심리전 도구들이 활용되고 있다. 휴전선 일대에서 대북 확성기 방송이 실시되고, 북한으로 날려 보내는 전단 풍선은 남북 간 갈등의 원인이 되고 있다. 이처럼 상대방이 예측할 수 있는 심리전 기제들은 큰 효과를 기대하기 어렵다. 라디오, 텔레비전 심리전은 주파수 통제 같은 방법으로 원천 방어되고 있다. 특히 개방 체제를 가진 민주주의 국가들과 달리 권위주의 국가들의 정보통제 시스템은 매우 강하다. 1980년대 미국이 쿠바를 대상으로 했던 라디오와 TV 방송은 전파방해를 피해 별도의 전송시스템을 이용해야 했다. 설사 물리적 방어 체제를 돌파했다 하더라도, 공격적인 심리전 메시지는 적대적 수용자들에게 '면역 효과(inoculation effect)'를 유발해 도리어 저항력을 강화시키는 결과를 초래할 수 있다. 그러므로 동·서 냉전 막바지의 심리전 양상은 방어 무기가 공격을 무력화시켰던 제1차 세계대전 진지전 양상과 매우 흡사하다.

1980년대 이후 미국이 소프트 파워 심리전으로 전환하지 않았다면, 양 진영 간에 형성된 심리적 진지전은 더 오래 지속되었을지도 모른다. 미국을 비롯한 서방 국가들이 소프트 파워 심리전으로의 전환한 것은 견고하게 구축된 공산 진영의 심리전 방어 체제를 무력화시켜 기습 효과를 극대화했다. 또 2000년대 중반부터 조직적으로 실시된 권위주의 국가들의 샤프 파워(sharp power) 심리전 역시 기습의 원칙으로 보면 성공한 전략이라 할 수 있다. 특히 2014년 크림반도를 큰 저항 없이 무혈 점령하면서 하이브리드 전략의 효과를 입증해주었다. 특히 개방형 네트워크를 가지고 있는 민주주의 국가들에게 권위주의 국가들의 샤프 파워 심리전 기습효과는 위력적이다. 심리전 주체는 물론이고 전장조차 특정하기 어려운 네트워크 전에서 전략적 커뮤니케이션 관점에서 시도하는 사이버 공격은 상대방이 예상치 못했거나 예상했더라도 대응하기 힘들어 기습의 원칙을 극대화할 수 있는 전략이다. 그러므로 하이브리드·비대칭 전략은 적의 판단을 어렵게 만들어 군사적 저항을 무력화하는 강력한 기습 효과를 거둘 수 있다.

다섯째, 아군의 정보 활동을 적의 공격으로부터 보호하는 '보안(security)의 원칙'이다. 즉, 아군이 정한 교전규칙(rule of engagement)에 의해서 의사소통이 이루어져야 한다는 것이다. 더구나 현대 전쟁 양상이 네트워크 중심전으로 전환되면서, 작전보안(OPSEC : Operational Security)은 전쟁의 승패를 좌우한다고 해도 지나치지 않다. 이미 전통적인 검열(censorship)이나 접근 통제(access control)와 같은 물리적 통제방식은 이제 사실상 효과를 장담할 수 없게 되었다. 전투 현장에서 모바일과 인터넷을 통해 민간인들에 의해 직접 제공되는 정보들을 물리적으로 통제하는 것이 사실상 불가능하기 때문이다. 또 사이버 공격을 막기 위한 많은 기술적 방어체계들도 절대 완벽할 수 없다. '최선의 방어는 공격'이란 말처럼 적의 온라인 공격을 방어하는 수동적 방식에서 벗어나 온라인 커뮤니케이션 담론을 주도하는 공격적 전략이 필요하다. 전략적 커뮤니케이션은 적극적 메시지 공세를 통한 담론 지배를 통해 아군의 정보활동을 보호하는 '공세의 원칙'과도 연관되어 있다고 할 수 있다.

전략적 커뮤니케이션과 정보작전

전략적 커뮤니케이션은 전혀 새로운 개념은 아니다. 도식적으로만 보면 기존의 공공외교, 정보작전, 심리전에다가 사이버 작전 개념을 결합한 것처럼 보이기도 한다. 그것은 군사작전 수행과 관련해 온라인 네트워크에서 실행되는 각종 정보활동들과 외교적 공보활동들을 단일 지휘체계로 통합·운영한 것이라 할 수 있다. 그러한 맥락에서 전략적 커뮤니케이션을 정보작전(Information Operation), 공공관계(Public Affairs), 심리작전(Psychological Operation), 군사 외교(Military Diplomacy), 안정화 작전 역량들을 마치 오케스트라처럼 통합한 형태로 묘사되기도 한다(김철우, 2017). 미국 합동참모본부는 여기에 '공공 외교에 대한 군사적 지원(DSPD: Defense Support for Public Diplomacy)'까지 포함시키고 있다.

한마디로 전략적 커뮤니케이션은 군사적 정보작전과 비군사적 공공관계 활동을 결합한 개념으로 볼 수 있다. 군사작전을 지원하기 위해 가용한 모든 커뮤니케이션 역량들을 조직화하는 전략이라 할 수 있다. 이 때문에 머피(D. M. Murphy)는 '전략적 커뮤니케이션(strategic communication)'이 아니라 '전략적 커뮤니케이션 수단들(strategic communications means)'이라고 표현 하기도 한다. 흔히 DIME으로 지칭되는 4대 국력 요소(national power)인 외 교(diplomatic), 정보(information), 군사(military), 경제(economic) 역량을 통합적 으로 활용하는 전략으로 정의되기도 한다(Murphy, D. M. 2005). 하지만 전략 적 커뮤니케이션은 네 요소를 물리적으로 통합하는 것이 아니라 정보를 축으로 나머지 세 요소를 통합하는 개념이다.

그림80 국력 요소로서 정보의 역할 변화

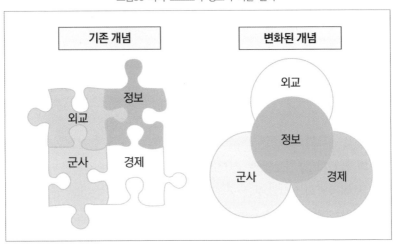

흔히 국력 요소로 외교(Diplomacy), 군사력(Military), 재정(treasury), 공공외 교(Public Diplomacy)를 들고 있다. 그리고 각각의 요소들은 고유한 대상 (target)과 목적(objective)을 가지고 있다. 외교는 특정 국가의 리더를 대상으 로 그들의 행동을 통제하는 것이 목적이고, 군사력은 물리적 목표물을 공 격해 상대방에 타격을 입히는 것이다. 또 재정은 경제 체제에 영향을 미치 는 역량이고, 공공외교는 목표 공중을 대상으로 그들의 행동에 영향을 미 치는 활동을 말한다. 미 국방부 합동보고서 3-13(Joint Publication 3-13)에서 는 전략적 커뮤니케이션을 국가안보와 관련된 공공관계(Public Affairs), 공공

외교에 대한 군사적 지원(DSPD : Defense Support of Public Diplomacy), 정보작전(Information Operations)을 통합하는 것으로, 각 활동 간의 일치성(synchronizing)을 중시하고 있다(U.S. Joint Chiefs of Staff, 2009, 1~10쪽).

하지만 전략 커뮤니케이션에 포함된 활동들이 가진 개별적 목표나 대상들은 차이가 있을 수밖에 없다. 특히 군사 정보작전과 외교 홍보활동은 그 성격과 내용이 크게 다르다. 앞에서도 설명한 것처럼, 처음 미국 정책조정위원회(Policy Coordinating Committee)가 의도한 전략적 커뮤니케이션의 목표들은 공공외교 성격이 훨씬 강했다(박휘락, 2009). 첫째, 미국인의 기본적 가치에 내재된 희망과 기회의 긍정적 비전을 확산시킨다. 둘째, 우방국과 협력하여 인류의 자유와 평화를 위협하는 폭력적 극단주의자(violent extremists)들을 소외시킨다. 셋째, 문화와 이해에 구애받지 않고 모든 국가들과 공통적 이해와 가치를 증진해 나간다. 한마디로 미국의 정신, 이상, 평화, 협력 같은 이념들을 확산·전파하는 것이다.

제2차 세계대전 이후 제3세계 국가들을 대상으로 미국 공보원(USIA : The United States Information Agency)이 했던 활동 목표도 마찬가지다. 무엇보다 폭력적 수단이 배제되었다는 점이 중요하다. 폭력적 극단주의자를 소외시킨다는 목표가 있지만, 군사적 수단이 아닌 문화 전파나 대민 접촉 같은 비폭력적 수단을 사용하는 것에 초점이 맞추어져 있다. 이러한 개념은 민주주의, 평화, 인권을 명분으로 내세워 군사적 개입을 정당화하는 평화전쟁과 깊은 연관이 있다고 할 수 있다. 군사적 목적의 심리전 활동은 목표 수용자들의 저항이 클 수 있지만, 우호적 이미지를 형성하는 공공외교(public diplomacy)나 공보 활동(public affairs)은 심리적 저항이 상대적으로 낮기 때문이다. 1980년대 동유럽과 쿠바 같은 공산 진영을 붕괴시키는데 기여했던 국제 방송들은 내용적으로는 심리전이지만, 표면적으로는 민간 차원의 국제방송으로 위장하였다. 미국의 소리(Voice of America), 자유유럽 방송·자유의 방송(Radio Free Europe·Radio Liberty), 라디오·텔레비전 마르티(Radio·Television Marti), Al Hura Arabic Radio 같은 방송 들은 민간이 주도해 소프트 파워 콘텐츠를 활용하면서 큰 성과를 냈다. 1999년 미국 국무부 산하 USIA가 직접 운영해왔던 '미국의 소리 방송'을 독립시킨 것은 미국 정부나 군이 직접 운영하는 심리전 방송이 아니라는 인식을 주기 위한 것이었다.

표15 전략적 커뮤니케이션과 정보작전, 사이버전, 공보작전, 심리전 특성 비교

	전략적 커뮤니케이션	정보작전	심리전	공보활동	사이버전
목표 군중	우호적, 중립적, 적대적	적대적 (의사결정 시스템)	적대적	우호적, 중립적, 적대적	적대적
역량 (가용수단)	공공관계, 공공외교, 심리전, 군사외교, 공공외교에 대한 군사적 지원 국력 자원(DIME)	작전 보안 군사적 기만 첩보 획득	군사 심리전 전장 접근 통제 전시 언론 통제 SNS, 가짜뉴스	대국민 공보 글로벌 매체 인터넷, 네트워크	전자전 컴퓨터네트워크 바이러스, 해킹
커뮤니케이션유형	양방향 (two-way)	일방향 (one-way)	일방향 (one-way)	일방향 (one-way) 양방향 (two-way)	일방향 (one-way) 양방향 (two-way)
내용	진실성	거짓, 과장, 기만	거짓(진실성)	진실성(과장)	기술적 기만
성격	전략적	전략적 + 전술적	전술적	전략적	전술적
목표	이해/참여	영향력 확대 붕괴, 방해, 획득	사기 저하/ 분열	이해/우호적 태도	정보시스템 파괴
효과	인지적/행동적	인지적	인지적/행동적	인지적	정보적(처리절차) 물리적(시스템)

전략적 커뮤니케이션은 군의 정보작전, 심리전, 사이버전 개념에 비군사적인 공보활동들을 유기적으로 결합한 것이다. 군사적 목적으로 수행되는 커뮤니케이션 활동에 민간 공보 활동 요소들을 가미해 효과를 배가시키려는 의도도. 일방적 커뮤니케이션 형태인 정보작전이나 심리전에 우호

적 이해관계를 형성하는 양방향 커뮤니케이션을 연계하는 것이기도 하다. 내용적으로는 거짓과 과장, 기만 같은 심리전 주제들 대신에 거부감이 적은 문화적 콘텐츠를 적극 활용하는 것이다. 한마디로 전략적 커뮤니케이션은 군사 활동과 관련된 정보작전이나 심리전이 추구하는 전술적 목표와 비군사적 공보 활동의 전략적 목표를 연계해 일관성과 체계성을 높이는데 그 목적이 있다.

이처럼 군사적 커뮤니케이션 활동에 민간 커뮤니케이션 활동들을 보완하는 형태이기 때문에 전략적 커뮤니케이션 주도권을 국무부가 아닌 국방부가 갖게 된 것이다. 이 때문에 전략적 커뮤니케이션은 상호 이질적인 커뮤니케이션 행위들 간의 괴리보다 더 심각한 오류 가능성을 내포하고 있다. 자신들의 의지를 상대방에게 강요하는 군사작전과 관련된 커뮤니케이션 활동은 자칫 공공 외교나 국가 공보 활동처럼 '전략적 서사(strategic narrative)'로 확대·해석될 수 있기 때문이다. 실제로 전략적 커뮤니케이션에 철학적 담론이나 커뮤니케이션 개념들을 무비판적으로 적용하는 오류를 범하고 있는 것을 볼 수 있다. 특히 군사적 커뮤니케이션 활동과는 완전히 상충되는 맑스주의에 기반을 둔 비판 커뮤니케이션(critical communication) 개념들까지 적용하는 경우를 볼 수 있다.

일례로 위르겐 하버마스(Jurgen Habermas)의 '합리적 소통행위 이론'을 가지고 전략적 커뮤니케이션을 설명한 것을 볼 수 있다(홍주영, 2018). 하지만 하버마스의 '공론장(public sphere)'이나 '이상적 담화 상황(ideal speech situation)' 같은 개념들은 자기 의사를 상대방에게 강요하는 군사적 활동과는 본질적으로 배치된다. 무엇보다 자본주의 생산양식을 근본적으로 문제삼는 비판적 커뮤니케이션 이론은 강압과 지배를 목적으로 하는 군사적 커뮤니케이션 행위와 접목될 수 없다는 것이다. 하버마스는 인간의 행위를 '전략적 행위(strategic action)'와 비전략적 행위인 '의사소통행위(communicative action)'로 구분하고 있다. 전략적 행위가 목표 대상을 통제해 의도된 효과를 성취하는 '목적 합리적 행위(teleological action)'인 반면에 의사소통은 그 자체가 목적인 '발화 수반적 행위(illocutionary action)'이다. 하버마스는 목적합리적 행위를 억제하고 합리적 의사소통구조를 강화해야 한다고 주장한다. 하지만 전략적 커뮤니케이션은 군사적 목적을 성취하기 위한 가장 분명한 합리적 행위다. 공공외교나 국가 공보 같은 비군사적 커뮤니케이션 활동도 그 정도는 약하지만 외교적 성과라는 목적에서 벗어날 수 없다. 그러므로 하버마스의 의사소통이론은 출발점부터 전략적 커뮤니케이션과 상충된다. 특히 전쟁 같은 극단적 갈등 상황에서 행해지는 전략적 커뮤니케이션을 하버마스의 합리적 의사소통 행위와 연결시키는 것은 부적합하다.

한편 전략적 커뮤니케이션을 죠셉 나이(Nye, J., 2005)의 소프트 파워(soft power) 개념과 동일하게 인식하기도 한다. 양자가 매우 유사하고 혼재되어 사용되는 부분이 많다. "자국 혹은 다른 나라 사람들에게 국가의 존립 정당성과 긍정적 이미지를 확산시켜, 국가 정책에 대한 신뢰와 공동의 가치를 형성한다(Paul, C. 2011, 48~53쪽)"는 전략적 커뮤니케이션에는 소프트 파워 성격이 많이 내재되어 있다. 하지만 전략적 커뮤니케이션은 소프트 파워와 관련된 내용을 기표(signifier)로서 활용하는 것이지, 군사적·정치적 설득 커뮤니케이션의 기의記意(signified)는 궁극적으로 군사작전 성공에 목적을 두고 있다.

결국 이같은 혼돈은 전략적 커뮤니케이션을 일종의 이데올로기 개념으로 확대 해석하는 데서 비롯된다. 하지만 전략적 커뮤니케이션은 특정 전쟁 상황과 시기에 적합한 전술적 행위에 더 가깝다는 점에서 소프트 파워와 근본적으로 다르다. 소프트 파워가 사람들의 인지와 지각을 목표로 하여 지정학적 적대 세력들의 의사결정능력을 약화시키는 것이라면(Starbird, K. et al., 2019), 전략적 커뮤니케이션은 국제사회의 관심, 이해, 동질감 등을 형성하여 다른 사람들의 행동에 영향을 주는 것이다(Miskimmon, A. et al., 2013). 특히 소프트 파워에는 가짜뉴스 같은 거짓 정보 개념이 포함되지 않지만, 전략적 커뮤니케이션에는 가짜뉴스도 수단이 될 수 있다(La Cour, C., 2020).

그럼에도 불구하고 전략적 커뮤니케이션이 점점 부각되는 이유는 전쟁 패러다임 변화와 관련되어 있다고 할 수 있다. 1990년대 처음 제기된 '군사혁명(RMA : Revolution in Military Affairs)'의 한 부분으로 전략적 커뮤니케이션의 중요성이 부각되고 있기 때문이다. 네트워크 중심전, 전자전, 기만작전, 사이버 심리전의 중요성이 부각되면서 정보의 수집과 공유, 분석, 대응이 전쟁의 핵심 요소로 부상하고 있는 것이다. 가용한 국력 요소를 통합·운용해 상대국의 행동이나 능력을 변화시키는 '효과중심작전(EBO : Effects-Based Operation)', 센서-지휘통제-타격이 연계된 네트워크에서 정보우위를 통해 전투력을 증강시키는 '네트워크 중심전(NCW : Network-Centric Warfare)', '신속결정작전(RDO : Rapid Decisive Operation)' 같은 개념들과 함께 새로운 전쟁 패러다임의 한 영역으로 전략적 커뮤니케이션이 부각되고 있다(Mattis, J. N., 2008, 23쪽).

특히 정보·네트워크 전쟁으로의 전환은 전략적 커뮤니케이션과 깊이 연관되어 있다. 정보전 혹은 네트워크전은 1970년대 'C3I(Command, Control, Communication and Intelligence)'에서 시작해, '협력(collaboration)'과 '컴퓨터(Computer)'가 추가된 'CnI'로 확대되었다. 심지어 2019년 록히드마틴사 연례보고서(Annual Report of Lockheed Martin Corporation)에서는 'CnI & SR(Command, Control, Communications, Computers, Cyber-Defense and Combat Systems and Intelligence, Surveillance, and Reconnaissance)'이라는 용어까지 사용되고 있다. 이 때문에 전략적 커뮤니케이션은 심리전·정보전 개념을 넘어서 안보 커뮤니케이션 시스템 구축을 통한 조기 감시체계와 신속 대응능력을 강화하는 수단으로 확대되고 있다. 효율적인 군 정보· 커뮤니케이션 체계를 구축해 민간인과 민간시설에 대한 피해를 최소화하고 군사작전을 효율적으로 수행하는 방법의 하나로서 전략적 커뮤니케이션이 개념이 활성화되고 있는 것으로 보인다. 향후 전략적 커뮤니케이션은 공공활동이나 공공외교와 전술적 정보전, 심리전, 기만작전을 모든 합한 것 이상의 새로운 개념으로 진화할 가능성도 있다.

표16 주요 정부 커뮤니케이션의 유형과 특성 비교

패러다임	대분류	중분류	소분류	주체	메시지 유형	목표 군중	수단	소구유형	커뮤니케이션 유형	목적	목표
정보개입 (information intervention)	정보작전 (information operation)	선전 (propaganda)	백색 (white)	정치 및 민간 협력	명시적	모든 군중	진실 프레임	이성적 소구	일방적	인지 변화	국가정책 촉진, 지원, 변화
			회색 (gray)	정치 및 민간 협력	복합적	모든 군중	복합	복합적 소구	일방적	태도변화	
			흑색 (black)	정치 및 민간 협력	암시적	모든 군중	가짜뉴스 기만	감성적 소구	일방적	태도·행동변화	
		심리전 (psychological operation)	백색 (white)	군사 및 정보 조직	명시적	외국 군중	진실 프레임	이성적 소구	일방적	인지 변화	국가안보 지원, 외교정책 촉진
			회색 (gray)	군사 및 정보 조직	복합적	외국 군중	복합	복합적 소구	일방적	태도 변화	
			흑색 (black)	군사 및 정보 조직	암시적	외국 군중	가짜뉴스 기만	감성적 소구	일방적	태도·행동변화	
		공공외교 (public diplomacy)	전통적 (traditional)	정치 및 민간 기구	명시적	외국 군중	진실 프레임	이성적 소구	복합	태도 변화	외교정책 지원
			새 기법 (new)	정치 및 민간 기구	명시적	외국 군중	진실 프레임	이성적 소구	양방향	태도 변화	국가안보 촉진
	정보정치 (information politics)	공공관계 (public affairs)	정부	정치 및 군사 기구	명시적	자국 군중	진실 프레임	이성적 소구	복합	인지 변화	국가정책 촉진, 지원, 지원, 변화
			기업	민간 기구	명시적	자국 군중	진실 프레임	이성적 소구	복합	태도 변화	
			이해집단	민간 기구	명시적	자국 군중	진실 프레임	이성적 소구	복합	태도 변화	

출처: Phillip Arceneaux(2021). Information Intervention: A Taxonomy & Typology for Government Communication. *Journal of Public Diplomacy.* Vol. 1 No. 1. p.22에서 인용

하지만 본질적으로 군사적 정보작전과 비군사적 공공관계 증진 활동은 매우 이질적이어서 화학적으로 융합될 수 있을 것인가에 대해서는 아직 미지수다. 국제관계에 관련된 정부 커뮤니케이션들의 특성을 비교·분석한 필립 아르쎄노(Phillip Arceneaux)는 공공외교(public diplomacy)와 공공관계(public affairs)를 합해 정보정치(information politics)라 하고, 선전(propaganda)와 심리전(psychological operations)을 합해 정보전(information operations)으로 규정해 차이를 [표16]과 같이 특성을 비교 분석하였다. 한마디로 정보정치가 진실성과 공개성을 위주로 하는 반면 정보전은 진실과 거짓이 모두 사용되고 은밀히 비밀리에 수행된다는 점을 가장 큰 차이로 보고 있다. 모든 정부 관련 커뮤니케이션을 통합 운영한다는 것이 내용적으로 쉽지 않음을 보여주고 있는 것이다.

하이브리드 전쟁의 시작 : 러시아-우크라이나 전쟁

2022년 2월 24일 러시아는 '특별군사작전(special military operations)'이란 명칭으로 우크라이나 공격을 개시하였다. 명분은 '우크라이나의 탈나치화'와 '돈바스 지역의 러시아계 주민 보호'였다. 하지만 우크라이나 국경 지역에 집결해 있던 120개 대대 전술단(Battalion Tactical Group)으로 편성된 10만 병력이 돈바스 지역뿐 아니라 북부 벨라로스 방면과 남부 크림반도에서 동시 공격하면서 시작되었다. 개전 초기에는 양국 간 큰 전력 차이 때문에 단기간에 끝날 것 같던 전쟁은 우크라이나의 결사적 저항과 서방 국가들의 지원으로 2년 넘게 이어지고 있다. 마치 제1차 세계대전이나 이란·이라크 전쟁처럼 밀고 밀리는 진지전 양상이 재연되고 있다.

주목해야 할 점은 그 원인이 공격보다 방어에 유리한 무기나 전술 때문이 아니라 정치적 역학관계나 국제 여론 같은 비군사적 요인들이라는 것이다. 그러다 보니 양측 모두 이기지도 지지도 않은 말 그대로 '모호한 회색지대 전쟁'이 벌어지고 있다. 이 때문에 군사적 충돌과 함께 대·내외 심리전이 동시에 벌어지는 전형적인 하이브리드 전쟁 양상을 보이고 있다. 양측은 개전 초기부터 다양한 온라인 매체들을 활용해 적극적인 심리전을 전개하였다. 특히 러시아는 '게라시모프 독트린(Gerasimov doctrine)'이라 불리는 새로운 전쟁 개념에 따라 군사작전과 정보전을 체계적으로 결합시킨 하이브리드 전략을 수행하였다. 특히 개전 초기 러시아의 전략은 향후 하이브리드 전쟁 양상을 엿볼 수 있다.

우크라이나 전쟁의 전조는 2014년 4월 러시아가 크림반도를 합병하고, 돈바스 지역 친러분리주의자들을 군사적으로 지원하면서 시작되었다. 문제는 2019년 취임한 젤렌스키 우크라이나 대통령은 EU와 나토 가입을 추진하는 등 강력한 친서방 정책으로 러시아를 자극하였다. 이런 상황에서 러시아는 2021년 4월 크림반도에서 대규모 병력과 전함을 동원한 군사훈련을 실시하게 된다. 훈련 종료 이후에도 병력을 철수하지 않으면서 긴장이 고조되었다. 그러자 바이든 미국 대통령은 우크라이나를 공격하면 경제제재를 포함한 모든 수단을 동원해 상응하는 대가를 치르게 할 것이라고 경고하였다. 그렇지만 푸틴 러시아 대통령은 우크라이나 나토 가입 반대, 서방 국가들의 동유럽 지역에서의 군사 활동 중지, (구)소련 국가들의 나토 가입 금지, 러시아의 안정 보장 등을 요구하면서 맞서게 된다. 이처럼 러시아의 우크라이나 공격 위협이 커지자, 2021년 12월 EU는 우크라이나 사이버 안보 분야에 3년간 3,100만 유로의 재정 지원을 결정하였다.

이렇게 긴장이 고조된 상황에서 2022년 1월 13~14일 이틀간 러시아는 우크라이나 외교부, 내무부, 에너지부, 교육부, 농업부 등의 웹사이트에 '위스퍼게이트(WhisperGate)'라고 불리는 멀 웨어 공격을 감행한다. 우크라이나 정부는 이 사이버 공격이 친벨라루스 성향을 보여온 사이버 스파이 그룹 'UNC1151' 소행이라고 밝혔지만, 그 배후에 러시아가 있다는 것은 충분히 예측할 수 있었다. 공격 직후 우크라이나 정부는 신속하게 정상화했다고 발표했지만, 각 기관들의 웹사이트 화면에는 '디페이스먼트(defacement)'라는 위·변조 해킹 기술을 이용해 우크라이나어, 러시아어, 폴란드어로 작성된 다음과 같은 메시지가 게시되었다.

> "우크라이나인들여! 너희들의 모든 개인 데이터를 인터넷에 업로드하였다. 컴퓨터에 내장된 모든 데이터는 파괴되어 복원이 불가능할 것이다. 너희들의 개인 정보는 모두 인터넷에 유출되었다. 두려워하고 최악을 기대하라. 이것은 너희들의 과거이자 현재이고 미래다(Polityuk, P. & Holland, S., 2022)"

군사작전 직전에 실시되는 사이버전은 상대국의 통치 시스템을 마비시켜 정책 결정을 방해하고, 여론 교란과 사회적 혼란을 유발해 군사적 우위를 달성하기 위한 것이다. 특히 사이버 공격은 비용 대비 효과가 커서 재래식 군사력을 보완하는 효율적 수단이 될 수 있다. 이처럼 군사적 공격과 정보전을 결합하는 전략은 '게라시모프 독트린'에 영향을 미쳤다고 하는 체키노프와 보그다노프가 처음 구상한 것이다. 이들은 차세대 전쟁에서 정치·경제·기술·생태·정보 수단을 모두 동원하여 군사적 우위를 무력화시키는 비대칭 전략이 중요하다는 점을 강조하였다. 또 적 병사와 국민들의 사기와 저항 의지를 말살하기 위한 사이버 공간이 주전장이 될 것이라고 보고, 차세대 전쟁 양상을 단계별로 기술한 바 있다(Chekinov, S. & S. Bogdanov, 2013, 19~22쪽). 한마디로 공격 직전에 적의 정부와 군을 무력화시키기 위한 심리전과 전자전을 결합한 대규모 정보전을 실시한 후에 군사적 공격을 집중한다는 것이다.

러시아의 우크라이나 공격은 이 같은 전술 개념을 그대로 보여주었다. 공격 전날 러시아는 우크라이나 정부 시스템에 '폭스 블레이드(FoxBlade)'라는 대규모 와이퍼 공격을 전개하였다. 또 공격 개시 10시간 전에는 300여 개 정부 기관과 군, 금융기관의 전산망에 대해 '헬메딕와이퍼(Hermetic Wiper)'라 불리는 악성 코드 공격을 실시하였는데, 이 사이버 공격은 4월 8일까지 40여 회 이상 계속되었다.

그림81 러시아 개전 초기 사이버전 양상

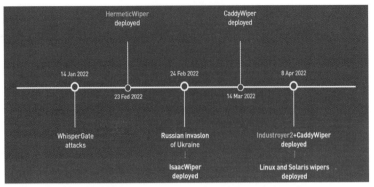

Gavrila, A.,(2022). "Ukrian's great cyberwar that did not happen"
(https://www.researchgate.net/publication/365470953_Ukraine%27s_great_cyberwar_that_did_not_
happen)

특히 침공 1시간 전에는 미국의 인공위성 비아샛(Viasat)을 멀 웨어로 공격해 수만 개 터미널을 마비시켰다(O'Neillarchive, P. H., 2022). 우크라이나 군 통제 시스템이 비아샛 통신 네트워크를 이용하고 있었기 때문이다. 이 때문에 우크라이나 정부는 모든 기관들이 마이크로소프트의 클라우드를 이용하도록 조치하였고, 마이크로소프트는 우크라이나 미디어와 커뮤니케이션 기관들의 웹사이트를 복구시켜 러시아 공격에 대한 반격 조치가 가능하게 지원하였다(Mclaughlin, J., 2022).

특히 주목할 것은 군사적 공격 개시와 동시에 대대적인 사이버 심리전을 실시했다는 것이다. 러시아 매체들이 트위터, 페이스북, 틱톡 같은 소셜미디어를 통해 유포한 허위·가짜뉴스가 양적·질적으로 급증한 것이다. '유럽 디지털 전망대(European Digital Media Observatory)'는 개전 초기에 러시아가 확산시킨 가짜뉴스들을 다음과 같은 다섯 유형으로 분류하고 있다. '전쟁으로 인한 세계적 재앙 가능성 대한 공포감 주입(instill fear about possible global catastrophic consequences of the war)', '신나치 지도자로서 젤렌스키 대통령의 악의적 묘사(misleading representations of Ukrainian president Volodymyr Zelensky as a pro-nazi leader)', '(러시아군의) 용맹성과 전투의지를 독려하기 위한 젤렌스키 대통령과 우크라이나군에 대한 왜곡된 묘사 (misleading representations of Zelensky and the Ukrainian army to emphasize bravery or power)', '우크라이나가 전쟁을 시작했다는 공모이론(a conspiracy theory claiming that the war was staged and is not really happening)', '우크라이나 난민들의 탈출에 관한 거짓 정보(wrong information about Ukrainian refugees trying to leave the country and enter other EU states)' 등이다.

한편 러시아와 EU의 전략적 담론을 내용 분석한 아스프리아디스는 러시아 심리전이 ① 우크라이나에 대한 나치의 위협과 세계대전 발발 가능성 ② 미국과 EU는 '거짓말 제국(Empire of Lies)' ③ 우크라이나 지역이 역사적으로 러시아 영토라는 공격 정당화 담론으로 구성되어 있다고 결론 내리고 있다. 반면 EU는 우크라이나 공격이 ① 유럽의 원칙과 가치 위반 ② 러시아 공격은 '푸틴의 철 지난 패권 정치 욕망' ③ NATO의 동진정책과 러시아 위협이 주를 이루고 있다고 분석하였다(Aspriadis, N., 2023).

그림82 젤렌스키 대통령을 나치주의자로 묘사한 가짜뉴스

(https://edmo.eu/publications/the-five-disinformation
-narratives-about-the-war-in-ukraine/)

이 같은 개전 초기 러시아의 하이브리드 전략은 제2차 세계대전 중에 독일군이 사용했던 전격전(Blitzkrieg)을 변형시킨 것이라 할 수 있다. 전격전은 "신속하게 적의 중추신경을 공격해 조직력을 와해시키고 저항력을 무력화시킨 후에 군사적 공격을 감행하는 전쟁 방식"으로, 일반적으로 4단계 수행 과정으로 구성되어 있다. 1단계는 신속히 제공권을 장악한 후, 적 후방의 부대 집결지, 지휘소, 통신·교통시설을 폭격해 지휘조직과 동원 체제를 마비시키고 심리적 충격을 가하는 것, 2단계는 적의 방어가 가장 취약한 지점에 전차와 자주포, 공병, 보병을 집중시켜 전선 돌파구를 형성하는 것, 3단계는 포병과 항공기 근접 지원을 받는 기갑 및 보병 부대가 돌파된 전선을 통해 적진 깊숙이 침투, 적 주력을 포위하는 것, 마지막 4단계에서는 보병이 포위된 적을 소탕하는 것이다.

전격전의 승패 요인으로는 '기습(surprise)', '속도(speed)', '화력의 우위(superiority)'가 있다. 이 중에 전격전의 승패를 결정짓는 핵심은 1단계 적에게 심리적 충격을 가해 전의를 상실케 하는 기습의 성공 여부에 달려 있다. 제2차 세계대전 당시 독일은 주요 전략적 목표물과 돌파하려는 전선에 항공 폭격을 집중하는 방법을 사용하였다. 적의 물적 자원과 사기를 약화시키기 위해 주요 거점을 집중적으로 폭격하는 굴리오 두에(Gulio Douhet)의 '전략폭격이론'을 응용한 것이다. 하지만 우크라이나 공격에 사용된 러시아 전격전은 적의 군사적 방어시설에 대한 전략폭격 대신 사이버 공격과 사이버 심리전을 비롯한 각종 정보전으로 대체한 것이라 할 수 있다.

러시아가 전략폭격 같은 군사적 공격 대신 비군사적인 사이버전 혹은 정보전으로 대체한 이유는 몇 가지 측면에서 살펴볼 수 있다.

첫째, 무엇보다 현대 전쟁이 정당성 확보가 중요한 평화 전쟁으로 변화되었다는 것이다. 정당한 전쟁은 전쟁 목적과 수행 과정 모두 정당한 것으로 인정받아야 한다. 물론 대·내외적으로 전쟁의 정당성을 확보하려는 심리전은 오래전부터 행해져 왔다. 하지만 기술적 제약 때문에 심리전 범위와 효과는 제한적이었다. 전쟁 정당성 확보를 위한 대·내외 심리전 또한 지엽적이고 한정적일 수 밖에 없었다. 하지만 매스미디어의 등장은 이러한 전쟁 환경을 크게 변화시켰다. 20세기 이후 전쟁 규모가 급격히 커지게 된 배경에 전쟁을 인지할 수 있는 지리적 공간을 확장시킨 매스미디어도 무관하지 않다. 더구나 20세기 후반 위성·인터넷 같은 글로벌 네트워크의 등장은 소규모 국지전까지도 전 지구적 관심과 영향력을 발휘하고 있어 모든 전쟁을 지구촌 전쟁으로 만들고 있다. 더구나 모바일, SNS 같은 양방향 개인 미디어들은 실제 전쟁 양상을 실시간으로 전 지구촌에 확산시켜 모든 인류를 '상시 인지적 전쟁 동원 상태'로 만들고 있다. 이런 상황에서 군과 민간인을 구별하지 않는 전략 폭격 같은 대량 군사적 공격보다 은밀한 사이버전이 불가피하게 된 것이다.

둘째, 군사작전과 함께 대·내외 심리전을 병행하는 것은 작전의 효율성을 배가시킬 수 있다는 점이다. 개전 당시 러시아의 우크라이나 공격에 대해 국제 여론은 부정적이었지만, 정작 러시아 국민들과 우크라이나 점령지역 주민들에게 우호적 여론을 형성하는데 성공했다고 볼 수 있다. 개전 초기 60% 수준이었던 푸틴에 대한 러시아 국민들의 지지도가 80%까지 올라 재선에 성공했고, 점령지역에서의 적극적 대내 심리전과 민사작전으로 루한스크, 도네츠크, 헤르손 지역의 국민투표에서 90% 내외의 압도적 찬성으로 러시아 합병안이 통과되었다. 물론 이 지역 주민들이 주로 러시아계라는 점도 작용했지만, 거의 큰 저항 없이 점령 정책이 성공적이었던 것은 분명해 보인다(김규철, 2022, 53쪽).

셋째, 사이버전과 사이버 심리전은 공격 주체와 공격수단을 단기간에 파악할 수 없다는 것이다. 물론 언젠가는 공격 주체와 의도가 밝혀지겠지만, 그때는 이미 군사적 목적을 성취한 이후일 가능성이 높다. '모호하고 비대칭적 수단을 통해 불편하고 불확실한 환경에서 군사적 개입을 주저하게 만들어 큰 저항 없이 군사적 목표를 달성하는' 회색지대 전술의 최대 이점이다. 특히 디지털 커뮤니케이션 기술을 활용하는 비가시적인 하이브리드 전략은 공격 주체의 모호성을 더욱 극대화시킬 수 있다(송태은, 2021,

77쪽). 이는 상대국의 국가 시스템을 마비시키고, 여론 교란이나 사회적 혼란을 유발해 정치적 우위를 점하는데 효과적이다. 실제로 러시아의 초기 전자전과 사이버 공격은 우크라이나의 대응능력을 무력화시키고, 우크라이나 국민들과 국제 여론을 혼란스럽게 만드는데 어느정도 효과를 거둔 것이 사실이다.

넷째, 물리적 공격을 대신하는 사이버 공격은 매우 경제적인 비대칭 무기가 될 수 있다는 점이다. 전격전 1단계 공격을 사이버 공격이나 사이버 심리전으로 대체하게 되면, 군사적 자산들은 2단계 이후에나 사용하게 되어 경제적으로도 효율적이다(김경순, 2018, 63~95쪽). 더구나 사이버 공간에서는 적은 비용과 희생으로 상대국을 불안정하게 만들고, 시간과 장소 제한 없이 상시 공격이 가능하다. 특히 미국을 비롯한 서방 국가들이 개방형 첨단 네트워크를 가지고 있어 그 효과가 배가될 수 있다(Ajir, M. & B. Vailliant, 2018, 74쪽). 그러므로 재래식 군사력에서 압도적 우위에 있는 미국의 군사적 개입을 우려하는 러시아 입장에서 하이브리드 정보전은 적은 비용으로 비대칭 우위를 확보해, 군사력 열세를 만회할 수 있는 유용한 수단이 될 수 있었던 것이다.

영원한 딜레마 : 군사작전과 커뮤니케이션

전략적 커뮤니케이션이란 용어가 부각되기 시작한 것은 최근이지만, 전쟁 같은 국제적 갈등 상황에서 설득커뮤니케이션이 사용된 것은 매우 오래되었다. 그래서 전쟁 커뮤니케이션의 역사는 인간의 역사이자 전체 커뮤니케이션 역사라고 해도 지나치지 않을 것이다. 전략적 커뮤니케이션이란 용어가 처음 공식적으로 등장한 것은 2002년 부시 대통령이 '테러와의 전쟁(GWOT : Global War on Terror)'을 선포하면서부터다. 당시 미국 정부가 생각했던 전략적 커뮤니케이션 개념은 "(전쟁 혹은 국가 간) 커뮤니케이션 분야의 모든 행위자들이 (국가 안보와 관련된) 핵심 수용자들에게 정보를 제공하고 영향을 미치는 수단들을 조직적으로 사용하는 것"이었다. 군사 활동 또는 국제관계와 관련된 모든 커뮤니케이션 활동들을 포괄하는 개념이었다고 볼 수 있다(Holtzhausen, D. & A. Zerfass, 2019).

이후 미국의 전략적 커뮤니케이션 논의 과정을 보면, 20세기 이후 지속되었던 전시 커뮤니케이션 체제 논쟁이 다시 표면화된 것 같다. 제1차 세계대전 이후 큰 전쟁이 발발할 때마다, 미국은 전시 커뮤니케이션 활동을 총괄하는 통합 기구를 설립하고 전후에 해체하는 일을 반복해왔다(Lord, C., 2007). '공공정보위원회(CPI : Committee on Public Information)', '전시정보국(OWI : Office of War Information)', '미국공보원(USIA : United States Information Agency)'을 거쳐 최근 '글로벌 협력센터(GEC : Global Engagement Center)에 이르기까지 여러 기구들이 설립되고 운영되다가 해체되었다(Tracy, A., 2018).

제1차 세계대전 참전 결정이 이루어진 1917년 설립했던 '크릴 위원회(Creel committee)' 즉, '공공정보위원회(Committee on Public Information)'는 종전 직후 '잔혹한 선전 메시지(atrocity propaganda message)'를 전파했다는 비판 여론에 부딪쳐 곧바로 해체되었다. 영국의 '정보부(Ministry of Information)' 역시 같은 운명이었다. 하지만 제2차 세계대전이 발발하자 미국 정부는 나치와 일본 심리전에 대응하기 위해 '전쟁정보국(OWI : Office of War Information)'을 다시 설립하였다. 하지만 'OSS(Office of Strategic Service)'를 비롯한 정보기관들과 역할 분담 등을 놓고 갈등을 벌이다가, 종전 직후 일부 기능을 국무부로 이관하고 해체되었다. 하지만 『설득할 것인가 아니면 전멸시킬 것인가(Persuade or Perish)』의 저자인 웰러스 캐럴(Wallace Carroll)은 "미 의회는 1947년 소련과의 정치적 갈등이 최고조에 달하면서 정보기구와 프로그램을 폐지한 지 6개월도 지나지 않아 후회하기 시작하였다"라고 한 바 있다(Carroll, W., 1948, 381쪽).

전시에 정보 관련 기구들을 단일 조직으로 통합하는 이유는 분산된 활동이 군사작전 측면에서 비효율적이기 때문이다(Masterman, J. C., 1972, 10~15쪽). 제2차 세계대전 초기에 미군의 전쟁 계획 작성에 참여하였던 앨버트

웨드마이어(Albert C. Wedemeyer) 장군도 같은 주장을 한 바 있다. 또한 영국이 보안국장(Chief of Security Service), MI5 책임자를 비롯해 첩보 활동 관련 책임자들로 구성된 '20인 위원회(XX Committee)'를 구성한 것이나 동서 냉전기에 소련이 KGB를 중심으로 모든 대 서방 정보, 심리전 활동들을 통합 운영하면서 효과를 본 것이 미국 정부에게 정보 기구 통합 필요성을 자극한 것도 사실이다.

크리스토퍼 폴(Christopher Paul) 교수는 동서 냉전기를 '전략적 커뮤니케이션과 공공외교 전성기(heyday of strategic communication and public diplomacy)'라고 규정하고 있다. 그러면서 동서 냉전기를 '전후 전략 커뮤니케이션 역량 해체기', '냉전 시작과 함께 새로운 역량 재건기' 그리고 '소련의 영향력을 이념적으로 훼손하기 위한 십자군(crusading) 캠페인 시기'로 다시 세분화하고 있다(Paul, C., 2011, 73쪽). 동서 냉전기에 미국의 글로벌 커뮤니케이션 활동은 미국공보원(USIA)의 공개적 활동과 정보기관들의 비공개 활동을 병행하였다. 이 때문에 주도권 문제는 항상 갈등이 되었다. 1971년 '라디오 자유 유럽(Radio Free Europe)'과 '라디오 리버티(Radio Liberty)'에 대한 CIA 연루설이 제기되면서 이원 체제의 문제점이 표면화된 것이 대표적인 경우다. 이 때문에 대외 커뮤니케이션 활동을 통합해야 한다는 주장이 힘을 받기 시작하였다. 1980년대 미국의 대소련 정책이 '소극적 봉쇄(containment) 정책'에서 '적극적 차단(rollback) 정책'으로 변화된 것도 커뮤니케이션 조직과 자원들의 통합 필요성이 제기된 또 다른 이유로 볼 수 있다. 이후 미국은 강력한 소프트 파워 심리전으로 공산 진영을 압박하였고, 그 결과 냉전 체제를 종식시키는데 성공하였다.

하지만 1990년대 동유럽 공산주의 체제가 붕괴되자, 통합 운영되고 있던 커뮤니케이션 기구들을 다시 분리하게 된다. 1999년 미국공보원(USIA)이 폐지되고, 그 인력과 기능은 국무부로 귀속되었다. "진리는 스스로 증명된다"는 말처럼, 대외 커뮤니케이션 역량들을 집중해 운영하는 것은 예산 낭비라는 생각이 지배하게 된 것이다. 어쩌면 냉전에서의 승리가 미국과 서방국가들로 하여금 국가가 직접 통제하지 않는 소프트 파워에 대한 지나친 자신감을 만들어 냈다고 볼 수도 있다. 그렇지만 2001년 9·11테러 이후 부시 정부의 '테러와의 전쟁' 선포로 미국의 대외 커뮤니케이션 전략은 다시 조직화와 통합을 추구하는 방향으로 전환되게 된다. 군사적 목표가 우선하는 전략적 커뮤니케이션 개념이 부각된 배경이라 할 수 있다. 아울러 인공지능, 빅데이터 같은 첨단 정보·통신 기술에 기반을 둔 4세대 혹은 5세대 전쟁 개념이 등장하면서, 이제 전략적 커뮤니케이션은 군사작전의 중심부로 진입하고 있다.

전략적 커뮤니케이션의 개념은 평화 수호, 인권 회복을 명분으로 하는 군사작전의 증가와 전쟁의 대의명분과 정당성 확보가 필요한 일종의 딜레마 상황에서 발생한 것이라 할 수 있다. 미국의 전략적 커뮤니케이션 목표인 '교육과 교환프로그램 확대(Expansion of education and exchange program)', '소통의 현대화(Modernization of communications)', '행동에 의한 외교(The diplomacy of deed)'가 이런 측면을 잘 보여주고 있다. 전쟁이라는 강압적 목표를 포장할 수 있는 커뮤니케이션 활동의 체계적 통합이 필요했던 것이다. 물론 통합된 기구들이 얼마나 유기적으로 협력할 수 있는가는 다른 문제다. 하지만 분명한 것은 커뮤니케이션 수단을 통합해 군사작전의 효율성을 높이기 위한 것이라는 사실이다.

이제 전략적 커뮤니케이션이 군의 정보전 활동을 위한 '국가 리더쉽의 핵심 요소(an essential element of national leadership)'의 한 축이 되고 있다는 사실을 부인하기는 어려워 보인다. 하지만 커뮤니케이션 조직 간 업무들이 충돌하면서 통합 체제가 반드시 효율적인 것만은 아닌 것 같다. 여전히 미 국방부와 국무부 간에는 주도권을 놓고 갈등과 혼선이 발생하고 있다. 민사·공공 외교 활동을 군사 작전에 활용하는 것은 유용한 측면이 있지만, 공생·공존의 의미를 가지고 있는 커뮤니케이션 행위는 폭력을 통해 자신의 의사를 상대방에게 강요하는 군사작전과는 근본적으로 충돌할 수밖에 없기 때문이다. 전략적 커뮤니케이션의 효과에 대해 의문을 제기하는 이유가 여기에 있다. 실제로 전략적 커뮤니케이션 활동들이 군사 작전의 일부인지 순수한 민간 활동인가가 불분명한 것이 사실이다. 때로는 전략적 커뮤니케이션이 군사작전을 어렵게 만드는 경우도 발생하고 있다. 군사적 목적이라고 하지만, 국무부가 관장하고 있는 커뮤니케이션 활동들이 주를 이루고 있기 때문이다.

미국 육군대학 '전략적 리더쉽 센터(The Center for Strategic Leadership)' 전쟁정보분과(The Information in Warfare Group)의 데니스 머피 교수는 전략적 커뮤니케이션과 정보작전의 차이점을 지적하고 있다. 정보작전은 특정화된 적대적 목표 군중의 인지적·정보적·물리적 의사결정능력을 붕괴, 방해 혹은 장악하는 것을 목적으로 하지만, 전략적 커뮤니케이션의 목표는 적대적 군중뿐 아니라 중립적이고 우호적인 군중들까지도 인지적 효과의 대상이 된다는 것이다. 따라서 전략적 커뮤니케이션이 군사작전에 적합한 것인가에 대한 의문은 여전히 남아있다(Murphy, D. M., 2008).

정보작전은 전자전(Electronic Warfare), 컴퓨터 네트워크전(Computer Network Operations), 작전 보안(Operation Security), 군사적 기만(Military Deception), 심리전(Psychological Operation) 같은 활동들을 포함하고 있다. 반면 전략적 커뮤니케이션은 대내 공보(Public Affairs), 군사 외교(Military Diplomacy), 공공외교에 대한 군사적 지원(Defense Support to Public Diplomacy), 영상 정보(Visual Information) 같은 활동들이 주를 이루고 있다. 전략적 커뮤니케이션의 80%는 행동(action)이고, 말(words)은 불과 20%에 불과하다는 지적이 나오기도 한다.

한편 다양한 커뮤니케이션 역량과 기구들을 물리적으로 통합하면서 전략적 커뮤니케이션의 개념과 목표가 불분명해졌다는 비판도 있다. 통합 시스템이 외교 활동에서 가장 중요한 '전략적 모호성(strategic ambiguity)'을 약화시켰다는 지적이다(Hoffjann, O., 2021). '국가정보 오픈 소스 센터(National Intelligence Open Source Center)'의 프로그램 매니저 티모시 커닝햄 (Timothy Cunningham)은 정보확산에 초점을 두는 전통 미디어들과 달리, 온라인 기반의 첨단 매체들은 수용자들의 심리적 개입(psychological engagement)이 중요하다고 주장한다. 모바일, 인터넷을 기반으로 하는 스마트 미디어 환경에서 커뮤니케이션 행위자(actor)와 송신자(communicator)가 불분명하고, 지속적인 역할교환이 일어나고 있어 커뮤니케이션 양식이 전혀 다르다는 것이다. 전통적인 심리전 개념으로 전략적 커뮤니케이션을 접근하는 것이 부적합하다는 주장이다.

그렇지만 분명한 것은 다양한 커뮤니케이션 수단들을 체계적으로 활용해 군사작전에 유리한 환경을 조성하기 위한 '전략적 커뮤니케이션(strategic communication)'이 현대 전쟁에서 차지하는 비중이 점점 증가하고 있다는 것이다. 더욱이 커뮤니케이션 기술이 전쟁의 보조 수단에서 핵심 수단으로 변화된 차세대 전쟁 패러다임에서 전략적 커뮤니케이션의 위상은 더커질 가능성이 높다. 하지만 전략적 커뮤니케이션이 점점 강화되면서, 커뮤니케이션의 공생, 공존의 의미는 점점 소멸되고 있는 추세다. 미국 '프리덤 하우스(Freedom House)'의 2018년 보고서에서는 "이란과 러시아의 트롤 부대(troll army)가 인터넷과 소셜미디어를 통해 확산시키는 허위 조작정보와 증오적 선전들은 여러 지역에서 특정 집단에 대한 폭력을 선동하고 사회구성원 간의 적대감을 야기하고 있다"고 평가하고 있다. 영국 옥스퍼드대학의 '컴퓨테이셔널 프로파간다 프로젝트(Computational propaganda Project)' 연구팀은 48개 국가에서 소셜미디어를 활용한 디지털 허위 조작정보를 조직적으로 유포하는 사이버 부대(cyber troop)을 운영하고 있다는 조사 결과를 발표한 바 있다(Bradshaw, S. & P. N. Howard, 2018). 이러한 허위 사실이 주를 이루는 전략적 커뮤니케이션은 역설적으로 각국의 국가안보를 위협하고 전쟁 위험성을 높이고 있다고 비판받고 있다(Slugocki, W. L. & B. Sowa, 2021). 실제로 미국 대법원은 미국 대선에 개입한 13명의 러시아인과 3개 러시아 기업을 기소하면서, 허위정보유포 행위를 '미국에 대한 정보전쟁(information warfare against the United States)'이라고 규정한 바 있다.

어쩌면 전략적 커뮤니케이션은 전시 언론·정보 통제와 관련된 논쟁을 다시 재현시킬 가능성도 있다. 전략적 커뮤니케이션 역시 군사작전과 관련해 미디어의 독립성이나 언론자유에 대한 상반된 인식이 내재되어 있기 때문이다. 민주주의 국가에서 안보를 목적으로 국가 영역에 존재하는 커뮤니케이션 활동 뿐 아니라 민간 영역의 미디어·정보활동들까지 통제하면서 언론자유 문제가 다시 제기될 수도 있다. 보도의 객관성이나 공정한 정보 제공을 지향하는 자유민주주의 언론 활동과 군사적 목적 달성을 위해 설득과 거짓까지 허용되는 심리전 활동은 본질적으로 충돌할 수밖에 없다. 제1차 세계대전 중에 조지 크릴 위원장이 이끌었던 '공공정보위원회(CPI)'에 대한 비판, 제2차 세계대전 종전 직후 해체될 수밖에 없었던 '전쟁정보국(OWI)'에 대한 부정적 여론도 이런 민주주의 국가 언론의 본질과 관련된 것이다. 어쩌면 전략적 커뮤니케이션은 군사작전에 커뮤니케이션 영역과 언론의 저널리즘이 포섭된 것이라고 볼 수 있다.

참고 문헌

김경순(2018). "러시아의 하이브리드전 : 우크라이나 사태를 중심으로" 『한국군사』 제 4호, 63~95

김규철(2022). "우크라이나 전쟁에서 러시아의 정보전 활동" 『슬라브硏究』 제38권 제4 호. 29~60.

김철우(2017). "전략적 소통(SC) 개념 및 국방기본 정책 반영 방안" 『한국국가전략』 제 2권 제3호. 185~221.

문용득·박동휘(2022). "러시아의 사이버전 전략 : 러시아-우크라이나 전쟁 초기 전역 을 중심으로" 『민족연구』 제80호 특집. 10~34.

박휘락(2009). "미국의 전략적 소통(Strategic Communication) 개념과 한국의 수용 방 향" 『국방정책연구』 제25권 제3호. 149~176.

송승종(2017). "러시아 하이브리드 전쟁의 이론과 실제" 『군사학논집』 제73권 제1호. 63~94.

송태은(2021). "디지털 시대 하이브리드 위협 수단으로서의 사이버 심리전의 목표와 전술" 『세계지역연구논총』 제39집 제1호.

송태은(2022). "2022년 러시아-우크라이나 전쟁의 정보 심리전 : 내러티브·플랫폼·세 모으기 경쟁" 『국제정치논총』 제62집 제3호. 213~255.

신범식·윤민우·김규철·서동주(2021). 『러시아의 사이버 안보』 사회평론아카데미.

홍주영(2017). "국방커뮤니케이션 기반이론 정립방안 연구" 『군사과학논집』 제69권 제 2호. 29-47.

Ajir, M. & B. Vailliant(2018). "Russian Information Warfare : Implications for Deterrence Theory" *Strategic Studies Quarterly*. Vo. 12 No. 1. 70~89.

Arceneaux, P.(2021), Information Intervention : A Taxonomy & Typology for Government Communication. *Journal of Public Diplomacy*. Vol. 1 No. 1

Aspriadis, N.(2023). "Preparing for War : Strategic Narratives and Disinformation in Leadership Rhetoric during the Ukrain War" *ESSACHESS － Journal for Communiation Studies*. Vol. 16 No. 1. 21~41.

Anderson, S. R., Chambers, S. & M. E. Reynold(2018). "What's in the New NDAA" *Lawfare*. Aug. 14.

Belova, G. & G. Georgieva(2018). "Fake News as a Threat to National Security" *International conference KNOWLEDGE-BASED ORGANIZATION*. Vol. 24.

No. 1. 19~22.

Bradshaw, S. & P. N. Howard(2018). "The Global Organization of Social Media Disinformation Campaigns" *Journal of International Affairs.* Vol. 71. No. 1.5. 23~32.

Brun, I. & N. Roitman(2019). *National Security in the Era of Post-Truth and Fake News.* INSS Insight. Institute for National Security Studies.

Carroll, W.(1948). *Persuade or Perish.* Boston : Houghton Mifflin Company.

Chekinov, S. & S. Bogdanov(2013). "The Nature and Content of a New-Generation War, *Military Thought.* No. 4. 12~23.

Chesney, R.(2019). "Covert Military Information Operations and the New NDAA" *Lawfare.* Dec. 10.

Christopher, P.(2011). *Strategic Communication : Origins Concepts, and Current Debates.* Santa Barbara.

Clausewitz, von C.(1832/1976). *On War.* Edited and Translated by Howard, M. & P. Peter). Princeton, N. J. : Princeton Univ.

Connell, M. E. & R. Evans(2015). "Russia's Ambiguous Warfare and Implications for the U.S. Marine Corps" *MCU Journal.* Vol. 7. No. 1. 30~45.

Darley, W. M.(2007). "The Missing Components of U.S. Strategic Communications" *Joint Force Quarterly.* Vol. 47. No. 4. 109-113.

Diamond, L.(2015). "Facing Up to the Democratic Recession" *Journal of Democracy.* Vol. 26. No. 1.

Farwell, J. P.(2012). *Persuasion and Power : The Art of Strategic Communication.* Washington, D.C. : Georgetown University Press.

Fattal, J. R.(2019). "The Justice Department's New, Unprecedented Use of the Foreign Agents Registration Act" *Lawfare.* Dec. 18.

Frank, F. G.(2007). *Conflict in the 21st Century : The Rise of Hybrid Wars.* Arlington. V.A. : PIPS.

Fridman, O.(2019). "On the "Gerasimov Doctrine": Why the West Fails to Beat Russia to the Punch" *PRISM.* Vol. 8. No. 2.

Fukuyama, F.(1995). *Trust : The Social Virtues and the Creation of Prosperity.* New York : The Free Press.

Galeotti, M.(2014). "The 'Gerasimov Doctrine' and Russian non-linear war" *Moscow's Shadows.* Vol. 6 No. 7.

Gerasimov, V.(2016). "The Value of Science Is in the Foresight : New Challenges

Demand Rethinking the Forms and Methods of Carrying out Combat Operations" *MILITARY REVIEW.* January-February 2016. 23~29.

Gioe, D.V., Smith, M, Littell, J. & J. Dawson(2021). "Reconceptualizing Disinformation as the United States : Greatest National Security Challenge" *PRISM.* Vol. 9. No. 3. 140~157.

Gregory, B.(2008). "Public Diplomacy and Counterterrorism : Lessons from the U.S.Experience" *Small Wars Journal.* April 28.

Hatch, B.(2019). "The Future of Strategic Information and Cyber-Enabled Information Operations" *Journal of Strategic Security.* Vol. 12 No. 4. 69~89.

Halper, D.(2005). *Social Capital.* Malden, M.A. : Polity Press.

Holtzhausen, D. & A. Zerfass(eds.)(2019). *The Routledge Handbook of Strategic Communication.* Routledge.

Iasiello, E.(2017). "Russia's Improved Information Operations : From Georgia to Crimea" *Parameters.* Vol. 47 No. 2.

Ingram, H. J.(2017). *The Strategic Logic of the "Linkage-Based" Approach to Combating Militant Islamist Propaganda : Conceptual and Empirical Foundations.* The International Centre for Counter-Terrorism Research Paper. Hague.

Ingram, H. J.(2020). *Persuade or Perish : Addressing Gaps in the U. S. Posture to Confront Propaganda and Disinformation Threats.* Program on Extremism Policy Paper. The George Washington University.

Ingram, H. J.(2020)."The Strategic Logic of State and Non-State Malign 'Influence Activities'" *RUSI Journal.* Feb. 2020.

Kalniete, S. & T. Pildegovics(2021). "Strengthening the EU's resilience to hybrid threats" European View Vol. 20 No. 1. 1~11.

Kavanagh, J. & M. D. Rich(2018). *Truth Decay : An Initial Exploration of the Diminishing Role of Facts and Analysis in American Public Life.* Truth Decay. RAND Corporation.

Kiesling, E. C.(2001). "On war without the fog" *Military Review.* September-October. 2021. 85~87.

Kirk, G.(1942). "Strategic Communications in the Middle East" *Foreign Affairs.* Vol. 20, No. 4. 762-766.

Kirk, K.(2019). "How Russia Sows Confusion in the U.S. Vaccine Debate" *Foreign Policy.* 9. April.

La Cour, C.(2020). "Theorising Digital Disinformation in International Relations" *International Politics.* Vo. 57. 704~723.

Lanoszka, A.(2016). "Russian Hybrid Warfare and Extended Deterrence in Eastern Europe" *International Affairs.* Vol. 92. No. 1. 175~195.

Lawrence, B.(ed.)(2005). *Messages to the World : The Statements of Osama Bin Laden.* N.Y. : Verso.

Lord, C.(2007). "Reorganizing for Public Diplomacy" in Arquilla, J. & D. A. Borer(eds.). *Information Strategy and Warfare : A Guide to Theory and Practice.* N.Y. : Praeger.

Macdonald, S. & N. Lorenzo-Dus(2019). "Visual Jihad: Constructing the "Good Muslim" in Online Jihadist Magazines" *Studies in Conflict & Terrorism (Online Jihadist Magazines).* 1-23.

Mclaughlin, J.(2022). "Russia Bombards Ukraine with Cyberattacks with Limited Impact" NPR(3 March). https://www.npr.org/2023/02/23/1159039051/russia-bombards-ukraine-with -cyberattacks-but-the-impact-appears-limited

Mattis, J. N(2008). "USJFCOM Commander's Guidance for Effects-based Operations" *Parameters.* Vol. 38 N0. 3. 18~25.

Miskimmon, A., Loughlin, B. O. & L. Roselle(2013). *Strategic Narrative : Communication Power and the New World Order.* N.Y. & London : Routledge.

Muphy, D. M.(2008). "The Trouble with Strategic Communication(s)" *IO Sphere* 2-08.

Murphy, D. M.(2009). "In Search of the Art and Science of Strategic Communication" *Parameters.* Vol. 39. No. 4. 106~116.

NATO(2019). London Declaration(Dec. 4.). https://www.nato.int/cps/en/natohq/official_texts_171584.htm.

NATO(2020). NATO's Approach to Countering Disinformation : A Focus on COVID-19. (July 17). https://www.nato.int/cps/en/natohq/177273.htm

Nemeth, J. L.(2021). "Defining Strategic Communication : An Almost Impossible Challenge, But Perhaps There Is Still A Solution" *HADTUDOMÁNY.* ÉVI ELEKTRONIKUS LAPSZÁM. DOI:10.17047/Hadtud.2021.31.E.162.

NIchols, T(2017). *The Death of Expertise : The Campaign against Established Knowledge and Why It Matters.* New York : Oxford University Press.

Nye, J. Jr.(2005). *Soft Power : The Means to Success in World Politics.* Public

Affairs.

Hoffjann, O.(2021). "Between Strategic Charity and Stategic Abiguity–Ocillating Strategic Communication" *Corporate Communications : An International Journal.* Vol. 27 No.2. 284-303.

O'Neillarchive, P. H.(2022). "Russian Hackers Tried to Bring Down Ukraine's Power Grid to Help the Invasion" *MIT Technology Review.* 12 April.

Parham, J.(2018). "Targeting Black Americans, Russia's IRA Exploited Racial Wounds" *Wired.* Dec. 17.

Polityuk, P. & Holland, S.(2022) "Cyberattack Hits Ukraine as U.S. Warns Russia Could Be Prepping for War" *Reuters.* 14 January.

Putnam, R.(2001). "Social Capital: Measurement and Consequences" *Canadian Journal of Policy Research,* Vol. 2. No. 1. 41-51.

Risso, L.(2021). "Squaring the Circle : The Evolution of NATO's Strategic Communication Since the 1990s." *Journal of Peace and War Studies. ISOMA Special Edition.* 157~171.

Shane, C. & S. Frenkel(2018). "Russian 2016 Influence Operation Target African-Americans On Social Media" *New York Times.* Dec. 17.

Slugocki, W. L. & B. Sowa(2021). "Disinformation as a Threat to National Security on the Example of the COVID-19 Pandemic" *Security and Defence Quarterly.* Vol. 35. No.3. 63~74.

Starbird, K., Arif, A. & T. Wilson(2019). "Disinformation As Collaborative Work : Surfacing the Participatory Nature of Strategic Information Operations" *Proceeding of the ACM on Human-Computer Interaction. 3(CSCW).*

Stewart, E.(2018). "Study : Conservatives Amplified Russian Trolls 30 Times More Often Than Liberals in 2016" *Vox 24.*
https://www.vox.com/policy-and-politics/2018/2/24/17047880/

Strategic Policy Coordinating Committee(2007). *U.S. National Strategy for Public Diplomacy and Strategic Communication.*

The Marine Corps Security Environment Forecast(2015). Futures 2030~2045.

Thiele, R. D.(2015). *The New Colour of War – Hybrid Warfare and Partnerships.* ISPSW Strategy Series : Focus on Defense and International Security. Issue No. 383.

Thomas, T. L.(2016). "The Evolution of Russian Military Thought : Integrating Hybrid, New-Generation, and New-Type Thinking" *Journal of Slavic Military*

Studies. Vol. 29 No. 4. 554~575.

Toshimitsu, M.(2019). "The Current State of Strategic Communications and Measures to be Taken by Ministry of Defense and Self Defense Forces" *Air Power Studies.* Vol. 6. 145~196.

Tracy. A.(2018). "'A Different Kind of Propaganda' : Has America Lost the Information War?" *Vanity Fair*(23 April).

U.S. Department of Defense(2000). *Report of the Defense Science Board on the Creation and Dissemination of All Forms of Information in Support of Psychological Operations(PSYOPS) in Time of Military Conflict.* Washington, D.C. : Department of Defense.

U.S. Department of Defense(2001). *Report of the Defense Science Board on Managed Information Dissemination.* Washington, DC: Department of Defense.

U.S. Department of Defense(2003). *Information Operations Roadmap.* Washington, DC: Department of Defense.

U.S. Department of Defense(2004). *Report of the Defense Science Board on Strategic Communication.* Washington, D.C. : Department of Defense.

U.S. Department of Defense(2006). *Quadrennial Defense Review (QDR) Report 2006.* Washington, D.C. : Department of Defense.

U.S. Department of Defense(2007). *Quadrennial Defense Review Strategic Communication Execution Roadmap.* Washington, D.C. : Department of Defense.

U.S. Department of Defense(2007). *Implementation of Department of Defense Strategic Communication Plan for Afghanistan.* Washington, D.C.: Department of Defense.

U.S. Department of Defense(2008). *Report of the Defense Science Board on Strategic Communication.* Washington, D.C. : Department of Defense.

U.S. Department of Defense(2009). *Quadrennial Roles and Missions Review Report : Project on National Security Reform Quadrennial Roles and Missions Review Report.* Washington, D.C.: Department of Defense.

U.S. Department of Defense and U.S. Department of State(2009). *U.S. Government Counter Insurgency Guide.* Washington, D.C.: Department of Defense and Department of State.

U.S. Department of State(2007). *Country's First National Strategic Communications Plan Presented, Public Diplomacy Update. 2, no. 3.* Washington D.C. : U.S.

Department of State.

U.S. Joint Chiefs of Staff(2009). *Strategic Comm9unciation Joint Integrating Concept. Version 1.0*. Washington D.C. : U.S. Joint Chiefs of Staff.

U.S. Joint Chiefs of Staff(2009). *Joint Requirements Oversight Council. Strategic Communication Joint Integrating Concept. Version 1.0*. Washington D.C. : U.S. Joint Chiefs of Staff.

U.S. Joint Chiefs of Staff(2009). *Department of Defense Dictionary of Military and Associated Terms. Joint Publication 1-02*. Washington D.C. : U.S. Joint Chiefs of Staff.

U.S. Joint Chiefs of Staff(2011). *Joint Operation Planning (JP 5-0)*. Washington D.C. : U.S. Joint Chiefs of Staff.

U.S. Senate Report(2018). "*Putin's Asymmetric Assault on Democracy in Russian and Europe : Implications for US Nations Security*" Committee on Foreign Relations. 115th Congress, 2nd Session. U.S. Government Publishing Office.

White House(2010). *National Framework for Strategic Communciation*. Washington D.C., White House.

Zahara, R. S.(2001). "American Public Diplomacy in the Arab and Muslim World : A Strategic Communication Analysis" *Foreign Policy. Focus*. Nov. 2001.

Zinin, V.(2015). "Igra v soldatikov : Pochemu reputatsiya armii okazalas' pod ugrozoy(Playing Soldiers : Why the Army's Reputation Is Threatened)" Gazeta.ru [published online in Russian 22 July 2015]. https://www.gazeta.ru/comments/2015/07/22_e_7652977.shtml. Last accessed 22 February 2016.

제 9 장

커뮤니케이션의 군사화
: 군산복합체에서 군·엔터테인먼트 복합체로

인간의 진화, 무기의 진화

인간을 '도구를 만드는 동물(homo faber, the tool-making animal)'이라고 한다. 두 발로 걷게 되면서 자유롭게 사용이 가능해진 두 손으로 다양한 도구들을 만들게 되었다는 것이다. 이 때문에 인간은 다른 생명체들과 환경을 통제하는 영장류로 진화할 수 있었다. 인간이 처음으로 만든 도구는 돌을 깨거나 갈아서 만든 칼과 도끼였다. 아마도 식물을 채집하고 사냥하기 위해서 만들었을 것이다. 이렇게 생존을 위해 만들었던 칼과 도끼는 사람을 살상하는 무기로도 사용되게 된다. 나무나 동물 뼈로 만든 활도 처음에는 사냥 도구였을 것이다. 하지만 총이 등장하기 전까지 아주 오랜 기간 매우 위력적인 무기로 군림하였다.

무기의 발달 속도는 문명 발달 속도와 비례해 점점 더 빨라져 왔다. 더 강한 무기를 만들어 내기 위한 작용과 반작용이 이어지면서 생긴 상승효과 때문이었다. 심지어 인간의 뇌가 커지고 진화가 촉진된 원인을 무기 개발 욕구에서 찾기도 한다(Perry, W. J., 2004, 236쪽). 또 무기는 당대 최고의 기술을 보여주는 것으로 한 시대의 기술 수준을 가늠하는 척도가 될 수 있다. 인간에게 무기는 생계 도구이자 전쟁 수단이었고, 정치적 권위를 과시하는 상징이었다(Guilaine, J., 박성진(역), 257쪽). 최초로 금속제 칼이나 창을 만든 것은 B.C. 3,500년 무렵인 청동기 시대로 추정된다. 하지만 히타이트(Hittites) 왕국은 이보다 훨씬 오래전인 B.C. 18세기에 철제무기를 가지고 중동·유라시아 지역을 통치했다는 기록도 있다.

창이나 칼 같은 철제 무기로 전투를 벌인 시기를 '보병의 시대'라고 한다. '보병의 시대'가 끝난 것은 석궁石弓(bullet-shooting cross bow)의 지원을 받는 철기병이 처음 등장한 3~4세기 무렵이다. 기병의 등장은 발 받침 즉, '등자(stirrup)'의 발명으로 가능해졌다. 말을 탄 병사들이 안정된 자세에서 창·칼을 자유롭게 사용할 수 있게 해주었기 때문이다. 하지만 '중기병의 시대'는 1415년 영국 아쟁쿠르(Agincourt) 전투에서 웨일즈 농민들이 사냥용으로 사용했던 탄력이 뛰어난 자작나무로 만든 장궁長弓(Longbow)에 의해 마감되었다. 장궁은 1346년 크레시(Crecy) 전투에서 처음 사용되었지만, 아쟁쿠르 전투에서 전술적으로 활용되어 백년전쟁을 끝낼 수 있었다.

그림83 히타이트 시대의 무기 제련과정을 묘사한 부조

(https://study.com/academy/lesson/video/hittite-government-laws-economy.html)

그렇다고 '기병의 시대'가 완전히 끝난 것은 아니었다. 철갑장비로 중무장한 중기병과 달리 간편한 복장으로 기동성을 유지하면서 자유롭게 전투할 수 있는 '경기병 시대'가 열렸기 때문이다. 그 시작은 훈족, 몽골족 같은 기마 민족들이었다. 특히 몽골 기병은 장거리 원정 능력과 뛰어난 기동력으로 인류 역사상 가장 넓은 영토를 지배하는 제국을 건설하는 원동력이었다. 몽골의 경기병은 유럽에 큰 영향을 미쳐 20세기 초까지도 지속되었다. 몽골의 기병 전술은 종이, 화약, 나침반만큼이나 유럽 문명에 큰 영향을 미친 동양의 기술이라 할 수 있다. 하지만 이후에도 오랫동안 보병과 기병이 공존하는 전쟁 양식이 지속되었다.

14~15세기 과학혁명과 18~19세기 산업혁명으로 '화약의 시대'가 시작된다. 이전에도 화약을 사용하는 소총이나 화포가 없었던 것은 아니다. 하

지만 이 시기의 화약 무기들은 대량생산·대량소비라는 산업사회 원리가 적용된 대량 살상용 무기라는 점에서 큰 차이가 있다. 산업화 전쟁의 서막은 기관총 같은 자동화기가 처음 사용된 미국의 남북전쟁(American Civil War, 1861~1865)이다(Weigley, R. F., 1973). 대량 살상 무기 앞에서 대형 위주의 보병 전술이 더 이상 유용하지 않음을 보여준 것이다. 평지에서 대형을 지어 돌격하는 낡은 전투 방식으로 인해 양측 합해서 60만 명이 넘는 사상자를 냈다. 이후 크림 전쟁, 러·일 전쟁, 제1차 세계대전에서도 모든 나라들이 보병 위주의 전술에서 벗어나지 못했기 때문에 엄청난 사상자를 냈다. 19세기 초·중반에 발명된 통신 기술들 역시 대량 살상 전쟁의 또 다른 원인이다. 남북전쟁에서 처음 사용된 전신과 철도는 단시간에 대규모 병력의 이동과 집중을 가능하게 해, 전장을 광역화시키고 전투 상황에 맞추어 병력과 무기를 효율적으로 운용할 수 있었기 때문이다. 결국 대량 살상무기는 '총력전 시대'로 이행하는 전환점이 되었고, 유럽 열강들이 제국주의 전쟁에 돌입하게 만들었다.

이처럼 무기는 한 시대 혹은 한 문명을 상징하는 최첨단 기술의 산물이라고 할 수 있다(Crevelt, M. van., 1989). 그러므로 전쟁과 기술은 동전의 양면과 같다. 무기의 역사는 곧 과학의 역사이고 인간의 역사라고 할 수 있다. 볼크만(Volkmann, E., 2002)이 기술한 아래 문장은 이런 점을 잘 보여준다.

"전쟁에서 좀 더 잘 싸우기 위해 보다 뛰어나고 강한 무기를 개발하려는 중단 없는 추진력이 과학 발전의 원동력이 되었다. 화학은 좀 더 효과적인 폭발물을 찾는 과정에서 싹텄고, 천문학은 해전에서 효과적인 항해술의 필요성에 의해 생겨났으며, 수학은 총기 탄도학으로부터, 야금학은 날이 있는 무기와 총기류 개발에서부터 시작되었다."

전쟁과 커뮤니케이션의 또 다른 접근

지금까지 전쟁 관련 커뮤니케이션 연구들은 주로 전쟁 혹은 군사적 갈등 상황에서 미디어를 통제·활용하고, 그 효과를 검증하는 데 초점이 맞추어져 왔다. 전쟁을 수행하는 국가나 군이 독립 변수이고, 미디어가 종속 변수였다. 하지만 관점을 바꾸어 커뮤니케이션 기술을 독립 변수로 전쟁을 종속 변수로 접근해 볼 수 있다. 커뮤니케이션 기술을 전쟁이나 군사작전에 영향을 미치는 하나의 무기체계로 보는 것이다. 선사시대부터 외적의 침입을 알리는 파수꾼(town crier)이 있었고, 집단 거주지 중심이나 외곽에 커다란 망루들도 설치했었다. 적의 침공이나 전황을 신속히 알리기 위한 봉화나 봉수 같은 전송 기술들도 있었고, 이런 기술들이 전쟁 양상이나 승패에 큰 영향을 미쳤다는 기록들도 있다. 이처럼 커뮤니케이션 기술이 전쟁 도구로 이용된 것은 꽤 오래되었지만 전쟁의 중심에 있지는 않았다. 하지만 15세기 과학혁명과 19세기 산업혁명 그리고 20세기 정보혁명을 거치면서 커뮤니케이션 기술들은 점점 전쟁의 중심으로 이동해 왔다. 오늘날에는 적의 공격을 사전에 감지해 피해를 최소화하고, 적의 시설과 병력을 정밀하게 타격하는 핵심 기술이 되었다.

가장 오래된 커뮤니케이션 수단은 인편으로 육성이나 문서로 메시지를 직접 전달하는 것이다. B.C. 488년 제2차 페르시아 전쟁에서 마라톤 전투 승리 소식을 전한 아테네 병사 이야기는 너무나 유명하다. 인편을 이용해 메시지를 전달하는 것은 정확할 수는 있어도, 속도가 늦고 중간에 훼손될 위험이 커 전쟁 같은 위급상황에서는 효율성과 안정성을 확신할 수 없다. 그렇지만 19세기 중반에 전기 통신수단이 등장하기 전까지는 인편에 의한 전송방식에 의존할 수밖에 없었다. 영화 '1917'은 제1차 세계대전 때까지도 사람이 직접 작전명령을 전달했다는 것을 보여주고 있다. 다만 전달 속도를 높이기 위해 말 같은 가축들을 이용하기도 하였고, 역참제도 같은 것도 있었다. 조선시대의 봉수烽燧는 당시로서는 첨단 전송 기술이었다. 하지만 신속하다는 장점에도 불구하고, 전달할 수 있는 정보량이 적고 기후조건에 크게 영향을 받는다는 단점을 가지고 있었다. 따라서 19세기 중반에 유·무선 통신 기술들이 등장하기 전까지 커뮤니케이션 기술은 전쟁의 중심과는 거리가 있었다.

그림84 마라톤 전투 승전보를 알리는 병사와 '영화 1917'의 전령병

왼쪽은 마라톤 전투 승전보를 아테네 시민들에게 전하는 순간을 묘사한 19세기 프랑스 화가이자 일러스트 작가였던 뤼크 올리비에 머슨(Luc-Olivier Merson)의 그림이고, 오른쪽은 영화 '1917'의 한 장면

흔히 1880년대부터 제1차 세계대전 발발 전까지를 '아름다운 시절(belle epoque)'이라고 한다. 과학기술 발달로 인간의 삶이 획기적으로 변화된 시기라는 의미다. 스티븐 컨(Stephen Kern)은 이 시기를 '동시성(simultaneity)'으로 특징짓고 있다. "현재는 지엽적인 단일 사건들의 연속이 아니라 멀리 떨어져 있는 여러 사건들의 동시성(the present was not "a sequence of single local events … [but] a simultaneity of multiple distant events)"이라는 것이다(Kern, S, 2003, 68쪽). 전자 통신, 철도 같은 새로운 기술들이 '현재(present time)' '속도' '거리' 등에 대한 서구인들의 인식을 완전히 바꾸어 놓았다는 의미이다. 이는 전쟁 수행 방식과 군사작전에도 영향을 미치게 된다. 새로운 시·공간 통제 기술들이 대규모 병력 동원, 신속한 부대 이동, 다방면에서의 동시 공격 등이 가능하게 해 주었다. 특히 커뮤니케이션 기술의 발달은 신중한 협상과 압력을 특징으로 하는 외교활동을 무력하게 만들고, 정치지

도자들에게 전쟁과 관련해 신속한 결정을 압박했다고 주장한다. 그렇게 보면 제1차 세계대전은 속도의 기술이 만든 '동시성'과 '시간적 압박'이 원인이었을 수도 있다.

이처럼 과학혁명과 산업혁명으로 19세기는 전쟁 패러다임을 획기적으로 변화시키는 전환점이 되었다. 역사상 최초로 전술이 사용되었다고 하는 깐나에(Cannae) 전투 이래 2천 년 이상 지속되어 왔던 '제한된 공간에서 육성으로 통제 가능한 병사들 간의 물리적 충돌'이라는 '중력의 전쟁(war of power)' 시대가 완전히 막을 내리게 된다. 대신 유·무선 통신 기술을 이용해 대규모 병력을 실시간으로 분산 운용하는 '원격 전쟁(remote war)' 시대가 시작되었다. '슐리펜 계획(Schlieffen Plan)'으로 유명한 알프레드 슐리펜(Alfred Graf von Schlieffen) 백작이 1909년에 작성한 '현대의 전쟁(Der Krieg in der Gegenwart)'이란 논문에서 다음과 같이 기술하고 있다.

> "혁혁한 공을 세운 부하 장군들에 둘러싸여 언덕 위에 서 있는 나폴레옹 같은 인물은 이제 더 이상 없다. … 야전 사령관은 전선에서 멀리 떨어진 어느 건물의 서재에 앉아 있다. 거기에는 유선전신, 무선전신, 전화기, 신호 기구들이 놓여 있으며, 장거리 주행 채비를 갖춘 자동차와 모터사이클 대열이 명령이 떨어지기만을 기다리고 있다. … 그는 작전 개시를 알리는 명령을 전신으로 발송하고, 전선을 따라 적군의 동태를 관찰하는 예하 부대 지휘관, 계류기구 (captive balloon : 강철 줄로 매어 놓아 임의의 높이에 띄워두는 기구), 비행선들이 보내오는 소식들을 접수한다(Schlieffen, von A., 1909, 13~24쪽)."

그렇지만 제1차 세계대전 초기만 해도 통신 기술 수준은 그렇게 높지 않았다. 느린 전송속도 때문에 큰 인명피해가 발생하기도 했고, 최전선 부대와 통신선이 연결되지 않아 부정확한 포병지원으로 아군에게 피해를 입히는 경우도 많았다. 그런 이유로 깃발 신호와 비둘기가 이용되기도 했다. 폭격으로 인한 통신선 훼손도 문제였지만, 당시 통신 기술의 연결 거리가 짧았던 것도 원인이었다. 당시 전선에 설치된 소형 전신국은 통신 가능 거리가 50~80km 정도에 불과했고, 무선통신은 전쟁 말기인 1918년에야 등장하였다(Borsheid, P., 2003, 2008, 364~365쪽). 제1차 세계대전이 장기간 참호전 양상으로 이어졌던 것은 대규모 병력과 대량 살상 무기를 실시간으로 집중·운영할 수 있는 커뮤니케이션 기술이 없었던 것도 원인이었다.

대규모 병력과 대량 살상 무기를 특징으로 하는 '산업화 전쟁(industrialization war)'은 남북전쟁, 보·불 전쟁, 러·일 전쟁 등을 거쳐 제1, 2차 세계대전에서 절정에 달했다. 살상 무기들의 위력이 커진 것과 징병제가 도입되면서 대규모 병력 동원이 가능했기 때문이다. 국가의 명운을 걸고 모든 자원을 총동원하는 '총력전(total war)' 시대가 열린 것이다. 이때 국가가 동원할 수 있는 자원에는 병력, 무기 같은 유형 자원도 있지만, 이데올로기, 국민 사기 같은 무형 자원들도 있다. 심리전 같은 무형 자원이었던 커뮤니케이션 기술들이 분산된 병력과 무기체계를 통합·운영하고 작전의 효율성을 높이는 유형 자원으로 활용되기 시작한 것이다. 통신 병과의 중요성이 부각되기 시작한 것도 이때부터라고 할 수 있다. 전방의 전투부대와 후방 지원부대를 연결하는 병참선을 영어로 'communications line'이라 하는 것도 이러한 통신의 중요성을 보여준다.

제2차 세계대전 초기 큰 위력을 발휘했던 독일의 '전격전(britzkrieg)'은 하인즈 구데리안(Heinz Wilhelm Guderian)의 아이디어에서 나왔다. 제1차 세계대전에 통신장교로 참전했던 그는 진지전 돌파를 위해 투입된 영국 전차들이 상호 커뮤니케이션 수단이 없어 우왕좌왕하는 것을 보고 전차에 통신 장비를 부착하겠다는 생각을 하게 된다(Spinny, F. C., 1980, 116쪽). 물론 제1차 세계대전 종전 후에 전차의 전술적 효율성을 높이기 위해 통신장비를 장착해야겠다는 생각은 미국이나 영국에서도 있었다(Larew, 2005, K. G., 664~677쪽). 하지만 구데리안은 전차에만 통신장비를 부착하는 것을 넘어, 항공기와 포병과 연결된 커뮤니케이션 시스템을 구상하게 된다. 이렇게 연결된 통신 기술을 이용해 화력을 일시에 집중해 전차와 기동화된 보병이 단시간에 전선을 돌파하는 전격전 개념을 창안한 것이다. 정보·통신·컴퓨터 네트워크를 기반으로 하는 '전자전' '정보전' '네트워크전' '시뮬레이션전' 같은 최신 전쟁 양상은 여기서부터 진화한 것으로 볼 수도 있다 (Coulam, R. F., 1982, 189~200쪽).

그림85 제1차 세계대전 솜 전투에 투입된 영국 마크 1 전차

1916년 8월, 최초로 개발된 50대의 Mark I 전차가 솜 전투에 투입되었다. 준비 없이 투입된 Mark I 전차 절반이 중간에 기계 고장을 일으켰다. 그나마 2마일가량 독일군 전선을 돌파한 Mark I 전차들도 무전기가 장착되지 않아 의사소통이 제대로 진행되지 못하고, 보병 및 포병과 협공이 원활하게 이루어지지 않아 패배하게 된다. (https://rarehistoricalphotos.com/technology-weapons-ww1)

군사혁명과 전쟁 패러다임 변화

군사적 목적으로 개발되었거나 활용되었던 커뮤니케이션 기술들은 이후 20세기 중·후반에 군사혁명(Revolution in Military Affairs)으로 이어지게 된다. 군사혁명이란 특정 기술이 군 조직이나 군사작전에 적용되는 양식의 획기적 변화다. 기존에 운영되어 왔던 전쟁 수행 능력과 제도(institution), 사고(ideas), 그리고 무기체계에서의 근본적 변화를 말한다. 마샬은 "새로운

기술의 획기적 적용으로 전쟁 양상이 변화하는 것으로, 군사 독트린과 군사작전 및 군사 조직에서의 변화를 수반해 군사 활동의 성격과 실제 행위를 근본적으로 변화시키는 것"으로 정의하고 있다(Marshall, A. W, 1995). 키니와 코헨은 새로운 기술의 출현과 심화, 군사 시스템과 통합, 작전 개념에 수렴, 이에 적합한 조직의 변화 등을 군사혁명에 포함시키고 있다(Keany, T. A. & E. Cohen, 1993, 238쪽). 적대세력의 군사력을 이해하는 양식 즉, '제도화된 인식(institutional perceptions)'으로 정의되기도 한다. 군사혁명이란 군사 조직이 새로운 기술을 군사 시스템 및 작동 개념에 수용하는 과정에서 정치·경제·사회·문화적 요소들이 복합적으로 작동해서 만들어진 결과물인 것이다(박인휘, 2002, 71쪽).

군사혁명과 가장 밀접하게 관련된 부분이 바로 신무기 같은 기술적 요인이다. 이 때문에 '군사 기술 혁명(military technological revolution)'이라고도 한다. 무기 발달에 따른 전쟁 양상 및 전술 변화는 오래전부터 있어 왔다. 하지만 최초의 군사혁명은 15~17세기에 대포·화약의 등장으로 시작된 '화기 혁명'으로 보고 있다. 또한 18세기 후반 나폴레옹의 '상비군 제도' 도입과 전쟁 수행 방식의 변화, 19세기 중반에서 20세기 초반까지 산업혁명에 바탕을 둔 '총력전(total war)', 20세기 중반 핵무기 등장을 주요 군사혁명 전환점으로 보고 있다. 20세기 후반 이후 첨단 정보통신 기술에 기반을 둔 '정보전' '사이버전' '전자전' '네트워크전'으로의 변화도 군사혁명으로 받아들여지고 있다.

최근의 군사혁명은 핵 위협 상태에서 기존의 총력전 개념으로는 공멸할 수 있다는 위기의식을 반영하고 있다. 1950~1980년대까지 동서 냉전기에는 핵무기로 인한 상호 파괴의 위험을 압박하는 '상호확증파괴(Mutual Assured Destruction, MAD)'전략이 지배하였다. 하지만 1980년대 후반 정보·통신 기술을 이용해 적의 공격을 조기에 감지하고 정밀 타격하는 방식으로 전쟁 개념이 변화되었다. 아울러 민간인 피해를 최소화해야 한다는 평화전쟁 의식도 반영되었다고 할 수 있다. 대량 살상을 기조로 하는 산업화 전쟁 개념에서 효율성과 정확성을 중시하는 정보 전쟁 개념으로 바뀐 것이다. 이러한 전쟁 개념 변화는 주변부에 위치해 있던 커뮤니케이션 기술을 자연스럽게 전쟁의 중심으로 이동시키게 된다.

군사혁명으로 형성된 지배적 전쟁 양식이 전쟁 패러다임(war paradigm)이다. 패러다임이란 '특정 시기에 사람들이 당연하다고 받아들이는 세계관 혹은 원칙'을 의미한다. 패러다임은 한 시기의 철학·정치·사회에 대한 당시 사람들의 공통된 인식과 물리적 현상에 대한 구성원들의 합의된 태도다. 전쟁 패러다임 역시 '특정 시기에 보편적으로 인식되고 있는 전쟁 수행 방식이나 원칙'으로 많은 시·공간적 요인들의 영향을 받게 된다. 따라서 전쟁 패러다임은 환경 요인들의 종속 변수이면서 전쟁 수행 방식에 영향을 미치는 독립 변수라 할 수 있다.

전쟁 패러다임에 영향을 미치는 요인들로는 ① 군사 과학 기술 ② 전쟁 경험 ③ 사회 문명의 전환 ④ 정치·사회적 가치관 변화 등이 있다(고원, 2010). 사회 문명의 전환과 정치·사회적 가치관 변화가 거시적 요인이라고 한다면, 군사 과학 기술과 전쟁 경험은 미시적 요인으로 볼 수 있다. 일반적으로 전쟁 패러다임을 문명 변화와 연계하는 주장들은 매우 많다. 문명은 한 시기의 사상과 정치제도, 경제구조 그리고 기술적 요소들을 모두 반영하는 산물이기 때문이다. 앨빈 토플러는 자신의 문명분류 기준을 가지고 전쟁 패러다임 변화를 설명하고 있다(권태영 외, 1998). "전쟁 방법은 부의 창출 방법을 반영하는 것이고, 반전쟁(anti-war) 방법은 전쟁의 방법을 반영한다(Toffler, A. & H. Toffler, 1993, 3쪽)"는 주장은 전쟁의 경제적 동인을 강조하는 것이라 할 수 있다.

가장 보편적인 방법은 역사 시기를 기준으로 전쟁 패러다임 변화를 설명하는 것이다. 대표적으로 '근대 이전 전쟁'과 '근대 이후 전쟁'으로 구분하는 방법이 있다. 근대 이전의 전쟁이 제한된 목표 성취를 위해 소규모 병력과 한정된 자원을 주로 이용했다면, 근대 이후 전쟁은 중앙집권화된 국가 권력과 관료제도 그리고 민족주의나 국가주의 같은 집단 이데올로기를 바탕으로 국가의 모든 인력과 자원을 투입하는 형태로 변화되었다는 것이다. 한편 마이클 하워드는 전쟁 주체에 따라 '기사들의 전쟁 → 용병들의 전쟁 → 상인들의 전쟁 → 전문가들의 전쟁 → 혁명의 전쟁 → 국민들의 전쟁 → 기술자들의 전쟁'으로 분류하고 있다(Howard, M., 안두환(역), 2015). 한편 듀푸이는 지배적 무기에 따라 전쟁 패러다임을 '근력의 시대' '화약의 시대' '기술의 시대'로 구분하고(Dupuy, T. N., 1984), 크레벨트는 '도구의 시대', '기계의 시대', '체계의 시대', '자동화 시대'로 나누기도 한다(Crevelt, M., 1989).

그렇지만 전쟁 패러다임에 가장 크게 영향을 미치는 것은 무기체계의 변화다. 특히 최근에는 인공지능, 빅데이터 같은 첨단 정보·통신 기술에 바탕을 둔 새로운 군사 기술들이 전쟁 패러다임을 또 다시 변화시키고 있다. 군과 민간인을 명확히 식별하기 어려운 '민간 전쟁(war among people)' 혹은 '평화 전쟁' 분위기도 전쟁 패러다임 변화를 강요하고 있다(Smith, R., 2008, 19~30쪽). 이처럼 다양한 요인들이 전쟁 패러다임 변화에 큰 영향을 미치고 있지만, 정치·사회·문화적 분위기나 가치관들도 중요한 요인이다. 문명 발달 단계에 따라 '수렵·농업사회' '산업사회' '지식정보화'의 전쟁 패러다임의 특성을 기술적, 정치·사회적 요인들과 전쟁 양식 등을 정리하면 [표17]과 같다.

표17 전쟁 패러다임의 변화와 속성

구 분	수렵·농업사회 (B.C.8000~17세기)	산업사회 (18~20세기 중후반)	지식정보화사회 (20세기 후반 ~ 현재)
전쟁 양상	집단중력전쟁	기동화력전쟁	첨단과학전쟁
전쟁 공간	2차원 (지상·해상)	3차원 (지상·해상·공중)	4차원 (지상·해상·공중·사이버)
전력 요소	병력(병력·동물)	자원(무기·조직)	기술(지식·정보·과학기술)
지휘 구조	인물중심구조	수직적/계층적 구조	수평적/네트워크 구조
전투 형태	선형 (종·횡대단위/밀집운용)	선형/비선형 (대부대단위/집중운용)	비선형 (소부대단위/분산운용)

무기	자연도구시대 (물리적 무기) 사람/동물의 육체 에너지 ·도끼·몽둥이·활·창·칼 청동 및 철제무기 범선 및 노선(병력운송)	기계시대 (자동+반자동무기) 기계화 무기체계 반자동화 소총 기관총·전차·항공기 기계화된 군함 및 전투기	컴퓨터시대 (자동화 무기) 자동화 무기, 정밀유도무기, 원격 무기 이지스군함, 스텔스전투기
전략·전술	중력에 전법전략 밀집대형전술 (횡적·종적전술)	섬멸전략 전격전 전략 제병협동전술 공지합동전술(ALO)	충격과 공포전략 억제전략 방위전략 신속결정전술(RDO)
효과	물자노획, 포로획득	대량파괴, 대량살상	정밀파괴, 최소살상
주요전쟁	고대전쟁	제1차 세계대전, 제2차 세계대전, 6·25전쟁, 베트남전쟁, 걸프전쟁	아프가니스탄전쟁, 이라크전쟁 등 러시아·우쿠라이나전쟁

하지만 여기서는 전쟁 패러다임들을 개별적으로 설명하는 것보다, 패러다임의 변화 원인과 추세를 중심으로 몇 가지 특성을 살펴보고자 한다.

첫째, 전쟁 패러다임 변화에 가장 크게 영향을 미치는 것은 새로운 무기의 등장이다. 특히 기존 무기를 능가하는 새로운 무기 발명이나 등장이 원인인 경우가 많다. 새로운 기술이 문명 변화에 결정적 영향을 미쳤다는 것은 부인할 수 없는 사실이다. 물론 기술과 사회는 서로 영향을 미치는 상호작용적 관계에 있어 인과성을 단정하기 쉽지 않다. 하지만 화약 무기 등장 이후 전쟁 패러다임 변화 속도가 급속히 빨라진 것은 분명한 사실이다. 최근의 정보통신 기술을 기반으로 하는 무기체계들의 발달 속도는 상상을 초월하는 수준이다. 최근의 전쟁 패러다임 변화를 '군사 기술혁명(military technology revolution)'이라고 하는 것도 이 때문이다. 지금의 기술 발달 속도로 보아 전쟁 패러다임 변화에 새로운 무기들이 미칠 영향력은 앞으로 더 커질 것이다.

둘째, 특정 전쟁 패러다임이 지속되는 기간이 점점 짧아지고 있다. 문명 변화 속도가 빨라지는 것도 있지만, 무기 관련 기술들의 진화 속도가 매우 빠르기 때문이다. 석기시대에서 청동기 시대로 전환되는 기간이 수십만

년이었지만, 정보혁명은 산업혁명이 있은 지 불과 200년 후에 일어났다. 최근에 겪고 있는 4차산업혁명을 정보혁명과 다른 것으로 보게 되면, 불과 반세기도 되지 않아 전쟁 패러다임이 또 바뀌고 있는 것이다. 물론 시기 구분에 대해서는 항상 논란이 있게 마련이다. 스텔스 전투기나 시뮬레이션 무기들을 선보이면서 '스마트 전쟁'의 서막을 열었다고 하는 1991년 '걸프 전쟁(Gulf war)'에 대해서도 '산업화 전쟁'의 연속선상인지 '스마트 전쟁'인지를 놓고도 평가가 엇갈리고 있다(손경호, 2014, 161~186쪽). 하지만 분명한 것은 기술 발달 속도가 빨라지면서 전쟁 패러다임 변화 속도도 빨라지고 있다는 사실이다.

셋째, 신무기 개발이 전쟁 패러다임 변화에 가장 큰 영향을 미친다고 해도, 무기의 종류나 성격은 다르다는 점이다. '산업화 전쟁'은 살상력을 극대화하기 위한 대량 살상 무기가 주도했다면, 최근의 군사 기술들은 살상력보다 효율성 제고에 초점이 맞추어져 있다. 남북전쟁에서 처음 사용된 유선통신 기술은 제1차 세계대전에서 무선통신으로 진화되었고, 제2차 세계대전에는 이를 응용해 '전격전(briezkrieg)'을 가능케 하였다. 또 정확한 탄도 계산을 위해 개발된 컴퓨터는 미·소 우주 개발 경쟁을 통해 고도화되었고, 20세기 중·후반에 감시, 정확성, 네트워크 관련 정보·통신 기술들이 개발되게 된다(문장렬, 2009, 152쪽). 이 기술들은 C₃I(Command, Control, Communication, Information)로 불리는 정보 전쟁 패러다임 시대를 열었다. 여기에 컴퓨터(Computer), 협력(Collaboration) 같은 개념들이 추가되면서 C₄I, C₆I로 확대되어, '정보 전쟁' '네트워크 전쟁' '스마트 전쟁'이라는 용어처럼 커뮤니케이션 기술이 주도하는 전쟁 패러다임으로 변화되었다.

이 때문에 현대 전쟁을 첨단 커뮤니케이션 기술에 바탕을 둔 제4세대 전쟁으로 분류하는 시각도 있다(하광희 외, 2010, 295~317쪽). "적의 중심 또는 전쟁 수행 의지를 마비시키는 것을 목표로, 비 살상전 또는 최소 교전을 통해 적의 강점을 회피하고 취약점을 공격하는 소프트 킬(soft kill) 전쟁"이라는 것이다(이수진, 박민형, 2017, 6~8쪽). 제1세대 전쟁은 '선과 대형', 제2세대 전쟁은 '화력전', 제3세대 전쟁은 '기동전'이었다면, 제4세대 전쟁은 '정치전'으로 특징짓고 있다. 또 적의 지적 능력 파괴에 목표를 두고, 은밀하면서 형체가 없고 세련된 그렇지만 주도적으로 적을 자신이 원하는 방향으로 움직이게 만드는 '비밀전쟁(secret war)'이라고도 한다(Abbot, D. H., 2003, 37쪽).

넷째, 전쟁 패러다임에 영향을 미친 군사 기술들은 대부분 당대 최고 과학기술의 결과물이라는 점이다. 제2차 세계대전 이전까지는 비군사적 민간 기술이 군사 기술로 응용되는 경우가 많았다. 이렇게 군사적으로 응용된 기술들은 다시 민간 영역에 환원되어 활용되었다. 이는 제1·2차 세계대전과 동서 냉전기를 거치면서 자본주의 경제 체제에서 막강한 영향력을 행사했던 '군산복합체(military industrial complex)'의 작동 원리다. 군산복합체 등장 시기에 대해서는 여러 주장들이 있다. 심지어 1800년대 후반 영국 해군 성장 과정에서 시작됐다는 주장도 있다(이내주, 2015). 하지만 군의 재정적 지원 아래 대학·연구소와 연계해 새로운 무기들을 개발하고, 전후에 그 기술들을 상업적으로 활용해 이윤을 추구하는 군산복합체는 제1·2차 세계대전을 통해 본격화되었다고 보는 것이 가장 보편적이다.

군사적 목적으로 개발된 컴퓨터나 미·소 우주경쟁의 산물인 인공위성, 광섬유, HDTV 등은 1970~80년대 정보사회를 이끈 대표적인 군사 기술들이다. 적의 공격을 사전에 감지하고 효율적으로 대응하는 C₃I를 기반하고 있는 군 통신망 ARPANET은 오늘날 우리가 사용하는 인터넷의 기원이 되었다. 구글 지도나 GPS 역시 군사용으로 개발되어 민간에서 활용된 기술이다. 아마존 웹 서비스는 미 국방부의 데이터를 저장하고 있는 세계 최대의 빅데이터 사업자다(Mosco, V., 백영민(역), 2015). 이렇게 축적된 거대한 데이터를 기반으로 아마존은 세계 최대의 온라인 플랫폼사업자로 군림하고 있다.

이처럼 군사 기술과 과학기술이 밀착된 배경에는 군의 기술 개발 정책 패러다임 변화도 작용했다. 특히 군산복합체 성장 이면에는 군사적 목적으로 개발된 기술들을 사후에 민간 영역에서 활용하는 '스핀오프(spin-off) 패러다임'이 있었다(Alic, J. et al, 1992). 실제로 초기 반도체, 컴퓨터, 통신위성 같은 첨단 기술들은 국방예산이 주도하였지만 개발된 군사 기술들을 민간 영역에서 상업적으로 활용하는 것에 대해 군이 거의 관여하지 않았다. 하지만 1990년대 이후에는 군사적 목적과 상업적 목적을 동시에 추구하는 기술을 선택해 민간 연구기관들과 공동으로 개발하고, 군과 민간에서 동시에 활용되는 '민군 겸용 패러다임(dual-use paradigm)'으로 변화되었다(홍성범, 1994). 군사 기술 정책 패러다임 변화는 동·서 냉전 붕괴 이후 국방예산 감소와 군사 목적으로 개발된 기술들이 민간 영역에서 상업적으로 성공할 확률이 높지 않다는 문제에 부딪혔기 때문이다.

과학혁명과 산업화 전쟁

과학혁명 이전에는 과학과 기술은 서로 다른 영역으로 연관성이 거의 없었다. 제임스 와트의 증기기관은 과학적 원리에 의해 개발된 것이 아니라 시행착오를 거쳐 발명된 것이다. 물 분자 간의 간격이 커져 팽창하면서 발생한 압력 때문이라는 원리를 알지도 못했다. 당연히 새로운 무기가 개발되는 속도나 지속 기간도 길 수밖에 없었다. 하지만 16세기 시작된 과학혁명으로 과학과 기술이 조우하게 된다. 무기 역시 과학적 지식과 결합하게 된다. 이전에도 과학적 원리를 응용해 무기를 만들려는 시도가 없었던 것은 아니다. 천재 발명가 레오나르도 다빈치(Leonardo da Vinci)는 과학적 이치를 적용한 신무기들을 구상한 바 있다. 과학기술 혁명을 기점으로 근대 이전 전쟁과 근대 이후 전쟁으로 구분하는 것도 이 때문이다.

과학혁명은 16세기 코페르니쿠스(Nicolaus Copernicus), 갈릴레오(Galilei Galileo), 뉴턴(Isaac Newton) 같은 과학자들에 의해 시작되었다. 이들은 모든 자연현상은 정해진 역학법칙에 의해 작동된다는 '기계론적 철학관(mechanical philosophy)'을 확신하였다. 과학적 원리는 모든 현실에 적용될 수 있다고 생각했고, 그것은 별개 영역으로 존재해 왔던 과학과 기술이 결합될 수 있는 배경이 되었다. 특히 "지식은 곧 힘이다"라고 했던 프란시스 베이컨

(Francis Bacon)은 화약, 인쇄술, 나침반 같은 과학적 기술들이 인간에게 유익할 것이라고 확신하였다.

과학혁명의 군사적 결과물들이 처음 선보인 것은 남북전쟁(Civil War1 1861~1865)이다. 자동소총이나 다총신 기관총 같은 대량 살상 무기들 뿐 아니라 열차, 전신 같은 첨단 기술들도 등장하였다. 양 떼를 가두는 데 사용되었던 철조망도 사용되었다. 특히 1870년 히람 맥심(Hiram Maxim)이 발명한 '개틀링 건(Gatling Gun)'의 위력은 엄청났다. 발사 시 발생하는 폭발가스를 이용해 분당 450~600발씩 12시간 연속 사격이 가능했기 때문이다 (Parker, B., 김은영(역), 2015, 309~310쪽). 1898년 수단 이슬람교도 1만 1천명을 몇 대 기관총으로 단 40분 만에 진압했다. 이 전투에 참가했던 한 장교가 "이 전투는 켄트(Kent)에 살고 있는 점잖은 과학자 한 분 덕에 간단히 끝났다"라고 말했을 정도다(Volksmann, E., 석기용(역), 2003, 298쪽).

기관총에 의한 대량 살상 전쟁을 예고한 것은 러·일 전쟁이다. 요동 반도의 여순항 북쪽 요양遼陽 전투에서 남산 능선에 기관총으로 무장한 러시아 군이 일본군의 밀집형 보병 공격을 궤멸시켜, 소수 병력으로 대규모 보병 공격을 방어할 수 있다는 것을 보여주었다. 공격보다 방어가 유리한 '참호전(trench war)'이나 '진지전(position warfare)'이 될 것임을 암시한 것이다. 기관총은 기존의 전쟁 양식을 완전히 바꾸어 놓은 일종의 '게임 체인저 (game chnger)'였던 것이다.

대량 살상 무기에 의한 참호전 양상은 제1차 세계대전에서 절정에 이르게 된다. 독일은 지정학적 불리함을 최소화하기 위해 '슐리펜 계획(Schlieffen Plan)'을 변형한 공격 작전을 개시하였다. 개전 초기 서부전선에 병력을 집중해 프랑스를 조기 점령한 후, 기차를 이용해 신속하게 동부전선으로 병력을 이동시켜 러시아 공격에 대비한다는 작전 계획이다. 하지만 두 달 만에 파리 외곽 50km 부근 마른 전역(Marne campaign)에서 제동이 걸린 후, 양측은 상대방 측면을 차지하기 위해 북해와 영국해협 쪽으로 진격하는 '바다로의 경주(Race to the Sea, Course à la Mer, Wettlauf zum Meer)'를 벌이게 된다. 그 결과 스위스 북부에서 북해 연안에 이르는 수백km의 진지가 구축되고, 이후 4년 넘게 처절한 진지전을 벌이게 된다. 진지전의 발생 원인은 초기 작전 실패 때문이지만, 결국은 기관총 같은 대량 살상 무기들이 공격보다 방어를 절대 우세하게 만들었기 때문이다.

강력한 신무기가 등장해 결정적 승리를 거두고 보편화된 후에는 이를 능가하는 신무기가 개발되어 전쟁 주도권이 반복해서 교체되는 '저주의 관계'가 일어나게 된다(문장렬, 2009). 양측 모두 기관총과 철조망으로 무장된 방어 진지를 돌파하기 위해 다양한 기술들이 동원되었다. 독일군은 1915년 4월 '이프르(Ypre) 전투'에서 50여 통의 염소가스를 사용했고, 영국은 1916년 9월 '솜므(Somme) 전투'에서 최초로 전차를 투입하였다. 전통적으로 포병이 강했던 프랑스군은 장거리포로 독일군 진지 후방을 공격하기도 했다.

결과는 기대만큼 성공적이지 못했다. 독가스는 기후 조건에 큰 영향을 받고, 아군 작전 또한 제한된다는 단점이 있었다. 영국군이 투입한 전차는 기관총 공격이나 철조망 통과에는 효과적이었지만, 전차 상호 간 커뮤니케이션 부재로 조직적인 작전 수행이 이루어지지 못했다. 프랑스가 개발한 장거리 포는 결과를 알 수 없는 것이 문제였다. 이를 위해 사용한 기구는 기후 때문에 불안정하고 적의 공격으로부터 취약하다는 단점을 가지고 있었다. 1916년 마른(Marne) 전투에서 처음 정찰기에서 촬영한 사진으로 적정을 파악하기도 했다. 이처럼 진지전 돌파를 위해 다양한 기술들이 동원되면서, 전쟁과 크게 관련이 없던 기술들까지 동원되게 된다. 하지만 이렇게 개발된 군 장비들은 이후 더 진화된 형태로 발전하기도 했고, 민간 부분에서 더 많이 활용되기도 했다.

이러한 신무기들은 '대량 동원' '대량 파괴' '대량생산'이라는 산업혁명 기축 원리를 담고 있다. 마틴 쇼는 산업혁명 시대 전쟁을 적에게 가급적 큰 피해를 주는 것을 목적으로 하는 '산업화된 총력전(industrialized total war)'이라고 규정하였다(Shaw, M., 1992, 20쪽). 제1차 세계대전 발발 직전, 모든 유럽 국가들이 공격 계획만 가지고 있었던 것도 과학혁명과 산업혁명의 부산물인 대량 살상 무기에 대한 자신감이 반영된 것이었다. 물론 대량 살상을 목적으로 하는 산업화 전쟁이 얼마나 효율적이었는가에 대해서는 다른 평가들이 있을 수 있다. 하지만 제1차 세계대전 중에 협상국과 동맹국 측 모두 엄청난 인적·물적 공세에도 불구하고, 파리 외곽의 참호에서 단 몇 km도 나아가지 못하고 4년 넘게 엄청난 사상자만 양산했다.

이렇게 제국주의 전쟁과 제1·2차 세계대전을 거치면서 많은 과학 기술들이 국가 주도 혹은 지원 아래 전쟁에 동원되었다. 내연기관 장갑차, 가솔린 기관 항공기, 해양·철도·운하 그리고 정보·통신 등이 그렇다. 이 기술들 대다수가 소수 군수 산업체들이 특허를 통해 독점하는 경우가 많았고, 국가는 전쟁 수행을 위해 기업들이 소유한 과학기술 개발을 지원해 군사적 목적으로 활용하는 형태가 일반화되기 시작하였다. 국가는 개발된 과학기술들을 군사적으로 활용하고, 전쟁에 동원된 기술들을 전후에 연관 기업들이 상업적 이익을 위해 활용하는 메커니즘이 형성된 것이다.

산업화 전쟁과 커뮤니케이션 기술

산업화 전쟁을 가능하게 한 또 다른 요인은 나폴레옹 군대에서 시작된 국민 군대 즉, 상비군 개념이다. 국민군대는 잘 훈련된 소수의 용병과 달리 개별 전투 능력이 떨어지는 징집된 다수의 병사들로 구성된다. 개별 부대 단위 전투 개념을 넘어 대규모 병력을 조직적으로 운용하는 전략·전술이 중요할 수 밖에 없었다. 나폴레옹은 포병을 보병 후방에 배치하고 사단·군단 같은 단위 부대의 전술적 자율성을 보장하는 유연한 군 조직 체계로 국민군대의 약점을 보완하였다(Paret, P., 1986). 철도와 전신 기술이 전쟁에 활용된 것도 이 때문이다. 특히 19세기는 새로운 운송 수단과 통신 기술이 경쟁적으로 발명되기 시작하던 시기다. 1814년 스티븐슨(George Stevenson)의 증기기관차는 곧바로 유럽 전역으로 퍼져나갔고, 19세기 중·후반에는 많은 통신기술들이 등장하게 된다. 모스(Samuel Morse)의 전신 기술(1844), 맥스웰(James Clerk Maxwell)의 무선주파수(1855), 헤르츠(Heinrich Herz)의 전자기파(1885)가 발명되었다. 1901년에는 마르코니(Gulielmo Marconi)가 발명한 무선전신 기술이 선보이게 된다.

이 기술들은 군사용으로 개발되지 않았지만, 가용 자원을 모두 동원하는 총력전 상황에서 통신 기술이라고 예외일 수 없었다. 신기술을 상용화하는데 국가지원이 필요했던 개발자들도 군사적 활용성을 적극적으로 제안하였다. 실제로 모스는 무선전신 확산을 위해 의회 협력을 받고자 애를 썼는데, 미국 의회는 군사적 이용가능성과 연방 우편제도 운영에 도움이 될 것이라 판단해 재정적·제도적 지원을 결정하였다. 앞서 서술한 것처럼 미국의 우편제도는 처음부터 군사적 목적에서 설립·발전해왔다. 10마일 간격으로 도로를 따라 설치된 우체국들은 사실상 군기지 역할을 했다(Hafen, L. R., 1969, 54쪽). 실제로 1789~1845년까지 재임했던 12명의 미합중국 우편국장 중에 6명이 군 고위급 장교였다(Johh, R., 1995, 133~134쪽).

미국 정부가 새로운 통신 기술을 군사적 목적에서 지원했다는 사실은 맥킨리(William McKinley) 대통령의 1889년 의회 연설에서도 확인할 수 있다. 연설 내용은 미국의 통신 기술 발달이 제국주의 확장 정책과 깊이 관련되어 있음을 보여준다(Schiller, D., 2008, 127쪽). 어쩌면 현재 미국의 글로벌 인터넷 플랫폼들의 군사적 기반이 이때부터 시작되었다고 볼 수도 있다.

> "미국은 태평양 끝에 있는 필리핀을 점령하게 될 것이고, 하와이와 괌 역시 미국의 영토가 될 것이다 … 미국과 태평양 섬들을 연결할 수 있는 케이블 커뮤니케이션이 절대 필요하다. 이 같은 커뮤니케이션 망은 전쟁이나 평화 시기 언제나 미국의 통제권을 확립하게 될 것이다."

로저스(Rogers, W.S., 1922.146쪽)는 국가가 군사적 목적으로 커뮤니케이션 기술을 활용하는 것을 '선택된 수단(chosen instrument)'이라고 한다. 이 용어는 원래 "국가를 대표하기 위해 정부에 의해 선정된 항공사"를 의미하는 것이었다. 아마 미 육군과 해군이 새로운 커뮤니케이션 기술의 전략적 중요성을 인식하고, 무선통신에서부터 레이더까지 민간사업자를 지정해 공동 개발하는 것을 그렇게 표현한 것 같다. 대표적으로 1919년 무선주파수 개발을 주도했던 'RCA(Radio Corporation of America)'가 있다. RCA는 군과 커뮤니케이션 산업이 연대한 대표적인 '군산복합체(military industrial complex)' 기업이다. 특히 제1·2차 세계대전을 거치면서 군의 지원 아래 수 많은 군사 기술들을 개발하였고, 그 결과 미국 내에서는 물론 전 세계적으로 가장 막강한 전기, 통신, 미디어 기업으로 성장하였다. 특히 초기 라디오, 텔레비전 시장을 주도하였고, 점차 영화, 음반 등 미디어시장 전반에 걸쳐 핵심 플레이어로 활동하였다. 어쩌면 최근에 부상하고 있는 군·엔터테인먼트 복합체(military entertainment complex)의 원형으로 볼 수도 있다.

이처럼 전쟁과 커뮤니케이션 기술의 결합은 대규모 병력과 대량 파괴를 속성으로 하는 산업화 전쟁과 통신 기술들이 조우하면서 시작되었다. 통신 기술은 포병이 후방에서 보병을 지원하는 나폴레옹 전술이나 군단·사단 같은 자율성과 기동성을 가진 단위 부대들의 전술적 운용을 가능하게 만들었다(Paret P., 1986). 1870년 보불전쟁에서 프러시아는 내부 철도망을 이용해 21일 만에 55만 명의 병력과 15만 마리의 마필馬匹, 6천 문의 대포를 프랑스 국경에 집중시킬 수 있었다. 이는 동부전선과 서부전선 간의 신속한 병력 전환을 가능하게 하였고, 이후에 슐리이펜 계획으로 발전하여 제1차 세계대전에 적용되었다. 또한 이때부터 지휘관은 원거리에 후방에 위치해 원하는 지역에 병력과 자원을 집중·운영할 수 있게 되었다. 이처럼 대량 파괴(mass destruction)를 특징으로 하는 산업화 전쟁을 군사학자인 테오도르 로프는 '프러시안 패러다임(Prussian Paradigm)'이라 지칭하고 있다(Ropp, T., 2000).

한편 제1차 세계대전 말기에 트랙터 위에 물탱크를 얹은 영국 전차를 보고 놀란 독일은 전차와 전투폭격기 그리고 포병부대 간에 통신장비를 부착해 전격전 개념을 완성하게 된다. 한편 기구나 비행기를 통해 적 후방을 관찰하는 기술은 '이미지 정보(IMINT, image intelligence)'로 발전되게 된다. 이를 인공위성의 기원이라고 보는 사람도 있다. 1950년대 미·소 우주 경쟁 산물인 인공위성은 원래 군사적 목적으로만 사용되었다가, 1971년 '우주개방정책(open sky policy)'에 의해 민간에게 허용되었다. 지금도 지구 상공에 떠 있는 인공위성 70% 이상이 군사위성이다. 미국은 장거리포의 정확성을 높이기 위해 IBM에게 탄도 측정 계산기를 의뢰했고, 그것은 1946년 세계 최초의 컴퓨터 ENIAC(Electronic Numerical Integrator and Calculator)을 탄생시키게 된다.

이처럼 산업화 전쟁이 가열되면서 군의 커뮤니케이션 기술에 대한 필요성은 급격히 커졌고, 이로 인해 커뮤니케이션 산업에 대한 직·간접적 지원도 늘어나게 된다. 그 결과 미디어 산업 역시 함께 성장하게 된다. 1920~1930년대 라디오와 텔레비전의 등장이 결코 우연이 아니다. 1937년 AT&T(American Telephone & Telegraph Company) CEO였던 월터 지포드(Walter Sherman Gifford)는 제1차 세계대전 중에 벨 연구소의 연구개발비 90%가 전쟁과 관련된 것이었다고 고백한 바 있다. 또 대규모 군대를 운영에 필요한 징병과 조세제도를 효율적으로 관리할 수 있는 시스템과 통제 기술도 필요하게 되었다. 관료 시스템에 필요한 다양한 사무용 정보기기들이 개발되었고, 이후 컴퓨터가 발명되는 기원이 되었다(Beniger, J., 1984). 이렇게 개발된 커뮤니케이션 기술을 바탕으로 미국은 고립주의 정책에서 벗어나 세계를 지배하는 패권국가로 부상하게 된다.

경제의 군사화, 군산복합체

과학기술과 전쟁의 협력체제는 제2차 세계대전을 통해 더 공고해진다. 과학 지식에 바탕을 둔 군사 기술들은 이제 군이나 기업이 독자적으로 개발할 수 있는 수준을 넘어서게 된다. 군은 전쟁에 필요한 무기 개발을 위해 과학 집단과 민간 기업과 협력 혹은 동원해야 하고, 여기서 개발된 무기 기술들은 민간 영역에서 다시 상업적으로 활용하는 '군산복합체(military industrial complex)'가 등장하게 된다. 군산복합체의 기원에 대해서는 여러 설들이 있지만, 제1차 세계대전과 제2차 세계대전 사이라는 주장이 가장 보편적이다).

제2차 세계대전은 제1차 세계대전 중에 선보였던 전차·전투기 같은 신무기들이 한 단계 더 진화하는 계기가 되었다. 제트엔진 항공기, V1/V2 로켓포, 유도 미사일, 항공모함과 잠수함, 원자폭탄 같은 첨단 과학기술이 총동원된 일종의 전시장이었다. 제2차 세계대전의 승패는 어느 쪽이 더 강한 무기를 대량으로 생산할 수 있는가에 의해 결정되었다고 해도 지나치지 않다. 가장 획기적으로 성장한 것이 전투기다. 개전 직전 영국의 '스핏파이어(Spitfire)' 독일의 '메서슈미트(Messerschmitt)' 미국의 'P-51머스탱(P-51 Mustang)' 같은 주력 전투기의 평균속도는 시속 500~600km 수준이었다. 하지만 1940년 독일 메서슈미트사(Messerschmitt)가 만든 'Me262 전투기/전폭기'는 시속 852km까지 속도를 낼 수 있었다. 이에 대응하기 위해 따라 다른 나라들도 전투기 개발 경쟁에 돌입하였고, 이 때 참여했던 항공기 제조사들은 전후 세계 항공산업을 주도하는 기업으로 부상하게 된다.

하지만 제2차 세계대전 중에 개발된 가장 획기적인 대량 살상 무기는 원자폭탄이다. 원자폭탄 관련 중성자, 핵 원자로 같은 기술은 영국과 독일, 이탈리아 등에서 이미 개발되었지만, 원자폭탄은 미국의 '맨하탄 프로젝트(Manhattan Project)'에 의해 완성되었다. 오펜하이머(John Robert Oppenheimer)가 주도했던 이 프로젝트에는 1천 500여 명의 과학자들이 참여하였고, 1945년 8월 히로시마와 나가사키에 원자폭탄이 투하되면서 제2차 세계대전을 끝내게 된다.

제2차 세계대전 중에 비약적으로 발달한 기술은 레이더, 컴퓨터 같은 20세기 후반 정보 사회를 이끌었던 기술들이다. 레이더 기술은 1936년 '영국항공연구위원회'가 폭격기를 조기 감지하기 위해 개발되었다. 1940년 로버트 왓슨-와트(Robert Alexander Watson-Watt)가 이끌었던 'RDF(Radio Direction

Finding)' 연구팀이 공진형 마그네트론을 이용해 해상도를 획기적으로 개선하였고, 1941년에는 안테나를 회전시키면서 감시할 수 있는 '집단제어 요격시스템(Group Controlled Intercept System)'이 개발되었다. 탄도 로켓 역시 정보·통신 기술과 깊이 연관되어 있다. 액체 연료를 사용하는 로켓기술을 처음 발명한 것은 미국의 물리학자 로버트 고더드(Robert Goddard)였지만, 이를 실전에 활용한 것은 독일이다. 폰 브라운(Wernher von Braun)이 주도해 개발한 V-1, V-2 로켓은 제2차 세계대전 중에 런던을 포함한 영국 전역을 무차별로 폭격하였다. 하지만 공포감은 주었어도 정확성이 떨어져 생각만큼 위력적이지 않았다. 미국이 IBM에 의뢰해 장거리 로켓 탄도를 계산할 수 있는 컴퓨터를 개발한 것도 이 때문이다. 이후 1950~60년대 미소 우주 개발 경쟁을 거치면서 계산능력과 처리 속도가 획기적으로 향상된 고성능 컴퓨터로 진화하게 된다.

이러한 첨단 과학을 이용한 신무기 개발 경쟁은 본격적인 '군산복합체(military-industrial complex)' 시대를 열게 된다. 이를 두고 멜빈 크랜즈버그는 과학과 기술이 '애정의 결합(love match)'이 아니라 '상호 편의에 의한 계약 결혼(marriage of convenience)'이라고 비판하였다(Kranzberg, M., 1988, 29~39쪽). 과학자들은 자원과 정보를 지원받기 위해 군사 기술자들에게 의존하고, 군사 기술자들은 필요한 과학 지식을 얻기 위해 과학자들과 결합했다는 주장이다. '군사 기술의 과학화' '과학기술의 국영화' '과학기술의 자본화'가 가속화되고, 그 중심에 전쟁 기술이 있었다는 것이다.

볼크먼이 말했던 "과학기술이 평화 시대에 민간산업으로 전이되는 현상(Volkmann, E., 2002)"이 표면화된 것이다. 산업혁명 이후 심화되어 온 '군사의 산업화(industrialisation of military)'가 '경제의 군사화(militarization of economy)'로 진화한 것이다. 이처럼 전쟁에서 첨단 과학기술이 차지하는 비중이 커지면서, 비전시 상황에서도 군과 민간기업, 연구조직이 연계해 존속하는 군산복합체가 부상하게 된다. '군산복합체'라는 말은 아이젠하워(Dwight David Eisenhower) 대통령의 1961년 1월 17일 고별 연설에서 나왔다. 이 연설에서 아이젠하워는 다음과 같이 경고하였다.

"최근의 세계적인 분쟁 즉, 제2차 세계대전 당시까지만 해도 미국은 군수 산
업이라는 것을 가져본 적이 없습니다. … 방대한 군사 조직과 군수산업 간의 결
합은 이전에 미국인들이 전혀 경험하지 못했던 … 경제와 정치 심지어 정신 영
역까지 침투하고 있어 모든 도시, 주 정부, 연방정부 사무실에서도 피부로 체감
하게 될 것입니다"

노르망디 상륙작전을 성공으로 이끌었던 제2차 세계대전 영웅 아이젠
하워가 군산복합체를 비판했다는 것은 역설적이다. 그만큼 군산복합체의
영향력이 막강하다는 것을 의미한다. 군산복합체라는 용어를 가장 먼저
쓴 사람은 영국의 평화주의자 찰스 트레빌리언이다. 그는 제1차 세계대전
중에 성장한 군수 산업을 비판하고 통제 필요성을 역설하였다(Trevelyan, C,
1915). 1934년에는 제럴드 나이(G. P. Nye) 미 상원의장이 주도한 특별위원
회가 제1차 세계대전에 참여했던 방위산업체들의 영향력을 조사하기도
하였다. 1935년에는 스메들리 버틀러(Smedley D. Butler) 장군이 자신의 저서
에서 제1차 세계대전 이후 군사동원과 모험주의가 지속되면서 금융가들
과 사업가들이 엄청난 이익을 챙기고 있다고 비판하기도 했다.

군산복합체가 등장한 시기는 군 혹은 전쟁과 관련된 산업들이 국가 경
제를 주도하게 되는 시점을 언제로 보느냐에 따라, '제1차 세계대전 기원
설' '1940년 기원설' '제2차 세계대전 기원설' 등이 있다(김진균·홍성태, 1995,
55~78쪽).

첫째, '제1차 세계대전 기원설'은 미국의 역사학자인 폴 코이스티넨의
주장이다(Koistinen, Paul, 1970). 제1차 세계대전 중에 경제동원에 관한 군부
와 재계의 공동계획에서 시작되었다는 것이다. 전시 경제동원을 위해 설
립된 대통령 자문기구인 '국방위원회'와 이를 지원하는 기업들로 구성된
'국방자문위원회(National Defense Advisory Commission)', 1917년 창설된 '전시

산업국(War Industrial Board)'이 전쟁 중에 군 조달업무와 전쟁 관련 산업계 활동을 통제·조절하는 역할을 한 것에서 기원을 찾고 있다.

둘째, '1940년 기원설'은 1939년 루즈벨트 대통령이 추진했던 전시 경제체제 구축정책을 시작으로 보고 있다. 군과 산업체 연계를 강화하는 '전략물자비축법'에 따라 '전시자원국(War Resources Boards)'이 설립되고, 육·해군의 군수생산을 책임지게 한 것이 군산복합체의 기원이라는 것이다. 특히 제2차 세계대전이 발발하자, 1932년에 불황 타개를 위해 설립했던 '부흥금융공사(Reconstruction Finance Corporation)'에게 군수 산업에 대한 투자와 기업 설립, 외국 정부에 대한 차관 제공 등의 권한을 부여한 것에 주목한다. 특히 부흥금융공사의 자회사인 '국방공장공사(Defense Plant Corporation)'와 '국방공급공사(Defense Supplies Corporation)'가 2,300여 개의 군수공장을 건설하고, 총 92억 달러의 군수물자를 공급한 것에 주목한다(White, G. T, 1949, 156~183쪽). 이 같은 군수산업에 대한 국가 지원 체제를 군산복합체의 시작으로 보고 있다.

셋째, '제2차 세계대전 기원설'은 전쟁 발발 직후에 취해진 무기 지출을 위한 군수산업체 지원 정책들이 군산복합체를 성장시켰고, 전쟁 종료 후 미국 경제 중심에 위치하게 되면서 '경제의 군사화'가 이루어졌다는 것이다. 이처럼 경제 성장을 위해 군사비 지출을 늘리는 것을 갈브레이드는 '군사 케인즈주의(Military Keynesianism)'라고 비판하고 있다. 그 증거로 제2차 세계대전 직후 공군의 독립과 1947년 국방성 설립을 들고 있다(Galbraith, J. K., 1977/1978, 김영선(역), 323쪽). 시드니 렌즈는 불황 타개를 위해 군의 지원 받은 산업을 '군수의존형 산업'이라 지칭하고 있다(Lens, S., 서동만(역), 1972, 1985, 18~21쪽).

'경제의 군사화'는 다른 말로 '전시경제의 영구화'라고도 한다. 제2차 세계대전 이전까지만 해도 전시경제는 전쟁이 벌어지는 시기에 한정된 일시적 현상이었지만, 냉전 시대 이후에는 군비경쟁을 위한 전시 경제체제가 비전시 상태에서도 그대로 존속되고 있다는 논리다. 이는 군수산업이 자본주의 경제에서 차지하는 비중이나 영향력이 큰 주력 산업이 되었다는 것을 의미한다. 군산복합체는 '전시경제 영구화'의 산물이면서 동시에 국가 경제 시스템을 지탱하는 핵심 산업을 부상한 것이다.

군산복합체는 "정부 정책에 영향력을 갖는 군수산업체와 군, 관련 정부 부처 간의 비공식적 연대(an informal alliance of the military and related government departments with defense industries that is held to influence government policy)" 또는 "한 국가의 군과 군 장비, 물자, 무기 등을 공급하는 산업체의 집합으로 상호 이익을 공유함으로써 관련 정책에 영향을 미치는 체제"로 정의된다. 조직체계를 갖춘 실체가 아니라 군비 확장을 둘러싸고 공통의 이해관계를 공유하는 군부 관료와 군수산업체 그리고 군사정책과 관련된 정치인 혹은 정치집단 간에 형성된 일종의 '철의 연대(iron coalition)' 혹은 '철의 삼각 관계(iron triangle)'라 할 수 있다. 군과 군수산업체의 지원을 받는 대학이나 연구 집단들이 새로운 군사 기술과 군 관련 정책을 개발하고, 군수산업체들은 그 연구 결과물을 바탕으로 신무기나 군수품을 생산하고, 그 기술들을 이용해 민간 영역에서 상업적 이윤을 추구하는 것이다.

그림86 철의 삼각관계(iron triangle)

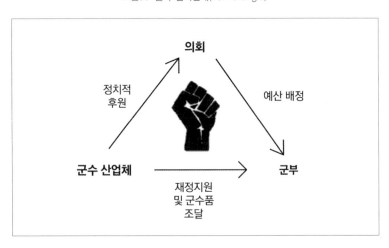

군산복합체 범위를 더 넓혀 "국가 안보를 책임지고 있는 군부와 사회적·물질적 재생산을 담당하는 산업체들을 중심으로 의회·문화계·학계·종교계 등 다양한 사회 영역들이 각종 군수물자의 생산과 조달을 매개로 복잡하게 연계된 공식적·비공식적 네트워크(김진균·홍성태, 1995, 56~57쪽)"로 정의하기도 한다. 군수산업체와 랜드연구소 같은 연구집단의 전문가 그룹, 군수산업체와 정부의 지원을 받는 연구전문대학 혹은 연구소 그리고 보수성향의 언론까지 연계된 네트워크라는 것이다. 이 때문에 '군산학軍産學 복합체' 또는 '군산학언軍産學言 복합체'라고도 한다.

여기서 언론·미디어들은 군산복합체의 이익을 유지·확대할 수 있는 여론을 관리하는 역할을 한다. 국가 간 갈등 분위기를 조성해 군수산업에게 우호적인 분위기를 형성하는 것이다. 헐리우드에서 공급하고 있는 애국주의 전쟁 영화들이 군수산업체들과 직·간접적으로 연계되어 있는 미국 영화산업 구조와 무관하지 않다는 것은 공공연한 사실이다. 실제로 전쟁을 배경으로 하는 헐리우드 블록버스터 영화들은 미국은 물론이고 전 세계에 '자유세계의 수호자' '안전보장' '세계평화의 수호' 같은 긍정적 이미지를 확산시켜, '사회의 군사화(militarization of society)'를 촉진시키는 역할을 하고 있다는 평가를 받고 있다. 이를 두고 "평화유지라는 이데올로기는 일반 사람들이 전쟁을 일상적으로 소비하게 하는 상품"이라고 비판받기도 한다.

최근에 미디어 산업을 포함한 커뮤니케이션 산업이 군산복합체의 중심축으로 부상하고 있다. 제2차 세계대전과 동·서 냉전을 거치면서 개발된 군사용 첨단 정보·통신 기술들이 경제를 주도하고 있기 때문이다. 이 기술들이 민간영역에서 활용되면서 20세기 후반에 '정보 사회(information society)'를 열었고, 21세기 들어서는 '4차산업혁명'을 이끌고 있다. 군산복합체의 주도권이 기계·선박·항공·화학 같은 2차 제조업에서 전자·컴퓨터·통신 같은 정보통신 산업으로 전환되고 있는 것이다. 최근에는 인공지능, 빅데이터, VR/AR 같은 지능형 첨단 기술들이 군산복합체의 핵심 상품이 되고 있다. 군산복합체가 미디어·커뮤니케이션·정보처리·시뮬레이션 기술을 기반으로 하는 '군·엔터테인먼트 복합체(military entertainment complex)'로 다시 진화하고 있는 것이다.

그림87 대표적인 전기·전자 통신 군산복합체 사업자와 연구집단

20세기 중·후반 대표적인 군산복합체 기업이었던 '제너럴 일렉트릭(General Electric), RCA (Radio Corporation of America), 웨스팅 하우스(Westing House), IBM(International Business Machines)의 로고와 군사 기술 연구 기관인 메사추세츠 공대의 링컨 연구소 로고와 출입증. 이 기업들은 20세기 중·후반 정보사회를 주도했던 전자통신회사들이다.

정보사회의 군사적 기원

제2차 세계대전과 냉전을 거치면서 급성장한 군산복합체는 20세기 중반 이후 전쟁의 정치·경제·사회·문화적 연관성을 이해하는 핵심 키워드였다. 군사 기술을 개발하는 연구기관과 생산 주체인 군수산업체가 주도하는 네트워크라는 점에서 현대 전쟁의 과학기술 연관성을 잘 보여주고 있다. 특히 군사적 목적으로 개발된 정보·통신 기술들은 1970년대 후반에 산업사회가 정보사회(information society)로 전환되는 결정적 원인이 되었다. 하지만 산업사회가 정보사회로 이전하게 된 원인에 대해서는 상반된 주장이 있다. 정보를 수집·전송·저장하는 정보·통신 기술들이 정치·경제·사회·

문화 영역에 활용되면서 정보 사회가 시작되었다는 '기술결정론(technological determinism)'과 자본주의 체제의 경제적·사회적 필요에 의해 정보·통신 기술들이 개발되었고, 이 기술들이 정보사회를 유도했다고 보는 '사회결정론(social determinism)'이 있다. 두 관점은 정보사회가 산업사회의 연속인지 아니면 새로운 정보사회인가를 놓고도 상반된 시각을 가지고 있다.

하지만 "군사 분야에서의 변혁은 당대 최고 수준의 과학을 전쟁에 활용하는 것"이라고 한 막스 부트의 주장대로(Boot, M., 2006), 정보 사회를 이끈 정보·통신 기술들이 군사적 목적과 무관할 수 없다는 것을 부인하기는 어렵다. 또 "군사적 목적으로 개발된 과학기술들이 평화 시기에 민간산업으로 이전 활용되는 것"에 주목한 볼크먼의 논리로 보면(Volkmann, E., 2002), 정보 사회의 군사적 기원도 충분한 설득력이 있다. 실제로 20세기 이후 등장한 커뮤니케이션 기술 중에는 군사적 목적에서 개발 혹은 사용되었다가 민간 영역에서 활용된 것들이 많다.

라디오는 제1차 대전 중에 군사용 통신장비로 활용되었던 무선수신기를 민간에게 판매하기 위해 등장하였고, 1946년 IBM이 만든 세계 최초의 전자식 컴퓨터 ENIAC(Electrical Numerical Integrator and Computer)은 군의 지원이 없었다면 등장하지 못했을 것이다. 위성방송은 미소 우주 경쟁으로 개발되어 군사용으로만 사용되었던 인공위성을 1971년 미국 정부가 민간에게 개방하면서 가능해졌다. 1974년 미국의 케이블TV 오락전문채널 HBO는 위성과 케이블을 연결해 미국 전 지역에 동시 송출하는 SCN(Satellite Cable Network)으로 변모해 2010년까지 최대 유료방송 사업자로 군림하였다. 뉴스 전문 채널 CNN이 전 세계를 실시간으로 커버하는 글로벌 슈퍼스테이션(superstation) 뉴스 채널이 될 수 있었던 것도 위성을 이용할 수 있었기 때문이었다. 고화질 HDTV도 미·소우주 전쟁 중에 항공 감시 모니터용으로 개발되어 민간으로 이양된 기술이다.

1990년대 정보사회 진입을 가속화시켰던 인터넷은 1969년 미 국방부가 국방 관련 사업체와 연구기관들과 정보 공유를 위해 구축했던 아르파넷(ARPAnet : Advanced Research Projects Agency Network)에서 시작되었다. 1990년에 국립과학재단의 NSFnet(National Science Foundation Network)에 통합된 후에도 국방부가 독자적으로 운영하는 다르파넷(DARPAnet : Defense Advanced Research Projects Agency Network)이란 이름으로 지금까지 유지되고 있다. 이처럼 인터넷은 미국의 분산 방어 체제를 연계·통합하는 C3I 전략과 밀접히 연계되어 있다.

군수산업체들이 군사용으로 개발한 커뮤니케이션 기술들을 민간 영역에서 상업적으로 활용하는 것을 국가가 지원한 결과가 정보 사회라는 것이다. 군수산업체들을 경제적 이익을 보장할 수 있는 기술 개방 정책과 정보의 경제적 가치 보장을 위해 낙관적인 정보사회 이데올로기를 확신시켰다는 주장이다. 허버트 쉴러는 1970년대 후반에 급부상한 '정보사회 이데올로기'는 군산복합체들이 주도하고 있는 정보·통신 산업의 경제적 부가가치를 극대화하기 위한 미국 정부의 경제 패러다임 전환 정책의 결과로 보고 있다(Schiller, H.,1986/1990). 1960~70년대 제조업 분야에서 국제 경쟁력을 상실한 미국이 절대 우위에 있는 정보·통신 기술의 경제적 가치를 부각시켜, 군산복합체 기업들의 글로벌 경쟁력을 강화하기 위해 만든 이데올로기라는 것이다. 빈센트 모스코는 1982년 발표한 『환상을 누르는 단추(Pushbutton Fantagies)』라는 책에서 정보기술의 군사적 기원을 밝히고, '군사화된 정보사회(militarized information society)'라는 용어를 사용하고 있다(Mosco, V., 1982; Mosco, V., 1989, 37~40쪽).

최근 부상하고 있는 네트워크 전쟁 개념도 군사적 속성이 내포된 정보사회 연속선상에서 이해될 수 있다. '군사 기술 혁명(Military Technological Revolution)'과 '군사혁명(Revolution in Military Affairs)'은 정보통신 기술을 기반으로 한 '네트워크 중심전(NCW : Network Centric Warfare)'을 전제로 한 개념이다. 윌리엄 페리 전 국방장관이 말했던 것처럼, "강력한 컴퓨터와 고속 통신장비를 통합한 네트워크인 '시스템 중의 시스템(A system of systems)'"이 중심에 위치하고 있다(Perry, W. J., 2004). 이는 'network of networks'로 정의되는 인터넷 개념과 사실상 같은 개념이다. 모든 활동이 인터넷 공간으로 수렴되는 정보사회나 4차 산업혁명 사회가 군사적 원인과 무관하지 않음을 보여주는 것이다.

2007년 3월 미국 전략사령관 제임스 카트라이트(James E. Cartwright)는 "(차기 전쟁에서) 사이버 공간은 주전장이 될 것이며, 사이버 안보를 위해 연방정부와 주 정부, 국가 기구들, 민간 기업들 뿐 아니라 각 개인이 협력해야 한다"고 하였다. 그러면서 "프랑스의 마지노선처럼 터미널을 방어하는 방법은 결국 실패할 것이므로, 우리의 이익과 안전을 위협하는 적을 선제공격할 수 있어야 한다"고 주장했다. 이에 따라 미국 정부는 적의 모든 네트워크 컴퓨터, 레이더 시스템을 파괴할 수 있는 공격 자산으로서 군사용 커뮤니케이션 기술 개발에 막대한 인력과 재원을 투입하는 '정보 작전 로드맵(Information Operation Roadmap)'을 지속적으로 실행해 오고 있다(Diffie, W. & S. Landau, 2007, 114쪽). 이러한 군 정책들 또한 정보 사회의 기술적 기반이 군사적 목적과 무관하지 않음을 보여주고 있다.

'군사화된 정보사회'를 가장 강하게 비판하는 커뮤니케이션 학자는 댄 쉴러(Dan Schiler)다. 대표적인 미디어 정치경제학자였던 허버트 쉴러(Herbert Schiller)의 아들인 그는 미국의 정보화 정책을 ① 군·기업 협력체계에 독점되어 있던 정보·통신 시장의 개방 ② 정보·통신 분야에 대한 정부 지원체계 유지를 위해 군산복합체를 통한 네트워크 무기의 확산 배치 ③ 방어무기 필요성을 강조하는 군사·외교 전략의 추구로 요약하고 있다(Schiller, D., 2008). 애플바움 윌리엄스는 '커뮤니케이션 군사화'는 '정부의 국방예산' '군 관련 산업' '이데올로기 기구'를 연결하는 새로운 형태의 군산복합체라고 지적한다(Williams, W. A., 1980). 또 웨팅거(Oettinger, A. G., 1980, 197쪽)는 "(미국에서) 군과 민간의 경계선은 오래전부터 꾸준히 흐려져 왔다"고 하였고. 빈센트 모스코는 커뮤니케이션 기술과 군사적 목적은 미국 역사 전반에 걸쳐 항상 밀착되어 있었다고 보고 있다(Mosco, V., 1986). 그렇지만 "몇몇 예외를 제외하면 커뮤니케이션 연구자들은 미디어와 정보시스템에서 군의 역할을 (의도적으로) 무시해 왔다"고 비판하고 있다. '커뮤니케이션의 군사화(militarization of communcation)'에 대한 학문적 관심은 의도적이든 아니든 외면받아 왔다는 이다.

군산복합체의 재구조화

반 세기 이상 정치·경제·사회 영역을 지배해왔던 군산복합체는 20세기 후반에 변화를 모색하게 된다. 소련과 동유럽 국가들이 붕괴하면서 동서 냉전 체제가 마감된 것이 원인이었다. 이렇게 시작된 탈냉전 시대의 가장 두드러진 특성은 서방 국가들의 국방비 축소다. 군산복합체의 성장 기반은 거의 대부분 정부의 국방예산에 의존하였다. 제2차 세계대전 중에 미국은 현재 시가로 계산하면 4조 1,040억 달러를 국방비로 지출해 GDP의 37.5%나 되었다(Daggett, S., 2010). 국지전이었던 한국전쟁 기간에도 3,410억 달러로 GDP 대비 13.2%였다. 이후 지속적으로 감소되었어도 1960년대까지 7% 이상을 유지해 왔다. 미국-쿠바 미사일 위기나 베트남 전쟁 중에는 8%를 넘기도 했다. 1970년대 평화공존 분위기 때문에 줄었다고 해도 1980년대까지는 6%대를 지켰다. 하지만 1990년대 들어서면서 더 축소되어 1999년에는 2.9%까지 하락하였다. 9·11테러 이후 일시적으로 증가해 2011년에는 4.5%까지 늘어났지만, 재정적자 관리를 위한 '예산 관리법(Budget Control Act of 2011)'이 제정되면서 2016년에는 3.2%로 다시 낮아졌다. 물론 전체 경제에서 차지하는 비중은 낮아졌어도 국방비 총액은 꾸준히 증가하고 있다.

특히 R&D 투자비 감소에 주목할 필요가 있다. 1970년대 말까지 미국의 R&D 투자비 중에 정부가 차지하는 비중은 50% 이상이었다. 베트남 전쟁 개입 초기인 1965년에는 85%에 달하기도 했다(Molina, 1989, 19~22쪽). 하지만 1980년대 50% 미만으로 떨어진 후 지금은 20% 초반대로 하락했다. 무엇보다 1960년대 초까지만 해도 정부 투자 대부분을 차지했던 국방 분야 투자 비중이 2000년대 들어 50% 수준으로 떨어졌다. 2000년 '테러와의 전쟁'에서 사상 최대인 1조 1천 470억 달러를 전비로 사용했지만, GDP 대비 국방비와 R&D 투자 비중은 하락하였다. 이는 정부 지원으로 첨단 무기를 개발하고 동시에 민간 경제 활성화에 기여했던 군수산업체 즉, 군산복합체의 역할이 크게 약화되어 왔음을 의미한다.

이처럼 국제 환경 변화로 국방비 감소가 근본 원인이지만 이외에도 몇 다른 원인들도 살펴볼 필요가 있다.

첫째, 군사 기술의 성격 변화다. 산업혁명 이후 군사 기술은 주로 대량 살상 무기와 병력과 물자 이동 수단과 관련된 것이다. 적의 행동을 사전에 감지하고 대규모 병력을 분산·운용하는데 필요한 정보·통신 기술들이 일부 활용되기도 했어도 주력 기술은 아니었다. 총력전의 정점에 있었던 제2차 세계대전으로 급성장한 군산복합체의 대표적 산업은 록히드 마틴 같은 항공산업이었다. 하지만 현재 록히드 마틴, 레이시언, 노스롭 같은 군수 산업체의 매출액은 다 합쳐도 구글이나 마이크로소프트에 크게 못 미친다. 전통적인 군사 기술들이 상업적 경제 가치가 약화되었다는 것을 의미한다.

이 때문에 정부는 군사 기술 중에 민간 영역에서 활용될 수 있는 것을 전략적으로 선택해 투자하는 방식으로 전환하였다. 대표적인 방법이 '핵심 기술 목록(Critical Technology List)'이다. 이 목록에 포함된 기술들 중에는 기존 군산복합체를 이끌었던 것도 있지만, 대체로 첨단 정보 통신 기술들이 주를 이룬다. 실제로 1992년 미 국방부가 발표한 '과학기술 계획(Key Technology Plan)'에 포함된 11개 핵심 기술을 보면 알 수 있다. 컴퓨터, 소프트웨어, 센서, 통신네트워크, 인간 공학, 신재료, 환경, 에너지, 설계 자동화, 무선 및 광통신, 추진 시스템 기술 등이 포함되어 있다. 특히 조기 경보, 정밀타격에 필요한 첨단 통신 기술, 원격 작전에 필요한 고성능 커뮤니케이션 기술들이 주를 이루고 있다. 전자전, 원격 전쟁, 스마트 전쟁에 필요한 기술들이다. 무기체계의 변화가 군산복합체 성격 변화를 압박한 가장 주된 원인이라 할 수 있다.

둘째, 군사 기술들과 민간 영역에서 필요로 하는 기술과의 공통점이 점점 낮아지고 있다는 것이다. 특히 하드웨어 중심의 군사 기술들은 민간 수요와 일치되지 않는 경우가 많았다. 제2차 세계대전 중에 증가했던 군수품 수요가 줄어들면서, 전투용 무기들이 시장 수요가 크게 약화되었다. 전쟁 직후 군수 산업 제품의 73%가 민간 영역에서 활용되었지만 50% 이하로 떨어지게 된다. 군과 기업이 수요와 공급을 독점하는 수직적 통합 구조와 정부가 부여하는 특허 혹은 독점 판매권을 통해 안정적 사업을 영위할 수 있었지만, 수직적 독점구조가 약화되면서 군산복합체들이 개발한 군사 기술들을 민간 영역에서 활용하는 '스핀오프 패러다임'(Spin-Off Paradigm)'이 더 이상 효율성을 담보하지 못하게 되었다.

군사 기술과 민간 기술의 불일치성에는 미국의 군사비 지출 정책 변화와도 관련이 있다. 원래 우주 개발 경쟁을 위해 설립된 '항공우주국(NASA : National Aeronautics And Space Administration)'은 위험성 높은 장기적인 기술 R&D를 담당하고, '고등연구국(ARPA : Advanced Research Project Agency)'이 12개 우수연구센터(center of excellence)를 지정해 컴퓨터, 네트워크, 인공지능, 병렬컴퓨터 같은 군과 민간 영역에서 광범위하게 사용할 수 있는 기술 개발을 지원하였다. 하지만 1969년 의회에서 군사적 기능이나 작용과 분명한 관계가 없는 연구들은 군 지원금을 사용하지 못하도록 하는 '군사 권한법(Military Authorization Bill)' 이른바 '맨스필드 수정법안'이 제정된다. 이에 따라 미국 정부는 1972년 ARPA를 폐지하는 대신 '국방고등연구계획국(DARPA ; Defense Advanced Research Project Agency)'로 개편하였다.

새로 출범한 DARPA는 위성탐지 시스템, 고출력 레이더, 스텔스 같은 무기체계와 직접 관련된 기술에만 집중하게 되어, 기초 연구기관에 대한 지원이 대폭 축소되게 된다. 더구나 DARPA가 지원하는 기술들은 상업적 활용도가 약해 전쟁 같은 갈등 상황이 벌어지지 않는 한, 지속적 수요 창출이 쉽지 않았다. 이러한 문제점을 해결하기 위해 군과 민간이 같이 함께 사용할 수 있는 기술을 선택하여 공동으로 개발하는 '민군 겸용 패러다임

(Dual-Use Paradigm)'이 등장하게 된 것이다.

빈센트 모스코는 군수 산업이 민수용으로 전환하는 과정에서 어려움에 봉착했다고 지적한다. 정보사회를 주도해 온 군수 산업의 경제적 기여도가 약화되면서, 군사적 목표가 아닌 민간 활용성을 강조하는 정책프로그램으로 전환하게 되었다는 것이다(Mosco, V., 1993, 41~70쪽). 예를 들면 SATKA (Surveillance, Acquisition, Tracking And Kill Assessment)'라고 하는 미사일 추적 장치는 분산된 정보 추적 장치들을 실시간으로 연계하는 네트워크 시스템이 핵심이다. 이러한 군사 기술을 정당화하기 위해 클린턴 정부는 표면적으로 네트워크 고도화 정책을 추진하였는데, 그것이 앨 고어(Albert Arnold Gore) 부통령이 주도했던 '정보고속도로(information highway)'라는 것이다. 미국 정부는 정보고속도로가 민간 네트워크를 통합하는 정보사회 진입에 필요한 핵심 정책으로 발표했지만, 사실상 운영 주체는 ARPA였고 NASA, DoE(에너지부), 미국 기술표준연구소(NIST : Institute of Standards and Technology), 전미과학재단(NSF : National Science Foundation) 같은 8개 정부기구가 참여하는 국책 성격이 강했다. 한마디로 정보고속도로는 민간 수요와 군의 수요가 일치해 군사 기술을 민간사업과 연계한 대표적인 민군 겸용 기술이었다고 주장한다.

셋째, 냉전 이데올로기 붕괴가 군산복합체 존립 근거를 약화시켰다는 것이다. 군산복합체는 '경제의 군사화(militarization of economy)'를 기반으로 하는 전쟁 같은 군사적 갈등이나 적대적 상황을 전제로 한다. 하지만 냉전과 평화공존 그리고 전쟁 목표와 수단이 제약되는 평화전쟁 상황에서 군수물자에 대한 안정적 수요 창출을 위한 '사회의 군사화(Militalisation of Society)' 필요성이 커졌다. 노골적인 전쟁 분위기 조성이 아니라 시장 메커니즘을 이용해 군사 이데올로기를 확산하는 방식을 모색하게 된다. 군사 문제가 전쟁 같은 특수상황에서 군이라는 특수 집단에 한정된 문제가 아니라 모든 사회구성원들과 관련된 일상사라는 의식을 심어 줄 수 있는 새로운 방안이 필요하게 된 것이다.

군산복합체를 "정치적, 산업적, 군사적 기구들로 구축된 삼각관계에 집중된 미국 사회 내의 권력"으로 정의했던 밀즈는 "영속적 전쟁 경제(permanent war economy)'이란 개념을 쓰고 있다(Mills, C. W., 1958, 32쪽). 모든 정치적·경제적 행위들이 군사적 관점에서 판단된다는 의미다. 공공선(public good)으로서 군사적 가치를 일반화하고, 비군사적 생활에 군사적 실재감을 내재시켜 군에 대한 긍정적 인식을 형성하는 것이다(Enloe, C., 1983; Jackson, S., 2016). 국가 지원을 받는 국방 자원이나 군수산업을 확대하는 것이 '상식적인 군사적 준비상태(preparedness as a common-sense)'가 아니라 군과 공중을 감성적으로 연결하는 이데올로기 역할이 필요하다는 것이다(Kelly, J. 2013; Paris, M., 2000). 이 같은 새로운 형태의 군산복합체는 영국 썩세스 대학의 사라 몰트비(Sara Maltby)가 이끌고 있는 'DUN(Defence, Uncertainty and 'Now Media)'이나 스톡홀름 대학의 수잔 잭슨(Susan Jackson)이 주도하는 'Militarization 2.0' 같은 프로젝트에서 엿볼 수 있다. 이들은 "선하고 자연스럽고 또 필수적인 군과 무기산업의 역할을 촉진·유지하는데 유튜브 같은 대중적인 디지털 문화 유산들을 이용한다"고 주장하고 있다(Jackson, S., 2016).

한마디로 이데올로기 역할을 함께 수행할 수 있는 새로운 군수산업을 모색하게 된 것이다. 이처럼 새로운 형태의 군산복합체가 바로 '군·엔터테인먼트 복합체(military-entertainment complex)'이다. 데어 데리안은 '군·산·미디어·엔터테인먼트 복합체(military-industrial-media-entertainment complex)'라는 용어를 사용하고, 향후 미국 군대는 엔터테인먼트 산업에서 활용되고 있는 첨단 게임 기술과 보조를 맞추게 될 것이라고 전망하였다(Der Derian, 2001). 군과 엔터테인먼트 산업과의 관계를 분석해 '군·엔터테인먼트 복합체(military-entertainment)'라는 용어를 사용한 것은 르누아르와 로우드다(Lenoir, T. & H. Lowood, 2000). 이들은 디지털카메라, 모바일 폰, 헬맷 카메라 같은 디지털 기기들과 소셜 미디어를 연계해 일반 국민들과 '매개된 군사경험(mediated military experience)'를 공유하는 방식에 주목하였다. 소셜미디어와 모바일 폰을 통한 '군사적 생활의 디지털 일상화(digital mundane in military life)'라고 표현되기도 한다(Maltby, S. & H. Thornham, 2016). 이는 결국 전쟁을 정당화하고 전쟁으로 인한 사상자들과 심리적 거리를 두는 '기술-전략적 담론(thechno-strategic discourdse)'을 형성하게 된다는 것이다. 스탈은 오락으로서의 전쟁에 초점을 맞춰, '소비 가능한 전쟁' '시민 주체의 전쟁'을 인식하게 만드는 '군사 오락(Militainment)' 개념을 제시하고 있다(Stahl, R., 2010).

넷째, '경제의 군사화'에서 '군사의 경제화'로의 패러다임 전환이다. 군기술 개발이나 군수산업이 민간 경제에 미치는 영향이 약화된 것과 연관되어 있다. '케인즈 효과'를 더 이상 기대하기 힘들게 되었다는 것이다. 특히 냉전기에 개발된 군사 기술들은 '수행성'과 '생존성'을 강조하고 있어, 경제성을 중시하는 민수분야에서 큰 성과를 내기가 용이하지 않다. 이 때문에 컴퓨터와 관련된 트랜지스터, 반도체, 마이크로 프로세서 같은 국소전자기술들을 개발하는 과정에서 군의 지원을 받았어도 상업적 목적이 더 강했다(Molina, 1089, 49~56쪽; De Landa, M., 1991, 150쪽; Ergas, H., 1987, 187쪽). 최근 반도체를 둘러싼 미국과 중국 간의 갈등도 군사적 성격이 짙지만 시장의 논리를 완전히 무시할 수 없다는 것이 이를 잘 보여주고 있다. 실제로 1980년대 '스타워즈 프로젝트(Star Wars Projcet)'라고 불리는 '전략적 방어체계(SDI : Strategic Defence Initiative)'는 민간이 주도해서 개발한 기술들을 군사적 방어체계에 이용하는 구조다.

군사 부문을 기본 축으로 하는 스핀오프 방식에서 벗어나 군과 민간이 함께 기술을 개발하고 동시에 활용하는 겸용 기술 패러다임(Dual Use Paradigm)으로 전환이 불가피하게 된 것이다. 군이 주도하는 군산복합체 구조에서 군과 연구기관, 지역 클러스터, 사회 집단들이 수평적으로 연결된 네트워크 형태로 변화하게 된다. 이른바 '도구적 지식국가'에서 '구성적 지식국가'로 이전하게 된 것이다(김상배, 2007). 특히 '선발자 이익 효과'가 위축되면서 군과 실리콘밸리를 중심으로 형성된 민간 네트워크 체제가 주도적 역할을 하게 된 것이다.

1990년대 형성된 '실리우드(Siliwood)'는 실리콘밸리의 하드웨어와 소프트웨어, 컴퓨터 그래픽 기술이 헐리우드 연예산업이 연계해서 형성된 디지털 연합(digital coalition)을 말한다(Hozic, 2001, 302쪽). 대표적인 디지털 연합인 MIT미디어랩은 디지털 기술을 무미건조한 군사적·산업적 존재에서 생활에 필수불가결한 오락적 존재로 전환하는 연구를 주도하였다. 데어 데리안은 남캘리포니아 대학의 '창조 기술 연구소(ICT : Institute for Creative Technologies)'를 지목해 'MIME(Military Intellectual Media Entertainment)'이란 용어를 사용하고 있다. 특히 육군, 실리콘 그래픽스, 파라마운트 영화사가 연대해서 추진하고 있는 첨단 시뮬레이션 기술에 주목하고 있다(Der Derian, 2001, 161~162쪽). 여기에 연예인, 정치인, 급진 단체들까지 연계해 '군·산·학·연 네트워크'라고 주장한다. 군과 기업이 수요와 공급을 독점하는 군산복합체와 달리 군·엔터테인먼트 복합체는 군과 여러 민간 행위자들인 수평적으로 연결된 '메타 거버넌스 모델(Meta Governance Model)'이라고 할 수 있다. 군·엔터테인먼트 복합체는 기존 군산복합체들의 전략변화와 국가의 도구적 선택이 결합되어 형성된 새로운 형태의 군산복합체인 것이다.

표18 군산복합체와 군·엔터테인먼트 복합체의 비교

구분	군산복합체	군엔터테인먼트 복합체
시기	제1~2차 세계대전	1990년대 걸프전쟁, 이라크전쟁
배경	총력전, 대량살상전쟁	군사혁신, 정밀타격전쟁
전쟁 패러다임	산업화전쟁 상호확증패러다임	정보화전쟁, 네트워크 중심전
주요 산업	항공·기계·화학	ICT, 게임, 영상, 플랫폼
군산협력 패러다임	spin-off	dual use, spin-on
복합체 구성 요인	군, 산업체, 연구기관, 언론기관	군, 산업체, 헐리우드, 언론
복합체 구성형태	수직적 협력구조 (철의 연대)	수평적 네트워크 (구성적 지식국가)
주요 군수 산업	전투기, 함대, 전차	war game
효과	군사력 강화(군비경쟁) 경제 활성화	병사훈련 및 원격전쟁 이데올로기 효과 (군민관계, 동원, 전쟁정당성) 경제활성화

군·엔터테인먼트 복합체

군·엔터테인먼트 복합체(Millitary-Entertainment Complex)란 용어가 처음 등장한 것은 2000년대 초반이다(Crogan, P., 2010). 그렇지만 이에 대한 관심은 냉전시기에서부터 꾸준히 있어 왔다. 1993년 부르스 스털링은 '가상군산복합체(Virtual Military Industrial Complex)'란 용어를 사용한 바 있다(Sterling, B., 1993). 걸프 전쟁은 냉전을 거치면서 개발된 첨단무기들이 대량으로 선보인 된 전쟁이었다. 스텔스, 토마호크 미사일, M1A1 전차 같은 첨단 정보통신 기술들을 장착한 이른바 스마트 무기들이 등장한 것이다. 정밀타격을 위해 장착된 IT 기술들이 실시간으로 전투 상황을 후방에 전송해 '원격 전쟁'을 가능하게 만들었다. 이렇게 군사작전에 활용된 영상화면들은 각종 미디어를 통해 민간에게 전파되면서 '오락 같은 전쟁(war as entertainment)' 개념을 만들어 냈다.

이를 통해 미국 정부와 군은 정보통신 기술이 군사적 목적 뿐 아니라 민간 영역에서 이데올로기 도구로 활용될 수 있다는 것을 인식하게 되었다. 사람들에게 도덕적 평화 전쟁 이미지를 형성하는데 군사 기술이 좋은 매개체라는 사실을 알게 된 것이다. 텔레비전을 통해 전파된 전투 장면에 극적 요소가 가미되면서 전쟁을 즐길 수 있는 행위로 인식되고, 전쟁 수행의 도덕적 정당성을 부여할 수 있다는 것이다. 이미 패권주의적 국수주의 성향이 강한 미국의 미디어들이 군사주의에 바탕을 둔 새로운 엔터테인먼트 상품들을 만들 수 있다고 본 것이다(Mirrlees, T. 2018). 디지털 미디어들이 '오락으로 즐기는 전쟁(war waged entertainment)' 상품을 새롭게 만들어낼 것으로 기대하였다. 이 같은 오락화된 전쟁상품이 전투의지 고양 뿐 아니라 자국인들의 전쟁의식을 관리하는 데 효과적일 수 있다고 생각한 것이다. 이를 두고 켈너는 '오락의 군사화(militalization of entertainment)'라는 용어를 사용하고 있다(Kellner, D., 2005).

1991년 걸프전쟁이 종료된 후 미군은 군사용 컴퓨터 시뮬레이션 기술

연구기관 'STICOM(Stimulation Training and Instrumentation Command)'을 설치하였다. 또 1996년 '국가연구위원회(National Research Council)'에서 국방부와 엔터테인먼트 산업 간의 협력이 중요하다는 의견을 내놓았다. 특히 컴퓨터 기술을 응용한 비디오 시뮬레이션 게임의 군사적 이용 가능성을 제시하였다. 여기서 주목해야 할 점은 미국 엔터테인먼트 산업의 글로벌 시장 진출을 위한 자유무역정책도 함께 제안했다는 것이다. 이 보고서는 이후 영화산업, TV 시사프로그램, 전자 게임을 연대하는 군·엔터테인먼트 복합체의 등장에 큰 영향을 미쳤다. 1999년에는 남캘리포니아 대학에 '창조기술연구소(Institute for Creative Technologies)'를 설립해 군과 엔터테인먼트 산업 간의 기술협력을 지원하게 된다(Power, M., 2007, 277~278쪽).

2001년 9·11 테러 직후 부시 행정부의 고위 책임자와 '전미영화제작사협회(MPPA : Motion Picture Association of America)' 대표가 만나 영화·TV산업이 테러와의 전쟁에 적극 협력할 것에 합의하였다. 발표된 7개 합의 내용 중에 관심을 끄는 것은 "(이전처럼) 선전이 아니라 전쟁 지원 활동은 정확성과 진실성이 포함된 서사적으로 보여야 한다"는 부분이다(Cooper, M. 2001, 13쪽). 이는 IT 산업과 엔터테인먼트 산업이 군과 결합해 게임산업을 축으로 하는 군·엔터테인먼트 복합체를 예고하는 것이었다. 그 첫 번째 가시적 성과가 2002년 출시된 시뮬레이션 워게임 'America's Army'다. 이 게임은 2009년까지 천만 명 이상이 이용하였다. 병사 훈련 프로그램으로서 군사적 효과, 오락용 시뮬레이션 게임으로서 산업적 효과를 함께 성취한 것으로 평가된다. 무엇보다 이용자들(주로 청소년)에게 미친 애국심, 물리적 응징, 영웅주의, 정치적 보수화 같은 군사 이데올로기 효과는 큰 주목을 받게 된다(Lenoir, T. & L. Caldwell, 2018). 이후 'Call of Duty', 'Battlefield', 'Medal of Honor', 'Ghost Recon' 같은 시뮬레이션 워게임들이 연속적으로 출시되게 된다.

이처럼 군과 게임이 상호 연계되면서 '군사주의가 곧 오락(Militarism is entertainmnet)'이 되었다. 군·엔터테인먼트 복합체는 ICT 기술, 소프트웨어,

헐리우드 영화산업 그리고 미디어가 연계해 생산하는 미디어 콘텐츠를 군사적·상업적으로 활용하고 대국민 선전 효과를 동시에 추구하는 광범위한 네트워크라 할 수 있다. 르누아르와 로우드는 군·엔터테인먼트 복합체 등장을 다음과 같이 묘사하고 있다.

"당초 예상과 달리 군산복합체는 냉전의 종식과 함께 사라지지 않았다. 단순히 스스로 재조직화되었다. 사실상 전보다 더 효율적으로 재조직화되었다. 냉소주의자들은 냉전 중에 군산복합체는 표면적으로 드러나거나 확인될 수 있었지만, 지금은 (군·엔터테인먼트 복합체는) 우리들의 일상에 스며들어 있어 보이지 않는다고 주장한다. 군산복합체가 군·엔터테인먼트 복합체가 된 것이다 (Lenoir, T. & H. Lowood, 2000, 36~37쪽)."

게임의 군사화

군과 엔터테인먼트 산업을 조직적으로 연결된 것은 나치 독일 시대까지 거슬러 올라간다. 나치독일은 커뮤니케이션 수단과 영상제작사를 국가 주도로 군·엔터테인먼트 복합체의 원형을 구축하였다. 앞에 서술한 것처럼, 나치독일은 무력적 수단과 함께 정치선전을 기반으로 강력한 전체주의 체제를 구축하였다. 1933년 나치독일은 최대 영화사 'UFA(Universum-Film AG)'를 중심으로 다른 민간 영화사들을 통합해 'BUFA(Bild Und Film Atkitiengesellschaft)'를 설립하였다. BUFA는 괴벨스의 선전성과 함께 전시 독일 국민을 동원하는 역할을 하였다. 1945년 독일이 패전하면서 해체되었지만, 동독에서는 'DEFA(DEFA, Deutsche Film AG)'라는 이름으로 유지되었다가 1990년 통일 이후 해체되었다. 여기서 주목할 점은 나치독일의 커뮤니케이션 시스템 통제방식이다. 1935년 '제국우편국'은 민간이 가지고 있던 영상 관련 기술 개발권을 독점하였고, '선전성'은 국민 계몽 및 선전을 목적으로 하는 재현물 구성에 대한 권리를 보유하였다. 또한 항공교통관제와 대공방어 임무를 맡고 있던 '항공성'은 모든 TV 기술의 제조 허가 및 유통권을 독점하고 있었다. 나치 독일은 군사적 활용을 위해 국가가 모든 오락산업을 조직적으로 통합 운영하였다. 오늘날의 군·엔터테인먼트 복합체와 성격은 다르지만, 엔터테인먼트 산업을 군사적 목적으로 통합 운영했던 최초의 사례라 할 수 있다.

영상물을 주로 활용했던 나치와 달리 오늘날의 군·엔터테인먼트 복합체의 핵심기술은 게임이다. 게임은 미디어 산업 중에 가장 높은 성장률을 보이는 분야다(Robinson, N., 2012). 넷플릭스 설립자 헤이스팅스도 "우리의 적은 잠입니다. 그 잠을 선점하고 있는 최대 경쟁자는 바로 게임입니다"라고 했을 정도다. 또한 게임은 4차산업혁명을 주도하는 인공지능, 빅데이터, VR/AR 같은 기술들을 복합된 첨단 분야다. 특히 다수의 플레이어들이 동시에 참여하는 게임의 속성상 네트워크 고도화가 매우 중요한 부분을 차지하고 있다. 미군의 시뮬레이션 게임을 군사적 목적으로 활용할 수 있었던 것도 원격무기 방어체제의 분산된 감지·추격 장치들은 연결하는 네트워크 때문에 가능했다. 1950~60년대 '반자동방공지상시스템(SAGE : Semi-Automatic Ground Environment)'에서 시작해 SDI 그리고 C₃I로 이어지는 군 네트워크가 큰 역할을 하였다. 러시아·우크라이나 전쟁에서 우크라이나 군이 사용하는 INTELSAT도 DARPA가 만든 것이다.

1987년 미 국방부는 ARPANET과는 별도로 군 교육용 네트워크를 구축하였다. 가상 전장에서 탱크, 헬리콥터, 비행기 등의 실시간 분산 전투 시뮬레이션을 위한 차량 시뮬레이터와 디스플레이를 갖춘 광역 네트워크인 '가상 전투 모의망(SIMNET: Simulation Net)'이다. 이는 최초의 가상 현실 시스템이자 실시간 네트워크 시뮬레이터였다. 이 네트워크에서는 다양한 항공 및 지상 차량은 물론이고 자율 주행 차량도 지원할 수 있었다. 이 네트워크 구축에 'Perceptronics'를 비롯한 세개 민간기업이 참여하였다. 1991년 걸 프전쟁을 통해 SIMNET 프로토콜과 SIMNET 기반 훈련 시스템을 이용해 큰 성과를 거두었고, 대규모 사용자 집단 간에 실시간 대화형 네트워크 협

력 가상 시뮬레이션이 가능하다는 것을 확인하였다. SIMNET은 ARPANET
이 NSFNet에 통합된 이후에도 DARPA 통제 아래 지금도 운영되고 있다.

이와 더불어 컴퓨터 게임에 대한 연구도 진화해 왔다. 특히 병사 훈련
용 시뮬레이션 게임 연구는 군의 지원 아래 꾸준히 지속되고 있다(Held, D.,
2000). 'Pentagon supported research' 프로그램이 대표적이다. 로빈 앤더
슨이 군·엔터테인먼트 복합체라는 용어를 처음 사용한 것도 전쟁게임 때
문이었다(Anderson, R., 2005). 전쟁게임(War Game)이란 "입력규칙, 데이터 처
리 같은 컴퓨터 기술들을 이용한 도구들을 가지고 전투를 가상 혹은 모방
하는 시뮬레이션 게임"이다(Lenoir, T. & H. Lowood, 2000). 전쟁게임은 대규모
실전 전투에서부터 지도, 미니에이쳐 등을 이용한 추상적 전략까지 다양
한 상황을 구현할 수 있다.

그림88 크릭스시펠 게임과 동호회

왼쪽은 프러시아 장교들의 크릭스시펠 게임 장면을 묘사한 그림이고, 오른쪽은 현재 활동하고
있는 '국제 크릭스시펠 협회'의 엠블램
(https://commons.wikimedia.org/wiki/File:Joseph_Nash_Kriegsspiel.jpg)

군사 게임의 기원은 1820년대 프러시아 장교 라이스비츠(Georg Heinrich
Rudolf Johann von Reisswitz)가 병사훈련용으로 개발한 'Kriegssipel'이다. 이
게임은 제2차 세계대전 때까지도 독일 장교들이 즐겨 사용해 전략 수립에 활
용했다고 한다. 지금도 '국제 크릭스시펠 협회(International Kriegssipel Society)'

라는 이름의 동호인 단체가 활동하고 있다.

게임을 매개로 군과 산업체가 결합하는 이유는 서로의 필요성 때문이다. 냉전 종식 이후 미군은 병력 충원과 교육 훈련에 어려움을 겪고 있었다(Halter, E, 2006 ; Lenoir, T, 2000 ; Stone, A. R., 1996 ; Wolf, M. J. P., 2008). 그러므로 군이 비디오 게임 산업과 협력해서 얻을 수 있는 이익은 '이미지 제고를 위한 홍보 도구'와 '병사 훈련 수단'으로 활용하는 것이었다(King, R. & D. Leonard, 2010). 반면 게임 회사들은 전쟁게임 개발 과정에 필요한 자금과 군사 기술과 전문 지식에 대한 군의 지원이 필요했다. 특히 FPS(First Person Shooter) 관련 기술들에 대한 군사 지식은 게임 개발에 매우 중요했다(Dyer-Witherford, N. & G. De Peuter, 2009, 102쪽). 1990년대 이후 발매된 군사 게임 내용의 40% 정도가 FPS 게임이고, 대부분 제1·2차 세계대전과 베트남 전쟁을 배경으로 한 게임이다(Breuer, J. F. & T. Quandt, 2012).

게임산업은 대표적인 민군겸용기술(Civil-Military device)로 부상하였다(Schulzke, M., 2013, 59~76). 게임산업을 매개로 군과 민간이 기술적, 인적, 재정적 자원을 공유하게 된 것이다. 특히 인적 자원의 공유는 매우 중요한 부분이다. 시뮬레이션 전쟁게임의 '젊은 이용자들(young gamers)'은 결국 '젊은 전사(young fighters)'가 될 수 있기 때문이다. 이처럼 시뮬레이션 게임은 훈련용 기술이자 선전 기술이라는 점에서 군산복합체 핵심기술들과는 결정적으로 다르다. 헌터만과 페인(Huntertmann, N. B. & M. T. Paine, 2010)은 군과 게임산업이 연계될 수 있는 요인으로 ① 산업체의 경제적 이익과 군의 전쟁 목적이 상호 필요성에 의해 형성된 도구적 연계 ② 병사와 시민들의 훈련 수단으로 군사 게임의 도구적 이용 ③ 군사 게임의 맥락적 텍스트와 게임에 반영된 이데올로기 역할을 들고 있다. 컴퓨터 시뮬레이션 기술과 영화 스튜디오, 비디오 게임 개발자들이 게임을 축으로 상호 협력하는 네트워크가 군·엔터테인먼트 복합체인 것이다. 즉, 게임산업은 군사 문제와 민간 활동을 연계하는 매개체인 셈이다(Crogan, P., 2003, 280쪽).

군·엔터테인먼트 복합체로서 시뮬레이션 전쟁게임의 효과에 대해서는 평가가 다양하다. 2001년 'Real War'라는 팀이 'America's Army'라는 게임 프로그램을 발표해 선풍적인 인기를 누리자, "사람들에게 전쟁을 가르치는 선전도구" "대중 언어로 전쟁에 대한 확신 효과" 같은 비판적 평가들이 많았다. 실제로 전쟁 게임은 '폭력에 대한 미학적 관조'나 '인간 본성 자체에 대한 공격' 같은 속성 때문에 전쟁의 유희성보다 폭력성에 더 초점을 맞추는 성향이 있다. 더구나 전쟁은 폭력이 행사될 수 있는 유일한 합법적 공간이라는 인식 때문에 전쟁 시뮬레이션 게임은 과도한 총기 난사 같은 중독성 폭력을 정당화해 '폭력의 일상화'를 조장할 수도 있다. 또한 '전쟁의 오락화'를 통해 군인과 민간인의 구별을 희석시킬 수도 있다. 이를 두고 슈마이어바하는 "일상적이고 의미있는 일탈(frequent and meaningful variation)"이라고 정의하고 있다(Schmierbach, M, 2009, 168쪽).

전쟁게임의 효과는 군과 미디어 산업 간의 관계를 비디오 영상을 공유하는 수준을 넘어 기존의 텔레비전이 해왔던 폭력에 대한 환상효과를 더욱 가중시킬 수도 있다. 오락적 폭력을 실제 전쟁 폭력으로 착각하게 되어, 첨단 하이테크 무기들에 대해 긍정적 태도를 형성해 결국 '군사주의(militarism)'을 확산시킬 가능성이 있기 때문이다. 군사주의는 "자신의 국가나 가치 혹은 공격적인 외교 정책에 대응하기 위해 군사력에 의존해야 한다는 신념을 말한다(Eckhard, W. & Newcombe, A. G., 1969, 210쪽). 군사주의적 태도는 국제 갈등을 해소하는 데 군이나 무력 수단을 사용하는 것을 선호하게 만든다. 전쟁게임은 ① 병사나 그들이 행동을 존경하게 하고 ② 강력한 군사 조직을 지지하고 ③ 다른 국가나 테러리스트들의 위협에 대한 공격적인 정책을 지지하게 한다는 것이다(Festl, R., Scharkow, M. and T. Quandt, T, 2013, 396쪽).

이 때문에 전쟁게임은 "민간인에게 무기 사용 방법을 가르치는 꼴(Grossman, D., 1998)" 혹은 "현재의 병사를 훈련하는 것이 아니라 미래의 병사를 준비시키는 것(Leonard, D. 2007, 4쪽)"이라는 비판을 받고 있다. 또한 전쟁에 '휴머니즘' '전쟁영웅' '권선징악' 같은 극적 요소들을 가미하면서 전쟁을 정당성을 확보하려 한다는 지적도 있다. 그렇지만 시뮬레이션 전쟁 게임이 군사훈련 수단으로 효과가 있는가에 대해서도 의문을 제기하는 사람들이 많다. 반면에 컴퓨터 게임은 매스 미디어와 달리 이용자들의 선택성이 강해 선전 효과가 배가될 수 있고. 양방향성에 의한 몰입도나 상호작용적 내레이션 때문에 그 효과가 더 클 수 있다는 연구 결과도 있다(van Mierlo, J. & van den Bluck, 2004).

군·엔터테인먼트 복합체의 주 매개 수단으로서 전쟁 게임은 군사적·경제적 목적에 한정되어 있던 기존의 군산복합체와 달리 정치·사회적 연대 체제라는 점에서 차이가 있다. 이것은 현대 전쟁이 물리적 충돌보다는 인지적 차원에서 벌어진다는 점과도 연관되어 있다. 또 군과 민간인 또는 군사 행위와 비군사적 행위가 명확하게 구별되지 않는다는 점에서 최근 전쟁 특성을 반영하는 것이기도 하다.

그림89 시뮬레이션 전쟁 게임의 이중 효과

시뮬레이션 워 게임을 즐기는 모습과 시뮬레이션 워 게임을 이용한 군사 훈련 장면
Marsh, T.,(2011). " Serious games continuum: Between games for purpose and experiential environments for purpose" *Entertainment Computing*. No. 2. pp. 61-68. (https://flixpatrol.com/title/wargames)

미래의 전쟁과 커뮤니케이션

제2차 세계대전과 냉전은 커뮤니케이션 기술이 군사작전이 중심에 진입하는 전환점이 되었다. 특히 동서 냉전체제에서 미국은 공산진영에 대한 '봉쇄 전략(containment strategy)'에 방점을 두었다. 소련은 물론이고 소련의 군사적 영향이 미치는 유럽과 쿠바를 비롯한 중남미 국가들에 대한 개입 전쟁, 베트남 전쟁에 이르기까지 많은 전쟁을 치루면서 첨단 커뮤니케이션 기술들을 활용하였다. 베트남 전쟁을 주도했던 맥나마라(Robert McNamara) 국무장관은 1960년대 말에 이미 '전자전(Electronic Battlefield)'이란 용어를 사용하면서 커뮤니케이션 기술의 중요성을 강조한 바 있다(Klare, M. T., 1972). 실제로 제2차 세계대전 종전 이후 미국은 '주파수 자문위원회(Radio Advisory Committee)'와 '국가 커뮤니케이션 시스템(National Communication System)' 같은 기구들을 설립해 군사용 커뮤니케이션 기술개발을 체계적으로 지원·운영해 왔다. 1969년에 만든 세계 최초의 컴퓨터 통신망 ARPANET은 미국방부 '고등연구계획국(ARPA: Advanced Research Project Agency) 주도하에 만들어진 세계 최초의 패킷 스위칭 네트워크로 인터넷의 원형이 되었다. 이는 군 통신망에 대한 적 미사일 공격에도 생존할 수 있는 분산된 컴퓨터 통신망이다.

커뮤니케이션 기술의 군사화가 외부에 알려진 것은 1983년 레이건 정부가 추진한 '별들의 전쟁(Star War) 프로젝트' 때문이다. 이 프로젝트의 정식 명칭은 '전략적 방위 주도권(SDI, Strategic Defence Initiative)'이다. 최첨단 정보·통신 기술을 이용해 소련의 핵공격을 조기 탐색하여 대기권 바깥에서 요격해 무력화시키는 방어시스템이다. 적의 선제 공격에 맞서 보복 공격을 가할 수 있는 핵무기를 보유해 핵전쟁을 억제한다는 '상호확증파괴 전략(MAD, Mutually Assured Destruction)'에서 적의 탄도미사일을 무력화시킴으로써 핵전쟁의 위험을 방지하는 '상호확증안정보장전략(MAS, Mutually Assured Security)'으로 바뀌면서 나온 전략이다.

SDI가 냉전 초기부터 추진되어 온 전략이라는 주장도 있다. 이미 1950
년대 중반에 미 육군이 추진했던 '나이키 제우스(Nike-Zeus) 프로젝트'라는
탄도미사일방어시스템(Anti-Ballistic Missile)' 때문이다. 물론 상호확증파괴전
략 분위기 때문에 'Nike-X'라는 이름으로 은밀히 추진되었다. 하지만 1972
년 미·소간에 '탄도요격미사일제한조약(ABM Treaty : Treaty between the USA
and the USSR on the limitation of anti-ballistic missile system)'이 체결되고 평화공
존 분위기가 고조되면서 표면에 드러나게 되었다(박인숙, 2012, 191~233). 이
후에 SDI 방어체계에 맞추어 방어 시스템을 분산·운영하는 C4I, C5I로 점
점 진화되게 된다. 여기에는 미·소간 '전략무기제한협정(START, Strategic
Arms Reduction Talks)'으로 공격무기 확대가 용이하지 않게 되면서 적의 공격
을 사전에 봉쇄하고 피해를 최소화하는 전략적 필요성도 영향을 미쳤다.

그림90 SDI 프로젝트 조감도

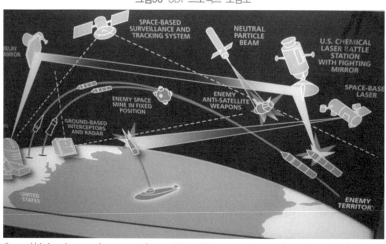

(https://slidetodoc.com/reagans-policies-1980-1988-reaganomics-1-deregulation-cut)

산업화 전쟁에서 정보화 전쟁으로 전환점이 된 것은 1991년 걸프전쟁
(Gulf War)이다. 레이더에 포착되지 않는 스텔스기, 크루즈 미사일 같은 정
밀 유도무기와 M1A1 전차, AV-8B 전투기, 아파치 헬기 같은 첨단 무기들

이 선보였다. 하지만 주목해야 할 부분은 각종 정보를 종합하여 실시간으로 처리하는 '합동 감시 목표물 공격 레이더 체계(Joint Surveillance and Target Attack Radar System)'가 실전에 사용되었다는 것이다. 이는 미군이 추진해 온 C₄I 체제가 실전 단계에 와 있다는 것을 의미한다. 물론 사용된 정보 통신체계가 주로 지휘계통에 있는 부대 간 상호소통 능력은 미완성이었다는 평가도 있다(손경호, 2014, 174쪽).

이후 부시 행정부는 '전략사령부(USSTRATCOM : United States Strategic Command)'를 창설하고, '글로벌 타격(global strike)', '미사일 방어체제 통합(missile defense integration)', '정보 작전(information operation)', 'C₄I & SR(command, control, communications, computers, intelligence, surveillance, reconnaissance)' 관련 기술개발에 박차를 가하게 된다(Schiller, D., 2008). SDI 계획을 추진하기 위해 설립된 '우주 훈련 및 준비 사령부(Starcom : Space Training and Readiness Command)' 역시 미래 전쟁과 관련된 첨단 기술들을 집중적으로 개발하였다. '지향성 에너지(Directed Energy) 무기', '운동에너지(Kinetic Energy) 무기', '체계분석 및 전투 관리(System Assessment/Battle Management)' 같은 기술들이다. 하지만 핵심기술은 'SATKA'라고 하는 감시(Surveillance), 포착(Aquisition), 추적(Tracking), 파괴 평가(Kill Assessment)와 관련된 정확한 정보수집과 실시간 전달, 공유를 목표로 하는 첨단 정보 통신 기술들이다. 또한 '체계분석 및 전투 관리' 기술은 감성적·우발적·개인적 요소들을 최소화해 효율성을 극대화하기 위한 고성능 컴퓨터 기술이다(김진균·홍성태, 1995, 100~118쪽).

본격적인 정보화 전쟁은 2003년 9·11 테러를 응징하기 위해 단행된 이라크 공격이다. 이 전쟁은 한 단계 업그레이드된 첨단 무기들이 동원되었다. 예를 들면, 오차가 10m 이내인 정밀유도무기 '합동직격탄(JDAM, Joint Direct Attack Munition)' 같은 것이다. 하지만 주목해야 할 부분은 C₄I 시스템에 바탕을 둔 '신속결정작전(RDO : Rapid Decisive Operation)'과 '효과중심작전(EBO : Effective Based Operation)' 개념이 본격적으로 실전에 적용되었다는 것이다. '신속결정작전'이란 전쟁 개시 이전에 적을 도발을 억제하고, 전쟁이 발발하면 지식, 지휘통제, 작전을 상호 연결하여 과도한 자원 소모를 회피하고 단기간에 군사적 목적을 달성하는 것이다. '효과중심작전'이란 효과를 중시하여 필요한 적의 핵심적인 노드(node, 네트워크의 연결점)만 파괴하거나 영향을 주는 것이다(권태영, 노훈, 2008, 192~193쪽).

정보 통신기술을 단위 부대 간 의사소통 수단으로 주로 사용했던 걸프 전쟁과 달리 감시 체계와 지휘 정보를 공유하고 신속하고 정확하게 정밀 유도무기에 공격 임무를 부여하는 수단으로 사용한 것이다. 실제로 이라크 전쟁 중에 '범세계지구합동지휘통제체제(GCCS-J : Global Command and Control System-Joint)'는 연합군 군단급 이상 지휘소는 물론이고 말단 중대까지도 실시간 정보 전달체계로 연결해 상황 인식 능력을 크게 강화시켰다. 말레키는 걸프전쟁 중에 미군이 보유하고 있는 군사 장비 중에 전장가시화 비율이 70% 이상이었다고 주장한다(Malecki, 1991).

정보 통신기술의 급속한 발전에 힘입어 무기체계에서 차지하는 커뮤니케이션 기술의 비중은 점점 증가하고 있다. '하이퍼·하이컨셉 사회(hyper·high concept society)'로 진화하면서, 전쟁 양상은 점점 더 첨단 정보 네트워크 기술에 바탕을 둔 무인·스마트전이 될 것이다. 전쟁 공간도 물리적 공간에서 사이버 공간으로 더 많이 이전할 것으로 보인다. 전투 형태도 네트워크로 연결된 전자전과 비선형적인 소부대 전투가 공존하는 '하이브리드 전(hybrid warfare)'이 되고 있다. 정밀 파괴와 소량 피해를 목표로 하는 정보 사회 전쟁의 속성상 마비·충격·혼란과 같은 사이버 전쟁이 차지하는 비중은 더 커질 것이다. 전쟁 수행 과정에서 정당성을 확보하기 위한 여론조성과 전투 과정에서 발생할 수 있는 상황들에 대한 즉각적 대응이 중요한 '개방형 전쟁'이 될 것으로 전망된다.

커뮤니케이션 기술은 물리적 군사작전과 심리적 군사작전 모두에서 갈수록 중요한 역할을 하게 될 것이다. 평화와 공존을 지향하는 인간의 커뮤니케이션 활동이 갈등과 지배를 목적으로 하는 전쟁의 중심에 서게 되는 역설적 상황이라 할 수 있다. 또 전쟁에서 승리하기 위해 평화를 표방하는 커뮤니케이션 수단을 이용한다는 것도 역설적이다. 평화를 위해 전쟁을 치루면서 다른 한편으로는 전쟁을 위해 평화를 외치는 혼돈의 시대이며, 그 중심에 인간의 커뮤니케이션 행위와 커뮤니케이션 기술이 존재하고 있다. 전쟁과 평화, 전쟁과 반전쟁, 군사적 행위와 비군사적 행위, 군과 민간이 공존하는 모호한 상황에서 커뮤니케이션 자체도 혼란에 빠져 있는 느낌이다. 커뮤니케이션 기술은 전쟁 억제 수단이면서 동시에 전쟁과 공존하는 '두 얼굴을 가진 이중적 존재'가 되어가면서 커뮤니케이션은 전쟁과 평화라는 역설의 수렁에 빠져 들어가고 있다.

참고 문헌

고 원(2010), "전쟁패러다임의 변화와 한국군에의 시사점" 『국방정책연구』 제26권 제4호. 9~46.

권태영·노훈(2008). 『21세기 군사혁신과 미래전 : 이론과 실상, 그리고 우리의 선택』 법문사.

권태영 외(1998). 『21세기 군사혁신과 국방비전 : 전쟁 패러다임의 변화와 군사발전』 서울 : 한국국방연구원.

김상배(2007). "글로벌 지식패권의 국내적 기원 : 미국형 네트워크 국가론의 모색" 『한국정치학회보』 제41권 제2호. 245~269.

김진균·홍성태(1995). "군산복합체와 전쟁" 『이론』 55~78.

문장렬(2009). "전쟁과 과학, 그리고 과학전쟁" 『전략연구』 통권 제45호.

박인숙(2012). "레이건 행정부와 전략방어정책 : 추진배경에 대한 분석" 『미국사연구』 제35집. 191~233.

박인휘(2002). "탈근대적 군사력과 군사분야혁명(RMA)의 역사적 이해" 『국제정치논총』 제42집 제2호. 67~91.

손경호(2014). "걸프전쟁과 이라크전쟁 사이의 전쟁 패러다임 변화 고찰" 『서양사학연구』 통권 33집. 161~186.

이내주(2015). "영국 군산복합체의 형성과 발전, 1870~1920" 『군사연구』 통권 140집. 141~166.

이수진·박민형(2017). "제5세대 전쟁 : 개념과 한국 안보에 대한 함의" 『한국군사』 통권 2호. 1~33.

하광희 외(2010). 『21세기 전쟁 : 비대칭의 4세대 전쟁』 서울 : 한국국방연구원.

홍성범(1994). 『민군겸용(Dual-Use) 패러다임과 기술개발전략』 과학기술정책관리연구소.

Abbot, D. H.(2010). *The Handbook of 5GW : A Fifth Generation of War?*. Nimble Books LLC.

Alic, J. A. et al.(1992). *Beyond Spin-off : Military and Commercial Technologies in a Changing World*. Harvard Business School Press.

Anderson, R.(2005). "The Military Entertainment News Complex : War as Video Game" in Phillips, P.(ed.). *Censored 2006 : The Top 25 Censored Stories*. N.Y. : Seven Stories Press. 355~363.

Beniger, J.(1986). *The Control Revolution : Technology and Economic Origins of the Information Society.* Cambridge, MA : Harvard Univ. Press.

Boot, M(2006). *War Made New : Technology, Warfare, and the Course of History 1500 to Today.* USA : Gotam Books.

Borscheid, P.(2003/2008). *Das Tempo-Virus.* 두행숙(역). 『템포 바이러스 : 인간을 지배한 속도의 문화사』들녘.

Breuer, J. F. & T. Quandt(2012). "Digital War : An Empirical Anysis of Narrative Elements in Military First-Person Shooters" *Journal of Gaming Virtual Worlds.* Vol. 4 No. 3. 215~237.

Cooper, M.(2001). "Lights! Cameras! Attack! Hollywood Enlists : The Taliban May Have Met Its Match: The American Dream Machine" December 10, 2001 Issue.

Coulam, R. F.(1982). "New Defense Systems" in Benjamin, G.(ed.). *The Communications Revolution in Politics.* 189~200.

Creveld, M. van(1989). *Technology and War : From B. C. 2000 to the Present.* New York : Free Press.

Crogan, P.(2003). "Gametime : History, Narrative, and Temporality in Combat Flight Simulator 2" in Wolf, M. & B. Perron(eds.). *The Video Game Theory Reader.* London : Routledge. 275~301.

Crogan, P.(2010). "Simulation, History and Experience in Avalon and Military-Entertainment Technoculture" *Digital Icons : Studies in Russian, Eurasian and Central European New Media.* No. 4. 99~113.

Daggett, S.(2010). "Costs for Major U.S. Wars" Congressional Research Service. '*Table 1. Military Costs of Major U.S. Wars, 1775~2101*'

De Landa, M.(1991). "Nuclear Weapon Command, Control, and Communication" *SIPRI Yearbook.* 1984.

Der Derian, J.(2001). *Virtuous War : Mapping the Military-Industrial-Media-Entertainment Network.* Boulder, CO : Westview Press.

Diffie, W. & S. Landau(2007). *Privacy on the Line : The Politics of Wiretapping and Encryption.* Cambridge : MIT Press.

Dupuy, T. N.(1984). *The Evolution of Weapons and Warfare.* New York : Da Capo.

Dyer-Witherford, N. and G. De Peuter(2009). *Games of Empire: Global Capitalism and Video Games.* Minneapolis : University of Minnesota Press.

Echardt, W. & A.G. Newcombe(1969). "Militarism, Personality and Other Social

Attitudes" *Journal of Conflict Resolution.* Vol. 13. 210~219.

Enroe, C.(1983). *Does Khaki Become You? : The Militarisation of Womens Lives.* Boston MA : South End Press.

Ergas, H.(1987). "Does Technology Policy matter?" in Guile, B. R. & H. Brooks (eds.). *Technology and Global Industry : Companies and Nations in the World Economy.* Washington DC : National Academy Press.

Galbraith, J. K.(1977/1978). *Age of Uncertainty.* 김영선(역). 『불확실성의 시대』 청조사.

Festl, R., Scharkow, M. and T. Quandt, T.(2013). "Militaristic Attitudes and the Use of Digital Games" *Games and Culture.* Vol. 8 No. 6. 392-407

Grossman, D.(1998). "Trained to Kil" *Christianity Today.* Vol. 42 No. 2.

Guilaine, J. & J. Zammit(2001/2008). *Le Sentier de la Guerre : Visages de la Violence Prehistorique.* 박성진(역). 『전쟁의 고고학 : 선사시대 폭력의 민낯』 사회평론아카데미.

Hafen, L. R.(1969). *The Overland Mail 1849~1869 : Promoter of Settlement Precursor of Railroads.* New York : AMS Press.

Halter, E.(2006). *From Sun Tzu to XBox : War and Video Games.* N.Y.: Thunder's Mouth Press.

Held, D.(2000). *A Globalizing World? Culture, Economics, Politics.* London : Routledge.

Howard, M.(2009/2015). *War in European History.* 안두환(역). 『유럽사 속의 전쟁』 글항아리.

Huntermann, N. B. & M. T. Payne(2010). "Introduction" in Huntermann, N.(ed.). *Joystick Soldiers: The Politics of Play in Military Video Games.* N.Y. : Routledge. 67~72.

Jackson, S.(2016). "Marketing Militarism in the Digital Age : Arms Production, Youtube and Selling 'National Security'" in Hamilton, C. & L. J. Shepherd (eds.). *Understanding Popular Culture and World Politics in The Digital Age.* London : Routledge. 68~82.

John, R.(1995). *Spreading the News : The American Postal System from Franklin to Morse.* Cambridge : Harvard Univ. Press.

Keanly, T. A. & E. Cohen(1993). *Revolution in Warfare? : Air Power in the Persian Gulf.* Naval Institute Press.

Kellner, D.(2005). *Media Spectacle and the Crisis of Democracy : Terrorism, War and Election Battles*. Boulder & London : Paradigm.

Kelly, J.(2013). "Popular Culture, Sport and the 'Hero'-fication of British Militarism" *Sociology*. Vol. 47. 722~738.

Kern, S.(2003). *The Culture of Time and Space, 1880-1918*. Cambridge, Massachusetts : Harvard University Press.

King, C. and D. Leonard(2010). "Wargames as a New Frontier : Securing American Empire in Virtual Space" in N. Huntemann & M. Payne(eds.). *Joystick Soldiers : The Politics of Play in Military Video Games*. N.Y. : Routledge.

Klare, M. T.(1972). *War without End : American Planning for the Next Vietnam*. N.Y. : Vintage.

Kranzberg, M.(1988). "Interdependence of Scientific and Technological Information and Its Relations to Public Decision Making" *Annals*. Vol. 495. 29~39.

Larew, K. G.(2005). "From Pigeons to Crystals : The Development of Radio Communication in U.S. Army Tanks in World War II" *The Historian*. Vol. 67. No. 4 (winter 2005). 664-677.

Lenoir, T.(2000). "All but War Is Simulation : The Military-Entertainment Complex" *Configuration*. Vol. 8. 289~335.

Lenoir, T. & H. Lowood(2000). "Theatre of War : The Military-Entertainment Complex" Stanford Univ.(online).

Lenoir, T & L. Caldwell(2018). *Military-Entertainment Complex*. Cambridge, Massachusetts : Harvard University Press.

Lens, Sidney(1972/1985). *The Military-Industrial Complex*. 서동만(역). 『군산복합체론』 지양사.

Leonard, D.(2007). "Unselling the Military Entertainment Complex : Video Games and a Pedagogy of Peace" *Studies in Media & Information Literacy Education*. Vol. 8. 1~8.

Maltby, S. & H. Thornham(2016). "The Digital Mundane : Social Media and the Military" *Sage Journals*. Vol. 38, Issue 8. https://doi.org/10.1177/0163443716646173

Marshall, A. W.(1995). "Revolution in Military Affairs" Statement prepared for the Subcommittee on Acquisition & Technology, Senate Army Services Committee (May, 5).

Mirrlees, T.(2018). "Ubiquitous Media War" in Daubs, M. & V. Manzerolle (eds.). *From Here to Ubiquity* . N.Y. : Peter Lang. 41~58.

Mills, C. W.(1952). "The Structure of Power in American Society" *British Journal of Sociology*. Vol. 9 No.1. 29~41.

Molina, A.(1989). *The Social Basis of the Microelectronics*. Edinburgh Univ. Press.

Mosco, V.(1982). *Pushbutton Fantasies : Critical Perspectives on Videotext and Information Technology*. Preger.

Mosco, V.(1986). "New Technology and Space Warfare" in Becker, J., G. Hedebro & L. Paldan(eds.). *Communication and Domination : Essay to Honor Herbert I. Schiller*. Norwood : Ablex.

Mosco, V.(1989). "Critical Thinking about the Military Information Society : How Star Wars is Working" in Raboy, M. & P. A. Bruck(eds.). *Communication For and Against Democracy*. Black Rose Book.

Mosco, V.(1993). "Communication and Information Technology for War and Peace" in Roach, C.(ed.). *Commmunication and Culture in War and Peace*. Newbury Park, CA : Sage.

Mosco, V.(2014). *To the Cloud : Big Data in the Turbulent World. Paradigm Publishers*. 백영민(역). 2015. 『클라우드와 빅데이터의 정치경제학』 커뮤니케이션북스.

Oettinger, A. G.(1980). "Information Resources : Knowledge and Power in the 21st Century" *Science*. 4 July. 191~198.

Paret, P.(1986). "Napoleon and the Revolution in War" in Paret, P. (ed.). *Makers of Modern Strategy : From Machiavelli to the Nuclear Age*. Princeton : Princeton Univ. Press.

Paris, M.(2000). *Warrior Nation : Images of War in British Popular Culture, 1850~2000*. London : Reaktion Books.

Parker, B.(2014/2015). *The Physics of War : From Arrows to Atoms*. 김은영(역). 『전쟁의 물리학 : 화살에서 핵폭탄까지 무기와 과학의 역사』 북로드, 더난콘텐츠그룹.

Power, M.(2007). "Digitized Virtuosity : Video War Games and Post-9/11 Cyber-Deterrence" *Security Dialogue*. Vol. 38 No. 2. 271~288.

Perry, W. J.(2004). "Military Technology : An Historical Perspective" *Technology in Society*. Vol. 26. 235~243.

Robinson, N,(2012). "Videogames, Persuasion and the War on Terror : Escaping or Embedding the Military-Entertainment Complex" *Political Studies*. Vol. 60. 504~532.

Rogers, W. S.(1922). "International Electrical Communications" *Foreign Affairs.* Vol. 1 No. 2. 145~163.

Ropp, T.(2000). *War in the Modern World.* Baltimore, MD : Johns Hopkins Univ. Press.

Schiller, D.(2008). "The Militarization of U.S. Communication" *Communication, Culture & Critique.* Vol. 1. 126~138.

Schiller, H.(1986/1990). *Information and the Crisis Economy.* 강현두 (역). 『현대 자본주의와 정보지배논리』 나남.

Schlieffen, A. von(1909). "Der Krieg der Gegenwart" *Deutsche Revue.* Vol. 34 No. 1. 13~24.

Schmeirbach, M.(2009). "Content Analysis of Video games : Challenge and Potential Solutions" *Communication Methods & Measures.* Vol. 3. 147~172.

Schulzke, M.(2013). "Rethinking Military Gaming : America's Army and It's Critics" *Games & Culture.* Vol. 8 No. 2. 59~76.

Shaw, M.(1992). *Post-Military Society : Militarism, Demilitarization and War at the End of the Twentieth Century.* Philadelphia, PA : Temple Univ. Press.

Smith, R.(2008). *The Utility of Force : The Art of War in the Modern World.* Vintage.

Spinny, F. C.(1980). "Defense Facts of Life" Staff Paper. Washington, D. C. : Department of Defense.

Stahl, R.(2010). *Militainment, Inc. : War, Media, and Popular Culture.* N.Y. : Routledge.

Sterling, B,(1993). "War is Virtual Hell" *Wired Magazine.* 1993 Issue.1.

Stone, A. R.(1996). *The War of Desire and Technology at the Close of the Mechanical Age.* Cambridge : MIT Press.

Toffler, A. & H. Toffler(1993). *War and Anti-War : Survival at the Dawn of the 21st Century.* Boston : Little, Brown & Co.

Trevelyan, C.(1915). T*he Morrow of the War.* London : Union of Democratic Control.

van Mierlo, J. & van den Bluck(2004). "Benchmarking the Cultivation Approach to Video Game Effects : A Comparision of the Correlates of TV Viewing and Game Play" *Journal of Adolescence.* Vol. 27. 97~111.

Volkman, E.(2002/2003). *Science Goes to War : The Search for the Ultimate Weapon, From Greek Fire to Star Wars.* N.Y. : Wiley & Sons. 석기용(역). 『전쟁과 과학, 그 야합의 역사』 아미고.

Weigley, R. F.(1973). *The American Way of War : A History of United States Military Strategy and Policy.* Bloomington, IN : Indiana Univ. Press.

White, G. T.(1949). "Financing Industrial Expansion for War : The Origin of the Defense Plant Corporation Leases" *Journal Economic History.* ol. 9 Issue 2. 156~183.

William, W. A.(1980). *Empire as a Way of Life.* N.Y. : Oxford Univ. Press.

Wolf, M. J. P.(2008). *The Video Game Explosion : A History from Pong to Playstation and Beyond.* Weatport, CT : Greenwood Press.

에필로그

이형동질(異形同質, allomorphism)

인간이 집단생활을 시작하고 사회를 형성한 이래 전쟁이 없었던 시기는 단 한 순간도 없었다해도 크게 틀리지 않을 듯하다. 지금도 지구촌 어디에 선가는 전투가 벌어지고 있을 것이다. 그것이 물질적 탐욕 때문인지 아니면 인간의 원초적 지배 욕구 때문인지 단정하기는 어렵다. 러시아가 우크라이나를 공격한 것이 그들 주장대로 미국을 비롯한 서방 국가들의 동진위협에 대처하기 위한 것인지 아니면 자신의 롤 모델이라 생각하는 피요트르 대제처럼 새로운 러시아 황제가 되고 싶은 푸틴의 욕망 때문인지 알수는 없다.

하지만 분명한 것은 이유 없는 전쟁은 없다는 것이다. 설사 터무니없는 거짓이라 하더라도 전쟁을 일으키는 국가나 집단은 그럴듯한 명분을 제기하게 마련이다. 명분만 내세우는 것이 아니라 전쟁으로 자신들이 얻고자하는 조건들을 상대방에게 압박한다. 이처럼 전쟁은 '자신의 의지를 상대방에서 분명하게 표현하는 가장 확실한 커뮤니케이션 행위'이다. 미국이 매년 1천조 원 넘는 국방비를 쓴다고 해서 '천조국'이라는 달갑지 않은 소리를 들으면서도, 국방비 투자에 진심인 이유도 이 때문일 것이다. 어떤 나라도 패권국가로서 미국에게 도전하는 것을 결코 용납하지 않겠다는 단호한 의지를 보여주기 위한 것이다. 북한이 다 굶어 죽게 생겼어도 핵무기 개발에 열을 올리고, 시도 때도 없이 미사일을 공중에 발사하는 것도 같은 이유일 것이다.

전쟁이란 상대방에게 겁을 주어 설득시키는 일종의 '위협적 소구(fear appeal)'의 한 수단이다. 자신의 요구를 관철하기 위해 무력을 사용하는 전쟁은 가장 극단적인 위협적 소구인 것이다. 이런 관점에서 볼 때 언어라는 상징적 수단을 사용하는 커뮤니케이션 행위와 물리적 폭력 수단을 사용하는 전쟁을 엄격하게 구분하는 이분법 사고는 어찌 보면 매우 단순하고 순진한 생각일 수 있다. 실제로 섬뜩하고 험악한 말이 어떤 물리적 폭력보다 더 위협적으로 느끼는 경우가 적지 않다. 1994년 3월 19일 판문점에서 열린 제8차 남북 특사교환 실무접촉에서 북한 대표단 단장이 "여기서 서울이 멀지 않습니다. 전쟁이 일어나면은, 불바다가 되고 말아요 … 송 선생도 아마 살아나기 어려울게요"라고 했던 폭언은 당시는 물론이고 지금들어도 섬찟하지 않을 수 없다.

하지만 20세기 후반 평화전쟁 분위기가 팽배해지면서 가용할 수 있는 폭력 수단이 크게 제한받게 된다. 이에 따라 폭력적이지 않으면서 상대방을 압박할 수 있는 방법을 모색하게 되는데, 그중 하나가 커뮤니케이션을 활용하는 것이다. 미국을 비롯한 서방 국가들이 도입하고 있는 '전략적 커뮤니케이션(strategic communication)'이나 '게라시모프 독트린(Gerasimov doctrine)'이라고 하는 러시아의 하이브리드 전쟁(hybrid warfare)은 전시 혹은 비전시에 커뮤니케이션을 효율적으로 동원하기 위한 방안들이라 할 수 있다.

물론 압도적 군사력으로 상대방을 제압하는 것이 여전히 중요하다. 하지만 핵무기처럼 엄청난 파괴력을 지닌 대규모 살상 무기들은 실제로 활용하기 힘들고, 강한 군사력만으로 완벽한 승리를 장담할 수 없다는 사실도 알게 되었다. 최근 30년 동안 벌어졌던 많은 전쟁들은 무력 수단을 통한 군사작전만으로 완전한 승리가 불가능하다는 것을 잘 보여주고 있다. 지금도 '다윗과 골리앗의 싸움'이라고 생각했던 러시아·우크라이나 전쟁은 3년 가까이 결정적인 승자 없이 계속되고 있다.

분명히 커뮤니케이션은 비폭력적 방법으로 전쟁을 승리로 이끌 수 있는 효율적 수단이다. 하지만 전쟁의 한 수단으로 활용된다는 것은 공존과 공생이라는 커뮤니케이션 행위의 본질은 잊혀지고, 물리적 수단들과 함께 상대국에게 자신의 의사를 압박하는 도구로 인식될 수 있다. 폴 리네바아거(Paul Linebarger)가 말했던 것처럼, 달성할 수 있는 수단만 있다면 어떤 목적도 정당화되는 '수단에 의한 목적의 합리화'가 현실이 될 수 있다. 실제로 가짜뉴스와 사이버 공격을 복합적으로 활용하는 권위주의 국가들이 샤프 파워(sharp power) 심리전은 전쟁 목적으로 사용되는 커뮤니케이션 본질이 어떻게 변질될 수 있는지를 잘 보여주고 있다.

전쟁과 커뮤니케이션의 유착성은 현대 전쟁의 성격 변화를 통해서도 알수 있다. 2019년 브라운대학 '전쟁 비용 연구팀'은 제2차 세계대전 이후미국의 전쟁 비용이 급증했다고 밝힌 바 있다. 베트남 전쟁과 이라크 전쟁처럼 단기간에 끝나지 않은 전쟁들은 더 커졌다고 한다. 3년 1개월간 벌어졌던 한국전쟁은 2019년 시세로 4천억 달러였지만, 17년 9개월간 지속되었던 베트남 전쟁에서는 8천억 달러를 사용하였다. 특히 2003년부터2011년까지 이어졌던 이라크 전쟁은 1조 달러가 넘었다. 반면에 1991년에 있었던 걸프전쟁은 1,100만 달러 정도였다는 것이다.

전쟁 비용이 증가한 원인은 결국 고가의 무기와 많은 병력이 동원되었기 때문이다. 투입된 병력이 많다는 것은 그만큼 사상자도 많았다는 것을의미한다. 한국전쟁 중에 미군 사상자는 36,574명, 베트남 전쟁은 58,200명이었다. 하지만 2003년 이후 7년 동안 간헐적으로 벌어졌던 이라크 공격 중에 사상자는 4,000명 정도였다. 이처럼 엄청난 전비에도 불구하고인명 손실이 적었다는 것은 전쟁 성격이 변화되었다는 것을 의미한다.

총력전 개념에서 벗어나 최소 비용으로 최대 효과를 노리는 '효율성 전쟁'으로 변화된 것이다. 인명 피해를 최소화할 수 있는 정밀타격 무기와비살상 무기체계가 그 중심에 있다. 비폭력 수단인 커뮤니케이션 기술이무기체계의 중심으로 부상하게 된 배경이다. 적의 공격과 아군의 상황을실시간으로 정밀하게 추적, 감시, 분석, 타격하는 첨단 정보통신 기술은현대전의 승부를 결정짓는 역할을 하고 있다. 이와 함께 적을 혼란스럽게만들고 우호적 여론을 형성하는 사이버 심리전은 첨단 네트워크와 지능형커뮤니케이션 기술을 기반으로 점점 고도화되고 있다.

그렇다고 비폭력적 방법으로만 전쟁 목적을 달성할 수 있을 것이란 생각은 순진하다. 물리적 능력이 수반되지 않는 커뮤니케이션 공격의 효력은 한계가 있기 때문이다. "평화를 원한다면 전쟁을 준비해라"라는 말이 있다. 국가 안보의 중요성을 강조할 때 자주 인용되는 말이다. 이는 역설적으로 평화를 표방하는 커뮤니케이션 행위도 군사력이 뒷받침되어야 한다는 것을 의미하는 것이기도 하다. 평화와 전쟁은 서로 상충되는 공존하기 힘든 개념이다. 하지만 이제 전쟁과 커뮤니케이션은 병존하면서 서로 닮아가고 있다. 형태만 다를 뿐 같은 목표를 가진 이형동질異形同質이 되고 있는 것이다.

전쟁도 아니고 평화도 아니고

2001년 9월 11일 아침 뉴욕 세계무역센터와 국방부 펜타곤 같은 주요 시설들이 납치 여객기들의 자폭 공격으로 파괴되었다. 자신들이 한 것이라고 밝힌 알카에다는 '성전聖戰'이라고 주장하였다. 미국은 아랍 근본주의 세력들을 테러 집단으로 규정하고, 이라크·아프가니스탄에 대한 대 테러 전쟁을 선언하였다. 이후 20년 넘게 중·근동 지역은 수많은 군사적 충돌이 이어지면서 전쟁 아닌 전쟁 상태가 지속되고 있다. 미국을 비롯한 서방 국가들은 1991년 제1차 걸프전쟁에서 시작하면 이 지역에서 열 번 이상의 대규모 군사작전을 전개하였다. 소규모 군사 활동들까지 포함하면 그 이상이 될 것이다. 그렇지만 아직까지 중동 지역에서의 분쟁은 그칠 기미가 전혀 보이지 않고 있다. 지금도 이스라엘·하마스·예멘 반군·이란이 얽히고 설켜 혼란스러운 전쟁상황이 벌어지고 있다.

현대 전쟁의 또 다른 특징은 승·패가 정해지지 않은 상태에서 잠시 멈추었다 다시 재발하는 일이 반복되고 있다는 것이다. 미국의 이라크 공격은 1991년 1차 걸프전쟁부터 계산하면 무려 30년이 넘었다. 겉보기에는 미국이 승리한 것 같은 데 이라크를 비롯한 중동 지역의 분위기는 전혀 그렇지 않다. 2020년 아프가니스탄에서 미군이 조건 없이 철수한 것이 대표적인 경우다. 20여 년간 점령하고 있던 지역에서 철수하는 장면은 1973년 베트남 철수 장면을 그대로 연상시켜 주었다. 미군이 나간 자리에 무혈입성해 정권을 장악한 탈레반은 50년전 사이공에 입성했던 북베트남군의 재현 같았다. 미국과 유엔군이 승리한 것으로만 생각했던 한국전쟁도 북한은 자기들이 이긴 '조국해방전쟁'이라고 주장하고 있다. 벌써 3년이 되어가는 러시아·우크라이나 전쟁도 한국전쟁처럼 확실한 승자 없이 적당히 타협 가능한 선에서 휴전될 것이라는 전망이 많다.

이렇게 전쟁도 평화도 이긴 것도 진 것도 아닌 애매한 상황을 '모호한 전쟁(ambiguous war)'이라고 한다. 대대적인 군사적 공세도 아니고 완전한 평화 상태도 아닌 엄밀히 말하면 준전시 상태가 지속되고 있는 것이다. 현재 한반도 상황이 대표적 사례라 할 수 있다. 155마일 비무장지대와 서해안 도서 지역에서 간헐적인 총격전이 벌어지고, 북한은 시도 때도 없이 공해상에 미사일을 쏘아대고 있다. 이에 대응하기 위해 한반도 남쪽에서는 세계에서 가장 강도가 높다는 정기적인 한·미 연합 훈련이 실시되고 있다.

그러면서 남·북한은 단파방송 등을 통해 심리전을 전개하고 있다. 최근에는 북한의 무력 시위에 대응하기 위해 대북 확성기 방송과 전단을 실은 풍선을 날려 보내고 있다. 심지어 북한은 쓰레기 풍선이라는 기상천외한 행태도 벌이고 있다. 무엇보다 한류 콘텐츠 같은 소프트 파워 심리전에 위협을 느낀 북한은 외부 정보 유입을 차단하는데 골몰하고 있다. 그러면서 높은 수준의 사이버전과 사이버 심리전 능력도 보유하고 있다. 한마디로 극단적인 물리적 충돌을 자제하면서 서로 으르렁거리는 상태가 지속되고 있다. 1939년 독일의 폴란드 침공 이후 독일과 프랑스가 마치 당나귀가 돌아서서 뒷다리로 땅바닥 흙을 차면서 겁을 주는 것 같은 심리전만 벌였다는 '가짜 전쟁(phony war)'을 다시 보는 느낌이다.

흔히 21세기를 전쟁도 평화도 아니고 승자도 패자도 없는 애매한 상태에서 갈등만 커지고 있다고 해서 이른바 '신 냉전시대'라고 한다. 무엇보다 핵무기 같은 막강한 비대칭 무기가 존재하고 있는 상태에서 물리적 충돌의 강도는 한계가 있을 수밖에 없다. 이처럼 물리적 폭력이 제한받게 되면, 말에 의한 폭력의 강도는 양적·질적으로 커질 수밖에 없다. 더구나 인터넷이라고 하는 접근이 용이하면서 영향력도 엄청난 네트워크 진화가 이를 더 부추기고 있다. 한마디로 물리적 폭력성은 약화되고 이에 반비례해 심리적 폭력성이 강화되는 역설적 현상이 벌어지고 있는 것이다. 이처럼 전쟁과 커뮤니케이션은 공존하면서 닮아가고 있다.

전쟁의 일상화, 일상의 전쟁화

전쟁은 정치·경제·사회·문화 모든 영역에 큰 영향을 미친다. 전쟁은 경제적 재화를 획득하는 경제적 목적이 가장 크지만, 사회 구성원들의 소속감과 의식을 결속시키는 정치·사회적 의미도 적지 않다. 실제로 전쟁은 한 집단의 삶과 의식을 지배해 왔다. 그렇지만 외부로부터 적이 쳐들어 올지 모른다는 위기의식이나 누군가를 공격해 원하는 것을 성취해야 한다는 강박관념 같은 전쟁 의식은 한 사회를 유지·발전시키는 동력이 되는 경우가 많았다.

그렇지만 오랫동안 전쟁은 특수한 시기에 군이라는 특수한 집단들에게만 관련된 것으로 생각되었다. 전쟁은 개인의 일상과 무관한 것처럼 인식되어 온 것이다. 하지만 19세기 들어 민족 개념이 부각되고 국민국가가 등장하면서 전쟁에 대한 인식이 바뀌게 된다. 한 국가의 구성원들과 자원을 모두 동원하는 총력전 양상으로 변화된 것이다. 두 차례 세계대전을 통해 가용한 병력과 물자를 총동원해 상대국에게 큰 타격을 입혀 승리하는 총력전 양상은 모든 나라들에게 전시 동원 체제 가동을 당연한 것으로 인식시켰다.

특히 병사들은 물론 모든 국민을 심리적으로 동원하는 것은 매우 중요하였다. 모든 전쟁에서 심리전이 부각된 것도 이 때문이다. 특히 20세기

들어서 커뮤니케이션 기술 특히 매스미디어의 급속한 발전으로 분산된 불특정 다수의 대중을 상대로 하는 대·내외 심리전이 빠른 속도로 발전하였다. 실제로 제1,2차 세계대전을 거치면서 직접 전투에 참여하는 병사들은 물론이고 자국민이나 주변 국가들의 여론을 통제하기 위한 대·내외 심리전 활동이 질적·양적으로 급성장하였다.

총력전 시대 대·내외 심리전은 전시 중에 개인의 삶이 전쟁이라는 특수한 환경에 의해 지배되는 '전쟁의 일상화(routinization of war)' 현상이 일어나게 된다. 모든 정치·경제·사회 시스템들이 전쟁상황에 맞도록 구조화되고 가동된다. 전시 중에는 물론이고 비전시 상황이지만 전쟁의 위협이 클 경우에도 이런 상태가 지속되기도 한다. 실제로 남·북한은 한국전쟁 휴전 이후 70년 넘었어도 전쟁의 일상화가 여전히 유지되고 있다. 우리나라는 경제발전과 정치적 민주화에 따라 그런 분위기가 크게 감소되었지만, 북한은 여전히 그런 체계가 더 강해지고 있다

'전쟁의 일상화'는 전체주의 혹은 권위주의 국가들처럼 국민 통제 목적으로 악용되는 경우도 많다. 제2차 세계대전 중에 나치 독일과 이탈리아의 파시즘, 일본의 군국주의 체제는 '전쟁의 위협'을 강조하는 대내심리전이 중요한 통치 기제였다. 북한이 강압적 군사주의 체제를 지금까지 유지할 수 있었던 것도 역시 전쟁의 공포를 기반으로 한 '전쟁의 일상화'를 강조하는 대내심리전 때문이라 할 수 있다. 우리나라도 과거 권위주의 정권 시절 '전쟁의 일상화'를 국민 통제 수단으로 이용한 경험이 있다.

하지만 이제는 노골적 방법으로 전쟁 분위기를 조성하고 국민을 동원하는 것이 힘들어졌다는 것이다. 더구나 최근의 전쟁 양상은 매우 제한적이다. 완전한 승리도 완전한 패배도 하지 않은 상태에서 지속되는 경우가 많다. 그러므로 장기간 대규모 병력과 자원을 동원하는 전쟁으로 국민적 지지를 유지해 나가기 어렵게 되었다. 여기에 전쟁의 피해를 최소화해야 한다는 '평화전쟁' 분위기도 과거와 같은 직접적인 대·내외 심리전 활동을 어렵게 만들고 있다. 최근 전쟁에 대한 사람들의 인식 변화는 다음과 같은

세 가지 특징으로 요약할 수 있다.

첫째, 적대국이나 적 병사에 대한 적개심을 형성하는 것이 힘들어졌다는 것이다. 종교적 배경이나 민족 감정이 개입되어 적개심이 형성되어 있을 수도 있다. 하지만 이 같은 적대감 역시 상당 부분 당사국들의 통치 집단이나 엘리트들의 쟁점인 경우가 많다. 한반도에서의 극심한 이념 대립구도도 오랜 분단 체제에서 형성된 자연적 현상일 수 있지만, 실제로 남·북한 주민들 간의 갈등인가에 대해서는 논란이 있을 수 있다. 더구나 다양한 글로벌 매체들과 인터넷을 통해 정보가 활발히 교류되고 있어 문화적 차이로 인한 갈등은 크게 줄어들고 있다. 이 때문에 전쟁을 격화시킬 수 있는 심리적 적대감은 북한 같은 완전한 폐쇄 국가가 아닌 한 급격히 약화되고 있는 것이 사실이다. 당연히 대·내외 심리전 효과도 한계가 있을수 밖에 없다.

둘째, 전쟁으로 인한 인적·물적 피해 때문에 회피 현상이 커지고 있는 것이다. 특히 전쟁으로 인한 민간인 피해에 대한 부정적 인식이 확산되어 있다. 정밀타격으로 인명 살상을 줄이고 군과 무관한 민간인의 피해를 최소화하는 '스마트 전쟁' 패러다임이 부각되고 있는 이유다. 핵무기 확산이 문제되고 있지만 실제로 사용한 경우가 거의 없다. 심지어 우크라이나와 3년 넘게 전쟁을 벌이고 있는 러시아도 핵무기를 사용하지 못하고 있다. 이 때문에 전쟁 같지 않은 전쟁 상태가 빈번히 벌어지고 있다

셋째, 전쟁이 승자와 패자를 분명하게 결정짓는 궁극적 행위가 될 수 없다는 점이다. 고대 전쟁은 한 나라를 소멸시키기도 하고 광대한 영토를 통치하는 거대제국으로 성장시키기도 했다. 몽골군이 풀뿌리 하나 남기지 않고 멸망시켰다는 호라즘왕국(Khorazm) 같은 사례는 이제 더 이상 나올 수 없다. 실제로 20세기 중반 이후 전쟁으로 국가가 소멸된 사례는 없다. 제2차 세계대전 이후 유일무이한 패권국가로 군림해 온 미국도 여러 지역에서 군사작전을 단행했지만 완전히 점령한 적은 없다. 주로 유엔의 평화유지군을 이용해 지역을 안정화시키는 것에 목적을 두고 있다. 이제 전쟁

은 궁극적인 방법이 아니라 국제관계의 한 수단으로서 의미가 더 크다고 볼 수도 있다. 어찌 보면 전쟁은 이길 수도 질 수도 있는 또 언제든지 재발할 수 있는 일종의 컴퓨터 게임처럼 인식되고 있는 것이다.

그렇지만 인류는 언제든지 전쟁이 발발할 수 있다는 우려를 가지고 살고 있다. 지금도 지구촌 어디에선가는 총격전이 벌어지고 있고, 실시간으로 전쟁과 관련된 뉴스와 현장 화면을 접할 수 있다. 특히 수천만 아니 수억 명의 이용자들이 온라인 워 게임에 몰입하고 있다. 이제 전쟁은 특정 지역에서 군이라는 특정 집단 간에 벌어지는 특정한 현상이 아니다. 그것은 전쟁으로부터 자유로운 사람이 없다는 것을 의미하는 것이기도 하다. 이미 전쟁은 모든 사람들에게 일상이 되었는지도 모른다.

싸우는 전쟁에서 구경하는 전쟁으로

원시 시대나 고대의 전쟁은 집단 구성원 모두가 나가 싸우는 – 최소한 남자들만이라도 – 전면전이었다. 이후 강력한 군대를 기반으로 대제국들이 등장하면서 모든 사람들이 전쟁에 직접 참여할 필요가 없었다. 중세 이후부터 근대 이전까지는 대가를 받고 전쟁을 대행하는 기사와 용병들이 활약하였다. 19세기 이후 국민국가와 징병제에 기반을 둔 총력전 패러다임이 등장하면서 모든 국민이 참여하는 전쟁이 된 것이다. 그것은 밖에서 전쟁을 구경하는 국외자였던 민간인들도 전장으로 끌어들였다는 것을 의미한다. 급기야 최근에는 '사설 군사 기업(PMC : Private Military Cooperation)' 같은 용병기업들이 등장하면서 전쟁을 다시 특수한 집단 간의 갈등으로 회귀하는 듯한 모습이 나타나고 있다.

언론은 전쟁 구경꾼으로 있었던 사람들을 전쟁 참여자로 끌어들이는 데 큰 역할을 하였다. 먼 곳에서 벌어지고 있는 전쟁 관련 보도들은 사람들을 심리적으로 전쟁에 관여하게 만들었다. 특히 20세기 들어 급성장한 신문·방송 같은 매스미디어들은 사람들을 전쟁에 동원하는 유용한 수단으로서 활용되었다. 제1·2차 세계대전 같은 거대 총력전이 발발하게 된 배경에 불특정 다수에서 메시지를 동시에 전파할 수 있는 매스미디어 등장이 있었다고 할 수 있다.

데니스 맥퀘일(Denis McQuail) 주장대로, 미디어는 사람들의 생각을 끌어모으고 결집시키는 '구심력求心力(centripetal force)'과 반대로 분산시키는 '원심력遠心力(centrifugal force)'을 동시에 가지고 있다. 총력전 시대에는 매스미디어들은 사람들을 전쟁으로 끌어들이는 구심력을 발휘한 것이라면, 온라인 네트워크를 기반으로 하는 인터넷 미디어들은 전쟁과 관련해 사람들의 생각을 분산시키는 원심력과 같은 생각을 가진 사람들을 재집결하는 구심력이 함께 작동하고 있다. 다양한 의견들이 여과 없이 분출하기도 하지만 확증편향確證偏向(Confirmation bias)이나 집단극화(group polalization) 같은 메커니즘이 작동하면서 극단적 의견이 대립하는 공간이 되고 있다.

여기서 주목해야 할 부분은 온라인을 통해 확산되는 전쟁은 사람들에게 직접 참여하는 대상이 아니라 관전의 대상이라는 것이다. 즉, 누가 어떻게 이기고 졌는지를 즐기는 하나의 엔터테인먼트가 되고 있다. 실제로 많은 커뮤니케이션 매체들이 전쟁을 마치 스포츠 경기 중계하듯 보도하고 있다. 선거 캠페인을 경마 중계처럼 보도한다는 '경마식 보도(horse-racing report)'가 전쟁 관련 뉴스로 전이되고 있는 것이다. 더구나 첨단 정보통신 기술들은 아주 정밀하고 생동감 있는 전쟁 장면을 제공해줄 수 있다. 어쩌면 러시아 국민들 중에 다수는 우크라이나 전쟁을 일종의 전쟁 드라마나 게임으로 인식하고 있을지도 모른다. 특히 첨단 기술을 이용해 실재감(presence) 높은 화면으로 보여주는 전쟁 장면은 아주 훌륭한 오락거리가 될 수 있다. 군·엔터테인먼트 복합체에서 만든 시뮬레이션 워 게임(simulation war game)들이 인기를 끌면서, 전쟁을 재미있는 놀잇거리 즉, 밀리테인먼트(militainment) 소재로 활용하고 있다. 그것은 결국 사람들로 하여금 '심리적 전쟁 준비 상태'에 빠지게 만들 수 있다.

『순자荀子』 '의병편議兵篇'에 "어질고 의로운 병사들을 끌고 다녀 칼날에

피를 묻히지 않고 적을 굴복시켰다(兵不血刃 遠邇來服)'라는 말이 있다. 말이 총·칼보다 더 위력적인 전쟁수단이 될 수도 있다는 것을 의미한다. 하지만 전쟁과 커뮤니케이션은 개념적으로 공존하기 어려운 영역이다. 그 동안은 서로의 필요에 의해 공진화하면서 닮아간 것 뿐이다. 커뮤니케이션은 가장 폭력적인 무기들을 기술적으로 지원하면서 또 그 무기들을 비폭력적이인 것처럼 포장해주는 아주 유용한 군사기술이 되었다. 특히 전쟁과 평화가 혼재되어 공존하고 있는 시대에 이런 커뮤니케이션 기술의 이중적 성격은 더 크게 부각될 수 있다. 어쩌면 어떤 기술도 가치중립적일수 없다는 기능주의의 본질적 한계를 증명해주는 것일 수도 있다. 전쟁도 평화도 아닌 애매한 시대에 커뮤니케이션은 두 얼굴을 가진 야뉴스가 되어 버린 듯하다.

황 근

선문대학교 미디어커뮤니케이션학부 교수다. 한국외국어대학교 신문방송학과를 졸업하고 고려대학교 대학원에서 언론학 석·박사 학위를 받았다. 학위취득 후 한국방송개발원(현재 한국콘텐츠진흥원) 정책연구실에서 근무하였다. 방송법제연구회 회장과 정치커뮤니케이션연구회 회장, KBS 이사 등을 역임하였다.

주요 저서로 '4차산업혁명과 미디어의 진화', '미디어 공진화' '공영방송과 정책갈등' '방송재원' '모바일 미디어 : 디지털 유목민의 감각' '정치 커뮤니케이션의 이해' '누구를 위한 전쟁이었나 : 한국전쟁의 진실과 의미' 등이 있다. 주요 논문으로 '방송사업자 재허가·재승인 제도 개선방안' '미디어 융합 시대 방송 사업 인수·합병 심사제도 개선방안 연구 : '공익성 심사' 제도를 중심으로', '공영방송 수신료 개선방안 연구 : '절차적 정당성' 확보 방안을 중심으로', '네거티브 선거 쟁점과 투표행위 관계 연구 : 제18대 대통령 선거 사례를 중심으로' '대중미디어를 통한 정책홍보 문제점 해결방안 연구' '전쟁과 커뮤니케이션 : 전쟁의 명암' '전쟁 보도 : 전시 언론통제방식의 변화' 'The 2002 Presidential Election and Media Politics' '설득 커뮤니케이션 차원에서 본 한국전쟁 심리전 평가' '뉴미디어 시대의 방송심리전에 관한 연구' 등이 있다.

전쟁과 평화의 커뮤니케이션
미디어의 두 얼굴

초판 인쇄   2024년 8월 16일
초판 발행   2024년 8월 25일

지은이   황 근
펴낸이   신학태
펴낸곳   도서출판 온샘

등 록   제2018-000042호
주 소   서울시 용산구 한강대로62다길 30, 트라이곤 204호
전 화   (02) 6338-1608   팩스   (02) 6455-1601
이메일   book1608@naver.com

ISBN   979-11-92062-40-2 93070
값 50,000원

ⓒ2024, Onsaem, Printed in Korea
* 잘못 만들어진 책은 구입하신 서점에서 교환해 드립니다.